정통풍수지리

천기와 지기를 그림으로 이해하는
정통풍수지리

지은이 | 정경연
발행처 | 도서출판 평단
발행인 | 최석두

표지디자인 | 김윤남

신고번호 | 제2015-00132호
신고연월일 | 1988년 07월 06일

초판 1쇄 인쇄 | 2022년 03월 15일
초판 1쇄 발행 | 2022년 03월 30일

(우편번호 10594)
주소 | 경기도 고양시 덕양구 통일로 140(동산동 376) 삼송테크노밸리 A동 351호
전화번호 | (02) 325-8144(代)
팩스번호 | (02) 325-8143
이메일 | pyongdan@daum.net

ISBN 978-89-7343-542-5 03180

천기와 지기를 그림으로 이해하는

정통 풍수지리

正統風水地理

·정경연 지음·

평단

추천의 말..

"의학醫學을 하는 자者들은 늘 황제黃帝와 기백岐伯을 말한다. 황제와 기백은 위로는 하늘의 법도를 다하고 아래로는 사람 사는 이치를 다하였으나 굳이 글을 남기려 하지 않았다. 그래도 의문점을 말하고 어려운 것을 드러내어 후세를 위해 그 법을 세웠으니 의학계에 의서醫書가 있은 지가 오래되었다"고《동의보감》에서는 말한다.

한의학韓醫學에서 사람은 천지자연天地自然과 상응한다고 본다.《소문ㆍ천원기대론》에 "하늘에서는 기氣가 되고 땅에서는 형체形體가 되는데 형기形氣가 서로 감응하여 만물이 변화 생성한다"고 하여 생명이 정상적 기후변화에서 기원함을 밝히고 있다.

또한 "태허는 아득하고 드넓은데 변화의 근원을 세워놓으니 만물이 여기에 힘입어 비롯되고, 오운五運은 천지간에서 끊임없이 운행된다. 참되고 신령스런 기를 베풀어 성취의 근원을 총괄해 나가니 구성九星이 하늘에서 밝게 빛나고 칠요七曜가 천도天道를 따라 끊임없이 돈다.

음陰의 수렴이 있는가 하면 양陽의 확장이 있고, 강건한 성질을 갖는가 하면 유순한 성질을 갖기도 한다. 드러나지 않음과 드러남이 이미 자리를 잡고, 추위와 더위가 일정하게 오고간다. 이렇게 쉼 없이 낳고 낳으며 끊임없이 바뀌고 바뀌는 도리를 통해 온갖 사물이 모두 번성한다"고《소문ㆍ천원기대론》에서 말하고 있다.

이는 사람의 생명이 우주천체와 밀접한 관계가 있음을 밝히고 있다. 하늘[天]의 육기(六氣 : 풍風ㆍ한寒ㆍ서暑ㆍ습濕ㆍ조燥ㆍ화火)는 각기 서로 다른 특징으로 대지에 작용하며 만물은 기후의 영향 아래 변화를 일으킨다.

이렇듯이 천지운행운동의 기본법칙을 파악하여 인체생명활동과 자연계 변화의 상응하는 법을 찾아가는 것이 풍수風水이다. 한의학에서는 인간이 천지와 더불어 함께 할 수 있을 때, 즉 천지의 운행질서를 파악하여 인간의 법도를 다함이 자연스런 자者를 신선神仙 또는 선인仙人이라 한다.

풍수風水 또한 이와 마찬가지다. 예로부터 천문 지리 인사라 했다. 이는 천문이 지리에 영향을 미치고, 지리가 인사에 영향이 미침을 말한 것이다. 이렇기 때문에 혹자는 풍수를 현학적이고 애매하게 표현하고 비논리적으로 표현하여 미신적으로 치부한 경향이 많았는데, 다행히 형산 정경연 선생께서 제가학설諸家學說를 두루 살피시고 섭렵하여 있는 사실을 그대로 밝혀 논리적이고 과학적인 체계로 풍수風水의 이론서理論書를 내게 되었다. 진심으로 축하하는 바이다.

이는 풍수를 공부하는 학인學人들에겐 가뭄에 단비와 같은 것이다. 형산 선생의 학문에 더욱 큰 성과가 있기를 바라며 만고장청萬古長靑하길 빈다.

癸未年 處暑에 함영당涵永堂에서

한의학박사 현동玄同 김공빈金恭彬

책 머리에 ..

풍수지리와 처음 인연을 맺게 된 것은《정통 풍수지리 원전》의 저자이신 금호錦湖 신광주辛佹柱 선생님을 뵙고부터이다. 풍수지리 이론의 정통파이신 선생님의 문하에 들어가 본격적으로 이론 공부와 더불어 현장답사를 하면서 안개가 걷히듯 풍수의 본질을 조금씩 이해하기 시작했다. 그러면서 풍수지리만큼 자연의 이치를 잘 설명한 학문도 없을 거라는 생각이 들었다.

산에 있는 작은 능선이나 물가에 있는 돌 하나가 왜 그 자리에 있어야 하는지를 풍수는 잘 설명하고 있었다. 자연에 있는 모든 것들은 다 존재해야 할 가치가 있으므로 존재한다는 사실을 알았다. 또 단순히 설명으로 끝나는 것이 아니고 그러한 형상들이 인간생활에 어떠한 영향을 줄 것인가까지도 설명한 것이 풍수지리였다. 자연의 소중함은 물론 함부로 할 수 없음이 여기에 있었던 것이다. 공부를 하면 할수록 합리적이고 과학적이며 친환경적이었다.

혼자만 이러한 공부를 하고 있다는 것이 안타까웠다. 민족의 전통지리학이면서도 잘못 왜곡되어 있었던 풍수의 본질을 바르게 알리기 위해서는 보다 많은 젊은 사람들의 참여가 필요했다. 당시만 해도 풍수라고 하면 연세 많은 분들이 묏자리나 잡는 술수로만 생각했을 때다. 그러다보니 30대 초반의 필자는 천연기념물로 취급받았다. 가까운 친구들에게 풍수공부를 권했으나 하나같이 젊은 놈이 무슨 풍수냐고 핀잔을 해댔다.

풍수에 대한 열정으로 나의 삶은 재미가 있었다. 언제 회복되었는지도 모르게 악화일로에 있던 건강도 좋아졌고 사업도 잘 풀려나갔다.

그동안 필자는 풍수지리에 관련된 책들을 읽으면서 내용을 꼼꼼히 메모하면서 요점정리를 해왔다. 답사를 가면 산세의 모양을 스케치하고 풍수 자료를 모으는 것이 취미가 되었다. 풍수가 공부할 만한 가치가 있는 학문이라는 것을 친구들한테 설득하기 위해서 나름대로 풍수논리를 정립해 나갔다. 그러나 여전히 반응이 없었다.

기회는 오는 법이다. 90년대 후반부터 인터넷 시대가 열리기 시작했다. 그동안 정리했던 자료들을 홈페이지(www.poongsoojiri.co.kr)를 만들어 모두 올려 놓았다. 한 사람에게라도 풍수를 알리고 같이 동참할 수 있기를 바라서다. 큰 기대를 하지 않았는데 의외의 반응이 나타났다. 젊은 사람은 풍수에 관심이 없을 거라는 선입감과 다르게 전국 각지에서 많은 사람들이 모여들면서 풍수지리는 급속도로 저변이 확대되기 시작했다. 강의 요청도 다양한 분야에서 들어왔다. 쇄도하는 강의를 하기 위해서 사업을 정리할 수밖에 없었고, 이제 취미가 직업이 되어버린 셈이다. 자기가 좋아하는 것을 직업으로 할 수 있다는 게 얼마나 행복한 것인가.

본문 구성에 대해서 언급하면, 이 책의 용혈사수론은《인자수지》,《용수정경》을, 향법론은《지리오결》을 중심으로 신선생님의 저서 등 많은 책들을 참고하였다. 부록에는《청오경》과《금낭경》원문을 해석해 놓았으므로 이 책만 충분히 이해한다면 원서 서너 권을 읽는 효과가 있을 것이다.

끝으로 스승이신 신광주 선생님과 풍수의 안목을 넓혀준 대구한의대학교 풍수지리학과 성동환 교수님께 깊이 감사드린다. 또 이 책이 나오기까지 많은 도움을 주신 김종우 회장님을 비롯한 팔도풍수지리사랑회 회원들과 현동학당 김공빈 한의사님, 난해한 글을 편집 교정하기에 노고를 아끼지 않은 평단문화사 관계자 여러분들에게도 고마움을 전한다.

2003년 늦여름
九重山아래 靑木堂에서 형산 정경연

경에 이르기를 기가 바람을 받으면 흩어지고, 물을 만나면 멈춘다고 하였다. 옛사람은 기가
모이고 흩어지지 않는 곳, 기가 행하다가 멈춘 곳을, 자고로 풍수風水라고 하였다

— 금낭경 中

1장 풍수지리학 개요

2장 음양오행론陰陽五行論

3장 나경패철론羅經佩鐵論

4장 용세론龍勢論

5장 혈세론穴勢論

1. 혈의 개요 281 / 2. 혈의 결지조건 283

3. 혈의 결지과정과 구성형태 284

4. 혈의 와겸유돌窩鉗乳突과 사상四象 299

5. 혈장의 4요건 308 / 1) 입수도두 309 / 2) 선익 311 / 3) 순전 312 / 4) 혈토 313

6. 물의 분합과 혈운 316 / 7. 혈장의 하수사 318 / 8. 심혈법尋穴法 321

6장 사격론砂格論

7장 수세론水勢論

8장 향법론向法論

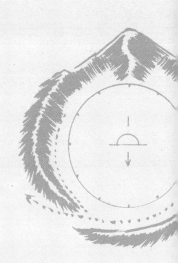

9장 형국론形局論

1장
풍수지리학 개요

풍수지리는 음양오행陰陽五行을 기초로 정리된 학문이다. 산과 물, 방위 등의 자연
현상은 일정한 법칙을 가지고 인간생활에 영향을 끼쳐 왔다. 사람들은 오랜 세월 자연
과 더불어 살아오면서 얻은 자연 이치를 정리했으니, 이것이 바로 풍수지리다.

충남 논산에 있는 계백장군의 묘

5천 결사대를 이끌고 황산벌 싸움을 했던 계백장군이 중과부적으로 밀려 결국 이곳에서 전사하고 말았다. 이 때문에 이 산을 '충장산' 이라한다. 또는 장군의 목이 떨어진 곳이라 하여 '수락산' 이라고도 한다.

1. 풍수지리학 정의

풍수지리학이란 하늘과 땅의 자연현상을 합리적으로 이해하여 인간의 발전과 행복을 추구하는 학문이다.

자연환경을 보존하면서 국토 이용의 합리성과 효율성을 극대화하고 자연과 조화된 균형 있는 개발로 인간의 안전과 편리를 도모하는 학문이다.

2. 풍수지리 원리

풍수지리는 음양오행陰陽五行을 기초로 정리된 학문이다. 산과 물, 방위 등의 자연현상은 일정한 법칙을 가지고 인간생활에 영향을 끼쳐 왔다. 사람들은 오랜 세월 자연과 더불어 살아오면서 얻은 자연 이치를 정리했으니, 이것이 바로 풍수지리다. 따라서 풍수지리는 자연과학自然科學이라 할 수 있다.

풍수風水라는 말에서 볼 수 있듯이, 풍수지리의 원리는 산과 물이 기본이다. 산은 움직이지 않고 정지停止해 있으므로, 음陰이라 한다. 물은 흐르는 것으로 움직여 운동運動하므로, 양陽이라 한다.

주지하듯이, 우주의 모든 만물은 음양의 조화로 이루어진다. 사람의 경우, 음에 해당하는 여자와 양에 해당하는 남자가 서로 만나야 자식을 낳을 수 있다. 마찬가지로 음에 해당하는 산과 양에 해당하는 물이 서로 어울려 배합되는 곳에서 혈穴이 이루어진다. 이것이 풍수지리의 간단한 원리다.

3. 형기론形氣論**과 이기론**理氣論

산과 물 등 자연의 외적인 모양을 보고 길지를 찾는 것이 형기론이다. 반면에 이기론은 방위와 시간 등의 음양오행 작용을 살펴 길흉화복을 논하는 이론이다.

형기는 외적 형상인 체體이고, 이기는 작용인 용用으로, 별개일 수 없다. 예를 들어, 사람의 외모를 보고 사람 됨됨이를 판단하는 것을 형기라고 한다면 성격을 판단하여 사람을 보는 것은 이기라고 할 수 있다.

즉 형기는 용龍, 혈穴, 사砂, 수水 등 풍수지리의 외적 변화 현상을 우선으로 보는 방법이다. 이기는 용, 혈, 사, 수의 방위를 측정한 다음, 음양오행법陰陽五行法을 따져 그 적법여부를 판단하는 방법이다.

 4. 양택풍수와 음택풍수

풍수지리학은 크게 집과 건물의 터를 잡는 양택풍수와 묏자리를 잡는 음택풍수로 나뉜다. 양택陽宅은 산 사람의 거주지이며, 음택陰宅은 죽은 사람의 안장지安葬地이다. 양택지와 음택지를 선정하는 방법은 크게 다를 것이 없으나, 양택지가 음택지에 비해 대체로 보국保局이 크다고 하겠다. 우리나라는 조선초기까지만 해도 도읍지와 마을 터를 정해 집을 짓는 양택풍수가 발전하였다. 조선중기 이후로는 유교의 조상숭배 사상과 더불어 음택풍수가 성행하였다.

풍수지리 하면 단순히 개인의 묏자리나 잡는 것으로 인식하기 쉬운데, 결코 그렇지 않다. 현대사회에 접어들면서 음택풍수보다 양택풍수가 더 빠른 속도로 광범위하게 발전하고 있다. 특히 도시화된 지역에서는 터 잡기보다는 집의 형태와 구조에 치중하는 경향이 있다.

양택과 음택은 모두 지기地氣의 영향으로 발복發福이 나타난다. 음택은 발복의 속도가 느리지만, 여러 자손에게 오랫동안 영향을 준다. 반면에 양택은 그 집에서 태어나거나 성장한 사람, 그리고 현재 거주하는 사람에 한해서 매우 빠르게 영향을 준다는 특성을 지니고 있다.

5. 동기감응론同氣感應論

현대적 의미

묘의 좋고 나쁜 기운이 후손들에게 끼치는 영향을 발음發蔭, 발복發福 또는 동기감응同氣感應이라고 한다. 조상과 후손은 같은 혈통관계로 같은 유전인자를 가지고 있기 때문에, 서로 감응을 일으킨다는 이론이다.

기氣는 에너지(Energy)이며, 우주의 본원本源이다. 동양철학에서는 기를 다음과 같이 정의하였다.

"어느 곳이든 없는 곳이 없는 무소부재無所不在한 것으로, 새로 생기지도 없어지지도 않는 불생불멸不生不滅이다. 시작도 끝도 없는 무시무종無始無終의 존재로, 불변형질不變形質이다."

언제부터 기가 이렇게 정의되었는지 자세히 알 수는 없지만 주역周易 이전의 시대로 짐작된다. 대략 5,000년 전 이상으로 보는 것이 일반적이다.

그런데 이러한 정의는 17세기 영국의 물리학자 뉴턴(Newton, 1642~1727년)의 에너지 불변의 법칙과 일치한다. 뉴턴의 에너지 불변의 법칙이 발표된 지는 약 300년 정도에 지나지 않는다. 이에 비하면, 동양의 선진적인 우주관에 감탄하지 않을 수 없다.

동양철학東洋哲學 하면 신비적이고 주술적이며 심지어 미신적이라고 생각해 온 사람들도 이제 기의 정의에 반박하지 못한다. 현대 물리학과 비추어보면, 그 정의가 같기 때문이다.

"존재하는 모든 사물은 존재를 위한 에너지 기氣를 가지고 있으며, 각자 고유한 파장波長을 가지고 서로 반응하려는 작용을 한다. 작용 전이나 작용 후 에너지의 양은 변함이 없다."

이를 에너지 불변의 법칙 또는 질량 불변의 법칙(the law of conservation of mass)이라고 한다. 결국 기의 정의와 같다.

1800년대 영국의 물리학자 존 달톤(John Dalton)은 근대 원자설의 기원에 두드러진 업적을 남겼다. 오늘날까지 과학 분야 전체에 있어서 가장 빛나는 성과를 거둔 인물로 평가되고 있다. 존 달톤은 원자의 물리적인 증명과 함께 화학적인 증거를 제시하였다. 그의 원자설은 관찰이나 측정에서 비롯된 것이 아니고, 정량적인 데이터에 기초를 두고 있다. 1808년에 발표한 그의 원자설을 요약하면 다음과 같다.

❶ 세상에 존재하는 모든 원소는 원자(atom)라고 하는 더 이상 쪼갤 수 없는 작은 입자로 되어 있다.

❷ 같은 종류의 원소의 원자는 성질과 질량이 모두 같고, 종류가 다른 원자는 성질과 질량이 서로 다르다.

❸ 화학 변화는 원자가 결합하거나 떨어질 뿐이고, 원자 자체는 새로 만들어지거나 없어지지 않는다.

❹ 원자의 구조는 원자핵(atomic mucleus)과 원자핵 주위를 둘러싸고 있는 1개에서 103개까지의 양성자(양이온)와 중성자(음이온)로 되어 있다.

❺ 물질의 원자번호는 같으나 질량수가 다른 핵종(muclide)을 동위원소(isotope)라 하며, 화학적 성질이 다르다.

이 이론과 동양의 기氣를 비교해 보면 의미가 모두 같다는 것을 알 수 있다.

❶ 항의 "세상에 존재하는 모든 원소는 원자라고 하는 더 이상 쪼갤 수 없는 작은 입자로 되어 있다"는 언급은 우주의 본원은 기이며, 이 기가 작용하여 만물을 형성한다는 말과 같다. 즉 기는 어느 곳이든 없는 곳이 없는 무소부재無所不在의 존재라는 뜻이다.

❷ 항의 "같은 종류의 원소의 원자는 성질과 질량이 같고, 종류가 다른 원자는 성질과 질량이 서로 다르다"는 언급은 조상 유골과 자손은 동기同氣로서 유전인자가 서로 같다는 뜻이다. 여기서 유골은 원소이며, 유전인자는 질량이다. 사람의 유골은 모두 같은 원소로 되어 있지만, 같은 조상과 자손끼리 감응感應을 하는 것은 질량의 차이 때문이다.

❸ 항의 "화학 변화는 원자가 결합하거나 떨어질 뿐이고, 원자 자체는 새로 만들어지거나 없어지지 않는다"는 언급은 기가 새로 생기지도 없어지지도 않는다는 불생불멸不生不滅의 원칙과 일치한다.

❹ 항의 "원자의 구조는 원자핵과 원자핵 주위를 둘러싸고 있는 양성자(양이온)와 중성자(음이온)로 되어 있다"는 언급은 기가 작용하여 만물을 형성하는 과정은 모든 것이 음양으로 나뉘고 합쳐져 음양오행의 법칙에 의해서 이루어진다는 뜻과 같다.

❺ 항의 "물질의 원자번호는 같으나 질량수가 다른 핵종을 동위원소라 하며, 화학적 성질이 다르다"는 언급은 유골이라는 원자번호는 누구나 같으나 질량수가 다른 동위원소는 유전인자에 해당하기 때문에 화학적 성질이 다른 남과는 감응을 하지 않지만, 같은 동기끼리는 서로 감응이 일어난다는 뜻이다.

기의 전달은 파장에 의해서 어릴수록 강하게, 나이들수록 약하게 나타난다
화장을 하면 무해무익

그런데 감응은 에너지 즉 기가 전달되면서 일어난다. 에너지의 전달은 파장波長에 의해 일어나는데, 파장의 크기는 질량에 따라 각기 다르다. 같은 원소(유골)라도 질량(유전인자)에 따라 파장의 크기가 다르기 때문에, 같은 크기의 파장끼리만 서로 감응을 일으킨다.

방송국의 전파 송출기와 TV나 라디오의 수신기는 같은 주파수周波數 끼리만 서로 송수신이 가능하다. 마찬가지로 조상의 유골도 자신과 동일한 파장의 유전인자를 가진 자손에게만 전달된다. 이것이 동기감응론의 현대적 해석이라 할 수 있다.

이와 관련하여 실험한 내용을, 이상명 교수(부산 동의대)는《신동아新東亞》'96년 12월호에 소개한 바 있다.

"성인 남자 3명의 정액을 채취하여 3개의 시험관에 넣고 정밀한 전압계를 각각 설치하였다. 그 다음에 이들 남자 3명을 옆방으로 데려가 차례로 전기 쇼크를 가했다. 그러자 전기 쇼크를 받는 사람의 정액에 부착된 시험관의 바늘도 동일한 시간에 움직였으며, 미세한 전위 차가 나타나고 있음을 확인하였다."

이에 대해서 이 교수는 피실험자의 몸 밖으로 배출된 정자는 피실험자와 동일한 전자 스핀(spin)을 갖고 전자기적 공명현상이 일어난다고 해석하였다. 이 실험은 텔레비전에도 방영되었다. 이는 풍수지리에서 논하는 동기감응론이 전혀 근거 없는 것이 아니라는 사실을 확인시켜 주는 실험이라 하겠다.

유골이 좋은 환경에 있으면 좋은 기를 발산하여 자손이 좋은 기를 받을 것이고, 나쁜 환경에 있으면 나쁜 기를 발산하여 자손이 나쁜 기를 받는다는 것이 동기감응론이다.

동기감응을 받아들이는 속도와 용량은 어릴수록 강하고 나이가 들수록 약하다. 감수성 예민한 어린이들은 어른들보다 사물을 받아들이는 속도가 빠르고 양도 많다. 염색체인 정자나 난자는 거의 100% 조상의 에너지를 받아들인다. 그리고 어릴수록 많이 받고, 나이가 들면 적게 받는다. 이것이 발음론發蔭論의 구체적 해석이다. 그러므로 묘를 쓰고 태어난 자손이 조상 에너지의 영향을 가장 많이 받는다고 하겠다.

그런데 화장을 하면 자손에게 영향을 줄 수 있는 유골 고유의 에너지는 파괴되어 없어진다. 좋은 기운이든 나쁜 기운이든 자손에게 아무런 영향을 줄 수 없다. 오늘날 좋은 혈을 찾는 것은 어려운 일이다. 때문에 나쁜 자리에 모실 바에야 차라리 화장을 하는 것이 조상유골이나 자손에게 좋은 일일지도 모른다.

최근 묘지 난과 함께 화장 문화가 성행하고 있다. 혹자는 풍수지리가 매장을 선호하므로 묘지 난을 가중시킨다고 비판한다. 이는 풍수를 제대로 이해 못하고 하는 소리다.

고전적 의미

《청오경青烏經》과 함께 풍수지리 최고의 고전古典이라 할 수 있는 《금낭경錦囊經》은 진晉나라 사람 곽박(郭璞, 276~324년)이 쓴 책이다. 곽박은 천문天文, 오행五行, 점서占筮에 능한 사람으로, 진나라 사마예司馬睿가 황제가 되었을 때 복지卜地와 점택占宅을 담당한 고위 관리였다.

그의 점서占筮는 대단히 영험하였으며 도道를 이루어 죽은 후에 신선神仙이 되었다고 한다. 그는 생전에 풍수에 대한 구체적인 해석을 내려 풍수지리의 기초를 확립한 인물로 오늘날까지 풍수의 비조鼻祖 또는 종사宗師로 불리고 있다.

그는 《금낭경》 제1장 〈기감편氣感篇〉에서 기氣와 동기감응同氣感應에 대해 다음과 같이 설명하고 있다.

장자승생기야 葬者乘生氣也

장사라는 것은 생기를 받는 것이다.

오기행호지중 발이생호만물 五氣行乎地中 發而生乎萬物

오행의 기는 땅속으로 흐르면서 만물을 낳는다.

인수체어부모 人受體於父母

사람은 부모에게서 몸을 받는다.

본해득기 유체수음 本骸得氣 遺體受蔭

부모의 유골[本骸]이 기를 얻으면 자식[遺體]이 음덕蔭德을 받는다.

경왈 기감이응 귀복급인 經曰 氣感而應 鬼福及人

경에 이르기를 기가 감응하면 귀복(鬼福=禍福)이 사람에게 미친다.

시이 동산서붕 영종동응 是而 銅山西崩 靈鐘東應

그래서 구리광산이 서쪽에서 붕괴하자 영험한 종이 동쪽에서 응하여
울렸다..

이에 대해 당唐나라 사람 장설張說과 일행一行, 홍사泓師 등이 각각 주
석註釋을 달았다. 그 중 장설의 동기감응에 대한 이야기를 소개한다.

張曰 漢未央宮中一夕 無故而鐘自鳴
장 왈 한 미 앙 궁 중 일 석 무 고 이 종 자 명

장설이 말하기를, 한나라 미앙궁 궐내에서 어느 날 저녁, 아무런 이유
없이 종이 저절로 울렸다.

東方朔曰 必有銅山崩者
동 방 삭 왈 필 유 동 산 붕 자

동방삭(BC.154~BC.93)이 말하기를 "필시 구리광산이 붕괴되는 일이
있었을 것이다"라고 하였다.

未幾　西蜀秦銅山崩　以日揆之　正未央鐘鳴之日
미기　서촉진동산붕　이일규지　정미앙종명지일

머지않아 서촉 땅 진령秦嶺에서 동산이 붕괴되었다는 소식이 왔다. 이 날짜를 헤아려보니, 바로 미앙궁 종이 스스로 울던 그 날이었다.

帝問朔　何以知之　朔曰　蓋銅出於銅山　氣相感應　猶人受體於父母
제문삭　하이지지　삭왈　개동출어동산　기상감응　유인수체어부모

이에 황제가 동방삭에게 묻기를 "어떻게 그 일을 알았느냐?"고 하였다. 그러자 동방삭이 대답하기를 "무릇 구리는 동산(구리광산)에서 나오는 것입니다. 기는 서로 감응하기 때문에, 마치 사람이 그 부모로부터 몸을 받는 거와 같은 이치입니다"라고 하였다.

帝歎曰　物尙爾　況於人乎　況於鬼神乎
제탄왈　물상이　황어인호　황어귀신호

황제가 탄식하며 말하기를 "미물[物]도 오히려 이러할진대, 하물며 사람에게 있어서는 어떠하겠는가! 하물며 귀신에 있어서야 어떠하겠는가!" 하였다.

又曰　銅出於銅山之　山崩而鐘自鳴　亦猶本骸同氣子孫　蒙福　自然地理也
우왈　동출어동산지　산붕이종자명　역유본해동기자손　몽복　자연지리야

또한 말하기를 "구리는 동산에서 나오는 것이니, 산이 무너지자 종이 스스로 우는 것처럼, 마치 부모의 유해[本骸]가 기가 같은 자손에게 복을 입히는[蒙福] 것과 같은 것이니, 이것이 자연지리의 이치인 것이다"라고 하였다.

동기감응의 전달 체계와 길흉화복

앞의 예에서 볼 수 있듯이, 동기감응은 반드시 일어난다고 보아야 한다. 만약 동기감응을 부정한다면 현대 과학을 부정하는 것과 마찬가지다. 세상에 존재하는 모든 물질은 에너지를 가지고 있으며, 에너지를 가지고 있는 이상 무언가에 반응하려는 속성이 있다. 그 대상은 그와 원자번호와 질량이 같은 동위원소다.

유골도 물질로 존재하는 이상 에너지를 가지고 있으며, 자신과 원자번호와 질량이 같은 동기同氣의 자손에게 반응한다. 만약 유골이 좋은 환경에서 양질의 지기地氣를 받고 있다면, 좋은 기를 발산하여 자손에게 전달해 준다. 그러나 나쁜 환경에 있다면 나쁜 기를 발산하여 자손이 이를 받을 수밖에 없다. 조상 유골을 명당길지明堂吉地에 모시려는 이유가 여기에 있다.

인간이 조상 에너지를 포함한 우주의 기를 받아들여 축적하는 곳은 인체의 뇌腦와 배꼽아래 단전丹田이라고 한다. 뇌에 전달되는 기는 판단력, 기억력 등을 높여 준다. 단전에 전달되는 기는 후손을 잇기 위한 생식生息에너지로 일부가 쓰인다. 이를 제외한 나머지 장기臟器들은 산소와 음식물의 순환계통으로 보면 된다.

인체에 흡수한 기는 호르몬 상태로 뇌와 단전에 축적되는데 이들은 서로 유통되어 서로를 보완해 주는 관계다. 예를 들어 머리를 많이 쓰는 학자의 경우 보통의 뇌에 있는 호르몬으로는 부족하다. 그래서 단전에 있는 호르몬을 공급받아 보충하게 된다. 그러다 보니 단전의 호르몬이 부족하여 성적인 욕구가 적어질 뿐만 아니라, 성생활이 원만하게 이루지지 않는 경우가 많다. 또 정자精子가 부실하여 아이 갖기가 힘든 경우도 있다.

반대로 머리를 많이 쓰지 않는 사람은 뇌에 남아도는 호르몬이 단전으로 내려가 성적인 욕구가 강해질 수 있다. 그러나 성생활을 과도하게 많이 하면 단전의 호르몬으로는 부족하므로 뇌에 있는 호르몬을 공급받는다. 이때는 뇌의 상태가 정상적이지 못하므로, 머리가 텅 빈 사람이 될 수 있다. 또 아이를 낳더라도 정신박약아가 나올 수 있다.

동기감응론에는 F=mv라는 힘의 법칙이 성립

그렇다면 조상 유골의 기는 구체적으로 어떻게 전달될까? 모든 에너지는 파장波長에 의해서 전달된다. 자연에는 음파音波, 광파光波, 라디오파, 전자기파電磁氣波 등 수없이 많은 파동이 있으며, 이에 관련된 에너지를 파동에너지라 한다.

파동에너지의 특징은 에너지 전달이 끊임없고, 규칙적인 운동에 의해서 전달된다는 점이다. 그런데 파동을 전달하는 매체가 힘[F]이 강하면 질량[m]이 많아지고 속도[v]가 빨라진다. 즉 F=mv라는 힘의 법칙이 성립한다. 이로 미루어보면, 조상 유골이 지기地氣를 많이 받아 힘이 강해질수록 많은 양의 주변 정보를 가지고 빠르게 동기의 자손에게 전달된다고 할 수 있겠다.

예를 들어, 사람의 목소리도 파장에 의해서 전달되는데 사람 개개인마다 독특한 목소리가 있다. 이는 파장의 동위원소가 각기 다르기 때문이다. 그런데 목소리가 크고 말을 빠르게 하면, 목소리가 작고 말을 느리게 하는 사람보다 파장에 실린 무게 즉 질량[m]이 크고 속도[v]가 빠르다. 기운[F]이 넘치는 사람은 큰소리로 말을 많이 빠르게 할 수 있지만, 기운이 없는 사람은 목소리도 작고 느릴 뿐만 아니라 말을 많이 하기가 곤란하다.

이와 마찬가지로 조상유골이 지기가 강한 혈지穴地에 안장되어 있으면, 혈 주변의 사격砂格과 물水 등의 좋은 정보를 가득 담아 빠르게 후손에게 전달해 준다. 지기가 약한 비혈지의 경우는 불가능한 일이다.

물체와 물체 사이에서는 서로 접촉하지 않고도 힘이 작용한다. 이를 인력引力 또는 중력重力이라고 한다. 인력은 질량을 가진 모든 물체들 사이에 작용하는 힘이다. 그런데 질량이 큰 물체가 작은 물체의 인력을 흡수한다. 즉 질량이 큰 중심점을 향하여 질량이 작은 것들이 일정한 축을 형성하면서 회전운동을 한다. 마치 지구, 화성 등이 질량이 큰 태양 주위를 회전하는 것과 같다.

혈은 기가 강하게 뭉쳐 있는 곳으로, 질량이 큰 핵核이다. 이 핵을 중심으로 주변 모든 산과 물의 기운이 모인다. 혈은 그 기운을 흡수한다. 따라서 혈 주변에 길한 사격이나 물이 있으면 혈의 발복도 길해지고, 흉한 사격이나 물이 있으면 혈의 발복도 흉해진다고 보는 것이 풍수지리의 길흉화복론吉凶禍福論이다.

6. 한국의 풍수사상

풍수사상은 개국開國의 이념적 바탕과 혁명의 당위성을 확립시켜 주는 데 역사적으로 큰 역할을 해왔다. 지배 권력자에게 그들의 지배 논리를 제공한 반면, 여기에 저항하여 새로운 세상을 기대하는 민중들에게도 변혁과 혁명의 이념을 심어주었던 것이다.

1) 후삼국 시대 - 왕건을 비롯한 지방 호족들이 세력 확대를 위해 풍수사상을 이용

신라 말 중앙 귀족들의 왕위 쟁탈전은 왕권을 약화시키고 국가의 지배 질서를 붕괴시켜, 중앙 정부의 지방 통제력을 상실케 했다. 일찍이 지방에 파견되었던 지방 수령과 본래부터 지방에 토착하여 살고 있던 호족

豪族들은 중앙의 통제력이 약화되자, 독자적으로 그들의 세력 기반을 확대해 갔다. 그들은 자신들의 지배권이 미치는 영역에다 성을 쌓아 스스로 성주城主라 칭하면서, 경제적인 것은 물론 군사와 행정에 이르기까지 지배권을 확대하여 독립적인 지위를 행사하였다.

당시 지방 호족들에게 지배 이념을 제공한 사람들은 풍수설을 터득하고 이론을 확립한 선종禪宗 계통의 승려들이었다. 그들은 지방 호족들의 전략가 역할을 하면서, 신라의 서울인 경주가 국토의 동남쪽에 치우쳐 있어 정치 지리학적으로 적절치 못하다는 논리로 지방 호족들의 세력을 확장하는 데 도움을 주었다.

이들은 경주를 단봉포란형丹鳳抱卵形이라고 설명하면서, 경주 남산이 단봉(丹鳳, 붉은색의 상서로운 봉황새)인데 애석하게도 경주에는 알이 없으므로 봉황이 날아갈 것이라고 소문을 퍼뜨렸다. 이것은 곧 신라가 망할 것이라는 소문을 나게 함으로써, 지방 호족들의 독립성을 확보하기 위한 것이었다.

또 이들은 알이 없는 봉황이 날아가지 못하게 하기 위해서는 봉황이 먹을 물을 마련해 주어 빨리 알을 낳게 해야 한다며 깊은 우물을 파도록 하였다. 그런데 실제 경주는 행주형行舟形의 대길지로 우물을 파면 지기가 쇠퇴하는 곳이다. 경주라는 거대한 배 밑에 우물이라는 구멍을 뚫어 신라라는 배를 침몰시키겠다는 의도였다.

나말여초의 후삼국 시대에 왕건을 비롯한 지방 호족들은 신라에 대항하여 독자적인 세력을 확보하고 권력을 쟁취하기 위해 풍수사상을 이용하였다. 많은 호족 세력 중 송악을 근거지로 한 왕건은 도선의 제자 경보慶甫와 천문 지리에 능한 최지몽崔知夢과 같은 학자의 도움으로 삼한을 통일하여 마침내 고려를 개국하게 되었다.

2) 고려시대 – 풍수지리가 본격적으로 등장

왕권강화 정책에 풍수를 이용

풍수설을 신봉했던 태조 왕건은 왕이 되자 통치 논리를 풍수에서 찾았다. 왕건은 그의 〈훈요십조訓要十條〉 제2항에서 "모든 사원寺院의 터는 도선이 산수의 순역順逆을 보아서 추점推占한 것이니 함부로 다른 곳에 창건치 말라. 다른 곳에 사원을 함부로 지으면 지덕地德을 손상시켜 국운이 길하지 못하다"고 했는데 이는 사찰을 중심으로 한 지방 호족 세력들의 기반을 원천적으로 없애려는 고도의 정치적 의도였다.

또한 제5항에서 "짐은 삼한 산천의 음우陰佑를 받아 대업을 이룩한 것이다. 서경西京은 수덕水德이 순조로워 우리나라의 지맥의 근본이므로 대업을 이룰 수 있는 만대지지다. (후대 왕들은) 의당 사계절에 한 번씩 순유巡遊하여 백일을 머물라. 그래야 나라가 안녕하다"고 했다. 이 내용은 자신의 고려 건국의 당위성을 강조하고, 서경을 예찬하여 고구려 영토 회복의 대업을 이룰 수 있는 전진기지로 삼을 것을 은연중에 강조한 북방정책이었다. 또한 침체된 국정의 기운을 쇄신하기 위한 서경 천도의 의도가 숨어 있는 대목이기도 했다.

제8훈에서는 "차현(車峴, 차령산맥) 이남의 금강 바깥에 있는 산형지세山形地勢가 모두 등을 돌리고 달아나므로 인심 역시 그러할 것이다. 그 지방 사람이 조정에 참여하거나, 왕후국척王侯國戚과 혼인을 하거나, 국정을 맡게 되면 혹 국가를 변란에 빠지게 할 우려가 있다. 그리고 병합에 대한 원한이 남아 있어 필시 난이 일어날 것이므로 설령 양민良民일지라도 벼슬자리에 앉히지 말라"고 하였다. 이는 왕건이 후삼국을 재통일하는 과정에서 후백제인들의 끈질긴 저항을 받아 자신이 죽음의 직전까지 빠진 경험이 있었고, 견훤과 그의 아들 신검의 패륜적 내분에 대한 혐오감으로 인해 금강 이남의 사람들에 대한 편견을 가지게 된 것이다.

그러나 실제로 왕건을 측근에서 보좌한 사람들은 경보와 최지몽 등 대개 나주를 중심으로 한 호남 사람들이었다. 그러함에도 왜 이러한 말이 등장했는지 이해할 수 없는 부분이다. 그래서 〈훈요십조〉는 후대에 조작된 것이라는 주장도 있다. 어쨌든 풍수지리설을 교묘하게 역이용한 지역 차별 정책은 오늘날까지도 호남인들에 대한 편견과 차별의 시초가 되었다.

그 후 역대 왕들은 수도 개경을 비롯하여 서경[평양], 동경[경주], 남경[한양]의 사경四京을 설치하여 풍수지리적으로 지덕을 얻고자 하였지만, 정치적으로는 지방 호적들의 세력을 견제하려고 하였던 것이다.

고려 건국 이후에도 풍수지리설은 크게 성행하여 왕권강화 정책에 이용되었다. 고려 건국 초기에는 건국공신建國功臣 세력뿐만 아니라 호족들의 세력이 대두하여 지방 행정이 호족에 의하여 좌우되는 현상이 계속되었다. 고려의 삼한 통일은 호족들의 연합에 의한 것이었기 때문에, 그들은 일정 부분 기득권을 가지고 상당한 세력을 유지하였다. 이에 왕권 신장王權伸長이 크게 저하되었으니, 이를 제압할 필요가 있었다. 고려 왕실은 지방 호족의 자녀를 서울에 머물게 하여 볼모로 삼는 기인제其人制를 실시하고, 과거제도를 시행하고, 중앙에서 장관長官을 파견하여 지방 행정을 다스리게 하였다. 또 왕도 지덕地德을 입는다는 명분으로 수시로 지방을 순시하여 그들을 견제하였다.

이렇게 풍수지리설을 정치적으로 이용한 왕권강화 정책은 광종 때 중앙집권체제 강화에 따라 지방 호족을 중앙 귀족으로 흡수시키거나, 일반 향리鄕吏의 지위로 전락시키는 데 성공하였다.

권력다툼에도 이용된 풍수지리설

지방 호족을 견제하려던 중앙집권정책은 또 다른 문제를 야기시켰다. 개경의 중앙 귀족으로 성장한 새로운 지배층은 새로운 문벌門閥을 형성하였다. 그들은 정치, 경제의 강력한 권한을 가지고 개경 중심의 정책을 폈다. 또 자신들의 지위를 높이기 위해 보다 나은 귀족과 통혼通婚하였다. 특히 최고의 귀족인 왕실과의 통혼을 통해 왕실의 외척으로서 정권을 장악하여 권세와 영화를 누리려고 하였다. 이들 권문세족權門勢族은 정권을 장악하여 왕위계승 문제에도 종종 간섭을 하여 복잡한 사태를 빚기도 하였다. 그 대표적인 사람이 왕실과 중복된 외척관계를 맺은 인주仁州 이씨李氏 이자겸李子謙이었다.

인주 이씨는 문종 임금부터 인종 임금까지 무려 7대 80여 년간을 왕실과 외척을 맺어온 집안이다. 15대 임금인 숙종만이 인주 이씨와 혼인관계를 맺지 않았지만, 숙종의 아들 예종(16대)과 손자 인종(17대)은 이자겸의 장녀와 3, 4녀 둘을 각각 왕비로 맞아들였다. 이들 인종비와 예종비의 사이는 친누이이면서 동시에 시어머니, 며느리 관계가 되었다. 이자겸이 예종 및 그의 아들 인종과 동시에 사돈을 맺고 다른 가문으로부터 왕비의 유입을 극구 막아 엄청난 위세를 떨치려고 했던 것이다.

그는 왕의 장인이라는 신분을 가지고 왕을 위협하고, 방자와 탐학으로 국정을 전횡하였다. 심지어 십팔자참十八子讖 즉 이李씨가 왕이 된다는 예언을 믿고 왕위를 탐내어, 곧 반란을 일으켜 왕을 독살하려 하다가 실패하였다. '이자겸의 난'은 귀족사회의 대립과 분쟁을 야기하며 고려 사회를 크게 동요시켰다.

내적으로는 귀족정치가 동요되고 있을 때, 대외적으로는 고려가 야만시했던 여진족이 성장하여 금金나라를 건국하였다. 금나라는 고려를 신하의 나라로 취급하며 군신君臣 관계를 요구하였다. 당시 실권자였던 이자겸과 척준경이 국제 정세와 고려 영토의 지리적 위치를 고려하여 금의 요구를 받아들였다. 이 때문에 고려인들은 자존심을 크게 상하게 되었다.

개경 중심의 귀족들의 권세와 횡포 그리고 금에 대한 굴욕적인 외교로 고려 사회는 정치적 사회적으로 점차 불안해지기 시작했다. 이런 와중에 지역 차별 철폐와 민족의 자주적 독립을 외치며 새로운 정치세력이 풍수지리사상을 이념으로 받들며 나타났다.

음양가인 승 묘청을 중심으로 문신 정지상, 일관 백수한 등 서경인들은 풍수지리설을 이용하여 "서경에 왕기王氣가 있으니 마땅히 지덕이 왕성한 서경으로 도읍을 옮겨야 한다. 왕이 그곳에서 거처하면 천하를 가히 병합할 수 있고, 금도 저절로 와서 항복할 것이다. 그밖에 36개 나라가 조공을 바치러 올 것이다"라고 주장하였다. 또 이들은 왕을 황제로칭하고 독자적인 연호를 세울 것과 금의 정벌을 주장하고 나섰다. 이는고려인의 자주정신과 주체성을 강조하여 당시 왕인 인종의 관심을 끌었다. 뿐만 아니라 일반 민중들의 절대적인 지지를 받았다. 이리하여 인종은 직접 서경에 가서 임원역林原驛 땅에 대화궁大花宮을 짓고 자주 왕래하였다.

그러나 개경을 중심으로 한 귀족세력의 반발을 사게 되었다. 사대주의에 찌든 김부식 같은 유신儒臣은 금에 대한 군신君臣의 명분론을 내세워묘청을 반대하였다. 임원주와 같은 유신은, 묘청이 황당무계한 설로써 민심을 현혹시키고 왕을 기만한다고 하여 묘청의 주살誅殺을 강청하였다.

이와 같은 귀족세력의 집단적인 반대가 심해지고 묘청에 대한 배척 운동이 크게 일어나자 인종도 서경 행차를 중단하게 되었다. 그러자 묘청은 국호를 대위大爲, 연호를 천개天開, 그 군대를 천견충의군天遣忠義軍이라 하여 서경에서 난을 일으켜 개성의 귀족세력과 대치하였다. 그러나묘청 반대파의 수장인 김부식의 지휘를 받은 중앙 군대에 의하여 1년 만에 서경이 함락됨으로써 난은 진압되고 말았다.

이와 같이 풍수지리는 변혁을 시도하려 했던 개혁파에게 명분과 수단을 제공하였다. 사실 개경은 태조 왕건이 도읍을 정한 이래 200여 년간고려의 수도였다. 귀족세력의 전통적인 본거지였기 때문에 서경천도 운동은 간단한 문제가 아니었다. 금국정벌 역시 당시의 국제 정세로 보아실현이 불가능했다. 그럼에도 묘청 등이 난을 일으킨 것은 지역 차별에대한 반발이었다. 서경으로 도읍을 옮김으로써 국가적으로 새로운 기풍을 불러일으키려고 했다. 그렇게 함으로써 그 자신은 중흥의 공신이 되어 서경인 중심의 정권을 장악하려는 의도가 있었다.

결국 풍수지리설을 이용한 '묘청의 난'은 고려의 귀족정치를 크게 동요케 하였다. 이후 정치 상황은 정중부 등에 의한 무인정권 수립에 크게 영향을 주었다.

일반 민중들에게 '신분타파'라는 이데올로기적 이념을 제공한 풍수지리

고려 귀족정치의 문치주의는 무신을 정치에서 소외시켜 문벌 귀족정치의 모순이 극도에 달했다. 관직을 독점하고 농장을 확대하는 데 광분하였으며, 뇌물이 공행公行하였다. 농민에 대한 수탈이 극심하게 자행되어 정치 기강이 문란하여지고 국가의 재정난이 심해졌다. 이에 정중부, 이의방 등이 쿠데타를 일으켜 개경의 귀족 문신들 대부분을 학살하고 무인정권을 수립하였다.

문인정권이 모화사상慕華思想으로 중국의 범위를 벗어나지 못한 반면에, 무인정권은 대외적으로 주체성이 매우 강했다. 몽고와 근 30년 동안 항쟁할 만큼 독자적이고 자주적인 성향이 강했다. 이때는 사회 경제적인 면에서 많은 변화가 있었다. 문신의 학대를 받던 무신이 문신을 호령하게 되었을 뿐만 아니라, 미천한 신분층에서 귀한 자리에 오른 자가 많이 생겨났다. 또 학대에 신음하던 노비 등 하부계층에서도 신분해방 운동이 활발하게 일어났다.

전통적 신분 질서에 동요가 생기자 이에 자극을 받은 농민, 노비 등 하층민 등이 전국 각지에서 민란을 일으켰다. 그 중에서도 동경을 중심으로 한 김사미, 효심 등의 민란이 가장 치열하였다. 이들은 "개경의 지기가 다해 고려의 왕업이 끝나고 동경의 신라가 다시 지기를 얻어 부흥할 것이다"라는 풍수지리설을 이용하였다.

또 경주 출신인 이의민李義旼은 도참에 나오는 "용손십이진龍孫十二盡 갱유십팔자更有十八字" 즉 "왕씨王氏가 12대에 그치고 이씨李氏가 득국得國

한다"는 설을 이용하여 신라 부흥의 야망을 가지고 반란을 일으켰다. 이들은 신라 부흥을 구호로 삼았지만, 이는 경상도 일대의 호응을 얻기 위한 것이었다.

신분해방 운동을 위한 노비, 농민들의 투쟁은 개성의 사노私奴 만적의 봉기가 최충헌에 의해 진압됨으로써 실패하고 말았다. 그러나 신분해방 운동은 역사적으로 크게 주목을 끈 거사였다. 노비, 농민 등 하층민들에게 혁명의 이념을 심어주어 그들이 서로 규합하여 지역별로 연합할 수 있게끔 한 수단은 역시 풍수지리설이었다.

여기서 풍수지리는 집권세력뿐만 아니라, 민족의 주체성을 확립하고자 했던 개혁세력과 소외되고 천대받던 일반 민중들에게도 신분타파의 혁명적 반지배 이데올로기적 이념을 제공하였음을 알 수 있다.

신돈은 풍수설로 인심을 다스리려다 실패

고려는 14세기 중엽, 외환外患과 내우內憂가 겹치고 경제질서의 붕괴, 정치기강의 해이, 신진세력의 대두 등으로 사회가 크게 동요되어 혼란해졌다. 31대 공민왕은 반원자주정책을 수행하고 내정쇄신에 힘써 각종 개혁을 단행하였다. 그 일환으로 강력한 기반을 가진 권문세족의 세력을 제압하기 위해서 어느 세력과도 관련이 없고, 신분적으로도 계급을 초월한 사비승 신돈을 국사로 등용하였다. 신돈은 권세가와 부호들이 점령하고 빼앗은 토지와 노비를 조사, 정리하여 이를 원래 주인에게 돌려주었다. 또한 노비로서 양인이 되기를 원하는 자들은 해방시켜 주었다. 이로써 신돈은 하층민들 사이에서는 크게 환영을 받았지만, 상층 계급에서는 원한과 비난을 받았다. 이와 같은 신돈의 전민田民정책은 급진적이고 혁명적이었다. 그러나 정치 경험과 세력이 부족해 권세가들의 줄기찬 반대에 봉착하게 되었다.

그는 권세가들의 세력을 꺾기 위해 권문세족의 본거지인 개성에서 다른 곳으로 도읍을 옮길 필요성을 느꼈다. 그래서 《도선비기道詵秘記》를 들어 서경과 충주를 그 후보지로 추천하여 왕에게 권하고 이를 서둘게 하였다. 그러나 개성에서의 기득권을 유지하려는 권문세족들의 반발에 의해서 개혁정책은 실패하였다. 신돈은 국왕 살해의 혐의로 유배되었다가 마침내 주살되고 만다. 고려 말기 공민왕과 신돈의 개혁정치를 뒷받침한 것은 풍수지리설이었다. 신돈은 풍수설로써 인심을 다스리려 했으며 자신의 세력 기반을 닦으려 하였다.

고려 말, 내적으로는 귀족들의 권력다툼이 치열하였다. 외적으로는 원과 명나라의 세력 교체기였다. 이 때문에 외교정책을 둘러싸고도 귀족간에 대립이 오래 지속되었다. 최영이 명나라의 무리한 요구에 대항하여 요동 정벌에 나서자, 이성계는 이에 반대하여 위화도에서 회군하여 고려를 멸하고 조선을 세웠다.

이성계는 정치적인 실권을 장악하기 위하여 구귀족 세력기반을 빼앗는 동시에 자신을 중심으로 하는 새로운 세력기반을 구축하고자 하였다. 그는 친명외교, 억불숭유, 사전개혁 등 여러 정책을 통하여 집권 지도이념을 세웠다.

그러나 역성혁명에 대한 거부감과 명에 대한 지나친 사대사상 때문에 고려를 추종하는 구세력들의 반발을 샀다. 그는 고려의 흔적이 뿌리 깊게 남아 있는 개경을 떠날 필요성을 느꼈다. 새로운 땅에 도읍을 옮기고 국가의 면목과 인심을 새롭게 할 필요성을 느낀 것이다.

그래서 그는 무학대사의 풍수지리 의견을 들어, 개경의 지덕이 이미 쇠했다는 명분으로 새로운 국도 후보지를 물색하였다. 그리고 1394년 태조 3년에 지덕이 왕성하다는 남경인 한양으로 천도하였다. 여기서 이성계는 풍수지리 사상을 자신의 역성혁명에 대한 당위성과 명분을 쌓는 데 이용하였다.

3) 조선시대 — 풍수는 유교의 효孝 사상과 결합하여 크게 발전

조선 왕조는 유교를 지배이념으로 삼았다. 풍수는 유교의 기본 전제인 효孝 사상과 결합하여 큰 발전을 보게 되었다. 풍수지리 논리에 의하여, 경복궁을 위시하여 종묘사직은 물론, 전장 17Km나 되는 도성을 연인원 19만7천 명이나 동원하여 축조하였다.

또 북악산, 인왕산, 남산 등에서 흘러나오는 물과 민가의 하수구에서 흘러나오는 물이 모아져 흐르게끔 청계천 공사를 하였다. 또한 종로를 도시의 심장부로 만드는 시가건설을 시행하였다. 그리고 각 고을의 도읍을 정하였다. 도시계획 등 국토의 재편성 사업과 도읍의 행정체제 정비 과정에서도 풍수지리가 학문적 이론을 제공하였음을 알 수 있다.

정도전의 주장대로 북악산을 주산으로 한 경복궁이 건설

풍수지리는 도읍의 결정, 도성 및 궁궐의 수축, 각 지방의 행정체제 정비 등에 긍정적인 역할을 했다. 그러나 궁궐의 주산 문제를 두고 무학대사와 정도전 사이에 첨예한 대립이 일어났다. 무학대사는 인왕산을 주산으로 하여 동쪽으로 궁궐을 향하게 하자고 주장하였다.

반면에 정도전은 예로부터 군주는 남쪽을 바라보며 정사를 펼쳐야 하는 만큼, 북악산을 주산으로 삼아 인왕산을 백호, 낙산을 청룡으로 하여 남향으로 하여야 한다고 주장하였다. 결국 유신인 정도전의 주장대로 북악산을 주산으로 한 경복궁이 건설되었다.

이는 단순한 풍수 논쟁이 아니라 불교와 유교의 대립으로 보여진다. 불교를 대표하는 무학대사가 유학의 대표자인 정도전에게 밀려남으로써, 불교세력이 조선의 현실정치에서 완전히 퇴보하는 결과를 초래하였다. 고려와의 차별성을 위한 조선의 숭유억불정책崇儒抑佛政策이 완전한 기틀을 마련한 것이다.

조선시대 관리를 등용하는 과거시험에 '음양과陰陽科'가 포함

풍수지리는 조선사회의 전문기술직으로 대우를 받았다. 조선시대 관리를 등용하는 과거시험 잡과雜科에 음양과陰陽科가 포함된 것이다. 양반이 볼 수 있는 문과文科와 무과武科 외에 중인中人이 볼 수 있는 잡과雜科 시험은 역과(譯科 : 한학, 몽학, 왜학, 여진학), 의과醫科, 율과律科, 음양과陰陽科가 있다. 음양과는 영의정이 겸임하는 관상감觀象監의 주관아래 천문학天文學, 과학科學, 지리학地理學으로 나뉘었다. 지리학 시험은 3년마다 보는 식년시式年試에, 초시初試에 4명을 선출하고 복시覆試에 2명을 뽑았다. 이들은 궁궐 및 왕릉의 선정과 이전 등에 관한 실무를 담당하였다. 흔히 지관地官이라는 칭호는 이들을 말한다.

왕권안정을 위해 교하천도를 꿈꾼 광해군

조선사회의 건국 지배이념인 성리학이 발전하면서 차츰 당파가 형성되기 시작했다. 이리理와 도道를 중요시하며 보수적 성향이 강한 퇴계학파退溪學派의 동인東人과 기氣를 중요시하며 진보적 성향이 강한 율곡학파栗谷學派의 서인西人으로 분파되어 권력투쟁이 시작되었다. 심한 당쟁黨爭은 국론을 분열하고 사회기강을 해이하게 만들어 마침내 임진왜란을 불러일으켰다.

7년간의 전쟁으로 전국토가 황폐화되고 민심이 흉흉해지자, 광해군은 풍수지리설에 의한 교하천도交河遷都를 꿈꾼다. 이것은 '왜란과 한양 주변의 산들이 붉게 물드는 변괴가 계속해서 일어나고 관리들이 분당하는 것은 모두 도성의 왕기가 쇠한 데서 기인한다'는 이의신李懿信의 상소에서 비롯되었다. 광해군은 이의신에게 교하의 산세를 살펴보라고 명을 내리기도 하는데, 이는 풍수지리설을 이용한 광해군의 왕권안정책의 일환이었다.

왕비가 아닌 후궁 공빈恭嬪 김씨의 차자次子 소생인 광해군은 선조의 뒤를 이을 세자로 책봉되었다. 하지만 장자 임해군이 있다는 이유로 명나라의 고명誥命을 받지 못했다. 더구나 선조의 계비繼妃 인목왕후仁穆王后에게서 영창대군이 출생하자, 선조는 영창대군을 세자로 책봉하여 왕위를 물려주려고 한다. 이 때문에 조선조정은 적통론嫡統論을 내세워 선조의 뜻을 따르려는 소북파小北派와 정통을 내세워 광해군을 지지하는 대북파大北派로 크게 나누어진다. 그런데 선조가 갑작스럽게 죽는 바람에 광해군이 제15대 왕으로 등극하였다. 하지만 그의 입지는 불안하였다. 광해군은 조선의 안온을 위하여 일방적인 대명 사대보다 후금과도 적당한 관계를 맺는 중립적인 등거리 외교를 펼쳤다.

그러나 대명 사대주의가 골수에 사무친 중신들의 반발에 부닥치게 된다. 그때 광해군을 옹립한 대북파의 강청에 의하여, 임해군과 영창대군을 죽이고 인목대비를 폐하는 폐모살형제廢母殺兄弟가 일어나자 서인들의 반발과 인심이 크게 동요되었다. 결국 광해군은 이를 타개하고 자신의 정치를 펴기 위해서 수도를 옮길 것을 생각하게 되었는데, 그 명분을 풍수지리에서 찾았다. 그러나 교하천도론交河遷都論이 공론화도 되기 전에 인조반정이 일어나 광해군은 폐위되고 말았다.

광해군의 폐위와 인조의 등극으로 신경이 날카로워진 후금이 명나라를 정벌하기 위해서 먼저 그 배후를 위협하고 있는 조선을 침입하였다. 정묘호란과 병자호란이 잇달아 일어나게 된 것이다.

**풍수사상으로 고통에 처한 민중들에게 희망을 심어준 '홍경래의 난',
그리고 실학사상**

인조에 이어 강력한 북벌정책을 펼쳤던 효종이 죽자, 조선은 또 한 번 풍수지리와 관련된 당쟁에 휩싸이게 된다. 처음 효종의 장지를 결정한 인물은 남인南人의 거두이자 당시 풍수에 능한 예조참의禮曹參議 윤선도였다. 그는 수원부 청사 뒤, 지금의 사도세자와 정조의 능이 있는 융건릉 자리를 지목하였다. 그러나 반대파인 서인西人의 거두 송시열이 장지를 결정하는 데 풍수설을 좇을 것이 없다며 반대하고 나섰다. 결국 효종은 지금의 구리시 동구릉에 안치되었다가, 다시 여주의 영릉寧陵으로 옮겨졌다. 뿐만 아니라 효종이 죽자, 인조의 계비인 장렬왕후 조대비(1624년생)가 효종(1619년생)의 죽음에 대해 상복을 3년 입어야 하느냐, 1년 입어야 하느냐를 가지고 치열한 논쟁이 벌어졌다. 즉 예송禮訟 문제였다. 송시열을 비롯한 서인들은 부모가 맏아들에 대해서는 3년상을 치러야 하지만, 둘째 이하의 아들에 대해서는 1년상을 치러야 한다는 《주자가례》를 들어 1년상을 주장하였다(효종은 형인 소현세자가 요절하자 왕위에 오른, 인조의 둘째아들이다). 이에 대해 허목 등 남인들은 왕 앞에선 어머니도 신하이므로 3년상을 치러야 한다고 주장하였다. 결국 송시열의 주장대로 조대비가 1년 복을 입는 것으로 낙착되었으나, 이후 서인과 남인과의 치열한 싸움이 전개되었다.

임진왜란 및 병자호란과 치열한 당쟁싸움으로 인해 조선사회는 사회, 경제적으로 모순이 격화되었다. 이런 와중에 서양문물의 전래는 새로운 자극과 각성을 싹트게 했다. 바로 실사구시實事求是의 학문인 실학實學이다. 거듭되는 당쟁에서 큰 화를 입은 남인계열의 학자들은 불합리한 사회체제의 개혁방도를 실학에서 찾았다. 이들은 정치, 경제, 농학, 역사, 언어, 금석, 지리, 지도 등 각 분야에 걸쳐 수많은 명작들을 남겼다. 이때 풍수지리도 국토에 대한 사실적이고 현실적인 문제로 접근되기 시작했다. 이 당시의 책들로는 이중환의 《택리지擇里志》, 홍만선의 《산림경제山林經濟》, 서유구의 《임원경제십육지林園經濟十六志》, 신경준의 《산경표山徑表》, 김정호의 《대동여지도大東輿地圖》 등이 있다.

실학의 바탕 위에 영조와 정조시대는 정치, 경제, 문화적으로 비교적 안정된 시기였으나, 이후부터는 세도정치가 출현하여 조선사회 전반에 걸쳐 큰 혼란이 야기되었다. 주로 외척세력이 발호하여 왕권을 약화시키고 정치를 부패시켰으며, 전정田政·군정軍政·환곡還穀 등 삼정三政이 문란해져 민중들이 도탄에 빠졌다.

이러한 정치적 혼란은 민중의 항거로 나타나게 되는데, 조선 정부를 비난하고 저주하면서 비기秘記와 도참설圖讖說이 민간에 널리 유행하였다. 비기와 도참은 풍수지리 사상을 바탕으로 도탄에 빠진 민중들을 구한다는 내용이다. 풍수사상은 고난과 고통에 처한 민중들에게 희망과 혁명의 이념을 심어주고 신분해방을 위한 투쟁을 할 수 있도록 방법을 제시하였다. 그 시발점이 바로 '홍경래의 난'(1811년)이다.

청강의 풍수지사風水地師 홍경래와 가산의 풍수지사 우장서, 태천의 역사 김사용의 주도하에 민중들은 세도정치의 반대와 반봉건적인 사회건설을 외치면서 서북지방에서 대규모의 반란을 일으켰다. 반란을 주도한 홍경래는 농민과 광산노동자, 반정부적인 지식인, 몰락 잔반층, 소외된 토호층, 신흥 사상층을 회유하고 규합할 때 풍수지리설로 그 방편을 삼았다.

당시 반란의 주도자들은 풍수사로 지칭하여 관서지방 이곳 저곳을 돌아다니면서 사회 기층세력을 규합하였던 것이다. 당시만 해도 일반 서민들은 공간활동의 제약을 받았지만, 풍수사들은 언제 어느 때라도 행정구역에 상관없이 왕래할 수 있었다. 이는 조선사회가 효를 중요시하는 유교사회였기 때문으로, 조상의 묏자리를 찾아다니는 풍수활동은 제약을 받지 않았다.

홍경래의 반란과 같은 체제에 대한 항거가 자주 일어나 사회질서가 더욱 혼란스러워졌다. 일족전제적一族專制的인 세도정치는 안동김씨安東金氏에 이르러 왕권을 더욱 약화시켰다. 사회 기반은 피폐되어 조선은 대수술을 하지 않으면 안 되게 되었다.

동학이 창도되면서 민간신앙과 풍수지리설을 이용한 《정감록》이 등장

오랜 세도정치하에서 왕실 종친의 인물들이 모두 희생되기도 하였다. 이때 온갖 박해와 수모를 당하면서 남다른 기지와 위장된 탕행으로 인내하면서 왕실의 복권을 꿈꾸던 사람이 있었다. 바로 홍선군 이하응이다.

그는 왕실의 복권을 위하여 대명당을 찾아 아버지 남연군을 이장하였다. 그리고 그 발복으로 둘째아들 명복이 태어났다. 철종이 후사가 없이 죽자, 열두 살의 어린 아들을 즉위케 한 후 대원군은 섭정의 권력을 잡고 과단성 있는 개혁정치를 단행하였다.

우선 그는 왕권을 강화하기 위해서 안동김씨 일파를 몰아내고, 문벌과 지방 차별을 철폐하여, 능력과 기능 위주로 인재를 등용하였으며, 지방 세력의 본거지이자 당쟁의 소굴이었던 서원 철폐를 단행하였다. 또 외세 침략의 위기를 극복하기 위해서 천주교를 탄압하고 쇄국정책을 실시하였다.

대원군이 세계 열강들의 개방 압력을 강경하게 물리치고 쇄국정책을 더욱 강화하자, 통상 압력과 침략 실패를 거듭한 외세는 흉악한 음모를 꾸몄다. 대원군의 기세가 충청도 덕산 땅 가야산에 있는 그의 아버지 남연군의 묘 기운에서 나온다는 조선 천주교 신도들의 말을 믿고, 남연군의 묘를 도굴하여 유골을 가지고 대원군에게 압력을 넣기 위해 야밤에 도굴을 강행하였다. 그러나 분묘 내부가 견고하여 도굴에 실패하고 마는데, 이 사건은 조선 정부로 하여금 서양인에 대한 반감을 한층 더 고조시켰다. 결국 쇄국의 결의를 더욱 다지게 하였다.

여기서 풍수지리가 외세의 침략 도구로도 이용되었음을 알 수 있다. 결국 풍수사상에 의한 남연군묘 도굴 사건은 역사적으로 우리 근세사에 막대한 영향을 주었다. 풍수사상은 민족주체 사상으로 구미 열강의 다툼 속에서 외세에 대항하여 민족적, 반외세적 저항을 할 수 있는 자극제가 되었던 것이다.

조선 왕조의 사회질서를 확립하는 데 절대적 역할을 했던 성리학이 더 이상 지배 사상이 될 수 없게 되자, 일반 민중들 사이에서 동학東學이 창도되었다. '인간은 곧 하늘' 이라는 인내천人乃天 사상을 기반으로 한 동학은 초세속적超世俗的인 윤리관만으로 민중을 흡수할 수 있는 힘을 지니지 못하자, 여기에 주술呪術로써 악질을 치료할 수 있다는 민간신앙과 풍수지리설을 이용한 《정감록》 등을 이용하였다. 개벽사상과 함께 퇴폐적인 양반사회를 일소하고 외세도 물리칠 수 있다는 민족주의를 강조하여 일반 민중들을 폭넓게 흡수하였다.

동학의 지도자 전봉준은 비기를 믿어 천하의 명당이라는 곳을 찾아다니면서 일시적으로 머물기를 좋아하였다. 또 세력을 규합할 때는 풍수사로 가장하여 돌아다녔다. 그런데 동학란의 주모자 전봉준을 잡기 위해 조정에서 파견된 토벌군 대장 박동진은 상복으로 변장하고 나섰다. 나머지 병사들은 하인으로 변장하여 태인으로 내려가 전봉준에게 쉽게 접근하여 체포하였다고 한다. 동학혁명의 주모자가 풍수설을 신봉하자, 그를 잡아들인 토벌군 대장 역시 풍수설을 이용하였던 것이다. 동학혁명을 통해 표출된 자주적 민족적 반외세적 이념에는 풍수지리 사상이 있었던 것이다.

4) 일제시대 – 일제의 탄압으로 풍수사상은 침체, 왜곡되기 시작

한일합방에 성공한 일제는 그들의 식민지 통치를 위하여 민족정신 말살정책을 폈다. 그들은 조선침략 정책의 일환으로 한반도의 쌀이나 지하자원을 수탈해 가기 위해서 전국에 걸쳐 토지조사를 실시하였다. 이때 풍수지리에 밝은 조선인 13명을 선정하여 소위 '13인 위원회'를 만들어 이 땅의 명당 즉 장군이 나올 만한 자리라든가, 큰인물이 나올 만한 장소를 물색하여 혈맥을 끊었으며, 도로나 철로를 내면서 고의로 산맥을 잘랐다. 험준한 산악지대같이 혈맥을 끊을 수 없을 때는 쇠말뚝을 박아 산의 정기를 끊고자 하였다.

이것은 매우 교활한 민족정기 말살정책의 하나였다. 당시 풍수사상은 민족사상으로서 고통과 박해를 받는 민족과 백성들에게 희망과 위안을 주고 있었다. 각 고장의 마을이나 산, 바위 등에는 '장군봉'이라는 이름이 붙으며 전설이 떠돌았는데, 그것은 나라가 어지럽고 백성이 고난을 당할 때는 장군이 나타나 나라와 백성을 구해준다는 것이다. 일반 백성들은 이를 믿어 독립에 대한 희망을 저버리지 않고 일제에 항쟁할 수 있었던 것이다. 일제는 우리 민족의 토지관이자 인문지리관인 풍수사상을 미신화시킴으로써 민족사상을 비하하고 말살하려는 정책을 썼던 것이다. 그러면서도 그들은 한반도의 지형이 나약한 토끼 형국이라고 하였다. 이에 대해 육당 최남선은 한반도 지형은 호랑이가 발을 들고 동아 대륙을 향하여 나르는 듯 생기 있게 달려드는 형상이라고 반박하였다.

일제는 조선왕조 500년 동안 왕이 집무하던 경복궁 근정전 앞에 있는 건물을 허물고 근정전 앞을 가로막는 조선 총독부 청사를 지었다. 하늘에서 내려다보면 대大자인 북악산과 일日자인 조선 총독부 건물, 본本자인 경성 시청(현 서울시청)과 어울려 대일본大日本자의 형상이다.

일제는 민족문화를 말살하기 위해서 신사참배를 강요하고, 신사의 위치를 각 도읍의 진산 정혈正穴에다 설치하였다.

또한 일제는 매장 및 화장에 대한 취재규칙을 제정하여 개인 묘지를 일절 불허하였다. 공동묘지만을 허용하고 화장을 적극 장려하였는데, 이는 우리의 전통 풍속과 관습을 무시한 조치였다. 이러한 일제의 탄압으로 풍수사상은 침체, 왜곡되어서 지금까지 내려오고 있다.

5) 현대 – 세계화할 수 있는 문화 상품적 가치가 높은 한국의 풍수지리

일제의 탄압으로 침체된 풍수사상이 해방 후에도 미신으로 격하되었다. 6.25 전쟁을 통하여 물밀듯이 들어온 서구문화의 영향으로 풍수사상뿐만 아니라 우리 전통문화는 비합리적인 것으로 천시를 받았다.

그러나 풍수사상은 국가의 큰일에 나름대로 역할을 하였다. 국립묘지의 선정이라든지 정신문화원 터 등, 국가사회의 주요 시설물 터를 잡을 때 풍수지리적인 입지 조건을 제일 먼저 고려했던 것이다.

1980년 이후 경제가 발전하고 민족의 주체성이 강화되면서 전통 풍습에 대한 정부와 국민들의 관심이 고조되기 시작했다. 풍수지리도 젊은 학자들 사이에서 연구가 활발해지고 일반 국민들도 미신이라는 개념에서 벗어나 자연지리 현상으로 이해하려는 경향이 늘어나고 있다.

특히 환경문제가 심각해지면서 이를 해결하는 대안으로 풍수지리가 활용되고 있다. 뿐만 아니라 문화재의 보호나 관리, 역사교육과 관광자원으로서 풍수지리가 응용되고 있다.

90년 이후로는 풍수지리와 관련된 무수한 책들이 출판되기 시작했으며 건축과 조경, 지리, 문학 분야 등에서 많은 석사와 박사 논문들이 발표되었다. 또 대학과 대학원에 풍수지리학과가 정규과정으로 개설되어 풍수지리가 공인된 학문으로 인정받고 있다.

최근 인터넷의 보급과 함께 각종 풍수관련 사이트들이 등장하여 풍수지리가 급속도로 일반인들에게 쉽게 다가감으로써 저변이 확대되었다. 대학의 사회교육원이나 언론사와 백화점의 문화센터를 비롯한 각종 사설 강좌에서도 풍수지리가 인기를 모으고 있다.

그런데 오늘날 풍수지리는 묘지난과 화장문화의 확대로 음택보다는 양택과 인테리어 쪽에 더 관심이 집중되고 있다. 이는 홍콩에서 정립된 양택풍수와 인테리어 풍수가 미국을 비롯한 서구에 보급되면서 유행하게 되자, 우리나라도 그 영향을 받은 것 같다.

그러나 한국의 풍수지리는 유구한 역사와 전통을 가지고 있으며, 풍수지리에 대한 관심이 일반인에게 확대되고 있는 추세이다. 또 중국은 문화혁명 이후 전통적인 풍수지리가 단절된 반면, 한국은 재야학자들의 노력으로 그 맥을 유지하면서 오늘에 이르고 있다.

최근 뜻 있는 젊은 풍수 학인들을 중심으로 한국 고유의 풍수사상을 세계화하려는 노력을 하고 있다. 현대는 문화가 높은 부가가치를 창출해 내는 시대다. 그런 의미에서 한국 풍수는 세계화할 수 있는 문화 상품과 사상으로 나름대로 훌륭한 가치를 지녔다고 볼 수 있다.

7. 풍수지리의 역사와 서적

예로부터 인간은 생존을 위해서 또는 생활의 편리를 위해서 자기가 생활할 터전을 찾아왔다. 원시사회에서의 거주지(좋은 자리)는 먹고 쉬고 자는 데 편리했다. 뿐만 아니라, 적으로부터 자신과 동족을 보존하고 번창시키는 데 용이했다. 이렇게 풍수지리는 안전 편리하면서 발전 가능한 땅을 찾는 데서 발생하였다.

풍수지리학의 기원은 상고시대까지 소급해 가지만, 이는 초기의 형성 과정에 지나지 않는다. 때문에 이론이나 응용면에서 체계를 갖추지는 못했다. 그러다가 지금으로부터 약 2000여 년 전 중국 후한後漢 때 음양이치에 통달한 청오자青鳥子라는 사람이 풍수지리의 원전元典 격인《청오경青鳥經》을 저술하여 반포한 것이 풍수지리학의 역사적 기원이 되었다.

1) 한나라 시대와《청오경靑鳥經》

중국 한漢나라 시대에는 조상의 묘지가 후손에게 영향을 준다고 믿어왔다. 또한 후한 장사가 효도하는 길이라고 생각했다. 이는 우리나라 부족사회에서도 마찬가지였다.

특히 부족연맹체 중 가장 고도의 문화수준을 가진 부여夫餘는 조상숭배와 영혼불멸을 믿어 장례식을 후하게 지내는 풍습이 있었다. 그들은 여러 달에 걸친 장례식을 영광으로 알았고 많은 부장품副葬品을 묻었으며 심지어는 순장殉葬까지도 행하였다. B.C 37년경 주몽朱蒙이 이끄는 부여의 일족이 건국한 고구려高句麗 역시 후장厚葬을 행했고 금과 은 등 보배를 부장副葬하여 적석총積石塚을 만들었다. 옥저沃沮에서는 온 가족을 한 곽槨에 매장하고 곽 주위에다 미곡米穀을 두어 사자死者의 식량으로 하는 등 영혼불멸의 사상에 근거한 가족공동 묘지가 행해졌다.

《청오경》은 작자미상의 책으로 후한 때 저술된 것으로 알려져 있으나, 후대의 위작僞作이라는 설도 있다. 《청오경》이라는 책이름에서 따와 편의상 작자를 청오자靑烏子라고 부른다. 청오자는 백 살을 넘게 살다 신선이 되었다고 하는 반인반신半人半神의 선인仙人이라고 전해진다.

《청오경》의 내용은 음양 이법과 생기 그리고 산의 형상에 대해서 매우 간결하게 기술하였다. 문장 한 구 한 구를 비결이나 격언처럼 열거해 놓아, 읽는 것만으로는 뜻을 이해하기 어렵다. 이런 난해함으로 인하여 후세의 학자들에게 자유로운 해석의 여지를 제공하였는데, 가장 오래된 책이므로 장경葬經으로 존중되었다. 그 후 당나라 사람 양균송楊筠松이 주석을 달아 해석을 하였다. 원문은 편篇이나 장절章節 구분 없이 사자일구四字一句의 한 문장으로 연속되어 있다.

조선시대 지리과地理科 과거시험에는 《청오경靑烏經》, 《금낭경錦囊經》, 《호순신胡舜申》, 《명산론明山論》이 4대 필수과목이었다. 그 중에서 《청오경》과 《금낭경》을 가장 중요시하였다.

2) 진나라 시대와 《금낭경錦囊經》

지금으로부터 약 1700년 전 우리나라 삼국시대에 즈음하는 중국의 진晉나라 때 사람 곽박(郭璞, 276~324년)이 《청오경靑烏經》을 인용하여 《금낭경錦囊經》을 저술하였다. 그는 책 곳곳에 '경왈經曰' 하면서 《청오경靑烏經》을 인용하였다. 이 때문에 《청오경》을 장경葬經이라 하고, 《금낭경》은 장서葬書라고 부른다.

《금낭경》은 상하上下 2권 8편으로 되어 있다. 전체 내용이 간략하고 짧아 모두 2000여 자字에 불과한데, 간결하면서도 군더더기가 없다. 또

다루고 있는 범위가 매우 넓어 풍수고전 중에서 최고로 친다. 상, 하권의
내용은 다음과 같이 구성되어 있다.

• 상권은 5편으로 구성

1편 〈기감편氣感篇〉, 2편 〈인세편因勢篇〉, 3편 〈평지편平支篇〉,
4편 〈산세편山勢篇〉, 5편 〈사세편四勢篇〉

• 하권은 6편부터 구성

6편 〈귀혈편貴穴篇〉, 7편 〈형세편形勢篇〉, 8편 〈취류편取類篇〉

이 책은 풍수지리에 대한 구체적인 해석을 내리고, 풍수의 이론과 실
천을 전체적으로 기술함으로써 풍수지리학 발전에 크게 공헌하였다. 이
장서를 《금낭경錦囊經》이라고 하는 어원의 유래는 다음과 같다.

당나라 황제 현종이 지리를 잘 아는 홍사泓師라는 신하를 자주 불러서
산천의 형세를 물어보았다. 그때마다 홍사는 장서를 인용하여 설명하였
다. 어느날 현종이 홍사에게 그 책을 요구하였다. 홍사는 책을 바치면서,
이 책은 세상에서 귀한 책으로 함부로 다른 사람에게 보여서는 안 되는
비보서秘寶書라고 말하였다. 이 말을 들은 현종은 이 책을 비단으로 만든
보자기 즉 금낭錦囊에 넣고 다시 장롱 깊이 넣어 보관했다. 이때부터 《금
낭경》이란 이름이 유래되었다.

《금낭경》은 당나라 연국공燕國公 장설張說과 승려인 홍사泓師, 역시 승
려인 일행一行 등이 주석을 달아 설명한 판본板本이 전해지고 있다. 조선
시대 지리과地理科 과거시험에서 《청오경》과 함께 배강(背講, 암기)의 필
수과목이었다.

3) 당나라 시대

우리나라의 통일신라시대에 해당되는 당나라 때는 모든 문화가 찬란하게 꽃피웠다. 풍수지리학도 마찬가지로 크게 발전하였다. 이 때는 간단한 나경패철羅經佩鐵을 이용하여 방위와 좌향坐向을 측정하기 시작하였다. 양균송楊筠松, 장설張說, 홍사泓師, 장일행張一行, 증문적曾文迪, 요금정廖金精, 복응천卜應天 등 풍수지리학 방면에 많은 인재가 배출되었다.

별호가 구빈선생救貧先生인 양균송은《청낭경靑囊經》,《감용경撼龍經》,《의용경疑龍經》,《사대혈법四大穴法》,《도장법倒杖法》 등을 지어, 그때까지만 해도 한낱 술법으로 전해 내려오던 풍수지리설을 체계적인 학문으로 정립하였다. 특히 팔십팔향법八十八向法을 정리한 것으로 알려져 있다. 그의 이론은 묘나 집의 좌향坐向을 결정하는 데 사용해 왔는데, 오늘날의 풍수지리학에도 많은 영향을 미치고 있다.

우리나라 풍수지리학의 시조인 도선국사의 스승이라고 알려진 일행선사一行禪師 장일행張一行은 곽박의 장경을 해석하면서 나라의 땅을 화식지지(貨殖之地, 재화가 많이 나는 땅), 용문지지(用文之地, 문사가 많이 나오는 땅), 용무지지(用武之地, 무관이 많이 나오는 땅) 등으로 나누어 자연환경을 관찰하였다. 또《대연역분도大衍曆分度》를 저술하였다.

소문관학사昭文館學士를 지낸 복칙외卜則巍는 《설심부雪心賦》를 저술하였는데, 문장이 간결한 형기학形氣學 위주의 책이다. 이를 청나라 사람 맹천기孟天其 등이 주석을 달아 설명하였다.

4) 송나라 시대

우리나라의 고려시대에 해당되는 송나라 때의 풍수지리학은 이기론理氣論 방면에 크게 발전하였다. 소강절(邵康節, 1011~1077년)은 하도와

낙서의 도수를 응용한 《방원육십사괘도진方圓六十四卦圖陳》을 만들어 산수山水의 방향을 측정하여 길흉吉凶의 연도를 계산하였다. 이는 이기理氣 분야를 하나의 독립된 계통으로 만들었다고 볼 수 있다.

소강절은 도가사상의 영향을 받아 유교의 역철학易哲學을 발전시켜 특이한 수리철학數理哲學을 만들었다. 즉 《주역周易》이 우주의 모든 현상을 음과 양의 2원二元으로 설명하고 있는 반면, 그는 음陰·양陽·강剛·유柔의 4원四元을 근본으로 하여, 4의 배수倍數로 모든 것을 설명하였다.

성리학性理學을 집대성하여 조선의 유학과 정치에 결정적인 영향을 끼친 주자(朱子, 1130~1200년)도 풍수지리에 많은 관심을 가졌다. 특히 송나라 황제 효종이 죽자, 능 선정과 관련하여 후임 황제 영종寧宗에게 〈산릉의장山陵議狀〉을 보냈다.

주자는 "풍수의 핵심은 산세의 아름답고 추함에 있다"고 주장하였다. 주자의 〈산릉의장〉은 조선 풍수지리에 일종의 지침서가 되었는데, 조정朝廷에서 풍수를 논할 때 그 내용이 자주 언급되었다.

이밖에 남송국사南宋國師 덕흥德興 전백통傳伯通은 《감여요약堪輿要約》을 저술하였고, 역시 남송국사이며 전백통의 제자인 추중용鄒仲容은 《대리가大理歌》를 지었다.

5) 명나라 시대

우리나라의 고려 말과 조선 중기에 해당되는 명나라 때의 풍수지리학은 오늘날의 풍수지리학계에 깊은 영향을 끼쳤다. 이 시기에는 협소한 고정관념에서 탈피하여 폭넓게 수용하는 등 연구가 활발하였다. 그 중에서도 구성법九星法의 응용으로, 이기론理氣論 분야에 새로운 학설이 개척되었다.

또 나경 학설의 발전으로 더욱 세밀한 부분까지 묏자리와 집터를 측정하여 시간과 공간을 서로 연관성 있게 다루었다. 이때 저술된 책으로는 다음과 같다.

- 호순신胡舜申의《지리신법地理新法》
- 북암노인北巖老人 채성우蔡成禹의《명산론明山論》
- 서선술徐善述, 서선계徐善繼 쌍둥이 형제의《인자수지人子須知》
- 추정유鄒廷猷의《지리대전地理大典》
- 조정동趙廷棟의《지리오결地理五訣》

(1) 호순신胡舜申의《지리신법地理新法》

조선조 지리과 과거시험에 임문臨文의 필수과목 중 하나였다. 호순신은 명나라 봉의랑奉議郎 통판通判 서주군주徐州軍州 주관학사主管學士라는 관리다.《호순신胡舜申》이라고도 불리는《지리신법地理新法》을 편찬하였는데, 상하上下 2권 23장으로 되어 있다. 그 목차는 다음과 같다.

상권上卷 — 서문序文, 오행산도五行山圖, 1) 오행도五行圖 2) 오행론五行論 3) 산론山論 4) 수론水論 5) 탐랑론貪狼論 6) 문곡론文曲論 7) 무곡론武曲論 8) 보필거문론輔弼巨門論 9) 염정론廉貞論 10) 파군론破軍論 11) 녹존론祿存論 12) 형세론形勢論 13) 택지론擇地論

(2) 《명산론明山論》

이 책도 조선조 과거 음양과 지리학 중에서 《청오경》, 《금낭경》 다음
으로 나오는 책으로 임문臨文의 1위에 놓여져 있는 책이다. 북암노인北巖
老人 채성우蔡成禹가 지리에 통달했던 어느 선인先人의 저작인 《명산록明
山錄》을 교정하고 보충해서 개정한 것이다.

책 내용은 서문, 본론, 발췌문 3부로 되어 있는데, 서문과 발췌문은 채
성우가 쓴 것이고, 본문은 전해져 온 《명산록》의 내용이다. 본문은 모두
13장으로 나누어져 있다.

1) 대역大易 2) 이기二氣 3) 십이명산十二明山 4) 절목節目 5) 혈법
穴法 6) 입향立向 7) 명당明堂 8) 영맥永脉 9) 길흉사형吉凶砂形
10) 진룡眞龍 11) 귀겁鬼劫 12) 길귀吉鬼 13) 삼십육룡순회三十六
龍順會

(3) 《지리인자수지地理人子須知》

명나라 세종 43년(1564년) 서선술徐善述, 서선계徐善繼 쌍둥이 형제는
예부터 전해 내려오는 250여 종에 달하는 풍수 관련 책을 모아 이를 집대

성한 다음, 한 권의 책으로 엮었다. 오늘날 모든 풍수지리서의 지침서가 되고 있는 《지리인자수지地理人子須知》다.

이들 형제는 어려서 부모를 잃고 장사葬事를 잘못 치른 것을 후회하였다. 그들은 부모의 유체遺體를 타인의 손에 맡기지 않고 자기 손으로 직접 하기 위해, 20세 전에 지리학 공부를 시작하였다. 그리고 60세 후에야 책으로 엮어낼 수 있었다고 한다.

이 책은 지리를 형상形象과 이기理氣로 분류하여 조화있게 설명하였다. 내용은 용龍, 혈穴, 사砂, 수水, 명당明堂으로 세분하였고, 각 내용마다 그림을 그려 넣었다. 또 각 집集, 각 책册마다 유명한 사람들의 조상 묘를 답사한 예를 부가해 이론과 실제 상황이 일치하고 있음을 확인시켜 주고 있다.

모두 8집集 39책册으로 되어 있다. 당시 중국에서 목판木版으로 간행되었다. 명대明代의 풍수지리 서적으로는 유일하게 '고금도서집성古今圖書集成'과 '사고전서제요四庫全書提要'에 수록되어 있다. 오늘날 우리나라에서 발행되는 풍수 책들 대부분이 이를 토대로 하고 있다.

《지리인자수지地理人子須知》란 책제목은 '지리는 사람의 자식이라면 마땅히 알아야 한다'는 뜻이다. 책 내용은 다음과 같다.

• 건집乾集 : 6책

제1책第一册 : 범례凡例 및 인용한 감여서堪輿書 목록 등

제2책第二册 : 용법龍法, 중국의 산, 대간룡大幹龍 맥락脈絡 등

제3책第三册 : 논제도論帝都, 역대 도읍지 등

제4책第四册 : 간룡幹龍과 지룡枝龍 등

제5책第五册 : 지룡支龍과 농룡壟龍, 지룡枝龍 등

제6책第六册 : 태조산太祖山, 소조산小祖山 부모태식잉육父母胎息孕育 등

- 감집坎集 : 5책

제7책 : 용출신龍出身, 개장開幛, 박환剝換, 과협過峽, 지각地脚,
      호송護送
제8책 : 방룡傍龍 정룡正龍, 용의 노눈老嫩, 장단長短, 진가眞假,
      귀천貴賤
제9책 : 용의 주필駐蹕, 행지行止, 분벽分擘, 면배面背, 여기餘氣 등
제10책 : 용의 삼세三勢, 삼락三落, 입수오격入首五格, 입혈12맥
      入穴十二脈 등
제11책 : 오성五星과 목화토금수 오성체五星體 등 설명

- 간집艮集 : 4책

제12책 : 혈법총론穴法總論, 와혈窩穴, 겸혈鉗穴, 유혈乳穴, 돌혈
      突穴
제13책 : 혈성삼대격穴星三大格, 혈성제형穴星諸形, 불결혈
      不結穴 등
제14책 : 조산증혈朝山證穴, 명당明堂증혈, 수세水勢증혈, 낙산
      樂山증혈 등
제15책 : 혈기론穴忌論에 대한 종류 및 설명

- 진집震集 : 3책

제16책 : 정혈定穴 방법 및 종류 설명
제17책 : 양균송, 정자, 주자 등 옛 선사들의 혈기론穴忌論 설명
제18책 : 괴혈론怪穴論 설명

• 손집巽集 : 5책

제19책 : 사법총론砂法總論, 청룡靑龍 백호白虎, 안산案山 조산
朝山 등

제20책 : 사격의 전응후조前應後照, 나성羅城, 원국垣局, 좌보우필
左輔右弼 등

제21책 : 낙산樂山, 하수사下水砂, 수구사水口砂 등

제22책 : 관성官星, 귀성鬼星, 요성曜星 등

제23책 : 사도砂圖 및 사례 설명

• 이집離集 : 8책

제24책 : 수법총론水法總論, 득수, 취수, 거수, 수구水口, 조수
朝水 등

제25책 : 강호수江湖水, 지당수池塘水 등 물의 종류 설명

제26책 : 명당론明堂論, 길격 명당과 흉격 명당

제27책 : 수성론水城論, 물의 오성五星에 대한 설명

제28책 : 구곡수九曲水, 암공수暗拱水, 창판수倉板水 등 수세水勢
설명

제29책 : 양기론陽基論 설명

제30책 : 설천기제입식가泄天機諸入式歌 등

제31책 : 풍수요역風水要逆 등 장사에서 피해야 할 방법 설명

• 곤집坤集 : 2책

제32책 : 구성九星 이법 설명

제33책 : 하도河圖와 낙서洛書, 음양陰陽, 팔괘八卦 등

- 태집兒集 : 6책

  제34책 : 음양陰陽 활용방법, 24룡의 길흉, 쌍산의 길흉 등 설명

  제35책 : 24룡과 길혈吉穴

  제36책 : 이기론理氣論에 의한 길사吉砂 종류, 흉사凶砂 종류

  제37책 : 24방위와 수법의 길흉

  제38책 : 이기론理氣論에 의한 수법水法 설명

  제39책 : 만년도萬年圖

(4) 《지리대전地理大典》

추정유鄒廷猷의 《지리대전地理大典》의 본래 이름은 《지리대전입문요결地理大典入門要訣》이며 《인자수지人子須知》를 비롯한 많은 풍수서를 요약한 책이다. 대체로 《인자수지》의 축소판 같은 느낌을 준다. 《인자수지》보다 내용은 간략하지만 읽거나 휴대하기에 간편해서 많은 사람들이 사용했다고 한다.

모두 7권으로 된 책으로, 목록은 다음과 같다.

> 권수卷首, 총론總論, 권1 용법龍法, 권2 혈법穴法, 권3 사법砂法, 권4 수법水法, 권5 양택陽宅, 권6 오행五行, 권7 나경羅經

(5) 《지리오결地理五訣》

조정동趙廷棟이 저술한 책으로 용혈사수龍穴砂水에 향법向法을 강조하여 오결五訣을 만들었다. 물의 흐름에 따라 용혈사수향 이기법理氣法을

잘 설명하고 있다. 저자는 구빈 양균송의 남긴 뜻을 근본으로 했다고 범례에 적고 있다.

6) 청나라 시대

우리나라의 조선중기 이후에 해당되는 청나라 때의 풍수지리학은 택일擇日에 의해서 운명을 바꿀 수 있다는 조명택일造命擇日을 중요시 여기면서 장택론葬擇論을 발전시켰다.

이 당시 왕도형王道亨이 작성한 《나경투해羅經透解》는 나경패철羅經佩鐵의 사용 방법과 원리를 해석한 것으로, 오늘날 사용하고 있는 모든 나경패철의 지침서가 되고 있다. 최초의 나경패철은 단지 8개 방위로만 간단하게 사용되다가, 점점 발전되어 24방위까지 세분되어 명나라 중엽까지 사용되었다. 그러다 청나라 때에 이르러서 나경羅經에 여러 학설이 도입되면서 더욱 세밀하고 복잡해져 오늘에 이르고 있다.

청나라 때는 세간에 많은 풍수지리학 문헌들이 난립하여 위서僞書에 대한 논란이 많았다고 한다.

7) 우리나라 풍수지리의 역사와 서적

우리나라에서는 언제부터 풍수사상이 전개되었는지 분명하지 않다. 우리 고유의 자생적 풍수와 관련해서, 《삼국유사》에는 신라 4대 왕인 탈해왕(80년)이 집터를 잘 잡아 왕이 되었다는 기록이 있다. 고구려의 고분 벽화에는 청룡[동], 백호[서], 주작[남], 현무[북]의 사신도四神圖가 그려져 있다. 현존하는 사찰 등의 지형지세를 미루어 보면, 삼국 초기부터 국가 경영과 국민의 생활 편리에 풍수가 적용되면서 실용화된 것으로 추정된다.

한국의 자생 풍수가 중국의 영향을 받은 것은 통일신라 말기로 짐작된다. 왜냐하면, 당시 선종 계통의 승려들이 당나라에 유학을 하고 돌아오면서 풍수설을 배워왔기 때문이다. 그들은 일반 대중을 포교하는 방법으로 풍수설을 활용했다. 그 중에서도 도선이 이를 우리의 자생 풍수와 접목하여 풍수지리를 집대성한 것으로 여겨진다.

고려시대에는 불교와 풍수설 그리고 도참사상이 사회를 이끈 주도적 사상이었다. 태조의 〈훈요10조〉에는 풍수적 사고 관념이 잘 나타나 있다. 그 가운데 대표적인 것은 2훈, 5훈, 8훈이다.

고려시대의 풍수설은 주로 승려들이 담당하였다. 이들은 대부분 도선의 후계자를 자처하며 도선의 저술로 알려진 〈비기秘記〉에 따라 자신의 주장을 내세웠다. 묘청은 서경천도설을 주장하였고, 공민왕 때, 승 보우는 한양천도설을 주장하였다. 신돈은 충주 천도설을 주장했으며, 훗날 나옹선사와 그의 제자 무학대사는 조선 개국을 도왔다.

조선시대에는 불가에서 뿐만 아니고, 유가에서도 많은 풍수 명사들이 나왔다. 이성계는 역성혁명에 성공하자, 정권찬탈의 당위성과 민심수습을 위하여 풍수지리설을 이용하였다.

유학을 정치이념으로 내세웠던 조선조에도 풍수에 대한 관심은 더욱 높아졌다. 이에 음양과를 설치하여 과거시험을 통하여 지관을 뽑았다. 또한 사대부가에서는 풍수지리학을 모르고 행세할 수가 없었다. 선비나 승려들 사이에서도 기인이나 도사들이 많이 나왔다. 민간에서는 풍수설이 신앙화되어 음택이 널리 유행되기도 하였다.

그러나 풍수지리에 대한 의존도가 너무 지나쳐 사회문제가 되기도 했다. 명당을 찾아 부모를 묻어 부귀영달하려는 이기적인 방법이 팽배했기 때문에, 묘지를 둘러싼 폐단이 심해졌다. 그리하여 정약용, 박제가 등의 실학자들은 그들의 저서를 통해 풍수의 폐단을 지적하기에 이르렀다.

근대 개화기 들어 계몽파들은 풍수지리설을 크게 비난하였으며, 일제

점령기에는 미신으로까지 규정되었다. 일제는 풍수지리가 미신이라고 주장하면서도 그들의 식민지 통치에 철저하게 풍수를 이용하였다. 총독부가 중심이 되어 전국의 풍수 자료를 수집하여, 명혈의 지맥을 자르고 정기 맺힌 명산에 쇠말뚝을 박는 등 조선 민중들로 하여금 패배의식에 젖도록 하였다.

현대에 와서는 환경 문제가 대두되면서 다시 풍수지리가 활발하게 연구되고 도시 계획 등에 응용되고 있다.

우리나라에서 발간된 풍수 서적 중에는 학문적으로 체계가 정립된 것은 없고 산서나 결록, 비기 등이 많이 있다. 실제로 산천을 돌아보고 전국 각지의 풍수적 길흉을 기술한 책을 나열한다면 다음과 같은 책이 대표적이다.

• 대표적인 풍수지리서

《도선비결道詵秘訣》, 《옥룡자결록玉龍子訣錄》, 《답산가踏山歌》, 《무학결無學訣》, 《남사고결南師古訣》, 《박상희결朴相熙訣》, 《나학천비기羅鶴天秘記》, 《일지유산록一指遊山錄》, 《일이답산가一耳踏山歌》, 《두사충결杜師忠訣》

• 기타 지방의 사대부가나 객사 사랑방에서 전해 내려오는 책

비결秘訣, 결록訣錄, 비록秘錄, 답산가踏山歌, 만산도萬山圖 등의 산서비기山書秘記

그러나 위의 책 중에는 황당무계한 내용도 적지 않아 전적으로 신뢰하기는 어렵다.

한편 일제 때 조선 총독부는 그들의 식민지 통치 자료를 얻고자 전국

적인 행정력을 동원하여 풍수에 관련된 것들을 조사하였다. 현재 총독부 촉탁 '무라야마 지준村山智順'이 보고서 형식으로 조선 풍수설에 대한 방대한 자료집을 책으로 엮은 《조선의 풍수》가 있다. 이 책은 비록 순수한 연구 목적의 책이 아니더라도, 우리나라 최초의 풍수설에 대한 전국적인 조사로 오늘날 한국풍수지리 연구에 좋은 자료가 되고 있다.

그리고 오늘날에는 많은 학자들에 의해서 풍수지리학 연구가 진행되고 있고 연구 자료가 발표되고 있다. 서적 또한 많은 주제와 내용으로 발간되고 있다.

2장
음양오행론陰陽五行論

예로부터 인간의 생로병사生老病死와 길흉화복吉凶禍福 역시 음양오행에 의해서 결정
된다고 생각하였다. 여기서 모든 동양철학이 발전하였는데 풍수지리도 마찬가지다. 땅과
인간의 운명 역시 음양오행의 법칙과 깊은 연관이 있다고 본 것이다.

우암 송시열 선생 묘

앞산이 마치 깃발이 휘날리는 듯한 모습이므로 '장군대좌형' 이라고 한다.
장군과 깃발은 있는데 병사들이 없어 묘 아래 마을에 시장을 만들었다고
한다. 시장에는 많은 사람들이 모여들므로 이들을 병사로 본 것이다.
그러나 용과 혈이 부실하여 제대로 장군 역할을 할 수 없다.

1. 음양오행陰陽五行의 개요

동양철학에서는 우주의 본원本源을 에너지(Energy)인 기氣로 여긴다. 이 기가 작용하여 만물을 형성하는데, 그 과정은 음양과 오행의 법칙에 의해서 이루어진다. 즉 우주의 생성과 변화 과정을 음양오행陰陽五行이 관장하고 있는 것이다. 동양철학에서는 인간을 포함한 우주의 모든 삼라만상을 음양으로 구분한다. 또 생성과 소멸은 목木, 화火, 토土, 금金, 수水의 오행에 의해서 결정된다.

풍수지리학 역시 음양오행에 근본을 둔 학문이다. 본래 풍수지리설은 인간이 지상에서 생활하는 데 안전하고 편리한 땅을 찾는 데서 유래하였다. 생기生氣 있는 땅에서 개인이나 사회가 큰 발전이 있음을 경험한 뒤, 점차 좋은 땅을 구하고자 그 방법을 연구하게 되면서 생기론이 등장하였다. 이 과정에서 생기는 음양오행으로 성립, 구분된다는 사실도 알았다.

이에 따라 "우주의 본질은 기氣다. 기는 어느 곳이든 없는 곳이 없는 무소부재無所不在한 존재다. 새로 생기지도 없어지지도 않는 불생불멸不生不滅이며, 시작도 끝도 없는 무시무종無始無終한 것으로, 불변형질不變形質이다"라고 정의하였다.

기가 작용하여 만물을 형성하는 과정에서 모든 것이 음양과 오행의 법칙에 의해서 이루어진다고 보았다. 인간의 생로병사生老病死와 길흉화복吉凶禍福 역시 음양오행에 의해서 결정된다고 생각하였다. 여기서 모든 동양철학이 발전하였는데 풍수지리도 마찬가지다. 땅과 인간의 운명 역시 음양오행의 법칙과 깊은 연관이 있다고 본 것이다.

만약 풍수지리를 미신이라고 비난하려면, 철저하게 음양오행을 부정하지 않으면 안 된다. 풍수지리가 오랜 세월 수많은 비판을 받으면서도 없어지지 않고 지금까지 존재하는 것은 음양오행에 근거한 학문이기 때문이다. 현대과학은 동양철학의 근본인 음양오행을 부정하고 반박할 수 있는 이론이 없다. 따라서 음양오행에 바탕을 둔 풍수지리도 부정할 수 없다.

더구나 음양오행은 서구 학문인 물리학이나 화학에서도 응용하고 있다. 하나만 예를 들면, 원소의 구조와 형성을 양이온과 음이온으로 규정하고 있기 때문이다.

2. 음양오행의 원리

1) 음양陰陽 - 만물 형성의 근원

기氣는 우주를 형성하고 있는 근원이다. 무극(○)과 태극(◉)의 상태에 있는 기가 만물을 형성하려면 먼저 반드시 양(─)과 음(──)으로 분리된다. 일설에 의하면, 음양의 표시는 문자가 없었을 당시 남녀 생식기의 모양을 보고 표시했다고 한다. 남자인 양은 ─로 여자인 음은 ──으로 표시한 것에서 시작되었다. 이를 효爻라고 부른다.

모든 만물은 음양으로 구분된다. 하늘이 있으면 땅이 있고, 낮이 있으면 밤이 있다. 여름이 있으면 겨울이 있고, 오르막이 있으면 내리막이 있다. 움직여 동하는 것이 있으면 움직이지 않고 정지된 것이 있다. 삶이 있으면 죽음이 있는 등 우주의 모든 현상은 음양으로 구분되지 않는 것이 없다.

2) 사상四象 - 음양이 다시 분리

음양은 서로 대립적이면서도 상호 제휴를 하면서 만물을 형성해 간다.

양(一)은 다시 양(=)과 음(=)으로 분리된다. 음(--) 역시 양(=)과 음(==)으로 분리된다. 이를 사상四象이라고 한다. 사상은 곧 태양(=), 소음(==), 소양(==), 태음(==)이다. 한의학韓醫學에서 사람의 체형을 태양인太陽人, 소음인少陰人, 소양인少陽人, 태음인太陰人으로 분류하는 것도 바로 이와 같은 이치를 따른 것이다.

3) 팔괘八卦 — 우주 구성의 기본 원소

사상은 만물을 형성하는 과정에서 다시 음양으로 분류된다. 태양(=)은 건(乾, ☰)과 태(兌, ☱)로, 소음(==)은 리(離,☲)와 진(震,☳)으로, 소양(==)은 손(巽, ☴)과 감(坎, ☵)으로, 태음(==)은 간(艮, ☶)과 곤(坤, ☷)이 된다. 효爻가 3개가 모여 이루어진 것을 괘卦라 한다. 사상을 다시 음양으로 분리하면, 각각 3개의 효로 이루어진 8개의 괘로 변한다. 이를 팔괘八卦라 한다. 팔괘는 자연과 인생의 구체적 형태를 나타내는데, 다음과 같다.

건(☰) : 하늘[天]과 아버지[父]를 뜻한다.
곤(☷) : 땅[地]과 어머니[母]를 뜻한다.
간(☶) : 산[山]과 막내아들[少男]을 뜻한다.
태(☱) : 연못[澤]과 막내딸[少女]을 뜻한다.
진(☳) : 천둥뇌성[雷]과 큰아들[長男]을 뜻한다.
손(☴) : 바람[風]과 큰딸[長女]을 뜻한다.
감(☵) : 물[水]과 가운데아들[中男]을 뜻한다.
리(☲) : 불[火]과 가운데딸[中女]을 뜻한다.

이처럼 팔괘는 우주의 기본 구조로 상대성 원리로 되어 있다.

4) 64괘六十四卦 – 변화의 이치, 주역

그런데 천태만상의 우주 조화를 팔괘만으로는 모두 설명할 수가 없다. 이에, 다시 괘卦끼리 결합하여 64괘六十四卦를 만들었다. 따라서 만물의 생로병사生老病死 등 우주의 순환과 변화는 64괘에 의해서 설명된다.

64괘는 2개의 괘卦가 모여 이루어졌다. 하나의 괘를 소성괘小成卦라 한다. 소성괘 2개로 겹친 것은 대성괘大成卦다. 팔괘가 만물을 상징하기는 해도 그것만으로는 보다 복잡한 변화의 세계를 표현할 수 없다. 그래서 두 괘가 겹쳐진 것이다.

예를 들자면, 건(☰)은 하늘을 상징하고 손(☴)은 바람을 상징한다. 하늘만 있거나 바람만 있어서는 아무런 변화가 일어날 수 없다. 하늘에 바람이 불어야 변화가 일어난다. 또 바람이 하늘 위에 부느냐, 하늘 아래에 부느냐에 따라 그 변화 현상은 크게 다르다. 괘와 괘끼리 결합해야만 변화가 일어나고 결실이 나타난다.

때문에 팔괘를 두 개씩 겹쳐 64개의 대성괘를 만든 것이다. 이것이 역易의 뼈대인 64괘이며, 이에 대한 해설이 바로 《주역周易》이다.

주역이란 모든 만물이 일정한 법칙을 가지고 순환하면서 변화하는 것을 뜻한다. 예를 들어 사계절이나 낮과 밤 등은 항상 변화하지만 거기에는 일정한 질서와 법칙이 있다.

이와 같이 음양의 모든 변화과정은 오직 목, 화, 토, 금, 수 오행의 상생상극相生相剋의 작용에 의해서 이루어진다.

태 극	태 극(太極, ☯)							
음 양	양(陽, —)				음(陰, --)			
사 상	태양(太陽, ⚌)		소음(小陰, ⚍)		소양(小陽, ⚎)		태음(太陰, ⚏)	
팔 괘	건(乾,☰)	태(兌,☱)	리(離,☲)	진(震,☳)	손(巽,☴)	감(坎,☵)	간(艮,☶)	곤(坤,☷)
	천(天)	택(澤)	화(火)	뇌(雷)	풍(風)	수(水)	산(山)	지(地)

〈64괘〉

上卦 / 下卦	건(乾, ☰)	태(兌, ☱)	리(離, ☲)	진(震, ☳)	손(巽, ☴)	감(坎, ☵)	간(艮, ☶)	곤(坤, ☷)
건(乾, ☰)	건위천 乾爲天	택천쾌 澤天夬	화천대유 火天大有	뇌천대장 雷天大壯	풍천소축 風天小畜	수천유 水天需	산천대축 山川大畜	지천태 地天泰
태(兌, ☱)	천택리 天澤履	태위택 兌爲澤	화택규 火澤暌	뇌택귀매 雷澤歸妹	풍택중부 風澤中孚	수택절 水澤節	산택손 山澤損	지택림 地澤臨
리(離, ☲)	천화동인 天火同人	택화혁 澤火革	이위화 離爲火	뇌화풍 雷火豊	풍화가인 風火家人	수화기제 水火旣濟	산화분 山火賁	지화명이 地火明夷
진(震, ☳)	천뢰무망 天雷无妄	택뢰수 澤雷隨	화뢰서합 火雷噬嗑	진위뢰 震爲雷	풍뢰익 風雷益	수뢰둔 水雷屯	산뢰이 山雷頤	지뢰복 地雷復
손(巽, ☴)	천풍구 天風姤	택풍대과 澤風大過	화풍정 火風鼎	뇌풍항 雷風恒	손위풍 巽爲風	수풍정 水風井	산풍고 山風蠱	지풍승 地風升
감(坎, ☵)	천수송 天水訟	택수곤 澤水困	화수미제 火水未濟	뇌수해 雷水解	풍수환 風水渙	감위수 坎爲水	산수몽 山水蒙	지수사 地水師
간(艮, ☶)	천산돈 天山豚	택산함 澤山咸	화산려 火山旅	뇌산소과 雷山小過	풍산점 風山漸	수산건 水山蹇	간위산 艮爲山	지산겸 地山謙
곤(坤, ☷)	천지부 天地否	택지취 澤地萃	화지진 火地晋	뇌지예 雷地豫	풍지관 風地觀	수지비 水地比	산지박 山地剝	곤위지 坤爲地

☷ 상괘(上卦) 외괘(外卦) 소성괘(小成卦) ┐
☷ 하괘(下卦) 내괘(內卦) 소성괘(小成卦) ┘ ── 대성괘(大成卦)

5) 주역周易의 해석방법

주역의 뼈대는 64괘다. 이것은 인간이 살아가면서 겪을 수 있는 큰 가짓수라 말할 수 있다. 우주만물이 쉴새없이 변화하는 세상에서 그 원리를 알면 어떠한 상황에도 슬기롭게 대처할 수 있다. 64괘의 변화를 정확하게 계산해 낼 수만 있다면, 자연의 질서 또한 알 수 있다. 왜냐하면 우주에 존재하는 모든 것들은 어떠한 중심을 축으로 하여 일정한 질서와 주기를 가지고 변화하기 때문이다.

자연의 질서를 안다면, 존재하는 세상의 모든 것들의 변화원리를 통해 인간 자신에게 다가오는 운명을 미리 예측할 수 있다. 이것이 주역이며 일명 점占이라고도 한다.

주역을 실생활에서 활용하기 위해서는 먼저 효爻를 뽑아 괘卦를 만들어내야 한다. 그 효를 뽑는 방법은 여러 가지가 있다. 먼저 서죽筮竹 50개를 가지고 뽑는 방법과 숫자나 동전을 가지고 간단하게 뽑는 방법이 있다. 점서占筮하려면 먼저 정신을 통일하는 일이 무엇보다도 중요하다. 점의 신통력은 어떤 방법을 사용했느냐보다는 얼마만큼 정성을 들여 괘를 만들었느냐에 달려 있기 때문이다.

괘의 풀이는 사람의 상태와 해석자에 따라 크게 다르다. 여기서는 간단히 괘 이름만 설명한다.

〈64괘 일람표〉

상괘\하괘	건(乾, ☰)	태(兌, ☱)	리(離, ☲)	진(震, ☳)	손(巽, ☴)	감(坎, ☵)	간(艮, ☶)	곤(坤, ☷)
건(乾, ☰)	1 건위천	43 택천쾌	14 화천대유	34 뇌천대장	9 풍천소축	5 수천수	26 산천대축	11 지천태
태(兌, ☱)	10 천택리	58 태위택	38 화택규	54 뇌택귀매	61 풍택중부	60 수택절	41 산택손	19 지택림
리(離, ☲)	13 천화동인	49 택화혁	30 이위화	55 뇌화풍	37 풍화가인	63 수화기제	22 산화분	36 지화명이
진(震, ☳)	25 천뢰무망	17 택뢰수	21 화뢰서합	51 진위뢰	42 풍뢰익	3 수뢰둔	27 산뢰이	24 지뢰복
손(巽, ☴)	44 천풍구	28 택풍대과	50 화풍정	32 뇌풍항	57 손위풍	48 수풍정	18 산풍고	46 지풍승
감(坎, ☵)	6 천수송	47 택수곤	64 화수미제	40 뇌수해	59 풍수환	29 감위수	4 산수몽	7 지수사
간(艮, ☶)	33 천산돈	31 택산함	56 화산려	62 뇌산소과	53 풍산점	39 수산건	52 간위산	15 지산겸
곤(坤, ☷)	12 천지부	45 택지취	35 화지진	16 뇌지예	20 풍지관	8 수지비	23 산지박	2 곤위지

안의 숫자는 《주역》의 〈서괘전〉에 나와 있는 64괘의 배열 순서임

(1) 건위천乾爲天 [☰ ☰] – 2개의 소성괘들이 모두 하늘을 상징하는 건괘

　2개의 소성괘들이 모두 하늘을 상징하는 건괘이다. 따라서 여섯 개의 효爻가 모두 양陽으로, 64괘 중 가장 강하고 튼튼한 괘다. 만물의 근본인 하늘과 아버지를 상징한다. 속성은 '위대하다', '크게 통한다', '곧고 바르면 이롭다' 라는 뜻이다.

(2) 곤위지坤爲地 [☷☷] – 모두 땅을 상징하는 곤괘로 구성

모두 땅을 상징하는 곤괘로 구성되어 있다. 여섯 개의 효爻가 모두 음陰으로 만물을 포용하고 양육하는 땅과 어머니를 상징한다. 속성은 '순응하다', '지극하다' 라는 뜻이다.

(3) 수뢰둔水雷屯 [☵☳] – 위는 물, 아래는 우레

위는 물[水]이고, 아래는 우레[雷]다. 둔屯은 '진치다', '막히다', '고민하다' 라는 뜻이다. 비가 내리고 천둥이 진동하는 상이니, 새싹이 눈 속에서 봄을 기다리는 것과 같다.

(4) 산수몽山水蒙 [☶☵] – 위는 산, 아래는 물

위의 괘는 산[山]이고, 아래 괘는 물[水]이다. 몽蒙은 '어리다', '어리석다' 라는 뜻이다. 시작의 상象이며 교육과 밀접한 관계가 있다. 그래서 교육과 연관된 몽蒙 자를 괘의 이름으로 하였고, 계몽啓蒙이라는 말이 또한 여기서 나왔다.

(5) 수천수水天需 [☵☰] – 위는 물, 아래는 하늘

위는 물[水]이고, 아래는 하늘[天]이다. 수需는 '기다리다', '기대하다' 라는 뜻이다. 운무가 자욱한 상으로 물러서서 기다려야 할 때를 의미한다.

(6) 천수송天水訟 [☰☵] – 위는 하늘, 아래는 물

위는 하늘[天]이고, 아래는 물[水]이다. 송訟은 '다툼', '소송', '재판' 등을 뜻한다. 하늘 아래에 물이 넘치는 상이니 욕심이 지나쳐 마찰과 갈등이 생기고 대립 항쟁하는 형상으로, 괘 이름을 송訟으로 하였다.

(7) 지수사地水師 [☷☵] – 위는 땅, 아래는 물

위는 땅[地]이고, 아래는 물[水]이다. 사師는 '선생', '군대', '거느리

다' 라는 뜻이다. 땅 밑으로 물이 모이는 상이니 여러 사람이 모인 집단을 상징하므로, 통솔한다는 의미에서 사師를 괘 이름으로 하였다.

(8) 수지비水地比 [☵☷] – 위는 물, 아래는 땅

위는 물[水]이고, 아래는 땅[地]이다. 비比는 '견주다', '비교하다', '인화人和'를 뜻한다. 물은 낮은 곳으로 모여 내를 이루고 힘을 합친다. 뜻을 같이하는 사람끼리 집단을 이루어 서로 돕고 협력하므로, 비比를 괘 이름으로 하였다.

(9) 풍천소축風天小畜 [☴☰] – 위는 바람, 아래는 하늘

위는 바람[風]이고, 아래는 하늘[天]이다. 축畜은 '기르다', '저축하다' 라는 뜻이다. 하늘 위에서 바람이 부는 모습이니, 비가 내리기 전의 상황을 상징한다. 비가 오면 생명체는 그 비를 저장한다. 까닭에 저축한다는 의미로 축畜을 괘 이름으로 하였다.

(10) 천택리天澤履 [☰☱] – 위는 하늘, 아래는 못

위는 하늘[天]이고, 아래는 못[澤]이다. 리履는 '밟는다', '따른다', '예절'이라는 뜻이다. 하늘 아래 저수지가 있으니, 지나침과 부족함이 없이 풍요롭기에 예절을 나타낸다. 의식衣食이 풍족해야 예절을 안다는 말에서 리履를 괘 이름으로 하였다.

(11) 지천태地天泰 [☷☰] – 위는 땅, 아래는 하늘

위는 땅[地]이고, 아래는 하늘[天]이다. 태泰는 '크다', '크게 통한다', '태평하다' 라는 뜻이다. 땅의 기운은 하늘로 올라가고 하늘의 기운은 땅으로 내려와 서로 조화를 이룬다. 서로 크게 통한다는 의미로 태泰를 괘 이름으로 하였다.

(12) 천지비天地否 [☰ ☷] – 위는 하늘, 아래는 땅

위는 하늘[天]이고, 아래는 땅[地]이다. 비否는 '막히다', '답답하다' 라는 뜻이다. 하늘은 하늘대로 위에 있고, 땅은 땅대로 아래에 있다. 천지화합이 일어나지 않아 막혀 있는 상태다. 답답하다는 뜻으로 비否를 괘 이름으로 하였다.

(13) 천화동인天火同人 [☰ ☲] – 위는 하늘, 아래는 불

위는 하늘[天]이고, 아래는 불[火]이다. 동인同人은 '뜻을 같이한다', '협력' 이라는 뜻이다. 어두운 하늘 아래 불이 타오르며 세상을 밝히는 상이다. 즉 어두운 밤길에 등불을 얻은 상이다. 세상을 밝히는 일은 여러 사람이 힘을 합쳐야 하므로 동인同人을 괘 이름으로 하였다.

(14) 화천대유火天大有 [☲ ☰] – 위는 불, 아래는 하늘

위는 불[火]이고, 아래는 하늘[天]이다. 대유大有는 '크게 만족하여 즐거워하는 상태' 를 말한다. 하늘의 불인 태양이 온 천하를 비추는 상이다. 즉 해가 중천에 떠 빛나는 상이니, 천하를 소유한다는 의미의 대유大有를 괘 이름으로 하였다.

(15) 지산겸地山謙 [☷ ☶] – 위는 땅, 아래는 산

위는 땅[地]이고, 아래는 산[山]이다. 겸謙은 '겸손', '겸양' 으로 자기보다 부족한 사람을 이끌어주고 도와준다는 뜻이다. 높은 산이 땅 밑에 파묻힌 모습이다. 벼가 익어 고개를 숙이는 상이므로 겸손하다는 의미에서 겸謙을 괘 이름으로 하였다.

(16) 뇌지예雷地豫 [☳ ☷] – 위는 천둥, 아래는 땅

위는 천둥 우레[雷]이고, 아래는 땅[地]이다. 예豫는 '예측한다' 라는 뜻

이다. 땅 위에서 천둥 번개가 치면 비가 내리는 것을 예측할 수 있으므로, 예豫를 괘 이름으로 하였다.

(17) 택뢰수澤雷隨 [☱☳] – 위는 연못, 아래는 천둥

위는 연못[澤]이고, 아래는 천둥 우레[雷]이다. 수隨는 '따르다', '순종한다' 라는 뜻이다. 수동적이며 종속적인 의미다. 하늘에서 진동해야 할 우레가 연못 아래 있으니, 꼼짝 못하고 연못의 뜻에 따를 수밖에 없어 수隨를 괘 이름으로 하였다.

(18) 산풍고山風蠱 [☶☴] – 위는 산, 아래는 바람

위는 산[山]이고, 아래는 바람[風]이다. 고蠱는 '벌레', '벌레가 나뭇잎을 갉아 먹는다' 는 뜻이다. 어려운 일을 뜻한다. 산 밑에 바람이 머물고 있으니, 공기가 혼탁하여 부패하기 쉽다. 더러운 벌레가 생기므로, 고蠱를 괘 이름으로 하였다.

(19) 지택림地澤臨 [☷☱] – 위는 땅, 아래는 못

위는 땅[地]이고, 아래는 못[澤]이다. 림臨은 '순서를 밟다', '군림하다' 라는 뜻이다. 땅속에 물이 가득하니 곧 새로운 시작에 임한다는 뜻에서 림臨을 괘 이름으로 하였다. 여러 사람 위에 있는 지도자 상이다.

(20) 풍지관風地觀 [☴☷] – 위는 바람, 아래는 땅

위는 바람[風]이고, 아래는 땅[地]이다. 관觀은 '살핀다' 라는 뜻이다. 땅 위에 바람이 불어 새로운 변화가 일어난다. 이러한 변화를 잘 관찰해야 한다는 뜻에서 관觀을 괘 이름으로 하였다.

(21) 화뢰서합火雷噬嗑 [☲☳] – 위는 불, 아래는 천둥

위는 불[火]이고, 아래는 천둥 우레[雷]다. 서합噬嗑에서 서噬는 '씹다'

라는 뜻이고, 합嗑은 '입을 다물다' 라는 뜻이다. 그러므로 서합은 '음식을 입안에 넣고 씹다' 는 의미다. 불과 우레가 만나면 천지를 진동하니, 격렬한 언쟁과 싸움에 휘말릴 수 있다.

(22) 산화비山火賁 [☶ ☲] – 위는 산, 아래는 불

위는 산[山]이고, 아래는 불[火]이다. 비賁는 '꾸미다', '장식하다' 라는 뜻이다. 산 아래 불이 있음은 해가 서산에 기울어 찬란한 황혼 노을을 나타낸다. 아름답게 꾸민다는 뜻의 비賁를 괘 이름으로 하였다. 겉치레만 하느라고 실속이 없다.

(23) 산지박山地剝 [☶ ☷] – 위는 산, 아래는 땅

위는 산[山]이고, 아래는 땅[地]이다. 박剝은 '벗기다', '빼앗다' 라는 뜻이다. 산이 땅 위에 우뚝 솟아 있으니, 비바람에 깎여 벗겨지고 상처를 입는다는 뜻에서 박剝을 괘 이름으로 하였다. 매사에 조심해야 한다.

(24) 지뢰복地雷復 [☷ ☳] – 위는 땅, 아래는 천둥

위는 땅[地]이고, 아래는 천둥 우레[雷]이다. 복復은 '돌아오다', '회복하다' 라는 뜻이다. 땅 밑에서 천둥 우레가 울린다는 것은 땅 위에 새로운 시작을 알리는 것과 같으므로, 복復을 괘 이름으로 하였다. 곧 성공할 운을 맞고 있다.

(25) 천뢰무망天雷无妄 [☰ ☳] – 위는 하늘, 아래는 천둥

위는 하늘[天]이고, 아래는 천둥 우레[雷]다. 무无는 '없다' 라는 뜻이고, 망妄은 '허망하다' 는 뜻이다.

하늘에 천둥이 울리니 머지않아 비가 오겠지만 당장은 아니다. 초조해하지 말고 침착하게 때를 기다려야 한다.

(26) 산천대축山川大畜 [☶☰] - 위는 산, 아래는 하늘

위는 산[山]이고, 아래는 하늘[天]이다. 대축大畜은 '크게 쌓다', '많이 모이다' 라는 뜻이다. 하늘 위로 산이 높이 솟아 오른 모습이다. 크게 축적된 상이므로, 대축大畜을 괘 이름으로 하였다. 새로운 변화가 하늘을 찌르고 있다.

(27) 산뢰이山雷頤 [☶☳] - 위는 산, 아래는 천둥

위는 산[山]이고, 아래는 천둥 우레[雷]다. 이頤는 '턱', '기르다', '봉양하다' 의 뜻이다. 산 아래로 천둥 우레가 진동하는 상이다. 무언가 산 위로 올라가는 모습이므로, 생명을 기른다는 의미의 이頤를 괘 이름으로 하였다.

(28) 택풍대과澤風大過 [☱☴] - 위는 못, 아래는 바람

위는 못[澤]이고, 아래는 바람[風]이다. 대과大過란 정상적인 것에서 크게 벗어나 '지나치다' 라는 뜻이다. 잔잔한 못에 바람이 불어 물결이 크게 일어난다. 작은 배가 큰 풍랑을 만났으니, '지나치다' 라는 뜻에서 대과大過를 괘 이름으로 하였다.

(29) 감위수坎爲水 [☵☵] - 위도 물, 아래도 물

위도 물[水]이고, 아래도 물[水]이다. 물이 겹쳐 있으니, 수水를 괘 이름으로 하였다. 두 소성괘 모두 두 음효 중간에 양효가 빠져 있다. 모든 일은 지나치면 위험에 빠지게 된다. 실패, 좌절, 파산, 병고 등의 어려운 일을 뜻한다.

(30) 이위화離爲火 [☲☲] - 위도 불, 아래도 불

위도 불[火]이고, 아래도 불[火]이다. 불 두 개가 겹쳐 있으니 화火를 괘 이름으로 하였다. 불 두 개는 태양을 상징하며, 정열과 왕성한 의욕을 뜻한다.

(31) 택산함澤山咸 [☱☶] - 위는 못, 아래는 산

위는 못[澤]이고, 아래는 산[山]이다. 함咸은 감感과 같은 뜻으로 '느낌이 좋다' 는 의미다. 젊은 여자를 상징하는 태兌괘 아래 젊은 남자를 상징하는 간艮괘가 있다. 남녀간의 순수한 사랑을 상징하는 감상적인 의미의 함咸이다.

(32) 뇌풍항雷風恒 [☳☴] - 위는 천둥, 아래는 바람

위는 천둥 우레[雷]고, 아래는 바람[風]이다. 항恒은 '변함이 없다', '한결같이 계속된다' 라는 뜻이다. 장남이 장녀 위에 있다. 남편이 위에 있고 아내는 아래에 있는 상이다. 그 법도가 한결같다는 뜻에서 항恒을 괘이름으로 하였다.

(33) 천산둔天山遯 [☰☶] - 위는 하늘, 아래는 산

위는 하늘[天]이고, 아래는 산[山]이다. 둔遯은 '피하다', '물러나다', '은둔하다' 라는 뜻이다. 산이 아무리 높다 하더라도 하늘 아래 있다. 이제 '물러나라' 는 뜻에서 둔遯을 괘 이름으로 하였다.

(34) 뇌천대장雷天大壯 [☳☰] - 위는 천둥, 아래는 하늘

위는 천둥 우레[雷]고, 아래는 하늘[天]이다. 대장大壯은 '힘차다', '성대하다', '씩씩하다' 라는 뜻이다. 하늘 위에서 우레가 움직이고 있으므로 힘차고 씩씩하다는 뜻에서 대장大壯을 괘 이름으로 하였다.

(35) 화지진火地晉 [☲☷] - 위는 불, 아래는 땅

위는 불[火]이고, 아래는 땅[地]이다. 진晉은 '나아가다', '전진하다' 라는 뜻이다. 불인 태양이 지상 위로 떠오르면서 점점 밝아진다. 나아간다는 의미에서 진晉을 괘 이름으로 하였다.

(36) 지화명이地火明夷 [☷☲] – 위는 땅, 아래는 불

위는 땅[地]이고, 아래는 불[火]이다. 이夷는 '상하고 깨지는 것'이므로 명이明夷는 '밝은 것이 상하고 깨진다'는 뜻이다. 태양이 땅 아래 잠겨 가고 있다. 어둠이 온다는 뜻에서 명이明夷를 괘 이름으로 하였다. 해가 서산에 지는 상이다.

(37) 풍화가인風火家人 [☴☲] – 위는 바람, 아래는 불

위는 바람[風]이고, 아래는 불[火]이다. 가인家人은 '집을 지키는 사람'을 뜻한다. 위는 장녀長女고, 아래는 중녀中女다. 동생이 언니 아래 있어 그 뜻을 따르니 일가一家가 편안히 다스려진다는 의미에서 가인家人을 괘 이름으로 하였다.

(38) 화택규火澤睽 [☲☱] – 위는 불, 아래는 못

위는 불[火]이고, 아래는 못[澤]이다. 규睽는 '서로 등지다', '노려보다', '사팔눈'이라는 뜻이다. 불은 타오르면서 위로 올라가고, 연못의 물은 낮은 쪽으로 흘러간다. 서로 등져 떨어지므로 규睽를 괘 이름으로 하였다.

(39) 수산건水山蹇 [☵☶] – 위는 물, 아래는 산

위는 물[水]이고, 아래는 산[山]이다. 건蹇은 '절뚝발이', '나아가기 힘들다', '멈추다'라는 뜻이다. 산 위에 물이 있으니, 산을 넘으면 다시 물이 앞길을 막고 있다. 나아가기가 불편하니, 절름발이라는 뜻을 가진 건蹇을 괘 이름으로 하였다.

(40) 뇌수해雷水解 [☳ ☵] - 위는 천둥, 아래는 물

위는 천둥 우레[雷]이고, 아래는 물[水]이다. 해解는 '해결되다', '해소 된다', '풀린다' 라는 뜻이다. 천둥이 진동하여 비를 내리니 얼어붙었던 대지가 풀린다. 봄을 의미하므로, 해解를 괘 이름으로 하였다.

(41) 산택손山澤損 [☶ ☱] - 위는 산, 아래는 못

위는 산[山]이고, 아래는 못[澤]이다. 손損은 '덜다', '줄이다', '손해보 다' 라는 뜻이다. 산 아래에 있는 저수지의 물은 들판을 적시기 위해 흘러 가야 하므로, 잃는다는 의미에서 손損을 괘 이름으로 하였다.

(42) 풍뢰익風雷益 [☴ ☳] - 위는 바람, 아래는 천둥

위는 바람[風]이고 아래는 천둥 우레[雷]다. 익益은 '더하다', '증가하 다', '이익이다' 라는 뜻이다. 바람이 불고 천둥이 치니 비가 온다. 비는 골고루 만물을 적셔 유익함을 주기 때문에 익益을 괘 이름으로 하였다.

(43) 택천쾌澤天夬 [☱ ☰] - 위는 못, 아래는 하늘

위는 못[澤]이고, 아래는 하늘[天]이다. 쾌夬는 '물리친다', '결단한다' 는 뜻이다. 아래 다섯 양효가 위에 있는 하나의 음효를 밀어내고 있는 상 이니, 쾌夬를 괘 이름으로 하였다. 결단을 내릴 때다.

(44) 천풍구天風姤 [☰ ☴] - 위는 하늘, 아래는 바람

위는 하늘[天]이고, 아래는 바람[風]이다. 구姤는 '우연히 만나다', '추 하다' 라는 뜻이다.

하늘 아래에서 바람이 부니 흩어졌던 구름이 모인다. 만난다는 뜻의 구姤를 괘 이름으로 하였다. 하나의 음이 다섯 개의 양을 떠받치고 있으 니 추하다.

(45) 택지취澤地萃, [☱ ☷] – 위는 못, 아래는 땅

　위는 못[澤]이고, 아래는 땅[地]이다. 취萃는 '모인다' 라는 뜻이다. 땅 위에 연못이 있으면 물이 모인다. 모인다는 뜻의 취萃를 괘 이름으로 하였다.

(46) 지풍승地風升 [☷ ☴] – 위는 땅, 아래는 바람

　위는 땅[地]이고, 아래는 바람[風]이다. 승升은 '위로 상승하다', '올라 가다', '번성하다' 라는 뜻이다. 땅 밑에 있는 바람이 위로 상승하고 있으 니 상승한다는 뜻의 승升을 괘 이름으로 하였다.

(47) 택수곤澤水困 [☱ ☵] – 위는 못, 아래는 물

　위는 못[澤]이고, 아래는 물[水]이다. 곤困은 '부족하다', '곤궁하다', '괴롭다', '통하지 않는다' 라는 뜻이다. 연못 아래에 있는 물이 빠지는 모습이다. 물이 부족하면 만물은 곤궁에 처하게 되므로, 곤困을 괘 이름 으로 하였다.

(48) 수풍정水風井 [☵ ☴] – 위는 물, 아래는 바람

　위는 물[水]이고, 아래는 바람[風]이다. 정井은 '우물', '두레박' 을 뜻한 다. 바람이 물 밑에 있다. 바람이 깊은 곳까지 통하는 모습이니, 우물을 뜻하는 정井을 괘 이름으로 하였다. 우물물을 퍼 올리려면 두레박이 필 요하고 노고가 필요하다.

(49) 택화혁澤火革 [☱ ☲] – 위는 못, 아래는 불

　위는 못[澤]이고, 아래는 불[火]이다. 혁革은 '바꾸다', '혁신하다', '혁 명' 의 뜻이다. 연못 아래 불이 있다. 물이 끓어 증발하면 큰 변화를 하므 로 혁革을 괘 이름으로 하였다. 혁은 짐승 가죽이다. 가죽의 털을 벗기면 전혀 다른 것으로 변하기 때문에 '혁명' 이라는 의미가 있다.

(50) 화풍정火風鼎 [☲ ☴] － 위는 불, 아래는 바람

위는 불[火]이고, 아래는 바람[風]이다. 정鼎은 '발이 셋인 솥', '안정감'을 뜻한다. 불 밑에 바람이 불고 있는 상이니 음식을 만들기 위해 아궁이에 불을 지피는 모습이다. 음식을 만드는 솥을 뜻하는 정鼎을 괘 이름으로 하였다.

(51) 진위뢰震爲雷 [☳ ☳] － 위도 천둥, 아래도 천둥

위도 천둥 우레[雷]고, 아래도 천둥 우레[雷]다. 뇌雷는 '천둥 우레', '몹시 두려워하다', '사나운 모양', '위엄을 떨치다'를 뜻한다. 우레가 크게 진동하니 많은 사람들이 놀라 두려워한다.

(52) 간위산艮爲山 [☶ ☶] － 위도 산, 아래도 산

위도 산[山]이고, 아래도 산[山]이다. 산이 첩첩이 있으니 산山을 괘 이름으로 하였다. 간괘는 하나의 양이 두 음 위에 머무르고 있는 상이다. 산은 움직이지 않고 그곳에 있으므로 '머무르다'라는 뜻이다.

(53) 풍산점風山漸 [☴ ☶] － 위는 바람, 아래는 산

위는 바람[風]이고, 아래는 산[山]이다. 점漸은 '점점', '점차로 나아지는 것'을 뜻한다. 산 위에 따뜻한 바람이 불어오면 점차로 만물이 깨어난다. 점차로 나아간다는 뜻의 점漸을 괘 이름으로 하였다.

(54) 뇌택귀매雷澤歸妹 [☳ ☱] － 위는 천둥, 아래는 못

위는 천둥 우레[雷]고, 아래는 못[澤]이다. 귀매歸妹는 '정상적이지 못한 결혼'이라는 뜻이다. 위는 나이든 남자를 상징하는 진괘고, 아래는 어린 여자를 상징하는 태괘다. 젊은 여자가 음란한 소질이 있어 중년 남자와 만나니 정상적이지 못하다는 뜻에서 귀매歸妹를 괘 이름으로 하였다.

(55) 뇌화풍雷火豊 [☳☲] − 위는 천둥, 아래는 불

위는 천둥 우레[雷]이고, 아래는 불[火]이다. 풍豊은 '풍성하다' 라는 뜻이다. 천둥 우레가 치고 비가 내린 후 햇볕이 밝게 빛나는 모습이다. 만물이 성장하여 풍성한 결실을 맺는다는 뜻에서 풍豊을 괘 이름으로 하였다.

(56) 화산려火山旅 [☲☶] − 위는 불, 아래는 산

위는 불[火]이고, 아래는 산[山]이다. 려旅는 '여행' , '집과 고향을 떠나 낯선 곳으로 가는 것' , '방황하는 나그네' 를 뜻한다. 태양이 산에서 떠서 산으로 지는 것은 나그네의 여정과 같으므로 려旅를 괘 이름으로 하였다.

(57) 손위풍巽爲風 [☴☴] − 위도 바람, 아래도 바람

위도 바람[風]이고, 아래도 바람[風]이다. 바람은 지상 공간에 없는 곳이 없다. 그러나 실체를 눈으로 볼 수는 없다. 손괘는 하나의 음이 두 양 아래에 있어 순종하고 따르는 형상이다. 유순하고 겸양하며 부드러운 의미가 있다.

(58) 태위택兌爲澤 [☱☱] − 위도 못, 아래도 못

위도 못[澤]이고, 아래도 못[澤]이다. 태兌는 '즐거움', '온화한 분위기'를 뜻한다. 연못에 있는 물은 낮은 곳으로 흐르며 대지에 있는 모든 만물에게 골고루 물을 나누어준다. 베푸는 곳에서 기쁨을 느낄 수 있다.

(59) 풍수환風水渙 [☴☵] − 위는 바람, 아래는 물

위는 바람[風]이고, 아래는 물[水]이다. 환渙은 '흩어지다', '풀어지다' 라는 뜻이다. 물 위에서 바람이 분다. 물이 바람에 날려 사방으로 흩어지므로, 환渙을 괘 이름으로 하였다. 겨우내 얼었던 물이 봄바람에 녹아 풀어진다.

(60) 수택절水澤節 [☵☱] – 위는 물, 아래는 못

위는 물[水]이고, 아래는 못[澤]이다. 절節은 '절도', '규칙이나 제한', '절약'을 뜻한다. 연못 위에 물이 가득하니 물이 많으면 넘치게 하고 모자라면 흐르지 못하게 한다. 절도를 뜻하는 절節을 괘 이름으로 하였다.

(61) 풍택중부風澤中孚 [☴☱] – 위는 바람, 아래는 못

위는 바람[風]이고, 아래는 연못[澤]이다. 중부中孚는 '어미 새가 알을 품어 따뜻하게 한다'는 뜻이다. 가운데 두 음효는 노른자이고 바깥 양효는 흰자와 껍데기를 나타내니 알의 모양을 뜻한다. 상괘와 하괘가 입을 맞춘 듯 대칭을 이룬다. 한몸으로 결합되어 마치 어미 새가 알을 품고 있는 상이므로, 중부中孚를 괘 이름으로 하였다.

(62) 뇌산소과雷山小過 [☳☶] – 위는 천둥, 아래는 산

위는 천둥 우레[雷]이고, 아래는 산[山]이다. 소과小過는 '조금 지나치다'라는 뜻이다. 상괘와 하괘가 등을 지고 있다. 음이 양에 비해 약간 많다는 의미에서 '조금 지나치다'라는 뜻의 소과小過를 괘 이름으로 하였다.

(63) 수화기제水火旣濟 [☵☲] – 위는 물, 아래는 불

위는 물[水]이고, 아래는 불[火]이다. 기제旣濟란 '일을 이미 성취했다', '이미 물을 건넜다', '어려움에서 이미 벗어났다'라는 뜻이다. 물은 위에 있고 불은 아래에 있으니 서로가 목적한 곳으로 건넜다는 의미에서 기제旣濟를 괘 이름으로 하였다.

(64) 화수미제火水未濟 [☲☵] – 위는 불, 아래는 물

위는 불[火]이고, 아래는 물[水]이다. 미제未濟란 '아직 건너지 않았다', '미완성'을 뜻한다. 불과 물이 각기 제자리에 있기 때문에 미제未濟를 괘 이름으로 하였다.

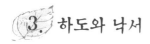# 3. 하도와 낙서

1) 하도河圖 ─ 중국 황하에서 발견된 신비한 그림

지금으로부터 약 5000년 전 어느날 하늘에서 갑자기 마른벼락이 쪼개져 내리면서 강물이 용트림하듯 부글부글 끓어올랐다. 잠시 후 신기한 신마神馬 한 마리가 황하를 박차고 뛰어나왔다. 머리는 용이고 몸체는 말의 모습으로, 참으로 희귀한 신물神物이었다. 그때 강 언덕을 한가로이 배회하던 한 사내가 불현듯 타보고 싶은 충동에 안장도 고삐도 없이 신마에 올라타고 바람처럼 내달려 집으로 돌아왔다.

집에 도착한 사내가 자세히 보니 말 등에는 이상하게 생긴 반점이 찍혀 있었다. 이를 신기하게 여겨 반점에 필묵을 바른 다음 널빤지를 대고 찍어 보았다. 그림에는 심오한 우주의 이치가 함축되어 있었다.

이를 황하에서 나온 그림이라 하여 '하도河圖'라 칭하였다. 연구를 통하여 우주순환의 이치와 인생의 이치, 삶의 철학을 발견하여, 세상 사람들을 깨우쳐 준 이가 바로 복희씨伏羲氏다.

전설에 의하면 그는 중국 고대의 제왕帝王이 되어 진陳에 도읍을 정하고 150년 동안 통치를 했다고 한다. 8괘八卦를 처음 만들어 해와 달과 같은 큰 성덕을 베풀어 중국 최고의 제왕으로 평가받는 인물이 되었다.

하도에 나타난 그림은 참으로 묘하고 신기한 것이었다. 숫자들도 생물처럼 서로 음양의 교감을 하고 있었다.

수컷인 양수陽數 1은 암컷인 음수陰數 6을, 음수 2는 양수 7을, 양수 3은 음수 8을, 음수 4는 양수 9를, 양수 5는 음수 10을 찾아가고 있다. 1, 2, 3, 4, 5의 수는 천지만상의 기본수基本數인 생수生數가 되고 6, 7, 8, 9, 10의 수는 조화수造化數인 성수成數가 된다.

복희씨伏羲氏는 이를 이용하여 우주의 기본 구조를 '선천팔괘先天八卦'로 설명하였다. 설명하면 다음과 같다.

- 건일乾一은 하늘[天]이요, 곤팔坤八은 땅[地]이다. 그리하여 천지 天地는 정립定立한다.
- 간칠艮七은 산[山]이요, 태이兌二는 연못[澤]이다. 그리하여 산택 山澤은 통기通氣한다.
- 진사震四는 우레[雷]요, 손오巽五는 바람[風]이다. 그리하여 뇌풍 雷風은 상박相搏한다.
- 감육坎六은 물[水]이요, 이삼離三은 불[火]이다. 그리하여 수화水火 는 불상사不相射한다.

〈하도河圖〉　　　　〈복희씨 선천팔괘先天八卦〉

(○:양, ●:음)

복희씨는 우주만상은 상대성 원리에 의하여 순환하고 변화한다고 보았다. 태극 음양의 분리선을 접어서 서로 마주 닿는 괘를 살펴보면, 이 괘들은 음과 양이 대칭되어 있음을 알 수 있다. 여기서 천지만물의 온갖 음양조화가 일어난다.

정양淨陽은 동서남북 4정위正位에 위치하고, 정음淨陰은 동북, 동남, 서남, 서북 4간위間位에 위치한다. 정양과 정음에 대한 설명은 뒤로 미룬다.

〈복희씨 선천팔괘 변화 순서〉

태 극(太極, ☯)							
양(陽, ―)				음(陰, --)			
태양(太陽, ⚌)		소음(小陰, ⚎)		소양(小陽, ⚍)		태음(太陰, ⚏)	
건(乾,☰)	태(兌,☱)	리(離,☲)	진(震,☳)	손(巽,☴)	감(坎,☵)	간(艮,☶)	곤(坤,☷)
1.하늘[天]	2.연못[澤]	3.불[火]	4.우레[雷]	5.바람[風]	6.물[水]	7.산[山]	8.땅[地]

양陽 ← 태극분리선 → 음陰

10천간天干과 12지지地支를 하도河圖에 배치하여 오행과 음양을 나누면 다음과 같다.

〈천간과 지지의 음양오행〉

오행(五行)	3, 8 목(木)		2, 7 화(火)		5, 10 토(土)		4, 9 금(金)		1, 6 수(水)	
음양(陰陽)	양(陽)	음(陰)	양(陽)	음(陰)	양(陽)	음(陰)	양(陽)	음(陰)	양(陽)	음(陰)
천간(天干)	갑(甲)	을(乙)	병(丙)	정(丁)	무(戊)	기(己)	경(庚)	신(辛)	임(壬)	계(癸)
지지(地支)	인(寅)	묘(卯)	오(午)	새(巳)	진,술(辰,戌)	축,미(丑,未)	신(申)	유(酉)	자(子)	해(亥)

2) 낙서洛書와 구궁도九宮圖 — 중국 낙수에서 발견, 우주만물의 생성 소멸과 순환의 이치가 담김

지금으로부터 4000년 전 중국 낙수洛水에서 신기한 거북이 등에 지고 나온 그림이 있었다. 문왕文王이 자세히 살펴보니, 우주만물의 생성과 조화 그리고 천지운행의 이치가 구체적으로 나타나 있었다. 이를 낙수에서 나온 그림이라 하여 낙서洛書라 부르고, 여기에 담긴 하늘과 땅 사이에서 일어나고 있는 만물의 생성소멸과 순환의 이치를 밝혀내게 되었다.

즉 천지만물은 봄[春]과 동쪽을 뜻하는 진震에서 나와, 춘하春夏 교체기와 동남쪽을 뜻하는 손巽에서 기운을 축적, 정제한다. 그리고 여름[夏]과 남쪽을 뜻하는 리離에서 왕성한 기운을 얻어, 하추夏秋 교체기와 남서쪽을 뜻하는 곤坤에서 발전 성장한다. 가을[秋]과 서쪽을 뜻하는 태兌에서는 결실 성숙하고, 추동秋冬 교체기와 서북쪽을 뜻하는 건乾에서 성취한다. 겨울[冬]과 북쪽을 뜻하는 감坎에서는 편히 쉬고, 동춘冬春 교체기인 입춘과 북동쪽을 뜻하는 간艮에서 다시 소생을 준비한다.

이러한 자연이치를 깨달은 문왕은 아들 무왕(武王, BC 1169~BC 1116)과 함께 은殷나라를 멸망시키고 주周나라를 창건하였다. 이들은 덕으로 백성들을 통치하여 성왕聖王으로 추앙을 받았다. 유가儒家로부터는 이상적인 성천자聖天子로 오늘날까지 숭앙을 받고 있다. 중국에서 가장 오래된 시집인《시경詩經》은 문왕과 무왕의 덕을 기리는 시가 다수 수록되어 있다.

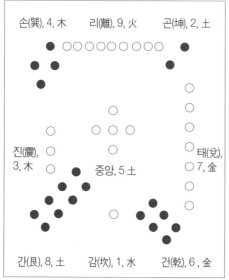

〈낙서洛書〉 〈문왕후천팔괘文王後天八卦〉

복희씨의 선천팔괘先天八卦가 우주의 기본 구조인 체體를 표시했다면, 문왕의 후천팔괘後天八卦는 우주의 운용 방법인 용用을 표시한 것이다. 복희씨의 팔괘도가 하늘과 땅 사이에 공간적 위치를 그림으로 나타낸 것이라면, 문왕의 팔괘도는 하늘과 땅 사이에 일어나고 있는 변화의 모습을 그림으로 나타낸 것이다.

낙서는 아래위나 옆 또는 대각선 어느 쪽으로든 수를 합치면 15가 된다. 또 10을 사용하지 않는 대신 중앙의 5를 빼면 모두가 10이 된다.

양수인 1, 3, 7, 9는 동서남북에 배치하여 정방正方이 되었고, 음수인 2, 4, 6, 8은 대각선 방위에 배치하여 간방間方이 되었다. 이것은 양수가 동서남북 사방의 주체가 되고, 음수가 간방에서 양수를 보좌하여 천지만물을 움직이는 데 조력하고 있는 형상이다.

구궁도九宮圖는 낙서에 기원한 천지변화의 이치와 질서를 그림으로 표시한 것이다. 구궁의 순서와 오행은 다음과 같다.

일감백수一坎白水 → 이곤흑토二坤黑土 → 삼진벽목三震碧木 → 사손녹목四巽祿木 → 오중황토五中黃土 → 육건백금六乾白金 → 칠태적금七兌赤金 → 팔간백토八艮白土 → 구리자화九離紫火

〈낙서의 구궁도 九宮圖〉

(4) 손(巽, ☴) 녹목(祿木) 동남방(東南方) 진(辰), 사(巳)	(9) 리(離, ☲) 자화(紫火) 정남방(正南方) 오(午)	(2) 곤(坤, ☷) 흑토(黑土) 서남방(西南方) 미(未), 신(申)
(3) 진(震, ☳) 벽목(碧木) 정동방(正東方) 묘(卯)	(5) 중궁(中宮) 황토(黃土) 중앙	(7) 태(兌, ☱) 적금(赤金) 정서방(正西方) 유(酉)
(8) 간(艮, ☶) 백토(白土) 동북방(東北方) 축(丑), 인(寅)	(1) 감(坎, ☵) 백수(白水) 정북방(正北方) 자(子)	(6) 건(乾, ☰) 백금(白金) 서북방(西北方) 술(戌), 해(亥)

팔괘 쉽게 외우는 방법

- **건삼련**乾三連 : 건(☰)괘는 3개의 효가 모두 연결되어 있다. 모두 양이므로 아버지
- **태상절**兌上絶 : 태(☱)괘는 제일 위 효가 떨어졌다. 세 번째가 음이므로 막내딸
- **이허중**離虛中 : 이(☲)괘는 가운데 효가 떨어져 허하다. 가운데가 음이므로 가운데딸
- **진하련**震下連 : 진(☳)괘는 제일 아래 효만 연결되어 있다. 처음이

양이므로 큰아들

- **손하절**巽下絶 : 손(☴)괘는 제일 아래 효가 떨어져 있다. 처음이
  음이므로 큰딸

- **감중련**坎中連 : 감(☵)괘는 가운데 효만 연결되어 있다. 가운데가
  양이므로 가운데아들

- **간상련**艮上連 : 간(☶)괘는 제일 위 효만 연결되어 있다. 세 번째
  가 양이므로 막내아들

- **곤삼절**坤三絶 : 곤(☷)괘는 3개의 효 모두 떨어져 있다. 모두 음이
  므로 어머니

4. 오행의 종류

오행五行이란 목木, 화火, 토土, 금金, 수水 다섯 가지로 우주의 삼라만
상을 형성하는 5가지 활동적 원소元素를 말한다. 처음에는 오행을 자연
과 인생에 없어서는 안 될 단순한 나무, 불, 흙, 쇠, 물의 물질적 관념으로
만 생각하였다.

그런데 나무에 의해서 불이 되고, 불은 모든 것을 태우고 나면 재가 되
어서 다시 흙이 되고, 흙으로부터 쇠가 형성되어 나오고, 쇠는 또 물을
생성하며, 물은 나무를 살아가게 한다는 사실을 알게 되었다. 이때부터
오행을 기氣의 작용력으로 고찰하게 되었다. 이렇게 우주에 존재하는 모
든 만물은 오행의 변화에 의해서 생성과 소멸을 한다. 오랜 세월 사람의
경험에 의해서 오행의 속성은 여러 가지로 설명되었다.

나뭇잎이 푸르기 때문에 나무[木]를 청靑이라 하고, 화염이 붉기 때문
에 불[火]을 적赤이라 하였다. 금속의 광택이 백색을 반사하기 때문에 쇠

[金]를 백白이라 하고, 물이 깊어 심연한 것이 암흑이기 때문에 물[水]을 흑黑이라 하였다. 흙은 대개 황색이므로 토[土]를 황黃이라고 했다.

또 나무를 봄으로 한 것은 봄이 되면 새싹이 돋아나기 때문이다. 불을 여름으로 한 것은 여름에 뜨거움이 심하기 때문이다. 금을 가을로 한 것은 찬 가을 누른 잎이 마치 금속의 색깔과 촉각이 같기 때문이고, 물이 겨울인 것은 물의 한랭함이 겨울의 추위와 비슷하기 때문이다.

이와 같이 모든 만물은 오행의 속성을 가지고 있으며, 그 종류는 수없이 많다.

1) 천간天干과 지지地支 − 하늘의 이치는 '천간', 땅의 이치는 '지지'

천간天干은 하늘의 변화하는 이치가 담겨져 있으며 양陽의 기운이다. 지지地支는 땅의 변화이치를 나타낸 것으로 음陰의 기운이다. 이를 사람에 비유한다면 천간은 남성이고 지지는 여성이다. 음양이 짝을 이루어 삼라만상의 무궁한 조화를 이루어낸다. 10천간은 갑을병정무기경신임계甲乙丙丁戊己庚辛壬癸로 날[日]을 가리키기 위해서, 12지지는 자축인묘진사오미신유술해子丑寅卯辰巳午未申酉戌亥로 달[月]을 가리키기 위해서 은나라 때 만들어졌다고 한다. 천간과 지지 각각에는 오행이 있고, 그 오행 중에서 또 음양을 가지고 있다.

2) 60갑자甲子 − 10천간과 12지지가 짝을 맞어 60개의 갑자를 이룸

양인 10천간과 음인 12지지가 차례로 짝을 맺어 합해지는 것을 갑자甲子라고 하며, 모두 60개로 이루어져 60갑자라고 한다. 이때 천간자와 지지자의 음양은 서로 같다. 예를 들어 갑자甲子에서 천간자 갑甲도 양이고, 지지자 자子도 양이다. 을축乙丑에서 천간자 을乙도 음이고, 지지자 축丑도 음이다. 을인乙寅, 신자辛子 등과 같이 간지의 음양이 서로 다른 60갑자는 존재하지 않는다.

〈오행의 종류〉

번호	오행의 종류		목(木) 양	목(木) 음	화(火) 양	화(火) 음	토(土) 양	토(土) 음	금(金) 양	금(金) 음	수(水) 양	수(水) 음	비 고
1	정오행 正五行	천간(天干)	갑甲	을乙	병丙	정丁	무戊	기己	경庚	신辛	임壬	계癸	
		지지(地支)	인寅	묘卯	오午	사巳	진,술辰,戌	축,미丑,未	신申	유酉	자子	해亥	
2	팔괘(八卦)오행		진震	손巽		리離	간艮	곤坤	건乾	태兌	감坎		
3	삼합(三合)오행		해묘미 亥卯未		인오술 寅午戌				사유축 巳酉丑		신자진 申子辰		12포태 중 生旺墓
4	쌍산(雙山) 삼합(三合)오행		乾亥,甲卯 丁未		艮寅,丙午 辛戌				巽巳,庚酉 癸丑		坤申,壬子 乙辰		쌍산 배합
5	사국(四局)오행		丁未,坤申 庚酉		辛戌,乾亥 壬子				癸丑,艮寅 甲卯		乙辰,巽巳 丙午		水口기준 四局 결정
6	성수(星宿)오행 28수(二十八宿)오행		乾,坤,艮,巽		甲,庚,丙,壬 子,午,卯,酉		乙,辛,丁,癸		辰,戌,丑,未		寅,申,巳,亥		좌와 사격의 길흉관계
7	소현공(小玄空) 오행		甲,艮,癸,亥		丙,丁,乙,酉		庚,戌,丑,未		乾,坤,卯,午		壬,子,寅,辰 巽,巳,辛,申		向과 水의 來去관계
8	대현공(大玄空) 오행		壬,午,坤,辛 申,戌		甲,巽,癸,酉 未,亥				子,寅,乙,辰 乾,丙		丑,艮,卯,巳 丁,庚		향(向)으로 長生을 봄
9	홍범(洪範)오행		艮,卯,巳		壬,乙,丙,午		癸,丑,未, 坤,庚		丁,酉,乾,亥		子,寅,甲,辰 巽,辛,申,戌		장택에서 산운과 연운
10	오음(五音)		아음(牙音) ㄱ,ㅋ		설음(舌音) ㄴ,ㄷ,ㄹ,ㅌ		후음(喉音) ㅇ,ㅎ		치음(齒音) ㅅ,ㅈ,ㅊ		순음(脣音) ㅁ,ㅂ,ㅍ		
11	수(數)오행		3 , 8		2 , 7		5 , 10		4 , 9		1 , 6		
12	방위(方位)오행		동(東)		남(南)		중앙(中央)		서(西)		북(北)		
13	오상(五常)오행		인(仁)		예(禮)		신(信)		의(義)		지(智)		
14	절기(節氣)		봄(春)		여름(夏)		사계(四季)		가을(秋)		겨울(冬)		
15	색(色)		청색(靑)		빨강(赤)		노랑(黃)		흰색(白)		검정(黑)		
16	맛(味)		신맛(酸)		쓴맛(苦)		단맛(甘)		매운맛(辛)		짠맛(鹹)		鹹: 짤 함
17	오체(五體)		마음(心)		체온(溫)		살(肉)		호흡(息)		피(血)		息: 숨쉴 식
18	오장육부 및 질환		간장(肝臟) 쓸개(膽膽) 신경, 얼굴 두통		심장(心臟) 소장(小腸) 눈병,편두 고혈압증		비위(脾胃) 위장(胃腸) 피부,당뇨 복부		폐장(肺臟) 대장(大腸) 근골,사지 호흡질환		신장(腎臟) 방광(膀胱) 자궁,혈액 생식기		
19	오관(五官)		눈(目)		혀(舌)		몸(身)		코(鼻)		귀(耳)		
20	상생상극 (相生相剋)		木生火 木剋土		火生土 火剋金		土生金 土剋水		金生水 金剋木		水生木 水剋火		

60갑자와 납음오행納音五行

천간과 지지가 합한 60갑자에도 다음과 같이 오행이 존재한다. 남녀의 궁합, 망명亡命과 산운山運의 오행 상생상극 관계를 따져 길흉화복을 논하는 데 사용한다. 오행의 크기에 주의해야 한다.

예를 들어 수생목水生木이라 하나, 대해수大海水와 같이 큰 물이 석류목石榴木과 같이 작은 나무를 생해 주면 오히려 죽이는 꼴이 된다. 금극목金剋木이라 하나, 금박금金箔金과 같이 작은 쇠가 대림목大林木같이 큰 나무를 자를 수는 없다. 오히려 작은 칼은 부러진다.

〈60갑자 납음오행〉

甲子乙丑	해중금海中金	丙寅丁卯	노중화爐中火	戊辰己巳	대림목大林木	庚午辛未	노방토路傍土	壬申癸酉	검봉금劍鋒金
甲戌乙亥	산두화山頭火	丙子丁丑	간하수澗下水	戊寅己卯	성두토城頭土	庚辰辛巳	백납금白蠟金	壬午癸未	양류목楊柳木
甲申乙酉	천중수泉中水	丙戌丁亥	옥상토屋上土	戊子己丑	벽력화霹靂火	庚寅辛卯	송백목松柏木	壬辰癸巳	장류수長流水
甲午乙未	사중금砂中金	丙申丁酉	산하화山下火	戊戌己亥	평지목平地木	庚子辛丑	벽상토壁上土	壬寅癸卯	금박금金箔金
甲辰乙巳	복등화覆燈火	丙午丁未	천하수天河水	戊申己酉	대역토大驛土	庚戌辛亥	채천금釵釧金	壬子癸丑	상자목桑柘木
甲寅乙卯	대계수大溪水	丙辰丁巳	사중토沙中土	戊午己未	천상화天上火	庚申辛酉	석류목石榴木	壬戌癸亥	대해수大海水

※ 한자 뜻

爐:화로 로　傍:곁 방　劍:칼 검　鋒:칼끝 봉　澗:산골물 간　蠟:땜납 납
楊:버드나무 양　泉:샘 천　屋:집 옥　霹:벼락 벽　靂:벼락 력　壁:울타리,벽 벽
箔:발 박　覆:덮을 복　燈:등잔 등　釵:비녀 채　釧:팔지 천　柘:산뽕나무 자
溪:시내 계　榴:석류 류　柏:잣나무 백　驛:역참 역　桑:뽕나무 상　沙:모래 사

오행의 합충살형合冲煞刑

간합干合 – 음양이 서로 화합을 이루니 다정하다

천간天干의 음과 양이 6번째 것끼리 합하여 다른 오행이 된다. 오합五合, 음양합陰陽合이라고 하며, 부부와 같이 다정하다는 의미에서 덕합德合이라고도 부른다.

> 갑기합토甲己合土 을경합금乙庚合金 병신합수丙辛合水 정임합목
> 丁壬合木 무계합화戊癸合火

간충干冲 – 같은 음양끼리 충돌하니 파산, 이별한다

천간의 음양이 같은 것끼리 부딪쳐 충돌한다. 파괴, 파산, 이별, 분리, 살상, 비애, 질병, 수술 등을 나타낸다. 7번째 천간끼리 서로 상충相冲한다 하여 칠살七殺이라고도 한다.

> 갑경충甲庚冲 을신충乙辛冲 병임충丙壬冲 정계충丁癸冲 무갑
> 충戊甲冲 기을충己乙冲 경병충庚丙冲 신정충辛丁冲 임무충
> 壬戊冲 계기충癸己冲

지합支合, 육합六合 – 음양이 합하여 다른 오행으로 변한다

지지地支의 음과 양이 합하여 다른 오행으로 변한다. 모두 6개이므로 육합六合이라고 한다. 단, 오午와 미未는 합해도 오행이 변하지 않는다.

> 자축합토子丑合土 인해합목寅亥合木 묘술합화卯戌合火 진유합금
> 辰酉合金 사신합수巳申合水 오미午未는 불변화不變化

지충支沖 - 같은 지지 음양끼리 부딪치면 화가 더욱 심하다

음양이 같은 지지地支끼리 서로 마주보며 충을 한다. 간충干沖이 가지가 흔들릴 정도의 충돌이라면, 지충地沖은 뿌리가 흔들려 상할 정도의 강한 충돌이다. 그러므로 그 화禍가 더욱 심하다.

> 자오충子午沖 축미충丑未沖 인신충寅申沖 묘유충卯酉沖 진술충辰戌沖 사해충巳亥沖

형살刑煞 - 형벌을 관장

형刑이란 질서를 어지럽히고 예절에 어긋나는 것을 말한다. 무정하고 횡폭하여 불쾌감을 줄 수 있다. 형벌을 관장한다.

> 자묘형子卯刑 인사형寅巳刑 사신형巳申刑 인신형寅申刑 축술형丑戌刑 축미형丑未刑 미술형未戌刑
> 이밖에 진진辰辰, 오오午午, 유유酉酉, 해해亥亥는 자형自刑이다.

지지육해地支六害 - 장애물이 잇따라 일어나는 형태

해害는 은혜 가운데에 원수가 되어 해롭다는 뜻이다. 거추장스럽고 장애물이 잇따라 일어나는 형태를 말한다.

> 자미해子未害 축오해丑午害 인사해寅巳害 묘진해卯辰害 해신해亥申害 유술해酉戌害

원진怨嗔 - 서로 싫어하는 형태

　서로 싫어한다는 의미다. 원진 띠끼리 결혼하면 원망과 불평이 많아 고생한다는 말도 있다.

　자미子未　축오丑午　인유寅酉　묘신卯申　진해辰亥　사술巳戌

 5. 오행의 상생상극과 육친법六親法

　오행은 상생相生과 상극相剋 작용을 통해 만물을 생성 변화시킨다.

1) 상생相生

- **목생화**木生火 : 불은 나무가 없으면 존재할 수가 없다.
- **화생토**火生土 : 흙은 불이 없으면 형체를 변경할 수 없다.
- **토생금**土生金 : 흙속에 광물이 들었다. 금은 땅속에서 나온다.
- **금생수**金生水 : 광물질이 많은 암반에서 좋은 생수가 나온다.
- **수생목**水生木 : 나무는 물이 없으면 살지 못한다.

2) 상극相剋

- **목극토**木剋土 : 나무는 땅속에 뿌리를 박고 살기 때문에 흙을 괴롭힌다.

- **토극수**土剋水 : 흙은 물을 못 흐르게 막아 버릴 수 있어 물을 지배한다.
- **수극화**水剋火 : 물은 타오르는 불을 꺼버릴 수 있다.
- **화극금**火剋金 : 불은 금을 녹여 형체를 바꾸어 버린다.
- **금극목**金剋木 : 쇠로 만든 톱이나 칼로 나무를 베어낸다.

〈오행 상생상극도〉

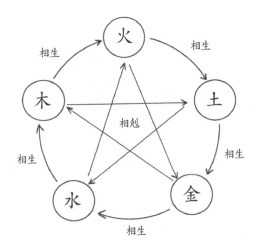

3) 육친법六親法

육신법六神法으로 불리기도 하며 오행의 상생相生, 상극相剋, 비화比和의 이치에 따라 이해득실利害得失을 가늠하는 오행의 법칙이다.

〈육친법 조견표六親法 早見表〉

육친(六親) 관계	음양(陰陽)	명칭	특 징
생아자(生我者)는 부모(父母)다. 나를 낳아주는 오행은 부모와 같다.	동(同)음양	편인(偏印)	나를 낳아주고 보살펴 주는 부모이되 편된 부모(서모, 유모, 이모)다.
	이(異)음양	정인(正印)	나를 낳아주시고 길러주신 부모로 귀인이며 은인이다.
아생자(我生者)는 자손(子孫)이다 내가낳아주는다른 오행은 자손과 같다.	동(同)음양	식신(食神)	재물을 생하는 길신(吉神)으로 풍요로운 옷과 밥, 장수를 뜻한다.
	이(異)음양	상관(傷官)	관(官)을 상하게 하는 것으로 하극상의 기질이 있다. 반항과 투쟁
아극자(我剋者)는 처재(妻財)다. 내가 다른 오행을 극하는 것은 처재와 같다.	동(同)음양	편재(偏財)	편된 방법으로 얻어지는 재물이며 투기와 모험을 즐긴다. 소실, 애인
	이(異)음양	정재(正財)	착하고 성실하며 일한 대가의 정당한 재물을 얻는다. 정부인
극아자(剋我者)는 관살(官煞)이다 나를 극하는 다른 오행은 관살과 같다.	동(同)음양	편관(偏官)	칠살(七煞)이라고도 하며 모험과 투쟁으로 통이 크다. 정부(情夫)
	이(異)음양	정관(正官)	도덕과 규범을 바탕으로 옳게 바르게 다스린다. 남편을 뜻한다.
비화자(比和者)는 형제(兄弟)다. 나와 오행이 같으면 내 형제와 같다.	동(同)음양	비견(比肩)	나와 어깨를 나란히 한다는 의미로 형제, 친구, 동업자를 뜻한다.
	이(異)음양	겁재(劫財)	나의 정재(正財)를 극함. 자기주장이 강하여 대인관계가 안 좋다.

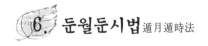

6. 둔월둔시법 遁月遁時法

연年, 월月, 일日, 시時에 천간과 지지를 배합하는 방법이다. 연과 일은 달력이나 만세력을 보면 쉽게 찾을 수 있으나 월과 시는 도출해야 한다. 그 방법을 둔월둔시법遁月遁時法이라고 한다.

1) 둔월법遁月法

월의 지지地支는 일정하다. 즉 음력으로 1월은 인월寅月, 2월은 묘월卯月, 3월은 진월辰月, 4월은 사월巳月, 5월은 오월午月, 6월은 미월未月, 7월은 신월申月, 8월은 유월酉月, 9월은 술월戌月, 10월은 해월亥月, 11월은 자월子月, 12월은 축월丑月이다.

여기에 천간자天干字를 붙이는 방법은 연年의 천간天干을 기준으로 한다.

- **갑기지년**甲己之年**은 병인두**丙寅頭
  갑甲과 기己년은 병인丙寅으로 1월을 시작한다.
- **을경지년**乙庚之年**은 무인두**戊寅頭
  을乙과 경庚년은 무인戊寅으로 1월을 시작한다.
- **병신지년**丙辛之年**은 경인두**庚寅頭
  병丙과 신辛년은 경인庚寅으로 1월을 시작한다.
- **정임지년**丁壬之年**은 임인두**壬寅頭
  정丁과 임壬년은 임인壬寅으로 1월을 시작한다.
- **무계지년**戊癸之年**은 갑인두**甲寅頭
  무戊와 계癸년은 갑인甲寅으로 1월을 시작한다.

〈둔월遁月 조견표〉

월별	1월 寅月	2월 卯月	3월 辰月	4월 巳月	5월 午月	6월 未月	7월 申月	8월 酉月	9월 戌月	10월 亥月	11월 子月	12월 丑月
節入時期	입춘 立春	경칩 驚蟄	청명 淸明	입하 立夏	망종 芒種	소서 小暑	입추 立秋	백로 白露	한로 寒露	입동 立冬	대설 大雪	소한 小寒
甲, 己年	丙寅	丁卯	戊辰	己巳	庚午	辛未	壬申	癸酉	甲戌	乙亥	丙子	丁丑
乙, 庚年	戊寅	己卯	庚辰	辛巳	壬午	癸未	甲申	乙酉	丙戌	丁亥	戊子	己丑
丙, 辛年	庚寅	辛卯	壬辰	癸巳	甲午	乙未	丙申	丁酉	戊戌	己亥	庚子	辛丑
丁, 壬年	壬寅	癸卯	甲辰	乙巳	丙午	丁未	戊申	己酉	庚戌	辛亥	壬子	癸丑
戊, 癸年	甲寅	乙卯	丙辰	丁巳	戊午	己未	庚申	辛酉	壬戌	癸亥	甲子	乙丑

【예】 서기 2000년 경진년庚辰年의 경우 1월은 무인戊寅, 2월은 기묘己卯, 3월은 경진庚辰, 4월은 신사辛巳, 5월은 임오壬午, 6월은 계미癸未, 7월은 갑신甲申, 8월은 을유乙酉, 9월은 병술丙戌, 10월은 정해丁亥, 11월은 무자戊子, 12월은 기축己丑 월이다.

2) 둔시법遁時法

시時의 지지地支는 일정하다.

자시 子時	축시 丑時	인시 寅時	묘시 卯時	진시 辰時	사시 巳時	오시 午時	미시 未時	신시 申時	유시 酉時	술시 戌時	해시 亥時
23:00 ~ 01:00	01:00 ~ 03:00	03:00 ~ 05:00	05:00 ~ 07:00	07:00 ~ 09:00	09:00 ~ 11:00	11:00 ~ 13:00	13:00 ~ 15:00	15:00 ~ 17:00	17:00 ~ 19:00	19:00 ~ 21:00	21:00 ~ 23:00

여기에 천간자天干字를 붙이는 방법은 일日의 천간天干을 기준으로 한다.

- **갑기지일**甲己之日**은 갑자시두**甲子時頭

  갑甲과 기己 일은 갑자甲子로 자시子時를 시작한다.

- **을경지일**乙庚之日**은 병자시두**丙子時頭

  을乙과 경庚 일은 병자丙子로 자시子時를 시작한다.

- **병신지일**丙申之日**은 무자시두**戊子時頭

  병丙과 신辛 일은 무자戊子로 자시子時를 시작한다.

- **정임지일**丁壬之日**은 경자시두**庚子時頭

  정丁과 임壬 일은 경자庚子로 자시子時를 시작한다.

- **무계지일**戊癸之日**은 임자시두**壬子時頭

  무戊와 계癸 일은 임자壬子로 자시子時를 시작한다.

〈둔시遁時 조견표〉

시 간	子時	丑時	寅時	卯時	辰時	巳時	午時	未時	申時	酉時	戌時	亥時
甲,己日	甲子	乙丑	丙寅	丁卯	戊辰	己巳	庚午	辛未	壬申	癸酉	甲戌	乙亥
乙,庚日	丙子	丁丑	戊寅	己卯	庚辰	辛巳	壬午	癸未	甲申	乙酉	丙戌	丁亥
丙,辛日	戊子	己丑	庚寅	辛卯	壬辰	癸巳	甲午	乙未	丙申	丁酉	戊戌	己亥
丁,壬日	庚子	辛丑	壬寅	癸卯	甲辰	乙巳	丙午	丁未	戊申	己酉	庚戌	辛亥
戊,癸日	壬子	癸丑	甲寅	乙卯	丙辰	丁巳	戊午	己未	庚申	辛酉	壬戌	癸亥

【예】 서기 2000년 1월 1일은 무오戊午일이다. 무戊와 계癸로 시작하는 천간 일은 임자시壬子時로 시時를 시작하므로 각각 임자시(壬子時, 전일밤 11시~

오전 1시), 계축시(癸丑時, 오전 1시~3시), 갑인시(甲寅時, 오전 3시~5시), 을묘시(乙卯時, 오전 5시~7시), 병진시(丙辰時, 오전 7시~9시), 정사시(丁巳時, 오전 9시~11시), 무오시(戊午時, 오전 11시~오후 1시), 기미시(己未時, 오후 1시~3시), 경신시(庚申時, 오후 3시~5시), 신유시(辛酉時, 오후 5시~7시), 임술시(壬戌時, 오후 7시~9시), 계해시(癸亥時, 오후 9시~11시)가 된다.

7. 십이포태법 十二胞胎法

십이포태법十二胞胎法은 인간과 우주만물의 생성소멸의 과정을 12단계로 나누어 설명한 것이다. 사주학을 비롯하여 동양철학에서 길흉화복을 가릴 때 많이 쓰이는 법으로, 풍수지리에서는 사국법四局法과 팔십팔향법八十八向法에서 주로 사용한다.

12포태란 포胞·태胎·양養·생生·욕浴·대帶·관官·왕旺·쇠衰·병病·사死·묘墓로 분리된다. 인간의 일생과 우주만상의 생성과 소멸과정을 열두 단계로 나누어 적용시킨 것이다.

그런데 이 중에서 포는 혹 절絶이라고도 하며, 생은 장생長生, 대는 관대冠帶, 관은 임관臨官, 왕은 제왕帝旺이라고도 한다. 묘는 고庫 또는 장藏이라고도 하고 고장庫藏이라고 묶어 부르기도 한다. 12포태 중 생生·왕旺·관官은 대길大吉하다. 양養·대帶·쇠衰는 평길平吉하다. 포胞·태胎·욕浴은 소흉小凶하고, 병病·사死·묘墓는 대흉大凶하다.

1) 포胞 - 음양이 포옹하여 결합하는 과정

절絶이라고도 하며 모든 형체가 절멸絶滅된 상태이다. 모든 것이 끊어져서 쉬고 있다. 기氣도 아직은 완전한 형상을 이루지 못하고 있다. 단지 나중에 기운을 형성할 수 있다는 막연한 희망을 가지고 있을 뿐이다.

남녀 즉 음양이 포옹하여 결합하는 과정으로 만물이 무에서 유를 창조하려고 계획하고 준비하는 단계다. 사업의 경우 이제 구상과 계획하는 과정이므로 지출은 있어도 수입은 없다.

화복은 가난과 고통이 따르며 자손이 없다(빈고핍사貧苦乏嗣).

2) 태胎 - 생명이 수태되는 과정

내부적으로는 생명을 향해서 나아가려는 기운을 받고 있으나, 외부적으로는 아무런 형상도 이루지 못하고 있다. 그러나 씨앗이 싹을 틔웠으니 만반의 준비가 완료된 상태다. 정자와 난자가 수태受胎되는 과정으로 구상과 계획을 마치고 실천하는 단계다. 희망과 발전을 꿈꾸며 시작에 들어갔기 때문에, 아직 매출은 없고 투자로 인하여 지출은 더 많아진다.

화복은 가난과 고통이 따르며 자손이 귀하다(빈고핍사貧苦乏嗣).

3) 양養 - 태아가 자라는 과정

어머니 뱃속에서 태아가 자라 10달을 다 채우고 이제 태어나기만을 기다리는 과정이다. 긴 암흑에서 벗어나 이제 좋은 일만 남았으니, 모든 일이 체계가 잡힌 단계다. 새롭게 출발하려는 기대와 포부로 자신만만하다. 매출은 늘고 있지만 아직 손익 분기점에 미치지는 못하고 적자 상태에 있다. 화복은 타향살이를 하든가 다른 집에 양자로 가서 장남구실을 한다(별무발복別無發福).

4) 생生 - 생명이 세상에 태어나는 과정

장생長生이라고도 하는데, 드디어 태아가 세상에 태어나는 과정으로 최고의 귀貴한 길성吉星이다. 천지天地의 기운을 다 머금고 태어났으니 경사스러울 뿐이다. 매출이 손익 분기점을 넘어 드디어 흑자를 내기 시작한다. 화복은 부귀를 다하고 자손이 번창한다(왕정발재旺丁發財).

5) 욕浴 - 태어난 아이가 목욕하는 과정

목욕沐浴이라고도 하며, 태어난 아이가 목욕하는 과정이다. 씻고 닦으면서 아픔과 괴로움이 있다. 세상에 태어났다 하여 모두 좋은 것만 있는 것이 아니다. 태어나 처음은 아픔을 겪는다. 경쟁업체의 견제로 인하여 매출이 줄고 가격 경쟁으로 손해가 많아 고비에 처한다. 화복은 음란하고 도박, 사치를 좋아하여 좌절하고 실패한다(음란도사淫亂賭奢).

6) 대帶 - 옷을 입고 띠를 두르는 등 성장하는 과정

관대冠帶라고도 하며, 옷을 입고 띠를 두르는 과정이다. 10대에서 성년이 되기까지 학생으로 공부하는 단계다. 꿈이 크고 장래에 대한 희망으로 가득 찬다. 사업은 도산의 위기를 넘기고 다시 발전하여 흑자를 낸다. 화복은 자녀가 총명하고 영리하여 각종 시험에 합격한다(등과급제登科及第).

7) 관官 - 과거에 급제하여 관직에 나가는 과정

임관臨官이라고도 하며, 학교를 졸업하고 과거에 급제하여 관직에 나가거나 취직하는 과정이다. 20, 30대의 혈기왕성한 단계다. 벼슬을 하였으니 이보다 더 기쁜 일이 어디 있으며, 거기다 결혼도 하게 되었으니 이제 젊은 기상을 한껏 드높일 시기다. 사업도 재도약하여 생궁生宮만큼은 아니더라도 큰 흑자를 내고 번창한다. 화복은 승진을 거듭하여 관로官路가 창창하고 부귀를 누린다(등과부귀登科富貴).

8) 왕旺 - 일생일대의 가장 왕성한 전성기

제왕帝旺이라고도 하며, 일생일대의 가장 왕성한 전성기다. 40, 50대장년壯年으로 벼슬도 높고 재물도 많다. 생궁生宮과 함께 최고의 길성吉星이다. 생궁이 귀貴를 더 관장한다면 왕궁旺宮은 부富를 더 관장한다. 사업은 최고의 전성기를 맞아 큰 기업으로 성장한다. 관직에 있는 사람은 최고의 직위에 오른다.

화복은 부와 귀를 다하고 자손 또한 번창한다(부귀왕정富貴旺丁).

9) 쇠衰 - 점차 쇠퇴해 가는 과정

인생의 최고 정점인 50대 후반에 해당하는 시기로, 이제 더 이상 오를 곳이 없으므로 쇠퇴의 길로 접어드는 과정이다. 그렇지만 높은 경륜으로 일을 처리하니 모든 것이 안정되어 있다. 사업도 더 이상 발전은 없는 정체 상태로 안정이 된다. 그러나 이제 사양길로 접어드는 첫 과정이다.

화복은 재물과 자손이 모두 안정된다(정재안정丁財安定).

10) 병病 - 늙고 병들어 가는 과정

60대와 70대로, 노화되어 병들어 가는 과정이다. 젊은 날의 높은 기상은 사라지고 죽을 날만 기다리니 흉하기 짝이 없다. 사업도 점점 쇠퇴하여 어려움에 처하게 된다. 삼재三災가 들어온다.

화복은 병이 많고 재산은 도산 위기에 처한다(장병패산長病敗産).

11) 사死 - 사망으로 죽음에 이름

사망하여 일생을 마감하는 시기이다. 사업도 결국 도산하여 어려움과 고난에 처하게 된다. 삼재三災가 머물고 있다. 화복은 병이 많고 자손과 재산이 모두 망하여 흩어진다(장병패산長病敗散).

12) 묘墓 - 땅속에 묻혀 다시 다음 생을 준비하는 과정

고庫 또는 장藏, 고장庫藏이라고도 한다. 죽어서 땅속에 묻혔으니, 일생을 마치고 휴식하는 단계로 다시 내일을 기다린다. 모든 활동을 중지하고 쉬어야만 다음을 기대할 수 있다. 삼재三災가 나가지만 조심해야 한다. 화복은 병이 많고 재산과 자손이 모두 망한다(장병패망長病敗亡).

풍수지리에서 포태법 운용방법

풍수지리에서 12포태법을 적용하기 위해서는 다음의 순서를 따른다.

> 1) 파구[수구]의 방위를 측정하여 목, 화, 금, 수 사국四局을 정한다.
>
> > 목국木局 : 정미丁未, 곤신坤申, 경유庚酉 수구
> > 화국火局 : 신술辛戌, 건해乾亥, 임자壬子 수구
> > 금국金局 : 계축癸丑, 간인艮寅, 갑묘甲卯 수구
> > 수국水局 : 을진乙辰, 손사巽巳, 병오丙午 수구
>
> 2) 각국各局의 기포점起胞點에서 포포를 시작한다.
> 각국의 기포점에서 차례로 포, 태, 양, 생, 욕, 대, 관, 왕, 쇠, 병, 사, 묘를 짚어가면서 측정하고자 하는 입수룡入首龍이나 물의 득수처得水處 또는 파구처破口處의 방위가 12포태 중 어디에 해당하는가를 보고 길흉화복을 가늠한다. 기포점은 사국의 정고(正庫: 목국은 정미, 화국은 신술, 금국은 계축, 수국은 을진)를 기준한다. 물은 동동하는 양陽이므로 정고에서 한 궁위宮位 앞에서 기포하여 순행한다. 용은 정지한 음陰이므로 정고에서 한 궁위 뒤에서 기포하여 역행한다.

이를 조건표로 만들면 다음과 같다.

〈사국 십이포태법 조견표〉

사국 四局	파구 破口	구분	포 胞	태 胎	양 養	생 生	욕 浴	대 帶	관 官	왕 旺	쇠 衰	병 病	사 死	묘 墓
목국 木局	丁未 坤申 庚酉	水	坤申	庚酉	辛戌	乾亥	壬子	癸丑	艮寅	甲卯	乙辰	巽巳	丙午	丁未
		龍	丙午	巽巳	乙辰	甲卯	艮寅	癸丑	壬子	乾亥	辛戌	庚酉	坤申	丁未
화국 火局	辛戌 乾亥 壬子	水	乾亥	壬子	癸丑	艮寅	甲卯	乙辰	巽巳	丙午	丁未	坤申	庚酉	辛戌
		龍	庚酉	坤申	丁未	丙午	巽巳	乙辰	甲卯	艮寅	癸丑	壬子	乾亥	辛戌
금국 金局	癸丑 艮寅 甲卯	水	艮寅	甲卯	乙辰	巽巳	丙午	丁未	坤申	庚酉	辛戌	乾亥	壬子	癸丑
		龍	壬子	乾亥	辛戌	庚酉	坤申	丁未	丙午	巽巳	乙辰	甲卯	艮寅	癸丑
수국 水局	乙辰 巽巳 丙午	水	巽巳	丙午	丁未	坤申	庚酉	辛戌	乾亥	壬子	癸丑	艮寅	甲卯	乙辰
		龍	甲卯	艮寅	癸丑	壬子	乾亥	辛戌	庚酉	坤申	丁未	丙午	巽巳	乙辰

【예】 혈지에서 나경패철 8층으로 파구의 방위를 측정하니 정미丁未였고, 득수得水 방위는 갑묘甲卯 방위였다. 또 입수도두에서 4층으로 측정한 입수1 절룡의 방위가 계축癸丑이었다면 이 혈지의 득수와 파구 입수룡의 길흉화복 은 어떠한지 가늠해 보자.

【답】 정미파는 목국이고, 갑묘 甲卯 득수는 왕旺에 해당하므로 부귀왕정富貴旺丁하는 득수다. 파구는 묘파로 매우 길한 파구다. 왜냐하면 물은 좋은 궁위에서 얻 어야 길하고, 파구는 흉한 궁위로 빠져나가야 길하기 때문이다. 용 은 대帶룡에 해당하므로 등과부 귀登科富貴하는 길한 용이다.

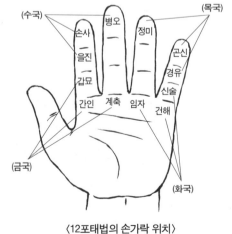

〈12포태법의 손가락 위치〉

8. 정음정양법 淨陰淨陽法

나경패철에 있는 24방위를 팔괘八卦에 배속시켜 팔괘의 음양을 가리는 것을 정음정양법淨陰淨陽法이라고 한다.

나경패철의 24방위는 다음과 같다.

> 임壬, 자子, 계癸, 축丑, 간艮, 인寅, 갑甲, 묘卯, 을乙, 진辰, 손巽, 사巳,
> 병丙, 오午, 정丁, 미未, 곤坤, 신申, 경庚, 유酉, 신辛, 술戌, 건乾, 해亥

이를 팔괘八卦에 배납配納하면 다음과 같다.

> **건乾과 갑甲** : 동궁同宮으로 건괘(乾卦, ☰)가 된다.
> **곤坤과 을乙** : 동궁同宮으로 곤괘(坤卦, ☷)가 된다.
> **간艮과 병丙** : 동궁同宮으로 간괘(艮卦, ☶)가 된다.
> **손巽과 신辛** : 동궁同宮으로 손괘(巽卦, ☴)가 된다.
> **태[유]정사축**(兌[酉]丁巳丑) : 동궁同宮으로 태괘(兌卦, ☱)가 된다.
> **진[묘]경해미**(震[卯]庚亥未) : 동궁同宮으로 진괘(震卦, ☳)가 된다.
> **이[오]임인술**(離[午]壬寅戌) : 동궁同宮으로 이괘(離卦, ☲)가 된다.
> **감[자]계신진**(坎[子]癸申辰) : 동궁同宮으로 감괘(坎卦, ☵)가 된다.

팔괘 중에서 가운데 효爻를 뺀 다음, 아래 효와 위 효의 음(--)과 양(—)이 서로 같으면 정양淨陽이 되고, 음양이 다르면 정음淨陰이 된다.

즉 건(☰), 곤(☷), 이(☲), 감(☵) 괘는 가운데 효를 빼면, 아래 효와 위 효가 서로 같은 음양으로 정양淨陽이다.

간(☶), 손(☴), 태(☱)진(☳) 괘는 가운데 효를 빼면, 아래 효와 위 효가 서로 다른 음양으로 정음淨陰이다.

풍수지리를 비롯해서 모든 동양철학은 음과 양이 서로 조화를 이루어져야 길하다고 보기 때문에, 대체적으로 정음은 길吉한 것이 많고 정양은 흉凶한 것이 많다.

예를 들어, 길한 방위를 나타내는 삼길육수三吉六秀는 모두 정음이다. 삼길三吉 방위는 진(震=卯), 경庚, 해亥이고 육수六秀 방위는 간艮, 병丙, 손巽, 신辛, 태(兌=酉), 정丁이다.

이밖에도 사문赦文 방위인 손巽, 병丙, 정丁도 정음이고, 장수長壽 방위인 간艮, 병丙, 정丁, 태(兌=酉)도 정음이다.

구성九星에서 삼길성三吉星인 탐랑(貪狼 : 艮丙), 거문(巨門 : 巽辛), 무곡(武曲 : 兌丁巳丑) 방위도 모두 정음이다.

참고로 구성 방위는 다음과 같다.

- **탐랑**貪狼 : 간병艮丙에 해당한다.
- **거문**巨門 : 손신巽辛에 해당한다.
- **녹존**祿存 : 건갑乾甲에 해당한다.
- **문곡**文曲 : 이[오]임인술(離[午]壬寅戌)에 해당한다.
- **염정**廉貞 : 진[묘]경해미(震[卯]庚亥未)에 해당한다.
- **무곡**武曲 : 태[유]정사축(兌[酉]丁巳丑)에 해당한다.
- **파군**破軍 : 감[자]계신진(坎[子]癸申辰)에 해당한다.
- **보필**輔弼 : 곤을坤乙에 해당한다.

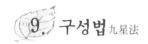

9. 구성법 九星法

구성九星이란 우주천체의 중심인 북극성 주위를 운행하며 우주를 지배하는 북두칠성北斗七星과 좌보성左輔星, 우필성右弼星을 합한 아홉 개의 별을 가리킨다.

- **제일성第一星** : 탐랑성貪狼星이며 천추생기궁天樞生氣宮으로 오행은 목木이다. 총명, 문필, 부귀, 관직 등을 관장하는 별로 발복이 빠르다.

- **제이성第二星** : 거문성巨門星이며 천의제왕궁天醫帝王宮으로 오행은 토土다. 총명, 문필, 부귀, 장수, 명예, 재물 등을 관장하고 복이 많다.

- **제삼성第三星** : 녹존성祿存星이며 천기절체궁天機絶體宮으로 오행은 토土다. 주로 일이 안 풀리게 하는 기운으로 재앙과 손실, 질병 등을 관장한다.

- **제사성第四星** : 문곡성文曲星이며 천권유혼궁天權遊魂宮으로 오행은 수水다. 총명한 재주가 있어 문재文才는 뛰어나나 음란하다.
  사치와 음행으로 관재를 당하거나 패가망신하기 쉽다. 간혹 예술과 연예 방면에 크게 두각을 나타낸다.

- **제오성第五星** : 염정성廉貞星이며 천형오귀궁天衡五鬼宮으로 오행은 화火다. 가공할 폭력을 관장하는 별로 형살刑殺과 흉사가 끊임이 없다.

- **제육성**第六星 : 무곡성武曲星이며 합양복덕궁闔陽福德宮으로 오행은 금金이다.

  무武와 재물을 관장하는 별로 장군이 많이 나오고 부귀한다. 건강장수하며 가업이 크게 번창한다.

- **제칠성**第七星 : 파군성破軍星이며 요광절명궁瑤光絶命宮으로 오행은 금金이다.

  형겁刑劫과 악질惡疾을 관장하는 별로 죽음에 이르게 한다. 단명短命하고 온갖 재앙이 끊임이 없다.

- **제팔성**第八星 : 좌보성左輔星이며 천과귀혼궁天寡歸魂宮으로 오행은 토土이고, 북두의 제육성 무곡성의 좌변에 위치하여 육안으로 볼 수 있는 별이다.

  보좌해 주는 역할을 하는 별로 도움과 협조를 얻어 성공한다. 그러나 작은 부귀에 그친다.

- **제구성**第九星 : 우필성右弼星이며 천과귀혼궁天寡歸魂宮으로 오행은 금金이고, 북두의 제칠성 파군성의 우변에 위치하여 육안으로 보이지 않는다.

  보좌해 주는 역할을 하는 별로 도움과 협조를 얻어 성공한다. 그러나 작은 부귀에 그친다.

제팔성 좌보성과 제구성 우필성은 천과귀혼궁天寡歸魂宮으로 같다.

때문에 좌보성과 우필성을 합하여 보필성輔弼星이라 하고, 팔괘에 배속할 때도 한 궁위宮位로 취급한다.

〈천상구성도天上九星圖〉

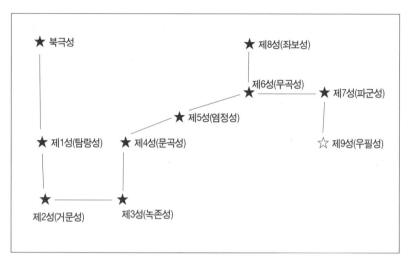

★ 북극성

★ 제8성(좌보성)

★ 제6성(무곡성)

★ 제7성(파군성)

★ 제5성(염정성)

★ 제1성(탐랑성)

★ 제4성(문곡성)

☆ 제9성(우필성)

★
제2성(거문성)

★
제3성(녹존성)

★ : 육안으로 보이는 별, ☆ : 보이지 않는 별

구성법의 운용방법

　구성법九星法은 용법, 수법, 사법, 생기복덕법, 양택가상이법 등 풍수지리의 길흉화복을 판단하는 데 많이 사용되고 있다. 그러나 사용하는 법에 따라 기준과 순서가 제각각이다. 지상구성법地上九星法처럼 그 위치가 고정되어 있는 것도 있지만, 대부분 작괘作卦를 하여 길흉화복을 판단한다.

　이법理法에 따라 수구水口방위를 기준으로 하여 작괘하는 법, 좌坐를 기준으로 작괘하는 법, 향向을 기준으로 작괘하는 법이 있다. 양택가상학의 경우는 집의 기두起頭를 기준으로 하여 작괘하고, 생기복덕법의 경우는 나이의 괘를 기준으로 작괘한다.

【예】 용의 길흉화복을 가늠하는 데 사용하는 선천산법先天山法의 경우 수구水口의 방위를 기준하여 기본괘를 만든다. 그리고 나서 상지선동上指先動하여, 일상문곡一上文曲, 이중녹존二中祿存, 삼하거문三下巨門, 사중탐랑四中貪狼, 오상염정五上廉貞, 육중파군六中破軍, 칠하무곡七下武曲, 팔중보필八中輔弼의 순서로 작괘作卦한다.

여기서 일상一上이라 함은 제일 먼저 상上효가 음(--)이면 양(—)으로 바꾸고, 양(—)이면 음(--)으로 바꾸라는 말이다. 이중二中도 두 번째로 가운데 효가 양이면 음으로, 음이면 양으로 바꾸라는 말이다. 삼하三下도 세 번째로 아래 효가 음이면 양으로, 양이면 음으로 바꾸라는 뜻이다. 사중四中, 오상五上, 육중六中, 칠하七下, 팔중八中 모두 마찬가지다.

예를 들어 정丁 수구에 신辛 입수룡의 혈이 있다면 정丁을 팔괘에 배납하면 유정사축酉丁巳丑은 동궁同宮이므로 태괘(兌卦, ☱)가 기본괘가 된다.

여기서 일상문곡一上文曲하면 ☰(건괘)가 되고, 이중녹존二中祿存하면 ☲(이괘), 삼하거문三下巨門하면 ☶(간괘), 사중탐랑四中貪狼하면 ☴(손괘), 오상염정五上廉貞하면 ☵(감괘), 육중파군六中破軍하면 ☷(곤괘), 칠하무곡七下武曲하면 ☳(진괘), 팔중보필八中輔弼하면 ☱(태괘)가 된다.

그런데 신辛 입수룡은 손신巽辛은 동궁同宮으로 손괘(巽卦, ☴)이므로 사중탐랑四中貪狼에 해당된다. 즉 정丁파구에 신辛입수룡은 선천산법으로 탐랑貪狼에 해당되므로 부귀왕정富貴旺丁하는 매우 길한 용이 된다.

이를 왼손의 손가락으로 표시하면 다음과 같다.

둘째 검지는 상효上爻, 가운데 중지는 중효中爻, 넷째 약지는 하효下爻를 나타낸다. 각각의 효에 엄지손가락이 붙으면 양(—)이고 떨어지면 음(--)이 된다.

〈손가락을 이용한 작괘법〉

기본괘 태괘(☱)

일상문곡, 건(乾,☰)

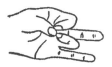

이중녹존, 리(離,☲)

삼하거문, 간(艮,☶)

사중탐랑, 손(巽,☴)

오상염정, 감(坎,☵)

육중파군, 곤(坤,☷)

칠하무곡, 진(震,☳)

팔중보필, 태(兌,☱)

각종 음양오행의 길흉방위吉凶方位

음양오행에 따르면, 길흉방위는 다음과 같이 대략 10가지로 분류된다.

1) 귀인방貴人方

귀인방은 등과급제登科及第하여 벼슬에 출사出仕하는 매우 길한 방위다. 풍수지리에서는 좌坐를 기준으로 귀인 방위에 용龍과 문필봉文筆峰, 귀인봉貴人峰, 고축봉告軸峰 등의 사격砂格이 있거나 물이 득수得水하면 매우 길하다.

> ● 건乾, 갑甲, 인寅, 해亥 좌 – 축丑과 미未 방위가 귀인방이다.
>
> ● 곤坤, 을乙, 묘卯, 진辰, 미未 좌 – 자子와 신申이 귀인방이다.
>
> ● 간艮, 병丙, 오午, 정丁, 술戌 좌 – 유酉와 해亥가 귀인방이다.
>
> ● 손巽, 신辛, 경庚, 축丑, 사巳, 유酉 좌 – 인寅과 오午가 귀인방이다.
>
> ● 임壬, 자子, 계癸, 신申 좌 – 사巳와 묘卯가 귀인방이다.
>
> ● 손巽, 신辛, 태(兌=酉), 정丁, 간艮, 병丙, 진(震=卯), 경庚 – 좌향에 상관 없이 그 방위에 용맥이나 수려 단아한 사격이 있거나, 물이 득수 하면 매우 길한 최관催官귀인방이 된다.

2) 녹방祿方

녹방은 부富를 상징하는데, 재물을 얻어 부를 누리는 매우 길한 방위

다. 풍수지리에서는 향向을 기준하여 녹방에 풍만하고 원만한 부봉富峰
이나 창고사倉庫砂 등이 있거나, 청정구곡수淸淨九曲水가 득수하면 매우
길하게 여긴다.

- **정록**正祿 : 갑甲향에 인寅방, 을乙향에 묘卯방, 병丙향에 사巳방,
  정丁향에 오午방, 경庚향에 신申방, 신辛향에 유酉방,
  임壬향에 해亥방, 계癸향에 자子방
- **차록**借祿 : 임壬향에 건乾방, 갑甲향에 간艮방, 병丙향에 손巽방,
  경庚향에 곤坤방
- **녹방**祿方 : 천간자天干字 향의 바로 좌측에 위치하고 있다.

3) 역마방驛馬方

역마는 속발부귀速發富貴를 상징하는 매우 길한 방위다. 풍수지리에서
는 좌坐를 기준으로 역마방에 천마사가 있거나 또는 수려하고 특이한 사
격이 있으면 매우 길하게 여긴다.

- 신申, 자子, 진辰 좌는 인寅이 역마방이다.
- 해亥, 묘卯, 미未 좌는 사巳가 역마방이다.
- 인寅, 오午, 술戌 좌는 신申이 역마방이다.
- 사巳, 유酉, 축丑 좌는 해亥가 역마방이다.
- 건乾과 오午 방위에 천마사天馬砂가 있으면, 좌향에 관계없이
  속발부귀速發富貴하는 역마사驛馬砂가 된다.

4) 삼길육수三吉六秀

삼길육수는 지극히 귀한 방위다. 풍수지리에서는 좌향坐向에 관계없이 아래와 같은 방위에 용맥과 수려 양명한 사격이 있거나, 득수처가 있으면 관직에 있는 사람은 권력을 얻고, 선비나 학자는 자리를 얻으며, 일반 백성은 재물을 얻는다고 한다.

- **삼길三吉방위** : 진(震[卯]), 경庚, 해亥
- **육수六秀방위** : 간艮, 병丙, 손巽, 신辛, 태(兌[酉]), 정丁

5) 겁살방劫煞方

겁살은 지극히 흉한 살이다. 풍수지리에서는 좌坐를 기준으로 하여 겁살방에 용맥 또는 깨어진 산과 흉한 바위로 이루어진 사격이 있거나, 득수처가 있으면 살상殺傷 등의 극히 흉한 일을 당한다고 여긴다.

- 임壬좌에 신申방   자子좌에 사巳방   계癸좌에 사巳방
- 축丑좌에 진辰방   간艮좌에 정丁방   인寅좌에 미未방
- 갑甲좌에 병丙방   묘卯좌에 정丁방   을乙좌에 신申방
- 진辰좌에 미未방   손巽좌에 계癸방   사巳좌에 유酉방
- 병丙좌에 신辛방   오午좌에 유酉방   정丁좌에 인寅방
- 미未좌에 계癸방   곤坤좌에 을乙방   신申좌에 계癸방
- 경庚좌에 오午방   유酉좌에 인寅방   신辛좌에 축丑방
- 술戌좌에 축丑방   건乾좌에 묘卯방   해亥좌에 을乙방

6) 대장군방 大將軍方

건물이나 헛간, 변소, 축사 등을 지으면 안 좋다는 방위인데, 이 대장군 방위는 다음과 같이 3년마다 바뀐다.

- 인寅, 묘卯, 진辰년 – 감坎방, 즉 북쪽
- 사巳, 오午, 미未년 – 진震방, 즉 동쪽
- 신申, 유酉, 술戌년 – 이離방, 즉 남쪽
- 해亥, 자子, 축丑년 – 태兌방, 즉 서쪽

7) 삼재년 三災年

12포태법의 포, 태, 양, 생, 욕, 대, 관, 왕, 쇠, 병, 사, 묘 가운데 병, 사, 묘에 해당하는 연年으로 사람의 출생년에 따라 3년간씩이다.

- 해亥, 묘卯, 미未년 출생한 사람 – 사巳, 오午, 미未년 3년간
- 인寅, 오午, 술戌년 출생한 사람 – 신申, 유酉, 술戌년 3년간
- 사巳, 유酉, 축丑년 출생한 사람 – 해亥, 자子, 축丑년 3년간
- 신申, 자子, 진辰년 출생한 사람 – 인寅, 묘卯, 진辰년 3년간

8) 오귀삼살방 五鬼三煞方

당년도 기준으로 12포태법의 포, 태, 양, 생, 욕, 대, 관, 왕, 쇠, 병, 사, 묘 가운데 포, 태, 양에 해당하는 방위다.

- 해亥, 묘卯, 미未년 – 삼합三合으로, 신申, 유酉, 술戌방 서쪽
- 인寅, 오午, 술戌년 – 삼합三合으로, 해亥, 자子, 축丑방 북쪽
- 사巳, 유酉, 축丑년 – 삼합三合으로, 인寅, 묘卯, 진辰방 동쪽
- 신申, 자子, 진辰년 – 삼합三合으로, 사巳, 오午, 미未방 남쪽

9) 팔요수八曜水

이는 형벌을 받아 죽게 된다는 일명 형륙수刑戮水라고 하는데, 물의 득수나 파구처가 모두 해당된다.

- 감산(坎山, 壬子癸 용 또는 좌)에 진방수辰方水와 술방수戌方水
- 간산(艮山, 丑艮寅 용 또는 좌)에 인방수寅方水
- 진산(震山, 甲卯乙 용 또는 좌)에 신방수申方水
- 손산(巽山, 辰巽巳 용 또는 좌)에 유방수酉方水
- 이산(離山, 丙午丁 용 또는 좌)에 해방수亥方水
- 곤산(坤山, 未坤申 용 또는 좌)에 묘방수卯方水
- 태산(兌山, 庚酉辛 용 또는 좌)에 사방수巳方水
- 건산(乾山, 戌乾亥 용 또는 좌)에 오방수午方水

10) 황천살黃泉殺

향向을 기준으로 물이 득수하거나 파구되는 방위다. 그러나 이에 대한

이론이 분분하다. 들어오거나 나가는 물 모두가 황천살이라고 주장하는 학설이 있는가 하며, 들어오는 물만 황천수고 나가는 물은 황천수가 아니라는 학설도 있다. 반대로 들어오는 물은 황천수가 아니고 나가는 물만 황천수라는 주장도 있다.

- 경庚, 정丁 향에 곤방수坤方水
- 곤坤 향에 경庚, 정丁 수
- 갑甲, 계癸 향에 간방수艮方水
- 간艮 향에 갑甲, 계癸 수
- 을乙, 병丙 향에 손방수巽方水
- 손巽 향에 을乙, 병丙 수
- 신辛, 임壬 향에 건방수乾方水
- 건乾 향에 신辛, 임壬 수

3장

나경패철론羅經佩鐵論

나경패철은 풍수지리에서 유일하게 쓰이는 도구로, 용·혈·사·수·향의 정확한
위치를 측정하여 길한 방위와 흉한 방위를 판별하는 데 사용한다.

포은 정몽주 선생 묘 뒤에서 본 입수룡

마치 뱀이 살아서 구불구불하게 내려오는 모습이다. 이는 용맥이 살아
있다는 증거다. 만약 용맥이 일자로 쭉 뻗으면 죽은 뱀과 같으므로 용
맥의 기도 죽은 것으로 본다.

1. 나경패철羅經佩鐵의 개요

나경羅經은 《포라만상包羅萬象 경륜천지經倫天地》에서 '나羅' 자와 '경經' 자를 따와 붙인 이름이다. 포라만상은 '우주의 삼라만상을 포함한다'는 뜻이고, 경륜천지는 '하늘과 땅의 이치를 다스린다'는 뜻이다.

용, 혈, 사, 수, 향의 정확한 위치를 측정하여 길한 방위와 흉한 방위를 판별

나경을 '허리에 차고 다닌다' 하여 '패철佩鐵' 이라고도 하고, 나침반을 뜻하여 '쇠' 라고도 불린다. 풍수지리에서는 유일하게 필요한 도구다. 용, 혈, 사, 수, 향의 정확한 위치를 측정하여 길한 방위와 흉한 방위를 판별하는 데 사용한다.

나경의 역사는 매우 오래되었다. 기원전 2700년경 중국의 헌원황제軒轅黃帝는 동이東夷의 치우蚩尤와 싸우고 있었다. 치우는 우수한 병장기와 뛰어난 전략으로 매번 승리를 하였다. 특히 큰 안개를 일으켜 앞을 가로막았다. 방향을 분간할 수 없었던 황제 군대는 혼란에 빠져 괴멸되어 갔다. 이때 하늘에서 현녀玄女가 나타나 나침반을 주니, 비로소 방향을 잡아 치우 군대를 물리칠 수 있었다. 이때부터 나침반이 유래되었다고 한다.

또 다른 전설은 기원전 1100년경 주周나라 성왕成王 때 만들어졌다고 한다. 남방 월국越國에서 조공을 바치러 온 사신들은 귀환 도중 길을 잃어 제대로 돌아갈 수가 없었다. 이를 안타깝게 여긴 주공周公이 항시 남쪽을 가리키는 지남차指南車라는 수레를 만들어 주었다고 한다.

주공은 은殷나라를 멸하고 주나라를 세운 문왕文王의 아들이며, 무왕武王의 동생이다. 무왕이 죽은 뒤 어린 성왕이 제위에 오르자 조카를 도와 섭정攝政을 하였다. 그는 중국 고대의 정치·사상·문화 등 다방면에 공헌하여 유학자에 의해 성인으로 숭앙받는 인물이다.

이때 주공은 주역의 후천 팔괘를 응용하여 나침반으로 방위를 측정하도록 하였다고 한다. 그 후로 오랜 세월을 거치면서 나경은 많은 성인들에 의해 조금씩 발전되어 왔다.

우주의 순환이치를 담고 있는데, 총 36층이나 보통 9층까지만 사용

한나라 고조 유방劉邦의 공신이었던 장량(張良, ?~BC 168)이 선천도先天圖에 의해 지반정침地盤正針을 제정했다고 전한다. 또 당나라 때 양균송楊筠松이 지반정침을 중심으로 더욱 보완하여 천반봉침天盤縫針과 인반중침人盤中針을 만들었다고 한다.

그러나 나경은 정확히 누가 어떠한 논리로 만들었는지는 알려지지 않고 있다. 이 때문에 해석이 난해하고 학설은 분분하다.

오늘날 나경은 청나라 때의 지리학자인 매곡천梅穀天이 제작한 《강희윤도康熙輪圖》에 근거한 것이다. 이것을 역시 청나라 때 인물인 왕도형王道亨이 《나경투해羅經透解》라는 책을 저술하여 사용법을 설명하였다.

나경은 단순히 땅만 보는 기구가 아니다. 우주의 순환이치를 담고 있다. 이를 제대로만 해석할 수 있다면 우주의 모든 이치를 알 수 있을 것이다. 총 36층으로 이루어졌으나 풍수지리에서는 보통 9층까지만 사용한다.

2. 나경패철의 구조

우주천체가 원圓이듯이 나경패철도 원형으로 되어 있다. 우주의 근원이 태극에 있으므로 나경의 원리도 태극을 바탕으로 한다. 태극은 음양으로 나누어지는데 나경패철의 한가운데 원으로 된 부분이 태극이다. 남북을 가리키는 자침은 음양을 뜻한다.

원을 기준으로 하여 밖으로 나가면서 글자가 배열되어 있다. 그 층을 순서대로 1층, 2층, 3층, 4층, 5층, 6층, 7층, 8층, 9층이라고 부른다.

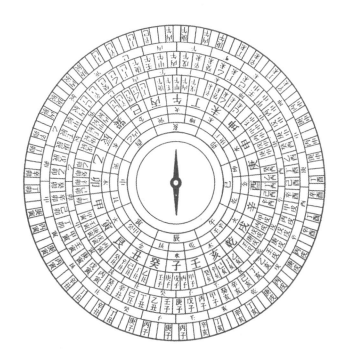

〈나경패철의 구조〉

◎ 9층까지의 방위도

- **제1층** : 팔요황천살八曜黃泉殺을 표시해 두었다. 모두 8개 방위의 황천살을 나타낸다.

- **제2층** : 팔로사로황천살八路四路黃泉殺로, 황천 방위를 나타내는 층이다.

- **제3층** : 오행五行으로, 목국木局, 화국火局, 금국金局, 수국水局으로 구분되는 4국四局의 삼합오행三合五行을 표시해 두었다.

- **제4층** : 지반정침地盤正針으로 모든 방위의 기준선이 되는데, 24방위가 표시되어 있다. 글자가 제일 크다.

- **제5층** : 천산72룡穿山七十二龍으로, 60갑자와 12개의 공란으로 되어 있다.

- **제6층** : 인반중침人盤中針으로, 24방위가 표시되어 있다.

- **제7층** : 투지60룡透地六十龍으로, 60갑자가 표시되어 있다.

- **제8층** : 천반봉침天盤縫針으로, 24방위가 표시되어 있다.

- **제9층** : 분금分金으로 120칸으로 나누어져 있고, 48개의 갑자가 표시되어 있다. 72개는 공란이다.

3. 나경패철로 방위를 측정하는 방법

1) 정반정침正盤正針

묘지나 택지 또는 건물의 측정하고자 하는 곳에 먼저 나경패철을 수평으로 놓는다. 그 다음에 원 가운데 있는 자침이 자오선子午線과 일치하도록 조절한다. 보통 나경패철의 자침은 북쪽을 가리키는 곳에 구멍을 뚫어 놓았거나, 빨강색으로 칠해 놓았다. 또 자오선에 선을 그려 놓아 자침을 일치시키는 데 편리하도록 하였다.

자침의 구멍 뚫린 부분이 4층 자(子, 정북)의 중앙에, 반대쪽은 4층 오(午, 정남)의 중앙에 일치시키는 것을 나경패철의 정반정침正盤正針이라고 한다.

2) 측정방법

음택지의 측정

묘지에서의 측정은 다음과 같이 두 가지 경우로 나뉜다. 기존의 묘가 있는 곳에서는 묘 앞이나 상석 중앙에 나경패철을 정반정침한다. 새로운 자리는 묘지의 혈심처 중앙에 정반정침한다.

이법理法에 따라 4층 지반정침 또는 8층 천반봉침으로 묘의 좌향坐向을 측정한다. 6층 인반중침으로는 주변에 있는 산[사격]의 방위를 측정한다. 8층 천반봉침으로는 득수처得水處와 수구水口, 저수지, 호수 등 물의 방위를 측정한다.

용맥의 측정은 먼저 묘 뒤 입수도두 중앙에 나경패철을 정반정침한다. 그 다음 4층 지반정침으로 용이 내려오는 쪽을 보고, 용이 변화한 지점의 방위를 측정한다. 이것이 입수1절룡이며 보통 입수룡入首龍이라고 한다.

입수2절룡은 1절룡의 변화지점으로 옮겨, 다시 나경패철을 정반정침한다. 그리고 내려오는 용이 변화하는 지점의 방위를 측정한다. 입수3절룡, 입수4절룡 등도 같은 방법으로 측정하면 된다.

단 현무봉에서 소조산 또는 중조산, 태조산까지는 입수룡처럼 용맥의 한절 한절 변화한 지점을 측정하는 것은 의미가 없다. 따라서 산봉우리 정상에서 다음 봉우리 정상까지 방위를 측정하여 어떤 방위로 산맥이 이어져 왔는지를 판단한다.

이법론에서 제일 많이 응용되는 부분은 입수1절룡이다. 그러므로 입수1절룡의 정확한 측정이 제일 중요하다고 하겠다.

양택의 측정

양택의 측정은 대지 중심점 혹은 건물의 중앙에 나경패철을 정반정침한다. 다음 대지와 건물의 형평을 참작하여 기두起頭를 설정한다. 기두는 단독 주택의 경우 건물의 무게 중심처다. 아파트나 사무실 등은 현관문이나 출입문이 된다.

나경패철을 정반정침한 곳에서 기두의 방위를 4층 지반정침으로 측정한다. 그리고 대문, 방, 거실, 부엌, 수도, 하수구, 화장실 등의 방위를 측정한다. 그 다음 가상법칙家相法則에 의해서 각 방위의 길흉화복을 판단한다.

양택에서 방위 측정은 4층 지반정침만을 사용한다. 이때 24방위를 3방위씩 나눈 팔괘방위가 기본 단위가 된다. 다시 정리하면 다음과 같다.

- 감坎은 임자계壬子癸 3방위가 되고, 간艮은 축간인丑艮寅이 된다.
- 진震은 갑묘을甲卯乙이 되고, 손巽은 진손사辰巽巳가 된다.
- 리離는 병오정丙午丁이 되고, 곤坤은 미곤신未坤申이 된다.
- 태兌는 경유신庚酉辛이 되고, 건乾은 술건해戌乾亥가 된다.

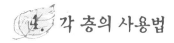

4. 각 층의 사용법

1) 제1층 팔요황천살八曜黃泉殺

나경패철의 1층에는 진辰, 인寅, 신申, 유酉, 해亥, 묘卯, 사巳, 오午 8칸으로 나누어 표시되어 있다. 이 8방향은 4층 지반정침의 방위에 대한 황천살黃泉殺을 뜻하는 것으로, 1층으로 방위를 측정하는 것은 아니다.

예를 들어 4층에 있는 임자계壬子癸 3방위의 1층에는 진辰이 표시되어 있다. 임자계壬子癸 3방위는 진辰 방향으로부터 팔요황천살을 받는다는 표시다.

팔요황천살은 악살 중에서도 가장 흉한 살

팔요황천살은 죽음과 파멸을 뜻하므로 장사지낼 때 반드시 피해야 한다. 그렇지 않으면 사람이 다치고 재산이 망하는 인상손재人傷損財를 당할 수 있다. 옛 글에서도 "살요위제악지수煞曜爲諸惡之首 조장최기造葬最忌"라 하여 팔요황천살은 모든 악살 중에서도 으뜸이므로 조장 때 제일 먼저 피해야 한다고 하였다.

팔요황천살은 입수룡의 오행을 향의 오행이 극하면 용상팔살龍上八煞이다. 입수룡의 오행을 물의 방위오행이 극하면 황천수黃泉水가 된다. 입수룡의 오행을 바람의 방위오행이 극하면 황천풍黃泉風이 된다. 험한 골짜기가 있거나 주변 산이 요함凹陷하여 그곳으로 바람이 불어오면 황천방위가 된다. 장사를 지내는 데 있어 날짜 일진日辰의 오행이 묘좌墓坐 오행을 극하면 황천일黃泉日이 된다.

황천살이 되는 이유는 4층에 표시된 3방위의 팔괘八卦오행을 1층에서 지시한 지지地支오행이 동음양同陰陽으로 극헌剋하기 때문이다. 육친법六

親法으로는 편관偏官 또는 관살官煞이라고 한다.

이를 좀더 설명하면 다음과 같다.

> - 4층 임자계壬子癸 3방위는 팔괘로 감괘坎卦고, 오행은 '양수陽水'
>   가 된다.
> - 진辰의 정오행正五行은 양토陽土로 토극수土剋水하므로 관살이
>   되는 것이다.
> - 축간인丑艮寅 3방위는 간괘艮卦이며 오행은 양토陽土다. 음양이
>   같으면서 이를 극하는 지지地支는 오행이 양목陽木인 인寅이다.

따라서 축간인丑艮寅 3방위는 인寅 방향의 팔요황천살을 받으므로 나경패철 1층에 이를 표시해 놓았다. 같은 방법으로 24방위 모두 황천살 방위가 1층에 기재되어 있다. 이를 암기하기 쉽게 고전古典에는 다음과 같이 설명하였다.

"감룡坎龍, 간호艮虎, 진산후震山猴, 손계巽鷄, 이저離猪, 곤토坤兎, 태사 두兌蛇頭, 건마乾馬"

이를 해석하면 다음과 같다.

> - **감坎** – 용龍인 진辰의 황천살을 받는다.
> - **간艮** – 호랑이인 인寅의 황천살을 받는다.
> - **진震** – 원숭이인 신申의 황천살을 받는다.
> - **손巽** – 닭인 유酉의 황천살을 받는다.
> - **리離** – 돼지인 해亥의 황천살을 받는다.

- **곤坤** – 토끼인 묘卯의 황천살을 받는다.
- **태兌** – 뱀인 사巳의 황천살을 받는다.
- **건乾** – 말인 오午의 황천살을 받는다.

이를 다시 도표로 만들면 다음과 같다.

<팔요황천살 조견표>

	팔괘(八卦)	감(坎)	간(艮)	진(震)	손(巽)	리(離)	곤(坤)	태(兌)	건(乾)
입수룡 入首龍	궁위(宮位) (4층)	임자계 壬子癸	축간인 丑艮寅	갑묘을 甲卯乙	진손사 辰巽巳	병오정 丙午丁	미곤신 未坤申	경유신 庚酉辛	술건해 戌乾亥
	오행(五行)	水(+)	土(+)	木(+)	木(−)	火(−)	土(−)	金(−)	金(+)
황천살 黃泉殺	방위(方位) (1층)	辰, 戌	寅	申	酉	亥	卯	巳	午
	오행(五行)	土(+)	木(+)	金(+)	金(−)	水(−)	木(−)	火(−)	火(+)
오행의 상극(相剋)		토극수(土剋水), 목극토(木剋土), 금극목(金剋木), 수극화(水剋火), 화극금(火剋金)							

[예제]

용상팔살龍上八殺
혈의 향向 오행이 입수룡(入首龍=입수1절룡)의 오행을 극剋하는 것.

【예1】 입수1절룡을 나경패철 4층 지반정침으로 측정하니 임자계壬子癸 3방위 중 하나로 감룡坎龍이었다. 이때는 묘의 좌향을 술좌진향戌坐辰向이나 진좌술향辰坐戌向을 못 놓는다. 감坎 입수룡은 진辰향이나 술戌향의 황천살을 받기 때문이다.

【예2】 입수1절룡을 나경패철 4층으로 측정하니 미곤신未坤申 3방위 중 하나

의 용맥으로 입수되었다. 이때는 곤룡坤龍이며 유좌묘향酉坐卯向을 못 놓는다. 왜냐하면 곤坤의 오행은 토土이고 묘卯향의 오행은 목木이다. 오행의 상극 관계에서 목이 토를 극하여 관살(황천살)이 되기 때문이다.

【예3】 입수1절룡을 패철의 4층으로 측정하니 손룡巽龍 즉 진손사辰巽巳 3방위 중 하나였다. 이때는 묘좌유향卯坐酉向을 못 놓는다.

【예4】 입수1절룡이 나경패철 4층으로 측정하니 술건해戌乾亥 3방위 중 하나로 입수했는데 자좌오향子坐午向을 놓으면 용상팔살에 걸려 인상재패人傷財敗한다.

> **황천수黃泉水**
> 물이 있는 방위의 오행이 입수룡의 오행을 극하는 것을 말한다. 물은 8층 천반봉침으로 측정한다. 황천수는 혈을 향하여 들어오는 내수來水 즉 득수得水와 혈에서 보이는 호수나 저수지 물을 본다. 물이 나가는 파구破口의 방위는 상관하지 않는다.

【예1】 입수1절룡을 나경패철 4층 지반정침으로 측정하니 축간인丑艮寅 3방향 중 하나로 간룡艮龍이다. 물이 들어오는 득수처나 물이 보이는 저수지의 방위를 나경패철의 8층 천반봉침으로 측정하니 인寅 방위였다면 황천수로 사람이 상하고 재산이 망할 염려가 있다.

【예2】 입수1절룡을 4층으로 측정하니 진룡震龍으로 갑묘을甲卯乙 3방위 중 하나였다. 득수처의 위치를 8층으로 측정하니 신申 방위라면 황천수로 매우 흉하다.

【예3】 입수1절룡을 나경패철 4층으로 측정하니 이룡離龍으로 병오정丙午丁 3방위 중 하나였다. 8층 천반봉침으로 저수지의 위치를 측정하니 해亥 방위에

있다면 저수지 물은 황천수가 되어 매우 흉한 물이 된다.

【예1】 입수1절룡을 4층 지반정침으로 측정하니 경유신庚酉辛 3방향 중 하나
였고, 6층 인반 정침으로 움푹 파인 곳이나 혈을 향하여 있는 골짜기를 측정하
니 사巳 방위에 있다면 움푹 파인 곳이나 골짜기에서 불어오는 바람은 황천풍
이 되어 매우 흉하다.

【예2】 입수1절룡을 4층 지반정침으로 측정하니 임자계壬子癸 감룡坎龍이다.
험한 골짜기의 방위를 6층 인반중침으로 측정하니 진辰 또는 술戌 방위였다면
황천풍을 받아 매우 흉한 일을 당한다.

【예1】 묘의 좌향을 4층 지반정침으로 측정하니 임좌병향壬坐丙向, 자좌오향
子坐午向, 계좌정향癸坐丁向 중 하나라면, 진일(辰日 : 甲辰, 丙辰, 戊辰, 庚辰,
壬辰)이나 술일(戌日 : 戊戌, 庚戌, 壬戌, 甲戌, 丙戌)에 장사지내면 황천일이 되
어 흉하다.

【예2】 혈의 좌향이 4층 지반정침으로 측정하니 갑좌경향甲坐庚向, 묘좌유향卯坐酉向, 을좌신향乙坐辛向 중 하나라면, 신일(申日 : 丙申, 戊申, 庚申, 壬申, 甲申)에 장사지내면 황천일이 된다.

2) 제2층 팔로사로황천살八路四路黃泉殺

나경패철의 1층은 입수룡에 대한 황천살의 방위 표시였다면, 2층은 향向에 대한 황천살의 방위를 표시한 것이다. 나경패철 2층은 모두 24칸으로 나누어져 있으나 황천살을 가리키는 글자가 쓰여 있는 곳은 12곳이다.

> • 4층 지반정침을 기준으로 지지자(地支字 : 子, 丑, 寅, 卯, 辰, 巳, 午, 未, 申, 酉, 戌, 亥) 위에는 공란으로 되어 있다.
> • 8개의 천간자(天干字 : 甲, 乙, 丙, 丁, 庚, 辛, 壬, 癸) 위에는 한 개의 방위가 표시되어 있다.
> • 4개의 사유(四維 : 乾, 艮, 巽, 坤) 위에는 2개의 방위가 표시되어 있다.

이를 자세히 살펴보면 천간자 위에는 1개의 사유四維 방위가 표시되어 있다. 반면 사유자 위에는 2개의 천간자 방위가 표시되어 있다. 팔로사로八路四路라 함은 8천간天干과 4유維를 뜻한다. 향의 좌측이나 우측으로 지지자를 한 칸 건넌 방위를 나타내고 있다.

〈팔로사로황천살 도표〉

1층	辰		寅		申			酉		亥			卯			巳			午					
2층	乾		艮		癸甲	艮		巽		丙乙	巽		坤		庚丁	坤		乾		壬辛				
3층		水		金		火		木		水		金		火		木		水		金		火		木
4층	壬	子	癸	丑	艮	寅	甲	卯	乙	辰	巽	巳	丙	午	丁	未	坤	申	庚	酉	辛	戌	乾	亥

팔로사로황천살은 향을 기준으로 한다. 즉 4층 지반정침으로 좌향坐向을 결정했으면 4층 향 위에 있는 2층의 표시된 방위가 팔로사로황천살이다.

예를 들어 4층 지반정침으로 측정한 임좌병향壬坐丙向의 혈이 있다고 할 때, 4층 병丙 위의 2층에는 손巽이 표시되어 있다. 이 말은 8층 천반봉침으로 측정한 결과 손巽 방향에 물이 들어오거나, 나가거나 또는 저수지나 연못이 있으면 팔로사로황천살을 받는다는 뜻이다.

그런데 24방위 중 12지지자地支字에는 2층이 빈칸으로 되어 있다. 때문에 팔로사로황천살이 없는 것 같아도 천간天干과 지지地支가 합쳐 쌍산배합雙山配合이 되므로, 지지자도 같은 방향의 팔로사로황천살을 받는다.

예를 들어 임壬과 자子는 쌍산배합이다. 2층에는 임壬 자 위에만 팔로사로황천살 방위인 건乾이 표시되어 있다. 그렇다 하더라도 자子도 건乾 방향의 팔로사로황천살을 받는다.

한편 나경패철 2층 팔로사로황천살에 대한 해설과 운영에는 학설이 다양하다. 내수來水와 거수去水 모두가 팔로사로황천살이라고 주장하는 가 하면, 내수만 팔로사로황천살이고 거수는 나쁜 것을 치고 나가므로 오히려 좋다는 주장도 있다.

옛글에 이런 기록이 있다.

"八路四路黃泉 主敗亡孤寡忌向來水 開門放水亦忌"
팔 로 사 로 황 천   주 패 망 고 과 기 향 래 수   개 문 방 수 역 기

즉, 팔로사로황천은 주로 패망과 고아와 과부를 나게 하므로 향으로 들어오는 물을 금한다. 수구로 나가는 물도 또한 금해야 한다고 하였다.

반면에 다음과 같은 기록도 있다.

"八干向忌四維水來 四維向忌八干水 去則吉 來則凶"
팔 간 향 기 사 유 수 래   사 유 향 기 팔 간 수   거 칙 길   내 칙 흉

즉, 팔간 향에는 사유 방향에서 들어오는 물은 피한다. 사유 향에는 팔
간 방향에서 들어오는 물을 피한다. 나가는 물은 길하고 들어오는 물은
흉하다고 하였다.

또 《천기대요天機大要 황천살결黃泉殺訣》에서는 이렇게 기록되어 있다.

"忌去不忌來 八殺黃泉雖云惡殺 若在生方例難同斷"
기 거 불 기 래   팔 살 황 천 수 운 악 살   약 재 생 방 예 난 동 단

즉, 물이 나가는 것은 꺼리고, 들어오는 것은 꺼리지 않는다. 팔살황천이
비록 악살이라고는 하나, 만약 생방에 있으면 같은 것으로 보기 힘들다.

한편 당나라 때 음양학의 대가인 구빈救貧 양균송楊筠松 선생은 "의수
입향무차살依水立向無此煞"이라 하였다. 이는 의수입향법依水立向法인 팔
십팔향법八十八向法에 맞추어 향을 정하면 모든 살이 없어지고, 오히려
살煞이 관官으로 변하여 길하다고 하였다. 이를 팔십팔향법과 비교해 보
면 다음과 같다.

- 4층 임병갑경壬丙甲庚 향向의 2층에 표시된 방위 — 향상向上으
  로 임관궁臨官宮과 녹궁祿宮에 해당된다. 따라서 2층에 지시된
  방향으로 물이 파구破口되면 관궁과 녹궁을 동시에 치고 나가므
  로 살인대황천殺人大黃泉에 해당된다. 나가는 물은 반드시 피해
  야 한다. 그러나 득수하는 물은 길하므로 황천살이 아니다.
- 4층 을신정계乙辛丁癸 향의 2층에 표시된 방위 — 사국四局에 있
  어서 각국各局의 절궁絶宮에 해당된다. 따라서 좌수도우左水倒右

하는 물이 2층에 표시된 방위로 나가면 부귀왕정富貴旺丁하는 정묘향正墓向이 된다. 나가는 물이 오히려 귀하다. 그러나 득수하면 황천이다.

- 4층 건곤간손乾坤艮巽 향의 2층에 표시된 2개의 방위 — 각각 사국의 고장궁庫藏宮과 향상向上 목욕궁沐浴宮에 해당된다. 따라서 우수도좌하는 물이 2층에 표시된 을신정계乙辛丁癸 방위로 나가면 부귀왕정富貴旺丁하는 자생향自生向이 된다. 반면에 좌수도우하는 물이 임병갑경壬丙甲庚 방위로 나가면 역시 길향인 문고소수향文庫消水向이 된다. 역시 나가는 물이 귀하다. 그러나 득수하면 황천이다.

이와 같은 이설異說 때문에 팔로사로황천살은 풍수지리 연구가 사이에서 논쟁이 많이 있어 왔다. 앞으로도 더 연구해야 할 과제라 하겠다.

풍수란 항상 바람[風]과 물[水]을 동시에 살펴보아야 한다. 팔로사로황천도 단순히 물뿐만 아니라 혈판의 파손된 부위나 사격砂格의 요결凹缺처나 허虛함도 함께 살펴보아야 한다. 사격의 방위 측정은 6층 인반중침으로 한다. 물의 방위 측정은 8층 천반봉침으로 한다.

【예1】 어느 묘의 좌향을 4층 지반정침으로 측정하니 경좌갑향庚坐甲向이었다. 이때 물이 나가는 파구처를 8층 천반봉침으로 측정하니 간艮 방위였다면 황천수의 침범을 받아 매우 흉한 일을 당한다. 또 6층 인반중침으로 사격을 측정하니 간艮 방위가 허하고 골이 나 있다면 묘는 황천풍을 받아 해롭다.

【예2】 어느 혈지의 좌향을 4층 지반정침으로 측정하니 곤좌간향坤坐艮向이었다. 또 물의 득수처를 8층으로 측정하니 계癸 방위나 갑甲 방위에 있다면 황천수가 된다. 또 6층으로 측정한 산의 요결처가 같은 방위라면 역시 황천풍으로 흉하다.

3) 제3층 오행五行

3층은 모두 24칸으로 나누어졌으나 목木, 화火, 금金, 수水 오행은 4층의 12지지자地支字 위에만 표시되었다. 오행이라 함은 우주만상의 기본적 작용 이법이다. 목화토금수木火土金水 5가지이나 토는 중앙을 나타내므로 빠져 있다.

나경패철의 3층은 삼합오행三合五行으로 배치되어 있다. 삼합이란 목국木局, 화국火局, 금국金局, 수국水局의 생궁生宮, 왕궁旺宮, 묘궁墓宮을 말한다. 천지만물天地萬物은 생로병사生老病死의 순환과정을 거치는데, 이를 12단계로 나눈 것이 12포태법十二胞胎法이다. 이를 인생에 비유하여 간단히 설명하면 다음과 같다.

- 포胞 – 남녀 결합
- 태胎 – 임신
- 양養 – 태아가 자람
- 장생長生 – 태어남
- 목욕沐浴 – 목욕을 시킨다
- 관대冠帶 – 옷을 입힌다
- 임관臨官 – 한창 성장해 간다
- 제왕帝旺 – 삶의 절정기
- 쇠衰 – 쇠퇴기에 접어들었지만 모든 것이 안정된 시기
- 병病 – 늙어 병들었다
- 사死 – 죽음
- 묘墓 – 땅에 묻힘

이를 약칭하여 포胞, 태胎, 양養, 생生, 욕浴, 대帶, 관官, 왕旺, 쇠衰, 병病, 사死, 묘墓로 부른다.

12포태법은 사주 명리학을 비롯한 동양철학에서 길흉화복을 논하는데 매우 다양하게 사용되고 있다. 풍수지리에서도 많이 응용하여 사용하는데 12포태법을 목화금수木火金水 4국四局으로 나누어 적용하면 다음과 같다.

〈사국과 12포태〉

12포태	포(胞)	태(胎)	양(養)	생(生)	욕(浴)	대(帶)	관(官)	왕(旺)	쇠(衰)	병(病)	사(死)	묘(墓)
목국(木局)	신(申)	유(酉)	술(戌)	해(亥)	자(子)	축(丑)	인(寅)	묘(卯)	진(辰)	사(巳)	오(午)	미(未)
화국(火局)	해(亥)	자(子)	축(丑)	인(寅)	묘(卯)	진(辰)	사(巳)	오(午)	미(未)	신(申)	유(酉)	술(戌)
금국(金局)	인(寅)	묘(卯)	진(辰)	새(巳)	오(午)	미(未)	신(申)	유(酉)	술(戌)	해(亥)	자(子)	축(丑)
수국(水局)	새(巳)	오(午)	미(未)	신(申)	유(酉)	술(戌)	해(亥)	자(子)	축(丑)	인(寅)	묘(卯)	진(辰)

이 중에서 각국의 생, 왕, 묘의 합을 삼합이라고 한다. 목국의 삼합은 해묘미亥卯未이고, 화국은 인오술寅午戌, 금국은 사유축巳酉丑, 수국은 신자진申子辰이다. 나경패철 3층 오행은 이를 기록해 놓은 것이다.

그런데 4층의 24방위 중 지지地支에만 오행이 기록되어 있다. 그렇다 하더라도 8천간天干 4유維도 쌍산배합으로 같은 오행이 된다. 예를 들어 4층 임壬과 자子에는 자子에만 오행인 수水가 기재되어 있지만, 쌍산인 임壬도 오행은 수水가 된다. 계癸와 축丑에도 지지 축丑에만 오행인 금金이 표시되어 있다 하더라도 쌍산인 계癸의 오행은 금金이 된다.

이를 쌍산오행雙山五行 또는 삼합오행三合五行이라고 한다. 이를 정리하면 다음과 같다.

- **목木** – 건해乾亥, 갑묘甲卯, 정미丁未가 된다.
- **화火** – 간인艮寅, 병오丙午, 신술辛戌이 된다.
- **금金** – 손사巽巳, 경유庚酉, 계축癸丑이 된다.
- **수水** – 곤신坤申, 임자壬子, 을진乙辰이 된다.

<오행도>

3층	水	金	火	木	水	金	火	木	水	金	火	木
4층	壬	子	癸	丑	艮	寅	甲	卯	乙	辰	巽	巳	丙	午	丁	未	坤	申	庚	酉	辛	戌	乾	亥

오행의 응용은 좌를 기준으로 하여 혈의 발복방법, 발복대상, 발복연대 등을 추정하는 데 사용한다. 예를 들어보자.

【예1】 해묘미亥卯未 좌의 기본오행의 특성은 목木이다.

목 오행에 관련된 직업이나 사업으로 흥하거나 망할 수 있다. 3년이나 8년 혹은 3대나 8대 후에 발복한다. 특히 해묘미亥卯未생 자손에게 해묘미亥卯未년에 발복이 나타난다.

【예2】 인오술寅午戌 좌의 용과 혈의 기본성질은 화火다.

화 오행에 관련된 직업이나 사업으로 흥하고 망할 수 있다. 2년이나 7년 혹은 2대나 7대 후에 발복한다. 특히 인오술寅午戌생 자손에게 인오술寅午戌년에 발복이 나타난다.

【예3】 사유축巳酉丑 좌의 용혈의 기본정신은 금金이다.

금 오행에 관련된 직업이나 사업으로 흥하거나 망할 수 있다. 4년이나 9년 혹은 4대나 9대 후에 발복한다. 특히 사유축巳酉丑생 자손에게 사유축巳酉丑년에 발복이 나타난다.

【예4】 신자진申子辰 좌의 용과 혈의 기본정신은 수水다.

수 오행에 관련된 직업이나 사업으로 흥하거나 망할 수 있다. 1년이나 6년 혹은 1대나 6대 후에 발복한다. 특히 신자진申子辰생 자손에게 신자진申子辰년에 발복이 나타난다.

4) 제4층 지반정침地盤正針

4층 지반정침은 천지의 방위를 나타내는 기본 층이다. 글자가 제일 크고 굵으며 24방위가 표시되어 있다. 4층 지반정침은 다음과 같은 용도로 사용된다.

> 첫째, 24방위의 정확한 위치를 측정하는 데 사용한다.
> 둘째, 입수룡을 비롯하여 용의 방위를 측정하는 데 사용한다.
> 셋째, 혈의 좌향坐向을 측정한다.
> 넷째, 양택 가상家相의 방위를 측정하는 데 사용한다.

나경패철의 모든 층은 4층 지반정침을 기준으로 하여 용도에 따라 분획分劃한 것들이다. 지반정침의 24방위는 12지지(十二地支 : 子, 丑, 寅, 卯, 辰, 巳, 午, 未, 申, 酉, 戌, 亥)와 10천간 중 중앙 토인 무戊와 기己를 제외한 8천간(甲, 乙, 丙, 丁, 庚, 辛, 壬, 癸)과 4유(四維 : 乾, 坤, 艮, 巽)를 합하여 이루어졌다.

12지지는 음이고 8천간과 4유는 양이다. 지지자를 기준으로 하여 양을 음 앞에 하나씩 배정하여 음양이 서로 배합하도록 하였다. 임자壬子, 계축癸丑, 간인艮寅, 갑묘甲卯, 을진乙辰, 손사巽巳, 병오丙午, 정미丁未, 곤신坤申, 경유庚酉, 신술辛戌, 건해乾亥다.

이와 같은 배합을 쌍산雙山이라고 한다. 오행은 지지地支의 오행을 따른다. 음양이라도 서로 다른 궁위끼리의 배합은 불배합 쌍산이라 하여 사용하지 않는다. 예를 들어 계자癸子, 간축艮丑, 갑인甲寅…… 등은 불배합 쌍산으로 사용치 않는다.

이것은 마치 같은 부부끼리는 음양배합이 가능하지만 다른 남녀간에는 배합할 수 없는 인간의 이치와 같다.

24방위는 모두 360도로 원을 이루고 있다. 1방위는 15도를 이룬다. 방위는 자子는 정북에, 오午는 정남에, 묘卯는 정동에, 유酉는 정서에 배치하여 동서남북 4정방위로 기둥을 세웠다. 간艮은 동북에, 손巽은 동남에, 곤坤은 남서에, 건乾은 서북에 배치하여 4간방間方이 된다. 4정방위와 4간방을 합하면 팔괘방위八卦方位를 이룬다.

> 팔괘 : 감(坎=子), 간艮, 진(震=卯), 손巽, 리(離=午), 곤坤, 태(兌=酉),
> 건乾이다.

팔괘가 자, 묘, 오, 유(子, 卯, 午, 酉) 지지자이면 좌우에 천간자를 배치하였고, 간, 손, 곤, 건(艮, 巽, 坤, 乾) 사유四維자이면 지지자를 좌우에 배치하였다. 팔괘 하나에 3방위씩 배열해서 음양의 조화를 이루었다.

좌향을 측정할 때 좌와 향은 항상 대칭 관계가 된다. 예를 들어 갑좌경향甲坐庚向이면 나경 패철의 갑甲과 경庚은 대칭으로 이루어졌다. 이것을 정리하면 다음과 같다.

> 壬-丙, 子-午, 癸-丁, 丑-未, 艮-坤, 寅-申, 甲-庚, 卯-酉, 乙-辛, 辰-戌,
> 巽-乾, 巳-亥

〈지반정침과 오행〉

팔괘	감(坎)			간(艮)			진(震)			손(巽)			리(離)			곤(坤)			태(兌)			건(乾)		
4층	壬	子	癸	丑	艮	寅	甲	卯	乙	辰	巽	巳	丙	午	丁	未	坤	申	庚	酉	辛	戌	乾	亥
쌍산 오행	水		金		火		木		水		金		火		木		水		金		火		木	

12지지가 1년 12개월과 관계가 있다면 24방위는 절기節氣와 밀접한 관계가 있다. 지구가 태양 주위를 한 바퀴 도는 공전주기는 1년 365일이며 24절기로 나누어지며, 1절기는 15.218425일씩이다. 이와 마찬가지로 나경패철의 원둘레는 360도이고 한 방위는 15도로 약간의 오차는 있지만 서로 같다고 본다.

즉 나경패철의 0도는 정북正北 자子다. 절기의 동지冬至와 같고 양陽의 시발점이다. 그 다음은 시계방향으로 15도 간격으로 계癸가 되는데 절기로는 소한小寒에 해당된다. 또 축丑은 대한大寒, 간艮은 입춘立春, 인寅은 우수雨水, 갑甲은 경칩驚蟄, 묘卯는 정동正東으로 90도인 춘분春分이 된다. 을乙은 청명淸明, 진辰은 곡우穀雨, 손巽은 입하立夏, 사巳는 소만小滿, 병丙은 망종芒種, 오午는 정남正南이며 180도인 하지夏至가 되고 음陰이 시작되는 점이다.

정丁은 소서小暑, 미未는 대서大暑, 곤坤은 입추立秋, 신申은 처서處暑, 경庚은 백로白露, 유酉는 정서正西이며 270도인 추분秋分이다. 신辛은 한로寒露, 술戌은 상강霜降, 건乾은 입동立冬, 해亥는 소설小雪, 임壬은 대설大雪, 그리고 다시 원점으로 돌아와 정북正北인 자子로 동지冬至가 된다.

24좌향은 태양의 움직임과 계절의 변화에 밀접한 관계가 있으므로 기후, 풍토적 해석이 가능하고 인간의 길흉화복吉凶禍福을 가늠할 수 있는 것이다.

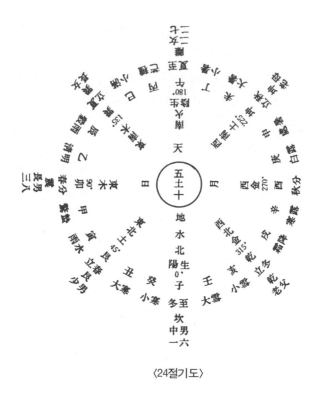

〈24절기도〉

◎ 24절기

봄

(1) **입춘**立春 : **양력 2월 4일, 5일경 [음력 정월(1월) 절기, 간**艮**]**

음력 정월正月이 시작된다. 동풍東風이 불어 언 땅이 녹고, 동면冬眠했
던 벌레들이 움직이기 시작한다. 물고기들은 얼음 밑을 돌아다닌다.

(2) **우수**雨水 : **양력 2월 19일, 20일경 [음력 정월 중기, 인**寅**]**

봄을 알리는 단비가 내려 대지를 적신다. 겨우내 얼었던 대지가 녹아 물이 많아진다는 의미로 우수雨水라 하였다. 대동강 물이 풀린다는 옛 말이 있다.

(3) 경칩驚蟄 : 양력 3월 5일, 6일경 [음력 2월 절기, 갑甲]
날씨가 따뜻해져 초목草木의 싹이 돋고, 동면冬眠했던 동물이 깨어 꿈틀대기 시작한다. 개구리가 잠에서 깨어 나온다는 말이 있다.

(4) 춘분春分 : 양력 3월 21일, 22일경 [음력 2월 중기, 묘卯]
밤과 낮의 길이가 같고 제비가 날아오고, 우레 소리가 들린다. 그 해 처음 번개가 친다고 한다.

(5) 청명清明 : 양력 4월 5일, 6일경 [음력 3월 절기, 을乙]
날씨가 '청명하다' 라는 말이 있듯이 맑고 깨끗한 기후의 절기다. 한식寒食날이 이날을 전후하여 있다. 이날 묘지 수리를 하면 좋다고 한다.

(6) 곡우穀雨 : 양력 4월 20일, 21일경 [음력 3월 중기, 진辰]
봄비가 내려 백곡百穀이 윤택해지는 절기다. 농가에서는 못자리를 마련하고 한 해 농사가 시작된다.

여름

(7) 입하立夏 : 양력 5월 6일, 7일경 [음력 4월 절기, 손巽]
여름에 들어섰다고 하여 입하라 한다. 청개구리가 울고, 지렁이가 땅에서 나온다. 참외가 나오는 절기다.

(8) 소만小滿 : 양력 5월 21일, 22일경 [음력 4월 중기, 사巳]
만물이 생장하여 가득 찬다는 의미다. 날씨가 여름 날씨로 접어들며, 보리수확을 하고 모내기가 시작되는 절기다.

(9) 망종芒種 **: 양력 6월 6일, 7일경 [음력 5월 절기, 병**丙**]**

종자를 뿌려야 할 적당한 시기라는 의미다. 보리 베기와 모내기가 완성되는 시기다. 까마귀와 왜가리가 나타난다.

(10) 하지夏至 **: 양력 6월 21일, 22일경 [음력 5월 중기, 오**午**]**

낮의 길이가 1년 중 가장 긴 날이다. 지구 표면이 태양열을 가장 많이 받아 날씨가 더욱 더워진다.

(11) 소서小暑 **: 양력 7월 7일, 8일경 [음력 6월 절기, 정**丁**]**

더위가 본격적으로 시작된다. 장마 전선의 정체로 습도가 높아 불쾌지수가 높다. 장마철이 시작된다.

(12) 대서大暑 **: 양력 7월 23일, 24일경 [음력 6월 중기, 미**未**]**

폭염의 더위가 심한 중복中伏의 절기다. 장마로 인한 많은 비가 내린다.

(13) 입추立秋 **: 양력 8월 8일, 9일경 [음력 7월 절기, 곤**坤**]**

날씨가 가을의 문턱에 와 서늘한 바람이 불어온다. 이슬이 진하게 내리고, 귀뚜라미가 운다.

(14) 처서處暑 **: 양력 8월 23일, 24일경 [음력 7월 중기, 신**申**]**

더위가 물러간다는 의미다. 천지가 쓸쓸해지며 논의 벼가 익는다. 매가 새를 잡아 늘어놓는다는 말이 있다.

(15) 백로白露 **: 양력 9월 8일, 9일경 [음력 8월 절기, 경**庚**]**

밤에 기온이 내려가 대기 중의 수증기가 엉겨 이슬이 되어 풀잎에 맺히는 시기다. 기러기가 날아오고, 제비가 돌아간다. 새들은 먹이를 저장한다.

(16) **추분**秋分 : **양력 9월 23일, 24일경 [음력 8월 중기, 유**酉]
　　밤낮의 길이가 같다. 추수기가 시작되고, 백곡이 풍성한 때다. 우레 소리
　가 그치고, 동면할 벌레가 구멍을 막는다. 땅 위의 물이 마르기 시작한다.

(17) **한로**寒露 : **양력 10월 8일, 9일경 [음력 9월 절기, 신**辛]
　　찬 이슬이 내린다는 의미다. 초목들은 단풍이 짙어지고, 여름새와 겨울
　새가 교체되는 절기다. 오곡백과五穀百果를 수확하고, 국화꽃이 핀다.

(18) **상강**霜降 : **양력 10월 23일, 24일경 [음력 9월 중기, 술**戌]
　　찬 서리가 내린다는 의미다. 쾌청한 가을 날씨가 계속되며, 밤에는 기
　온이 낮다. 초목이 누렇게 변색하여 낙엽이 진다. 동면하는 벌레가 모
　두 땅속으로 숨는다.

(19) **입동**立冬 : **양력 11월 7일, 8일경 [음력 10월 절기, 건**乾]
　　겨울로 접어드는 절기다. 물과 땅이 처음 언다. 꿩은 드물고 조개가 잡
　힌다고 한다.

(20) **소설**小雪 : **양력 11월 22일, 23일경 [음력 10월 중기, 해**亥]
　　첫눈이 내린다는 의미다. 첫겨울의 징후가 보인다.

(21) **대설**大雪 : **양력 12월 7일, 8일경 [음력 11월 절기, 임**壬]
　　눈이 많이 내린다는 의미다. 실제 추위는 동지를 넘어서 온다.

(22) 동지冬至 : **양력 12월 22일, 23일경 [음력 11월 중기, 자子]**

밤의 길이가 가장 길다. 역귀를 쫓는다는 의미로 새알심이라는 단자를 넣은 팥죽을 쑤어 먹는다. 또 팥죽 물을 벽이나 문에 뿌렸다.

(23) 소한小寒 : **양력 1월 6일, 7일경 [음력 12월 절기, 계癸]**

춥다는 의미다. 대한이 더 춥다는 의미이지만 실제로는 소한 때가 더 추워 "대한이 소한 집에 놀러갔다가 얼어 죽었다"는 말이 있다.

(24) 대한大寒 : **양력 1월 20일, 21일경 [음력 12월 중기, 축丑]**

겨울 추위가 매듭을 짓는다는 의미다. 1년의 마지막 절기다. 대한의 마지막 날이자 입춘 전날은 콩을 방이나 마루에 뿌려 마귀를 쫓았다. 새해를 맞이하는 풍속이 있다.

5) 천산72룡 穿山七十二龍

나경패철의 5층은 천산72룡이다. 4층 지반정침의 24방위를 각각 3칸으로 나누어 모두 72칸으로 되어 있다. 1칸은 5도씩이다. 4층 지반정침 지지자 밑에는 3룡씩 60갑자甲子가 등재되어 있다. 8천간과 4유자 아래 중앙은 공칸으로 되어 있고, 좌우 양쪽에 2룡씩 갑자가 등재되어 있다. 모두 60갑자와 12개의 공란을 합쳐 72룡이라 한다.

천산穿山이란 주산으로부터 혈 뒤 입수도두入首倒頭까지 내려오는 용맥을 더욱 세분하여 용의 생기가 어느 맥을 뚫고 오는가를 가늠하는 것이다. 세분한 용맥이 모두 72개이므로 천산72룡穿山七十二龍이라고 한 것이다.

천산72룡은 용의 중심맥을 말한다. 예를 들어 용을 4층 지반정침으로 측정하여 자子룡이었다면, 자룡子龍 중에서도 중심으로 오는 맥은 병자

丙子, 무자戊子, 경자庚子로 더욱 세분된다. 이 중 중심맥은 어디에 해당
되며, 이것들의 길흉화복은 어떠한지를 살피는 것이 천산72룡을 측정하
는 목적이다.

〈천산72룡 도표〉

4층	壬	子	癸	丑	艮	寅	甲	卯	乙	辰	巽	巳
5층	癸亥	甲子 丙子 戊子 庚子 壬子	乙丑 丁丑	己丑 辛丑 癸丑	丙寅 戊寅	庚寅 壬寅 甲寅	丁卯 己卯	辛卯 癸卯 乙卯	戊辰 庚辰	壬辰 甲辰 丙辰	己巳 辛巳	癸巳 己巳

4층	丙	午	丁	未	坤	申	庚	酉	辛	戌	乾	亥
5층	丁巳	庚午 壬午 甲午 丙午 戊午	辛未 癸未	乙未 丁未 己未	壬申 甲申	丙申 戊申 庚申	癸酉 乙酉	丁酉 己酉 辛酉	甲戌 丙戌	戊戌 庚戌 壬戌	乙亥 丁亥	己亥 辛亥

천산72룡의 측정은 용의 특성이 가장 잘 나타나는 과협처過峽處나 결
인속기처結咽束氣處에서 한다. 이곳의 제일 높은 지점에 나경패철을 정
반정침하고 4층 지반정침으로 용맥을 살핀다.

그 다음 중심으로 오는 맥을 5층 천산72룡으로 정확하게 측정한다.

- 중심맥이 60갑자 중 병자순丙子旬이나 경자순庚子旬으로 들어오
  면 왕상맥旺相脈으로 매우 길한 용맥이 된다.
- 갑자순甲子旬과 임자순壬子旬은 고허맥孤虛脈으로 소길다흉小
  吉多凶한 용맥이다.
- 무자순戊子旬은 패기맥敗氣脈으로 매우 흉凶하다.
- 공칸은 공망맥空亡脈으로 더욱 흉하다.

〈천산72롱穿山七十二龍을 나경패철에서 쉽게 찾아보는 법〉

- 지지자의 가운데 용맥은 취용이 불가능

  4층 지반정침에서 지지자(子, 丑, 寅, 卯, 辰, 巳, 午, 未, 申, 酉, 戌, 亥)의 가운데 용맥은 무자순戊子旬 패기맥敗氣脈으로 취용할 수 없다. 그 양쪽 용맥은 병자순丙子旬, 경자순庚子旬으로 왕상맥旺相脈이므로 취용한다.

- 4유와 8천간자의 가운데 용맥은 사용 불가능

  4유(乾, 坤, 艮, 巽)와 8천간(甲, 乙, 丙, 丁, 庚, 辛, 壬, 癸)자의 가운데 용맥은 공란인 대공망大空亡으로 사용할 수 없다. 그 양쪽은 갑자순甲子旬, 임자순壬子旬으로 고허맥孤虛脈이므로 소길다흉小吉多凶의 용맥이다.

- 병자순과 경자순의 용맥은 길격

  병자순丙子旬, 경자순庚子旬의 모든 용맥은 왕상맥旺相脈으로 길격吉格이다.

- 갑자순과 임자순은 대체로 흉함

  갑자순甲子旬, 임자순壬子旬은 고허맥孤虛脈이 되어 소길다흉小吉多凶하므로 사용할 수 있는 용맥도 있지만 대체로 흉이 많다. (155쪽 *참조)

- 무자순과 대공망의 용맥은 사용 불가능

  무자순戊子旬, 대공망大空亡은 패기공망맥敗氣空亡脈으로 모든 용맥이 대흉大凶하므로 사용할 수 없다.

〈천산72룡의 길흉화복〉

五子旬 \ 地支		子	丑	寅	卯	辰	巳	午	未	申	酉	戌	亥	禍福
甲子旬	冷氣脈 냉기맥	甲子	*乙丑	*丙寅	*丁卯	*戊辰	己巳	*庚午	*辛未	*壬申	*癸酉	甲戌	乙亥	小吉多凶 소길다흉
丙子旬	旺氣脈 왕기맥	丙子	丁丑	戊寅	己卯	庚辰	辛巳	壬午	癸未	甲申	乙酉	丙戌	丁亥	吉格 길격
戊子旬	敗氣脈 패기맥	戊子	己丑	庚寅	辛卯	壬辰	癸巳	甲午	乙未	丙申	丁酉	戊戌	己亥	大凶 대흉
庚子旬	相氣脈 상기맥	庚子	辛丑	壬寅	癸卯	甲辰	乙巳	丙午	丁未	戊申	己酉	庚戌	辛亥	吉格 길격
壬子旬	退氣脈 퇴기맥	*壬子	癸丑	甲寅	乙卯	丙辰	*丁巳	*戊午	己未	庚申	*辛酉	壬戌	*癸亥	小吉多凶 소길다흉
大空亡	空亡脈 공망맥													大凶 대흉

*표는 길흉상반吉凶相半으로 사용할 수 있는 용맥을 뜻함

천산72룡은 너무 세분화되어 있다. 행룡하는 용맥이 한 지점에서는 왕상맥이라도 다른 지점에서는 패기맥이 될 수도 있다. 반대로 과협처에서는 무기맥이라도 결인속기처에서는 왕상맥이 될 수도 있다. 때문에 이를 실용實用하기에는 문제점이 많이 있다.

따라서 설사 72룡이 나쁘다 할지라도 주룡의 형기形氣가 좋으면 이에 구애받지 않는다. 이기理氣에 따른 약간의 흉함은 있을지라도 혈의 결지에는 큰 지장이 없다는 것이 여러 풍수학자들의 주장이다. 따라서 이기에 너무 치우쳐 용진혈적한 진혈지를 버리는 우를 범해서는 안 되겠다.

참고로 빈칸으로 내려온 천산72룡을 쓸 수 있다고 씌어진 책도 있는데 옛 산서山書에 "십이공간위위대공망위흉十二空間謂爲大空亡爲凶"이라고 하였다. 이를 해석하면 "12개의 빈칸을 설명하자면 대공망이 되어 흉하다"는 것이니, 착오 없기를 바란다.

6) 제6층 인반중침 人盤中針

6층 인반중침은 혈 주변의 사격砂格의 방위를 측정하는 데 사용한다. 모두 24방위가 배열되어 있는데, 4층 지반정침에 비해 반위(7.5도) 뒤쪽에 놓여 있다. 시계 바늘 방향을 순행으로 볼 때 반대 방향으로 7.5도 뒤에 있다. 그 이유는 물은 양이기 때문에 반위 앞서고, 산은 음이기 때문에 7.5도 역행된 것이다. 24방위의 한 궁위는 15도다.

묘나 혈지의 중앙에 나경패철을 정반정침하고 6층으로 사격의 방위를 측정한다. 주변 사격들이 혈을 도와줄 수 있는 방위에 있는지 없는지를 각종 이법으로 살펴보는 데 사용한다.

하늘에는 수천억 개의 별들이 있다. 그 중에서 인간이 살고 있는 지상地上에 조응照應하는 별은 해[日]와 달[月]을 비롯하여 금성金星, 수성水星, 목성木星, 토성土星, 화성火星 등과 자미원(紫微垣, 亥方), 천시원(天市垣, 艮方), 태미원(太微垣, 巽方), 소미원(小微垣, 兌方)과 28성수星宿가 있다. 사격은 주로 28성수星宿로 본다.

칠정七政 −	목요성	금요성	토요성	일요성	월요성	화요성	수요성
동방7수 −	각角,	항亢,	저氐,	방房,	심心,	미尾,	기箕
북방7수 −	두斗,	우牛,	여女,	허虛,	위危,	실室,	벽壁
서방7수 −	규奎,	루婁,	위胃,	앙昂,	필畢,	자觜,	삼參
남방7수 −	정井,	귀鬼,	류柳,	성星,	장張,	익翼,	진軫

이러한 별들은 지상에 조림照臨하여 산의 형태를 만들고, 산은 혈에 비추어 인간의 길흉화복에 관계한다. 천상의 별과 지상의 산이 서로 조응하여 혈에 비추는 방위가 바로 6층 인반중침이다. 이를 서로 작용시키는 오행은 성수오행星宿五行이라는 특수오행이다.

〈성수오행과 28성수와 형상〉

성수오행 星宿五行	목(木)				화(火)								토(土)				금(金)				수(水)			
24방위 (方位)	건乾	곤坤	간艮	손巽	갑甲	경庚	병丙	임壬	자子	오午	묘卯	유酉	을乙	신辛	정丁	계癸	진辰	술戌	축丑	미未	인寅	신申	사巳	해亥
28성수 (星宿)	규奎	정井	두斗	각角	미尾	자觜	익翌	실室	허虛危	성星張	방房心	앙昴畢	저氐	위胃	류柳	녀女	항亢	루婁	우牛	귀鬼	기箕	삼參	진軫	벽壁
형상 形象	랑狼	한扦	해蟹	교蛟	호虎	후猴	사蛇	저猪	서鼠연燕	마馬록鹿	토兎호狐	계鷄오烏	학貐	치雉	장獐	복蝠	용龍	구狗	우牛	양羊	표豹	원猿	인蚓	유貐
	이리	들개	게	교룡	호랑이	원숭이	뱀	돼지	쥐·제비	말·사슴	토끼·여우	닭·까마귀	담비	꿩	노루	박쥐	용	개	소	양	표범	원숭이	지렁이	설유

사격의 측정방법은 혈의 4층 지반정침으로 측정한 좌坐를 기준으로 하여 6층으로 사격을 측정한다. 성수오행으로 좌와 사격과 육친六親 관계를 살핀다. 이때 좌坐도 반드시 성수오행에 대입시켜 오행의 상생상극相生相剋을 살펴 사격의 길흉화복을 판별한다.

- **상생**相生 : 목생화木生火, 화생토火生土, 토생금土生金, 금생수金生水, 수생목水生木

- **상극**相剋 : 목극토木剋土, 토극수土剋水, 수극화水剋火, 화극금火剋金, 금극목金剋木

육친六親

- **생아자**生我者 − 인수印綬로 사격砂格이 혈穴을 도와주기 때문에 길吉하다.
- **아생자**我生者 − 상관傷官되어 혈의 기운을 사격이 설기泄氣하여 흉하다.
- **아극자**我剋者 − 처재妻財되어 혈이 사격砂格을 지배하기 때문에 길吉하다.
- **극아자**剋我者 − 칠살七殺되어 사격이 혈을 극剋하기 때문에 흉하다.
- **비화자**比和者 − 형제兄弟되어 혈과 사격이 동등하여 서로 돕기 때문에 길吉하다.

〈육친법 조견표〉

砂格 \ 坐		乾,坤,艮,巽 木	甲,庚,丙,壬 子,午,卯,酉 火	乙,辛,丁,癸 土	辰,戌,丑,未 金	寅,申,巳,亥 水
乾,坤,艮,巽	木	比和者,兄弟 木=木 (吉)	生我者,印授 木生火 (吉)	剋我者,七殺 木剋土 (凶)	我剋者,妻財 金剋木 (吉)	我生者,傷官 水生木 (凶)
甲,庚,丙,壬 子,午,卯,酉	火	我生者,傷官 木生火 (凶)	比和者,兄弟 火=火 (吉)	生我者,印綬 火生土 (吉)	剋我者,七殺 火剋金 (凶)	我剋者,妻財 水剋火 (吉)
乙,辛,丁,癸	土	我剋者,妻財 木剋土 (吉)	我生者,傷官 火生土 (凶)	比和者,兄弟 土=土 (吉)	生我者,印綬 土生金 (吉)	剋我者,七殺 土剋水 (凶)
辰,戌,丑,未	金	剋我者,七殺 金剋木 (凶)	我剋者,妻財 火剋金 (吉)	我生者,傷官 土生金 (凶)	比和者,兄弟 金=金 (吉)	生我者,印綬 金生水 (吉)
寅,申,巳,亥	水	生我者,印綬 水生木 (吉)	剋我者,七殺 水剋火 (凶)	我剋者,妻財 土剋水 (吉)	我生者,傷官 金生水 (凶)	比和者,兄弟 水=水 (吉)

◎ 측정한 사격이 혈에 어떤 영향을 미치는지 '문답식'으로 풀어보자

【질문 1】 4층 지반정침으로 혈의 좌향을 측정하니 자좌오향子坐午向이었다. 6층 인반중침으로 측정하니 진辰 방향에 수려하고 단정한 사격이 있다. 이때 이 사격은 혈에 어떤 영향을 미치는지?

【답】 좌의 자子는 성수오행으로 화火다. 사격의 진辰은 성수오행으로 금金이다. 좌를 기준으로 하기 때문에 오행의 상생상극을 살피면 화극금火剋金한다. 즉 좌의 오행이 사의 오행을 극하므로 육친에서 아극자我剋者는 처재妻財로 길하다.

【질문 2】 4층으로 측정한 혈의 좌향이 계좌정향癸坐丁向이고 6층으로 측정한 사격은 축丑 방위에 깨지고 부서지고 흉하게 있다. 이때 사격은 혈에 직접적인 피해를 주는가?

【답】 계좌癸坐는 성수오행으로 토土이며, 축丑은 금金이다. 토생금土生金하므로 상관傷官이고 사격이 혈의 기운을 빼앗아 가므로 설기되어 흉하다.

【질문 3】 4층으로 측정한 혈의 좌향이 신좌을향辛坐乙向이고 6층으로 측정한 사격의 방위가 간艮 방위에 있다면 이 사격은 흉한가?

【답】 목극토木剋土하여 사격이 혈을 극하므로 극아자剋我者가 되어 칠살七殺로 흉하다.

7) 제7층 투지60룡透地六十龍

7층은 4층 지반정침의 쌍산雙山 방위에 각각 5개룡씩 60갑자가 등재되어 있다. 1개의 투지룡은 6도다.

투지透地 – 주산 현무봉에서 천산의 과정을 거치며 혈장의 입수도 두까지 내려온 주룡의 용맥이 입수도두에서 혈까지 들어가는 것을 말한다.

주룡의 생기가 최종적으로 혈에 전달되는 과정으로 화갱살요공망맥火坑煞曜空亡脈은 피하고, 주보왕상맥珠寶旺相脈만을 혈의 광중壙中까지 정확하게 입맥入脈시켜 재혈裁穴을 올바르게 하는 데 사용한다. 나경패철에 있는 4층 지반정침과 7층 투지60룡을 나열하면 다음과 같다.

〈투지60룡 도표〉

4층	壬		子		癸		丑		艮		寅			甲		卯			乙		辰			巽		巳		
7층	甲子	丙子	戊子	庚子	壬子	乙丑	丁丑	己丑	辛丑	癸丑	丙寅	戊寅	庚寅	壬寅	甲寅	丁卯	己卯	辛卯	癸卯	乙辰	戊辰	庚辰	壬辰	甲辰	丙辰	己巳	辛巳	癸巳 乙巳 丁巳

4층	丙		午		丁		未		坤		申			庚		酉			辛		戌			乾		亥		
7층	庚午	壬午	甲午	丙午	戊午	辛未	癸未	乙未	丁未	己未	壬申	甲申	丙申	戊申	庚申	癸酉	乙酉	丁酉	己酉	辛酉	甲戌	丙戌	戊戌	庚戌	壬戌	乙亥	丁亥	己亥 辛亥 癸亥

5룡 중에서 두 번째 왕기맥旺氣脈인 병자순丙子旬과, 네 번째 상기맥相氣脈인 경자순庚子旬만을 주보맥珠寶脈으로 사용할 수 있다. 나머지는 갑자순甲子旬은 냉기맥冷氣脈, 무자순戊子旬은 패기맥敗氣脈, 임자순壬子旬은 퇴기맥退氣脈으로 화갱살요공망맥火坑煞曜空亡脈이라 하여 흉하다.

천산72룡은 자연의 상태로 있는 용맥을 측정하는 것이기 때문에 임의로 조정할 수 없다. 반면에 투지60룡은 지사地師가 주보왕상맥珠寶旺相脈만을 선택하여 사용할 수 있다. 때문에 재혈裁穴과 천광穿壙하는 데 매우 중요하다.

투지60룡의 측정은 혈 뒤 입수도두의 중앙 분수척상分水脊上에 나경패철을 정반정침하고 혈을 보고 천광할 자리의 중심을 투지60룡의 주보맥인 병자순丙子旬과 경자순庚子旬에 맞추어 결정한다.

이 용맥을 정확하게 맞추는 데는 다소의 경험이 필요하다. 초보자의 경우 실이나 줄을 이용하여 입수도두처 중앙에 막대기를 꽂아 실을 매어 달고 혈에 와서 7층 주보맥과 일치하도록 하여 천광할 자리의 상단 중심을 결정하는 것도 한 방법이다.

〈투지60룡의 길흉화복〉

五子旬 ＼ 雙山		壬子	癸丑	艮寅	甲卯	乙辰	巽巳	丙午	丁未	坤申	庚酉	辛戌	乾亥	길흉화복 吉凶禍福
갑자순 甲子旬	냉기맥 冷氣脈	甲子	乙丑	丙寅	丁卯	戊辰	己巳	庚午	辛未	壬申	癸酉	甲戌	乙亥	매사불성 每事不成
병자순 丙子旬	주보왕기맥 珠寶旺氣脈	丙子	丁丑	戊寅	己卯	庚辰	辛巳	壬午	癸未	甲申	乙酉	丙戌	丁亥	부귀발복 富貴發福
무자순 戊子旬	패기맥 敗氣脈	戊子	己丑	庚寅	辛卯	壬辰	癸巳	甲午	乙未	丙申	丁酉	戊戌	己亥	손재극자 損財剋子
경자순 庚子旬	주보상기맥 珠寶相氣脈	庚子	辛丑	壬寅	癸卯	甲辰	乙巳	丙午	丁未	戊申	己酉	庚戌	辛亥	부귀발복 富貴發福
임자순 壬子旬	퇴기맥 退氣脈	壬子	癸丑	甲寅	乙卯	丙辰	丁巳	戊午	己未	庚申	辛酉	壬戌	癸亥	매사불성 每事不成

8) 제8층 천반봉침 天盤縫針

8층에는 모두 24방위가 표시되어 있고, 4층 지반정침에 비해 반위(7.5도) 순행방향으로 앞서 있다. 이는 물은 움직이는 것으로 양陽이기 때문이다. 8층 천반봉침은 득수처得水處, 수구처水口處, 지호수池湖水 등 정확한 위치를 측정하는 데 사용한다. 풍수지리에서 물은 용혈龍穴과 더불어 매우 중요하다. 음인 용과 양인 물이 서로 음양 교배를 해야만 혈을 결지할 수 있다.

득수처의 측정은 혈 앞 명당으로 들어오는 물이 처음 보이는 곳인 시견처視見處다. 이를 구체적으로 설명하면 다음과 같다.

- 혈 앞을 지나는 물이 우측에서 나와 좌측으로 흐르는지, 좌측에서 나와 우측으로 흐르는지를 살핀다.
- 그 다음 혈에서 앞을 보고 몸은 돌리지 말고 고개만 좌나 우로 돌려 처음 보이는 곳이 득수처다. 대개 향에서 120도 정도이므로 8궁위 떨어진 곳이 해당된다.

예를 들어 자좌오향子坐午向이 있고, 혈 앞을 흐르는 물이 좌측에서 나와 우측으로 빠져나간다면, 혈에서 오午 방향을 보고 서서 좌측으로 고개를 돌려보면 8궁위 떨어진 인寅 방위가 해당될 것이다. 이곳이 득수처다.

파구처(혹은 수구라고도 함)의 측정은 혈을 둘러싼 청룡 백호의 끝이 서로 만나거나 교차하는 지점이다. 청룡 백호가 감싸안은 공간(이를 보국이라고 함) 안에 있는 물이 최종적으로 빠져나가는 곳을 말한다. 그러나 실제 파구破口의 위치를 정확하게 측정하는 것은 쉬운 일이 아니다.

이때는 청룡 백호가 감싸 안은 보국保局 안에 물을 가득 부었다고 상상한다. 그리고 물이 밖으로 빠져나간다면 혈에서 보았을 때 어느 곳이 가장 마지막으로 보이게 되는지를 가늠한다. 그 위치를 파구처로 삼아 방위를 측정한다.

파구의 위치는 매우 중요하다. 목국木局, 화국火局, 금국金局, 수국水局의 사국四局을 정하는 기준이 된다. 팔십팔향법八十八向法에서 좌향을 결정할 때 제일 먼저 살펴야 하는 것이 바로 파구의 방위다. 파구의 방위를 잘못 측정하면 모든 이법理法이 틀리게 되므로, 길흉화복 역시 큰 차이가 나게 된다.

- **목국**木局 : 물이 정미丁未, 곤신坤申, 경유庚酉 방위로 나간다.
- **화국**火局 : 신술辛戌, 건해乾亥, 임자壬子 방위로 나간다.
- **금국**金局 : 계축癸丑, 간인艮寅, 갑묘甲卯 방위로 나간다.
- **수국**水局 : 을진乙辰, 손사巽巳, 병오丙午 방위로 나간다.

이처럼 물이 빠져나가는 것을 기준으로 정한 것이 사국이다. 저수지나 연못, 호수 등은 혈에서 보이는 부분 중에서 중앙을 측정한다.

의수입향依水入向 즉 물을 보고 향을 결정하는 88향법을 쓸 때는 4층 지반정침 대신 8층 천반봉침(흔히 외반봉침이라고 함)으로 좌향을 본다. 이는 물을 보고 향을 정하기 때문이다. 만약 4층으로 향을 결정한다면 8층과는 7.5도 차이가 생겨 정확한 물의 기운을 얻을 수 없다.

9) 9층 분금分金

분금법分金法은 장사葬事에서 최종적 마무리 작업이다. 내광內壙에 하관下棺할 때 고허살요공망맥孤虛煞曜空亡脈은 피하고 왕상분금旺相分金만을 취하여 영혼의 명복과 그 자손의 부귀왕정富貴旺丁을 도모하는 층이다.

나경패철의 9층에는 4층 지반정침의 24좌산坐山 위에 각각 5분금씩 모두 120분금이 등재되어 있다. 이 5분금 중 3분금은 공란이고 2분금만 60갑자가 쓰여 있다. 또 등재되어 있는 글자(60갑자)는 천간자天干字가 모두 병丙, 정丁, 경庚, 신辛으로만 되어 있다.

이는 왕상분금인 병, 정, 경, 신(丙, 丁, 庚, 辛) 천간자로 시작되는 분금만을 표시한 것이다. 고허살요공망 분금인 갑, 을, 무, 기, 임, 계(甲, 乙, 戊, 己, 壬, 癸)의 천간자로 시작되는 분금은 아예 기록하지 않고 공란으로 하였다.

120분금 중 갑을맥甲乙脈은 고孤하고, 병정맥丙丁脈은 왕旺하며, 무기맥戊己脈은 살요煞曜이고, 경신맥庚辛脈은 상相이며, 임자맥壬癸脈은 허虛하다. 따라서 좌를 정하고 그 좌에서 9층에 있는 2개의 분금만을 사용할 수 있다.

이때 두 개의 분금 중 납음오행納音五行을 보아, 망명亡命의 생년生年 납음오행을 생하여 주거나, 비화比和하거나, 망명의 납음오행이 분금의 납음오행을 극剋하면 길하다. 두 개의 분금 중 이에 해당되는 하나를 골라 사용한다.

만약 2개의 분금 중 어느 것도 망명의 납음오행을 생하거나, 비화하거나 극을 당하지 않아서 사용할 수가 없다면, 망명의 납음오행 대신 사손嗣孫인 장손長孫 또는 다른 자손의 생년 납음오행을 맞춘다.

- 생아자生我者 즉 분금의 납음오행이 망명의 납음오행을 생하여 주면, 인수생조印綬生助로 길하다.
- 비화자比和者 즉 분금의 납음오행이 망명의 오행과 같으면, 비화 형제比和兄弟로 길하다.

- 아극자我剋者 즉 망명이 산명山命 즉 분금의 납음오행을 극하면, 처재처財로 길하다.

- 극아자剋我者 즉 산명山命이 망명亡命을 극하면, 관극살요官剋煞曜로 크게 흉하다.

- 아생자我生者 즉 망명이 산명을 생하면, 상식설기傷食洩氣하여 흉하다.

〈120분금의 배치도〉

天干 \ 4층		子	癸	丑	艮	寅	甲	卯	乙	辰	巽	巳	丙	午	丁	未	坤	申	庚	酉	辛	戌	乾	亥	壬
甲乙	孤虛脈	甲子				乙丑			甲寅			乙卯			甲辰			乙巳			甲午			乙未	
丙丁	旺氣脈	丙子				丁丑			丙寅			丁卯			丙辰			丁巳			丙午			丁未	
戊己	空亡脈	戊子				己丑			戊寅			己卯			戊辰			己巳			戊午			己未	
庚辛	相氣脈	庚子				辛丑			庚寅			辛卯			庚辰			辛巳			庚午			辛未	
壬癸	孤虛脈	壬子				癸丑			壬寅			癸卯			壬辰			癸巳			壬午			癸未	

*나경패철 9층에는 천간자가 丙, 丁, 庚, 辛의 왕상맥만 기재되어 있다.

[보기] 4층의 자子에도 9층에 병자丙子와 경자庚子만 기재되어 있고, 계癸에도 9층에 병자丙子와 경자庚子만 기재되어 있다.

甲子乙丑	해중금 海中金	丙寅丁卯	노중화 爐中火	戊辰己巳	대림목 大林木	庚午辛未	노방토 路傍土	壬申癸酉	검봉금 劍鋒金
甲戌乙亥	산두화 山頭火	丙子丁丑	간하수 澗下水	戊寅己卯	성두토 城頭土	庚辰辛巳	백납금 白蠟金	壬午癸未	양류목 楊柳木
甲申乙酉	천중수 泉中水	丙戌丁亥	옥상토 屋上土	戊子己丑	벽력화 霹靂火	庚寅辛卯	송백목 松柏木	壬辰癸巳	장류수 長流水
甲午乙未	사중금 砂中金	丙申丁酉	산하화 山下火	戊戌己亥	평지목 平地木	庚子辛丑	벽상토 壁上土	壬寅癸卯	금박금 金箔金
甲辰乙巳	복등화 覆燈火	丙午丁未	천하수 天河水	戊申己酉	대역토 大驛土	庚戌辛亥	채천금 釵釧金	壬子癸丑	상자목 桑柘木
甲寅乙卯	대계수 大溪水	丙辰丁巳	사중토 沙中土	戊午己未	천상화 天上火	庚申辛酉	석류목 石榴木	壬戌癸亥	대해수 大海水

※ 한자 뜻

爐:화로 로	傍:곁 방	劍:칼 검	鋒:칼끝 봉	澗:산골물 간
蠟:땜납 납	楊:버드나무 양	泉:샘 천	屋:집 옥	霹:벼락 벽
靂:벼락 력	壁:울타리,벽 벽	箔:발 박	覆:덮을 복	燈:등잔 등
釵:비녀 채	釧:팔지 천	柘:산뽕나무 자	溪:시내 계	榴:석류 류
柏:잣나무 백	驛:역참 역	桑:뽕나무 상	沙:모래 사	

이때 주의할 점은 오행의 크기다. 분금과 망명의 오행은 서로 적당한 크기로 상생과 상극이 이루어져야 한다. 상생이 좋다고는 하지만 큰 오행이 작은 오행을 상생해 주면 오히려 흉하다. 상극이 나쁘다고 하지만 작은 오행이 큰 오행을 상극하면 큰 해는 없다.

예를 들어 수생목水生木이라 하나, 대해수大海水와 같이 큰 물이 석류목石榴木과 같이 작은 나무를 생해 주면 오히려 죽이는 꼴이 된다. 금극목金剋木이라 하나, 금박금金箔金과 같이 작은 쇠가 대림목大林木같이 큰 나무를 자를 수는 없다. 오히려 작은 칼이 부러지고 만다.

〈납음오행을 쉽게 찾는 법〉

천간 天干

갑을甲乙－1   병정丙丁－2   무기戊己－3

경신庚辛－4   임계壬癸－5

지지 地支

자축오미子丑午未－1 인묘신유寅卯申酉－ 2 진사술해辰巳戌亥－3

천간天干과 지지地支를 합한 수가 1이면 목木, 2이면 금金, 3이면
수水, 4이면 화火, 5이면 토土이다. 합한 수가 5를 넘으면 5를 뺀 나
머지 숫자다.

【예】 갑자甲子의 납음오행은 천간 甲은 1이고 지지 子 또한 1이므로 합하면
2다. 2는 금에 해당된다. 납음오행 표에서 갑자甲子는 해중금海中金으로 똑
같다.

분금 사용에 대한 해법을 찾아보자.

【질문】 임좌병향壬坐丙向의 혈에 1929년 기사생己巳生인 사람이 사망하여 장
사를 지내려 한다. 이때 분금은 어떻게 놓아야 할까?

【답】 4층 지반정침 임좌壬坐에 있는 9층의 분금은 정해丁亥와 신해辛亥다. 기
사년己巳年생인 망명의 납음오행은 대림목大林木이다. 분금 정해丁亥는 옥상
토屋上土, 신해辛亥는 채천금釵釧金이다.

    망명의 납음오행을 생生하여 주거나 서로 같은 오행인 비견比肩이거나 망명이 산명(山命, 분금의 납음오행)을 극剋하는 것을 찾아야 한다. 정해丁亥 분금은 목극토木剋土하여 망명이 산명山命을 극하여 지배하므로 길하다.

    신해辛亥 분금은 금극목金剋木하여 산운이 망명을 극하므로 흉하다. 따라서 임좌병향으로 천광한 내광內壙 안에서 시신을 머리쪽은 9층 정해丁亥로 하고, 아래쪽은 정해와 대칭인 정사丁巳로 일직선 되게 맞추면 된다.

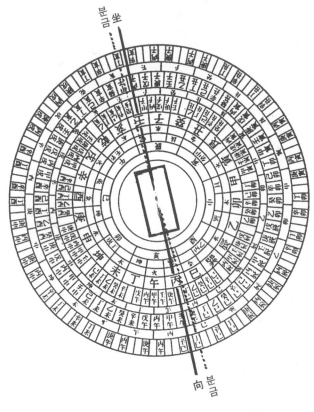

〈분금 그림〉

4장
용세론龍勢論

용은 그 변화가 무궁무진하다. 바람과 구름과 비를 일으키며 하늘을 날거나 연못이나 바닷속에 잠복하기도 하는, 상징적 동물이다. 풍수지리에서 산의 능선을 용이라고 부르는 것은 산맥의 흐름이 마치 용과 같이 변화무쌍하기 때문이다.

동래 정씨 중시조인 정사선생 묘

주산은 옥녀봉으로 옥녀가 가야금을 타고 있는 모습이다. 교회가 있는 작은 산이 가야금이며, 앞에 우뚝 솟은 산은 가야금 소리를 듣는 남정네다. 혈을 바로 바라보지 않고 약간 외면하고 있다. 남정네를 유혹하기 위하여 옥녀는 더욱 기를 써야 하므로 오히려 발복이 잘 된다고 한다. 최근에 후손들이 묘 양옆에 젖무덤처럼 생긴 흙무덤을 해놓았는데 바로 옥녀의 유방이라고 한다. 최근에 크게 현달하는 자손이 나오지 않자 남정네를 더욱 적극적으로 유혹하기 위해서 젖가슴을 드러내 보이도록 한 것이다.

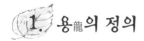

1. 용龍의 정의

　풍수지리에서 산의 능선을 용龍이라고 한다. 용은 옛날에 실제 존재한 동물이었는지 상상의 동물이었는지는 알 수 없다. 그러나 설화나 전설에 지극히 귀한 존재로 나온다. 용은 귀의 상징이라 할 수 있다.

　용은 그 변화가 무궁무진하다. 바람과 구름과 비를 일으키며 하늘을 날거나 연못이나 바닷속에 잠복하기도 한다. 그러다 갑자기 솟구쳐 큰 물보라를 일으키며 나타나는 그야말로 천태만상千態萬象과 천변만화千變萬化의 상징적 동물이다.

　풍수지리에서 산의 능선을 용이라고 부르는 것은 산맥山脈의 흐름이 마치 용과 같이 변화무쌍하기 때문이다. 옛 글에서 다음과 같이 표현했다.

龍者何山脈也　용을 왜 산맥이라 부르고
용 자 하 산 맥 야

山脈何以龍名　산맥을 왜 용이라 일컫는가 하면
산 맥 하 이 용 명

蓋因龍天矯活潑　대개 용은 요교하고 활발하기 때문이다.
개 인 용 요 교 활 발

變化莫測　변화를 측정하기가 막연하고
변 화 막 측

忽隱忽現　갑자기 숨었다가 갑자기 나타나고
홀 은 홀 현

忽大忽小 갑자기 크다가 갑자기 작아지고
홀 대 홀 소

忽東忽西 갑자기 동에 있다가 갑자기 서에 있고
홀 동 홀 서

忽而潛藏深淵 갑자기 깊은 연못 속에 숨어 있다가
홀 이 잠 장 심 연

忽而飛騰雲氛 갑자기 하늘의 구름 위를 날아다닌다.
홀 이 비 등 운 소

忽而現首不現尾 갑자기 머리는 나타나고 꼬리는 나타나지 않다가
홀 이 현 수 불 현 미

忽而興雲而佈雨 갑자기 구름을 일으켜 비를 뿌린다.
홀 이 흥 운 이 포 우

而山脈亦然 이와 같이 산맥 역시 그러하기 때문이다.
이 산 맥 역 연

2. 주룡主龍의 개요

산맥山脈 또는 산의 능선을 용龍이라 하는데 이 용을 주룡主龍, 내룡來龍 혹은 용맥龍脈이라고 부른다. 풍수지리학에서의 주룡은 많은 산맥이나 능선 중에서도 혈穴이나 집터, 묘지, 혹은 점혈點穴 예정지와 관계되는 능선만을 말한다.

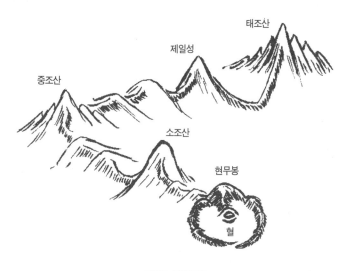

〈주룡 행룡도〉

주룡은 혈의 모체태반母體胎盤과 같다

어머니 뱃속의 태아는 탯줄을 통해 모든 양분을 전달받아 성장한다. 마찬가지로 혈도 용맥을 통해 산천정기를 전달받아 존재한다. 만약 용맥이 없거나 병이 들어 부실하거나 허약하면 결코 진혈眞穴을 맺을 수 없다.

이와 같은 용맥은 조종산祖宗山인 태조산太祖山에서 출발하여 중조산中祖山, 소조산小祖山, 현무봉玄武峰을 거쳐서 혈까지 내려온다. 마치 사람이 시조始祖로부터 나와 중시조中始祖, 할아버지[祖], 아버지[父], 자식[子]으로 이어지는 이치와 같다. 식물에 비유한다면 뿌리[태조산]에서 나와 줄기[주룡]를 통하여 가지[중조산]를 뻗고 다시 새가지[소조산]에서 꽃봉오리[현무봉]가 되어 꽃과 과일[혈]을 맺는 이치다.

주룡의 흐름은 전기의 흐름과도 같다

태조산을 전기에 비유한다면 마치, 전기를 생산하는 발전소와 같다. 용맥은 전기를 전달하는 전선과 같은 것으로 태조산의 정기를 전달한다. 발전소에서 발전된 전기가 고압선을 통해서 1차 변전소, 2차 변전소로 전달되듯이 태조산의 정기도 산맥을 따라 변전소 격인 중조산에 전달된다.

변전소에서 변압기로 전선이 연결된 것처럼 중조산에서 소조산으로 용맥이 연결된다. 변압기에서 가정이나 사업장의 안전계량기로 전기가 연결되듯 산맥도 소조산에서 현무봉으로 이어진다. 안전계량기에서 전구나 콘서트로 전선이 연결되듯 현무봉에서 혈까지 용맥이 연결된다.

만약 전선이 중간에 끊기면 전기는 전달되지 않는다. 용맥도 마찬가지로 절맥되면 산천정기를 받을 수 없어 혈을 결지하지 못한다. 전선이 부실하면 누전되어 전기를 얻을 수 없는 것처럼 용맥도 부실하면 절대로 진혈을 맺을 수 없다.

3. 조종산과 주룡의 행룡과정

1) 태조산太祖山 — 산맥의 처음 출발지이며, 일개 광역을 대표하는 산

태조산이란 한 산맥의 처음 출발지이자 일개 광역廣域을 대표하는 높고 큰 산이다. 마치 불이 타오르는 것처럼 뾰족뾰족한 바위산들이 하늘 높이 솟아 있다. 태조산 바위들은 서기가 빛나야 한다.

태조산은 멀리서 보면 구름을 산허리에 걸치고 우뚝 솟아 있어 수려하게 보인다. 그러나 가까이서 보면 험준한 기암괴석들이 살기등등하게 서 있어 감히 접근하기 어렵다.

태조산은 백두대간白頭大幹 같은 대간룡大幹龍만이 만들 수 있다

태조산 중에서도 화체火體 염정성廉貞星이 가장 존귀한 존재다. 뾰족뾰족한 바위산들이 하늘을 뚫듯이 높이 솟아서 그 기세가 장중하고 신비하다. 이와 같은 태조산은 백두대간白頭大幹 같은 대간룡大幹龍이 아니면 만들 수 없다.

태조산을 취강산聚講山이라고도 한다. 이는 왕이 신하들을 모아 놓고 조회를 하는 듯한 모습 때문이다. 태조산의 제일 높은 봉우리가 예하의 모든 산들을 모아 놓고 강론講論을 하는 듯하다. 강론이 끝나면 예하 산들은 동서남북으로 흩어져 원행의 길을 떠난다.

태조산을 이루는 봉우리 중에서 제일 높은 최고봉을 제성帝星 또는 용루龍樓라고 부른다. 그밖의 횡렬로 서 있는 첨봉尖峰들은 보전寶殿이라고 한다.

용루의 산허리 부분 중심맥에서 나와 행룡하는 용이 대간룡이 된다.

2) 제일성第一星 － 태조산을 출발한 용맥이 제일 처음 일으킨 봉우리

태조산 중심에서 출맥하는 용의 모습

모든 용은 태조산에서 출발한다. 장엄하고 기세 등등한 용루보전龍樓寶殿 의 여러 석봉石峰들은 제 각기 수많은 용맥을 사방 으로 내려 보낸다. 이때 용맥의 출발점은 대부분 산중턱이다.

태조산을 출발한 용은 아래로 크게 낙맥落脈한 다음 다시 위로 기세 있게 올라가 산봉우리 하나를 처음으로 기봉한다. 이를 제일성第一星이라 한다. 용이 제1절에서 기봉起峰하였다 하여 붙여진 이름이다. 높이 치솟아 단정하면서 수려해야 좋은 것이다. 화체 염정廉貞인 태조산이 제일성을 탐랑貪狼, 거문巨門, 무곡武曲, 좌보左輔, 우필右弼 등 길성吉星으로 변했다 하여 박환성剝換星이라고도 한다.

제일성이 구성九星 중 어디 속하느냐에 따라 용의 구성과 오행정신이 결정

이 제일성은 앞으로 여행할 행룡行龍의 기본정신을 표현한 것으로 풍수지리에서는 매우 중요한 의미를 갖는다. 제일성이 구성九星 중 어디에 속하느냐에 따라 거기서 나가는 용의 구성과 오행정신이 결정된다. 예를 들어 용루와 보전에서 낙맥한 용이 제일성봉을 탐랑 목木으로 기봉했다면, 그 용이 수백 리 혹은 수십 리를 행룡하여도 그 용의 정신은 탐랑 목이 된다.

제일성의 정신을 부여받고 먼 거리를 행룡한 용이 혈을 맺고자 할 때는 제일성과 똑같은 형태의 주산主山인 소조산을 만든다. 그리고 그 구성과 오행에 따른 혈을 결지한다. 행룡 도중에는 험한 기를 정제하기 위해서 타구성이나 타오행 형태로 변할 수는 있지만 그 정신은 변하지 않는다.

제일성은 혈을 찾거나 주룡의 정신을 알고자 할 때 중요하다

주혈主穴을 찾고자 할 때는 먼저 제일성과 똑같은 형태의 주산을 찾아야 한다. 만약 제일성이 탐랑 목이면 주산도 탐랑 목이어야 하며 혈도 탐랑 기운인 유두혈乳頭穴을 맺는다.

이때 소조산인 주산을 응성應星이라고 한다. 제일성과 혈을 서로 같은 정신으로 응하게 해주는 산이라는 뜻이다. 따라서 혈을 찾거나 주룡의 정신을 알고자 할 때는 먼저 제일성을 보고 주산의 형태와 정신이 같은지를 살펴보아야 한다.

3) 중조산中祖山 — 억센 기를 정제하며, 일개 시나 군을 대표하는 산

기세충천氣勢衝天한 염정 태조산에서 출맥한 용이 크게 낙맥한 후 다시 기봉하여 제일성을 이룬다. 그리고 용의 구성과 오행정신을 부여받은 다음 다시 출맥出脈하여 행룡한다. 그러나 아직 그 기운이 정제整齊되지 않아 살기등등하게 험하고 억세다.

결혈結穴하는 데는 정제되고 순화된 용이 필요하다. 험하고 억센 용을 정제 순화시켜야만 한다. 험한 살煞을 제거하기 위해서는 박환剝換과 개장開帳, 천심穿心 등과 같은 여러 변화가 필요하다. 이 역할을 하는 것이 중조산中祖山이다.

중조산은 전기를 정제하는 변전소와 같다

마치 발전소에서 발전된 전기는 고압선을 통해 송전하는데 이때 전선의 전기는 매우 고압이다. 그대로 가정이나 산업 현장에서 사용할 수 없기 때문에 1차 변전소, 2차 변전소를 통하여 전압을 낮추고 품질을 좋게 한다. 용도 마찬가지로 태조산에서 출맥한 용의 기운은 매우 억세고 강해 그대로 혈을 만들 수가 없다. 그 억센 기를 정제시키고 순화시키는 역할을 하는 것이 변전소와 같은 중조산이다.

중조산의 형세는 태조산과 비교할 수 없지만 기세 있게 높이 솟아 장엄하고 장중하다. 대개 일개 시나 군을 대표하는 산으로 주변의 모든 산악山岳을 지배할 만한 위용을 갖추고 있다.

4) 소조산小祖山—단정하고 수려한 봉우리로 동네를 대표하는 산

중조산에서 다시 출발한 용은 많은 변화를 통해 환골탈퇴換骨脫退를 하면서 수백 리 혹은 수십 리를 더 행룡한다. 어느 정도 기세가 정제되면 혈을 맺기 위해 단정하고 수려한 산봉우리를 일으킨다. 이를 주산主山 또는 소조산小祖山이라고 한다.

소조산은 형태와 정신은 태조산에서 낙맥 후 처음 기봉한 제일성과 똑같아야 한다. 소조산은 뒤로는 태조산과 앞으로는 혈을 서로 같은 정신으로 응하게 하는 역할을 한다. 때문에 응성應星이라고도 한다. 소조산은 필히 삼길성三吉星 혹은 오길존성五吉尊星으로 수려하고 단정해야 하며 혈의 형태는 바로 여기서 판단된다.

소조산이 구성 오행 중 어디 속하는가에 따라 혈의 형태가 결정

산맥은 태조산에서 낙맥한 후부터 혈까지 수백 리 혹은 수십 리를 행룡한다. 이 과정은 동분서주東奔西走하면서 변화무쌍하다. 과협, 기복, 박환, 개장, 천심 등 수많은 변화를 거치지만 일관된 근본 오행정신은 변치 않는다. 따라서 이 소조산이 구성 오행 중 어디에 속하느냐에 따라 혈의 형태가 결정되는 것이다.

예를 들면 다음과 같다.

- 소조산이 탐랑貪狼 목성木星이면 유두혈乳頭穴
- 소조산이 거문巨門 토성土星이면 겸차혈鉗釵穴
- 소조산이 녹존祿存 토성土星이면 소치혈梳齒穴과 겸차혈鉗釵穴
- 소조산이 문곡文曲 수성水星이면 장심혈掌心穴
- 소조산이 염정廉貞 화성火星이면 여벽혈犁鐴穴
- 소조산이 무곡武曲 금성金星이면 원와혈圓窩穴
- 소조산이 파군破軍 금성金星이면 첨창혈尖槍穴
- 소조산이 좌보左輔 토성土星이면 연소혈燕巢穴과 괘등혈掛燈穴

만약 혈의 형태가 소조산 정신과 다를 경우는 주혈主穴이 아니라 차혈
次穴이거나 가혈假穴이다.

5) 현무봉玄武峰 — 집이나 묘 뒤에 있는 작고 단아한 봉우리

소조산은 양변으로 개장하여 청룡과 백호 능선을 만든다. 그리고 중간으로는 중심 맥을 출맥시킨다. 이것이 중출맥中出脈으로 주룡이 된다. 개장한 청룡과 백호 능선은 중출맥을 보호하는 역할을 한다. 중심 출맥한 주룡은 변화하며 보다 더 세밀한 탈살을 한다. 그리고 기를 모으기 위해서 단아한 봉우리를 일으키는데 이 봉우리가 현무봉玄武峰이다. 태조산에서 이곳까지 용맥이 오면서 험한 기운은 모두 탈살시켰기 때문에 험한 바위가 없는 깨끗한 산이다.

〈조종산과 주룡〉

마치 어린아이를 감싸듯, 중출맥을 중심으로 내청룡 내백호를 만든다

현무봉은 혈 바로 뒤에 있으면서 양옆으로 개장하여 내청룡 내백호를 만든다. 그리고 중심으로는 중출맥이 나와 혈을 맺는다. 내청룡 내백호는 혈을 감싸주어야 한다. 이 모습은 마치 부모가 어린 자식을 자상하게 안고 있는 모습과 흡사하다.

현무봉에서 혈까지 이어지는 용맥은 어느 정도 탈살이 된 상태이기 때문에 큰 변화를 하지 않는다. 지각枝脚을 뻗거나 낮은 기복起伏을 하고 무엇보다도 좌우로 굴곡屈曲하면서 위이逶迤한다. 작은 변화라 할지라도 활발해야 좋은 용맥이라 할 수 있다. 그러면서 얼마 남지 않은 살까지 모두 털어 내고 마지막으로 깨끗한 생기만 모은다. 이 생기가 모인 곳이 혈 바로 뒤 입수도두처다.

생기만 모인 곳이기 때문에 약간 볼록하면서 밝고 깨끗하며 단단하다. 여기서 양변으로 선익蟬翼을 뻗어 생기가 좌우로 흩어지지 않도록 한 다음 중심으로는 생기를 혈에 공급해 준다.

현무봉 양변에서 개장한 청룡 백호는 혈을 감싸안으면서 서로 그 끝이 교차하거나 만나 수구水口를 형성한다. 수구가 좁게 잘 관쇄關鎖되어야 좋은 보국保局이 형성되고 혈의 생기가 잘 보존된다.

4. 용龍의 분류

나무에도 줄기와 가지가 있듯이 주룡에도 간룡幹龍과 지룡支龍이 있다. 간룡은 본신룡本身龍이고 지룡은 간룡에서 분맥分脈된 용이다.

간룡幹龍 − 최고 봉우리로만 연결된 용으로 중심이 되는 맥

태조산의 용루龍樓와 보전寶殿에서는 사방팔방으로 용맥들이 뻗쳐나간다. 또 중조산과 주필산, 소조산에서도 마찬가지다. 이 중 최고 봉우리에서만 출맥하여 연결된 용을 간룡幹龍이라 한다. 여러 용맥들 중에서 가장 중심이라는 뜻이다.

태조산의 최고봉인 용루에서 출맥한 용이 제일성을 이루고 중조산으로 연결되어 다시 최고봉에서 출발 소조산, 현무봉, 혈로 연결되는 것은 대간룡大幹龍이다. 소조산 현무봉에서도 중출맥으로 연결되어야 함은 당연하다.

대간룡은 일개 산맥을 지배하는 태조산에서 출발한 용이 수백 리를 행룡하면서도 계속 중출맥으로만 행룡한 용맥이다. 따라서 대간룡이 행룡을 마치고 용진龍盡하여 개국開局하는 곳은 대지가 된다.

이를 원국垣局이라 하며 최상의 명혈을 결지한다. 만약 양택陽宅으로 혈을 맺으면 도읍지都邑地가 되고, 음택陰宅으로 결혈하면 제왕지지帝王之地가 되는 것이다.

지룡支龍 − 간룡에서 갈라져 나온 맥

태조산으로부터 출맥한 간룡이 수백 리 혹은 수십 리를 행룡하면서 중조산과 소조산을 비롯하여 중간 중간에 수많은 크고 작은 산들을 만든

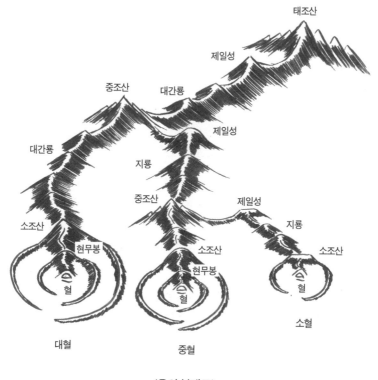

〈용의 분맥도〉

다. 산이 이루어지면 이 산에서 여러 갈래로 산줄기가 나누어지는데 대간룡을 제외한 나머지 용맥들을 지룡支龍이라고 한다.

지룡 역시 태조산이나 중조산에서 낙맥落脈한 후 제일성봉을 이룬다. 이 제일성이 구성 중 어느 성星에 속하느냐에 따라 그 지룡의 오행정신이 결정된다. 마찬가지로 제일성과 똑같은 형태의 주산[소조산]을 만들고 그 정신에 부합하는 혈을 결지한다.

그런데 풍수지리에서 간룡과 지룡의 구분은 절대적이 아니고 상대적이다. 대간룡에서 갈라질 때는 지룡이었다 할지라도 여기서 다시 새로운 지룡을 분맥하면 상대적으로 간룡이 된다. 갈라진 맥은 지룡이다. 이러한 분맥分脈은 끊임이 없다.

5. 용의 구성九星과 오행五行

천상의 구성이란 북두칠성北斗七星과 좌보성左輔星, 우필성右弼星을 합한 아홉 개의 별을 말한다

산천의 정기는 용맥을 통하여 유통되는데 마치 사람의 혈맥과 같다. 사람의 피에는 A형, B형, O형, AB형의 혈액형이 있다. 용도 마찬가지로 근본정신인 목木, 화火, 토土, 금金, 수水의 오행을 가지고 있다. 태조산에서 낙맥하여 수백 리 혹은 수십 리를 행룡하고 멈출 때까지 처음 부여받은 용의 오행정신은 변하지 않는다.

지상의 산맥에 오행정신을 부여하는 것은 천상天上의 구성九星이다.

우주 천체의 중심축은 북극성北極星이다. 구성은 북극성 주위를 회전하면서 각기 맡은 기운을 가지고 우주를 지배한다. 북극성이 임금이라면 구성은 임금의 명을 받들고 보좌하는 각 부처 장관이라 할 수 있다. 때문에 우주 만물은 이 구성의 영향을 가장 많이 받게 된다. 우주만물의 생성과 소멸 그리고 그 길흉화복도 여기에 달려 있다고 본 것이다.

지상의 산천도 이 구성의 작용력에 의해 생성되고 길흉화복을 달리한다. 각 구성의 명칭과 오행, 길흉화복은 다음과 같다.

- 제일성第一星 – 천추생기궁天樞生氣宮으로 탐랑貪狼이라 하고 오행은 목木이다. 주로 총명聰明, 문필文筆, 귀귀貴, 관직官職 등을 관장한다.

- 제이성第二星 – 천의제왕궁天醫帝王宮으로 거문巨門이며, 오행은 토土이다. 주로 문장文章, 귀귀貴, 장수長壽, 재물財物 등을 관장한다.

- 제삼성第三星 – 천기절체궁天機絶體宮으로 녹존祿存이며, 오행은 토土이다. 주로 질병疾病과 패절敗絶 등을 관장한다.

- 제사성第四星 – 천권유혼궁天權遊魂宮으로 문곡文曲이며, 오행은 수水다. 주로 음탕淫蕩, 예능藝能, 문장文章, 도박賭博, 사치奢侈 등을 관장한다.

- 제오성第五星 – 천형오귀궁天衡五鬼宮으로 염정廉貞이며, 오행은 화火다. 주로 형살刑殺과 흉폭凶暴 등을 관장한다.

- 제육성第六星 – 합양복덕궁闔陽福德宮으로 무곡武曲이며, 오행은 금金이다. 주로 부부富와 귀귀貴, 재물財物, 무장병권武將兵權 등을 관장한다.

- 제칠성第七星 – 요광절명궁瑤光絶命宮으로 파군破軍이며, 오행은 금金이다. 주로 절명絶命, 패망敗亡, 형겁刑劫, 악질惡疾 등을 관장한다.

- 제팔성第八星 – 천과귀혼궁天寡歸魂宮으로 좌보左輔이며, 오행은 토土이고 제육성 무곡武曲의 좌변에 있어 항상 볼 수 있는 별이다. 주로 소부小富, 소귀小貴, 보필輔弼 등을 관장한다.

- **제구성**第九星 — 제팔성 좌보와 같이 천과귀혼궁天寡歸魂宮으로 우필右弼이며, 오행은 금金이다. 북두의 제칠성 파군 우변에 있어 육안으로 보이지 않는다. 주로 소부小富, 소귀小貴, 보필輔弼 등을 관장한다.

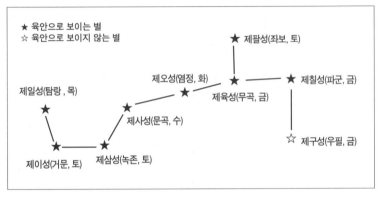

〈천상 구성〉

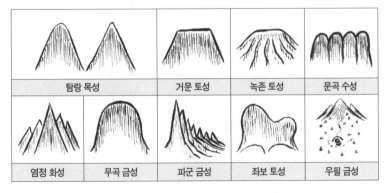

〈지상 구성〉

이 구성이 지상에 조림照臨하여 산의 형태를 만든다. 그런데 태조산에서 낙맥한 후 처음 기봉한 제일성에서 그 특성을 가장 잘 나타낸다. 따라서 제일성의 산 형태와 응성인 주산을 보고 구성을 가늠할 수 있다.

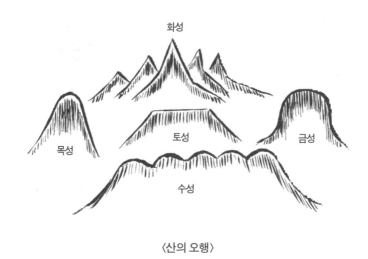

〈산의 오행〉

1) **탐랑성**貪狼星, **목**木 ― 끝이 뾰족하면서 단정하고 수려한 산

탐랑성은 북두칠성의 제일성으로 오행은 목성木星이다. 천상의 천추생기궁으로 총명, 문필, 관직 등 귀貴를 관장하는 삼길성三吉星 중 하나다. 궁위宮位는 간방艮方과 병방丙方이다. 산의 형태는 마치 대나무 죽순과 같이 끝이 뾰족하면서 단정하고 수려하게 우뚝 솟은 산이다.

혈은 유두혈乳頭穴을 결혈하는데, 마치 여자의 유방 모양이다. 혈장穴場은 작고 단단하면서 유연하다. 주혈은 젖꼭지 부분으로 혈장의 제일 끝부분에 결지結地한다. 와窩, 겸鉗, 유乳, 돌突 혈의 4종류 중 유혈乳穴에 속한다.

첨탐랑尖貪狼 **– 죽순같이 뾰족하게 용립한 산**
산 정상이 죽순과 같이 뾰족하게 용립聳立한
산으로 몸체[山身]에 지각枝脚이 없이 단정 수
려하다.

〈첨탐랑〉

원탐랑圓貪狼 **– 산 정상이 원형으로 용립**
산 정상이 원형으로 용립하였고, 몸체[山身]
역시 지각枝脚이 없는 무각無脚으로 단정
수려하다. 원탐랑의 특징은 주로 평지에
탁연卓然히 용립하여 산의 형태가 사방
어디에서 보아도 원통형으로 똑같다. 출
맥시 활시위 같은 능선 즉 현릉弦稜이 분
명하다.

〈원탐랑〉

평탐랑平貪狼 **– 산 정상이 일자 모양이고, 끝부분에서 출맥**

〈평탐랑〉

산 정상이 거문 토성과 같이 일자一字로
되어 방체方體로 보인다. 목木이 누워 있
다 하여 와목臥木 또는 와탐臥貪이라고 한
다. 형체는 거문성과 비슷하나 일자一字
모양의 양끝이 약간 높고 중간이 낮다.
거문성과의 구별은 평탐平貪은 일자형의
끝 부분에서 출맥한 반면 거문巨門은 일
자형의 중간에서 출맥한다.

직탐랑直貪狼 ─ 평지에서 일자 모양으로 미미하게 기복한 것

용이 조종산祖宗山에서 낙맥하여 행룡行龍을
하다보면 평지平地도 지날 수 있다. 이를 밭을
뚫고 행룡한다고 하여 천전穿田이라고 한다.
이때 평지에서 마치 포승줄(인승引繩)처럼 미
미하게 기복한 것으로 직탐랑을 도지목체倒地
木體라고도 한다.

〈직탐랑〉

소탐랑小貪狼 ─ 매우 작은 첨봉

일자문성一字文星과 같은 산 정상에 아주 작은
죽순처럼 뾰족한 첨봉尖峰 하나가 있는 것을
말한다.

〈소탐랑〉

2) 거문성巨文星, 토土 ─ 산 정상이 일자 모양으로 평평하고, 중심에서 출맥

〈거문성〉

북두칠성 중 제이성이 거문성巨文星으로
오행은 토土다. 탐랑, 거문, 무곡의 삼길성
중 하나다. 극히 존칭하여 존성尊星이라고
한다. 천상의 천의제왕궁天醫帝王宮으로
귀貴, 장수長壽, 재물財物 등을 관장한다.
궁위는 손방巽方과 신방辛方에 있다.
거문성의 형태는 산 정상이 일자一字 모양
으로 평평하다. 탐랑성의 평탐平貪과 비슷
하나 일자형으로 끝의 각이 반듯한 방체方體다. 출맥도 평탐은 일자 끝에
서 하는 것에 비하여, 거문은 일자의 중심에서 출맥한다.
거문성은 몸체에 지각이 없는 방정단정方正端正한 형태다. 주룡은 멀리

가지 못하고 5~10리가 보통이다. 간혹 20~30리 행룡하고 결혈하는 경우도 있다.

거문성이 행룡할 때에는 3, 4개의 작은 원봉圓峰을 기봉한다. 결혈 직전에는 방체方體를 형성하여 혈 후면에서 마치 병풍을 친 것처럼 혈을 호위한다. 이를 옥병사玉屛砂라 한다.

만약 거문 토성에 지각이 많을 때에는 녹존겸대지성祿存兼帶之星이라 하여 거문성이 아니고 녹존祿存으로 본다. 거문성의 혈은 겸차혈鉗釵穴이 주혈이다. 마치 칼날이나 비녀처럼 혈장이 길면서 약간 움푹 들어간 곳에 혈을 맺는다. 와, 겸, 유, 돌의 4종류의 혈 중 겸혈鉗穴이다.

3) 녹존성祿存星, 토土 - 정상이 평평하나 방정하지 않고, 지각이 많다

〈녹존성〉

북두칠성의 제삼성이 녹존성祿存星으로 오행은 토土다. 천상의 천기절체궁天機絶體宮이며 병권지상兵權之象인 무武를 관장한다. 궁위는 건방乾方과 갑방甲方에 있다. 녹존성의 형태는 산 정상은 평평하여 마치 거문성과 비슷하다. 그러나 거문성과 같이 방정方正하지는 않다. 거문성은 끝이 직각으로 이루어진 일자 모양이지만, 녹존성은 약간 미원체微圓體다.

또 거문성은 몸에 지각이 없으나 녹존성은 지각이 많다. 특히 밑으로 내려갈수록 지각이 많고 두께도 두꺼워진다. 이를 두고 '하생다각下生多脚 상세하비上細下肥'라는 표현을 쓴다.

녹존성의 행룡은 산 중턱에서 처음 출맥할 때는 작고 가늘다. 그러나 내려갈수록 점점 비대해지고 기세 있는 변화를 한다. 행룡이 끝나는 용진처龍盡處에 이르러서는 수려 양명하면서 작은 소원봉小圓峰을 만들고 결지한다. 이때 주룡 옆의 좌우 지각은 청룡과 백호가 되어 소원봉을 보호한다.

이 소원봉이 소위 대록녹존帶綠祿存이라 하여 매우 길한 봉우리다. 녹존성은 소치혈梳齒穴과 겸차혈鉗釵穴이 주혈이다.

소치혈은 얼레빗이나 어금니처럼 혈장이 약간 길면서 움푹 들어간 와, 겸, 유, 돌의 4종류의 혈 중 겸혈鉗穴을 결지한다. 녹존성은 행룡시 간간이 돌 사이에 석간괴혈石間怪穴을 맺기도 한다.

4) 문곡성文曲星, 수水 – 봉우리가 연속으로 이어져 물이 흐르는 듯한 모습

북두칠성의 제사성이 문곡성文曲星으로 오행은 수水다. 천상의 천권유혼궁天權遊魂宮이며 총명문인聰明文人과 음탕淫蕩, 질병疾病, 그리고 처복妻福을 관장한다. 궁위는 오방午方, 임방壬方, 인방寅方, 술방戌方에 있다. 문곡성의 형태는 뚜렷한 봉우리는 세우지 않고 미미한 반봉이 연속으로 이어진다. 마치 물 흐르듯 혹은 뱀이 기어가는 듯 굴곡하며 행룡한다.

〈문곡성〉

문곡성이 출맥할 때는 다른 구성처럼 뚜렷한 봉우리를 기봉하지는 않는다. 대신 굴곡하는 행룡 옆에 초승달이나 미인의 눈썹 같은 아미사蛾眉砂가 3~4개 있다. 이들이 용을 보호한다.

문곡성은 질서 없이 여러 형태의 봉우리를 만들면서 평행으로 행룡한다. 5~10리 행룡이 보통이나 간혹은 20~30리를 행룡하기도 한다. 혈을 맺고자 할 때는 탐랑, 거문, 무곡, 좌보, 우필 등과 같은 길한 봉우리를 만든다. 그리고 중출로 다시 낙맥하여 굽이쳐 행룡하다가 결지한다. 이 모습이 흡사 뱀이 풀밭을 기어가는 것과 같다.

결지할 때도 3~4개의 아미성이 옆에 가까이 있어야 진혈이다. 문곡성은 손바닥 같은 장심혈掌心穴을 결지한다. 장심혈은 손바닥 중앙 부분이 약간 움푹 들어간 곳이 혈심이다. 와, 겸, 유, 돌의 4종류의 혈 중 와혈窩穴에 속한다.

5) 염정성廉貞星, 화火 − 끝이 뾰족뾰족한 암석들로 이루어지며, 마치 불이 타오르는 모습

〈염정성〉

북두칠성의 제오성은 염정성廉貞星으로 오행은 화火다. 천상의 천형오귀궁天衡五鬼宮이며, 살벌지상殺伐之象으로 무장병권武將兵權과 반역叛逆, 패망敗亡 등을 관장한다. 궁위는 묘방卯方, 경방庚方, 해방亥方, 미방未方에 있다.

염정성의 형태는 마치 불꽃 같은 뾰족뾰족한 암석들이 하늘 높이 솟아 멀리서 보면 수려하고 멋있어 보인다. 그러나 가까이서 보면 험준하고 살벌하여 근접하기 어려운 산이다. 염정 화산은 대부분 용루보전龍樓寶殿, 즉 태조산을 형성한다. 때문에 염정 화체의 구성이나 오행정신으로 혈을 맺는 경우는 드물다. 대개 다른 구성체로 박환剝換 변화하여 행룡하고 결혈한다.

그러나 드물기는 하지만 제일성봉이 염정 화체면 이 용의 근본정신은 염정 화다. 따라서 응산인 소조산도 염정 화체를 성봉한다.

염정성은 기가 강하고 억세어 용의 변화도 크고 많아야 혈을 결지한다

소조산에서 출맥한 용은 그 기운이 화기 충천한 석산石山이므로 이 화기를 정제해야 한다. 박환과 같은 큰 변화를 하면서 행룡하여 험한 기운을 털어낸다. 이를 육안으로 알 수 있는 방법은 바위로 된 산이 흙산으로 변했는지의 여부이다. 이때 현무봉은 대개 화개삼봉華蓋三峰 형체다.

화개삼봉은 품자品字와 같이 세 봉우리가 나란히 서 있는 것으로 가운데 봉우리에서 출맥한 것이 중출정맥中出正脈이다. 좌우 양쪽 봉우리는 좌보左輔, 우필右弼 또는 천을天乙, 태을太乙 격으로 중출맥中出脈을 호위하고 보호한다.

화개삼봉의 중심으로 출맥한 용은 대개 낮은 야산이나 평지로 낙맥한 다음 오던 곳을 향하여 방향을 회전한다. 그래서 태조산이나 중조산, 소조산 등 조종산祖宗山을 바라보게 된다. 용이 한 바퀴 회전하는 것은 큰 변화라 할 수 있다. 큰 변화를 하는 만큼 험한 기운은 대부분 탈살되게 된다.

때문에 염정 소조산에서 출맥한 용이 혈을 결지하게 되면 회룡고조혈回龍顧祖穴이 대부분이다. 그 모습이 쟁기의 보습 모양이라 해서 '쟁기 려犁', '보습 벽鐴' 자를 써서 여벽혈犁鐴穴이라고도 한다.

이때 청룡 백호는 화개삼봉의 양쪽 봉우리에서 나온 능선이다. 주룡과 혈을 앞뒤에서 감싸고 돌아주어야 한다. 물 역시 혈 앞뒤를 감싸고 돌아 서로 만나거나 교차하여 수구를 형성한다. 기가 센 염정 화체, 즉 석산이 표출되어 수구를 형성했으므로 한문捍門이나 화표華表 또는 나성羅城이 있는 것이 특징이다.

염정성은 기가 강하고 억세다. 험한 기운을 모두 탈피하려면 용의 변화도 크고 많아야 한다. 그러기 위해서는 거리도 멀어야 한다. 대개 100리 이상이어야 한다고 하나 꼭 그렇지만은 않다. 중요한 것은 거리가 문제가 아니라 얼마만큼 탈살이 잘 되었는가 하는 점이다.

염정성에서 맺는 혈은 최대최귀最大最貴의 대혈에 해당

만약 험한 염정성이 순화된 기로 변해 혈을 맺으면 왕후장상지지王侯將相之地와 같은 대혈이 된다. 이를 살이 변하여 권력이 되었다 하여 화살위권化殺爲權이라는 표현을 쓴다. 또 염정성에서 혈을 맺는 것을 가리켜 최대최귀最大最貴의 대혈이라고 한다.

그러나 '만리행룡부득일萬里行龍不得一'이라 하여 염정성에서 혈을 결지하는 것이 그만큼 어렵다는 것을 설명하고 있다. 만약 험한 악살을 완전히 탈살하지 않은 근거리에 점혈을 하면 대흉을 초래한다 하였으니 조심할 일이다. 염정성은 대개 야산이나 평지로 낙맥 후 쟁기의 보습과 같은 형상을 이루며 행룡하다가 돌출하여 결혈結穴한다. 때문에 와, 겸, 유, 돌의 4종류의 혈 중 돌혈突穴에 속한다.

6) 무곡성武曲星, 금金 − 종이나 솥을 엎어놓은 것 같은 원형의 산

〈무곡성〉

북두칠성의 제육성이 무곡성武曲星으로 오행은 금金이다. 천상의 합양복덕궁闔陽福德宮으로 부富와 귀貴를 관장하는 삼길성 중 하나다. 궁위는 유방酉方, 정방丁方, 사방巳方, 축방丑方이다.

무곡성의 형태는 종을 엎어놓은 것 같은 복종형覆鐘形과 가마솥을 엎어놓은 것 같은 복부형覆釜形이 있다. 복종형은 산 정상이 원형이며 몸체는 지각이 없다. 산이 우뚝 솟아 높고 크므로 태양금성太陽金星이라 한다. 복부형은 산 정상이 밋밋한 원형이면서 역시 지각이 없다. 산이 비교적 낮고 작으므로 태음금성太陰金星이라고 한다.

이 무곡성은 좌우 양변에서 개장한 능선이 청룡 백호를 이룬 가운데 중심에서 주룡이 출맥한다. 중출맥은 기를 정제하고 순화시키기 위해서 행룡 도중에 많은 변화를 한다. 특히 작은 소원봉小圓峰을 만들면서 행룡한다. 소원봉의 모양은 각기 다르다. 마치 베 짜는 데 사용하는 북 모양인 사梭 같기도 하고, 도장 모양인 인印 같기도 하고, 달이 떠오르는 월교月皎 같기도 하다. 무곡성은 이러한 소봉을 서너 개 만들면서 행룡하는 것이 특징이다. 이 소봉을 소무곡성小武曲星이라고도 한다.

무곡성에서 출맥한 용이 혈을 맺을 때는 대개 산 정상이 원형이면서도 평평하여 두원면평頭圓面平한 현무봉을 만든다. 현무봉에서 중출로 내려온 주룡은 주로 원와혈圓窩穴을 결지한다. 와, 겸, 유, 돌의 4종류의 혈 중 대표적 와혈窩穴에 속한다.

7) 파군성破軍星, 금金 — 바람에 나부끼는 깃발처럼 생긴 산

북두칠성의 제일 끝별인 제칠성이 파군성으로 오행은 금金이다. 천상의 요광절명궁瑤光絶命宮으로 싸움을 좋아하는 호쟁지상好爭之象이다. 흉폭凶暴, 횡사橫死를 관장한다. 궁위는 자방子方, 계방癸方, 신방申方, 진방辰方에 있다.

파군성의 형태는 험준하고 첨예한

〈파군성〉

석봉들이 앞에는 제일 높게 솟고, 점차 낮게 횡렬로 서 있는 모습이다. 마치 바람에 나부끼는 깃발 같다 하여 주기지상走旗之象이라고 한다. 뾰족한 지각은 일자로 곧게 뻗는다. 산에는 깊고 곧바른 골짜기가 많다. 산 따라 흐르는 물도 곧장 직류로 흐르는 것이 파군성의 특징이다.

파군성은 삼지창과 보검처럼 뾰족하게 생긴 혈을 맺는 것이 특징

파군성은 염정성처럼 산 자체가 험준하고 악석惡石이 많다. 때문에 태조산이나 중조산 같은 조종산인 경우가 대부분이다. 파군성은 행룡하면서 타구성으로 변화·박환하지 않으면 혈을 결지할 수 없다. 악기를 탈피하고 기를 정제·순화시켜 소조산을 탐랑, 거문, 무곡, 좌보, 우필의 오길성의 형태로 기봉해야 한다.

그러나 완전한 오길존성五吉尊星의 형태로는 변화하지 못한다. 타구성으로 변환한다 할지라도 파군의 형태와 정신을 가지고 있다. 그래서 이를 파군겸대지성破軍兼帶之星이라고 부른다.

예를 들어 탐랑과 같은 첨봉인데 지각이 첨리하게 뻗어 있으면 탐랑파군겸대지성貪狼破軍兼帶之星이라고 한다. 거문성과 같은 일자一字 모양인데 지각이 첨리하게 뻗어 있으면 거문파군겸대지성巨門破軍兼帶之星이라고 부른다.

결혈시 혈장도 끝이 뾰족하게 나가는 것이 특징이다. 이 모양이 삼지창 혹은 보검과 같다 하여 과모혈戈矛穴, 첨창혈尖槍穴이라고 부른다. 대개 보검출갑형寶劍出匣形 같은 혈이 이에 속한다.

8) 좌보성左輔星, 토土 − 두 개의 봉우리가 마치 두건처럼 생긴 산

〈좌보성〉

좌보성은 북두칠성 제육성인 무곡성 좌측에 떨어져 있는 별이며 오행은 토土다. 우리나라에서는 발견하기 힘든 별이나 중국에서는 보인다고 한다. 때문에 우리나라 산은 좌보성 형태가 거의 없다고 보아야 한다.

천상의 천과귀혼궁天寡歸魂宮으로 간웅탐공지상奸雄貪恭之象이다. 권모술수權謀術數로 귀貴를 얻는 것을 관장한다. 그러나 크게 발복하지는 못한다. 궁위는 우필성과 함께 곤방坤方과 을방乙方에 있다.

높고 큰 산에서는 '괘등혈', 낮고 작은 산에서는 '연소혈'

좌보성의 형태는 두 개의 원형으로 된 산봉우리가 마치 두건처럼 생겼다. 한 봉우리는 높고 한 봉우리는 낮게 용립한 산이다. 측면에서 보면 뱀처럼 생긴 사봉蛇峰 같기도 하고, 장고杖鼓 같기도 하다. 산 아래 하부下部에는 반드시 양 지각이 옆으로 벌려 평행하여야 진짜 좌보성이라고 한다.

높고 큰 산에서는 머리에 두건을 쓴 것 같은 복두형幞頭形이고, 낮고 작은 산에서는 삿갓을 쓴 것 같은 복립형覆笠形이다. 높은 곳에 결혈할 때에는 깎아지른 듯한 산중턱에 반와半窩 형태의 괘등혈掛燈穴을 결지한다. 낮은 곳에 결혈할 때에는 제비집 같은 연소혈燕巢穴을 결지한다. 와, 겸, 유, 돌의 4종류의 혈 중 와혈窩穴에 속한다.

9) 우필성右弼星, 금金 － 땅속으로 행룡하므로 맥이 보이지 않음

북두칠성의 제칠성 파군성의 우측에 있다. 좌보성과 함께 북두칠성을 호위하고 시위侍衛하는 별이다. 육안으로 보이지 않으며 오행은 금金이다.
천상의 천과귀혼궁天寡歸魂宮으로 간웅탐공지상奸雄貪恭之象이다.

〈우필성〉

권모술수權謀術數로 귀貴를 얻으나 크게 발복하지는 못한다. 궁위는 좌보성과 함께 곤방坤方과 을방乙方에 있다. 길흉화복을 논할 때는 좌보성과 우필성을 하나의 궁위로 보고 보필輔弼이라 한다.

도랑에 흐르는 물을 보고 용과 혈을 판단

우필성은 본래 보이지 않기 때문에 뚜렷한 제일성도 소조산도 없다. 용맥도 땅속이나 물속으로 행룡하기 때문에 육안으로 분간하기가 어렵다. 은맥隱脈이기 때문에 언뜻 보이는 듯 안 보이는 듯 나타나는 것이 우필성의 특징이다. 그러나 과협처나 박환하는 곳 등 용맥이 변화하는 곳에서는 간간이 그 흔적을 보인다.

지중은맥地中隱脈으로 행룡하는 우필성은 용을 보고 혈을 찾기가 힘들다. 따라서 산수동행山水同行하는 물을 보고 혈을 찾는다. 논이나 밭 같은 곳에 자연적인 작은 도랑물이 양쪽으로 길게 흐르고 있으면 그 사이로 은맥이 흐르고 있다고 본다. 이 양쪽 물이 평행으로 흐르다가 하나로 합수하면 용맥은 더 이상 나가지 못하고 멈추어 생기를 모은다. 기가 뭉치기 때문에 대개 그 부분은 볼록하게 지상으로 돌출된다. 대개 그곳이 혈이다.

따라서 평지로 낙맥하여 은맥으로 가는 용의 혈을 찾을 때는 양쪽의 물이 앞에서 합쳐지는 미돌微突한 지점을 찾는다. 용을 자세히 살펴보면 뱀이 풀밭을 헤치고 움직이는 듯한 흔적이 있다. 와, 겸, 유, 돌의 4종류의 혈 중 돌혈突穴에 속한다.

6. 용의 형태

1) 정룡正龍과 방룡傍龍 — '정룡'은 변화가 많고 깨끗하지만, '방룡'은 변화가 없고 경직되어 있다

용에는 정룡正龍과 방룡傍龍이 있다. 태조산의 용루와 보전에서 각기 낙맥한 용은 제일성봉을 이루어 용의 기본정신을 부여받는다. 그리고 수백 리 혹은 수십 리에 걸쳐 긴 여정의 행룡을 한다. 이때 정룡을 좌우 양쪽에서 보호하며 방룡도 함께 행룡한다.

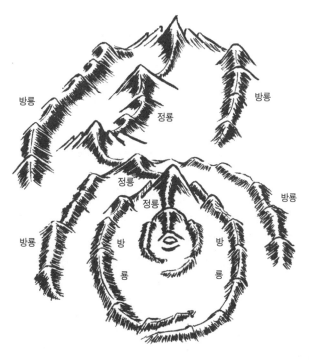

〈정룡과 방룡〉

정룡과 방룡을 구분하자면, 정룡은 한 산맥의 중추적 산줄기로 기세가 활발하여 생동감이 있다. 방룡은 정룡의 겉에 붙어 정룡을 보호하면서 따라가는 능선이다. 때문에 기세 변화가 없고 경직되어 있는 것이 보통이다. 정룡은 혈을 결지할 수 있는 용이고, 방룡은 결지할 수 없는 것이 대부분이다. 단정 수려한 주산 현무에서 정룡이 출맥할 때는 좌우에서 방룡의 호종을 받는다. 이들 방룡을 용의 청룡 백호라고 한다.

정룡은 주위의 용보다 특이하다. 좌우 방룡의 높이보다 약간 낮게 행룡한다. 이는 방룡이 사방으로부터 부는 바람을 막아줌으로써 용의 생기가 흩어지지 않도록 하기 위한 것이다. 정룡은 아름답고 깨끗하다. 또 한쪽으로 치우침이 없이 좌우균형을 이루며 행룡한다. 반면에 방룡은 정룡 쪽으로 면面을 향하고 있으며, 독립성이 부족하고 기세가 나약하다.

따라서 혈을 찾고자 할 때는 반드시 중출정맥中出正脈인 정룡을 찾아야 가능하다. 방룡에서의 심혈尋穴은 바랄 수 없는 것이 원칙이다. 그러나 방룡도 변화를 하고 좌우에서 보호해 주는 능선이 있으면 혈을 맺을 수도 있다.

2) 용의 귀천貴賤 - 귀룡은 생동감이 넘치나, 천룡은 조잡하다

주룡에는 귀한 용과 천한 용이 있다. 혈의 결지는 귀룡貴龍에서만 가능하고 천룡賤龍에서는 불가능하다.

귀룡은 생왕룡生旺龍이다. 태조산에서 낙맥한 용이 중조산, 소조산, 현무봉을 거쳐 혈에 이르기까지의 행룡 과정이 변화무쌍하게 활발한 용을 말한다. 기세가 있고 생동감이 넘치며 밝고 단단하다.

천룡賤龍은 산과 산 능선이 조잡 경직하고 겁살劫煞이 많다. 용이 질서가 없고 변화 복잡하다. 변화가 다양하지 않고 음습하며 허약하다. 주로 귀룡을 호종하는 것으로 혈을 결지할 수 없다.

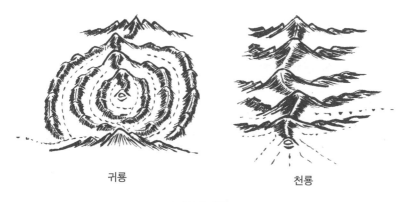

귀룡   천룡

〈귀룡과 천룡〉

3) 용의 면배面背 ─ 면은 완만하고 다정하나, 배는 가파르고 무정하다

우주 만물에는 반드시 음과 양이 있고, 앞면과 뒷면이 있다. 면面은 양에 속하며, 밝고 아름답고 유정한 앞쪽을 말한다. 배背는 음에 속하며 어둡고 험하고, 무정한 뒤쪽을 말한다.

사람에게도 얼굴의 눈, 코, 입과 가슴, 배 등 중요 기관은 앞면에 있다. 뒷면 등은 앞면을 보호하고 지탱하는 역할을 한다. 용도 마찬가지다. 앞쪽 면은 용세가 밝고 수려하다. 또 청룡백호 등 여러 산이 유정하게 감싸주어 혈을 결지할 수 있다. 반면에 뒤쪽 배는 사람의 등처럼 깎아지른 듯 절벽이다. 또한 험하고 어둡고 무정하여 앞면을 지탱하여 줄 뿐, 혈을 결지할 수 없다.

따라서 혈을 찾으려 할 때는 먼저 주룡의 면과 배를 확인하고 면 쪽에서 찾아야 한다.

호종산은 수려하고 유정한 면을 정룡으로 향해야 한다

그런데 조종산祖宗山은 '조종산' 대로 면과 배가 있다. 호종산護從山은

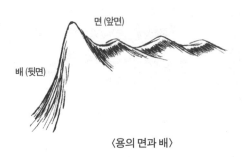

면 (앞면)

배 (뒷면)

〈용의 면과 배〉

'호종산'대로 면과 배가 있다. 또 혈장穴場은 '혈장'대로 면과 배가 있다. 이는 산룡山龍에서 나 평강룡平岡龍, 평지룡平地龍에서나 모두 같다.

조종산에서 용맥이 나올 때 면 쪽은 수려하고 기세 생동하고 유정하다. 반면에 배는 누추하고 거칠고 생동감이 없이 무정하다. 주룡을 좌우에서 보필하는 호종산은 수려하고 유정한 면 쪽을 정룡으로 향해야 한다. 정룡을 보호하려면 유정한 정을 풍겨야 하기 때문이다. 배 쪽은 달아나거나 겁살을 띠는 등, 정을 느낄 수 없다.

혈장에서의 면은 좌우로 기울지 않고 안정감이 있어 밝은 기운이 감돈다. 그러나 배는 기울고 깨지고 거칠어서 생기가 없다.

평지룡에서는 용의 면과 배를 가늠하기 쉽지 않다. 이때는 용을 호위하는 물을 보고 판단한다. 물이 천천히 흐르면서 넓은 쪽이 면이다. 물이 빨리 흐르고 좁은 쪽은 배가 된다. 이 두 물이 서로 합쳐 만나는 지점 즉 양수상회兩水相會하는 곳에서 혈은 결지한다.

4) 용의 주필駐蹕 – 주필산은 억세고 험한 용의 정기를 정제·순화시킨다

태조산에서 출맥한 용이 먼 거리를 행룡하면서 중간에 잠시 쉬어 가기 위해서 산을 만든다. 이처럼 주룡이 잠시 머무르는 산을 주필산駐蹕山이라고 한다. 주필산은 중조산中祖山과 같은 큰 산도 있고 작은 봉우리로 된 산도 있다. 주로 억세고 험한 용의 정기를 정제하고 순화시키는 역할을 한다. 또 용의 방향 전환과 분맥分脈하는 역할을 한다.

주필산의 최고봉에서 중출맥으로 출맥한 용은 간룡幹龍이 된다. 그밖에 다른 봉우리에서 낙맥한 용들은 지룡枝龍이 된다. 이때 간룡에서 보면 주필산은 중조산中祖山이지만 지룡枝龍에서 보면 주필산은 파조派祖로서 태조산太祖山이 되기도 한다.

5) 용의 행지行止와 과룡過龍과 용진처龍盡處 - 혈은 과룡에서 결지 불가능

풍수지리의 목적은 용맥에서 생기취결지生氣聚結地 즉 생기가 융결된 혈을 찾는 데 있다. 혈은 용이 멈추지 않고 행룡하는 곳, 즉 과룡過龍에서는 결지할 수 없다. 생기가 한 곳에 모이지 않고 흘러가기 때문이다. 용이 멈춘 곳, 즉 지止에서만 결지한다. 생기가 더 이상 나가지 못하고 그 자리에 모여 엉키기 때문이다.

행룡하는 과룡에서는 산들이 분주히 달아나고 물이 급하게 흐른다. 산과 물이 서로 멈추어 음양조화陰陽造化를 하지 못하면 생기를 융결할 수 없다. 주룡이 멈추면 주위의 호종하는 산들도 멈춘다. 그리고 주룡의 생기가 뭉친 혈을 향하여 유정하게 돌아보며 감싸 안아준다. 산수동행하는 물 역시 모두 멈추고 한 곳으로 모여 환포해 주게 된다. 자연히 음양조화가 이루어져 생기가 융결融結된다.

사는 집이나 장사葬事지내는 곳은 반드시 용진혈적한 곳이어야 한다

용이 행룡을 다하고 멈춘 곳을 용진처龍盡處라 한다. 그리고 생기가 융결된 것을 혈적穴的했다고 한다. 풍수지리에서 용진혈적龍盡穴的이라는 단어는 매우 중요하고 많이 쓰인다. 심혈尋穴은 바로 용진혈적지를 찾는 것이다.

집을 짓거나 장사葬事지내는 곳은 과룡처가 아닌, 반드시 용진혈적한 곳에 해야 한다. 옛말에 "과룡조장은 3대 내에 절향화(過龍造葬 三代內 絶香火)"라 하여 삼대를 못 가서 절손絶孫된다고 하였다.

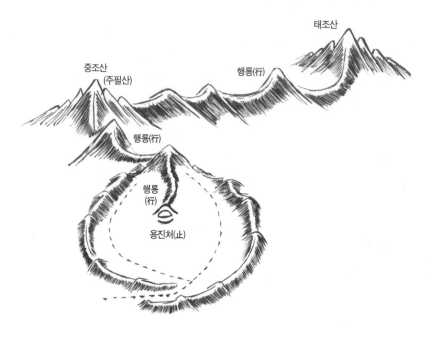

〈용의 주필 및 행지〉

6) 용의 여기餘氣 – 혈을 맺고 남은 기운으로 혈의 생기를 보호해 주는 역할을 한다

행룡하던 용이 멈추어 용진처龍盡處에서 하나의 혈을 융결하고 남은 기운을 여기餘氣라고 한다. 이 기운이 다시 융취하여 혈을 만들기도 하고, 혈을 보호해 주는 하수사下水砂나 수구사水口砂 등이 되기도 한다.

용에서 일룡일혈一龍一穴이라는 원칙은 없다. 용세에 따라 혈을 많이 맺기도 하고 하나의 혈도 맺지 못할 수도 있다. 기세 왕성한 용은 여러 개의 혈을 맺을 수 있다. 혈을 맺고도 그 기운이 남아 있기 때문이다. 그리고도 남은 기운으로 하수사 등을 튼튼히 여러 겹으로 만든다. 그것들은 혈과 혈의 생기를 보호해 주는 역할을 한다. 그러나 기가 없거나 약한 사룡死龍에서는 단 하나의 혈도 맺을 수 없다.

7) 용의 삼세三勢 – 산룡세, 평강세, 평지세

염정화체인 태조산에서 낙맥한 용은 먼 거리를 무수한 변화를 거치면서 행룡한다. 때로는 고산 지역을 행룡하고, 때로는 야산이나 작은 구릉을 행룡한다. 그리고 평지를 행룡하기도 한다. 이처럼 용이 행룡하는 곳에 따라 산룡세山龍勢, 평강세平岡勢, 평지세平地勢 세 가지로 분류한다.

용이 높은 고산 지역을 행룡하는 것을 산룡세라 하는데, 그 기세가 장중壯重하다. 기복起伏이 심하여 마치 용이 하늘을 나는 듯하다. 큰 산맥이 이에 해당된다.

평강세는 주로 평야지대의 야산이나 작은 언덕을 행룡하는 용이다. 산룡처럼 기복이 심하진 않지만, 좌우로 분주하게 움직인다. 마치 큰 뱀이 기어가는 것과 같이 굴곡屈曲이 심하다. 평야지대의 도로들은 평강룡 능선을 따라 나 있다.

평지세는 평지를 행룡하는 용으로 주로 논두렁 밭두렁과 같은 작은 능선이다. 기복과 굴곡 같은 큰 변화는 없다. 그러나 위이逶迤와 같은 작은 변화는 끊임이 없다. 또는 지중地中 은맥隱脈으로 행룡한다. 이 용은 넓고 평평하여 용맥이 뚜렷이 나타나지 않아 심룡尋龍하기가 매우 힘들다.

그렇지만 용맥의 증거는 확인할 수 있다. 과협처過峽處나 결인처結因處, 입수처入首處 같은 용의 변화처에 말의 발자국 같은 흔적이 나타난다. 그

〈용의 삼세〉

흔적을 따라 맥이 연결되어 있다. 마치 작은 실뱀이 기어가는 것 같거나, 주사蛛絲 즉 거미줄 같은 흔적이 있다. 이 평지룡은 우필룡右弼龍이라고 하며 혈은 양수회합兩水會合하는 곳에 있다.

이상 세 가지 용세에 대해서 설명했지만 고산의 산룡이라 하여 대발大發하고 평강룡이나 평지룡이라 하여 소발小發하는 것은 아니다. 평지룡에서도 용의 변화가 기세 활발하고 여러 가지 혈의 결지조건을 모두 갖추었다면 대귀대부혈大貴大富穴을 결지할 수 있다.

8) 용의 삼락三落 ― 초락처, 중락처, 말락처

조종산을 출맥한 용이 처음 결혈하는 경우를 초락처初落處라 하며, 다시 행룡한 용이 중간에서 결혈하는 것을 중락처中落處라 한다. 마지막에 결혈하는 곳은 말락처末落處다. 이를 용의 삼락三落이라고 한다.

용의 삼락은 마치 귀인이 많은 부하를 거느리고 집을 떠나 먼 여행을 가는 것과 같다. 여행 도중 날이 저물면 중간 숙소에서 여장을 풀고 쉬어가는 것처럼, 간룡幹龍의 행룡에 있어서도 중간 중간에 보국을 만들고 혈을 맺는다.

귀인이 머무르게 되면 많은 호위군사들이 숙소를 에워싸고 경호하듯이, 용도 혈을 맺게 되면 주변 산과 물들이 모두 혈을 향해 감싸준다.

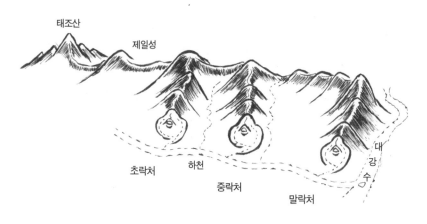

〈용의 삼락〉

말락처에서 국세가 가장 큰 대혈을 맺는다

초락처는 조종산에서 낙맥한 용이 수많은 변화과정을 거치다가 수려한 주산을 만들고, 그 아래로 맥을 뻗어 혈을 맺는다.

중락처는 하루를 쉰 귀인이 다음날 아침 다시 길을 떠나듯이 다시 행룡을 하다가, 중간에 주산을 만들고 그 아래에다 혈을 맺는다.

말락처는 조종산에서 출발한 용맥의 마지막 지점이다. 귀인이 목적지에 도달한 것처럼 용도 강이나 하천을 만나 더 이상 나가지 못하고 멈추어 혈을 맺는다. 이때 주산은 조종산에서 낙맥한 후 처음 기봉한 제일성과 같은 형태다. 초락처나 중락처에 비해 국세가 큰 대혈을 맺는다.

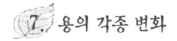

7. 용의 각종 변화

주룡이 태조산에서 출발하여 혈에 이르기까지 그 행룡 과정은 매우 다양하고 변화무쌍하다. 용은 기세 있게 변화해야 혈을 결지할 수 있다. 이러한 용을 생왕룡生旺龍이라 한다. 변화가 없으면 사절룡死絶龍이라 하여 혈을 결지할 수 없다.

염정체인 태조산으로부터 용이 출발할 때는 대개 험한 바위로 되어 있으며, 기세가 사납고 험하다. 그 정기 또한 혼탁하다. 이러한 용에서는 절대로 혈을 결지할 수 없다. 혈은 모든 살煞을 탈피하고 순수하고 깨끗한 용에서만 결지 가능하다.

그러한 용을 만드는 것이 용의 변화 과정이다. 마치 뱀이 새로 태어나기 위해서 허물을 벗듯이, 용도 변화를 통하여 지기를 정제 순화시키는 것이다.

1) 용의 개장천심開帳穿心 – 용의 균형을 유지하고 기를 보호

행룡에서 용의 개장과 천심은 용의 균형을 유지하고 기를 보호한다. 뿐만 아니라 험한 지기를 정제시켜 순화된 기를 만든다. 또 기를 보충하여 용이 앞으로 더욱 힘차게 행룡할 수 있도록 해준다.

개장 없는 천심은 날개 없는 학과 같다

용은 행룡하면서 중간 중간에 수많은 산봉우리를 만든다. 이때 산봉우리 좌우에서 능선을 뻗어 중출맥을 감싸 보호해 주는 모양을 개장開帳이라고 한다. 마치 학이 날개를 편 모습이기도 하다. 또 걸음마를 배우는 어린아이가 넘어질까봐 두 팔을 벌리고 있는 모습과 같다.

천심穿心은 개장한 곳의 가운데서 정룡正龍의 중심맥이 힘차게 앞으로 나가는 것을 말한다. 마치 학이 날개를 펴고 몸통은 앞으로 전진하여 하늘을 날아가는 모습과 같다.

따라서 개장과 천심은 같이 존재한다. 개장 없는 천심은 날개 없는 학과 같이 있을 수 없다. 천심한 용의 기세를 알기 위해서는 먼저 개장의 형세를 알아야 한다.

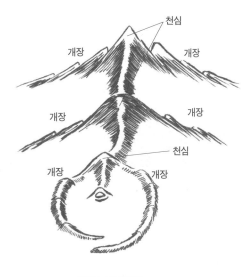

〈용의 개장천심〉

개장의 간격과 크기는 천심한 중출룡中出龍과 대비하여 형평이 있어야 한다. 만약 천심한 주룡에 비하여 개장한 산 능선이 지나치게 길거나 크면, 주룡의 기운은 설기洩氣당하여 약화된다. 반대로 너무 짧거나 약하면, 주룡 보호를 충분히 하지 못한다.

또 개장한 능선이 천심한 주룡을 향하여 유정하게 감싸주어야 주룡의 기세가 흩어지지 않고 보장된다. 한편 개장과 천심은 비록 혈지 융결을 보장하는 생왕룡의 조건이라고는 하지만, 이는 절대적인 필수 조건은 아니다. 다소 개장천심開帳穿心이 부실하여도 주룡이 기복起伏, 과협過峽, 박환剝換, 위이逶迤 등 다른 변화작용을 하면 혈을 결지하는 데 지장이 없다.

2) 용의 기복起伏 – 높이 솟은 봉우리를 '기', 낮게 엎드린 고개를 '복'

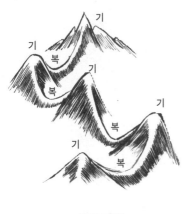

〈용의 기복〉

행룡의 변화과정 중의 하나가 기복起伏이다. 높고 큰 산에서 행룡은 하늘 높이 솟구쳐 솟았다가 다시 밑으로 내려가 엎드리기를 반복한다. 이때 솟구쳐 솟은 산봉우리를 기起라 한다. 내려가 과협過峽 또는 결인結咽하여 엎드린 고개는 복伏이 된다.

행룡이 질서정연하고 수려하면서 유연하게 기복을 반복하는 것은 생동하는 길한 용이다.

기복과 같이 변화 없이 아래로 가파르게 쭉 뻗은 용은 사절룡死絶龍이라 하고, 흉한 용이다.

용은 기起한 곳에서 개장하여 청룡과 백호를 만들어 주룡과 혈을 보호한다. 복伏한 곳에서는 용맥의 생기를 보호하면서 따라온 물을 나눈다. 또 용맥의 생기를 결속結束시켜 준다.

3) 용의 박환剝換 – 용이 험한 기운을 벗어내고 깨끗하게 변하는 과정

행룡하는 용이 깨끗하게 변하는 것을 박환剝換이라고 한다. 용의 박환 목적은 용의 환골탈퇴換骨脫退에 있다. 즉 용의 험한 기운을 털어 내고, 유연하게 순화된 생기를 만드는 데 있다. 그래서 누추한 용은 고운 용으로, 늙은 용은 젊은 용으로 변화시키는 것을 말한다.

누에가 잠을 자고 깨어날 때는 허물을 벗고 더 크고 성숙한 모습으로 변한다. 마찬가지로 용도 박환을 통하여 험한 살기를 벗고 유연하면서도 깨끗하게 변한다.

박환하지 못한 용은 거칠고 탁하며 마르고 딱딱하다. 이를 늙은 할머니와 비유하기도 한다. 늙은 할머니가 아이를 낳을 수 없는 것처럼 박환하지 못한 용은 혈을 맺지 못한다. 그러나 박환한 용은 맑고 부드럽고 밝다. 마치 젊고 아름다운 여인과 같다. 젊은 부인만이 귀한 자식을 낳을 수 있는 것처럼 용도 귀한 혈을 결지한다.

박환이 클수록 귀한 혈을 맺는다

박환의 방법은 두 가지 경우로 설명된다. 하나는 행룡의 방향을 크게 전환하는 것을 말한다. 전환이 크면 클수록 용도 기세 있게 변하여 더욱 귀한 혈을 결지한다.

두 번째는 용의 모습이 변하는 것을 말한다. 행룡 도중에 가늘었던 용맥이 두꺼워지고, 급하게 내려오다가 완만해지는 것을 말한다. 또 거칠고 험준한 석산石山에서 점차 곱고 유연한 흙산土山으로 바뀌는 것도 박환이라고 한다. 혈은 험한 용에서는 맺지 못한다. 항상 밝고 부드러우면서 기세 있게, 생동하는 용에서만 결지한다. 때문에 박환은 용의 행룡에서 매우 중요하다.

용의 방향 전환   용의 탈살 과정

〈용의 박환〉

4) 용의 과협過峽 — 용의 생기를 모아 묶은 가늘고 낮은 고개부분

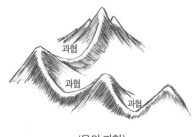

〈용의 과협〉

행룡하는 용은 험한 기운을 털어내고 순한 생기를 얻기 위해서 많은 변화를 한다.˚ 그 중에서도 과협過峽은 매우 중요하다.

과협이란 산봉우리와 산봉우리를 이어주는 고개로, 가늘고 낮은 부분이다. 용의 기복起伏에서 복伏에 해당하는 부분이 과협이다. 굴곡屈曲이나 위이逶迤하는 용에서는 잘록하게 묶여진 부분이 과협이다.

과협은 전진 행룡하는 용의 생기를 모아 묶은 용의 허리부분으로 노출이 심하다. 때문에 용의 성질을 파악하기가 어느 지점보다도 용이하다. 과협처를 가리켜 '용지진정발현처龍之眞情發現處'라 하였다. 그러므로 용의 생왕사절生旺死絕과 길흉화복 판단은 주로 이곳에서 한다.

과협이 없으면 아무리 큰 용이라도 혈을 맺을 수 없다

과협처의 형세는 마치 호랑이나 사자의 허리처럼 가늘고 힘이 있어야 좋다. 또한 부드러우면서 짧고, 기이하면서 밝고, 튼튼해야 좋은 과협이다.

과협의 목적은 주룡의 험하고 억센 기운을 털어 내고, 용맥을 수려하고 유연하게 만드는 데 있다. 그래야 생기를 순수하게 걸러낼 수 있기 때문이다. 또 다른 목적은 용의 힘을 한 곳으로 모으는 데 있다. 그래야만 생기를 모아 혈을 결지할 수 있기 때문이다.

과협 없는 용은 아무리 외견상 그 기세가 왕성하게 보여도 힘을 쓸 수가 없다. 아무리 큰 용이라도 과협이 없으면 혈을 결지할 수 없는 가룡假龍에 불과하다.

과협이 경직, 파손, 금이 가 있으면 용맥이 절단되거나 부실하다는 증거

과협의 형태와 종류는 다양하고, 그 방법 역시 가지각색이다. 그 중에서 대표적 과협은 벌의 가는 허리와 같은 봉요협蜂腰峽과 학의 부드러운 무릎과 같은 학슬형鶴膝形이 있다.

또한 과협의 형상에 따라 직협直協, 곡협曲峽, 장협長峽, 단협短峽, 세협細峽, 고협高峽, 천전협穿田峽, 십자협十字峽, 왕자협王字峽, 도수협渡水峽, 관주협貫珠峽 등으로 나눈다.

이와 같은 각종 과협은 밝고 부드러우면서 단단하다. 또 바람이나 물의 침범을 막을 수 있어야 한다. 과협처는 노출이 심한 관계로, 바람이나 물의 피해가 크게 우려된다. 때문에 과협 앞뒤 기起한 곳에서 마치 양팔을 벌린 것 같은 작은 능선이 뻗어 과협처를 감싸 보호해 준다. 이 능선의 형태가 용을 보낸 쪽이나 받는 쪽에서 보면 여덟팔자八字 모양으로 생겼다. 그래서 거팔래팔去八來八이라 불린다.

또 과협을 중심으로 용의 생기를 보낸다 하여 송送, 반대편에서는 받는다 하여 영迎이라 한다. 이 둘은 동시에 일어나므로 흔히 영송사迎送砂라 한다. 과협처에서는 반드시 있어야 용의 생기가 보호받는다.

또 과협을 더욱 보호하기 위해서 영송사 밖에 공협사拱峽砂가 있다. 보통 작은 산이나 바위로 되어 있다. 외부의 바람과 물의 침범으로부터 용을 보호하는 역할을 한다. 공협사의 모양에 따라 일日, 월月, 규圭, 홀忽, 기旗, 창倉, 궤櫃, 옥玉, 인印으로 나눈다. 이들은 혈의 발복 정도를 가늠할 수 있는 귀한 사격이다.

만약 과협이 딱딱하게 굳어 경직되어 있거나, 깨지고 부서져 파손되거나, 과협에 금이 갈라져 절리節理되어 있다면, 용맥은 절맥絶脈되었거나 부실하다. 이들은 생기를 전달할 수 없어 혈을 결지할 수 없다. 그러므로 흉한 과협이 된다.

과협처에 금이 갈라지고 깨진 암석이 있다면, 과협 아래 땅속의 바위도 갈라져 있다는 증거다. 이때는 용맥이 절단되었음을 짐작할 수 있다. 이를 절리節理현상이라 한다. 매우 흉하여 혈을 결지할 수 없을 뿐만 아니라, 이러한 곳에서 장사를 지내면 자손이 갑작스러운 참상慘喪을 당하기도 한다.

또 하나 중요하게 보아야 할 것은 과협처의 흙 색깔이다. 과협처의 토색은 혈의 토색과 대체적으로 같다. 홍황자윤紅黃紫潤한 진혈토眞穴土가 과협처에 있으면 혈에서도 홍황자윤한 진혈토가 나온다. 때문에 과협의 흙을 보고 혈의 진위 여부를 확인할 수 있다.

과협過峽의 종류

직협直峽 – 과협이 일직선으로 된 것

죽은 뱀과 같이 곧고 딱딱하여 변화가 없으면 흉한 과협이다. 일직선처럼 보이지만 중간 부분이 벌의 허리인 봉요蜂腰처럼 잘록하거나, 학의 무릎인 학슬鶴膝같이 마디가 있으면 길한 과협이다.

〈흉한 직협〉　　　　〈직협(봉요 과협)〉　　　　〈직협(학슬 과협)〉

곡협曲峽 - 과협이 곡선으로 된 것

마치 뱀이 물 위를 헤엄쳐 건너는 모습이
다. 살아 움직이는 형태로 귀하다. 반드시
과협을 보호하는 영송사와 공협사가 있어
야 한다.

〈곡협〉

장협長峽 - 과협의 길이가 긴 것

일직선으로 곧장 뻗어 있으면 마치 죽은 뱀이 축 늘어져 있는 것과 같아
흉하다. 그러나 중간에 봉요蜂腰나 학슬鶴膝 모양으로 변화를 하면 좋다.
이때는 반드시 영송사와 바람을 막아주는 공협사가 있어야 한다. 장협을
하는 용은 혈을 멀리 가서 맺는 것이 특징이다.

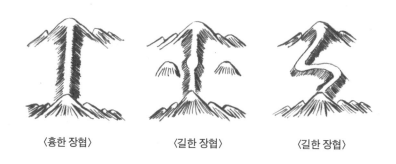

〈흉한 장협〉   〈길한 장협〉   〈길한 장협〉

단협短峽 - 과협의 길이가 짧은 것

바람이나 물의 침범을 받을 우려가 적지
만, 기를 제대로 단속하지 못하는 경우도
있다. 때문에 속기束氣함이 분명하고 유연
해야 한다.

〈단협〉

세협細峽 — 과협이 가늘고 긴 것

일직선으로 곧장 나가면 흉하다. 마치 실뱀이 기어가는 것처럼 곡선으로 구불구불하면 길하다. 이때는 반드시 공협사가 있어야 한다.

〈흉한 세협〉

〈길한 세협〉

고협高峽 — 높은 곳에서 과협한 것

높은 곳에서 과협한 것이다. 바람의 영향을 많이 받기 때문에 공협사가 조밀하게 있어야 한다.

〈고협〉

천전협穿田峽 — 논이나 밭 등 평지를 지나는 과협

〈천전협〉

땅속으로 맥이 지나기 때문에 쉽게 보이지 않는다. 말의 발자국 같은 흔적이 있다. 또 맥이 연결되면서 생긴, 실뱀 같은 흔적이 있다.

십자협十字峽 — 열십자처럼 생긴 과협

〈십자 과협〉

과협이 길고 중간에 일자一字 모양의 섬이 있다. 지기가 한 번에 지날 수 없기 때문에 중간에서 한 번 머물다 가는 형태다. 매우 길한 과협이다.

왕자협王字峽 — '임금 왕王' 자 모양

매우 길하고 귀한 과협이다. 왕후재상지지
王侯宰相之地가 기대된다.

〈왕자 과협〉

도수협渡水峽 — 용맥이 바다를 건너가는 것

바닷속에도 육지와 똑같은 해저지형이 있
다. 육지와 섬, 섬과 섬은 바다 밑으로 용맥
이 연결되어 있다. 영송사와 공협사가 있어
야 길하다.

〈도수협〉

관주협貫珠峽 — 구슬을 실에 꿰어 놓은 모양

과협의 형태가 마치 구슬을 실에 꿰어 놓은
모양같이 생긴 것을 말한다. 매우 길한 과
협이다.

〈관주협〉

영송사迎送砂 — 용맥의 작은 능선이 과협을
보호해 주는 형태

과협을 바람과 물의 침범으로부터 보호하
기 위한 것이다. 용맥 양쪽에서 나온 작은
능선이 과협을 감싸 보호해 주는 형태다.
과협에는 반드시 영송사가 있어야 진혈을
결지할 수 있다.

〈영송사〉

공협사拱峽砂 — 영송사 밖의 산 또는 바위

과협을 바람으로부터 보호하기 위한 영송
사 밖의 산 또는 바위다.

〈공협사〉

공협사의 형태에 따라 혈의 구체적인 발복이 나타난다. 매우 귀한 사격이다.

5) 용의 요도지각橈棹地脚 — 배의 노처럼 용맥의 균형을 유지하며 전진을 도와준다

〈용의 요도지각〉

요도지각橈棹地脚은 용맥의 전진을 도와주며, 주룡의 균형을 유지해 준다. 또한 외부 바람과 물의 침범을 막아 주룡의 생기를 보존해 주는 역할을 한다. 그 형태는 마치 배의 노[棹]와 같고, 지네의 다리[脚]와 같다. 배에 노가 없으면 행선行船할 수 없고, 지네는 다리가 없으면 행보行步할 수 없다. 주룡 역시 요도지각이 없으면 전진이 어렵다. 비록 행룡한다 하더라도 무력한 용이 되어 혈을 결지하지 못한다. 요도지각은 주룡이 넘어지고 무너지는 것을 막아주고, 균형을 잡아주는 받침대라 할 수 있다.

요도지각이 주룡에 비해 너무 크거나 비대하면 안 좋다. 주룡의 생기를 설기洩氣시켜 오히려 기세를 약화시키기 때문이다. 반대로 너무 작거나 짧으면 용의 균형을 유지해 주지 못한다. 뿐만 아니라 생기도 보존해 주지 못한다.

또 요도지각이 주룡을 등지고 반역 역행하는 역룡逆龍이면 흉하다. 요도지각 끝이 화살촉같이 뾰족하여 용을 쏘거나 찌르는 살룡殺龍도 흉하다. 요도지각이 깨지거나 한쪽 지각이 짧아서 균형이 맞지 않으면 병룡病龍이 되어서 흉하다.

요도지각의 종류를 형태에 따라 오동지각梧桐枝脚, 작약지각芍藥枝脚, 오공지각蜈蚣枝脚, 양류지각楊柳枝脚, 무지지각無枝枝脚 등으로 구분한다. 이는 요도지각이 오동나무가지, 작약잎, 지네다리, 수양버들가지처럼 생겼다 하여 붙여진 이름이다. 또 요도지각의 유무有無, 장단長短, 균형 등에 따라 이름이 붙여지기도 한다. 이는 특별한 뜻이 있어서가 아니라 모양이나 형태에 따라 이름을 붙이는 것이다.

6) 용의 위이透迤 ─ 용의 마지막 행룡 과정으로, 뱀처럼 구불구불하게 변화하는 모습

위이透迤는 마치 뱀이 구불구불하게 기어가는 모습처럼 용맥이 변화하는 것을 말한다. 좌우로 굴곡屈曲하는 모습으로 작은 언덕이나 야산을 행룡할 때 주로 나타난다.

주룡은 태조산에서 출맥하여 요도지각을 뻗고 개장천심, 기복, 과협, 박환 등 여러 변화를 한다. 모두 험한 살기를 탈살하고 기를 정제 순

〈용의 위이〉

화시키는 행룡 과정이다. 이러한 변화를 거치면서 중조산, 소조산, 현무봉까지 기세 있게 행룡하여 왔다. 현무봉에서 혈장까지는 거리도 얼마 되지 않을 뿐만 아니라 용의 정기도 대부분 순화된 상태다. 때문에 큰 변화가 필요한 것은 아니다. 이제 얼마 남지 않은 살기를 모두 털어 버리고, 완전히 순화된 기만 입수도두에 공급하여 주는 것만 남았다. 용의 마지막 변화단계로 그러한 역할을 해주는 것이 위이다. 그렇기 때문에 위이와 굴곡이 있는 용은 질서 정연하고 맑고 밝고 부드러워야 한다.

만약 위이하는 용맥에 악석惡石과 같은 흉한 바위가 있거나, 깨지고 찢어지고 지저분하다면 혈을 결지할 수 없다. 아직 탈살되지 않은 용맥이기 때문이다. 그러나 위이하는 용맥에 귀하게 생긴 작은 암석이 붙어 있으면 인각麟角이라 하여 매우 길하다. 대귀大貴를 보장하는 것이다.

7) 용의 호종보호사護從保護砂 — 주룡을 주위에서 보호해 주는 것으로, 용맥과 형평이 맞아야 한다

태조산에서 출발한 주룡이 혈까지 수백 리 혹은 수십 리를 행룡한다. 이때 주위에서 보호해 주는 호종보호사護從保護砂가 없다면 결코 귀한 용이 될 수 없다. 기세생왕氣勢生旺한 귀한 용일수록 호종하는 산이 많이 있지만, 천한 용은 호종하는 산이 없다.

마치 귀인이 행차할 때는 그를 경호하고 보필하기 위해서 수행하는 사람이 많이 따르는 이치와 같다. 그렇지만 천한 사람이 길을 떠나면 누구하나 거들떠보지 않고 외면하는 거와 마찬가지다.

용이 크면 호종하는 산도 커야 하고, 용이 작으면 호종산도 작아야 한다. 또 용이 길면 호종보호사도 길어야 하고, 용이 짧으면 호종보호사 역시 짧아야 한다. 만약 귀인을 경호하고 보필하는 사람이 허약하면 외부의 위협으로부터 주인을 지킬 수 없는 이치와 같다.

반대로 호종하는 사람이 지나치게 강력하고 똑똑하면 주인을 초라하게 만드는 것과 마찬가지다. 종이 주인을 경멸하면 신분질서가 무너지듯, 호종하는 용이 주룡보다 강하면 안 좋다. 항상 주룡의 크고 작음에 따라 호종보호사의 대소원근大小遠近이 적절하게 조화를 이루어야 한다.

태조산의 제성帝星인 용루龍樓는 좌우에서 보전寶殿의 호위를 받는다. 여기서 보전은 용루를 호위하는 보필성輔弼星이다. 용루에서 출맥한 중

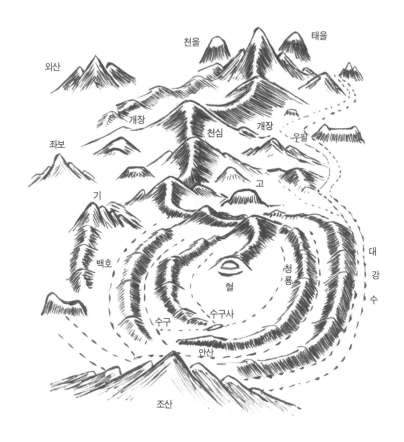

<천을> <태을>

외산

개장

천심

개장

우팔

좌보

고

기

백호

청룡

혈

대

강

수

수구사

수구

안산

조산

〈용의 호종보호사〉

출맥은 낙맥하여 제일성봉第一星峰을 이룬다. 제일성봉의 좌우에 천을天
乙 태을太乙이 호종하고 있으면 매우 귀한 것이 된다.

태조산에서부터 혈까지 이어지는 주룡을 귀한 사격砂格들이 여러 겹
으로 감싸주며 호종하면 그 용은 더욱 귀하게 된다. 호종하는 사격 중에
귀한 것들은 대략 다음과 같다.

어병사禦屛砂, 좌기우고左旗右鼓, 금인홀규金印忽圭, 고궤庫櫃, 문필
文筆, 천마天馬, 고축誥軸, 귀사부봉貴砂富峰 등 공협호종拱夾護從
하는 것들이다.

또 앞에는 수려 양명한 면궁眠弓, 아미蛾眉, 귀인옥녀貴人玉女 등이 다
정하게 맞아 주면 더욱 좋다. 여기에 여러 골짜기에서 나온 구곡청류九谷
淸流의 맑은 물이 이중 삼중으로 겹겹이 감싸 용맥을 보호하면 더욱 길하
다. 이러한 호종보호사의 형태와 기세를 보고 혈의 발복 정도를 가늠할
수 있다.

8. 생왕룡과 사절룡의 분류

'생왕룡'은 부귀발복을 가능케 하지만, '사절룡'은 큰 참화를 초래

용의 형태와 변화의 모습을 보고 생왕룡生旺龍과 사절룡死絶龍을 구분한다. 단정하고 수려하면서 개장천심하고, 기복, 박환, 과협, 위이, 결인속기 등 기세 있고 활발하게 변화하는 용을 생왕룡이라고 한다.

생왕룡은 청룡백호를 비롯해서 주변의 호종보호사와 여러 골짜기에서 나온 청정한 물이 이중 삼중으로 보호한 가운데 행룡한다. 또 이기적으로 용법龍法이 생왕합국生旺合局하면 더욱 확실한 생왕룡이다. 이러한 용은 혈을 결지하여 부귀발복을 가능하게 한다.

사절룡은 용의 기세가 나약하고, 험상궂고, 경직되고, 단정하지 못하고, 복잡하며, 깨지고, 찢어지고, 추악한 것을 말한다. 생기를 취결하지 못하여 혈을 결지할 수 없는 용을 말한다. 또 이법적으로도 용법이 생왕합국하지 못하면 더욱 흉한 용이 된다. 형세적으로도 사절룡인데 이기법까지 흉하다면 큰 참화를 초래하게 된다.

이러한 용의 형태를 5가지 길룡과 7가지 흉룡으로 세분하여 12격으로 나눈다.

5길룡 : 생룡生龍, 강룡强龍, 진룡進龍, 순룡順龍, 복룡福龍

7흉룡 : 사룡死龍, 약룡弱龍, 병룡病龍, 겁룡劫龍, 퇴룡退龍, 살룡殺龍, 역룡逆龍

그런데 보통 5길룡을 생왕룡, 7흉룡을 사절룡으로 통틀어 부른다. 그 이유는 각 용의 형세가 길룡은 길룡끼리, 흉룡은 흉룡끼리 서로 비슷비슷하여 확실한 분간이 어렵기 때문이다. 또 용의 길흉화복을 가늠하는 데도 큰 차이가 없다.

옛 글에도 다음과 같은 말이 있다.

實則名雖多而所論形勢理氣大同小異
실 즉 명 수 다 이 소 론 형 세 이 기 대 동 소 이

"실은 비록 용의 이름은 많으나 그것을 논하는 바는 그 형태와 이기가 대동소이하여 비슷하다."

12격룡十二格龍

1) 생왕룡生旺龍(길격 5룡)

〈생 룡〉

(1) 생룡生龍 - 용의 모습이 수려 단정, 생기발랄
용의 모습이 수려 단정하면서 생기발랄한 용이다. 기복起伏이 질서 정연하면서 마디와 지각枝脚이 많다. 결혈하면 부귀富貴하고 자손子孫이 많다.

〈강 룡〉

(2) 강룡强龍 - 용의 기세가 웅대하면서 양명 수려
산봉우리와 산봉우리 사이가 멀고 산 모양이 웅장하다. 지각이 힘 있게 뻗어 마치 호랑이가 숲 속에서 나오는 것같이 위풍당당한 모습이

다. 결혈하면 부귀공명富貴功名이 한 세상을 진동할 만하게 발복한다.

(3) 진룡進龍 – 용의 행도가 질서 정연하면서 환골탈퇴하는 모습

산봉우리가 모두 높고 요도지각이 고
르게 발달되어 있다. 마치 조정 경기
에서 노를 저어 가는 모습이다.
거칠고 험준한 석산이 점차 곱고 유
연한 토산으로 박환하면서 행룡한다.
결혈하면 문장명필文章名筆과 부귀자
손富貴子孫이 줄줄이 나온다.

〈진 룡〉

(4) 순룡順龍 – 용맥이 유순하고, 지각이 앞을 향해 순하게 뻗는 모습

산봉우리와 용맥이 유순하고 지각이
앞을 향해 순하게 뻗어 가는 모습이다.
산봉우리는 점차 낮아지고 좌우의 보
룡輔龍이 유정하게 감싸준다. 결혈하
면 부귀가 오래 가고 많은 자손이 효도
하고 화목한다.

〈순 룡〉

(5) 복룡福龍 – 용맥이 특출하지는 못하나 후덕한 모습

산과 용맥이 특출하지는 못하나 후덕
하게 생겼다. 호종보호사가 주밀하다.
창고사 또는 금궤 같은 사격이 과협이
나 공협사로 있다.
금궤 같은 작은 바위가 용 위에 붙어 있
거나 수구水□에 있으면 부귀하다. 특히
국부國富가 나온다.

〈복 룡〉

2) 사절룡死絶龍(흉격 7룡)

(1) 사룡死龍 – 용의 기복이 없고 곧고 딱딱하게 일자로 축 늘어졌다

산 능선이 있는지 없는지 모호하고 거칠며 지각이 없는 용이다. 마치 죽은 뱀처럼 축 늘어져 생기가 전혀 없다. 또한 죽은 나뭇가지처럼 곧게 경직되어 있다. 이러한 용은 혈을 결지할 수 없다.

〈사 룡〉

〈약 룡〉

(2) 약룡弱龍 – 산봉우리와 산 능선이 여위고 약하여 광채가 없다

지각은 짧아 바람과 물을 막아주지 못한다. 마치 병들고 굶주린 말이 기력을 잃어 허덕이는 것 같다. 매우 허약하므로 혈을 결지할 수 없는 용이다.

(3) 병룡病龍 – 산 모양새가 아름답지만, 상처와 하자가 많다

산봉우리와 산 능선은 아름다워 보이나 상처가 많은 용이다. 용의 상처는 자연적인 경우와 인위적인 경우가 있다. 자연적인 경우는 한쪽은 아름다워 보이나 다른 한쪽은 무

〈병 룡〉

너지고 깨져서 추하다. 한쪽은 유정하고 힘이 있어 보이는데 다른 쪽은 짧거나 없으며 상처가 있어 나약하다. 기세 생동한 용처럼 보이나 과협에서 암석의 절리에 의해서 맥이 단절되어 있다. 이러한 현상은 자연적인 것으로 혈을 결지할 수 없다.

인위적인 경우는 기세 생동한 용과 혈에다 길을 내거나 집을 짓기 위한 공사로 맥이 절단되거나 파손되는 경우다. 산 밑까지 완전히 절단된 용혈이라면 절대로 사용할 수 없다. 그러나 다소 손상된 경우라면 비록 상룡傷龍되었지만 완전히 절단룡은 아니다. 이러한 용은 보토補土하여 사용할 수 있다. 세월이 지나면 자연의 복원력으로 상처가 저절로 치유되기도 한다.

(4) 겁룡劫龍 – 분맥이 너무 심해 기세가 흩어지는 용

〈겁 룡〉

주룡이 행룡하다가 간룡과 방룡 혹은 지룡으로 나뉜다. 그런데 이처럼 여러 갈래로 행룡하다 보니, 어떤 것이 정룡이고 어떤 것이 방룡인지 구분할 수 없을 때가 있다. 이러한 용의 경우를 겁룡이라 한다. 분맥分脈이 너무 심하다 보니 기세는 모두 흩어지고 나약하여 혈을 결지할 수 없다.

(5) 퇴룡退龍 – 작은 산에서 큰 산으로 거꾸로 가는 용

〈퇴 룡〉

주룡의 행룡은 규모가 큰 산에서 작은 산으로 하는 것이 원칙이다. 그런데 퇴룡은 처음은 작은 봉우리에서 출발하여 행룡할 수록 점점 산이 높고 커지는 것을 말한다.

이는 윗대와 아랫대 상하 질서가 없는 형국이다. 오역忤逆한 용으로 혈을 결지할 수 없는 매우 흉한 용이다.

(6) 역룡逆龍 – 용과 혈을 배반하는 형상으로 혈을 결지하지 못한다

〈역 룡〉

혈을 향해 행룡하는 용은 지각이 진행 방향으로 뻗어 용과 혈을 감싸준다. 역룡은 지각이 뒤를 향해 역으로 뻗었다. 용과 혈을 배반하는 형상으로 혈을 결지하지 못한다. 이곳에 장사葬事지내면 성질이 흉악하고 불효하고 도적질하고 반역하는 자손이 나온다.

(7) 살룡殺龍 – 뾰족하고 험악하고 깨지고 부서져 살기등등한 용

용에 참암巉巖 흉석凶石이 뾰족하고 험악하고 포악하게 붙어 있다. 험준한 산이 무너지고 기울어져 깨지고 찢어지는 등 살기가 등등한 무서운 용이다. 거칠고 경직되고 과협도 없으며 낭떠러지이다. 도저히 혈을 결지할 수 없는 용을 살룡이라고 한다.

〈살 룡〉

9. 용의 혈穴 결지방법

생기가 한 곳에 모아져야 혈을 맺는다

용맥은 화체 염정성인 태조산의 용루龍樓 또는 보전寶殿에서 출발한
다. 그 모습이 마치 왕이 군사들의 호위 속에 여러 신하들의 영접을 받
으며 행차하는 것처럼 보인다. 아래로 크게 낙맥한 용은 제일성봉을 만
든다.

그리고 용의 근본정신인 목, 화, 토, 금, 수 오행을 부여받은 다음 다시
행룡한다. 아직은 살기등등하고 험준한 기세이므로 양택이든 음택이든
감히 근접할 수 없다.

억센 석산의 기세를 정제하고 순화시키기 위해서 중조산을 이룬다. 다
시 소조산을 거쳐 현무봉에 이르기까지 여러 변화를 한다. 때로는 고산
지대를 지나고, 때로는 야산이나 구릉을 지나기도 한다. 또 들판 평지를
은맥으로 숨어 행룡하기도 한다. 물을 건너 도수협할 때도 있다.

그러면서 주룡은 스스로 개장천심과 기복, 박환, 과협, 위이 등의 여러
변화작용을 한다. 또 호종보호사의 보호를 받기도 한다.

이처럼 용맥이 수많은 과정을 거치면서 행룡하는 목적은, 석산의 거칠
고 험악한 모든 악살을 털어내고 환골탈퇴하기 위해서다. 그래야만 양명
하고 수려한 모습으로 변하기 때문이다. 깨끗하게 정제된 순수한 용맥에
서만 혈을 맺을 수 있다.

태조산에서 현무봉까지 수백 리 혹은 수십 리를 기세 있게 변화하면서
행룡한 주룡은 이제 혈을 어떻게 맺을 것인가를 고민하게 된다. 아무리
좋은 용맥이라 할지라도 생기를 한 곳에 모으지 못하면 혈을 결지할 수
없다. 용의 최종 마무리 단계로 기를 혈에 엉겨 뭉치게 하는 것을 용의

혈 결지結地방법이라 한다.

그 방법에는 3가지가 있다. 결인속기법結咽束氣法과 태식잉육법胎息孕
育法, 용의 좌우선법左右旋法이다.

1) 결인속기법結咽束氣法 − 생기의 양을 조절, 결집해 주기 위해 용의 목을 묶어 기를 모으는 것

주룡이 혈을 맺기 위해 여러 생동작용을 거쳐 악한 기운을 모두 정제
하고 순수한 생기가 되었다. 이 생기를 최종적으로 용맥을 통하여 혈장
에 보내야 한다. 생기를 결집해 주고 생기의 양을 조절해 주기 위해서 용
의 목을 묶어 기를 모으는 것을 결인속기結咽束氣라 한다.

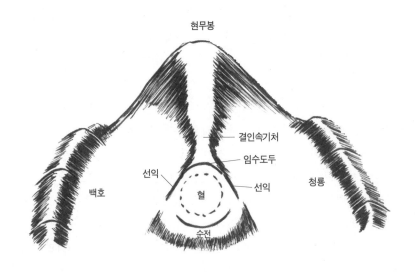

〈결인속기법〉

외적으로는 '결인'하고, 내적으로는 '단속'한다는 의미를 지닌 '결인속기'

결인속기란, 외적으로는 결인結咽하고, 내적으로는 속기束氣, 즉 단속한다는 뜻이다. 자동차에서 연료 탱크에 있는 휘발유를 엔진에 분사해주는 부란자와 같은 작용을 한다. 부란자 가운데 부분이 잘록한 것처럼 결인속기처 역시 잘록하게 생겼다. 용맥을 잘록하게 묶어야 생기를 한데 모을 수 있다. 또 생기의 양을 조절하여 혈장에 보낼 수 있다. 마치 바람이 적당하게 들어간 막대풍선 한쪽을 꽉 쥐면 공기가 끝 부분으로 몰려 볼록하게 되는 거와 같다.

결인속기처의 위치는 혈장의 입수도두 뒤에 있으며, 용의 마지막 잘록한 부분이다. 아름다운 미인의 목처럼 가늘고 부드럽고 깨끗하다. 또 힘차면서 상처가 없어야 좋은 결인속기다. 만약 이 부분이 파상破傷되었거나 경직硬直되었거나 너무 길면 기를 단속하지 못한다. 그렇게 되면 생기를 제대로 공급할 수 없어 혈을 결지할 수 없다.

2) 태식잉육법胎息孕育法 ─ 현무봉에서 혈에 이르기까지의 과정으로 탯줄을 통해 태아가 자라는 과정과 같다

태조산을 출발하여 기를 정제 순화하면서 현무봉까지 행룡한 용이 혈을 결지하기 위한 방법 중의 하나가 태식잉육법胎息孕育法이다.

현무봉에서 개장천심하여 출발한 용맥은 생기를 결집하고 조절하기 위해서 과협이나 결인속기를 한다. 혈장에 이르러서는 입수도두에다 생기를 정축淳滀해 놓고, 그 아래에 혈을 맺는다. 현무봉에서 출발한 용맥이 혈에 이르기까지의 과정을 태식잉육법이라 한다.

이때 현무봉에서 용맥이 처음 출발하는 곳을 태胎라 하고, 중간에 잘록하게 과협하거나 결인하는 지점을 식息이라 한다. 기가 정축되어 있어 임산부의 배처럼 볼록하게 생긴 입수도두는 잉孕이다. 그리고 혈은 아이

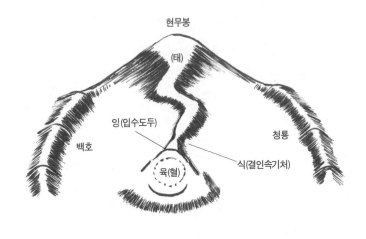

현무봉

(태)

잉(입수도두)

백호

청룡

육(혈)

식(결인속기처)

〈태식잉육법〉

를 낳아 기르는 거와 같다 하여 육育이라 한다.

　마치 잉태한 어머니의 뱃속 탯줄과 같은 이치다. 탯줄이 처음 시작되는 곳이 태이고, 탯줄의 잘록잘록한 부분이 식이다. 태아의 배꼽부분은 잉이며, 태아가 자라고 있는 태반은 육이다.

　또 부부가 관계를 하여 아이를 낳는 것에 비유하기도 한다. 정자가 난자에 접근하여 착상하는 단계를 태라 한다. 정자와 난자가 착상에 성공하여 생명체가 생겨 숨쉬기 시작하는 단계는 식이다. 태아가 어머니 뱃속에서 자라 배가 부른 상태는 잉이다. 태아를 출산하여 기르는 것은 육이 된다.

**현무봉에서 출발한 용맥이 혈에 이르기까지 위이, 굴곡과 같은
작은 변화를 한다**

　사람의 탄생에는 포태양생胞胎養生의 과정이 있듯이, 용맥이 혈을 맺을 때도 태식잉육胎息孕育의 과정을 질서 있게 행한다.

그런데 태식잉육의 과정은 태조산에서 현무봉까지 용이 행룡하는 것처럼 큰 변화를 하지 않는다. 요도지각, 개장천심, 기복, 박환 등과 같은 큰 변화 대신 위이, 굴곡과 같은 작은 변화를 한다. 그렇지만 섬세한 변화를 한다.

어머니가 음식을 먹어 위에서 소화시키는 것을 큰 변화라 한다면, 그렇게 얻은 영양분을 다시 태에서 정제하여 태아에게 보내는 것은 작은 변화다. 태아에게 영양분을 공급해야 하므로 매우 섬세해야 함은 당연하다.

현무봉에서 혈까지 이어지는 입수룡은 뱀이 산에서 좌우로 몸을 흔들면서 내려오는 것처럼 위이, 굴곡한다. 그러면서 작은 과협 또는 결인을 한다. 이러한 과정은 뚜렷하게 보이지 않는 경우가 있으므로 주의 깊은 관찰이 필요하다.

3) 용의 좌우선법左右旋法 – 용맥의 끝이 좌측이나 우측으로 돌아 생기가 더이상 앞으로 나가지 못하고 혈에 응축되도록 하는 것

용의 좌우선법은 결인속기법, 태식잉육법과 더불어 혈을 결지하는 용의 마지막 작용이다. 현무봉에서 출발한 용이 혈장에 이르러 그 끝을 좌측 또는 우측으로 돌아 멈추는 것을 말한다. 이때 용맥을 따라온 생기는 더 이상 앞으로 나가지 못하고 혈에 모이게 된다. 이처럼 용맥의 끝이 좌측이나 우측으로 돌아 내룡來龍의 생기가 혈에 응축되도록 하는 것을 용의 좌우선법左右旋法이라 한다.

혈은 항상 음인 주룡과 양인 물이 만나서 음양조화를 이루어야 결지하게 된다. 혈 앞으로 흐르는 물이 좌측에서 득수하면 용맥 끝은 우선右旋으로 돈다. 물이 우측에서 득수하면 용맥 끝은 좌선左旋으로 돈다. 그렇게 해야만 용과 물이 서로 교합할 수 있다.

용의 좌우선이 분명하면 혈의 결지 여부를 쉽게 판단 가능

용맥이 우선으로 돌아 혈을 맺는 방법을 우선룡법이라 하고, 좌선으로 돌아 혈을 맺는 것을 좌선룡법이라 한다.

즉 용맥 끝인 용진처龍盡處에서 물을 바라보았을 때, 물이 왼쪽에서 나와 오른쪽으로 흘러가면 좌선수左旋水가 된다. 이때 용맥은 오른쪽에서 왼쪽으로 감아 돌아 우선룡右旋龍이 된다. 물이 오른쪽에서 나와 왼쪽으로 흘러가면 우선수右旋水이며, 이때 용맥은 왼쪽에서 오른쪽으로 감아 돌아 좌선룡左旋龍이 된다. 우선룡에 좌선수, 좌선룡에 우선수가 혈을 결지하는 원칙이다.

용의 좌우선이 분명하면 혈의 결지 여부를 쉽게 판단할 수 있다. 그러나 좌우선이 쉽게 구분이 안 되는 경우도 있다. 이때는 물이 우선수인지, 좌선수인지를 먼저 파악하고 용맥을 살핀다. 좌선수이면 우선룡으로 돌았는지, 우선수이면 좌선룡으로 돌았는지를 자세히 관찰하면 혈의 결지 여부를 판단할 수 있다.

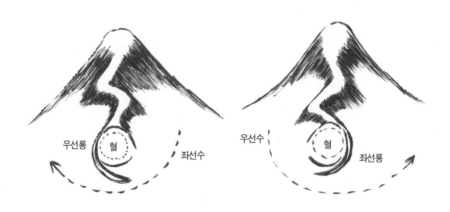

〈용의 좌우선법〉

혈의 크기는 결지방법에 있지 않고, 주룡의 기세에 달려 있다

현무봉에서 출발한 용맥이 혈장까지 이어지면서 결인속기법, 태식잉육법, 용의 좌우선법 등 세 가지를 모두 갖추고 혈을 결지할 수도 있다. 반면에 두 가지나 한 가지 방법만으로 혈을 맺는 경우도 있다. 분명한 것은 어떠한 경우가 되었더라도 이 세 가지 중 한 가지 이상은 있어야 혈이라 할 수 있다.

그러나 혈의 대소 여부는 혈의 결지방법에 있지 않다. 세 가지를 모두 갖추었다고 하여 대혈이고, 한 가지만 갖추었다 하여 소혈이 되는 것은 아니다. 어떤 방법이 되었든 주룡의 기세가 크고, 생기를 잘 묶어 모은 것이 좋은 혈이다.

10. 입수룡入首龍

　　입수룡入首龍은 태조산으로부터 행룡해 온 용이 최종적으로 혈장의 입수도두와 접맥하여 생기를 혈에 연결해 주는 부분을 말한다. 혈장의 입수도두 바로 뒤 용맥이 입수다. 그러나 입수에 대한 견해는 학자에 따라 여러 학설이 있다.

　　소조산인 주산에서 혈까지를 입수룡이라고 주장하는 학설이 있는가 하면, 부모산인 현무봉에서 혈까지를 입수룡이라고 주장하기도 한다. 또 혈에서 제일 가까운 변화처까지만 입수룡이라고 주장하는 학설도 있다. 이에 대한 필자의 생각은 부모산인 현무봉에서 혈까지 이어지는 용맥을 입수룡이라 하고 싶다. 왜냐하면 혈에서 현무봉까지 이어지는 용맥의 변화하는 절수를 따져 입수1절룡, 입수2절룡, 입수3절룡 등으로 구분하기 때문이다.

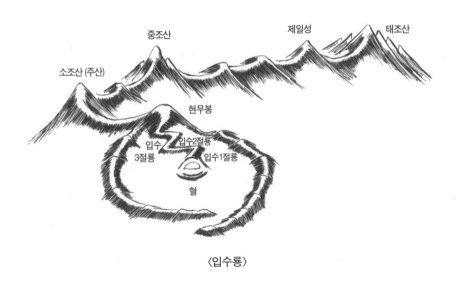

〈입수룡〉

어머니와 비유되는 현무봉에서 태아로 비유되는 혈까지 이어지는 용맥은 탯줄과 같은 존재다. 혈의 결지여부와 대소의 판단은 이곳에서 이루어진다. 그래서 이곳 모두를 입수룡이라고 정의하고 싶은 것이다. 현무봉에서 주산까지 이어지는 용맥은 변화하는 절수를 모두 따지는 것이 아니다. 산봉우리와 봉우리를 보고 어떤 방위로 용이 왔는지를 따지는 것이 일반적이다.

혈의 진가眞假와 생사 여부는 '입수일절룡'에 달려 있다

그러나 어떠한 학설이 되었든 입수룡에서 제일 중요한 것은 입수일절룡入首一節龍이다. 입수일절룡은 용과 혈의 마지막 접속 부분이다. 현무봉에서 혈에 이르는 행룡 과정 중 혈에 제일 가까운 용맥이다. 혈장의 입수도두까지 연결되는 마지막 변화한 용맥이 입수일절룡이 된다.

어머니 뱃속에 있는 태아에게 양분을 전달하는 것은 탯줄이다. 어머니가 입으로 먹은 음식물은 식도를 따라 위에 전달되어 분해된다. 이런 과정은 태조산에서 현무봉까지 석산의 험한 살기를 토산의 깨끗한 생기로 전환하는 주룡의 행룡 과정에 비유된다.

분해된 양질의 영양분은 다시 탯줄을 통하여 태아에까지 전달된다. 이때 영양분을 더욱 미세하게 분해하기 위해서 수십 개의 굴곡된 마디를 거친다. 최종적으로는 태아의 배꼽을 통해서 양분이 전달된다. 이것은 현무봉에서 혈장의 입수도두까지 위이透迤, 굴곡屈曲하면서 기를 더욱 정제 순화시키고 조절하는 행룡 과정과 같다.

이때 어머니의 양분을 받는 태아의 배꼽은 혈장의 입수도두에 해당된다. 그리고 탯줄이 배꼽에 연결되는 마지막 한 토막은 입수일절룡에 해당된다. 혈의 진가眞假와 생사 여부는 이 입수일절룡에 달려 있다고 해도 과언이 아니다. 천리千里를 행룡하여 온 용도 마지막 입수일절룡이 부실하면 허사가 되고 마는 것이다.

입수룡이 험하고 추잡하면 자손이 상傷하여 온갖 재앙災殃이 따른다

입수는 용과 혈을 연결시켜 접맥하는 부분이다. 그러므로 깨끗하면서도 유연하고, 상처가 있어서는 안 된다. 만약 입수맥이 손상되었거나 단절되었으면 혈을 결지할 수 없다. 그러한 곳에 집을 짓거나, 장사를 지내면 자손이 귀하고 절손될 우려가 있다. 마치 탯줄이 끊기거나 부실하면 태아가 태어날 수 없는 거와 같다.

입수룡이 험하고 추잡하면 자손이 상傷하여 온갖 재앙災殃이 따른다. 흉물스러운 참암巉巖이나 악석惡石이 있으면 당대에 참화慘禍를 당한다. 또 입수룡이 허약하면 자손과 재물이 잘 되지를 않는다.

한편 입수일절룡이 이법적理法的으로 생왕룡生旺龍이면 더욱 길하다. 그러나 용상팔살龍上八煞 등 사절룡死絶龍이면 매우 흉하다. 때문에 입수룡은 형세적인 것뿐만 아니라 이법적으로도 자세히 살펴보아야 한다.

입수1절룡, 입수2절룡, 입수3절룡 등 혈에서 가까운 용맥이 먼 곳에 있는 것보다 중요하다. 혈에서 가까운 것일수록 가까운 시일이나 세대의 발복을 뜻하고, 먼 용맥은 늦은 시기의 발복을 나타낸다. 예컨대 입수1절룡이면 당대, 입수2절룡이면 2대, 입수3절룡이면 3대, 입수9절룡이면 9대 후의 발복을 뜻한다.

자식에게 가장 많은 영향을 끼치는 사람은 아버지다. 그 다음은 할아버지, 증조부, 고조부 순이다. 멀리 떨어진 조상은 크게 영향을 주지 않는다. 고려나 조선시대에 아무리 높은 벼슬을 한 조상이 있다 하더라도 현재의 자손들에게 끼치는 영향력은 미비하다. 그러나 아버지나 할아버지가 귀한 분이라면 그 자식이나 손자들은 많은 영향을 받게 될 것이다.

마찬가지로 용도 혈에서 먼 것보다는 혈에서 가까운 것이 좋아야 한다. 그런 측면에서 입수1절룡이 가장 중요하다고 하겠다.

현무봉에서 출발한 용맥이 혈에 입수하는 방법은 천태만상이다. 입수룡이 혈을 결지하기 위해 혈장에 들어오는 형태에 따라 직룡입수直龍入首, 횡룡입수橫龍入首, 비룡입수飛龍入首, 회룡입수回龍入首, 잠룡입수潛龍入首, 섬룡입수閃龍入首 등 입수6격入首六格으로 크게 나눈다.

또 용맥의 형태에 따라 정입수正入首, 편입수偏入首, 대입수大入首, 소입수小入首, 장입수長入首, 단입수短入首, 고입수高入首, 저입수低入首, 곡입수曲入首, 직입수直入首, 단입수斷入首, 속입수續入首 등 입수12격入首十二格으로 분류한다.

1) 입수6격 入首六格

(1) 직룡입수 直龍入首 — 입수도두 한가운데로 직선으로 들어오는 형태

현무봉 중심으로 출맥한 용이 위이와 굴곡 등 변화하면서 내려오다가, 입수할 때에는 입수도두 한가운데로 직선으로 들어오는 형태다. 마치 당구공을 당구대로 밀어 치면 앞으로 똑바로 나가는 모습과 같다. 이때 당구대는 입수룡이고, 공은 혈이다. 입수룡이 혈을 똑바로 밀고 있는 것과 같다 하여 당입수撞入首라고도 한다. 용의 기세가 강성하고 웅대하여 발복이 크고 빠르다.

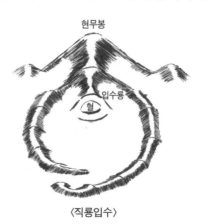

〈직룡입수〉

(2) 횡룡입수橫龍入首 ─ 행룡하는 주룡의 측면에서 입수룡이 나와 혈을 결지하는 형태

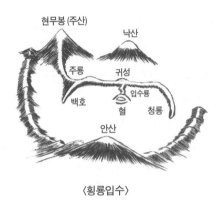

〈횡룡입수〉

현무봉을 출발한 주룡이 비교적 크게 행룡해 가는데 그 옆구리에서 입수맥이 나온다. 이때 입수맥은 탈살이 거의 다된 상태로 큰 변화를 하지 않는다. 서너 절 굴곡이나 위이로 변화한 다음 혈을 맺는 것이 일반적이다. 때문에 입수룡을 구분하기가 쉽지 않다.

귀성과 낙산은 횡룡입수혈의 필수조건

횡룡입수하는 맥은 뒤가 허하므로, 혈장 반대편 주룡 측면에 귀성鬼星이 받쳐주고 있어야 한다. 또 그 뒤로는 낙산樂山이 있어서 허함을 막아주어야 한다. 귀성과 낙산은 횡룡입수혈의 필수조건이다. 다른 혈과 마찬가지로 혈장에는 입수도두, 선익, 순전, 혈토 등 4요건이 분명해야 진혈이라 할 수 있다.

한편 주룡은 계속 행룡하여 나간 다음, 또 다른 혈을 결지하는 경우도 있다. 그렇지만 대부분은 횡룡입수혈의 청룡 또는 백호가 되어 혈을 보호해 주는 역할을 한다.

(3) 비룡입수飛龍入首 ─ 아래에서 위로 올라가 정상에 맺는 모양

볼록하게 솟은 봉우리의 정상 부분에서 혈을 맺기 때문에, 입수룡의 형태가 마치 용맥이 날아오르는 모습과 같다 하여 붙여진 이름이다. 대개 입수룡은 산 위에서 아래로 내려오는 것이 일반적이다. 그러나 비룡입수는 아래에서 위로 올라가 혈을 맺는다. 비룡飛龍이 승천昇天하는 듯한 형세다.

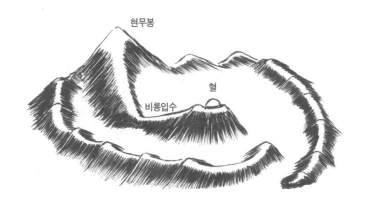

〈비룡입수〉

'비룡입수'에는 부혈보다는 귀혈이 많다

혈이 높은 곳에 맺기 때문에, 주변의 산들도 같이 높아서 사방에서 불어오는 바람을 막아줄 수 있어야 한다. 비록 높은 곳이기는 하지만 혈에 오르면 전혀 높다는 느낌이 들지 않아야 제격이다. 또한 혈장은 넓어서 안정감이 있어야 한다. 산 아래에 있는 물은 혈장을 잘 감싸고돌아야 하며, 수구는 잘 닫혀 관쇄關鎖되어야 진혈이라 할 수 있다.

비룡입수한 혈의 발복은, 귀貴는 크다. 그러나 부富를 관장하는 명당明堂이 멀고 좁은 것이 특징이다. 따라서 부혈보다는 귀혈이 많다.

(4) 회룡입수回龍入首 − 조종산祖宗山을 바라보고 입수하는 형태로, 조종산이 안산이 된다

주룡이 혈을 맺기 위해 방향을 한 바퀴 회전하여, 자기가 출발한 태조산이나 중조산, 소조산 등 조종산祖宗山을 바라보고 입수하는 형태다. 즉 조종산이 안산이 된다.

용이 한 바퀴 회전한다는 것은 그만큼 기세가 있다는 뜻이다. 변화가 활발하지 못한 용맥에서는 회룡입수혈을 맺기 힘들다.

일반적인 혈은 안산이 낮고 순해야 한다. 그렇지만 회룡입수에서는 안산이 크고 험하다 할지라도 문제가 안 된다. 안산이 혈 자신을 있도록 한 조종산이기 때문이다. 마치 손자가 할아버지를 바라보고 있는 형상이다. 아무리 엄한 할아버지라도 친손자에게만은 자상한 법이다.

이와 같이 회룡입수하여 혈을 결지하는 것을 회룡고조혈回龍顧祖穴이라 한다. 발복이 크고 오래 지속되는 것이 특징이다.

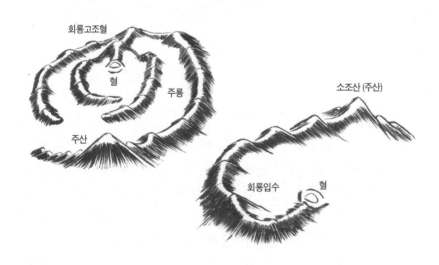

〈회룡고조혈과 회룡입수〉

(5) 잠룡입수潛龍入首 — 용맥이 땅속으로 숨어 은맥으로 입수하는 형태

주산이나 현무봉에서 출맥한 용이
급하게 평지로 내려와, 땅속으로
숨어 은맥隱脈으로 행룡한 다음
혈을 맺는 형태를 말한다. 주로 구
성의 마지막별인 우필성右弼星의
기운을 받은 용맥에서 일어난다.
용맥이 논밭을 뚫고 지난다 하여
천전과협穿田過峽이라는 표현을
쓴다.

〈잠룡입수〉

땅 밑으로 맥이 지나기 때문에 육안으로 확인할 수 없다. 그러나 용맥이
지나는 흔적은 곳곳에서 발견할 수 있다. 아무리 땅속으로 맥이 흐른다
하더라도 용맥은 평지보다 약간 높게 보인다. 풍수지리에서는 이를 가리
켜 조금만 높아도 산, 조금만 낮아도 물로 본다. 즉 "고일촌위산高一寸爲山
이고, 저일촌위수低一寸爲水"다.

혈 뒤에서는 물이 두 갈래지만, 앞에서는 두 물이 합쳐져야 '진혈'

용이 지나는 곳에는 말발자국 같은 마적馬跡이나, 뱀이 기어가는 듯한
초사회선草蛇回旋의 작은 선이 마적 사이에 나타난다. 또 용맥 양편으로
는 용의 생기를 보호하는 도랑물이 흐른다.

사실상 이 물을 보고 땅속으로 숨어 행룡하는 용맥을 짐작할 수 있다.
용맥을 사이에 두고 두 물이 평행으로 흐르면 용이 행룡하는 중이다. 그
러다 두 물이 합쳐지면 행룡을 멈추었다는 뜻이다. 행룡을 멈춘 곳은 기
가 모이기 때문에 땅 위로 볼록하게 돌출된다. 그곳이 혈이며, 기가 뭉쳐
있기 때문에 단단하다.

따라서 잠룡입수하는 혈은 평지의 약간 돌출된 부분에서 찾되, 용맥을

호위하면서 따라온 물이 상분하합上分下合하는지를 살펴보아야 한다. 즉 혈 뒤에서는 물이 두 갈래지만, 앞에서는 두 물이 합쳐져야 진혈이다. 이를 양수상회兩水相會한다고 한다.

잠룡입수하여 혈을 맺는 것을, 평지에서 용맥을 받아 결지한다는 뜻으로 평수혈平受穴이라고도 부른다.

(6) 섬룡입수閃龍入首 – 행룡하던 용맥이 주저앉듯이 중간에 혈을 맺는 형태

〈섬룡입수〉

행룡하던 용맥 중간에 혈을 잇는 것을 말한다. 보통의 혈은 용맥의 마지막 부분인 용진처龍盡處에 맺는다. 섬룡입수는 행룡하던 용맥이 중간에 잠시 머뭇거리다 언뜻 주저앉듯이 혈을 맺는다. 그리고 용맥은 다시 진행방향으로 행룡해 나간다.

'과룡처'를 '섬룡입수'로 착각, 오장할 수 있다

'번갯불에 콩 구워 먹는다'는 속담처럼 불식간에 일어나는 현상이므로 이를 섬룡입수閃龍入首라고 한다. 혈을 찾기가 매우 어려운 입수룡이다. 자칫 잘못하면 과룡처過龍處를 섬룡입수로 착각하여 오장誤葬할 수 있다. '과룡지장過龍之葬은 삼대내절향화三代內絶香火'라 할 만큼 흉한 곳이다.

섬룡입수하여 결지한 혈을 기룡혈騎龍穴이라고도 한다. 혈이 용의 등을 타고 있는 모습이라 하여 붙여진 명칭이다. 반드시 혈장의 4요건인 입수도두, 선익, 순전, 혈토가 뚜렷한지 여부를 확인해야 한다.

섬룡입수혈도 엄밀히 따져보면 용진처라 할 수 있다. 용인 산 능선을 살펴보면 하나의 맥으로 형성된 것이 대부분이긴 하지만, 능선에 따라서는 여러 맥이 상하로 겹쳐 있는 경우도 있다. 상층에 있는 맥은 멈추어 혈을 맺고, 하층에 있는 맥은 계속 행룡해 나간다. 외견상 하나의 능선으로 보이기 때문에 찾기가 어려운 것이다.

2) 입수12격入首十二格

용이 혈을 맺을 때는 결인結咽으로 기를 묶고 혈장으로 입수한다. 입수12격은 결인속기 후 혈장으로 입수하는 용의 형태를 설명한 것이다. 혈 뒤에서 내려오는 용맥을 보고 판단한다.

(1) 정입수正入首 – 입수도두 한가운데로 입맥

수려 단정한 현무봉의 한가운데서 출맥한 용이 위이와 굴곡으로 변화한 다음, 결인속기結咽束氣하고 입수도두 한가운데로 입맥入脈하는 형태다. 이때 주룡의 좌우 양쪽 산세가 균등해야 길하다.

〈정입수〉

(2) 편입수偏入首 – 입수도두 한쪽으로 치우쳐 입맥

〈편입수〉

현무봉에서 용이 출발할 때 좌측이나 우측 한쪽으로 치우쳐 출맥한다. 입수할 때도 입수도두의 한쪽으로 치우쳐 입맥한다. 주룡 좌우의 산세가 균등하지 못하다. 대체로 힘이 약한 입수룡이다.

(3) 대입수大入首 − 넓고 평평하게 퍼져서 입맥

〈대입수〉

넓고 큰 입수룡으로 '활맥' 이라고도 한다. 용맥이 넓고 평평하게 퍼져 기세가 없어 보인다. 그러나 주룡의 아래쪽에서 보면 용맥임을 알 수 있다. 넓고 평평한 용맥 중에서도 가늘게 변화하는 맥이 있다. 이 모습이 마치 뱀이 풀밭을 기어가는 듯 기세가 있다. 초중행사草中行蛇의 흔적이 있는 것이 정맥正脈이다.

(4) 소입수小入首 − 가늘고 작게 입맥

맥이 가늘고 작아서 '교맥巧脈' 이라고도 한다. 매우 귀한 입수룡이다. 기세 있는 주룡에 소맥으로 입수면 길하다.

〈소입수〉

(5) 장입수長入首 − 직선으로 길게 입맥

흉   길

〈장입수〉

입수 용맥이 직선으로 길어 사맥死脈이 되기 쉽다. 중간에 봉요蜂腰나 학슬鶴膝이 있고, 굴곡屈曲하면 혈을 맺을 수 있다. 반드시 바람을 막아주는 산이 있어야 한다. 그러나 기가 느리고 약하므로 힘이 약한 입수룡이다.

(6) 단입수短入首 − 짧게 입맥

입수맥이 짧은 것으로 결인속기結咽束氣 후 바로 입수한다. 입수룡이 가늘면 길하고, 넓으면 흉하다.

〈단입수〉

(7) 고입수高入首 - 아래에서 위로 오르며 입맥

〈고입수〉

비룡입수飛龍入首와 똑같은 형태다. 대개 용은 산 위에서 산 아래로 내려오는 것이 보통인데, 고입수는 아래에서 위로 비룡승천飛龍昇天하듯 올라가 혈을 맺는다. 주위의 산들도 같이 높아서 바람으로부터 용과 혈을 보호해 주어야 한다. 용이 구슬을 펜 것 같은 형상으로 매우 귀한 혈이다.

(8) 저입수低入首 - 은맥으로 잠룡입수하여 혈을 결지

잠룡입수潛龍入首와 같은 형태다. 평지로 낙맥 후 은맥으로 행룡 입수하여 혈을 결지한다. 물의 상분하합上分下合이 분명해야 한다. 물이 혈 앞에서 팔자八字 형태로 퍼지면 기를 모으지 못해 흉하다.

〈저입수〉

(9) 곡입수曲入首 - 곡선으로 입맥

곡선으로 입수入首하는 용맥이다. 굴곡 활동이 활발하여 가장 귀한 것이다. 그러나 지나치게 굴곡이 심하면 힘이 분산되어 길함이 감소한다.

〈곡입수〉

(10) 직입수直入首 - 일직선으로 곧장 뻗어 입맥

입수룡이 일직선으로 곧장 뻗은 경우다. 용맥이 짧고 곧으면 큰 해가 없이 무난하다. 그러나 길고 곧으면 사맥死脈이 되어 흉하다.

〈직입수〉

(11) 단입수斷入首 — 맥이 끊겨 절맥된 것

입수룡이 절리節理 현상 등으로
끊긴 경우다. 맥이 이어지지 않아
매우 흉하다.

〈단입수〉

(12) 속입수續入首 — 땅속으로 입맥

〈속입수〉

용맥이 끊어질 듯하면서 다시 이어지는
형태다. 반달 모양의 산이 여러 번 혈을
감싸주는 가운데, 그 사이로 맥이 내려
온다. 월사맥月砂脈이라고도 하며 매우
길하다.

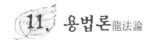

11. 용법론龍法論

용법론은 방위를 측정하여 음양오행 법칙으로 길흉을 따지는 이법

용의 길흉관계는 외형적인 형기形氣와 내적인 이기理氣에 의해 판단한다. 용의 외적인 형세를 보고 길흉관계를 살피는 것을 형세론形勢論이라고 한다. 반면 방위를 측정하여, 그것이 음양오행의 법칙에 합법한지 여부를 따지는 것은 이기론理氣論이다. 용법론龍法論은 이기론을 말한다. 즉 용의 방위를 각종 음양 이법에 적용시켜 용의 생왕사절生旺死絶을 가늠하는 것이다.

장상지지將相之地의 용과 혈이 있다면 이법도 좋아야 그 발복으로
장군이나 정승이 나온다

비록 용이 형세적으로는 기세가 왕성하여도 이기적인 용법이 적법하지 않으면, 발복이 미약하고 그에 따른 재앙災殃을 받는다. 다시 말해서 형세가 좋은 용이 혈을 결지했을 때, 그 발복은 용혈의 크기만큼 나타난다. 그러나 용법이 길하지 않으면 발복한 상태에서도 재앙을 받는다는 뜻이다. 마찬가지로 다소 미약한 용혈에서는 발복은 약할지라도 악살惡殺이 들어오는 것을 막을 수가 있고 재앙은 피할 수가 있다.

예를 들어, 형세적으로 장상지지將相之地의 용과 혈이 있다면 그 발복으로 장군이나 정승이 나온다. 그러나 이법이 타당하지 않다면 장군이나 정승이 되었다 하더라도 불행해지고 만다는 의미다. 따라서 형세는 당연히 좋아야 하겠지만 이법도 이에 못지않게 좋아야 길한 용맥이된다.

그런데 형세는 자연 상태이기 때문에 부족한 점이 있다 하더라도 어쩔

수 없다. 그렇지만 이기는 사람이 주어진 환경을 이용하여 마음대로 조절할 수 있는 것이다. 때문에 이기론을 철저히 공부하여 대지大地는 대지대로 발복을 크게 할 수 있고, 소지小地는 소지대로 발복을 도와줄 수 있다. 설사 용진혈적지龍盡穴的地가 아니더라도, 이법적으로 음양조화를 잘시키면 큰 발복은 기대할 수 없다 하더라도 악살은 막고 재앙은 피할 수 있다.

용법론에는 크게 12포태법과 구성법이 있다

용법은 크게 우주의 순환 과정인 12포태법十二胞胎法을 이용한 것과 하늘의 구성을 이용한 구성법九星法이 있다. 12포태법에는 사국용법四局龍法이 대표적이고, 구성법에는 선천산법先天山法, 지상구성법地上九星法 등이 있다. 이밖에도 여러 용법이 있다.

그러나 많은 이법론들은 그 길흉화복이 제각각이다. 예를 들어 똑같은 용이라 할지라도 사국용법으로 보아서는 길한 용인데 다른 용법으로 보면 흉한 것이 될 수 있다.

이와 같이 서로 상반된 결과가 나오기 때문에 혼란스럽다. 풍수지리에 대한 일반인의 인식이 미신으로 격하되고 있는 것도 사실이다. 현재까지의 연구실적으로는 어느 이론이 옳고 어느 이론이 틀렸다고 쉽게 단언할 수 없다. 때문에 보다 객관적이고 통일된 이법을 마련하기까지는, 모든 이법을 철저하게 알아서 가능한 길한 이법만 적용시키는 노력과 지혜가 필요하다고 하겠다.

1) 사국용법四局龍法 - 수구 방위에 따라 목국木局, 화국火局, 금국金局, 수국水局으로 분류

일반적으로 가장 많이 쓰이는 이법으로, 옛날부터 가장 보편화된 용법이다. 길흉화복의 적중률이 다른 용법에 비해 높은 것으로 평가받고 있다.

사국용법은 먼저 수구水口를 기준으로 사국을 정한다. 사국이란 물이 보국을 빠져나가는 방위에 따라 목국木局, 화국火局, 금국金局, 수국水局으로 분류하는 것을 말한다. 그 다음 각국의 기포점起胞点에서 혈로 들어오는 입수룡의 방위가 12포태 중 어디에 해당되는가를 살피는 이법이다.

> 12포태 : 우주의 순환 과정을 크게 12과정으로 나눈 것을 말한다.
> 12포태를 나열하면 다음과 같다.
> 포胞, 태胎, 양養, 생生, 욕浴, 대帶, 관官, 왕旺, 쇠衰, 병病,
> 사死, 묘墓

이 중 입수룡이 어느 과정에 있는가를 살펴 용의 생왕사절生旺死絶을 판별하는 용법이다.

측정방법

❶ 수구의 방위를 측정한다

혈이나 묘의 중앙에서 수구를 찾아, 그 방위를 나경패철의 8층 천반봉침天盤縫針으로 측정한다. 그리고 측정한 수구방위가 사국 중어디에 속하는지를 확인한다.

물이 흘러나가는 수구방위를 측정한 결과,

- 정미丁未, 곤신坤申, 경유庚酉이면 목국이 된다.
- 신술辛戌, 건해乾亥, 임자壬子이면 화국이 된다.
- 계축癸丑, 간인艮寅, 갑묘甲卯이면 금국이 된다.
- 을진乙辰, 손사巽巳, 병오丙午이면 수국이 된다.

❷ 입수1절룡을 측정한다

혈장의 입수도두에서 나경패철을 정반정침하고, 입수1절룡을 4층지반정침으로 측정한다.

❸ 각국의 기포점에서 기포를 한다

흐르는 물은 동動하기 때문에 양陽이다. 그러므로 12포태의 기준점이 되는 묘墓 즉 고장궁庫藏宮에서 한 궁위宮位 앞에서 기포起胞하여 좌선左旋 순행順行한다. 반면 움직이지 않는 산, 즉 용은 정靜하기 때문에 음陰이고 묘, 고장궁(墓, 庫藏宮)에서 한 궁위 뒤에서 기포하여 우선右旋 역행逆行한다.

각국의 기포점을 왼손가락으로 표시하여 포태법을 운행하는 방법을 그림으로 나타내면 다음과 같다.

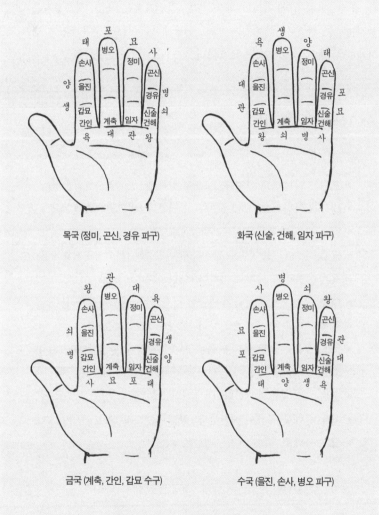

목국 (정미, 곤신, 경유 파구)

화국 (신술, 건해, 임자 파구)

금국 (계축, 간인, 갑묘 수구)

수국 (을진, 손사, 병오 파구)

〈손가락으로 사국용법을 운행하는 방법〉

예를 들어 목국木局이면 묘, 고장궁은 정미丁未다. 기포점은 한 궁위 뒤인 병오丙午가 되므로, 병오丙午에서 포胞를 시작하여 손사巽巳에서 태胎, 을진乙辰은 양養, 갑묘甲卯는 생生, 간인艮寅은 욕浴, 계축癸丑은 대帶, 임자壬子는 관官, 건해乾亥는 왕旺, 신술辛戌은 쇠衰, 경유庚酉는 병病, 곤신坤申은 사死, 정미丁未는 묘墓이다.

● 12포태의 길흉화복

- **포胞** – 가난하고 대 이을 자손이 귀하다 (빈고핍사貧苦乏嗣)
- **태胎** – 가난하고 대 이을 자손이 귀하다 (빈고핍사貧苦乏嗣)
- **양養** – 큰 발복이 없다 (별무발복別無發福)
- **생生** – 부귀하고 자손도 왕성하게 번창한다 (부귀왕정富貴旺丁)
- **욕浴** – 음란과 사치로 망한다 (음란사패淫亂奢敗)
- **대帶** – 과거에 급제하여 벼슬에 나간다 (등과출사登科出仕)
- **관官** – 벼슬에 나가 승진한다 (등과승진登科陞進)
- **왕旺** – 자손이 번창하여 귀를 하고 재산이 많다 (왕정발재旺丁發財)
- **쇠衰** – 자손과 재물이 안정되었다 (정재안정丁財安定)
- **병病** – 병들고 패산한다 (장병패산長病敗散)
- **사死** – 매우 흉하여 패산한다 (장병패산長病敗散)
- **묘墓** – 매우 흉하다 (장병패산長病敗散)

※ 병, 사, 묘(病, 死, 墓)는 삼재三災궁으로 매우 흉하다.

〈사국용법 조건표〉

사국(四局)	목국(木局)	화국(火局)	금국(金局)	수국(水局)	
파구(破口)	정미(丁未) 곤신(坤申) 경유(庚酉)	신술(辛戌) 건해(乾亥) 임자(壬子)	계축(癸丑) 간인(艮寅) 갑묘(甲卯)	을진(乙辰) 손사(巽巳) 병오(丙午)	길흉화복(吉凶禍福)
포태(絶絶)	병오(丙午)	경유(庚酉)	임자(壬子)	갑묘(甲卯)	빈고핍사(貧苦乏嗣)
태(胎)	손사(巽巳)	곤신(坤申)	건해(乾亥)	간인(艮寅)	
양(養)	을진(乙辰)	정미(丁未)	신술(辛戌)	계축(癸丑)	별무발복(別無發福)
장생(長生)	갑묘(甲卯)	병오(丙午)	경유(庚酉)	임자(壬子)	부귀왕정(富貴旺丁)
목욕(沐浴)	간인(艮寅)	손사(巽巳)	곤신(坤申)	건해(乾亥)	음란사패(淫亂奢敗)
관대(官帶)	계축(癸丑)	을진(乙辰)	정미(丁未)	신술(辛戌)	등과부귀(登科富貴)
임관(臨官)	임자(壬子)	갑묘(甲卯)	병오(丙午)	경유(庚酉)	
제왕(帝旺)	건해(乾亥)	간인(艮寅)	손사(巽巳)	곤신(坤申)	왕정발재(旺丁發財)
쇠(衰)	신술(辛戌)	계축(癸丑)	을진(乙辰)	정미(丁未)	정재안정(丁財安定)
병(病)	경유(庚酉)	임자(壬子)	갑묘(甲卯)	병오(丙午)	
사(死)	곤신(坤申)	건해(乾亥)	간인(艮寅)	손사(巽巳)	장병패산(長病敗散)
묘묘(庫藏)	정미(丁未)	신술(辛戌)	계축(癸丑)	을진(乙辰)	

[예1] 신술辛戌 파구로 물이 나가고 입수1절룡이 병오丙午라면, 화국火局에 해당된다. 입수룡은 생룡生龍으로서 부귀하고 자손이 번창하는 길한 용이다.

[예2] 간인艮寅 수구로 물이 나가고 입수1절룡이 계축癸丑이라면, 금국金局에 속한다. 입수룡은 장병패산長病敗散을 초래하는 묘룡墓龍으로서 흉한 용에 해당된다.

[예3] 병오丙午 파구破口로 물이 나가고 입수1절룡이 정미丁未라면, 수국水局에 속한다. 입수룡은 정재안정丁財安定하는 쇠룡衰龍으로서 길하다. 그러나 쇠룡은 더 이상 발전은 없다.

2) 구성법九星法 — 산과 물, 인간의 길흉화복도 '구성' 의 영향을 받는다

천상天上의 북두칠성北斗七星과 좌보성左輔星, 우필성右弼星을 합한 구성九星이 우주를 지배한다. 그러므로 지구에 있는 산과 물을 비롯해서 인간의 길흉화복도 구성의 영향을 받게 된다는 이론이다.

오늘날 주로 쓰이는 것은 '지상구성법'과 '선천산법'

옛날부터 내려오는 구성법은 이론이 다양하여 운용하는 데 어려움이 많다. 용법에 따라 길흉화복도 제각각이어서 혼란스럽다. 똑같은 자리에서도 적용하는 이법에 따라 결과가 다르게 나온다. 어느 이법이 정확한지는 알 수 없다. 그렇기 때문에 다른 용법과 비교하여 길한 것만을 취하는 노력이 필요하다.

많은 구성 용법 중 오늘날 주로 쓰이는 것은 지상구성법과 선천산법이다. 이들 구성법의 운용은 정음정양법淨陰淨陽法에 의해서 24방위를 팔괘에 배납하여 사용한다.

정음淨陰 : 상효上爻의 음양과 하효下爻의 음양이 다른 것을 말한다.
- 간병艮丙은 간괘艮卦(☶), 묘경해미卯庚亥未는 진괘震卦(☳)
- 손신巽辛은 손괘巽卦(☴), 유정사축酉丁巳丑은 태괘兌卦(☱)

정양淨陽 : 상효上爻의 음양과 하효下爻의 음양이 모두 동일하다.
- 건갑乾甲은 건괘乾卦(☰), 자계신진子癸申辰은 감괘坎卦(☵)
- 곤을坤乙은 곤괘坤卦(☷), 오임인술午壬寅戌은 이괘離卦(☲)

---

(1) 지상구성법地上九星法 − 용맥의 방위가 구성 중 어디에 해당되는가를 살펴 길흉화복을 판단

각 구성이 작용하는 방위가 고정되어 있다. 예를 들어 간艮과 병丙으로 용맥이 내려오면 탐랑룡이고, 손巽과 신辛으로 내려오면 거문룡이 된다.

혈에서부터 용맥을 따라 현무봉으로 올라가면서 용이 변화하는 지점마다 방위를 측정한다. 가장 중요한 입수1절룡은 입수도두에 나경패철을 똑바로 정반정침한다. 그리고 4층 지반정침으로 혈로 들어오는 마지막 용맥을 측정한다. 그 방위가 구성 중 어디에 해당되는지를 살펴 길흉화복을 판단한다.

입수2절룡은 입수1절룡이 끝나는 지점에다 나경패철을 정반정침하고 그곳으로 이어지는 용맥의 방위를 측정한다. 역시 그 방위가 구성 중 어디에 해당되는지를 살펴 길흉화복을 판단한다. 입수3절룡, 입수4절룡 등도 같은 방법으로 한다. 비교적 간단하고 쉬워 많이 사용하는 법이다.

이론적으로는 태조산에서부터 출맥한 용이 지상구성법으로 탐랑룡貪狼龍인 간병艮丙과 거문룡巨門龍인 손신巽辛과 무곡룡武曲龍인 유정사축유정축丁巳丑의 삼길성三吉星 방위로만 방향을 전환하고 변화해야 길한 용이 된다. 그러나 수백 리 수십 리를 행룡하는 용이 꼭 삼길성 방위로만 변화한다는 것은 불가능하다.

제일 중요한 것은 혈장과 접맥하는 입수1절룡이다. 혈의 길흉화복 대부분이 여기서 판별된다고 해도 과언이 아니다. 혈과 가까운 입수2절룡과 입수3절룡이 탐랑, 거문, 무곡의 삼길성이면 더욱 좋다고 하겠다. 그리고 오행을 따져 입수3절룡이 입수2절룡을 상생해 주고, 입수2절룡은 입수1절룡을 상생해 주면 더욱 길한 용이 된다.

구성의 오행과 방위, 길흉화복은 다음과 같다.

- **탐랑**貪狼 **목木** – 간艮, **병丙 입수룡**

  극귀지상極貴之象으로 부귀와 무병장수하고 문무현양文武顯揚
  한다.

- **거문**巨門 **토土** – 손巽, **신辛 입수룡**

  부귀지상富貴之象으로 거부왕정巨富旺丁하고 삼공육경三公六卿
  이 연출한다.

- **녹존**祿存 **토土** – 건乾, **갑甲 입수룡**

  병권지상兵權之象으로 초기에는 병권중직兵權重職이나 후대에는
  포악하여 패가망신한다.

- **문곡**文曲 **수水** – 오午, 임壬, 인寅, **술戌 입수룡**

  준아지상俊牙之象으로 총명한 문인이 나와 절세 문장으로 명성
  을 얻는다. 그러나 후대에 가서는 음탕하여 패가망신한다.

- **염정**廉貞 **화火** – 묘卯, 경庚, 해亥, **미未 입수룡**

  살벌지상殺伐之象으로 필시 무장武將이 나와 병권을 장악한다.
  그러나 후대에는 반역지상叛逆之象으로 멸문지화滅門之禍를 당
  한다.

- **무곡**武曲 **금金** – 유酉, 정丁, 사巳, **축丑 입수룡**

  극귀지상極貴之象으로 부귀왕정富貴旺丁하고 출장입상出將入相
  한다.

- **파군**破軍 **금金** – 자子, 계癸, 신申, **진辰 입수룡**

  호쟁지상好爭之象으로 싸움을 좋아한다. 간혹 호걸지재豪傑至才
  가 나오나 후대에는 흉폭하여 결국 비명횡사한다.

- 보필輔弼 좌보 토土, 우필 금金 − 곤坤, 을乙 입수룡

  간웅탐공지상奸雄貪恭之象으로 권모술수로 득귀得貴한다. 그러나 크게 발전하지는 못한다.

  - 삼길성三吉星 − 탐랑貪狼, 거문巨門, 무곡武曲
  - 사길성四吉星 − 탐랑貪狼, 거문巨門, 무곡武曲, 보필輔弼
  - 사흉성四凶星 − 염정廉貞, 파군破軍, 녹존祿存, 문곡文曲

(2) 선천산법先天山法 − 파구(수구)의 궁위를 기본괘로 하여 작괘한 다음 길흉화복을 도출

파구의 궁위宮位를 기본괘로 하여 선천산법의 운용 순서에 의해 입수룡의 길흉화복을 가늠하는 방법이다. 운용하는 방법은 다음과 같다.

❶ 나경패철의 8층 천반봉침天盤縫針으로 측정

먼저 혈 중앙에서 파구의 위치를 나경패철의 8층 천반봉침天盤縫針으로 측정한다. 그 궁위가 정음정양법으로 어떤 괘에 속하는지를 확인한다.

❷ 나경패철의 4층 지반정침地盤正針으로 입수1절룡을 측정

입수도두에서 나경패철의 4층 지반정침地盤正針으로 입수1절룡을 측정한다. 그리고 그 궁위가 정음정양법으로 어떤 괘에 속하는지를 확인한다.

❸ 선천산법의 운용 순서대로 작괘해 나가면서 괘가 어느 구성에 해당 되는지 살핀다

파구의 궁위를 기본괘로 하여 선천산법의 운용 순서대로 효를 바꾸면 서 작괘해 나간다. 그때 용맥의 방위에 해당하는 괘가 어느 구성에 해당 되는지를 살핀다. 만약 탐랑, 거문, 무곡, 보필에 해당되면 길하다. 녹존, 문곡, 염정, 파군에 해당되면 흉하다.

- 일상문곡一上文曲, 이중녹존二中祿存, 삼하거문三下巨門, 사중탐랑四中貪狼
- 오상염정五上廉貞, 육중파군六中破軍, 칠하무곡七下武曲, 팔중보필八中輔弼

변효變爻하는 방법은 효가 양이면 음으로, 음이면 양으로 바꾼다. 괘 는 3개의 효로 되어있으며, 제일 위가 상효上爻다. 가운데는 중효中爻, 제 일 아래가 하효下爻다.

- 일상一上이면 첫번째로는 상효上爻를 바꾸라는 뜻이다.
- 이중二中이면 두 번째로는 중효中爻를 바꾸라는 뜻이다.
- 삼하三下이면 세 번째로는 하효下爻를 바꾸라는 뜻이다.
  사중, 오상, 육중, 칠하, 팔중도 같은 방법이다.

[예제 1] 나경패철의 8층 천반봉침으로 물이 빠져나가는 수구를 측정하니 신 辛 방위고, 나경패철 4층 지반정침으로 입수1절룡을 측정하니 정丁 방위이었

다. 이 입수룡의 선천산법에 의한 길흉화복은 어떠한지를 살펴보자.

신辛 파구는 정음정양법으로 손괘巽卦다. 정丁 입수룡은 태괘兌卦다. 수구가 기본이 되기 때문에 손괘巽卦를 기본괘로 한다.

- 일상문곡하면서 손괘의 상효 양을 음효로 바꾸면 감괘坎卦다.
- 이중녹존하면서 감괘의 중효 양을 음효로 바꾸면 곤괘坤卦다.
- 삼하거문하면서 곤괘의 하효 음을 양효로 바꾸면 진괘震卦다.
- 사중탐랑하면서 진괘의 중효 음을 양효로 바꾸면 태괘兌卦다.

즉 입수룡 정丁은 태괘兌卦이기 때문에 탐랑룡에 해당된다. 탐랑룡은 극귀지상으로 부귀하는 매우 길한 용이다.

그러나 신辛 파구에 정丁 입수룡은 지상구성법으로는 탐랑에 해당되어 길한 용이지만, 12포태법인 사국용법으로는 양룡養龍에 해당된다. 즉 똑같은 자리에서 선천산법으로는 길하지만, 사국용법으로는 별무발복別無發福하는 용이 된다.

이법에 따라 길흉화복이 각기 다르게 나온다는 점을 염두에 두고 용법龍法을 논하는데, 참고하여야 한다. 어느 법이 더 옳고 그른지는 아직 확신할 수 없는 단계다.

[예제 2] 나경패철 8층 천반봉침으로 수구를 측정하고 나경패철 4층 지반정침으로 입수1절룡을 측정하였다. 24입수룡의 선천산법에 의한 길흉화복을 왼손가락을 이용하여 작괘하는 방법을 예를 들어 소개한다.

만약 수구의 방위가 병丙이라면 정음정양법에 의해서 간병艮丙은 동궁으로 간괘艮卦에 속한다. 수구의 방위를 기본으로 하기 때문에 간상련 괘를 기본괘로 하여 선천산법을 운용하면 다음과 같다.

선천산법 운영방법과
손가락 작괘법

기본괘

기본괘 (간상련 ☶)

일상문곡
(곤삼절 ☷)

기본괘 간괘艮卦에서 일상문곡—上文曲한다. 간괘의 상
효는 양이므로 음효로 바꾸면 곤괘가 된다

곤坤과 을乙 방위로 오는 입수룡은 문곡에 해당된다. 문
곡의 길흉화복은 총명하여 문장은 뛰어나나 부귀를 얻지
못한다. 후대에 가서는 음탕하여 패가망신하게 된다.

이중녹존
(감중련 ☵)

이중녹존二中祿存하면 곤괘의 중효는 음이므로 양효로
바꾸면 감괘가 된다

자子, 계癸, 신申, 진辰 방위로 오는 입수룡은 녹존에 해당
된다. 녹존의 길흉화복은 병권지상이며 초기에는 병권중
직이나 후대에 폭악하여 패가망신하게 된다.

삼하거문
(태상절 ☱)

삼하거문三下巨門하면 감괘의 하효는 음이므로 양효로
바꾸면 태괘가 된다

유酉, 정丁, 사巳, 축丑 방위로 오는 입수룡은 거문에 해당
된다. 거문성의 길흉화복은 부귀지상으로 삼공육경이 연
출하는 매우 귀한 입수룡이 된다.

사중탐랑
(진하련 ☳)

사중탐랑四中貪狼하면 태괘의 중효가 양이므로 음효로
바꾸면 진괘가 된다

묘卯, 경庚, 해亥, 미未 방위로 오는 입수룡은 탐랑에 해당
된다. 탐랑의 길흉화복은 극귀지상으로 부귀와 무병장수

하는 매우 귀한 입수룡이 된다.

오상염정五上廉貞하면 진괘의 상효가 음이므로 양효로 바꾸면 이괘가 된다

오午, 임壬, 인寅, 술戌 방위로 오는 입수룡은 염정에 해당된다. 염정의 길흉화복은 살벌지상으로 무장이 나와 병권을 장악한다. 그러나 후대에 가서는 반역을 일으키다가 결국 망하게 된다.

오상염정
(이허중 ☲)

육중파군六中破軍하면 이괘의 중효가 음이므로 양효로 바꾸면 건괘가 된다

건乾, 갑甲 방위로 오는 입수룡은 파군에 해당된다. 파군의 길흉화복은 호쟁지상으로 싸움을 좋아한다. 간혹 호걸지재가 나오나 후대에는 폭악하여 횡사한다.

육중파군
(건삼련 ☰)

칠하무곡七下武曲하면 건괘의 하효가 양이므로 음효로 바꾸면 손괘가 된다

손巽, 신辛 방위로 오는 입수룡은 무곡에 해당된다. 길흉화복은 극귀지상이며 부귀왕정과 출장입상하는 귀한 입수룡이 된다.

칠하무곡
(손하절 ☴)

팔중보필八中輔弼하면 손괘의 중효가 양이므로 음효로 바꾸면 간괘가 된다

간艮, 병丙 방위로 오는 입수룡은 보필에 해당된다. 길흉화복은 간웅탐공지상이다. 비록 권모술수로 부와 귀를 얻을 수 있으나 오래가지를 못한다.

팔중보필
(간상련 ☶)

<선천산법 조견표>

八首龍＼破口	乾甲	坤乙	坎(子)癸申辰	離(午)壬寅戌	艮丙	震(卯)庚亥未	巽辛	兌(酉)丁巳丑
乾甲	輔弼	巨門	貪狼	武曲	破軍	祿存	廉貞	文曲
坤乙	巨門	輔弼	武曲	貪狼	文曲	廉貞	祿存	破軍
坎(子)癸申辰	貪狼	武曲	輔弼	巨門	祿存	破軍	文曲	廉貞
離(午)壬寅戌	武曲	貪狼	巨門	輔弼	廉貞	文曲	破軍	祿存
艮丙	破軍	文曲	祿存	廉貞	輔弼	貪狼	武曲	巨門
震(卯)庚亥未	祿存	廉貞	破軍	文曲	貪狼	輔弼	巨門	武曲
巽辛	廉貞	祿存	文曲	破軍	武曲	巨門	輔弼	貪狼
兌(酉)丁巳丑	文曲	破軍	廉貞	祿存	巨門	武曲	貪狼	輔弼

3) 팔요황천살룡八曜黃泉煞龍 – 용법 중에서 가장 흉한 악살

용법 중에서 가장 흉한 악살이다. 황천살黃泉殺이라고도 부르는데, 혈에서 좌향을 정할 때 제일 먼저 점검해 보아야 한다.

어떠한 일이 있더라도 팔요황천살룡은 피해야 한다. 그렇지 않으면 사람이 다치고 재산이 망하는 인상손재人傷損財가 따른다. 심하면 절손絶孫될 우려도 있다. 팔요황천살룡은 혈의 향向이 입수룡을 극하는 것으로 관살官殺이라고도 한다.

측정방법

❶ 나경패철의 4층 지반정침地盤正針으로 입수도두에서 입수1절룡을 측정한다.

❷ 혈의 중심에서 나경패철의 4층 지반정침으로 좌향을 측정한다.

❸ 혈의 향向이 입수1절룡을 극剋하는지를 살펴본다.

예를 들어 임자계壬子癸룡은 감괘坎卦에 해당된다. 오행은 팔괘오행으로 양수陽水다. 수水를 극剋하는 것은 토土다. 12지지地支의 정오행 중 양토陽土는 진辰과 술戌이다.

따라서 입수1절룡이 임룡壬龍, 자룡子龍, 계룡癸龍에 해당되면, 진향辰向이나 술향戌向의 황천살黃泉殺을 받는다. 때문에 술좌진향戌坐辰向과 진좌술향辰坐戌向을 놓을 수 없다.

만약 입수1절룡이 술건해戌乾亥 세 궁위宮位 중 하나라면 건괘乾卦에 해당된다. 오행은 양금陽金이다. 화극금火剋金하므로 12지지의 정오행이 양화陽火인 오午가 금金을 극한다. 그러므로 관살官殺이 되는 자좌오향子坐午向을 놓을 수 없다.

팔요황천살룡은 나경패철의 1층에 표시되어 있다. 관살官殺 즉 황천살黃泉殺이라는 것은 오행이 상극相剋하면서, 음양이 같은 것을 말한다. 이를 도표로 정리하면 다음과 같다.

〈팔요황천살룡 조견표〉

입수룡 入首龍	감(坎) (壬子癸)	간(艮) (丑艮寅)	진(震) (甲卯乙)	손(巽) (辰巽巳)	리(離) (丙午丁)	곤(坤) (未坤申)	태(兌) (庚酉辛)	건(乾) (戌乾亥)
황천살향 黃泉煞向	진(술) 辰(戌)	인(寅)	신(申)	유(酉)	해(亥)	묘(卯)	사(巳)	오(午)
황천좌향 黃泉坐向	술坐辰向 辰坐戌向	신좌인향 申坐寅向	인좌신향 寅坐申向	묘좌유향 卯坐酉向	사좌해향 巳坐亥向	유좌묘향 酉坐卯向	해좌사향 亥坐巳向	자좌오향 子坐午向

팔요황천살룡을 옛글에서 다음과 같이 표현했다.

"살요위제악지수煞曜爲諸惡之首 조장최기造葬最忌 감룡坎龍, 곤토坤兎, 진산후震山猴, 손계巽鷄, 건마乾馬, 태사두兌蛇頭, 간호艮虎, 이저離猪"

이를 설명하면 다음과 같다.

"살요는 모든 악살 중에서 최고이며, 장사를 지내는 데 제일 먼저 피해야 할 것이다.

감룡坎龍, 즉 坎(壬子癸) 입수룡은 용龍을 상징하는 진辰방이 황천살 방위다. 그러므로 술좌진향戌坐辰向, 진좌술향辰坐戌向을 못 놓는다.

곤토坤兎, 즉 坤(未坤申) 입수룡은 토끼를 상징하는 묘卯방이 황천살 방위다. 유좌묘향酉坐卯向을 못 놓는다.

진산후震山猴, 즉 震(甲卯乙) 입수룡은 원숭이를 상징하는 신申방이 황천살 방위다. 그러므로 인좌신향寅坐申向을 못 놓는다.

손계巽鷄, 즉 巽(辰巽巳) 입수룡은 닭을 상징하는 유酉방이 황천살 방위다. 그러므로 묘좌유향卯坐酉向을 못 놓는다.

건마乾馬, 즉 乾(戌乾亥) 입수룡은 말을 상징하는 오午방이 황천살 방위다. 그러므로 자좌오향子坐午向을 못 놓는다.

태사두兌蛇頭, 즉 兌(庚酉辛) 입수룡은 뱀을 상징하는 사巳방이 황천살 방위다. 그러므로 해좌사향亥坐巳向을 못 놓는다.

간호艮虎, 즉 艮(丑艮寅) 입수룡은 호랑이를 상징하는 인寅방이 황천살 방위다. 그러므로 신좌인향申坐寅向을 못 놓는다.

이저離猪, 즉 離(丙午丁) 입수룡은 돼지를 상징하는 해亥방이 황천살 방위다. 그러므로 사좌해향巳坐亥向을 못 놓는다."

4) 천산72룡穿山七十二龍 — 패철 5층으로 '생왕룡' 인지 '사절룡' 인지를 가늠

현무봉에서 뻗어 내려온 주룡의 맥脈을 측정하는 것으로, 용맥이 생왕룡生旺龍인지 사절룡死絶龍인지를 가늠하는 용법이다.

나경패철의 4층 지반정침 24방위를 각각 3등분하여, 5층에 왕상맥旺相脈과 고허맥孤虛脈, 패기공망맥敗氣空亡脈을 표시하였다.

이 중 왕상맥은 부귀왕정富貴旺丁하는 용맥이다. 고허맥은 소길다흉

小吉多凶한 용맥이며, 패기공망맥은 대흉大凶한 용맥이다. 천산72룡의 측정은 용의 특성을 가장 잘 파악할 수 있는 과협처와 결인속기처에서 한다.

측정방법

❶ 과협처나 결인속기처의 중심인 등마루에 나경패철을 정반정침한다

4층으로 24방위를 살핀다. 그리고 용맥을 3등분하여 그 중심을 5층으로 측정한다. 어떤 용, 어떤 맥인지를 정확히 살핀다.

예를 들어 과협 등마루에서 4층으로 용을 측정하니 자子 방위였다면, 그 용맥을 더 세분하여 5층으로 측정하니 병자丙子였다. 이때는 자룡子龍, 병자맥丙子脈이라고 부른다.

❷ 용맥이 병자순丙子旬과 경자순庚子旬으로 들어오면 왕상맥으로 길하다

용맥이 병자순丙子旬과 경자순庚子旬으로 들어오면 왕상맥으로 길하지만, 갑자순甲子旬과 임자순壬子旬으로 들어오면 고허맥으로 소길다흉하다. 무자순戊子旬과 공란인 공망맥空亡脈으로 들어오면 패기공망맥으로 매우 흉하다.

한 가지 주의할 점은, 형세적으로 기세가 왕성한 생왕룡이면 천산72룡이 흉하다 해서 그 자리를 버리지 말라는 것이다. 아무리 천하대명당이라도 백퍼센트 완벽한 것은 없다. 형세가 좋으면 이법에 너무 구애받지 말아야 한다.

이법에는 여러 법이 존재하므로 다음에 다른 법을 잘 맞추면 큰 하자는 없다고 본다. 자세한 것은 제3장 나경패철론을 참고하기 바란다.

〈천산72룡 길흉화복 조견표〉

五子旬 \ 地支		子	丑	寅	卯	辰	巳	午	未	申	酉	戌	亥	길흉화복
甲子旬 갑자순	冷氣脈 냉기맥	甲子	乙丑	丙寅	丁卯	戊辰	己巳	庚午	辛未	壬申	癸酉	甲戌	乙亥	小吉多凶 소길다흉
丙子旬 병자순	旺氣脈 왕기맥	丙子	丁丑	戊寅	己卯	庚辰	辛巳	壬午	癸未	甲申	乙酉	丙戌	丁亥	吉格 길격
戊子旬 무자순	敗氣脈 패기맥	戊子	己丑	庚寅	辛卯	壬辰	癸巳	甲午	乙未	丙申	丁酉	戊戌	己亥	大凶 대흉
庚子旬 경자순	相氣脈 상기맥	庚子	辛丑	壬寅	癸卯	甲辰	乙巳	丙午	丁未	戊申	己酉	庚戌	辛亥	吉格 길격
壬子旬 임자순	退氣脈 퇴기맥	壬子	癸丑	甲寅	乙卯	丙辰	丁巳	戊午	己未	庚申	辛酉	壬戌	癸亥	小吉多凶 소길다흉
大空亡 대공망	空亡脈 공망맥													大凶 대흉

- 병자순丙子旬과 경자순庚子旬의 모든 용맥은 '왕상맥旺相脈'으로 길하다.
- 갑자순甲子旬과 임자순壬子旬은 '고허맥孤虛脈'으로 흉함이 많다.
- 무자순戊子旬과 대공망大空亡은 '패기공망맥敗氣空亡脈'이다. 모든 용맥이 흉하다.

◎ 천산72룡의 길흉관계를 나경패철에서 쉽게 판단하는 방법으로는 다음과 같다.

- 5층의 오자순 중 두 번째와 네 번째에 해당되는 용맥이면 왕기맥과 상기맥으로 길하다.
- 첫번째와 다섯 번째에 해당하는 용맥이면 냉기맥과 퇴기맥으로 흉함이 많다.
- 가운데나 빈칸에 해당하는 용맥이면 패기맥과 공망맥으로 크게 흉하다.

5) 투지60룡透地六十龍 ─ 패철 7층으로 '왕기맥' 과 '상기맥' 을 취해 혈의 상단 중심을 결정

투지透地란 지맥이 땅속으로 스며든다는 뜻으로, 입수도두에서 혈장까지 들어가는 맥을 말한다. 태조산에서부터 입수도두까지 용맥은 능선으로 연결되어 있다. 그러나 입수도두에서 혈까지의 맥은 능선으로 연결되지 않고 땅속으로 스며들어간다.

땅속으로 스며들어오는 맥 중에서 왕기맥과 상기맥을 취해, 혈의 중심을 결정하는 데 사용한다. 즉 용의 생기가 최종적으로 혈에 전달되는 과정에서 길한 맥을 취하는 데 목적이 있다.

화갱살요공망맥火坑煞曜空亡脈은 피하고 주보왕상맥珠寶旺相脈만을 혈 상단중심까지 정확하게 입맥入脈시켜, 재혈裁穴을 올바르게 한다. 5자순 중에서 두 번째 왕기맥인 병자순과, 네 번째 상기맥인 경자순만을 주보맥珠寶脈으로 사용할 수 있다. 나머지 중 갑자순은 냉기맥, 무자순은 패기맥, 임자순은 퇴기맥으로 '화갱살요공망맥' 이라 하여 흉하다.

투지60룡은 '주보왕상맥' 을 선택하여 사용할 수 있으며, '재혈' 과 '천광' 을 길하게 하는 데 중요

천산72룡은 자연의 상태로 있는 용맥을 측정하는 것이기 때문에 임의로 조정할 수 없다. 그러나 투지60룡은 얼마든지 '주보왕상맥' 만을 선택하여 사용할 수 있다. 재혈裁穴과 천광穿壙을 길하게 하는 데 매우 중요한 용법이다.

투지60룡의 측정은 먼저 혈 상단에 나경패철을 정반정침한다. 그리고 입수도두를 바라보고 그 중심을 투지60룡으로 살핀다. 주보맥인 병자순과 경자순에 일치되도록 하여 혈의 중심을 정한다.

이 용맥을 정확하게 맞추는 데는 다소의 경험이 필요하다. 초보자의 경우 실이나 줄을 이용하면 편리하다. 입수도두 중앙에 가늘게 생긴 막대를 꽂아 실을 매어 단다. 그리고 혈에 와서 7층 주보맥과 실이 일직선이 되도록 한다. 일직선이 되는 지점이 바로 천광할 자리의 상단 중심이 되는 것이다.

〈투지60룡의 길흉화복〉

五子旬 \ 雙山		壬子	癸丑	艮寅	甲卯	乙辰	巽巳	丙午	丁未	坤申	庚酉	辛戌	乾亥	길흉화복 吉凶禍福
갑자순 甲子旬	냉기맥 冷氣脈	甲子	乙丑	丙寅	丁卯	戊辰	己巳	庚午	辛未	壬申	癸酉	甲戌	乙亥	매사불성 每事不成
병자순 丙子旬	주보왕기맥 珠寶旺氣脈	丙子	丁丑	戊寅	己卯	庚辰	辛巳	壬午	癸未	甲申	乙酉	丙戌	丁亥	부귀발복 富貴發福
무자순 戊子旬	패기맥 敗氣脈	戊子	己丑	庚寅	辛卯	壬辰	癸巳	甲午	乙未	丙申	丁酉	戊戌	己亥	손재극자 損財剋子
경자순 庚子旬	주보상기맥 珠寶相氣脈	庚子	辛丑	壬寅	癸卯	甲辰	乙巳	丙午	丁未	戊申	己酉	庚戌	辛亥	부귀발복 富貴發福
임자순 壬子旬	퇴기맥 退氣脈	壬子	癸丑	甲寅	乙卯	丙辰	丁巳	戊午	己未	庚申	辛酉	壬戌	癸亥	매사불성 每事不成

6) 통맥법通脈法 - 양룡은 양룡끼리, 음룡은 음룡끼리 연결되어야 길하다

통맥법通脈法이란 내룡來龍의 방향에 따라 생왕룡生旺龍과 사절룡死絶龍을 구분하는 방법이다.

24룡을 음양으로 나누어 양룡陽龍은 양룡끼리, 음룡陰龍은 음룡끼리 연결되어야 생왕룡이라는 이론이다. 만약 음룡과 양룡이 서로 혼합하여 내려오면 사절룡이 된다.

통맥은 순서가 없고 또한 좌선이든 우선이든 상관없다. 양룡은 양룡끼리, 음룡은 음룡끼리 연결되면 된다. 양룡끼리 연결된 용맥을 양통맥陽通脈이라 하고, 음룡끼리 연결된 통맥을 음통맥陰通脈이라 한다.

- **양룡**陽龍

  임자壬子, 간인艮寅, 을진乙辰, 병오丙午, 곤신坤申, 신술辛戌

- **음룡**陰龍

  계축癸丑, 갑묘甲卯, 손사巽巳, 정미丁未, 경유庚酉, 건해乾亥

(1) 양통맥陽通脈

壬子-艮寅-乙辰, 艮寅-乙辰-丙午, 乙辰-丙午-坤申, 丙午-坤申-辛戌
坤申-辛戌-壬子, 辛戌-壬子-艮寅, 壬子-辛戌-壬子, 辛戌-坤申-丙午
坤申-丙午-乙辰, 丙午-乙辰-艮寅, 乙辰-艮寅-壬子, 艮寅-壬子-辛戌
壬子-艮寅-壬子, 艮寅-壬子-艮寅, 乙辰-艮寅-乙辰, 艮寅-乙辰-艮寅
乙辰-丙午-乙辰, 丙午-乙辰-丙午, 坤申-辛戌-坤申, 辛戌-坤申-辛戌
辛戌-壬子-辛戌, 壬子-辛戌-壬子

(2) 음통맥陰通脈

乾亥-癸丑-甲卯,　癸丑-甲卯-巽巳,　甲卯-巽巳-丁未,　巽巳-丁未-庚酉

丁未-庚酉-乾亥,　庚酉-乾亥-癸丑,　癸丑-乾亥-庚酉,　乾亥-庚酉-丁未

庚酉-丁未-巽巳,　丁未-巽巳-庚酉,　巽巳-甲卯-癸丑,　甲卯-癸丑-乾亥

癸丑-乾亥-癸丑,　乾亥-癸丑-乾亥,　乾亥-庚酉-乾亥,　庚酉-乾亥-庚酉

庚酉-丁未-庚酉,　丁未-庚酉-丁未,　巽巳-丁未-巽巳,　巽巳-甲卯-巽巳

甲卯-巽巳-甲卯,　甲卯-癸丑-甲卯,　癸丑-甲卯-癸丑

7) 15도수법十五度數法 − 구궁도의 15도수에 맞게 음양을 짝해야 길하다

용과 용이 배합이 되도록 중매中媒한다는 뜻의 산매山媒라는 말이 있다. 즉 음양을 이루고 천지의 운행이치인 구궁도의 15도수十五度數를 맞게 함으로써 진룡眞龍과 진혈眞穴을 찾는 방법이다. 음은 양을 짝하고, 양은 음을 짝하여 15도수를 맞추거나 5도수를 맞추면 된다.

예를 들어 감룡(坎龍, 壬子癸)은 구궁도의 1이고, 건룡(乾龍, 戌乾亥)은 구궁도의 6이며, 간룡(艮龍, 丑艮寅)은 구궁도의 8이다. 이를 합하면 15가 되므로 감룡坎龍−건룡乾龍−간룡艮龍 순으로 행룡하는 용은 길한 용이 된다.

손룡(巽龍, 辰巽巳)은 구궁도의 4이며, 감룡(坎龍, 壬子癸)은 1이다. 이를 합하면 5이므로 5도수가 되어 손룡巽龍−감룡坎龍 혹은 감룡坎龍−손룡巽龍으로 행룡하면 길하다.

〈구궁도〉

(4) 손(巽) 사록손궁(四綠巽宮) 진손사(辰巽巳)	(9) 리(離) 구자이궁(九紫離宮) 병오정(丙午丁)	(2) 곤(坤) 이흑곤궁(二黑坤宮) 미곤신(未坤申)
(3) 진(震) 삼벽진궁(三碧震宮) 갑묘을(甲卯乙)	(5) 중궁(中宮) 오황중궁(五黃中宮)	(7) 태(兌) 칠적태궁(七赤兌宮) 경유신(庚酉辛)
(8) 간(艮) 팔백간궁(八白艮宮) 축간인(丑艮寅)	(1) 감(坎) 일백감궁(一白坎宮) 임자계(壬子癸)	(6) 건(乾) 육백건궁(六白乾宮) 술건해(戌乾亥)

15도수 및 5도수

감(坎, 1)－건(乾, 6)－간(艮, 8)　　리(離, 9)－곤(坤, 2)－손(巽, 4)

진(震, 3)－간(艮, 8)－손(巽, 4)　　태(兌, 7)－건(乾, 6)－곤(坤, 2)

리(離, 9)－건(乾, 6)　　　　　　　태(兌, 7)－간(艮, 8)

감(坎, 1)－손(巽, 4)　　　　　　　진(震, 3)－곤(坤, 2)

8) 산매법 山媒法 － 건은 양의 머리, 손은 양의 꼬리, 곤은 음의 머리, 간은 음의 꼬리인데, 중매자가 앞장서서 음양을 짝해야 길한다

용맥이 음양으로 짝하는 동시에 15도수에 맞게 하는 법이다. 여기서 건乾과 손巽은 양이고, 곤坤과 간艮은 음이다. 낙서 구궁도에서 양의 으뜸인 건은 서북쪽에 위치하여 머리가 되고, 맞은편 동남쪽에 있는 손은 양의 꼬리가 된다고 보는 법이다. 음의 으뜸인 곤은 남서쪽에 위치하여 머리가 되고, 그 맞은편 동북쪽에 있는 간은 음의 꼬리가 된다고 본다.

양과 양끼리, 음과 음끼리는 생성이 불가능하다. 즉 건과 손이나, 곤과 간은 서로 교합할 수 없다. 음은 양을 짝하고, 양은 음을 짝해야 한다. 즉 건과 간이나, 곤과 손, 건과 곤 사이만 교합이 가능하다.

그런데 음양이 서로 원활히 교재하기 위해서는 중간에 중매자가 있어야 한다. 그 중매 역할을 하는 방위가 동서남북 사정四正 방위다. 즉 건과 간 사이에는 감坎이 있고, 손과 곤 사이에는 리離가 있다. 또 건과 손 사이에는 진震이 있고, 건과 곤 사이에는 태兌가 있다. 따라서 용에 사정 방위가 없으면 중매가 되지 않아 음양 교합이 이루어지지 않는다.

남녀가 서로 만나 교제하게 하려면 먼저 중매자가 앞서야 한다. 이러한 이치를 이용한 것이 바로 산매법이다. 따라서 산매법山媒法으로 혈을 찾으려면 우선 중매 역할을 하는 사정룡四正龍을 기준으로 한다. 산매법을 정리하면 다음과 같다.

감(坎, 1) – 건(乾, 6) – 간(艮, 8) : 자룡子龍이 우선右旋하면 임맥壬脈을 거쳐 건맥乾脈이 생긴다. 건맥에서 간맥艮脈을 찾아 짝한 다음 혈을 쓴다. 즉 건은 양이고 간은 음이므로 건간乾艮이 짝을 하고, 이를 중매하는 것은 감坎이다.

감(坎, 1) – 간(艮, 8) – 건(乾, 6) : 자룡子龍이 좌선左旋하면 계맥癸脈을 거쳐 간맥艮脈이 생긴다. 이 간맥에서 건맥乾脈을 찾아 짝한 다음 혈을 쓴다.

리(離, 9) – 손(巽, 4) – 곤(坤, 2) : 오룡午龍이 우선右旋하면 병맥丙脈을 거쳐 손맥巽脈이 생긴다. 이 손맥巽脈에서 곤맥坤脈을 취하여 혈을 쓴다. 즉 손은 양이고 곤은 음이므로 손곤巽坤이 짝을 하고, 이를 중매하는 것은 리離다.

리(離, 9) – 곤(坤, 2) – 손(巽, 4) : 오룡午龍이 좌선左旋하면 정맥丁脈을 거쳐 곤맥坤脈이 생긴다. 이 곤맥에서 손맥巽脈을 취하여 혈을 쓴다.

진(震, 3) – 간(艮, 8) – 손(巽, 4) : 묘룡卯龍이 우선右旋하면 갑맥甲脈을 거쳐 간맥艮脈이 생긴다. 이 간맥에서 손맥巽脈을 취하여 혈을 쓴다. 즉 간은 음이고 손은 양이므로 간손艮巽이 짝을 하고, 이를 중매하는 것은 진震이다.

진(震, 3) – 손(巽, 4) – 간(艮, 8) : 묘룡卯龍이 좌선左旋하면 을맥乙脈을 거쳐 손맥巽脈이 생긴다. 이 손맥에서 간맥艮脈을 취하여 혈을 쓴다.

태(兌, 7) – 곤(坤, 2) – 건(乾, 6) : 유룡酉龍이 우선右旋하면 경맥庚脈을 거쳐 곤맥坤脈이 생긴다. 이 곤맥에서 건맥乾脈을 취하여 혈을 쓴다. 즉 곤은 음이고 건은 양이므로 곤건坤乾이 짝을 하고, 이를 중매하는 것은 태兌다.

태(兌, 7) – 건(乾, 6) – 곤(坤, 2) : 유룡酉龍이 좌선左旋하면 신맥辛脈을 거쳐 건맥乾脈이 생긴다. 이 건맥에서 곤맥坤脈을 취하여 혈을 쓴다.

리(離, 9) – 건(乾, 6) : 병오정丙午丁 용맥이면 술건해戌乾亥 맥을 취하여 혈을 쓴다. 술건해 용맥이면 병오정 맥을 취하여 혈을 쓴다.

태(兌, 7) – 간(艮, 8) : 경유신庚酉辛 용맥이면 축간인丑艮寅 맥을 취하여 혈을 쓴다. 축간인 용맥이면 경유신 맥을 취하여 혈을 쓴다.

감(坎, 1) – 손(巽, 4) : 임자계壬子癸 용맥이면 진손사辰巽巳 맥을 취하여 혈을 쓴다. 진손사 용맥이면 임자계 맥을 취하여 혈을 쓴다.

진(震, 3) – 곤(坤, 2) : 갑묘을甲卯乙 용맥이면 미곤신未坤申 맥을 취하여 혈을 쓴다. 미곤신 용맥이면 갑묘을 맥을 취하여 혈을 쓴다.

9) 호순신법胡舜申法 - 용맥을 보고 물의 길흉 관계를 판단

호순신법胡舜申法이 널리 알려진 것은 조선왕조실록에 나타난 하륜河崙의 상소 내용 때문이다. 태조 이성계가 계룡산 신도안으로 도읍을 옮기려 하자 당시 경기관찰사였던 하륜이 상소를 올려 풍수상 좋지 않은 곳이라고 반대했다. 이때 반대의 근거로 삼은 것이 호순신의 이론이다. 조선왕조실록에 나와 있는 상소문을 소개하면 다음과 같다.

"도읍은 마땅히 나라의 중앙에 있어야 될 것이온데, 계룡산은 지대가 치우쳐서 동면, 서면, 북면과는 서로 멀리 떨어져 있습니다. 또 신臣이 일찍이 신의 아버지를 장사지내면서 풍수 관계의 여러 서적을 대강 열람했사옵니다. 지금 듣건대 계룡산 땅은, 산은 건방乾方에서 오고 물은 손방巽方으로 흘러간다 하옵니다. 이것은 송宋나라 호순신胡舜申이 이른바, '물이 장생長生을 파파破하면 쇠패衰敗가 곧 닥치는 땅'이므로, 도읍을 건설하는 데 적당하지 못합니다."

태조는 하륜, 권중화, 정도전, 남재 등에게 고려왕조의 산릉山陵의 길흉吉凶 관계를 호순신법과 비교하여 조사해 보라고 명하였다. 이들이 산수山水가 오고간 것을 상고해 보니 길흉이 모두 맞았다.

이에 태조는 대장군大將軍 심효생沈孝生을 계룡산에 보내어 새 도읍의 역사를 그만두게 하였다. 그러자 중앙과 지방에서 모두 크게 기뻐하였다. 이때부터 호순신의 글이 일반에 널리 반행頒行하게 되었다.

호순신법 적용방법

호순신법은 산이 내려오는 방위를 기준으로 사국四局을 정한다. 이때 쓰는 오행은 홍범오행洪範五行이다. 그리고 물의 득수처와 파구처의 방위를 살펴 각각 12포태법으로 어디에 해당되는가를 살핀다.

물이 득수하는 곳은 길한 방위여야 하고, 파구되는 곳은 흉한 방위여야 한다. 만약 물이 흉방에서 들어오고 길방으로 나가면 그곳은 흉지가 된다.

예컨대 계룡산의 경우, 산이 건방乾方에서 왔으므로 홍범오행으로 금국金局에 해당된다. 금국은 간인艮寅에서 기포起胞를 하여 순행하면, 손사巽巳는 생궁生宮에 해당된다. 생궁은 매우 길한 방위인데 이곳으로 물이 빠져나가므로 계룡산은 쇠패衰敗가 닥치는 흉지라고 본 것이다.

홍범오행은 다음과 같다.

목木 : 간艮 묘卯 사巳

화火 : 임壬 을乙 병丙 오午

토土 : 계癸 축丑 미未 곤坤 경庚

금金 : 정丁 유酉 건乾 해亥

수水 : 자子 인寅 갑甲 진辰 손巽 신申 신辛 술戌

이를 사국四局으로 분류할 때는 토土와 수水를 하나로 본다. 이는 내룡來龍의 방위를 가지고 분류하므로 입수1절룡을 기준한다.

〈호순신법 조견표〉

사국(四局)		목산(木山)	화산(火山)	금산(金山)	수산(水山) 토산(土山)	길흉화복 (吉凶禍福)	
내룡(來龍) 입수룡(入首龍)		艮 卯 巳	壬 乙 丙 午	丁 酉 乾 亥	子 寅 甲 辰 巽 申 辛 戌 癸 丑 未 坤 庚		
구성법	12포태법					득수	파구
녹존(祿存)	포(胞)	곤신(坤申)	건해(乾亥)	간인(艮寅)	손사(巽巳)	흉	길
	태(胎)	경유(庚酉)	임자(壬子)	갑묘(甲卯)	병오(丙午)	흉	길
탐랑(貪狼)	양(養)	신술(辛戌)	계축(癸丑)	을진(乙辰)	정미(丁未)	길	흉
	생(長生)	건해(乾亥)	간인(艮寅)	손사(巽巳)	곤신(坤申)	길	흉
문곡(文曲)	욕(沐浴)	임자(壬子)	갑묘(甲卯)	병오(丙午)	경유(庚酉)	흉	길
	대(冠帶)	계축(癸丑)	을진(乙辰)	정미(丁未)	신술(辛戌)	길	흉
무곡(武曲)	관(臨官)	간인(艮寅)	손사(巽巳)	곤신(坤申)	건해(乾亥)	길	흉
	왕(帝旺)	갑묘(甲卯)	병오(丙午)	경유(庚酉)	임자(壬子)	길	흉
거문(巨門) 보필(輔弼)	쇠(衰)	을진(乙辰)	정미(丁未)	신술(辛戌)	계축(癸丑)	무방	무방
염정(廉貞)	병(病)	손사(巽巳)	곤신(坤申)	건해(乾亥)	간인(艮寅)	흉	길
	사(死)	병오(丙午)	경유(庚酉)	임자(壬子)	갑묘(甲卯)	흉	길
파군(破軍)	묘(墓)	정미(丁未)	신술(辛戌)	계축(癸丑)	을진(乙辰)	흉	길

• 출처 : 호순신법(지리신법)

　탐거양생(貪居養生), 무거관왕(武居官旺), 문거욕대(文居浴帶), 염거병사(廉居病死), 녹거태절(祿居胎絕), 거거쇠(巨居衰), 보필좌지(쇠)(輔弼佐之), 파거묘(破居墓)

5장

혈세론 穴勢論

예로부터 "삼년심룡에 십년점혈 三年尋龍 十年點穴" 이라 하였다. 용을 찾는 것은 3년 걸리고 혈을 찾는 것은 10년 걸린다는 뜻이다. 용을 찾는 것도 어려운 일이지만, 그 용이 결지하는 혈을 점지하는 것은 더욱 어렵다는 것을 나타내는 글이다.

세종대왕 영릉
헌릉 옆에 있던 세종대왕릉을 이곳으로 이장하고서 조선왕조가 100년
이 더 연장되었다는 설이 있을 만큼 천하대명당이다. 주산을 떠난 용이
다시 돌아 주산을 바라보고 있다 하여 '회룡고조혈' 이라 한다.

1. 혈의 개요

혈穴은 풍수지리에서 용龍과 함께 가장 중요한 곳이다. 이를 혈지穴地, 혈판穴坂, 당판堂坂이라고도 한다. 음택의 경우 시신을 매장하는 장소이며, 양택의 경우는 건물이 들어서는 곳이다. 혈을 인체에 비유하면 경혈經穴과 같다.

천리를 행룡한 용도 겨우 한 자리 혈을 맺을 따름이다

태조산을 출발한 용이 수백 리 혹은 수십 리를 수많은 변화 과정을 거치면서 행룡하는 것은, 이 혈 하나를 결지結地하기 위해서다. 이 때문에 옛날부터 혈을 매우 귀하게 여겨왔다. 옛글에는 혈의 중요성을 강조하여 "천리내룡 근유일석지지千里來龍 僅有一席之地"라 하였다. 즉 "천리를 행룡한 용도 겨우 한 자리 혈을 맺을 따름이다"라는 뜻이다.

혈은 주룡으로부터 공급받은 생기가 모여 있는 곳이다. 용이 물을 만나 더 이상 나가지 못하면 지기地氣가 서로 모이고 엉킨다. 이곳에 땅의 생기인 지기가 융취融聚되는데 바로 혈이다. 그러므로 혈은 용의 흐름이 끝나는 용진처龍盡處에 주로 맺는다. 뒤로는 생기를 전달하는 능선이 있고, 앞으로는 생기를 멈추게 해주는 물이 있다. 이러한 지형을 흔히 배산임수背山臨水라고 한다.

혈속의 토질을 혈토穴土라고 한다. 돌도 아니고 흙도 아닌 비석비토非石非土다. 돌처럼 단단하나 손으로 비비면 고운 분가루처럼 미세하게 분해되는 흙이다. 혈토의 색깔은 홍紅, 황黃, 자紫, 백白, 흑黑 등 오색 이상이며, 마치 참기름을 뿌린 것과 같이 밝고 윤기가 있다.

풍수지리의 고전이라 할 수 있는 《금낭경錦囊經》은 "장자승생기야葬者

乘生氣也"라 하였다. 즉 "장사葬事는 반드시 생기가 있는 땅에 지내야 한다"고 하였으니, 생기가 모여 있는 혈에 지내야 한다.

그러나 용진혈적龍盡穴的한 진혈지眞穴地를 찾는 것은 그리 쉬운 일이 아니다. 옛날부터 "삼년심룡三年尋龍에 십년점혈十年點穴"이라 하였다. 용을 찾는 데 3년 걸리고 혈을 찾는 데 10년 걸린다는 뜻이다. 용을 찾는 것도 어려운 일이지만, 그 용이 결지하는 혈을 점지하는 것은 더욱 어렵다는 것을 나타내는 글이다.

그렇기 때문에 진혈대지眞穴大地는 천장지비天藏地秘라 하였다. 하늘이 감추고 땅이 숨기기 때문에 찾아 쓰기가 어렵다는 뜻이다. 공과 덕을 쌓은 사람이 아니면 쉽게 보여 주지 않기 때문에, 혈을 찾고자 하면 먼저 적공유덕積功有德을 하여야 한다고 강조하였다.

그러나 지극한 정성과 참된 실력으로 구산求山을 하면 반드시 찾을 수 있는 것이 혈이다. 혈은 "여천지동행如天地同行"하는 것이라고 하였다. 세상이 끝나는 날까지 인류와 함께 한다는 뜻이다. 오랜 세월 많은 사람들이 혈을 찾아왔지만 아직도 남아 있는 혈은 무수히 많다.

우리나라의 경우 도선국사의 《유산록遊山錄》을 비롯하여 혈의 위치와 발복을 예언한 여러 결록結錄이 전하고 있다. 이 중 아직도 찾지 못한 명혈名穴이 많이 남아 있다.

장엄한 태조산의 용루龍樓와 보전寶殿에서 출발한 용은 수많은 변화 과정을 거치며 수백 리 수십 리를 행룡한다. 험한 기운을 모두 정제 순화시켜 순수한 생기만 혈에 공급하여 준다. 혈은 용으로부터 받은 생기를 가두고 보존할 수 있는 조건을 갖추어야 한다.

음택은 자손의 부귀를, 양택은 거주자의 건강과 생체리듬을 향상

혈은 생기를 융결融結한다. 음택의 경우 유골遺骨을 편안하게 하고, 거기서 파장된 에너지는 유전인자가 똑같은 자손에게 전파되어 자손의 부

귀빈천부富貴貧賤을 관장한다. 양택의 경우는 혈에서 발생한 훈풍화기薰風
和氣가 거주자의 건강과 생체리듬을 향상시켜 생활의 활력을 증대시킨다.

이와 같은 혈은 자연현상이면서 신비한 것이다. 아직까지 서구학문으
로는 그 기능과 성능을 설명하지 못하고 있다. 그렇다고 해서 자연현상
이 미신일 수는 없다. 혈세론은 동양사람들이 수천 년 동안 자연과 함께
하면서 삶의 경험을 토대로 정립시킨 이론이다.

2. 혈의 결지조건

혈지는 생기가 뭉쳐 있어 밝고 부드러우면서 단단하다

혈은 기세생왕氣勢生旺한 용이 행룡을 멈춘 곳에 맺는다. 용이 변화해
야 지기가 생동하고, 용이 멈추어야 지기가 융결될 수 있기 때문이다. 즉
용-진龍盡해야 혈적穴的함이 풍수지리의 원칙이다. 그러나 깨지고 절단된
사절룡死絶龍에서 혈의 결지는 불가능하다.

혈지는 항상 양기 바르고 수려하다. 또 견고堅固하면서 유연柔軟하다.
왜냐하면 혈지는 깨끗한 생기가 뭉쳐 있기 때문에 흙이 밝고 부드러우면
서 단단하다.

그리고 맑은 물은 여러 골짜기에서 나와 혈을 감싸고돌아 환포環抱해
준다. 물이 생기를 가두고 보호해 주어야 하기 때문이다. 혈 주변의 산들
인 사격砂格은 아름답고 귀한 형상으로 혈을 감싸 보호한다. 바람으로부
터 혈의 생기가 흩어지지 않도록 하기 위해서다.

용혈사수의 음양이법이 맞지 않으면 재앙이 따른다

용혈사수龍穴砂水의 음양이법陰陽理法이 모두 합법合法하여야 한다. 만약 음양오행의 이법이 맞지 않으면 재앙이 따른다. 생왕한 용혈인데 이법이 좋지 않으면, 발복은 한다 할지라도 이법이 맞지 않은 만큼의 흉화를 받는다.

예를 들어 제왕지지 혈이 있다면 그 형세적인 발복으로 제왕이 되기는 하지만, 음양이법이 좋지 않은 만큼 제왕으로서 역할을 제대로 할 수 없게 된다.

3. 혈의 결지과정과 구성형태

'제일성봉'이 구성 중 어떤 것이냐에 따라 혈의 형태가 결정

혈은 태조산으로부터 출맥한 용이 먼 거리를 개장천심開帳穿心, 기복起伏, 박환剝換, 과협過峽, 위이逶迤 등 수많은 변화를 하면서 중조산, 소조산, 현무봉을 거쳐 행룡한다. 그러다 강이나 하천 등 물을 만나 더 이상 나갈 수 없을 때 멈추게 된다. 용맥이 한 곳에 머물면 생기가 모아져 혈을 결지하게 된다. 이를 취기聚氣라 한다.

용맥이 태조산의 용루龍樓와 보전寶殿에서 중출中出로 낙맥落脈한 다음 제일성봉第一星峰을 성봉成峰한다. 이 제일성봉이 구성九星 중 어떤 것이냐에 따라 행룡의 오행정신이 나타나고 혈의 형태도 결정된다.

만약 제일성봉이 탐랑貪狼 목木이면 주룡의 기본정신도 탐랑 목이다.

이 주룡이 혈을 맺으려면 소조산인 주산을 제일성봉과 똑같은 정신과 형태인 탐랑 목으로 성봉한다. 그리고 주산을 출발한 용맥은 용진처에 이르러 탐랑 목인 유두혈乳頭穴을 맺는다.

위의 사실에 입각해서 구성九星은 다음과 같이 결지한다.

- 탐랑성貪狼星은 유두혈乳頭穴을 맺는다.
- 거문성巨文星은 겸차혈鉗叉穴을 맺는다.
- 녹존성祿存星은 소치혈梳齒穴이나 겸차혈鉗叉穴을 맺는다.
- 문곡성文曲星은 장심혈掌心穴을 맺는다.
- 염정성廉貞星은 여벽혈犁鐴穴을 맺는다.
- 무곡성武曲星은 원와혈圓窩穴을 맺는다.
- 파군성破軍星은 첨창혈尖槍穴을 맺는다.
- 좌보성左輔星은 연소혈燕巢穴과 괘등혈卦燈穴을 결지한다.
- 우필성右弼星은 평지 은맥으로 행룡하다가 평지 돌혈突穴을 결지한다.

1) 탐랑 유두혈 – 소조산인 주산이 죽순처럼 생겨 단아하고 수려한 산

탐랑성貪狼星은 소조산인 주산이 죽순처럼 생겨 단아하고 수려한 산을 말한다. 산중턱에 지각이 없으며 반듯하고 깨끗하다.

원통형처럼 생긴 산을 귀인봉이라 하고, 삼각형 모양으로 정상이 붓끝처럼 뾰족하게 생긴 것을 문필봉이라 한다. 오행은 목木이다.

용진처에 이르러 평평하게 생긴 능선을 만들고, 그 위에 유두혈을 맺는다

탐랑 주산은 좌우양변으로 개장開帳하여 청룡백호를 만들고, 중심으로는 주룡을 출맥시킨다. 출맥한 주룡은 온갖 변화를 다한 다음 단아한 현무봉을 만든다. 현무봉에서 다시 개장하고, 그 가운데로 천심穿心한 주룡은 위이逶迤와 결인속기結咽束氣 등의 변화를 하면서 행룡한다.

용진처에 이르러 혈을 맺고자 할 때는, 평평하게 생긴 능선을 수평으로 길게 뻗친다. 위는 가늘고 아래로 내려갈수록 점점 넓어지는 상세하거上細下巨의 형태다. 혈은 하부에서 가장 비만肥滿한 곳에 있다. 혈을 맺은 능선은 아래로 내려가면서 다시 폭이 좁아지는데 그 거리는 매우 짧다. 이 모양이 마치 여인네의 유방과 비슷하다 하여 유두혈乳頭穴이라고 한다.

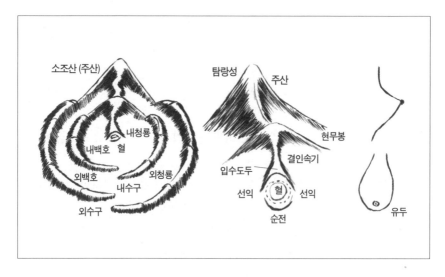

〈탐랑 유두혈〉

혈장 모양이 유방처럼 생겼으며, 가장 풍만한 곳에 혈이 있다

유두는 유방의 끝 부분에 있으므로, 혈도 능선의 끝 부분에 주로 맺는다. 유두가 자리한 곳은 유방에서 가장 풍만한 곳이므로, 혈도 가장 비만해진 육후처肉厚處에 결지한다. 이곳을 곡식을 쌓아놓은 듯하다 하여 종축지처種畜之處라고도 한다. 또는 살이 찐 곳이라는 뜻으로 기부肌附, 방석을 여러 장 포개서 깔아놓은 듯하다 하여 포전鋪氈이라고도 한다. 흔히 두 단어를 합쳐 '기부포전' 이라고 한다.

기부포전한 혈장을 자세히 보면 뒤로는 입수도두入首倒頭, 양옆으로는 선익蟬翼, 앞에는 순전脣氈이 있다. 이들은 혈장을 지탱하고 그 안에 생기를 가둘 수 있는 구조로 되어 있다. 혈장 가운데에는 달무리처럼 둥근 원형의 혈운穴暈이 있다. 혈은 혈운 안의 작은 공간을 말한다. 이곳에 지기가 응결되는 것이다.

유두혈을 찾을 때 자칫 잘못하면 진혈지 뒤 평평하게 늘어져 누운 곳을 혈로 착각하여 점혈點穴하기 쉽다. 그곳은 입수룡으로 용맥이 지나가는 과룡처過龍處다. 점혈하게 되면 인상패절人傷敗絶의 재앙을 가져오므로 주의해야 한다.

유두혈은 혈장의 크기에 따라 대유大乳와 소유小乳로 나눈다. 또 혈장의 길이에 따라 장유長乳와 단유短乳로 구분한다. 혈장 두 개가 나란히 있으면 쌍유雙乳라고 한다.

2) 거문 겸차혈鉗叉穴 - 주산의 정상이 평평하고 반듯한 형태

거문성巨門星은 주산의 정상이 일자一字 모양으로 평평하고, 지각이 없는 깨끗하고 반듯한 형태다. 일자 모양의 양끝으로 뻗은 능선은 청룡과 백호가 되어, 가운데로 뻗어 내려온 주룡을 보호한다. 거문성의 오행은 토土다.

일자 중심에서 나온 용은 멀리 가지 못한다. 보통 5리에서 10리 정도 행룡한다고 하지만 그 이하일 때도 있다. 행룡할 때는 3~4개의 작은 소원봉小圓峰을 만드는데, 그 거리가 매우 가깝다.

겸혈은 목에 씌우는 큰 칼 같고, 차혈은 비녀 같다

결혈結穴할 때는 혈 뒤에 마치 병풍을 친 것 같은 옥병사玉屛砂를 만든다. 혈의 모양은 큰 칼이나 비녀 같은 겸차혈鉗釵穴을 결지한다. 혈장은 용맥보다 낮은 곳에 위치한다. 특이한 점은 양쪽으로 뻗은 선익이 혈보다 높고 길다.

혈장은 입수도두와 선익 아래 약간 볼록한 부분에 있다. 그 형태가 마치 죄인의 목에 씌우는 큰 칼 같다 하여 겸혈鉗穴이라고 한다. 겸혈鉗穴은 입수도두 양쪽에서 선익蟬翼이 비교적 직선으로 길게 뻗었다. 혈은 그 아래에 위치해 바람으로부터 선익의 보호를 받는다. 선익은 끝에 가서 혈쪽으로 굽어 만곡彎曲하면서 혈을 회포回抱한 형태를 취한다.

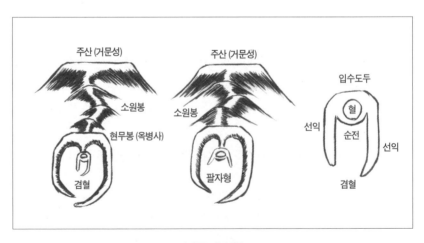

〈거문 겸차혈〉

차혈釵穴은 선익이 좌우 양쪽으로 비녀 같은 능선을 뻗은 것이다. 겸혈처럼 길기는 하나 끝이 만곡하여 회포하지는 않는다. 겸혈이나 차혈은 대부분 입수도두가 원형으로 되어 있다.

그러나 입수도두가 평평하게 되어 있는 경우도 있다. 이때는 양쪽으로 뻗은 선익이 팔자八字형으로 생겼다.

겸차혈鉗釵穴은 입수도두와 선익보다 낮은 곳에 있기 때문에 찾기가 어렵다. 혈은 오목한 혈장 상단에 위치하고, 그 부분만 약간 볼록하다. 즉 겸중미돌鉗中微突한 부분에 있다. 혈 앞은 더욱 낮아 그곳으로 물이 빠져나간다. 물이 직선으로 나가면 안 되기 때문에 작은 능선으로 된 하수사가 교쇄해 주어야 한다.

3) 녹존 소치혈梳齒穴 — 거문성처럼 주산이 일자형

녹존성祿存星은 주산의 형태가 거문성과 같이 일자 모양으로 생겼다. 그러나 거문성은 정상이 반듯한 일자 모양인 반면, 녹존성은 약간 미원체微圓體로 되어 있다.

거문성은 일자 모양으로 끝이 반듯한 각으로 이루어져 있으나, 녹존성은 그렇지 않다. 거문성은 지각이 없이 깨끗한 반면에, 녹존성은 지각이 많아 지저분한 편이다. 지각이 많다는 것은 골짜기도 많다는 뜻이다.

중심맥을 구분하기 힘들므로 단아한 소원봉을 찾는 것이 중요

녹존성의 오행은 거문성과 같이 토土다. 녹존성 산신山身에는 수많은 지각이 있어, 어느 것이 중심맥인지 구분하기 힘들다. 녹존성 중심맥은 산중턱에서 출맥하는데 처음에는 그 폭이 매우 작고 가늘다. 그러다 아래로 내려가면서 폭도 커지고 능선도 점점 비대해진다. 또한 기세 있는 변화로 행룡한다. 이 능선이 혈을 맺고자 할 때는 깨끗하고 단아한 소원봉

小圓峰을 만든다. 혈은 동그랗게 생긴 작은 소원봉 정상이나 그 아래에 있다. 혈장은 약간 오목하면서 긴 겸혈鉗穴을 결지하는 것이 원칙이나, 꼭 그렇지는 않다. 때에 따라서는 와혈이나 돌혈을 맺을 때도 있다.

소치혈은 전체 모습이 얼레빗이나 치아와 비슷

녹존성 아래 소원봉에 맺는 혈을 소치혈梳齒穴이라고 부른다. 그 이유는 주산인 녹존성에서 내려온 수많은 능선들 때문이다. 멀리서 보면 마치 얼레빗의 빗살과 입의 치아와 비슷하다.

중심맥을 제외한 나머지 능선들은 모두 소원봉을 감싸 보호해 주는 역할을 한다. 그러므로 녹존 소치혈을 찾고자 할 때는 무엇보다도 먼저 깨끗하고 아담한 소원봉을 찾는 것이 중요하다.

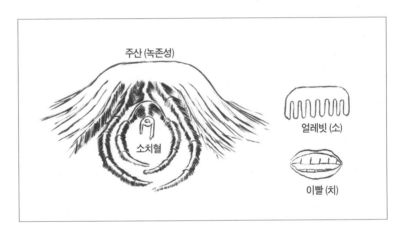

〈녹존 소치혈〉

4) 문곡 장심혈掌心穴 - 작은 파도를 일으키며 흐르는 모양

문곡성文曲星은 출맥할 때 다른 구성처럼 뚜렷한 봉우리를 기봉起峰하지 않는다. 다만 미미한 반봉半峰들이 연속으로 이어져 행룡한다. 그 모습이 마치 물이 작은 파도를 일으키며 흐르는 것과 같다 하여 수성水星이라고도 부른다. 당연히 오행은 수水다.

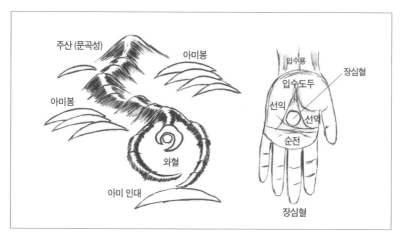

〈문곡 장심혈〉

작은 아미봉蛾眉峰들이 용을 호위하고, 손바닥 같은 혈장을 만든다

문곡성이 행룡할 때, 그 옆에는 작은 아미봉蛾眉峰들이 3~4개씩 있어 용을 호위한다. 반봉으로 계속 이어져 내려온 주룡이 용진처에 이르러서는 손바닥 같은 장심혈掌心穴을 결지한다. 손바닥 중앙 부분의 움푹 들어간 곳이 혈이다. 와혈窩穴에 속하고 혈장이 원만하다.

안산을 비롯한 주변의 산들은 초승달이나 미인의 눈썹 같은 아미형태다. 산들이 야트막하면서 완만한 곡선으로 생긴 것을 말한다. 이러한 사격砂格들이 가깝게 있어야 진혈이다.

5) 염정 여벽혈犁鐴穴 - 불꽃이 타오르는 모양

염정성廉貞星은 오행은 화火다. 화기 충천한 바위들이 날카롭고 뾰족하게 서 있어 마치 불꽃이 타오르는 모습과 같다. 산세가 험하여 감히 접근하기 어렵다. 그만큼 기가 세고 험하다는 뜻이다. 이러한 곳에서는 혈을 맺을 수 없다. 그래서 염정성은 태조산이 대부분이지 소조산인 주산이 되는 경우는 극히 드물다. 그러나 예외적으로 주산이 되어 혈을 맺으면 대혈을 맺게 된다.

현무봉을 '화개삼봉'으로 만들고, 회룡고조하여 혈을 맺는데 그 모습이 쟁기와 흡사하다

염정성의 험한 화기를 순수한 생기로 정제하기 위해서는 큰 변화를 해야만 한다. 그 대표적 현상이 현무봉을 화개삼봉華蓋三峰으로 만드는 것이다. 화개삼봉이란 귀인성의 봉우리 3개가 나란히 서 있는 것을 말한다. 소조산의 기가 센 만큼 화개삼봉의 현무봉도 험한 바위로 되어 있는 경우가 대부분이다. 모양만 귀인봉일 따름이다.

화개삼봉의 중심맥은 가운데 봉우리에서 출맥한다. 양쪽 봉우리에서 뻗은 능선은 청룡과 백호가 되어 주룡을 보호한다. 가운데 봉우리 중턱에서 크게 낙맥한 주룡은 큰 변화를 하면서 험한 살기를 모두 털어 낸다. 바위투성이 산들이 깨끗한 흙산으로 점차 변해 가는 것이다.

그러다 혈을 맺고자 할 때는 갑자기 방향을 크게 회전하여 자신이 출발해 온 태조산, 중조산, 소조산 등 조종산祖宗山을 바라본다. 방향을 크게 바꿀 때 험한 살기는 거의 다 떨어져 나간다. 여기서 혈까지 이어지는 맥이 입수룡이다. 입수룡이 자신의 조종산을 바라보고 혈을 맺는다 하여 이를 회룡고조혈回龍顧祖穴이라 한다.

이 전체적인 모습이 마치 밭을 일굴 때 쓰는 쟁기와 같다 하여 여벽혈犁鐴穴이라고 한다. 여犁는 '쟁기'라는 뜻이고, 벽鐴은 쟁기의 핵심인 '보

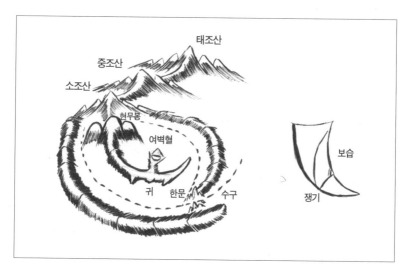

〈염정 여벽혈〉

습'이라는 뜻이다. 혈은 쟁기의 끝이 아닌 중간 보습에 있기 때문에 주룡에서 횡룡입수橫龍入首하는 경우가 많다.

염정성은 불꽃이 타오르는 듯 끝이 뾰족하므로, 그 기운을 받은 혈장역시 끝이 뾰족하고 날카롭다. 혈은 주로 와혈窩穴을 맺는다.

화개삼봉 양쪽 봉우리에서 나온 능선이 청룡백호가 되어 조밀하게 혈을 감싸주어야 좋다. 소조산은 석산 첨봉이기 때문에 개장한 양쪽 능선은 외청룡, 외백호가 되어 혈을 감싸주고 수구를 형성한다.

이때 석산의 기운이 남아 있어 바위로 된 화표華表나 한문扞門, 나성羅星 등을 형성한다. 이러한 수구사水口砂는 보국의 기운을 안정시키는 역할을 한다.

6) 무곡 원와혈圓窩穴 — 커다란 종이, 가마솥을 엎어놓은 모양

무곡성武曲星은 소조산인 주산이 마치 커다란 종이나 가마솥을 엎어 놓은 것같이 생긴 것을 말한다. 산 정상이 원형으로 되어 있으며, 중턱에 는 지각이 없다. 풍만한 산으로 오행은 금金이다.

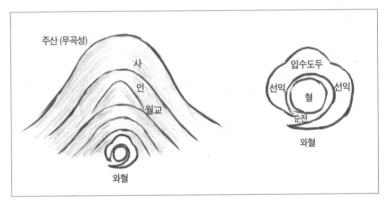

〈무곡 원와혈〉

작은 봉우리를 만들며 행룡하고, 닭둥지 같은 와혈을 맺는다

주룡은 개장한 양 능선의 호위를 받으며 중간에서 중출로 출맥한다. 특이한 점은 땅속으로 맥이 이어지기 때문에 용의 능선이 뚜렷하게 보이 지 않는다. 이를 속입수續入首라고 한다. 용은 멀리 가지 않고 비교적 가 까운 거리에 혈을 맺는다.

용이 행룡하면서 중간 중간에 사梭, 인印, 월교月皎 같은 작은 봉우리를 만든다. 사梭는 베를 짤 때 실꾸리를 넣는 데 사용하는 북 모양이고, 인印 은 도장 모양이며, 월교月皎는 달이 떠오르는 모양이다. 이들 소봉小峰 사 이의 거리는 매우 짧다. 그래서 산 아래에서 보면 뚜렷하게 안 보인다. 단지 하나의 산으로 보일 수도 있다.

이 소봉 중간으로 맥이 이어져 용진처에 이르러서는 대표적인 와혈을 맺는다. 입수방법은 속입수로 용맥이 육안으로 뚜렷하게 보이지 않는다. 그러나 자세히 보면 반달처럼 생긴 산이 중복되어 있다. 용맥은 그 사이로 끊어진 듯 다시 이어져 있다. 이와 같이 속입수하는 맥을 월사맥月砂脈이라고도 한다.

혈은 닭의 둥지 같은 원와혈圓窩穴을 맺는다. 즉 땅이 움푹 파인 듯한 곳이 혈장이다. 혈은 와중미돌窩中微突한 곳에 위치한다.

7) 파군 첨창혈尖槍穴 — 바람에 나부끼는 깃발의 모양

파군성破軍星의 형태는 뾰족하고 날카로운 석봉石峰들이 횡렬로 길게 서 있는 것을 말한다. 앞쪽은 높고 뒤로 갈수록 낮아 마치 바람에 나부끼는 깃발과 같은 형상이다. 매우 험준한 산으로 골짜기가 깊고 가파르다. 오행은 금金이다.

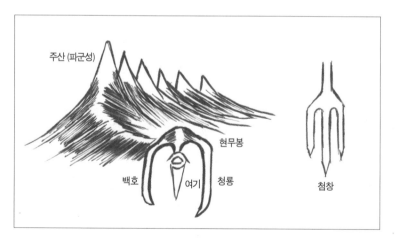

〈파군 첨창혈〉

험한 살기를 순화시키는 '박환'을 거듭, 용진처에 이르러
삼지창과 같은 '첨창혈'을 맺는다

산이 험준하고 악석惡石이 많다는 것은 기가 그만큼 험하고 사납다는
뜻이다. 근처에 혈을 맺을 수 없다. 파군성이 혈을 결지하려면 비교적 먼
거리를 행룡해 가야 한다. 행룡하면서 타구성으로 변화하면서 험한 살기
를 순화시킨다. 이를 박환剝換이라고 한다.

그러나 아무리 탐랑성이나 거문성, 무곡성 등으로 박환하였다고 하지
만 파군성의 기운은 그대로 가지고 있다. 날카롭고 뾰족한 지각들이 직
선으로 뻗는다. 지각의 모습은 마치 예리한 창과 같다.

이렇게 행룡한 주룡이 용진처에 이르러 혈을 맺을 때도 창 모양의 혈
장을 만든다. 혈장도 길쭉하고 청룡백호의 능선도 직선으로 길게 뻗는
다. 이때 청룡백호의 높이는 혈장과 거의 비슷하며, 거리는 가깝다. 이
모양이 마치 날카로운 삼지창과 같다 하여 첨창혈尖槍穴이라고 한다.

혈을 결지하고 남은 여기餘氣는 앞으로 길게 뻗어 긴 창과 같은 모습
이다. 혈은 겸혈鉗穴을 맺는 것이 원칙이다. 그러나 유혈乳穴도 맺을 수
있다.

8) 좌보 반와혈半窩穴 – 머리에 쓰는 두건의 모양

좌보성左輔星은 높고 낮은 두 개의 봉우리가 하나로 연결된 산이다. 그
모습이 마치 머리에 쓰는 두건처럼 생겼다 하여 복두형幞頭形이라고 한
다. 오행은 토土다.

중국에 비해 우리나라는 좌보성을 찾아보기 어렵다
주룡은 높은 봉우리에서 급하게 내려오다가 산중턱에 급작스럽게 멈
추어 혈을 맺는다. 혈이 맺는 곳은 평평하다. 가파른 산중턱에 혈이 있으

니, 그 모습이 마치 등잔에 호롱불
이 걸려 있는 거와 같아 괘등혈掛
燈穴이라 한다. 또는 처마 밑에 있
는 제비집 같다 하여 연소혈燕巢穴
이라고도 한다.

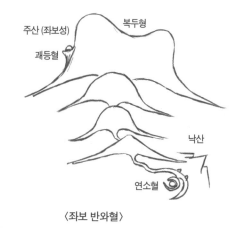

〈좌보 반와혈〉

주룡이 가파르게 내려와 작은
평지를 만들고 그곳에 혈을 맺기
때문에 바람을 타기 쉽다. 그래서
혈은 보통 오목하게 들어간 반와
혈半窩穴이다. 그러나 우리나라에
서는 좌보성인 복두형 산이 흔치 않다. 그 이유는 천상의 좌보성이 중국
에서는 보이지만 우리나라에서는 안 보이기 때문이라고 한다. 따라서 좌
보 반와혈은 찾아보기 힘들다.

암자庵子는 보통 '괘등혈'과 '연소혈'에 해당

형태는 다르지만 괘등혈과 연소혈은 많이 있다. 산중턱에 있는 평평한
지형에 혈을 맺는 것을 말한다. 암자庵子가 자리잡고 있는 땅이 보통 이
러한 곳이다. 괘등혈이나 연소혈이라고 해서 주산이 반드시 좌보성이어
야 한다는 법은 없으므로 혼동하지 말아야 한다.

복두형을 출발한 주룡이 산 아래로 내려와 행룡할 때는 작은 원봉圓峰
이나 삿갓처럼 생긴 산을 만든다. 특이한 것은 지각이 항상 양변으로 벌
려지고 평행한다. 용진처에 이르러서는 횡룡으로 입수하여 혈을 맺는다.
여기서도 혈은 반와半窩로 맺는다.

9) 우필 은맥미돌혈隱脈微突穴 ─ 주룡이 지중의 은맥으로 행룡

천상의 우필성右弼星은 육안으로 보이지 않는 별이다. 따라서 그 기운을 받는 지상의 산맥도 보이지 않는다. 땅속이나 수중에 숨어 있으며, 오행은 금金이다.

주룡이 지중의 은맥隱脈으로 행룡하기 때문에 용과 혈을 찾기 힘들다. 간혹 과협처나 결인속기처, 박환처 등 변화하는 곳에서 말발굽 같은 흔적이 나타난다. 그 흔적 사이로 맥이 연결되어 있다. 미세한 용맥의 모습은 마치 뱀이 풀밭을 기어가는 듯하다. 이를 초중사행草中蛇行한다고 표현한다.

그러나 은맥으로 행룡하는 용맥을 구분하기란 매우 어렵다. 이때는 작은 물줄기가 은맥을 사이에 두고 양쪽으로 흐르고 있는지를 살핀다. 용맥의 생기는 물이 보호하고 인도하기 때문이다.

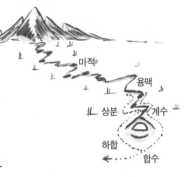

〈우필 은맥미돌혈〉

땅속 은맥으로 행룡한 용이 평지에 약간 돌출해서 맺는 혈

땅속으로 흐르던 맥이 행룡을 멈추면 땅 위로 약간 돌출된다. 지기가 모아지기 때문이다. 우필성은 이곳에 혈을 맺는다. 은맥이 용진처에 이르러 평지로 약간 돌출한 다음, 혈을 맺는다 하여 이를 은맥미돌혈隱脈微突穴이라고 한다. 정확한 혈처는 미돌한 지점 중 오목하게 들어간 부분이다. 즉 미돌와중微突窩中한 곳이 진혈이다.

이때 물은 혈 앞에서 합수해야 한다. 지기가 더 이상 앞으로 나가지 못하고 응결하려면 물이 가로막고 있어야 하기 때문이다. 평지에서 혈을 찾을 때는 용맥을 보지 말고 물을 보라는 말은 여기서 생겨났다.

평지의 미미한 돌출부분에 혈을 결지했다 하여, 혈의 발복發福이 작은 것은 아니다. 혈의 결지 요건인 입수도두, 선익, 순전, 혈토 등이 모두 갖추어지고, 물의 상분하합上分下合이 잘 되어 있으면 대혈을 결지할 수도 있다.

4. 혈의 와겸유돌窩鉗乳突**과 사상**四象

사람의 체형을 사상체질로 나누듯, 혈도 그 모습을 보고 사상으로 분류하는 것이 '와겸유돌'

혈의 형태는 그 수를 헤아릴 수 없을 만큼 다양하다. 마치 사람의 몸과 얼굴이 제각기 다른 모습이듯이 혈의 형태도 제각각이다.

그러나 한의학에서는 무수한 사람의 체형을 태양인, 소양인, 소음인, 태음인의 4상으로 크게 나누어 분류한다. 마찬가지로 풍수지리에서도 혈의 형태를 크게 와겸유돌窩鉗乳突 4가지로 분류할 수 있는데 그 형태를 보면 다음과 같다.

> 태양은 와혈窩穴, 소양은 겸혈鉗穴
> 소음은 유혈乳穴, 태음은 돌혈突穴

우주는 태극에서 음과 양이 분리되면서 만물을 생성해 나간다. 사람이나 땅이나 천지자연은 모두 같은 이치다. 즉 음양에서 다시 음양으로 분리되어 사상四象을 만든다. 이것이 우주의 기본이다.

사람이나 혈도 하나의 작은 우주다. 이들 소우주도 대우주의 기본과 다를 수 없다. 모양은 제각기 다르다 할지라도 모두 사상으로 분류한다. 사람의 체형을 사상체질로 나누듯, 혈도 그 모습을 보고 사상으로 분류하는 것이 와겸유돌이다.

우리 일상생활에서 보통 음양을 나눌 때, 볼록하게 돌출된 것을 양이라고 하고, 오목하게 들어간 것을 음이라고 한다. 그런데 풍수지리에서는 그 반대로 해석한다. 즉 볼록하게 돌출하면 음이고, 오목하게 들어가면 양이다. 언제부터 왜 그렇게 분류했는지는 알려지지 않고 있다.

양룡에서는 음혈을, 음룡에서는 양혈을 맺는 것이 지리의 원칙

오목하게 생긴 혈장은 양혈陽穴로 와혈과 겸혈이 이에 해당된다. 볼록하게 생긴 혈장은 음혈陰穴로 유혈과 돌혈이 해당된다. 크게 오목하여 양이 큰 것은 와혈이고, 약간 오목한 것은 겸혈이다. 크게 볼록하여 음이 큰 것은 돌혈이고, 약간 볼록한 것은 유혈이다. 즉 와는 태양이고, 겸은 소양이며, 유는 소음이며, 돌은 태음이다.

그런데 정확한 혈심은 와나 겸의 혈장에서는 약간 미돌微突한 부분에 있다. 유나 돌의 혈장에서는 약간 오목하게 미와微窩한 부분에 있다. 이는 음중양陰中陽하고 양중음陽中陰하는 자연의 이치 때문이다.

용을 분류할 때도 마찬가지다. 볼록하여 혈장보다 높은 능선을 음룡이라 하고, 평평하여 혈장보다 낮은 능선을 양룡이라 한다. 양룡에서는 음혈을, 음룡에서는 양혈을 맺는 것이 지리의 원칙이다. 이를 "음래양수陰來陽受하고, 양래음수陽來陰受한다"라고 표현한다.

1) 와혈窩穴 - 입수룡보다 낮은 위치에 새둥지나 소쿠리 속처럼 오목하게 생긴 혈

와혈은 태양太陽에 속하며, 닭이나 새둥지, 혹은 소쿠리 속처럼 오목하게 들어간 형태의 혈장을 말한다. 입수룡보다 낮은 위치에 동그랗게 원을 그리듯 있다. 이 모양이 마치 하늘을 향해 입을 벌린 듯하다 하여 개구혈開口穴이라고도 한다. 또는 손바닥을 젖혀 놓으면 가운데 동그랗게 움푹한 곳과 같다 하여 장심혈掌心穴이라고도 부른다.

혈은 와중미돌한 부분에 있다

와혈은 평지에도 있지만, 주로 높은 산에 많이 있다. 이는 바람을 피하기에 용이하기 때문이다. 주룡은 볼록한 음룡으로 입수한 다음 오목한 양혈을 맺는다. 혈이 오목한 곳에 있으므로 사방으로부터 불어오는 바람에도 지기가 흩어지지 않고 아늑하다.

와혈은 입수도두에서 비교적 크고 두꺼운 선익이 원형으로 뻗는다. 마치 양팔을 벌려 혈을 품안에 안은 듯한 형태다. 혈은 오목한 부분 중에서도 약간 돌출한 곳, 즉 와중미돌窩中微突한 부분에 있다.

와혈은 오목 들어간 부분의 깊고, 낮고, 넓고, 좁음에 따라 심와深窩, 천와淺窩, 활와闊窩, 협와狹窩로 나눈다. 또 혈을 둘러 안은 두 선익 끝 사이의 간격이 넓고 좁음에 따라 장구와藏口窩와 장구와長口窩로 나눈다.

장구와藏口窩는 두 선익 끝 사이가 좁아 와혈 입구를 잘 가둔 형태다. 반면에 장구와長口窩는 두 선익 사이의 간격이 넓어 앞이 터진 형태를 말한다.

와혈은 주산이 무곡武曲 금성체金星體이거나 염정廉貞 화성체火星體, 문곡文曲 수성체水星體, 좌보左輔 복두산幞頭山에서 출맥한 용에서 주로 많이 결지한다.

와가 한쪽으로 기울거나 비탈지거나 깨지고 부서지면 진혈을 결지할
수 없으므로 잘 살펴보아야 한다.

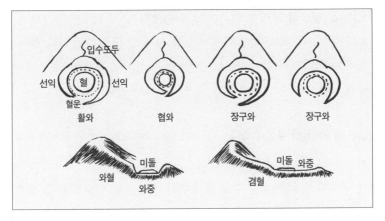

〈와 혈〉

2) 겸혈鉗穴 – 입수룡보다 낮고, 선익이 길게 뻗어 큰 칼 같은 혈

겸혈은 소양少陽에 속하고, 죄인의 목에 씌우는 큰 칼 같다 하여 붙여
진 이름이다. 와혈과 같이 입수룡보다 낮은 곳에 있는 혈장이다.

와혈은 양 선익이 원형으로 뻗어 혈을 감싸주고 있는 반면에, 겸혈은
양 선익이 직선으로 평행되게 뻗었다. 마치 여인이 두 다리를 쭉 뻗은 모
양이라 하여 개각혈開脚穴이라고도 한다. 이때 혈은 여인의 음부에 해당
되는 곳에 있다.

겸혈의 혈장은 오목한데 혈은 그중 약간 볼록한 부분에 있다. 즉 겸중
미돌鉗中微突한 곳이 혈이다. 혈이 입수도두나 선익보다 낮으므로 사방
으로부터 불어오는 바람을 피하기에 유리하다.

길쭉하게 뻗은 선익 끝은 혈쪽으로 굽어야 하며, 혈 앞은 낮아야 한다. 이때 용맥을 따라온 원진수가 머물지 않도록 하수사가 있어야 길하다.

겸혈은 양 선익의 길이에 따라 '정격'과 '변격'으로 분류

겸혈은 양 선익의 길이가 같으냐 다르냐에 따라 정격과 변격으로 나눈다. 입수도두 양변에서 뻗은 선익의 길이가 같으면 정격正格이고, 다르면 변격變格이다.

정격은 모양에 따라 직겸, 곡겸, 단겸, 장겸 등으로 분류한다. 변격도 모양에 따라 선궁, 단제, 첩지 등으로 분류한다. 그 특성을 나열하면 다음과 같다.

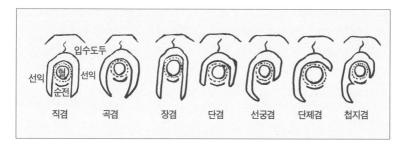

〈겸 혈〉

- **직겸**直鉗 : 양쪽 다리인 두 선익이 곧게 뻗은 것이다. 너무 길거나 짧으면 좋지 않다. 적당한 길이라야 길한 형상이다.

- **곡겸**曲鉗 : 겸을 이루는 두 선익의 다리가 활처럼 구부러져 혈을 안아주는 형태다. 좌우가 서로 균형 있고 다정해야 길하다.

- **단겸**短鉗 : 겸을 이룬 양쪽 다리가 짧은 것이다. 너무 짧으면 바람으로부터 혈을 보호하지 못해 흉하다. 그러나 선익 밖 산들이 조밀하게 혈을 잘 감싸주면 무방하다.

- **선궁겸**仙宮鉗 : 한쪽 선익은 길고 한쪽 선익은 짧은 것이다. 짧은 쪽에는 혈을 가까이에서 보호하는 사격이 있어야 한다.

- **단제겸**單提鉗 : 한쪽 선익은 혈을 감아주었는데 한쪽 선익은 아예 없는 경우다. 선익이 없는 쪽에는 반드시 혈을 가까이에서 보호하는 사격이 있어야 한다. 만약 보호사가 없으면 혈은 결지하지 못한다.

- **첩지겸**疊指鉗 : 두 선익 중 한쪽이 이중 삼중으로 겹쳐 있는 것을 말한다. 혈을 이중 삼중으로 보호하기 때문에 길한 형상이다.

겸혈은 주산이 거문巨門 토성土星이거나 녹존祿存 토성土星에서 낙맥한 용에서 주로 많이 결지한다. 입수도두가 단정하고 물의 상분하합上分下合이 분명해야 한다.

만약 계수界水가 안 되어 물이 혈로 들어오면 임두수淋頭水가 되어 흉하다. 또 선익이 깨지고 부서지고 파손되어 있으면 흉하다.

3) 유혈乳穴 - 주로 탐랑 목성체인 용맥에서 많이 결지, 여인의 유방 처럼 생김

유혈은 풍만한 여인의 유방처럼 혈장이 약간 볼록한 형태다. 소음少陰에 속하며 유두혈乳頭穴, 현유혈縣乳穴, 수유혈垂乳穴이라고도 한다. 주룡은 평평하고 낮은 양룡으로 입수하여 볼록한 혈장을 만든다. 혈은 약간 오목한 곳, 즉 유중미와乳中微窩한 곳에 있다.

유혈은 평지나 높은 산 모두에 있어 가장 많은 혈

유혈은 평지나 높은 산 모두에 있어 가장 많은 혈이다. 약간 볼록하게 돌출되어 있으므로 바람으로부터 노출되어 있다. 따라서 혈 주변의 보호사가 조밀하게 감싸주고 있어야 한다.

유혈에는 선익의 형태에 따라 유회격紐會格과 불유회격不紐會格 두 가지가 있다. 유회격은 선익이 두 팔을 벌려 혈을 껴안은 형태다. 불유회격은 선익이 좌우로 벌렸으나 혈을 껴안지 못한 팔자八字 모양이다. 이들 모두 분명한 형태로 있는 것이 길하다.

유혈은 혈장의 형태에 따라 여러 종류가 있다. 분류하면 다음과 같다.

- 혈장이 길면 장유長乳, 짧으면 단유短乳
- 혈장이 크면 대유大乳, 작으면 소유小乳
- 혈장 두 개가 나란히 있으면 쌍유雙乳, 세 개가 있으면 삼유三乳 등으로 분류한다.

유혈은 주로 주산이 탐랑 목성체인 용맥에서 많이 결지한다. 탐랑성을 출발한 주룡이 용진처에 이르러서는 수평으로 평평하게 생긴 혈장을 만

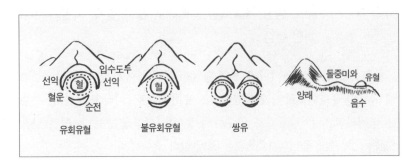

〈유혈〉

든다. 혈장 상단에서는 가늘다가 하부로 내려갈수록 점점 두꺼워진다. 혈은 가장 넓은 부분인 육후처肉厚處에 결지한다. 이 모양이 여인의 풍만한 유방과 흡사하여 유혈이라고 한 것이다.

　유방에서 제일 중요한 곳은 젖꼭지 부분인 유두다. 따라서 유혈도 혈장의 끝 부분에서 혈을 찾아야 한다. 볼록한 능선 끝에서 약간 오목한 지점이 혈이다.

4) 돌혈突穴 - 동종이나 가마솥을 엎어놓은 것처럼 볼록하게 생긴 혈

　돌혈은 혈장이 동종이나 가마솥을 엎어 놓은 것처럼 볼록하게 생긴 형태를 말한다. 유혈에 비해 혈장이 짧고 높아 태음太陰에 속한다. 동종을 엎어놓은 것처럼 생긴 돌혈을 복종형伏鐘形, 가마솥을 엎어놓은 것처럼 생긴 돌혈을 복부형伏釜形이라고 한다. 혈은 볼록한 부분에서 약간 오목한 곳에 있다. 이를 돌중미와突中微窩라고 한다.

　돌혈은 높은 산에도 있지만 낮은 평지에도 많이 있다. 평지보다 약간만 높아도 돌로 보기 때문이다. 실제로 높은 산에 있는 것보다 평지에 있는 돌혈이 길한 것이 많다.

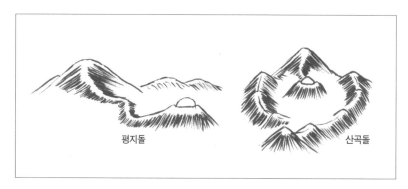

〈돌혈〉

　돌혈을 맺는 주룡은 혈장보다 낮은 양룡으로 입수한다. 입수룡이 낮은 곳에서 높은 곳으로 올라오기 때문에 이를 비룡입수飛龍入首라고 한다. 볼록한 혈장 위에도 입수도두, 선익, 순전 등이 분명하게 있다. 또 볼록하게 솟은 혈장을 지탱해 주기 위해서, 삼발이처럼 생긴 작은 능선이 혈장 아래에 균형 있게 붙어 있다.

　돌혈이 높은 산에서 결지할 때는 바람을 받기 쉽다. 그러므로 청룡과 백호를 비롯한 안산과 조산 등 주변의 산들도 똑같이 높아야 한다. 높은 곳임에도 혈장에 서면 전혀 높다는 느낌이 들지 않는다. 사격들이 겹겹이 혈을 감싸주어 보국을 안정시키고 장풍藏風을 잘하기 때문이다.

　돌혈이 평지에 맺을 때는 사실상 장풍이 어렵다. 평지이므로 주변에 바람을 막아줄 수 있는 사격이 없다. 그러나 이는 염려하지 않아도 된다. 왜냐하면 평야에서 불어오는 바람은 퍼져오기 때문에 강한 영향을 끼치지 않는다. 바람 중에서도 가장 무서운 것은 골짜기처럼 한쪽으로 몰아쳐서 부는 바람이다. 이런 바람을 받으면 아무리 좋은 혈이라도 지기가 흩어지고 만다. 그러나 넓게 퍼져오는 바람은 힘이 분산되었기 때문에, 혈의 지기를 흩어지게 할 만큼 강한 힘이 없다.

　다만 평지 돌혈에서 중요한 것은 물의 영향이다. 입수도두 뒤에서 분수한 물이 다시 혈 앞 순전 밑에서 합수하여야 한다. 그래서 물이 혈을 완전히 감싸주어야 길한 돌혈이 된다. 평지 돌혈은 우필성이 은맥으로 행룡하다가 맺는 경우가 많다.

돌혈의 종류는 고산에 있느냐 평지에 있느냐에 따라 산곡돌山谷突과 평지돌平地突로 나눈다. 또 혈장이 크면 대돌大突, 작으면 소돌小突, 돌혈이 두 개 있으면 쌍돌雙突이라 한다.

5. 혈장의 4요건

혈장穴場은 혈이 있는 장소로, 용의 정제 순화된 생기가 최종적으로 모여 응결된 곳이다. 혈장은 입수도두, 선익, 순전, 혈토 등 4가지 요소로 구성되어 있다.

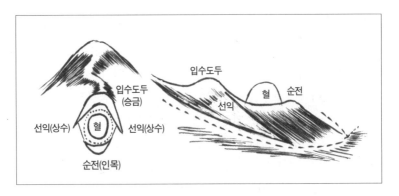

〈혈장의 4요건〉

- **입수도두**入首倒頭 : 용에서 공급된 생기를 저장해 놓았다가 혈에서 필요한 만큼의 기를 공급해 주는 역할을 한다.
- **선익**蟬翼 : 혈장을 좌우로 지탱해 주고, 생기가 옆으로 빠져나가지 않도록 해주는 역할을 한다.
- **순전**脣氈 : 혈장을 앞에서 지탱해 주고, 생기가 앞으로 설기되지 않도록 해준다.
- **혈토**穴土 : 생기가 최종적으로 융결된 곳의 흙이다. 비석비토非石非土로 홍황자윤紅黃紫潤하다.

혈장을 사람에 비유하면 얼굴과 같다. 입수도두는 이마에 해당되고, 좌우 양 선익은 양볼 위의 광대뼈에 해당된다. 순전은 입수아래 턱에 해당되며, 혈은 얼굴의 중심인 코끝에 해당된다.

이마, 광대뼈, 턱이 전체적인 얼굴 골격을 만들 듯이, 혈장도 입수도두, 선익, 순전이 구조를 만든다. 얼굴 중심에 코끝이 있듯이, 혈장 중심에 혈이 있다.

1) 입수도두 – 혈 뒤의 볼록한 부분으로 산천정기의 취결처

입수도두入首倒頭는 사람에 비유하면 이마에 해당되고, 전기에 비유하면 집안에 있는 두꺼비집에 비유할 수 있는데, 혈 뒤의 볼록한 부분으로 산천정기의 취결처다.

태조산에서 출발한 용은 행룡하면서 수많은 변화 과정을 거친다. 험한 기를 정제하고 순화시켜 깨끗한 생기를 얻기 위해서다. 이렇게 얻어진 생기는 바로 혈에 공급하기에 앞서 입수도두에다 정축停蓄해 놓는다. 생기가 응축凝蓄되었기 때문에 흙이 단단하면서도 유연하다. 또 약간 둥그렇게 뭉쳐진 모습이다.

입수도두는 밝고 깨끗하며 풍만해야 길격이다. 깨지고 부서지고 흉한 암석이 있으면 흉격이다.

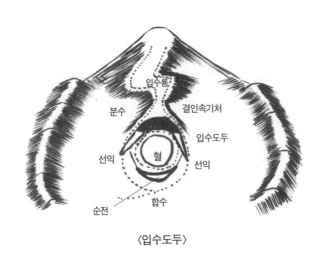

〈입수도두〉

원진수가 혈에 스며들지 않고 좌우로 계수界水되는 것은
입수도두가 있기 때문

입수도두는 완전하게 정제된 생기가 단단하게 뭉쳐 있는 기 덩어리다. 용맥을 좌우 양쪽에서 호위하며 따라온 원진수가 스며들지 못한다. 물은 자연스럽게 입수도두 뒤에서 갈라진다. 이렇게 분리된 물은 선익을 따라 흐르면서 혈의 생기가 흩어지지 않도록 보호해 준다. 그리고 순전 앞에서는 다시 합수하여 혈을 완전하게 환포한다.

생기는 주룡을 따라 흐른다. 용맥의 생기가 흩어지지 않고 혈까지 전달될 수 있는 것은 물의 보호와 인도를 받기 때문이다. 원진수元辰水는 육안으로 보이지 않지만 용맥 양쪽에 존재하고 있다.

주룡의 생기를 보호하면서 따라온 원진수는 입수도두에서는 생기만 혈에 보내고, 자신은 좌우로 분리된다. 그리고 다시 혈 앞 순전 아래에서 만나 혈의 생기가 융결되도록 한다. 이렇게 원진수가 혈에 스며들지 않고 좌우로 계수界水되는 것은 입수도두가 있기 때문이다.

입수도두를 승금乘金 또는 구첨毬이라고도 표현하며, 아미월사체蛾眉月砂體 모양이면 더욱 좋은 입수도두라 하겠다.

2) 선익 – 매미의 날개 모양새로, 혈장을 좌우에서 지탱해 준다

선익蟬翼은 마치 매미의 날개와 같이 생겼다 하여 붙여진 이름으로, 혈장을 좌우에서 지탱해 주는 역할을 한다. 또 혈에 응취된 생기가 옆으로 빠지지 않도록 보호해 준다.

선익은 사람 얼굴의 광대뼈에 비유된다. 광대뼈가 없으면 얼굴 형상이 나타날 수 없다. 이와 마찬가지로 혈도 선익이 없으면 결지할 수 없다.

선익은 입수도두에서 아래로 뻗은 작은 능선으로 쉽게 보이지 않는다. 그러나 혈장의 양옆을 자세히 살펴보면 작은 지각이 붙어 있다. 마치 매미의 날개 모양이다. 때에 따라서는 소의 뿔처럼 보이기도 한다.

매미의 날개에 속 날개와 겉 날개가 있듯이, 혈장에도 내선익과 외선익이 있다. 내선익은 그냥 선익蟬翼이라 부르고, 외선익은 제비 날개와 비슷하다 하여 연익燕翼이라고 한다.

집을 짓거나 장사를 지낼 때 혈의 중심을 선익 끝으로 가늠한다

혈의 중심은 선익 양끝을 직선으로 연결되는 부분이다. 마치 사람의 얼굴 중심이 광대뼈를 이은 코끝에 있는 거와 같다. 집을 짓거나 장사를 지낼 때 혈의 중심을 선익 끝으로 가늠한다. 점혈點穴 위치를 정하는 데도 선익을 참고하는 것이 가장 편리하다.

선익은 용맥을 보호하면서 따라온 물을 양쪽으로 분리시킨다. 이 때문에 상수相水라 하기도 하며, 그 모습이 소의 뿔과 같다 하여 우각牛角이라고도 부른다.

또 선익을 보고 길흉화복을 판단한다. 좌측 선익이 발달되어 있으면 남자자손, 특히 장손長孫이 잘된다고 한다. 우측 선익이 발달되어 있으면 여자자손과 지손支孫이 잘된다고 한다.

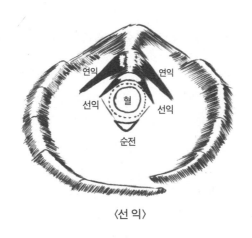

〈선 익〉

3) 순전 – 혈을 결지하고 남은 여기餘氣가 혈 앞에 뭉쳐 있는 상태

순전脣氈은 혈 앞에 약간 두툼하게 생긴 흙덩어리다. 사람의 얼굴에 비유하면 턱에 해당된다. 혈을 결지하고 남은 여기餘氣가 혈 앞에 뭉쳐져 있으므로 단단하다.

순전은 혈의 생기가 밖으로 새나가지 않도록 하며, 혈장을 아래에서 지탱해 주는 역할을 한다. 입수도두 뒤에서 분수分水하여 양 선익을 따라온 원진수는 순전 밑에서 다시 합수合水하게 된다. 물이 혈장을 한 바퀴 환포하여 생기가 융취되도록 하는 것이다.

순전은 두툼하면서 견고해야 한다. 기울고 깨지고 오목하게 파여 있으면 혈의 생기를 보호하지 못한다. 생기가 상처 난 부위로 빠져나가기 때문이다. 순전이 혈에 비해 지나치게 큰 것도 흉하다. 혈의 기운이 설기洩氣되었다는 증거가 되기 때문이다.

순전脣氈을 전순氈脣 또는 인목印木이라고도 부른다.

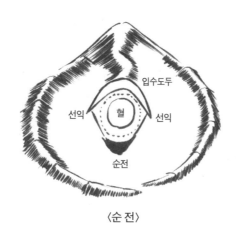

〈순 전〉

4) 혈토 – 홍황자윤한 비석비토로 깨끗한 생기만 모아 놓은 흙

혈토穴土는 혈에 반드시 존재해야 하는 흙이다. 혈토는 흔히 홍황자윤紅黃紫潤에 비석비토非石非土라고 한다. 흙의 색깔은 붉은 황토색이면서, 자색, 흑색, 백색 등 오색토五色土를 띠고 있다. 땅은 분명 흙임에도 돌처럼 단단하게 결합되어 있어, 돌도 아니고 흙도 아닌 것처럼 보인다.

혈토는 태조산의 험한 기운을 모두 탈살하고 깨끗한 생기만 모아 놓은 흙이다. 그러므로 잡석 하나 없이 깨끗하고 밝다. 또한 기가 강하게 뭉쳐 있으므로 돌처럼 단단하다.

땅을 파면 단단하여 삽이 잘 들어가지를 않는다. 곡괭이와 같은 도구로 찍으면 흙덩어리로 떨어져 나온다. 단단하기가 마치 돌과 같다.

그러나 이를 쪼개서 손가락으로 비비면 분가루처럼 미세하고 곱게 분해된다. 이때 흙의 색깔은 굉장히 밝으며, 적당한 습기가 있어 촉감이 부드럽다.

뒤로는 입수도두, 양옆으로는 선익, 앞에는 순전이 있으면, 가운데 혈운穴暈이 있고, 혈토는 그 안에서 나온다

용이 먼 거리를 행룡하면서 온갖 변화를 다하는 것은 순수한 생기를 얻기 위한 것이다. 혈토는 바로 순수한 생기의 표현이라 할 수 있다. 즉 태조산을 출발한 용이 수백 리 혹은 수십 리를 각종 변화를 하면서 행룡하는 목적은, 혈토가 있는 혈 하나를 결지하기 위해서다.

혈토는 혈장에서도 가장 핵심에 위치한다. 뒤로는 입수도두, 양옆으로는 선익, 앞에는 순전이 있으면, 그 가운데 둥근 테두리 모양의 혈운穴暈이 있다. 마치 해무리나 달무리처럼 생겼다 하여 태극운太極暈이라고도 하는데, 혈토는 그 안에서 나온다. 사람에 비유하면 얼굴 중심인 코끝 부분에 해당되는 곳에 혈토가 존재한다.

혈토는 최종적으로 혈의 진가眞假 여부를 가리는 중요한 흙이다. 외견상 아무리 용진혈적龍眞穴的해 보이더라도, 땅을 파서 혈토가 나오지 않으면 가혈假穴이다.

땅을 팠는데 혈토가 나오지 않고, 퇴적된 잡토雜土나 버석버석해서 무기無氣한 허토虛土가 나오면 진혈처가 아니다. 또 질퍽질퍽한 점토粘土나 모래나 자갈이 나오는 땅도 마찬가지다. 어떤 경우든 혈에는 반드시 혈토가 나와야 한다. 혈토가 나오지 않으면 혈이 아니라는 뜻이다.

풍수지리를 공부하는 목적은 이 혈토를 찾는 데 있다. 그러나 광활한 땅에서 아무 곳이나 파서 혈을 찾을 수 없다. 혈토가 있을 만한 곳을 이론적으로 정리해 놓은 것이 바로 풍수지리학인 것이다.

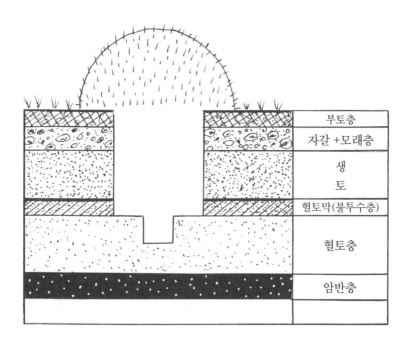

〈혈의 지층구조〉

6. 물의 분합과 혈운

혈의 생기를 모으려면 물이 사방을 감싸주고 있어야 한다

물의 분합分合이란, 생기를 보호하면서 용맥 양쪽에서 나란히 따라온 물이 혈장 뒤에서는 갈라지고, 앞에서는 다시 합수하는 것을 말한다. 지기는 물에 의해서 가두어지고 보호를 받는다. 혈의 생기가 흩어지지 않기 위해서는 물이 사방을 감싸주고 있어야 한다.

이를 물의 상분하합上分下合 또는 계합界合이라고도 한다. 물의 분합이 여러 번 중첩되게 이루어지면 혈의 생기가 잘 보호된다.

첫째 분합은, 입수도두와 선익과 순전이 감싸준 혈장 안에서 이루어진다. 해무리나 달무리처럼 생긴 원형의 테두리가 은은하게 혈을 감싸준 혈운穴暈을 말한다. 혈운 위쪽에서 분수分水했다가 혈을 한 바퀴 감싸준 후, 아래에서 다시 합수合水한다. 혈의 생기를 가장 가까이서 보호하는 물이다. 육안으로 구별이 어렵다.

두 번째 분합은, 용맥 양쪽에서 따라온 원진수가 혈장 위에서 나누어 졌다가 앞에서 다시 합쳐지는 것을 말한다. 원진수는 혈장의 입수도두 뒤에서 분수했다가 양 선익을 따라 양분된 다음, 순전 앞에서 합수한다. 혈운 다음으로 혈의 생기를 가까이서 보호해 주는 물로 육안으로 구별이 어렵다.

세 번째 분합은, 주산이나 현무봉에서 용을 사이에 두고 나누어졌다가 수구에서 합쳐지는 물을 말한다. 분수한 물은 양변으로 개장한 청룡백호를 따라 혈장 전체를 감싸 보호해 준다. 그리고 혈장 앞에 명당明堂을 형성한다. 청룡과 백호 끝이 서로 만나거나 교차하는 수구에서 합수가 이루어진다.

이처럼 물이 1차 분합, 2차 분합, 3차 분합을 하여야 생기가 보전되어 혈을 결지할 수 있는 것이다. 물이 위에서는 분수하였는데, 아래에서 합수하지 못하면 혈의 결지는 어렵다. 반대로 위에서 분수를 못하고, 아래에서 합수하는 물도 혈을 결지할 수 없다. 물이 혈을 완전하게 감싸주지 못해, 생기를 보존할 수 없기 때문이다.

물의 1차 분합 때 나타나는 혈운은 혈의 결지 여부를 판단하는 가장 중요한 요소다. 둥그렇게 생겨 태극운太極暈으로 불리기도 하는데, 그 형태는 제각각이다.

혈장이 오목하게 들어간 와혈窩穴이나 겸혈鉗穴에서는 혈운이 약간 볼록하게 원을 그리고 있다. 이 모양이 마치 게의 눈과 같다 하여 해안수蟹眼水라고 한다.

혈장이 볼록하게 나온 유혈乳穴과 돌혈突穴에는 혈운이 약간 오목하게 원을 그리고 있다. 이 모양이 마치 새우의 수염 같다 하여 하수수蝦鬚水라고 한다.

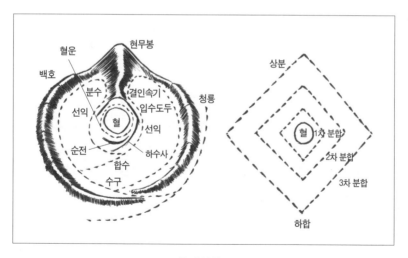

〈물의 분합도〉

또 혈 위에는 흔적이 없고 아래에서만 반원 같은 혈운이 있는 것을 금어수金魚水라 한다. 이때 해안수처럼 볼록하든, 하수수처럼 오목하든 상관없다. 혈 아래에서 생기의 융결融結을 잘 돕는 것이 최고다.

그러나 해안수나 하수수, 금어수의 정확한 구분은 사실상 어렵다. 아주 미미한 흔적이므로 육안으로 혈운을 찾는 것도 어려운데, 그것을 정확히 구분하기란 더욱 어려운 일이다. 또 그 역할이 똑같기 때문에 굳이 구분할 필요도 없다고 본다.

이 때문에 옛날부터 이들의 종류에 상관없이 혈운, 태극운 또는 하수해안수, 금어수 등으로 불렀다. 중요한 것은 혈장 안의 혈 주위를 해나 달무리처럼 둥그렇게 감싸고 있는 물 기운이 있는가 하는 점이다. 이러한 흔적이 있으면 진혈이라는 증거다.

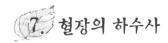

7. 혈장의 하수사

'하수사'는 원진수가 직거直去하지 않도록 물을 거둬 주는 역할

하수사下水砂는 기부포전肌附鋪氈한 혈장 아래에 작고 가늘게 붙어 있는 귀한 능선이다. 혈장을 지탱해 주고, 혈의 생기가 흩어지지 않도록 보호해 준다. 특히 순전 아래서 합수한 원진수가 직거直去하지 않도록 물을 거둬 주는 역할을 한다.

용이 혈을 결지하는 방법에는 결인속기법과 태식잉육법, 좌우선룡법이 있다. 이 중 좌우선룡법으로 혈을 결지할 경우 하수사는 필수적이다.

용맥을 호위하면서 따라온 원진수는 혈장 뒤에서 분수하고, 선익을 따라 갈라진 다음, 다시 순전 앞에서 합수해야 한다. 이때 하수사가 없으면 합수가 어렵다. 합수가 된다 하더라도 곧장 직선으로 흐르게 된다. 원진수가 곧장 흘러나가게 되면, 혈의 생기도 따라 나가게 되므로 매우 흉하다.

하수사는 혈장 아래에 팔처럼 붙어 혈을 감아주기 때문에, 혈의 생기가 앞으로 새나가지 못하도록 한다. 뿐만 아니라 1차와 2차에 걸쳐 분합된 물이 직선으로 나가지 않고 역수逆水하도록 한다. 이 때문에 하비사下臂砂 또는 역관사逆關砂라고도 부른다.

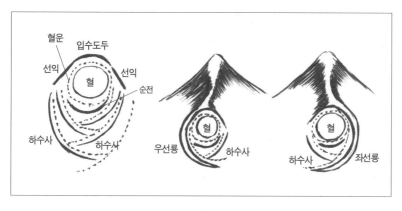

〈하수사〉

하수사는 자손의 빈부貧富를 가늠하는 부사富砂이기도 하다

하수사는 혈장 아래에 있는 작고 미미한 능선이다. 얼핏 보면 확실하게 구분하기 어렵다. 그러나 세심한 주의력으로 살펴보면 육안으로 뚜렷하게 보인다.

하수사는 혈의 결지에 결정적 역할을 한다. 뿐만 아니라 자손의 빈부貧富를 가늠하는 부사富砂이기도 하다. 이는, 물은 수관재물水官財物이라 하여 부를 관장하기 때문이다. 즉 원진수가 곧장 빠져나가지 않도록 해주는 것이 하수사다.

하수사는 혈앞 좌우 양쪽에서 뻗은 경우와 한쪽에서만 뻗은 경우가 있다. 좌우 양쪽에 있는 경우는 한쪽은 길고 한쪽은 짧게 이중 삼중으로 감싸주면 매우 길한 혈이 된다.

한쪽에서만 뻗은 경우는 좌선룡과 우선룡에 따라 다르다. 내룡來龍이 좌선룡법左旋龍法으로 혈을 결지할 때는 하수사는 혈장 우측하단에서 나와 좌측으로 돌아준다. 우선룡법右旋龍法으로 혈을 맺을 때는 좌측하단에서 나와 우측으로 돌아준다. 선회한 용과 하수사가 서로 교쇄하면, 원진수나 내당수가 직거하지 못하고 역수하여 혈의 생기를 보존해 준다.

즉 좌선룡은 우선수右旋水, 우선룡은 좌선수左旋水가 합법合法이라는 원칙이 하수사에도 적용된다. 만약 물이 역수하지 못하고 선룡을 따라 흘러나가면 혈의 생기를 제대로 보호해 주지 못하게 된다.

8. 심혈법 尋穴法

**'심혈법'은 주변 산세와 수세를 살펴 혈이 있을 만한 곳을 예측,
관찰하는 것**

심혈법尋穴法이란 혈이 있을 만한 곳을 찾는 방법이다. 끝없이 넓은 산
과 들판에서 불과 1~2평 남짓한 혈지를 찾는 것은 매우 어려운 일이다.
혈의 결지 요건 등 풍수지리 이론을 자세히 알고 있다 하더라도, 실제로
산야에 나가면 어디서부터 어떻게 혈을 찾아야 할지 막연하고 난감하다.
무조건 아무 산이나 헤집고 돌아다닌다 하여 혈을 찾을 수 있는 것도 아
니다. 이와 같은 문제를 해결하기 위한 것이 심혈법이다. 멀리서 주변 산
세와 수세를 살펴 혈이 있을 만한 곳을 예측하고, 그곳을 찾아 들어가는
것이 심혈법이다.

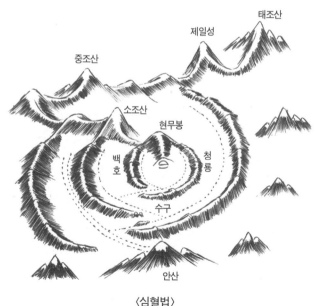

〈심혈법〉

혈을 찾는 방법에는 여러 가지가 있다. 또 사람에 따라 각기 다르다.
그중 대표적인 것을 요약하면 다음과 같다.

- **구성심혈법**九星尋穴法 : 주산의 구성九星 형태를 보고 혈의 형태와
  결지할 만한 위치를 예측하는 법
- **삼세심혈법**三勢尋穴法 : 주변의 높고 낮음에 따라 혈의 위치를
  가늠하는 법
- **삼정심혈법**三停尋穴法 : 주변 산들의 원근고저遠近高低에 따라 혈의
  위치를 예측하는 법
- **과협심혈법**過峽尋穴法 : 과협過峽을 보고 혈의 결지 여부와 위치
  를 가늠하는 법
- **보국심혈법**保局尋穴法 : 용혈사수龍穴砂水가 취합된 국국을 보고
  혈을 찾는 법
- **안산심혈법**案山尋穴法 : 혈 앞 안산案山이 수려 단정한 것을 보고
  혈을 찾는 법
- **명당심혈법**明堂尋穴法 : 혈 앞 명당明堂이 원만 평탄한가를 보고
  혈의 결지 여부를 판단하는 법
- **수세심혈법**水勢尋穴法 : 물의 형태를 보고 혈을 찾는 법
- **낙산심혈법**樂山尋穴法 : 낙산樂山을 보고 혈을 찾는 법
- **귀성심혈법**鬼星尋穴法 : 주룡의 측면에 붙어 있는 귀성鬼星을 보고
  혈의 위치를 파악하는 법

이밖에도 사람의 경험과 노력에 따라 자기만의 독특한 심혈법이 있을 수 있다.

1) 구성심혈법 – 주산의 모양을 보고 혈의 위치와 형태를 파악

구성심혈법九星尋穴法은 주산의 모양을 보고 혈의 위치와 형태를 파악하는 방법이다. 주룡은 태조산을 출발하여 수백 리 혹은 수십 리를 행룡한다. 이러한 주룡을 따라 태조산에서부터 혈까지 답사하여 혈을 찾는 것은 사실상 불가능하다.

높고 험한 태조산 정상에 올랐다 하더라도, 그 중심맥을 찾기란 그리 쉬운 문제가 아니다. 큰 산에는 수많은 봉우리와 능선이 존재한다. 뿐만 아니라 산 정상에서는 능선이 출맥하는 것이 보이지 않는다. 설사 중심맥을 찾았다 하더라도 수백 리나 되는 원거리를 직접 답사한다는 것은 더더욱 어려운 문제다.

주산은 태조산의 정신을 계승한 산이다. 따라서 주산을 보고 태조산에서부터 달려온 주룡의 근본정신을 파악할 수 있다. 또 주산에서 내려가는 주룡의 근본정신도 파악할 수 있다. 그 이유를 간단히 요약하면 다음과 같다.

주룡은 태조산에서 낙맥落脈한 다음, 다시 기봉起峰하여 제일성봉을 이룬다. 여기서 구성과 오행의 기본정신을 부여받고 먼 거리를 행룡해 나간다. 행룡하면서 태조산의 험한 기운을 탈살하기 위해서 개장천심開帳穿心, 기복起伏, 과협過峽, 박환剝換 등 여러 변화를 한다. 그리고 중조산을 비롯한 여러 주필산駐蹕山을 거쳐 행룡을 계속한다.

이 주룡이 혈을 맺고자 할 때는 제일성봉과 똑같은 형태의 주산을 만드는 것이다. 소조산인 주산은 태조산을 출발한 주룡의 정신과 형태를 그대로 나타내는 응성應星이다. 때문에 주산을 살피면 태조산에서부터 소조산까지 이어진 용의 기본정신과 형태를 짐작할 수 있다. 또 주산에서 혈까지 이어지는 용맥과 혈의 형태도 예측할 수 있다.

주산이 탐랑貪狼 목성木星일 경우 – 양변으로 청룡과 백호 능선을 길게 뻗고, 그 가운데로 중심맥이 출발한다. 개장천심하기 때문에 주룡은 산 중턱에서 주로 출발한다.

청룡과 백호의 호위를 받으며 약 20, 30리 정도 행룡하는 것이 일반적이다. 능선이 끝나는 지점인 용진처龍盡處에 이르러 유혈乳穴인 유두혈乳頭穴을 찾는다.

주산이 거문巨門 토성土星일 경우 – 주룡은 일자문성一字文星의 중간에서 횡橫으로 출맥한다. 약 10여 리 정도 짧은 거리를 행룡하면서 중간 중간에 소원봉을 만든다. 혈을 맺을 때는 마치 병풍을 친 듯한 옥병사玉屛砂를 만든다. 그리고 그 아래에다 겸혈鉗穴인 겸차혈鉗釵穴을 결지한다.

주산이 녹존祿存 토성土星일 경우 – 수많은 능선 중에서 밑으로 내려갈수록 두꺼워지고 기세 있게 변화하는 능선이 주룡이다.

그리고 수려하고 단아한 소원봉小圓峰을 형성한다. 겸혈鉗穴인 소치혈梳齒穴과 겸차혈鉗釵穴을 결지하는 곳을 찾는다.

주산이 문곡文曲 수성水星일 경우 – 미미한 반봉으로 행룡하여 손바닥과 같은 혈장을 만든다. 손바닥 중앙 부분의 오목하게 들어간 부분처럼 와혈窩穴을 찾는다. 이것이 장심혈掌心穴이다.

주산이 염정廉貞 화성火星일 경우 – 우선 화개삼봉華蓋三峰을 만든다. 그 중 가운데 봉우리에서 출발한 능선을 따라 회룡고조回龍顧祖한 용맥을 찾는다. 쟁기 보습 같은 여벽혈犁壁穴이 진혈처다.

주산이 무곡武曲 금성金星일 경우 - 주룡은 사梭와 인印, 월교月皎 모양의 소원봉을 이루며 행룡한다. 소원봉 아래 닭 둥지 같은 원와혈圓窩穴을 결지하는 곳을 찾는다.

주산이 파군성破軍星일 경우 - 타구성체로 변화해야 한다. 그러나 파군의 정신을 가지고 있는데, 지각이 날카롭게 곧장 뻗었다. 수십 리 이상을 행룡해야 하므로 비교적 먼 곳에서 혈을 찾아야 한다. 혈장도 날카롭고 길다. 겸혈鉗穴인 첨창혈尖槍穴을 맺는다.

주산이 좌보左輔 토성土星일 경우 - 하나는 높고 하나는 낮은 봉우리가 나란히 있는 모습이다. 두건과 같은 복두형幞頭形의 산에서 주룡은 급하게 아래로 내려온다. 그러다가 산 중턱에서 옆으로 횡룡입수하여 반와혈半窩穴인 괘등혈掛燈穴을 맺는다. 산 아래 내려와서는 삿갓을 엎어놓은 듯한 산에 혈이 있다. 주로 횡룡입수하여 결지한다. 와혈窩穴인 연소혈燕巢穴을 찾는다.

'구성심혈법'도 혈을 찾는 많은 방법 중의 하나일 뿐

우필右弼 금성金星은 뚜렷한 주산이 없다. 용맥이 행룡하다가 갑자기 평지로 떨어져 은맥으로 행룡한다. 평지의 과협처나 결인인 속기처 혹은 입수처에 말발굽 같은 흔적이 있는 곳을 찾는다. 또 가느다란 뱀이 기어가는 듯한 초중사행草中蛇行의 흔적도 혈을 결지할 수 있는 용맥이다. 이러한 부분을 따라가 보면 물이 상분하합上分下合한 곳에 미돌와중微突窩中한 곳이 혈이다.

이상과 같은 구성심혈법은 주산의 형태를 보고, 주룡과 혈을 예측할 수 있는 심혈법이다. 이 법은 주산의 주혈을 찾는 데 주로 이용한다.

혈은 방룡傍龍에서도 결지할 수 있다. 정룡正龍의 맥에서 맺는 혈보다는 그 기세가 작다. 이때는 주산의 구성 형태로 찾을 수 없다. 어느 용맥이든 변화가 활발하고, 혈의 결지 조건을 갖추고 있으면 혈을 맺을 수 있다. 이때 청룡과 백호를 비롯해서 주변의 산들이 겹겹이 감싸주고 있어야 한다. 또 보국은 안정되고, 물은 환포해야 한다.

모든 혈을 구성심혈법에 의해서 찾기란 불가능하다. 구성심혈법도 혈을 찾는 많은 방법 중의 하나일 뿐이다.

2) 삼세심혈법 - 산의 높고 낮음에 따라 혈의 위치를 가늠하는 법

삼세三勢란 산의 높고 낮음에 따라 천지인天地人으로 나누어 분류한 것이다. 주변 산이 높아, 높은 곳에 혈이 있는 것을 천혈天穴이라 한다. 중간에 있는 것을 인혈人穴이라 하며, 주변 산이 낮아 혈도 낮은 곳에 맺는 것을 지혈地穴이라 한다.

또 높은 곳에 있는 천혈을 마치 사람이 서 있는 듯하다 하여 입세立勢라고도 한다. 중간 높이의 인혈은 앉은키 높이라 하여 좌세坐勢라 한다. 낮은 곳에 결지한 지혈은 누워서 잠을 자는 형태라 하여 면세眠勢라고도 한다. 주산을 비롯해서 혈 주변의 산들이 모두 높으면, 혈도 높은 산 높은 곳에 결지한다. 산이 낮으면 혈도 낮은 산 낮은 곳에 결지하는 것이 원칙이다.

(1) 입세, 천혈 - 주산과 주변 산이 높으면 혈도 높은 곳에 결지

주산과 주변 산들이 모두 높으면, 산의 생기도 높은 곳에 모여 융결된다. 따라서 혈도 높은 산에 결지한다. 이를 입세立勢 또는 천혈天穴이라고 한다.

천혈은 주산이 높으므로 청룡과 백호, 안산, 조산 등 주변 산들이 모두 비슷하게 높다. 그래야 바람을 막아주고 보국의 기운이 안정된다. 혈에 있으면 마치 평지에 있는 것처럼 전혀 높다는 것을 느낄 수 없다.

천혈은 산꼭대기에서 머리를 숙여 아래를 굽어보는 듯하다. 주룡의 경사가 급하지 않고 완만하여야 진혈을 결지한다.

산 정상 부분에 결지하는 천혈에는 앙고혈仰高穴, 빙고혈 凭高穴, 기룡혈騎龍穴 등이 있는데, 설명을 하자면 다음과 같다.

앙고혈   빙고혈   기룡혈

〈입세, 천혈〉

- **앙고혈** : 산 정상에 맺는 것으로, 아래에서 보면 마치 우러러보는 것처럼 보인다 하여 붙여진 이름이다.
- **빙고혈** : 산 정상에서 약간 내려와 주산에 기대어 결지한다 하여 붙여진 이름이다.
- **기룡혈** : 주룡의 등마루에 섬룡입수閃龍入首하여 결지하는 것으로, 혈이 용맥 위에 말을 타고 있는 듯하다 하여 붙여진 이름이다.

이와 같이 주산을 비롯해서 주위의 모든 산들이 높으면, 혈도 높은 곳에 결지한다. 따라서 혈을 구하고자 할 때 높은 곳에서 찾아야 한다.

(2) 좌세, 인혈 – 산들의 높이가 중간이면 산중턱에서 혈을 찾는다

주산과 혈 주변의 산이 높지도 낮지도 않다. 마치 산이 앉아 있는 모습이라 하여 좌세坐勢라 한다. 또 천혈과 지혈과 비교하여 산중턱에 생기가 모여 결지하므로 인혈人穴이라고도 한다.

주룡의 경사는 급하지도 완만하지도 않은 중간 상태다. 청룡, 백호, 안산, 조산 등의 주변 산들의 높이가 적절하여, 바람을 막아주고 안정감이 있는 혈지가 인혈이다.

혈을 맺는 곳은 산요처山腰處 즉 산중턱이다. 주변 산들이 높지도 낮지도 않으면 산중턱에서 혈을 찾아야 한다.

〈좌세, 인혈〉

(3) 면세, 지혈 – 산들의 높이가 낮으면 낮은 곳에서 혈을 찾는다

주산과 주변의 산들이 모두 낮아 마치 산이 누워 있는 모습이라 하여 면세眠勢라 한다. 천지인天地人 중 가장 낮은 의미로 지혈地穴이라고도 한다.

지혈은 생기가 낮은 곳에 모여 융결되므로 혈도 낮은 곳에 결지한다. 청룡과 백호를 비롯해서 안산, 조산 등 주변의 산들이 모두 낮아야 한다. 만약 혈 주변의 산들이 높아 혈을 위압하면 결지할 수 없다. 설사 혈을 맺는다 하더라도 위압을 당해 흉함이 따른다. 지혈에는 현유혈懸乳穴과 장구혈藏龜穴이 있는데, 설명하면 다음과 같다.

〈면세, 지혈〉

- **현유혈** : 용이 평지에 다다라 맥이 끝나는 지점에 결지한다. 이 모습이 마치 용 끝에 매달려 있는 것처럼 보이므로 이름 한 것이다.
- **장구혈** : 용맥이 은맥으로 행룡하다가 거북이 등처럼 미돌微突한 부분에 결지한 것을 말한다. 마치 거북이 등이 반쯤 감추어진 것처럼 보인다 하여 붙여진 이름이다.

따라서 면세인 지혈은 낮은 산이 끝나는 지점이나 평지에서 혈을 찾아야 한다.

3) 삼정심혈법 – 주변 산들의 원근고저遠近高低에 따라 혈의 위치를 예측

삼정심혈법三停尋穴法은 하나의 산에서 혈이 높은 곳에 있는지, 중간에 있는지, 낮은 곳에 있는지를 살피는 심혈법이다. 청룡과 백호, 안산, 조산 등 주변 산들의 높고 낮음에 따라 혈의 위치를 예측한다. 또 주변 산들이 멀리 있는가, 가까이 있는가에 따라서도 혈의 위치를 예측하여 찾는 방법을 말한다.

삼세三勢심혈법은 주산을 비롯한 주변 산들의 높고 낮음에 따라 혈도 높은 산에 있는가, 낮은 산에 있는가를 예측하는 방법이다. 반면에 삼정三停심혈법은 같은 산에서도 혈이 높은 곳에 결지할 것인가 또는 낮은 곳에 결지할 것인가를 예측하여 찾는 방법이다. 구체적으로 상정천혈, 중정인혈, 하정지혈이 있다.

- **상정천혈**上停天穴 : 주변의 산들이 높고 가까이 있으면 혈은 높은 곳에 결지함을 뜻한다. 귀貴를 관장한다

- **중정인혈**中停人穴 : 주변 산들이 적당한 높이면 혈도 산중턱에 결지하는 것을 말한다. 부富와 귀貴를 다같이 관장한다.

- **하정지혈**下停地穴 : 주변 산들이 낮고 멀리 있으면 혈도 산 아래 낮은 곳에 결지한다는 것이다. 부富를 관장한다

주변 산이 높은데, 아래쪽에서 혈을 취하면 혈이 능압된다

만약 청룡, 백호, 안산, 조산 등이 다같이 높고 가까이 있는데, 산중턱이나 아래쪽에서 혈을 취한다면 주변 산이 혈을 능압陵壓한다. 이때는 혈을 결지할 수 없을 뿐만 아니라 발복도 무기력하다.

주변 산들이 높지도 낮지도 않은 중간 정도인데, 높은 곳에서 혈을 취한다면 혈을 감싸주는 산이 없다. 이때는 바람의 피해를 많이 받게 되어 흉하다. 또 낮은 곳에서 혈을 취한다면 주변 산들의 고압을 당해 무기력

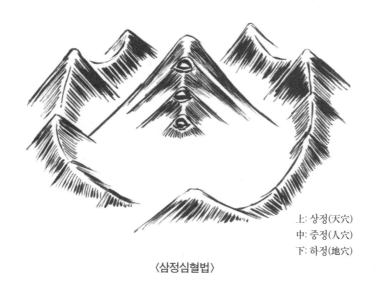

上: 상정(天穴)
中: 중정(人穴)
下: 하정(地穴)

〈삼정심혈법〉

해진다.

주변 산들이 낮고 멀리 있는데, 상정천혈上停天穴이나 중정인혈中停人
穴을 취하게 되면 혈을 감싸주는 것 없게 된다. 혈 홀로 높게 있으므로 바
람의 피해를 많이 받아 결지 불능이다.

따라서 혈을 찾을 때 주산과 주룡에서 주변 산의 원근고저遠近高低를
살피는 것이 중요하다.

4) 과협심혈법 − 혈을 맺을 수 있는 용맥인지의 여부와 위치를 판단

과협過峽은 전진하는 행룡의 생기를 모아 묶은 용의 허리부분이다. 지
표면으로 노출이 심하여 용의 성질을 파악하기가 용이한 곳이다. 과협을
보고 혈을 맺을 수 있는 용맥인지의 여부와 위치를 판단하는 것이 과협
심혈법過峽尋穴法이다.

또 용의 생왕사절生旺死絶과 길흉화복을 판단하기도 한다.

과협이 튼튼하고 아름다우면 반드시 좋은 혈을 맺는다. 깨지고 추악하면 혈을 결지하지 못한다. 과협이 바르게 나가면 혈도 바르게 맺는다. 과협이 좌나 우로 곡선으로 나가면 혈도 좌나 우측으로 결지한다. 과협이 짧으면 혈은 가까운 곳에 있고, 과협이 길면 혈은 먼 곳에 있다.

과협에서 중요한 것은 흙의 상태다. 만약 과협처에서 홍황자윤紅黃紫潤한 혈토가 나온다면 혈에도 혈토가 있다는 증거다. 혈의 진가眞假 여부도 과협을 보고 판단한다.

5) 보국심혈법 - 용혈사수龍穴砂水가 취합된 국세를 보고 혈을 찾는 법

보국심혈법保局尋穴法이란 국세局勢를 보고 혈을 찾는 방법이다. 국세란 청룡백호를 비롯한 주변 산들이 혈을 감싸주고 있는 형태를 말한다.

전후좌우에 있는 산들이 주룡과 혈을 향해 유정하게 감싸주고 있으면 혈이 맺을 만한 곳이다. 수백 리 혹은 수십 리를 행룡한 용이 혈을 결지하고자 할 때는 반드시 보국을 형성해야 하기 때문이다.

청룡, 백호, 안산, 조산, 명당, 물 등이 조화를 이루면 '좋은 보국'

좋은 보국이란 혈을 중심으로 청룡, 백호, 안산, 조산, 명당, 물 등 주변의 모든 것들이 취합한 것을 말한다. 혈을 찾고자 할 때는 주변의 모든 산과 물이 어느 산줄기를 향해 있는지를 살펴야 한다. 멀리서 그 산을 바라보면 용맥이 기세 왕성하게 변화하는 것을 볼 수 있다. 대부분 용맥의 끝인 용진처龍盡處에 혈이 있다.

6) 안산심혈법 - 깨끗하고 아름다운 안산을 보고 그 맞은편에서 혈을 찾는 것

깨끗하고 아름다운 안산을 보고 그 맞은편에서 혈을 찾는 것을 안산심혈법案山尋穴法이라 한다. 기세 장엄한 태조산을 출발한 용은 수백 리 혹은 수십 리를 행룡하면서 많은 변화와 박환剝換 과정을 거친다.

이런 과정을 통해서 험준하고 거친 살기殺氣를 모두 제거하고 순수한 생기만 모은다. 따라서 혈이 결지할 만한 곳은 주변 산들이 모두 수려하고 유정하다. 특히 혈 앞의 안산은 어느 산보다도 깨끗하고 아름답다. 또 혈을 향해 공손하고 정답게 서 있다.

혈은 이러한 안산을 똑바로 바라보고 맺는다. 따라서 안산 맞은편에 있는 용맥에서 혈은 찾아야 한다. 안산이 반듯하지 못하고 비틀어지게 보이거나 험하게 보이면 혈을 맺을 수 없다.

안산이 높거나 가까우면 혈은 높은 곳에 있다. 안산이 낮거나 멀리 있으면 혈은 낮은 곳에 있다.

7) 명당심혈법 - 혈 앞 명당이 원만한가를 보고 혈의 결지 여부를 판단

명당심혈법明堂尋穴法은 혈 앞의 마당인 명당을 보고 혈을 찾는 방법을 말한다. 주산과 현무봉의 양변이 개장하여 청룡과 백호를 만든다. 이 두 능선이 혈을 감싸 안아주면 그 안은 원만하고 평탄한 공간이 생긴다. 이곳이 명당이다.

보국 안의 모든 기운은 명당에서 취합한다. 명당의 형태에 따라 보국 내의 기운이 결정된다. 명당이 평탄하고 원만하면 기도 안정되고 편안하다. 명당이 기울어져 경사가 심하면 기는 불안정하게 된다. 혈을 맺을 수 있는 곳은 기가 안정된 곳이다.

따라서 혈을 찾고자 할 때는 명당이 평탄하고 원만한지를 꼭 살펴야
한다. 그리고 여러 골짜기에서 흘러나온 물들이 모두 명당으로 모이고
있는지도 살펴야 한다. 물들이 명당으로 모이지 않고 제각각 흩어져 흘
러가면 기가 취합되지 않는 곳이다.

명당에 모인 물들이 나갈 때는 한 군데 수구水口로 나가야 한다

수구는 청룡과 백호 양끝이 서로 만나거나 교차하는 곳으로 보국의 출
구가 된다. 수구가 좁게 관쇄되어 있으면 명당의 기운이 보전이 잘 되므
로 대혈이 있다는 증거가 된다.

명당은 평탄 원만하면서 균형 있게 혈을 환포環抱해 주는 형태라야 한
다. 만약 등을 돌려 배반하거나, 감싸주지 못하고 비주飛走하면 흉상으로
혈을 맺지 못한다. 또 기울거나 좁게 협착狹窄하면 혈을 결지할 수 없다.

8) 수세심혈법 – 물을 보고 혈을 찾는 방법

수세심혈법水勢尋穴法은 물을 보고 혈을 찾는 방법이다. 물은 움직이
는 양의 기운이다. 반면에 용은 움직이지 않는 음의 기운이다. 혈은 산과
물이 서로 만나 음양조화를 이룰 수 있는 곳에서 맺는다.

용은 물을 만나면 멈춘다. 또 산은 물을 건널 수 없고 물은 산을 넘을 수
없다. 용을 따라 흐르던 생기가 멈추어 혈을 맺으려면 물은 필수적이다. 만
약 용이 물을 만나지 못하면 생기는 계속 빠져나가 한 곳에 모이지 않는다.

혈을 찾고자 할 때는 물이 감싸주는 안쪽을 선택

양인 물이 음인 용과 음양조화를 하여 혈을 맺으려면 서로 감싸주는
형태를 취해야 한다. 만약 물이 등을 돌리고 배반하면 음양 관계는 이루
어지지 않아 혈을 맺을 수 없다. 따라서 혈을 찾고자 할 때는 물이 감싸

주는 안쪽을 선택해야 한다.

여러 골짜기에서 나온 물들이 평탄하고 원만한 명당에 모여 혈을 감싸 안아주어야 길하다. 그리고 나갈 때는 폭이 좁은 수구 한 군데로 천천히 흘러가야 한다. 그러기 위해서는 청룡과 백호 끝이 서로 교차하여 좁게 관쇄關鎖해 주거나, 수구에 한문捍門, 화표華表, 북신北辰, 나성羅星 등이 있어 유속을 느리게 해주면 좋다. 한문, 화표, 북신, 나성에 대해서 설명 하자면 다음과 같다.

- **한문**: 수구처의 청룡백호 양끝에 서 있는 돌로 마치 문설주와 같다.
- **화표**: 한문 사이 물 가운데 있는 단단한 바위다.
- **북신**: 화표와 같이 물 가운데 있는 바위인데, 그 모양이 마치 거 북이나 잉어, 해와 달 또는 금궤처럼 생긴 영물靈物의 형상 을 한 것이다.
- **나성**: 수구에 흙이나 모래, 자갈이 퇴적되어 만들어진 작은 섬 이다.

'양인 물' 과 '음인 혈' 이 조화를 이루려면 물의 흐름이 완만하고 항상 일정량을 유지해야 한다. 한문, 화표, 북신, 나성은 모두 보국 안의 물이 급하게 빠져나가지 못하도록 해주는 역할을 한다.

따라서 보국은 물의 흐름이 완만하고 항상 일정한 수량을 유지하게 된 다. 이래야 양인 물과 음인 혈이 음양조화를 충분히 그리고 오랫동안 할 수 있다. 만약 혈 앞으로 들어오는 물이 쏘는 것처럼 직선으로 들어오면 충수沖水가 되어 흉하다. 나갈 때도 직선으로 곧게 나가면 직거수直去水 가 되어 흉하다.

9) 낙산심혈법 — 횡룡입수하는 곳에서 낙산樂山을 보고 혈을 찾는 법

횡룡입수橫龍入首하여 결지하는 경우, 낙산을 보고 혈을 찾는 것을 낙산심혈법樂山尋穴法이라고 한다. 낙산이란 혈 뒤를 받쳐주고 있는 산이다. 특히 횡룡입수하여 결지하는 혈에는 반드시 낙산이 있어야 한다.

'낙산'은 혈 뒤의 허함을 보완해 주면서 바람을 막아주는 역할을 한다

횡룡입수하는 용혈의 경우 혈 뒤가 허약하여 바람을 받기가 쉽다. 지기는 바람을 만나면 흩어지기 때문에 뒤가 허하면 혈을 맺을 수 없다. 낙산은 그 허함을 보완해 주면서 바람을 막아주는 역할을 한다.

낙산은 주룡에서 뻗어나가 생긴 산이든 다른 용에서 내려와 생긴 산이든 상관없다. 어떤 산이든 혈의 생기를 잘 보존시킬 수 있는 형태가 좋다.

낙산을 보고 혈을 찾을 때는 낙산이 오른쪽에 있으면 혈도 오른쪽에 있다. 왼쪽에 있으면 혈도 왼쪽에 있으므로 낙산과 일치하는 방향에서 찾아야 한다. 또 낙산이 멀리 있으면 혈도 멀리 있고, 가까이 있으면 혈도 가까이 있다. 낙산이 나란히 두 개 있으면 쌍혈을 맺기도 한다.

낙산은 순하고 깨끗하며 귀한 형상이 길한 것이다. 낙산이 너무 높고 험악해서 혈을 위압하면 흉하다.

10) 귀성심혈법 — 횡룡입수하는 곳에서 귀성鬼星을 보고 혈의 위치를 파악

횡룡입수하는 경우 입수룡 반대 측면에 붙어 있는 귀성을 보고 혈을 찾는 것을 귀성심혈법鬼星尋穴法이라 한다. 횡룡입수혈에는 반드시 귀성과 낙산이 있어야 한다. 귀성이 없으면 생기를 모이게 할 수 없다.

주산과 현무봉에서 곧장 내려와 입수入首하는 혈은 주룡과 주산 또는 현무봉이 뒤를 받쳐준다. 그러나 주룡의 측면에서 입수맥이 나와 결지하는 횡룡입수혈橫龍入首穴의 경우는 뒤가 허약하다. 때문에 뒤를 밀어주고 지탱해 주는 작은 지각地脚이 필요하다. 이 지각을 귀鬼 또는 귀성鬼星이라고 한다.

귀성은 입수룡을 반대쪽에서 밀어주는 역할

낙산樂山은 주룡에서 뻗어나가 생긴 산이든 외부에서 온 산이든 상관없다. 어떤 산이든 혈 뒤의 바람을 막아주기만 하면 된다. 그러나 귀성은 반드시 주룡의 반대쪽 측면에 붙어 있어야 한다. 그래서 입수룡을 지탱해 주고 밀어주는 역할을 한다. 따라서 귀성의 위치를 보고 혈의 위치를 가늠할 수 있다.

귀성이 가운데 있으면 혈도 귀성이 지탱해 주고 밀어주는 쪽인 가운데에 위치한다. 귀성이 왼쪽에 있으면 혈도 왼쪽에 있으며, 오른쪽에 있으면 혈도 오른쪽에 있다. 또 귀성이 높은 곳에 붙어 있으면 혈도 높은 곳에 위치하고, 낮은 곳에 붙어 있으면 혈도 낮은 곳에 위치한다. 귀성이 나란하게 두 개가 있으면 효순귀孝順鬼라 하여 혈은 두 귀 사이 반대 측면에 있다.

귀성은 주룡을 지탱해 주고 입수룡을 반대쪽으로 밀어주는 역할을 한다. 때문에 작고 단단한 것이 길하다. 지나치게 길게 뻗거나 힘 있게 변화하면 오히려 입수룡의 생기를 빼앗게 된다. 주룡을 타고 내려온 생기가 횡룡입수룡으로 모두 들어가야지, 귀성으로 설기洩氣되면 흉하다.

9. 정혈법

주건물이 들어설 자리, 시신을 매장할 자리 등, 정확한 혈처를 정하는 법

정혈법定穴法은 정확한 혈처를 정하는 법을 말한다. 양택의 경우는 주건물이 들어설 자리다. 음택의 경우는 시신을 매장할 광을 파는 자리다.

앞서 설명한 심혈법尋穴法은 멀리서 바라보고 혈이 있을 만한 위치를 찾는 이론이었다. 심혈을 해서 그곳을 찾아들어 갔으면 이제 생기가 뭉쳐 있는 정확한 혈을 찾아야 한다.

즉 입수도두, 선익, 순전, 혈운 등이 분명하고 혈토가 나오는 혈을 정확하게 정하지 않으면 안 된다. 아무리 심혈을 잘했다 하더라도 정혈을 잘못하면 무용지물이 되고 만다. 어렵게 용진처龍盡處의 혈지를 찾았다 할지라도 혈토가 나오는 혈심이 아니면 모든 것이 허사가 되고 만다. 실제로 모든 혈의 결지 조건이 갖추어진 곳에서도 불과 몇 자 사이로 혈심에서 어긋나 오점誤點한 경우가 많이 있다.

혈은 사방 '여덟 자' 정도밖에 되지 않는 작은 땅

태조산을 출발하여 수백 리 혹은 수십 리를 행룡한 용이라도 생기가 뭉쳐 있는 혈은 사방이 여덟 자 정도밖에 되지 않는 작은 땅으로, 불과 지름이 3m 미만에 불과하다. 이를 정확하게 찾아 쓰는 것은 여간 어려운 일이 아니다.

그래서 옛 사람들은 "삼년심룡십년점혈三年尋龍十年點穴"이라고 하였다. "용을 찾는 공부는 3년 걸리고, 혈을 찾는 공부는 10년 걸린다"는 뜻이다. 이는 정혈定穴이 그만큼 어렵다는 것을 나타내는 말이다.

그러나 모든 자연에는 이치가 있는 법이다. 혈이 있을 만한 자리는 그만한 조건을 갖추고 있다. 그 조건만 잘 알면 정혈도 그리 어려운 문제만은 아니다. 정혈법은 주변의 산세와 수세를 살펴 점혈의 정확한 위치를 정하는 방법론이다. 좋은 혈을 맺으려면 다음과 같은 조건을 갖추어야 한다.

- 첫번째, 주룡이 기세 있게 변화하면서 살기를 모두 털어낸 곳에서만 가능하다. 이는 지기가 순수한 생기로만 가득하다는 증거다.
- 두 번째, 생기가 멈추고 혈판에 가두어지려면 물이 유정하게 감싸주고 있어야 한다.
- 세 번째, 혈의 생기가 바람에 흩어지지 않으려면 청룡백호를 비롯한 주변 산들이 이중 삼중으로 감싸고 있어야 한다.
- 네 번째, 혈 앞의 명당은 평탄하고 원만해서 보국이 안정되어 있어야 한다.

이와 같은 조건을 갖춘 곳을 태胎, 정正, 순順, 강强, 고高, 저低 6개항으로 나누어 설명한 것이 있어 소개한다.

태胎 - 아이를 밴 모습과 같이 풍만한 땅에 혈을 맺는다

외형적으로 땅이 두툼하게 살이 찐 듯 풍만한 곳이다. 마치 임산부가 어린아이를 밴 모습이다. 이는 생기가 충만하다는 뜻이다. 좋은 생기만 뭉쳐 있으므로 땅이 부드럽고 감촉이 좋다.

이를 "풍비원만豊肥圓滿하고 견고유연堅固柔軟해야 한다"라고 표현했다.

정正 - 땅이 반듯한 곳에서 혈을 맺는다

혈판이 기울거나 거꾸러지면 생기가 안정되지 못하므로 혈을 맺을 수 없다. 뿐만 아니라 주변 산수山水와 균형이 맞는 곳에 혈은 있다. 보국이 균형이 이루어지지 않아 불안정한 곳에서는 혈을 맺지 못한다. 그러므로 단정한 땅에서 혈을 찾아야 한다.

순順 - 주변 산들이 순하게 감싸 안아주는 땅에 혈이 있다

산과 물은 보는 위치에 따라 각기 다르게 보인다. 혈에서 보면 주변 산들이 반듯하게 감싸주는 것처럼 보이지만, 여기서 불과 몇m만 떨어지면 무정하게 보일 수도 있다.

혈은 주변의 용혈사수龍穴砂水가 무정하게 배반하지 않고 유정하게 감싸주는 곳에 위치한다. 따라서 주변 산들이 유정하게 보이는 곳에서 혈을 찾아야 한다.

강强 - 혈이 있는 곳은 기가 뭉쳐 있으므로 땅이 단단하다

혈이 있는 곳은 생기가 견고하게 뭉쳐 있으므로 땅이 단단하다. 혈지의 흙들이 산만하게 흩어지지 않고 하나의 덩어리로 되어 있다. 완전히 정제된 흙들은 작은 입자로 되어 있다.

만약 생기가 강하게 뭉쳐 있지 않으면 이들은 모두 흩어지고 말 것이다. 기가 한 곳에 뭉쳐 있는 혈의 흙은 그 결속력이 무척 강해 단단하다. 그러나 좋은 생기가 가득하므로 부드럽다. 때문에 단단하면서도 부드럽게 감촉이 좋은 땅에서 혈을 찾아야 한다.

고高 - 물이 침범할 수 없는 적당한 높이에 혈을 맺는다

혈은 물의 침범을 받는 곳에서는 맺지 않는다. 물이 침범할 수 없는 적당한 높이에 혈을 맺는다. 따라서 너무 얕은 땅은 피하고 주변 산세와 조화되는 적당한 높이의 땅에서 혈을 찾아야 한다.

저低 – 바람을 피할 수 있는 낮은 땅에 혈을 맺는다

혈은 바람의 침해를 받는 곳에서는 맺지 않는다. 생기가 흩어지기 때문이다. 바람을 피할 수 있는 주변 산보다 적당히 낮은 땅에 혈을 맺는다.

그러므로 산은 높고 골짜기가 깊은 산고곡심山高谷深한 곳에서는 혈을 찾지 않는다. 또 홀로 돌출되어 바람을 많이 받는 돌로취풍突露吹風한 곳도 피해야 한다. 장풍藏風이 잘 되도록 적당히 낮은, 안정된 땅에서 혈을 찾아야 한다.

이와 같은 조건이 갖추어진 혈지에서 혈을 찾아 재혈裁穴하는 방법과 절차를 설명한 것이 정혈법定穴法이다.

정혈하는 방법에는 천심십도법天心十道法, 요감법饒減法, 향배법向背法, 장산식수법張山食水法, 인혈법人穴法, 지장법指掌法, 금수법禽獸法, 취길피흉법取吉避凶法, 사살법四殺法 등이 있다.

1) 천심십도정혈법 – 사방의 산을 십자형으로 이어 교차되는 곳

천심십도정혈법天心十道定穴法은 혈을 중심으로 전후좌우 사방에 있는 산을 연결하면 십자형十字形으로 서로 응하는 경우를 말한다. 뒤에는 주산 또는 현무봉이 있고, 앞에는 안산이 있어 이를 이으면 일직선이 된다.

또 좌측에는 청룡 협이봉夾耳峰, 우측에는 백호 협이봉이 있다. 이들은 서로 크기와 높이, 거리가 비슷하다. 정상을 선으로 이으면 십자十字 모양이 된다.

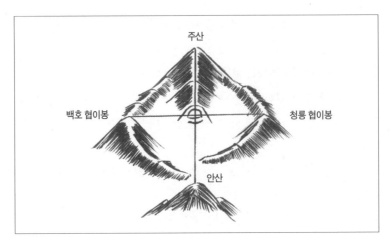

〈천심십도〉

혈은 두 선이 교차하는 지점에 점혈點穴하는 방법을 천심십도정혈법이라 한다. 이때 산의 모양과 형상은 상관없으나 4개의 산을 연결했을 때 정확하게 십자가 이루어지지 않으면 진혈이 아니다.

용진혈적龍眞穴的하고 천심십도가 정확하면 발복이 크고 오래간다.

2) 요감정혈법 – 청룡백호의 길이와 힘을 보고 혈의 위치를 판단

요감饒減이란 넉넉한 것은 덜어내고 부족한 것은 보태준다는 뜻이다. 혈을 감싸주고 있는 청룡과 백호 중에서 어느 것이 더 길고 힘이 있느냐에 따라 혈의 위치를 판단하는 방법이다. 이를 요감정혈법饒減定穴法이라 한다. 혈은 청룡백호 중에서 길이가 길고 힘이 있는 쪽으로 약간 치우쳐 결지한다. 힘이 있어 보이는 쪽에 혈이 있어 힘을 사용하기 때문에 기운을 덜어주고[減] 낸다. 상대적으로 짧고 힘 없는 쪽은 공간을 넉넉하게 하여 기운을 보태게[饒] 된다. 그래서 보국 안의 균형이 이루어지게 된다.

예를 들어 청룡은 짧고 백호가 길게 뻗어 혈을 감싸주면, 혈은 백호 쪽으로 치우쳐 결지한다. 청룡 쪽의 공간을 넓게 하여 전체적인 힘의 균형을 맞추어 준다. 반대로 백호가 짧고 청룡이 길게 뻗어 혈을 감싸주었으면, 혈은 청룡 쪽으로 치우쳐 결지한다.

요감정혈법은 혈장穴場 아래 하수사下水砂를 보고 정혈하기도 한다. 하수사가 좌측에서 길게 뻗어 우측으로 감아주었으면, 혈은 좌측에 결지한다. 우측이 더 길게 뻗어 좌측으로 감아주었으면 혈은 우측에 있다.

혈을 찾아 쓴다는 것은 혈의 기운 즉 생기를 사용하기 때문에 힘을 덜어낸다는 뜻이다.

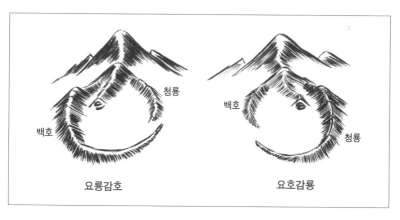

청룡

백호

백호

청룡

요룡감호

요호감룡

〈요감정혈법〉

3) 향배정혈법 – 전후좌우의 산들이 배반하지 않고 혈을 향해 있는 곳에 정혈

혈지에서 보아 전후좌우에 양명 수려한 산들이 배반하지 않고 유정하게 혈을 향해 있는 곳에 정혈하는 것을 향배정혈법向背定穴法이라고 한다. 혈은 청룡백호를 비롯해서 안산, 조산 그리고 물이 전후좌우에서 혈을 향해 다정하게 감싸주는 곳에서 결지한다. 흉하게 깨지고 부서지고 기암괴석이 많이 있거나 무정하게 돌아서 배반하는 곳에서는 혈을 결지하지 않는다. 혈 앞에 흐르는 물도 구불구불 흐르다가 혈을 향해 유정하게 감싸주어야 진혈을 결지한다. 배반하여 혈 반대 방향으로 휘어 나가면 결지 불능이다.

4) 장산식수정혈법 — 귀하게 생긴 산, 맑은 물을 보고 혈을 정하는 방법

장산식수정혈법張山食水定穴法은 혈 앞에 있는 귀하게 생긴 산이나 깨끗하고 맑은 물을 보고 혈을 정하는 방법이다.

만약 귀하게 생긴 안산과 혈지를 향해 유정하게 감아준 물이 우측에 있으면 혈도 우측에 있다. 좌측에 있으면 혈도 좌측에 있다. 중앙에 있으면 혈도 중앙에 위치한다.

용진혈적龍眞穴的에 수려하고 양명한 산봉우리가 정면에 있고, 맑고 깨

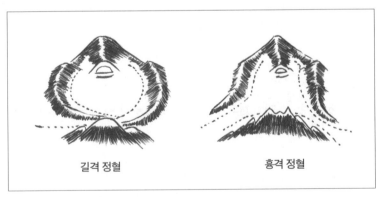

길격 정혈   흉격 정혈

〈장산식수정혈법〉

끗한 물이 여러 골짜기에서 나와 혈을 감아주면 매우 길한 혈이 된다. 이때 명당에 모인 물은 한 개의 파구破□로 천천히 나가야 매우 길하다.

반대로 추악하고 험한 산이 정면에 있으면 흉하다. 또 수려한 산이라도 등을 돌리고 무정하게 있으면 혈을 맺지 못한다. 물은 산 따라 흐르기 때문에 산이 배반하면 물도 배반하기 때문이다. 그렇게 되면 산수山水가 서로 음양조화를 이룰 수 없다.

용진혈적지龍眞穴的地에서는 자연적으로 앞에 귀한 산과 물이 있기 마련이다. 그러므로 기이하게 잘 생긴 산이 있는 곳과 물이 혈지를 정답게 감아준 곳을 향해 정혈해야 한다.

5) 인혈정혈법 – 사람의 몸과 연관시켜 혈을 찾는 방법

사람의 몸에 있는 혈처를 지리와 연관시켜 혈을 찾는 방법이 인혈정혈법人穴定穴法이다. 인혈정혈이란 산의 형태를 인체에 비유하여 표현한 것이다. 산이나 인간이나 모두 하나의 소우주小宇宙로 볼 때, 혈이 결지하는 것은 똑같은 이치라는 논리에서 붙여진 이름이다.

사람에게는 머리정수리에 정문백회혈頂門百會穴을 비롯해서, 이마의 수두혈垂頭穴, 어깨와 늑골 사이에 견정혈肩井穴, 풍만한 유방에는 내유혈奶乳穴, 앞가슴 중심의 명치에는 당심혈堂心穴, 배꼽에 있는 제륜혈臍輪穴, 배꼽 밑 단전에 있는 단전혈丹田穴, 국부에 있는 음낭혈陰囊穴 등 수많은 혈이 있다.

인혈정혈법은 요금정寥金精 선생의 정혈법의 하나다. 산의 모양과 위치를 인체에 비유해서 혈을 정하는 방법이다. 이때 사람의 두 팔과 같은 청룡백호가 있으면, 인혈정혈법을 사용한다. 그러나 청룡백호가 없으면 손에 비유한 지장정혈법指掌定穴法을 사용하라고 하였다.

(1) 정문백회혈 - 산 정상 꼭대기의 약간 오목한 지점

〈정문백회혈〉

사람의 머리 끝 정수리가 정문백회
혈頂門百會穴이다. 어린아이의 정
수리를 만져보면 말랑말랑하면서
약간 오목하게 들어간 부분이 혈이
다. 혈은 산 정상에 결지하는 것으
로 평평한 가운데 볼록하게 튀어나
온 철(凸) 부분에 와혈窩穴로 결지한다. 즉 돌중미와突中微窩한 지점이 정
혈하는 위치다.

이때 사방의 산들이 균등하게 호위해 주어야 진혈이다. 그렇지 않으면
사방 팔방에서 불어오는 바람을 맞기 때문에 흉하다.

(2) 수두혈 - 정상에서 약간 내려와 평평한 곳에 있는 혈

사람의 이마 한가운데 있는 것이 수두혈垂頭穴이다. 산 정상 부분에 혈이
있되, 정상에서 약간 내려와 평평한 곳에 혈이 있다. 이때 산 정상은 머
리를 약간 숙이듯 혈을 굽어보고 있어야 한다. 재록財祿이 넘치는 길한
혈이다.

(3) 인중혈 - 정상과 중간 사이 중턱에 맺는 혈

코밑과 입술 사이에 있는 약간 오목하게 들어간 부분이 인중혈人中穴이
다. 인중혈은 산 정상 아래 중턱에 맺는다. 즉 정상과 중간 사이인 중상
中上 부분에 있다. 주산 현무봉에서
급하게 내려온 용이 산중턱에서 갑
자기 주저앉아 혈을 결지한다. 주
로 괘등혈掛燈穴이나 연소혈燕巢穴
이 이에 해당된다.

〈인중혈〉

(4) 견정혈 – 비교적 높은 곳에 오목하게 생긴 와혈

사람의 어깨와 늑골 사이 오목하게 들어간 곳이 견정肩井이다. 오목한 부분이 생기가 뭉친 혈이므로 와혈窩穴을 결지한다. 쌍와雙窩가 있으면 제대로 된 견정혈이다. 비교적 높은 곳에 있으므로 장풍藏風이 잘 이루어져 안정감이 있어야 한다.

〈견정혈〉

(5) 내유혈 – 풍만한 두 유방에 비유되는 혈

풍만한 두 유방에 비유되는 곳이 내유혈奶乳穴이다. 주로 유혈乳穴을 맺으며 두 개가 나란히 있는 것이 특징이다. 평지나 높은 산 모두에 있으며, 혈지는 약간 볼록하게 돌출되어 있다. 그러므로 혈 주변의 청룡백호를 비롯하여 안산, 조산 등이 조밀하게 감싸주어야 한다.

〈내유혈〉

(6) 당심혈 – 산의 한가운데에 있으며, 와혈窩穴이 정격

〈당심혈〉

당심혈堂心穴은 인체의 앞가슴 중심의 명치의 오목하게 들어간 부분이 혈이다. 산의 한가운데 있으며 와혈窩穴이 정격이다. 또 보국의 중심에 주로 맺는다. 주변의 산세가 단정하고 유정하여 요감饒減의 필요가 없다. 이른바 "인시하관寅時下棺에 묘시발복卯時發福"한다는 속발지지速發之地다.

(7) 제륜혈 – 배꼽에 비유되는 혈

제륜혈臍輪穴은 사람의 가장 중심에 있
는 배꼽에 비유되는 혈이다. 용혈을 비
롯하여 주변 산세가 고르고 둥글며 혈
지는 평탄하다. 혈은 돌중유와突中有窩
한 곳에 있다.

〈제륜혈〉

(8) 단전혈 – 배꼽 밑 단전에 비유되는 혈

단전丹田은 배꼽 밑에 있는 혈이다. 주변
의 산세가 원만 평탄하고 다정하다. 청룡
백호가 잘 감싸준 혈로 높지도 낮지도 않
은 곳에 위치한다. 부귀복록富貴福祿이
큰 혈이다.

〈단전혈〉

(9) 음낭혈 – 여자의 음부에 해당

음낭혈陰囊穴은 여자의 음부에 해당되는
혈이다. 주변 산세가 마치 여자가 다리를
벌리고 누워 있는 형국이다. 청룡과 백호
가 다정하고 아늑하게 감아주었다. 물은
유정하게 혈을 환포해 주어야 한다. 특히
혈 밑에 있는 순전이 발달하였다.

〈음낭혈〉

이밖에도 절요혈節腰穴, 방광혈膀胱穴, 인후혈咽喉穴 등 수없이 많은 인혈
정혈법이 있다. 그러나 전적으로 여기에 의존하여 혈을 찾기란 어렵다.
심혈尋穴과 정혈定穴하는 데 참고만 할 뿐이다.

6) 지장정혈법 – 혈장을 사람의 손에 비유하여 정한다

혈장을 사람의 손바닥과 손가락에 비유하여 혈을 정하는 것을 지장정혈법指掌定穴法이라 한다. 손바닥에는 장심혈掌心穴이 있다. 손가락 마디마디에는 각각 다른 지혈指穴이 있다.

용진혈적龍眞穴的은 했는데 청룡백호가 가까이서 감싸주지 못한 혈지에서 사용하는 법이다.

(1) 장심혈掌心穴 – 땅이 손바닥을 젖혀 놓은 모양

혈지가 마치 손바닥을 젖혀 놓은 모양과 같이 생겼다. 이를 앙장형仰掌形이라고 한다. 이때는 손바닥 가운데 오목한 부분이 혈이다.

그러므로 와혈窩穴에 해당된다. 손바닥 가의 도톰한 부분은 청룡과 백호 역할을 하여, 바람과 물의 침범을 막아준다.

〈장심혈〉

(2) 지혈指穴 – 엄지와 검지가 집게 모양처럼 생긴 땅에서의 점혈법

혈지의 모양이 마치 손가락의 엄지와 검지가 집게 모양을 한 것과 같다. 이때는 손가락에 있는 혈을 참고하여 혈을 찾는 방법이다.

엄지와 검지에는 7개의 혈이 있다. 이중 대부혈大富穴, 구혈毬穴, 홍기혈紅旗穴, 곡지혈曲池穴 등 4개의 혈은 길하다. 그러나 절혈絶穴, 소탕혈掃蕩穴, 조화혈燥火穴 등 3개의 혈은 흉하다.

◎ 엄지와 검지에 있는 7개의 혈

대부혈大富穴 – 엄지 제1절에 있는 혈

엄지 제1절에 있는 혈이다. 왼손처럼 생겼으면, 집게손가락 쪽의 능선이 청룡이 되어 혈을 완전히 감싸주어야 한다.

엄지손가락 끝으로 뻗은 능선은 백호가 된다. 오른손은 그 반대다.

엄지와 집게손가락 끝이 만나는 지점은 수구水口가 되는데 잘 막아주어야 한다.

구혈毬穴 – 엄지와 검지가 갈라지는 중간 부분에 맺는 혈

호구혈虎口穴이라고도 한다. 엄지와 검지가 청룡백호가 되어 혈을 잘 감싸주어야 한다.

홍기혈紅旗穴 – 집게손가락 제1절에 있는 혈

집게손가락 제1절에 있는 혈로, 혈 아래가 허하기 때문에 토순吐脣이 발달되어 있어야 한다.

곡지혈曲池穴 – 집게손가락 제2절에 있는 혈

집게손가락 제2절에 있는 혈로, 횡룡입수橫龍入首하는 경우가 많다. 뒤에는 귀성鬼星과 낙산樂山이 있어야 한다.

명당이 평탄하고 원만해야 하며 엄지와 집게손가락 끝 부분의 수구가 관쇄關鎖해야 진혈을 맺는다.

절혈絶穴 – 청룡백호가 없이 돌출되어 흉함

엄지 손끝 부분으로 환포해 주는 청룡백호가 없이 돌출되어 있기 때문에 흉하다.

소탕혈掃蕩穴 **– 위는 평탄, 아래는 낭떠러지**
엄지와 집게손가락 중간의 구혈毬穴 아래에 있다. 위는 평탄하고
아래는 낭떠러지로 쓸어내리듯 기울어 흉하다.

조화혈燥火穴 **– 집게손가락 제1절 홍지혈 위에 있다**
집게손가락 제1절 홍지혈 위에 있는 조화혈은, 돌출된 부분으로 바
람을 많이 받는다. 대개 과룡처에 해당되기 때문에 흉하다.

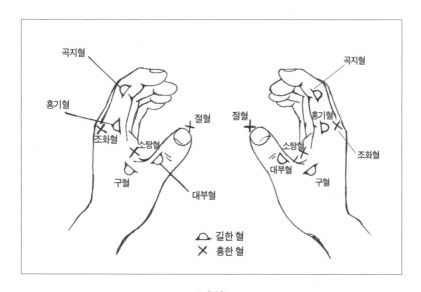

〈지 혈〉

7) 금수정혈법 — 산의 형상을 새나 짐승에 비유하여 혈을 정하는 법

산의 형상을 새나 짐승에 비유하여 새나 짐승의 기가 가장 많이 모이는 부분에 혈을 정혈하는 것을 금수정혈법禽獸定穴法이라고 한다.

예를 들어 봉황鳳凰이나 학[鶴], 꿩[雉], 기러기[雁], 까마귀[烏], 닭[鷄] 등 날짐승은 생기가 벼슬[冠], 날개 안쪽[翼], 꼬리[尾] 부분에 있다. 호랑이[虎], 사자[獅], 소[牛], 개[狗], 쥐[鼠] 등 들짐승은 생기가 코, 배, 젖가슴 등에 있다.

이에 대해서 《금낭경》에서 다음과 같이 설명하고 있다.

"용세龍勢가 그치고 혈장이 둥그렇게 쳐들어 있으면 진룡의 머리부분이다. 앞에는 물이 흐르고 뒤에 산이 있으면 장사를 지낼 수 있는 혈이다.

용의 코와 이마에 해당되는 곳에 장사지내면 매우 길하다. 뿔과 눈에 해당되는 곳에 장사지내면 망한다. 귀에 해당되는 곳은 왕후王侯가 날 것이다. 입술에 해당되는 곳은 죽거나 전쟁에 나가 다칠 것이다.

구불구불하게 내려오던 용이 중앙에 혈장을 만들어 기를 응축하면, 이를 용의 배라고 한다. 배꼽은 깊고 움푹 들어가 있다. 그곳에 혈을 쓰면 필시 후세에 복을 받아, 금과 곡식과 옥이 가득가득 넘치게 될 것이다.

용의 가슴이나 갈비뼈 부분에 혈을 쓰면 흉하다. 이러한 곳은 아침에 장사를 지내면 저녁에 곡哭소리가 날 것이다. 멸족滅族이 우려되는 흉지다."

금수정혈법은 혈을 찾는 데 참고만 하는 정도

산의 형태를 보고 맹호출림형猛虎出林形, 금계포란형金鷄抱卵形, 영구입수형靈龜入水形, 갈마음수형渴馬飮水形, 금오탁시형金烏啄屍形 등 물형론物形論으로 혈을 찾는 방법을 설명한 것이 금수정혈법이다.

그러나 산의 형상을 동물에 정확하게 비유하기란 어렵다. 호랑이나 사자, 표범, 고양이는 서로 비슷하여 구분이 어렵다. 또 기러기는 봉황이나 닭과 비슷하다. 지렁이를 뱀이라 할 수 있고, 사슴을 말이라 할 수도 있다. 때문에 금수정혈법은 혈을 찾는 데 참고만 할 뿐이다. 전적으로 물형론에 의지해서 혈을 정혈하다가는 큰 오점誤點을 할 수 있으니 주의해야 한다.

8) 취길피흉取吉避凶정혈법 – 길한 것은 취하고 흉한 것은 피해서 혈을 정한다

산과 물은 길한 것도 있지만 흉한 것도 있다. 혈은 길한 것은 취하고 흉한 것은 피하여 결지하는 것이 원칙이다. 혈을 정혈할 때 전후좌우로 움직이면서 흉한 것이 적게 보이고 길한 것이 많이 보이는 쪽을 향해 혈을 정혈定穴해야 한다.

흉살이 보이면 흙으로 덮어주거나 나무를 심어 비보한다

흉한 것 중에는 혈지에서 보아 청룡이나 백호 쪽의 능선이 화살이나 창을 혈을 향해 직선으로 쏘아 들어오는 것처럼 보이면 매우 흉하다. 또 깨지고 부서지고 무너지거나 혈을 배반하고 등을 돌리고 있으면 흉한 것이다. 그러나 분명히 용진혈적龍眞穴的한 진혈에도 흉살凶殺이 보일 수 있다. 이때는 살이 보이지 않도록 흙으로 덮거나, 주위에 소나무나 상록수를 심어 가려준다. 혈에서 흉살이 보이지 않도록 하는 것을 비보裨補한 다고 한다.

9) 사살정혈법 – 흉살을 피해 혈을 정하는 법

날카롭고 뾰족한 산의 능선이 혈장을 찌르듯이 있으면 능침살이다. 또 물이 혈장을 곧바로 치고 들어오면 수침살이다. 깨지고 부서진 흉한 바위와 산이 혈장에서 보이면 모두 살殺이다.

이러한 흉살을 피해 혈을 정하는 법을 사살정혈법四殺定穴法이라 한다. 사살정혈법에는 장살법藏殺法, 압살법壓殺法, 섬살법閃殺法, 탈살법脫殺法이 있다.

(1) 장살법藏殺法 - 흉살이 전혀 보이지 않는 곳에 혈을 정한다

살이 감추어진 곳에 정혈定穴하는 방법이다. 흉살이 전혀 보이지 않는 곳에 혈을 정해야 한다.

주룡은 험하거나 직선으로 급하지 않게 보여야 한다. 주로 완만하게 내려오는 용이다. 청룡백호를 비롯한 주변 산들은 험하거나 뾰족한 살

〈장살법〉

殺이 없이 수려하고 양명해야 한다. 혈은 보국의 중앙에 위치하고 있다. 때문에 혈을 감싸고 있는 해무리나 달무리 같은 둥근 원형의 혈운을 마치 주룡이 밀어 치는 것과 같은 모습이다. 이를 당법撞法이라고도 한다.

(2) 압살법壓殺法 - 혈장 아래 살殺이 있으면 이를 누를 수 있는 위쪽에 정혈

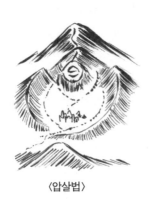

혈장 아래 살殺이 있으면 이를 누르고 보이지 않는 위쪽에 정혈하는 법이다. 청룡백호를 비롯한 주변 산세의 아래 부분이 깨지고 부서지거나, 흉한 암석이 있거나, 첨리하게 직선으로 된 능선이 혈 아래를 향해 찌르듯이 있으면, 이를 피하기 위해 혈을 위쪽에 정혈한다. 용진혈적龍眞穴的했는데 살이 하부에

〈압살법〉

많이 있으면 혈은 높은 곳에 있다. 위에 있는 혈이 아래에 있는 흉살凶殺을 눌러 압박하는 모양이라 하여 압살법壓殺法이라고 한다.

(3) 섬살법閃殺法 - 살이 있는 곳을 피해 정혈하는 방법

혈장의 좌측이나 우측 한쪽에 흉살이 있거나, 청룡백호 어느 한쪽에 흉한 살이 있으면 살이 있는 쪽은 피하고, 살이 없는 쪽에 정혈하는 방법을 섬살법閃殺法이라고 한다.

만약 청룡 쪽에 살이 있고 백호 쪽이 수려, 양명하다면 백호 쪽을 향하여 정혈한다. 백호 쪽에 살이 있고 청룡 쪽에 살이 없으면 청룡 측에 정혈하는 것을 말한다. 흉살이 없는 쪽을 기대어 정혈한다 하여 이를 의법倚法이라고도 한다.

〈섬살법〉

(4) 탈살법脫殺法 - 흉살을 털어 버리고 깨끗한 곳에 정혈

〈탈살법〉

주룡이 생동감 넘치게 변화하면서 행룡하는데도 몸에 살이 많이 있으면, 이를 모두 털어버리는 곳에 혈을 정해야 한다. 용맥이 험하고 급하면 혈을 결지할 수 없다. 이때는 더 아래로 내려가서 완전히 탈살脫殺된 곳을 찾아야 한다.

또 주변의 산세가 위쪽이 험하고 아래는 순하면, 혈은 아래쪽에 있다. 위쪽에 있는 험한 살을 탈피해 아래의 깨끗한 곳에 결지하기 때문이다. 이처럼 흉살이 보이는 곳을 피해 정혈하는 방법을 탈살법脫殺法이라고 한다.

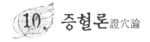

10. 증혈론證穴論

혈을 찾았다면 혈이 진혈眞穴인지 가혈假穴인지 재확인해 볼 필요가 있다

증혈證穴 또는 혈증穴證이란 진혈의 증거다. 각종 심혈법尋穴法과 정혈법定穴法에 의해서 혈을 찾았으면 이 혈이 진혈眞穴인지 가혈假穴인지를 재확인해 볼 필요가 있다.

진룡眞龍의 결혈結穴에는 여러 조건이 갖추어져야 한다. 이러한 요건들이 갖추어져 있는지를 확인하여 진혈眞穴 여부를 가늠하는 것이 증혈론證穴論이다.

증혈론은 혈의 진가 여부를 확인하는 것 이외에도 심룡과 정혈의 한 방법이기도 하다. 혈의 진가 여부를 가늠하는 방법은 혈에서 가까운 곳부터 검토하여 점차 먼 곳으로 검토해 나간다.

여러 가지 증혈법은 심혈법과 정혈법의 이론을 재차 설명한 것으로 수없이 많은 방법이 있다. 여기서는 그 대표적인 것만 간추려 설명하겠다.

주의할 점은 한 가지만 가지고 혈의 진가 여부를 가늠해서는 안 된다. 몇 가지를 복합적으로 비교하고 검토하여 혈의 진가 여부를 판단해야 실수가 없다.

1) 혈장증혈穴場證穴 − 혈장을 보고 입수도두, 선익, 순전, 혈토, 혈운이 분명한지 살핀다

입수도두, 선익, 순전, 혈운, 혈토는 혈장의 기본요소다. 이들이 분명하게 있는지를 확인해야 한다.

- **입수도두**入首倒頭 : 혈 바로 뒤에 있는 것으로, 용맥을 따라 전달된 생기를 저장하는 곳이다. 생기가 뭉쳐 있으므로 둥그렇고 볼록하게 생겼으며, 땅이 깨끗하고 단단하다. 또한 밝으면서 부드러워 밟으면 감촉이 좋다. 사람 얼굴에 비유하면 이마와 같다.

- **선익**蟬翼 : 매미의 날개와 같은 모습이라는 뜻이다. 혈장 양옆에서 혈을 지탱해 주며, 생기를 보호해 주는 역할을 한다. 땅이 단단하고 부드럽다. 사람 얼굴에 비유하면 양쪽 광대뼈와 같다.

- **순전**脣氈 : 혈 앞에 있는 것으로, 혈의 남은 여기餘氣가 뭉친 것이다. 혈장을 앞에서 지탱해 주며, 생기가 앞으로 빠져나가지 않도록 보호해 주는 역할을 한다. 땅이 단단하고 부드럽다. 사람 얼굴에 비유하면 턱과 같다.

중요한 것은 땅을 파보아서 '혈토'가 나와야 한다

이렇게 입수도두와 선익, 순전이 감싸준 가운데 혈이 있으며, 그 안에 혈토가 나와야 한다. 혈토穴土는 미세한 흙 입자로 단단하게 결합되어 있다. 이는 생기가 뭉쳐 있기 때문이다. 그 단단함이 마치 돌과 같아 비석비토非石非土라 한다. 흙의 색깔이 밝고 기름져 홍황자윤紅黃紫潤하다. 혈의 중심을 얼굴에 비유하면 코끝으로 얼굴 중심에 해당된다.

혈을 중심으로 입수도두, 선익, 순전 안에는 마치 해무리나 달무리 같은 원형의 테두리가 그려져 있다. 이를 혈운穴暈이라고 하는데, 하수해안水蝦鬚蟹眼水 또는 태극운太極暈, 금어수金魚水라고도 부른다.

이러한 것들이 분명히 있어야 혈이 된다. 그러나 무엇보다도 중요한 것은 땅을 파보아서 혈토가 나오는지 확인해 보아야 한다. 혈토가 나오지 않으면 겉만 그럴듯한 비혈지다.

2) 안산案山, 조산증혈朝山證穴 － 혈 앞 안산과 조산을 살핀다

혈 앞에는 안산과 조산이 있다. 안산案山은 혈의 정면에 있는 것으로 기이하고 수려한 작은 산이다. 조산朝山은 안산 뒤에 있는 크고 작은 모든 산들이다.

안산과 조산 모두 수려 양명하고 혈을 유정하게 바라보아야 '진혈' 이다

안산과 조산 모두 수려 양명하게 생겨야 하며, 혈을 유정하게 바라보아야 진혈을 결지한다.

안산과 조산이 높으면 혈도 높은 곳에 결지하고, 낮으면 혈도 낮은 곳에 결지하였는지를 살핀다. 수려하고 기이하게 잘생긴 산이 좌측에 있으면 혈도 좌측에 있어야 하고, 우측에 있으면 혈도 우측에 있는지를 살핀다.

비록 수려 양명하지만 산이 멀리 있으면 혈과 조응하기 어렵다. 때문에 멀리 있는 산만 못하더라도 가까이 있는 유정한 산이 중요하다. 가까이 있는 유정한 산을 위주로 혈이 그곳을 향하고 있는지를 살핀다.

3) 낙산樂山, 귀성증혈鬼星證穴 － '횡룡입수' 하는 용에 '낙산' 과 '귀성' 이 있는지 살핀다

행룡하는 주룡의 측면側面에서 맥이 나와 혈을 결지하는 횡룡입수의 경우는 혈 뒤쪽이 비어 있어 허약하다. 때문에 이곳을 보완해 주는 귀성과 낙산이 반드시 있어야 한다.

귀성鬼星은 입수룡 반대 측면의 주룡에 붙어 있는 작은 능선이나 바위로 되어 있다. 입수룡을 반대쪽에서 밀어주는 역할을 한다. 귀성은 짧고 단단한 것이 좋다. 귀성이 너무 길게 뻗쳐 있으면 오히려 주룡의 생기를 설기洩氣시킨다.

낙산은 혈장에서 보이면 상격上格, 명당에서 보이면 차격次格

낙산樂山은 혈 뒷면에 서 있는 산으로 뒤에서 불어오는 바람을 막아주는 역할을 한다. 또 귀성과 함께 입수룡의 기운을 뒤에서 밀어준다. 낙산은 주산에서 갈라져 나온 산이든, 다른 외지에서 온 산이든 상관없다. 어느 산이든 횡룡의 뒤를 잘 받쳐주고 있는 산이 좋다. 원칙적으로 모양이나 형태에 관계치 않는다. 그러나 낙산의 모양이 반듯하고 수려하면 길한 형상이다. 사람도 귀한 사람이 뒤를 봐주는 것이, 험한 사람이 뒤를 봐주는 것보다 훨씬 좋은 것과 같은 이치다.

낙산이 혈장에서 보이면 상격上格이고, 명당에서 보이면 차격次格이다. 그러나 낙산이 너무 높고 험하여 혈을 위압하면 오히려 흉하다.

4) 용호증혈龍虎證穴 — 청룡백호가 유정하게 감싸주고 있는지 살핀다

청룡백호가 양팔을 벌려 혈을 다정하게 감싸 안아주었는지 살핀다. 청룡백호는 바람을 막아주고 물을 다스려 보국을 안정시키는 역할을 한다. 혈의 생기는 안정된 곳에서만 융결融結이 가능하다.

청룡백호의 양 능선이 혈穴 쪽을 향하여 감아주어야 한다. 그래야 산 따라 흐르는 물도 혈을 향해 유정하게 감싸주게 되어 생기가 융결할 수 있다. 만약 청룡백호가 등을 돌려 혈을 배반하면 물 역시 배반하여 혈지를 감싸주지 못한다. 이때는 생기가 융결하지 못하므로 혈을 맺을 수 없다.

청룡백호가 모두 높으면 혈도 높은 곳에 맺고, 낮으면 혈도 낮은 곳에 있다. 청룡이 길고 강하면 청룡 쪽으로 치우쳐 혈을 맺는다. 백호가 길고 강하면 백호 쪽으로 향하여 맺는다.

청룡은 높은데 백호가 낮거나, 백호는 높은데 청룡이 낮으면, 혈은 중간 높이인 인혈人穴에 결지한다. 청룡백호가 모두 유정하고 둘 다 높지도 낮지도 않은 중간 높이면 혈도 중간 높이에 있다.

또 청룡은 있으나 백호가 없고, 백호는 있으나 청룡이 없으면 없는 쪽을 물이 대신 감싸주어 청룡백호 역할을 한다. 이를 "수이대지水而代之한다"고 하며 수청룡水靑龍, 수백호水白虎라 부른다.

5) 명당증혈明堂證穴 - 원만 평탄한 명당이 있는지 살핀다

청룡백호 두 능선이 포옹하듯 둥글게 혈지를 감싸주면, 안쪽은 평탄하고 원만한 명당이 생긴다. 명당이 원만하고 평탄해야 보국이 안정되고, 혈을 맺을 수 있다.

만약 명당이 한쪽으로 기울거나 치우쳐 있으면 혈을 결지할 수 없다. 또 경사가 심하거나 밝지 못하면 역시 혈을 맺지 못한다. 명당이 원만 평탄하고 배반하지 않으며 기울지 않았는지를 살펴, 혈의 진가 여부를 가늠할 수 있다.

6) 수세증혈水勢證穴 - 물이 활처럼 혈지를 감아주었는지를 살핀다

물이 흐르는 형세를 보고 혈의 진가 여부를 가늠하는 방법이다. 용진혈적지龍眞穴的地에는 반드시 여러 골짜기에서 나온 물들이 혈지를 활처럼 감아주면서 명당에 모인다. 이를 "육곡구수六谷九水가 당전취합堂前聚合한다"고 표현한다.

만약 물이 반궁半弓하거나, 직선으로 곧게 쏘면서 오거나, 혈 앞에서 직선으로 길고 곧게 나가면, 직거수直去水라 하여 흉하다. 이들은 혈을 결지하지 못하게 하는 물이다. 물은 항상 구불구불하게 지현자之玄字 모양으로 흘러야 한다. 또 득수처得水處는 많고 멀어야 길하다. 파구처破口 處는 오직 하나뿐이면서 가까워야 한다.

만약 득수처가 멀고, 명당이 넓으면서 크면 혈은 높은 곳에 결지한다. 득수처가 가깝고 명당이 작고 국세가 순하면 혈은 낮은 곳에 결지한다.

또 물이 좌측에 모이고 혈지 좌측을 활처럼 감아주면 혈은 좌측에 위치한다. 물이 우측에 모이고 혈지 우측을 감아주면 혈은 우측에 결지한다.

7) 전호증혈纏護證穴 - 주변 산수가 혈을 겹겹이 감싸며 보호하고 있는지 살핀다

혈은 외롭지 않게 전후좌우에서 산과 물이 겹겹이 감싸주어야 한다. 비유하자면 왕이 외부에 행차하다 숙박을 위해 행궁에 머물면, 군사들이 행궁 주변을 이중 삼중으로 겹겹이 감싸 보호하게 된다. 혈도 이와 똑같은 이치다.

혈이 결지하면 주변 산과 물이 겹겹이 감싸주고 주밀하게 보호해 준다. 그러나 혈을 너무 높은 산이 가깝게 감싸고 있으면 오히려 압박을 하게 된다. 주변이 답답하지 않도록 모든 것이 균형이 맞게 감싸야 한다.

8) 분합증혈分合證穴 - 물의 상분하합上分下合이 분명한지 살핀다

용과 혈의 생기는 물이 보호해 준다. 생기가 흩어지지 않고 한 곳에 뭉치도록 하는 것은 물이다. 용맥의 생기는 양변으로 원진수元辰水가 따라오면서 보호한다. 이렇게 용맥을 보호하면서 따라온 물은 혈까지 곧장 들어가지 못한다. 물이 생기를 침범해서는 안 되기 때문이다.

때문에 혈 위에서는 원진수가 양쪽으로 나누어졌다가, 다시 혈 아래에서 합수하여야 혈의 생기를 완벽하게 보호해 준다. 이를 물의 상분하합上分下合 또는 분합分合, 계합界合이라고 한다. 보통 혈지는 3차에 걸쳐 물의 분합이 이루어진다.

물의 3차에 걸친 상분하합이 분명해야 진혈을 맺는다

1차 분합은 입수도두, 선익, 순전, 혈토가 있는 혈장 안에서 이루어진다. 태극운이라 불리는 혈운은 혈의 생기를 가장 가까이서 보호하는 물이다. 혈 바로 위쪽에서 분수分水했다가 혈운 아래쪽에서 합수合水한다. 혈운의 흔적은 매우 미세하여 마치 새우 수염처럼 생겼다 하여 하수수鰕鬚水라 한다. 또는 게의 눈처럼 은은하면서도 둥그렇다 하여 해안수蟹眼水라 하기도 한다.

물의 2차 분합은 용맥을 호종하면서 따라온 원진수가 입수도두 뒤에서 분수했다가 선익을 따라 갈라진 다음, 다시 순전 아래에서 합수한다. 혈운 다음으로 가까이서 혈의 생기를 보호하는 물이다. 육안으로 구분이 어렵다.

물의 3차 분합은 주산인 소조산 출맥처에서 분수했다가 청룡백호의 끝이 만나는 지점에서 합수하는 것을 말한다. 합수지점 안에는 평탄하고 원만한 명당이 형성된다.

이처럼 물의 3차에 걸친 상분하합이 분명해야 진혈을 결지할 수 있으므로, 혈의 진가眞假 여부를 가늠하는 데 매우 중요한 잣대가 된다.

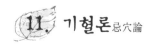

11. 기혈론忌穴論

혈지로서 부적합한 망지亡地나 흉지凶地를 피하는 것이 '기혈론'

혈지로 부적합한 땅을 기혈지忌穴地라 한다. 주룡, 혈지, 청룡, 백호, 안산, 조산 등을 비롯한 주변 산세를 살펴 결함과 흉한 것이 있으면 혈지로서 부적합하다. 이러한 곳을 피하는 것을 기혈忌穴 또는 혈기穴忌, 소기所忌라고 한다.

혈이란 생기가 엉킨 곳을 말한다. 그런데 생기는 주변 산수의 모습에 의해 융취할 수도 있고 흩어질 수도 있다. 즉 기氣란 형形에 모이는 것이므로, 형形을 보고 기氣를 살핀다는 말이 있다. 이는, 기는 육안으로 볼 수가 없기 때문에 기의 상태를 확인하는 것은 기를 가두고 있는 외부 형상形象을 보고 판단할 수밖에 없다는 뜻이다.

따라서 혈지를 비롯한 주변 산수가 유정有情하면서 주밀周密하게 감싸주고 청수淸秀하면 혈을 결지한다. 그러나 주변 산수가 깨지고 부서지고 지나치게 웅장하고 추악하거나, 흉석凶石과 결함이 많이 있으면 혈을 결지하지 못한다. 이와 같이 용과 혈의 주변 산수를 살펴 혈지로서 적합하지 않은 망지亡地나 흉지凶地를 피하는 것이 기혈론이다.

1) 기혈지忌穴地 — 혈지로 부적합한 땅

산이 거칠고 흉한 암석이 많은, 조악粗惡한 곳을 피하라

조악粗惡이란 산세가 거칠고 웅대하고 추악하고 흉한 암석이 많고 산봉우리가 너무 커서 우악스러워 아름답지 못한 모습을 말한다.

기氣는 형形을 보고 살핀다고 하였다. 예를 들어 사람도 얼굴 인상을 보고 그 사람의 마음까지도 짐작할 수 있다. 용모가 추악하고 험하게 생겼으면 마음도 역시 흉하고 불량스러우며, 얼굴이 깨끗하고 반듯하여 안정되어 보이면 마음도 역시 착하고 선량하다. 산도 이와 같이 외부 형태를 보고 혈지로서의 적합 여부를 판단하는 것이다.

산수가 수려하고 양명하며 안정되어 있으면 그곳에서 사는 사람과 그곳에 장사지낸 사람의 후손들은 청수하고 선량한 사람이 많이 나온다. 그러나 산수가 추악하고 험하여 불안정한 곳에서 사는 사람과 거기에 장사지낸 사람의 후손은 극악무도한 사람이 출생하게 된다.

산이 험하고 경사가 급한, 준급峻急한 곳을 피하라

준급峻急이란 산이 높고 산세가 험하고 급하여 경사가 매우 심한 곳으로 사람이 오르기가 어려운 땅을 말한다.

혈은 땅이 평탄하고 부드럽고 산세가 완만하여 안정되고 평온한 곳에서 결지한다. 준급한 산은 생기를 받지 못하고 융결이 불가능하여 혈을 결지하지 못한다. 이러한 땅을 인공으로 깎아내리고 쌓고 파낸다 하여 좋아지지 않는다. 억지로 혈지를 만들어 집을 짓거나 장사지내면 성급한 자손이 나와 패가망신敗家亡身하는 경우가 생긴다. 또 관재송사官災訟事 및 험한 일이 많이 일어난다.

그러나 산이 준급하게 내려오다가 홀연히 평탄해지는데, 주변 산세도 순하고 안정되어 있으면, 혈을 결지하기도 한다. 이러한 곳은 처음에는 흉하다가 나중에 발복이 된다.

홀로 외롭게 내려온 단한單寒한 용맥은 피하라

단한單寒이란 고산孤山이나 독룡獨龍을 말한다. 주변에서 보호하는 산이 없이 외롭게 노출되어 있는 곳을 말한다.

용과 혈은 보호하는 산이 겹겹이 감싸주어야 생기를 융결할 수 있다. 그러나 용이 홀로 있는 것은 외롭고[單], 혈은 사방에서 바람을 받아 춥게 [寒] 되므로 흉하다. 단한한 용과 혈의 발복은 주로 가난하고 고독하며, 단신單身과 과부寡婦가 많이 난다. 후에는 자손이 끊기는 절사絶嗣 지경에 이르기 쉽다. 그러나 외로운 용이라도 기세 변화가 활발한 큰 용이라면 홀로 입수하여 혈을 맺기도 한다. 이때는 혈장이 크고 넓으며 바람을 막아주기 좋은 와혈窩穴이나 겸혈鉗穴로 결지한다.

거칠고 더러운 옹종臃腫이 있는 곳을 피하라

옹종臃腫이란 부스럼이나 종기같이 더럽고 추잡하여 거칠게 보이는 산으로 용의 내기內氣가 혼탁하여 생기는 현상이다.

혈이란 잘 생긴 사람의 얼굴처럼 깨끗하고 밝아야 하고 견고하여야 한다. 그런데 옹종臃腫은 거칠고 큰, 부스럼 딱지 모양으로 추악하게 생겨 혈을 결지하지 못한다. 이러한 곳에 장사지내면 주로 질병으로 고생하고 큰 재앙을 당하여 결국 집안이 망하고 만다.

허약하여 푸석푸석한, 허모虛耗한 땅을 피하라

허모虛耗란 토질이 허약하여 푸석푸석한 흙으로 생기가 없을 뿐만 아니라 뱀이나 쥐, 벌레 등이 드나드는 연약한 땅이다.

생기가 융결하는 땅은 부드러우면서도 단단하여 벌레나 짐승들이 구멍을 뚫고 드나들지 못한다. 그러나 허약한 땅은 개미, 벌레, 굼벵이, 뱀, 여우, 쥐 등이 드나들어 구멍이 나 있는 땅으로 매우 불길하다. 이러한 곳에 장사지내면 자손이 다치고 재물이 없어진다.

움푹하게 꺼지고 결함이 많은 요결凹缺한 땅을 피하라

요결凹缺이란 땅이 움푹하게 꺼지고 부서지고 깨지고 이지러져 골바람을 많이 받는 땅이다. 혈이 결지하는 곳은 주변 산이 주밀하게 감싸주기 때문에 바람을 막아준다. 그러나 요결지凹缺地는 한쪽이 움푹하게 꺼지고 들어가 그곳으로 바람이 들어온다. 바람 중에서도 가장 해로운 골바람이 강하게 들어오기 때문에 흉하다. 이러한 곳에 장사지내면 사람이 상傷한다.

그러나 평지에서 혈을 맺으면 사방에 막아주는 산이 없어도 무방하다. 바람이 퍼져 오면 강렬하지 않기 때문에 큰 피해를 주지 않는다. 이는 문틈 작은 구멍으로 불어오는 바람에 사람이 감기에 걸리기 쉬운 거와 마찬가지다. 반면에 문을 활짝 열어놓았을 때는 퍼져 오는 바람을 받기 때문에 감기에 쉽게 걸리지 않는다.

바람이 퍼져 오는 것은 두려워하지 않아도 되나, 한 곳으로 몰아쳐서 오는 바람은 반드시 피해야 한다.

바싹 마르고 깎인, 수삭瘦削한 땅을 피하라

수삭瘦削이란 혈처가 마르고 가늘게 야윈 것을 말한다. 지세가 미약하고 무기력하여 혈을 결지할 수 없는 땅이다. 용과 혈지가 마치 사람이 말라 비틀어져 뼈만 앙상하게 남아 있는 형상이다. 땅이 배고픔에 굶주려 병색이 짙은 거와 마찬가지로 생겼다.

혈은 기세생왕氣勢生旺한 용과 살이 두툼하게 붙은 기부포전肌附鋪氈한 곳에서 결지한다. 늙고 병들고 미약하여 몰골이 앙상한 곳에서는 혈을 맺지 못한다. 이러한 곳에 장사지내면 자손에게 병이 많으며 화를 당하여 자손이 희귀해진다.

홀로 외롭게 돌출하여 있는, 돌로突露한 곳을 피하라

돌로突露란 혈지를 주변에서 감싸 보호해 주는 산이 없이 홀로 외롭게 돌출하여 서 있는 것을 말한다. 이러한 지형은 바람의 피해를 많이 받는다. 주로 단한單寒한 용에 많이 있으며 돌로하면 생기가 모이지 않는다. 설사 모인 기운도 바람에 의해서 쉽게 흩어지고 만다. 그러므로 땅이 수려하다 할지라도 홀로 돌출된 곳에서는 혈을 맺지 못한다.

사람이 아무리 홀로 똑똑하고 잘나도 주변에서 보호하고 도와주는 사람이 없으면 크게 출세를 못하는 거와 같다. 주변 산들이 감싸 보호해 주지 못하고 홀로 우뚝하니 서 있으면 바람의 피해만 받을 뿐 혈은 결지 불능하다.

돌로한 땅이 수려하면 귀한 혈이 있을 거라고 착각하는 경우가 있다. 그러나 귀인貴人에게는 그를 따르고 경호하는 사람이 많은 것처럼 귀혈貴穴도 주변에서 보호하고 감싸주는 산이 많아야 한다.

만약 단한單寒한 용이 결지하여 돌로突露한 혈을 맺었을 경우, 외롭고 고독한 승려나 종교 지도자가 나오기 쉽다. 용진혈적龍眞穴的하지 않은 돌로한 땅에서는 주로 과부나 고아가 나온다.

혈장이 파이고 부서진, 파면破面한 땅을 피하라

파면破面이란 혈장의 입수도두와 선익, 순전, 혈토가 공사로 인하여 굴착되었거나, 토석土石의 채취로 파이고 부서진 것을 말한다. 혈장이 파손되면 혈에 융취된 생기가 누설되어 흩어져 버린다. 때문에 화禍만 있고 복福이 없는 매우 흉한 땅이 된다. 이런 땅은 아무리 용진혈적龍眞穴的하고, 주변 산세가 잘 감싸주었어도 폐기해야 마땅하다.

그러나 용맥이 완전히 끊기지 않고, 혈장이 완전히 파손되지 않아 상처만 입었다면 보수하여 쓸 수도 있다. 비교하자면, 사람의 얼굴이나 피부에 작은 외상外傷이 생긴 것은 쉽게 치료될 수 있다. 그러나 얼굴이 잘려 나갔거나 깊이 상처 입은 곳은 치료가 불가능하다.

파면한 땅에서 제일 주의해야 할 곳은 파묘破墓 터와 작은 공간에 묘가 너무 많은 곳이다. 대체로 파묘 터는 이미 생기가 누출되었거나 파묘하면서 함부로 하여 혈장을 손상시킨 경우가 많다. 무덤이 좁은 공간에 산란하게 많은 곳은 묘를 쓰면서 파고 뚫고 하면서 혈장을 짓이겨 놓았을 경우가 많다.

그러나 혈이 파손되지 않은 상태로 있다면 주변을 보수하여 사용하면 무방하다. 파묘 터에도 얼마든지 명혈은 있을 수 있기 때문이다.

잔디와 나무가 살지 못하는, 흘두疙頭한 땅을 피하라

흘두疙頭란 산 자갈이 흙과 섞여 있는 땅으로 사람의 얼굴에 부스럼(흘창, 瘡)이 난 것처럼 지저분한 것을 말한다. 이런 땅에는 잔디나 나무가 살지 못한다.

흙과 돌이 섞여 푸석푸석하므로 생기가 흐르지 못한다. 생기가 없으므로 잘 무너져 내리는 땅이다. 이러한 곳에 장사지내면 용렬하고 우둔한 자손이 나온다.

만약 괴혈怪穴로서 혈을 맺는 경우가 있더라도 험한 일을 많이 당하게 된다. 혹 부자가 된다면 부정한 방법으로 축재한다. 그러나 대개는 자식 낳기가 힘들며 혹 낳더라도 키우기가 힘들다. 결국은 절손絶孫될 땅이다.

용과 주변 산수가 흩어진 산만散漫한 땅을 피하라

산만散漫이란 용맥이 단단하게 뭉치어 오는 것이 아니라 질서 없이 퍼져서 오는 것을 말한다. 기가 한 곳으로 모이지 않으므로 허약해 보인다. 주변 산수는 혈을 중심으로 잘 감아 감싸주는 것이 아니라 각기 다른 방향으로 흩어져 달아난다.

청룡백호를 비롯한 주변 산들이 혈을 감싸주어야 생기를 보호할 수 있다. 뿐만 아니라 산 따라 흐르는 물도 자연히 혈을 보호하게 된다. 그런데 산이 등을 돌리고 달아나니, 물도 달아나게 된다. 생기가 전혀 보호를 받지 못하고 흩어지고 마는 것이다. 이러한 곳에 장사지내면 재물이 달아나고 흩어져 가난해진다.

골짜기가 깊어 음침하고 추운, 유랭幽冷한 땅은 피하라

유랭幽冷이란 골짜기가 깊은 음지陰地로 춥고 싸늘한 곳을 말한다. 골짜기는 용맥과 혈이 결지할 수 없어 생기가 있을 수 없는 땅이다. 주변 산들이 높이 솟아 사방이 막혀 있다. 햇볕을 차단하므로 항상 어둡고 추운 곳이다.

여기에 장사를 지내면 대개 시신이 썩지 않는다. 시신을 냉동실에 가두어 둔 것과 같기 때문이다. 혹 시신이 썩지 않고 생시生屍로 있으면 좋은 거라고 착각할지 모르지만 이는 매우 흉한 것이다. 좋은 혈지에서는 생기를 받아서 육탈肉脫이 빨리 된다. 대신 뼈는 황골黃骨이 되어 깨끗하게 오래 보존된다.

생기와 음양조화를 이루는 것은 유골遺骨이다. 유골이 생기를 받으면 좋은 기를 발산한다. 그 기는 같은 동기同氣의 자손들에게 전달된다. 그 기운에 의해서 자손들은 조상의 음덕蔭德을 받아 부귀왕정富貴旺丁하게 된다. 흔히 뼈대 있는 자손이란 여기서 유래한 것이다.

그러나 춥고 음랭陰冷한 곳에 있어서 육탈이 되지 않은 시신은 악기惡氣만을 발산한다. 그 악기가 동기의 자손들에게 전달되어 피해를 준다. 특히 자손들이 일찍 큰 화를 당하게 한다. 심한 즉 절손絶孫이 우려된다.

혈지가 뾰족하고 가느다란, 첨세尖細한 땅은 피하라

첨세尖細란 혈지가 너무 뾰족하고 가늘어서 생기가 머무를 수 없는 곳을 말한다. 이러한 곳에 장사지내면 자손들에게 재앙이 끊이지 않는다.

극히 드물지만 생기가 뾰족한 끝에 모이는 경우도 있다. 이때는 반드시 그 끝이 돌출해야 한다. 이때 혈은 돌출된 정상 부분에 있되 오목하게 들어간 부분에 있다. 즉 돌중와突中窩한 곳이 혈이다. 그러나 대개는 생기가 모이지 않기 때문에 뾰족하고 가늘어 첨세尖細한 땅은 피해야 한다.

질퍽한 진흙밭의, 탕연蕩軟한 땅을 피하라

탕연蕩軟이란 혈지가 너무 낮거나 넓어서 물이 들어올 염려가 있고 비만 오면 질퍽거리는 땅이다. 혈지는 생기가 뭉쳐 있기 때문에 단단하면서도 밝고 부드럽다. 진흙투성이의 질퍽한 땅은 흙이 거무튀튀하게 죽은 색이므로 생기가 없다는 뜻이다. 이러한 땅은 비가 오면 물이 쉽게 빠지지 않아 물의 침범을 받는다. 이러한 곳에 장사지내면 재산이 없어지고 자손이 끊길 우려가 있다.

그러나 평지나 논으로 맥이 떨어져 생기가 모이면 주위가 질퍽한 땅이라도 미돌微突하여 혈을 결지할 수 있다. 이러한 곳을 금거북이 진흙 속에 들어가 숨어 있는 금구몰니형金龜沒泥形이라 하여 매우 귀한 혈로 본다.

곧고 딱딱하며 왕모래가 있는, 완경頑硬한 땅을 피하라

완경頑硬이란 혈처의 입수 부근이 곧고 딱딱하며 무딘 땅을 말한다. 대개 왕모래가 많이 있다. 사람이 오르면 쭉쭉 미끄러지는 곳이다. 용맥이 변화가 없으므로 죽은 능선으로 본다. 대개 용을 지탱해 주는 지각에 많이 있다. 생기가 없기 때문에 혈을 맺지 못한다. 이러한 땅은 모래와 모래 사이의 공극空隙이 크기 때문에 그 틈 사이로 물과 바람이 드나들기 쉽다. 그러므로 이곳에 장사를 지내면 온갖 흉화를 당하여 결국 망하게 된다.

크고 흉하게 생긴 바위인 참암巉巖이 있는 곳을 피하라

참암巉巖이란 험악하고 흉물스럽게 생긴 큰 바위를 말한다. 이러한 바위가 용맥이나 혈 근처에 있으면 생기를 누르기 때문에 매우 흉하다.

주룡의 생기를 크고 험한 바위가 억누르고 있으면 흉악凶惡, 살육殺戮, 쟁투爭鬪의 화를 당하게 된다.

그러나 입수룡이나 혈 근처에 참암이 아닌, 작고 단정하게 생긴 귀석貴石이 있으면 매우 길한 혈이 된다. 매우 드물기는 하지만 돌산이라도 돌 중에 홍황자윤한 혈토가 나오면 석중혈石中穴이라 하여 매우 귀한 혈이 된다.

2) 충살衝殺 – 깊고 가파른 골짜기가 혈장을 치듯 곧장 나 있는 것

충살衝殺은 혈 주변의 높은 산과 깊은 계곡이 사납게 혈장을 치는 것을 말한다. 혈은 낮은데 높은 산이 험하게 혈을 억누르면 압살壓殺이라고 한다. 깊고 가파른 골짜기가 혈장을 향해 곧장 나 있으면 충살沖殺이라 한다. 또 날카로운 산 모서리가 혈장을 찌르듯 있으면 충살衝殺이라고 한다. 이들 살은 매우 심한 피해를 가져다준다. 집을 짓거나 장사를 지낼 때 반드시 피해야 한다. 그렇지 않으면 온갖 흉화를 일으켜 결국 망하게 한다. 또 인명피해가 크다.

충살이 좌측 청룡 편에 있으면 장손長孫이 먼저 망한다고 한다. 또 4, 7, 10번째 자손의 피해가 크다. 우측 백호 쪽에 있으면 딸과 지손支孫이 먼저 망한다. 또 3, 6, 9번째 자손이 해를 입는다. 앞쪽 안산 쪽에 충살이 있으면 아내와 2, 5, 8번째 자손이 큰 피해를 입는다.

그밖에도 청룡은 벼슬과 귀를 관장하기 때문에 그 방면에 피해를 입고, 백호는 부를 관장하기 때문에 재산이 상하고, 안산은 재산을 관장하기 때문에 재산상의 큰 피해를 입는다고 한다. 그러나 이것은 전적으로 믿을 바는 못 되므로 참고만 하여야 한다.

어쨌든 충살은 극히 흉한 것이므로 피해야 한다. 구체적으로는 파살破殺, 곡살谷殺, 참암살巉巖殺, 능침살稜針殺, 풍살風殺, 수살水殺, 시신살屍身殺 등이 있다.

(1) 파살破殺 - 깨지고 부서지고 무너진 땅

혈장과 혈장 주변이 무기력한 흙으로 되어 있다. 긴 세월 동안 모진 바람과 사나운 물에 의해 파열되고 무너진 땅을 말한다. 이와 같은 흉한 모습의 땅이 혈장이 되거나 혈장 가까이 있으면 이를 파살破殺이라 한다. 집안에 우환이 끊이지 않고 재산을 잃어 망하게 된다.

(2) 곡살谷殺 - 곧장 뻗은 골짜기가 혈을 향해 있는 것

일직선으로 곧장 뻗은 예리한 계곡이 혈을 직사충격直射衝擊하는 것을 말한다. 매우 심각한 피해를 주며, 특히 인명의 살상이 우려된다. 이 곡살谷殺이 가까이 있으면 피해가 더욱 크고, 멀리 있으면 피해가 작다.

(3) 참암살巉巖殺 - 크고 무섭게 생긴 바위가 용맥이나 혈을 누르는 것

크고 무섭게 생긴 흉한 바위가 용맥을 가파르게 누르거나 혈장을 능압凌壓하는 것을 말한다. 생기를 억누르므로 재물과 사람이 상한다.

입수도두에 참암이 있으면 자손이 희귀해지다가 결국 절손絶孫된다.

(4) 능침살棱針殺 - 뾰족하게 생긴 능선이 혈을 향해 있는 것

뾰족하고 날카로운 산 모서리 능선이 혈장을 직선으로 찌르는 것을 말한다. 능선이 혈을 직격直擊하면 재산은 물론 인명 피해가 우려되는, 무서운 살이다. 능침살棱針殺이 가까이 있으면 있을수록 피해가 크다.

(5) 풍살風殺 - 혈이 극심한 바람을 받는 것

주변 산세가 혈을 감싸고 보호해 주는 것이 없어 방풍防風과 장풍藏風이 되지 않는 곳이다. 사방팔방으로부터 불어오는 바람을 속수무책으로 받으므로 풍살風殺이라 한다. 바람은 혈의 생기를 흩어지게 하는 성질이 있다. 풍살을 받으면 지기는 다 사라져 버리고 만다.

풍살 중에서도 한쪽이 푹 꺼져 그 곳으로 골바람이 불어오면 그 피해는 더 크다. 더구나 요함凹陷한 곳이 건해방乾亥方이라면 더더욱 흉하다. 건해방으로는 차가운 서북풍이 불어오기 때문이다. 이를 흔히 황천풍이라고도 한다. 인명이 상하고 결국 망하게 된다. 그러나 평지에서 넓게 퍼져 오는 바람은 그리 큰 피해를 주지 않는다.

(6) 수살水殺 - 곧고 예리한 물줄기가 혈장을 향해 직사충격하는 것

곧고 예리한 물줄기가 혈장을 향해 직사충격直射衝擊하는 것으로 매우 흉하다. 수살水殺에는 한 줄기 물줄기가 화살처럼 혈장을 직사直射하는 일시수살一矢水殺이 있다. 또 세 줄기의 화살 같은 곧은 물이 혈 앞에서 천川자 모양으로 직류直流하는 삼전수살三箭水殺이 있다. 이들 물은 인명을 살상하는 흉수다.

또 방위에 따라 분류하는 흉한 물도 있다. 물이 도화방桃花方에서 득수하여 혈장 앞을 지나 도화방으로 파구되면 흉하다. 도화방은 동서남북인 자오묘유子午卯酉 방위다. 주로 음란하게 된다.

(7) 시신살屍身殺 - 혈 근처에 시체처럼 생긴 산이나 바위가 있는 것

시신살屍身殺이란 혈 근처에 시체가 누워 있는 것 같은 산이나 바위가 있는 것을 말한다. 매우 몰골이 흉하다. 혈에서 이러한 사격이 보이면 전사자나 객사자가 나온다. 또 수구에 시신 또는 관棺 같은 바위가 있으면 이 역시 시신살이다. 주로 물에 빠져 익사溺死하는 화를 당한다.

그러나 용진혈적龍眞穴的에 장군대좌형將軍大座形이나 금오탁시형金鳥啄屍形 같은 혈에는 오히려 길하다. 장군이 큰 전공을 세우려면 적의 시체는 필수적이기 때문이다. 또 까마귀는 시체를 뜯어먹으므로 시체와 같은 사격이 있어야 발복이 된다.

3) 병렴病癩 – 택지나 묘지의 땅속이 안 좋은 것

병렴病癩이란 택지나 묘지의 땅속이 안 좋은 것을 말한다. 땅속에 물과 바람이 들거나 나무뿌리가 침범하면 흉하다. 또 뱀, 개구리를 비롯해서 벌레, 곤충이 서식하는 것도 흉하다. 땅속이 훈훈하지 않고 서늘한 것도 좋지 않다. 이러한 곳에 집을 짓거나 묘를 쓰면 흉사가 겹치고 해로운 일을 당한다.

용진혈적龍眞穴的한 길한 땅은 흙의 입자가 고우며, 항상 온화한 생기가 감돈다. 또 땅이 밝고 맑으며 윤기가 있다. 기가 뭉쳐 있으므로 단단하기가 마치 돌과 같다. 이러한 땅에 장사를 지내면, 유골은 황골黃骨로 변하고 기름기가 번지르르하니 윤기가 난다.

병렴이 드는 집터나 묘지는, 원인 모를 괴병怪病에 걸리기 쉽다

흙의 입자가 밀가루처럼 고운 땅이 단단하게 뭉쳐 있으면 물이나 바람이 침범할 수 없다. 또 나무뿌리가 뻗어나갈 수 없으며, 짐승이나 곤충 등이 들어가 살 수 없다.

그러나 생기가 없는 허모한 땅은 연약하기 그지없다. 푸석푸석하므로 바람이 땅속으로 통한다. 광중에 바람이 들면 유골은 까맣게 그을리게 된다. 또 물이 들어 땅이 음습해진다. 이런 곳에서는 뱀이나 쥐, 개구리, 자치벌레 등이 구멍을 파고 들어가 서식한다. 뿐만 아니라 땅이 어둡고 음습하면 물가에 사는 조개나 우렁이 등이 서식하는 경우도 있다. 또 땅이 한랭寒冷하면 시신이 썩지 않고 생시로 있는 경우도 있다.

이러한 병렴이 드는 집터나 묘지는 매우 흉하므로 이를 피해야 한다. 그렇지 않으면 원인 모를 괴병怪病에 걸리기 쉽다.

(1) 수렴水癩 – 습기가 차거나 물이 스며드는 땅

수렴은 혈지가 저습低濕하거나 흙이 무기력하여 물이 스며드는 땅을 말한다. 또 혈지 밑으로 지하 수맥水脈이 흘러 집이나 광중壙中에 물이 드나드는 것을 수렴水瀼이라 한다.

무덤에 수맥이 흐르면 익사자가 나오고 큰 화를 당하게 된다

무덤의 경우 바닥이 찰흙이나 진흙으로 되어 있으면, 물이 빠지지 않아 시신이 진흙탕 속에 묻히게 된다. 또 무기력한 흙으로 되어 있으면, 비가 오면 물이 들었다가 비가 그치면 물이 빠지기를 반복한다. 그때마다 유골이 물 위에 떠 있다가 가라앉는다. 그러면서 뒤집히고 엎어지고 하여 유골이 온전한 상태로 있지 못한다.

이러한 과정을 반복하면서 유골은 녹아 없어지게 된다. 이를 소골鎖骨이라고 하는데 극히 해로운 것이다. 자손들에게 우환이 많아 손재損財와 음란망신淫亂亡身을 가져다준다. 특히 익사자溺死者가 나오고 수재水災로 망하게 된다고 한다.

택지宅地의 경우는 거주자의 건강을 몹시 해치고 뜻하지 않는 화禍를 당하게 한다.

(2) 화렴火瀼 – 흙이 푸석푸석하여 바람이 통하는 땅

흙이 무기력하여 푸석푸석하거나 모래와 자갈 등이 많은 땅을 말한다. 흙과 흙 사이의 틈, 즉 공극孔隙이 커서 그 사이로 바람의 왕래가 빈번하다. 광중壙中에 바람이 들어가면 유골이 타서 까맣게 그슬리고 뼈가 퍼석퍼석하게 삭아 없어진다. 이것을 화렴火瀼이라고 한다.

화렴이 들면 재산을 잃고 관재官災와 살상殺傷과 형옥刑獄이 끊임없이 일어난다. 또 원인 모를 정신질환자가 종종 나온다. 집의 경우 빈번한 화재가 일어난다.

이와 같은 화렴은 혈장 주변이 골이 지거나, 청룡과 백호, 안산의 능선 한쪽이 요함凹陷하여, 팔요풍八曜風이 혈을 직충直沖하는 곳에 든다. 또 삼합오행三合五行으로 화火인 인오술寅午戌 방향에 불꽃 같은 규산窺山이 혈을 엿보면 화렴이 든다고 한다.

(3) 목렴木癩 — 나무뿌리가 택지나 묘지에 침입하는 것

나무뿌리가 택지 밑에까지 뻗치어 건물을 위협하거나, 묘지의 광중壙中에 침입하여 유골을 칭칭 감거나 뼛속에 파고드는 것을 목렴木癩이라고 한다.

나무뿌리가 들어가면 불치병이나 불구자손이 나온다

나무는 양분이 있는 곳에 뿌리를 뻗치는데 시신은 나무에게는 좋은 양분이 될 수 있다. 특히 뼛속 양분을 찾아 구멍으로 들어가는 특성을 가지고 있다. 나무뿌리가 눈에 들어가면 자손이 눈병이 생긴다. 머리에 들어가면 뇌에 이상이 있는 자손이 나온다. 뼈에 들어가면 척추 등 뼈에 병이 생긴다.

목렴은 광중 밖에서 뻗어 들어오는 목근木根도 있지만, 광중 안에서 스스로 자생하는 목근도 있다. 이러한 목근의 침범은 주로 생기가 없는 푸석푸석한 무기력한 땅에서 많이 있게 된다.

목근이 들어 유골을 괴롭히면 불구자손이 자주 나오는 것은 물론 관재官災와 손재패산損財敗産이 따른다.

(4) 충렴蟲癩 — 택지나 묘지에 벌레나 파충류가 살고 있는 것

혈지 주변이 음습하고 광중에 음기陰氣가 많으면 자치벌레가 생기거나 왕거미, 지렁이, 개구리 등이 흉물스럽게 침입하는 것을 충렴蟲癩이라고 한다.

집터의 경우도 이러한 것들이 살고 있으면 좋지 않다. 충렴은 백병百病의 원인이 되며 손재損財가 따른다.

(5) 모렴毛瀸 - 택지나 묘지에 곰팡이가 끼는 곳

모렴毛瀸은 솜털같이 생긴 곰팡이가 유골을 감싸고 있는 것을 말한다. 음습陰濕하고 허기虛氣한 땅에서 자생한다. 집도 곰팡이가 자주 끼는 곳은 좋지 않다.

이들은 햇볕을 받으면 저절로 다 없어진다. 모렴이 들면 손재損財와 이름 모를 병고病苦에 시달린다. 또 음탕망신淫蕩亡身을 가져다준다.

(6) 빙렴氷瀸 - 택지나 묘지가 음습하여 싸늘하거나 수맥이 흐르는 곳으로 시신이 생시로 되어 있으면 큰 흉화를 당한다

골짜기가 깊은 차가운 음지 땅에서 일어나는 현상이다. 광중壙中이 춥고 싸늘하여 시신이 육탈肉脫되지 않고 생시生屍가 되어 있는 것을 빙렴氷瀸이라고 한다.

광중 밑에 차가운 수맥이 흘러갈 때도 빙렴이 들 수 있다. 수맥의 차가운 기운 때문이다. 특히 물은 온도변화가 없기 때문에 육탈이 쉽게 되지 않는다. 묘지든 집터든 빙렴이 들면 매우 흉하다. 거주자나 자손이 병고病苦로 고생하며 손재損財가 있다. 관송官訟이 끊이지 않으며 절손絕孫의 우려가 있다.

(7) 사렴蛇瀸 - 택지나 묘지에 뱀이나 지렁이가 들어가 있는 것

광중壙中에 뱀과 지렁이가 들어가 있는 것을 사렴蛇瀸이라고 한다. 땅이 무기력하고 저습하여 뱀이나 지렁이가 살기에 알맞은 조건을 갖춘 땅이다. 또 무기허토無氣虛土한 혈지의 진방辰方과 사방巳方에 뱀 같은 규봉窺峰이 비추면 사렴이 든다고 한다. 같은 방위에 우물이 있어도 뱀이 광중에 들어간다고 한다. 그러나 용진혈적지龍眞穴的地에서는 뱀이나 지렁이가 접근할 수가 없다.

흔히 집에 사는 구렁이를 집을 지키는 수호신으로 생각하는 사람도 있는데 이는 잘못이다. 집에 뱀이 산다는 것은 그만큼 음습하다는 것을 말한다. 뱀이 살기에 알맞은 곳은 사람이 살기에 적합하지 않은 곳이다.

사렴이 드는 묘지나 집터는 원인 모를 괴병怪病과 흉사凶事가 끊임없이 따른다.

4) 옛 선사들의 기혈론

(1) 정자의 5환지五患地

정자程子는 중국 북송시대의 유학자인 정이천(程伊川, 1033~1107)을 말한다. 형 정명도程明道와 함께 이정자二程子라 불렸으며, 정주학程朱學의 창시자로 알려졌다. 우주의 근본원리를 '이理'라 부르고, 〈이기이원론理氣二元論〉의 철학을 수립하여 주자朱子에게 큰 영향을 준 인물이다.

그는 택지나 묘지를 선택할 때 먼저 다섯 가지를 피해야 한다고 하였다.

> ❶ 후일에 도로가 생기지 않을 곳(타일불위도로他日不爲道路)
>
> ❷ 성곽城郭이 되지 않을 곳(불위성곽不爲城郭)
>
> ❸ 도랑이나 연못, 저수지貯水池가 되지 않을 곳
> (불위구지不爲溝池)
>
> ❹ 권세가權勢家에게 빼앗기지 않을 곳
> (불위귀세소탈不爲貴勢所奪)
>
> ❺ 전답田畓이 안 될 곳(불위전답不爲田畓)

(2) 주자의 4기혈론四忌穴論

주희(朱熹, 1130~1200)는 송나라 때의 사람이다. 선대의 유학자인 주염계周濂溪 · 장횡거張橫渠 · 정명도程明道 · 정이천程伊川 · 소옹邵雍 등의 여러 학설을 집대성하여 성리학의 체계를 세웠다.

이理와 기氣의 개념을 구사하면서 우주의 생성과 구조, 인간 심성의 구조, 사회에서의 인간의 자세 등에 관하여 깊이 다루었다. 특히 송나라 황제 효종이 죽자, 능 선정과 관련하여 후임 황제에게 보낸 〈산릉의장山陵議狀〉은 조선 풍수지리에 일종의 지침서가 되었다.

그는 택지擇地함에 있어 피해야 할 것을 다음과 같이 정리하였다.

❶ 주산과 주룡이 약하여 용혈龍穴의 역량이 부족한 곳을 피하라. 물이 들고 벌레나 짐승이 구멍을 뚫고 들어간다. 또 바람의 피해를 받아 유골과 자손이 편치 못하다. 이러한 곳은 큰 화를 당해 절멸될 우려가 있다.

❷ 매장을 깊이 하지 않으면 천재지변 등으로 인하여 관棺이 폭로暴露되는 변을 당한다.

❸ 파묘破墓된 자리는 생기가 다 누설되었다. 비록 길지吉地라 하여도 온전한 역량이 없기 때문에 피해야 한다.

❹ 조상의 묘 옆에서 토목공사를 자주 하지 마라. 혼백魂魄이 놀라서 재앙을 초래한다.

(3) 양균송의 3불장론三不葬論

당나라 때 구빈救貧 선생으로 유명한 양균송揚筠松의 불가장법不可葬法
이다.

❶ 용은 있는데 혈이 없으면 장사하지 마라

(유룡무혈부장야 有龍無穴不葬也)

❷ 혈은 있는데 사람이 없으면 장사하지 마라

(유혈무인부장야 有穴無人不葬也)

❸ 사람은 있는데 장사 시간이 맞지 않으면 장사하지 마라

(유인무시부장야 有人無時不葬也)

(4) 곽박의 5불가장지五不可葬地

진나라 때 사람 곽박郭璞은 금낭경에 장사치 못할 다섯 가지 땅을 열거
하였다.

경왈經曰, 동단석과독童斷石過獨은 생신흉生新凶하고 소이복消已福
이다. 장경에 이르기를 동산童山, 단산斷山, 석산石山, 과산過山, 독
산獨山은 새로이 흉함을 일으키고, 이미 있던 복을 없앤다 하였다.

❶ 동산童山은 불가장不可葬이다

생기로 인하여 혈을 비롯한 모든 만물이 생성되는 것이다. 생기가

없어 풀과 나무도 자라지 않는 벌거숭이 동산에는 장사하지 마라.

❷ 단산斷山은 불가장不可葬이다

생기로 인하여 용혈을 비롯한 모든 만물의 형체가 나타난다. 그 형체대로 기는 움직인다. 꺼지고 패이고 끊긴 산은 생기가 흐르는 맥도 끊겼다. 그러므로 절단된 산에는 장사하지 마라.

❸ 석산石山은 불가장不可葬이다

생기는 흙으로만 행行하고 흙에서만 융결融結되는 것이다. 기는 돌을 뚫고 나가지 못하니 무토석산無土石山에는 장사하지 마라.

❹ 과산過山에는 불가장不可葬이다

생기는 세勢로 인하여 행行하고 멈추며 형形으로 융결融結하는 것이다. 만약 산세가 뻗어 가기만 하고 머무르지 않는 것을 과산過山 또는 과룡過龍이라 한다. 과룡에 장사하면 삼대내절향화三代內絶香火라 하여 절손絶孫될 우려가 있으니 장사하지 마라.

❺ 독산獨山에는 불가장不可葬이다

혈은 여러 중산衆山이 모여 생기가 취합聚合했을 때 결지하는 것이다. 홀로 고독한 독산獨山은 결혈할 수 없으므로 장사하지 마라.

(5) 요금정의 6계론六戒論

당나라 사람 요금정寥金精은 다음 여섯 가지를 삼가라고 경계하였다.

❶ 물이 배반하고 달아나는 거수지去水地에는 장사하지 마라. 당대에
  집안 살림이 망하리라
  (막하거수지입견패가계莫下去水地立見敗家計)

❷ 칼등같이 마르고 곧고 딱딱하고 날카로운 용의 능선을 찾지 마라.
  그 혈을 써준 지사地師가 죽는다
  (휴심도척살사기중休尋刀脊殺師其中)

❸ 청룡백호의 허리가 끊겨 그곳으로 살풍殺風이 불어오는 요풍혈凹
  風穴에 장사하지 마라. 결정적으로 그 집안 사람이 상하여 절손
  絶孫된다
  (최기요풍혈결정인정절最忌凹風決定人丁絶)

❹ 안산案山이 없는 것을 아홉 번에 걸쳐 거듭 혐오하라. 반드시 의식
  이 부족하여 가난할 것이다
  (구혐무안의식필간난九嫌無案衣食必艱難)

❺ 명당이 기울고 거꾸러진 곳에 장사하지 마라. 가업이 파破하리라
  (생파명당질결시파가업生怕明堂跌決是破家業)

❻ 청룡이나 백호가 한쪽으로 치우쳐 배반하고 달아나는 곳에 장사
  하지 마라. 인구 즉 가족이 주로 흩어지고 이산가족이 되리라
  (편증용호비인구주분리偏憎龍虎飛人口主分離)

(6) 청오선의 10불상 十不相

청오선靑烏仙은 다음 열 가지를 삼가하고 경계하라 하였다.

❶ 일불상一不相은 조완추석粗頑醜石이요

혈을 보는 데 첫번째로 피해야 할 것은 용혈龍穴과 청룡백호 등 주변 산세가 거칠고, 딱딱하여 무디고, 더럽고 추잡한 흉석凶石 이 많이 있는 곳이다.

❷ 이불상二不相은 급수쟁류急水爭流요

골짜기가 경사가 심하여 물이 급하게 소용돌이치면서 내려오면 매우 흉하니 피해야 한다.

❸ 삼불상三不相은 궁원절경窮源絶境이요

궁원窮源은 궁벽진 언덕이니 진룡眞龍이 있을 수 없다. 절경絶境 또한 용맥과 산이 끊겨 괴암괴석怪巖怪石으로 날카롭게 서 있는 땅이다. 이러한 곳은 혈을 결지하지 못한다.

❹ 사불상四不相은 단독용두單獨龍頭요

단산독룡單山獨龍은 주변에 보호하는 산이 없다. 외롭게 홀로 돌 출한 곳은 바람의 피해를 많이 받아 결지불능이다.

❺ 오불상五不相은 신전불후神前佛後요

신당神堂 앞이나 절[寺] 뒤에는 고음과양孤陰寡陽하여 음기陰氣가 너무 강하기 때문에 집터나 묘지로 쓰지 마라. 대개 신당이나 절 은 혈지穴地에 자리잡았다. 앞은 합수合水지점이고 뒤는 입수룡 의 과룡過龍이기 때문에 혈지로는 부적합하다.

❻ 육불상六不相은 묘택휴수墓宅休囚다

파묘破墓 자리나 패가한 집터와 감옥 자리는 비록 길혈吉穴일지
라도 기운氣運이 쇠퇴衰退했기 때문에 발복하지 못한다.

❼ 칠불상七不相은 산강요란山岡潦亂이요

산세山勢가 흩어지고 제각각으로 비주飛走하여 달아나 무정한
곳은 결지 불능이다.

❽ 팔불상八不相은 풍수비수風水悲愁이다

산이 거칠고 웅장하여 다정한 것이 없으며, 물이 험하고 급하여
요동치는 소리가 심하게 나고, 바람이 맞불어서 울부짖는 소리가
나는 땅은 흉지다.

❾ 구불상九不相은 좌하저연坐下低軟이요

주산은 높고 밝아 생왕生旺하나 혈 아래는 낮고 연약하여 푹 꺼
지고 결함缺陷이 많은 것은, 기맥氣脈이 없는 사지死地이므로 피
해야 한다.

❿ 십불상十不相은 용호龍虎가 첨두尖頭함이다

청룡이나 백호의 끝이 날카롭고 뾰족하여 혈을 향해 찌르는 형상
이거나, 청룡백호 두 끝이 서로 마주보고 싸우고 다투는 모습이
면 흉하다.

(7) 자청진인의 백옥섬사유白玉蟾四喩

자청진인紫淸眞人은 다음 4가지를 삼가라고 경계하였다.

❶ 용은 비록 좋으나 혈이 없으면 있어도 없는 거와 같다
   (용수호이무혈지유약무龍雖好而無穴之有若無)

❷ 혈은 비록 좋으나 용이 없으면 진혈이라도 허와 같다
   (혈수호이무룡위지식약허穴雖好而無龍謂之寔若虛)

❸ 지地가 비록 길하나 장葬함에 법을 얻지 못하면 관(官, 貴)은 있어도 녹
   (祿, 富)은 없다
   (지수길이장부득법위지유관이무록地雖吉而葬不得法謂之有官而
   無祿)

❹ 지地가 비록 길吉하나 연월年月의 이로움을 잃으면 배는 있으나 돛대가
   없는 거와 같다
   (지수길이년월실이위지유주무도 地雖吉而年月失利謂之有舟無棹)

(8) 자경진인의 36파三十六怕

역사상 이름이 알려지지 않은 자경지인紫瓊眞人은 36가지 혈을 찾는
데 피해야 할 곳을 정리하였다. 여기서 파怕는 '두려워한다'는 뜻이다.

1. 혈은 싸우듯 사나운 살이 많은 곳에 바로 땅을 파고 장사하는 것을 두
   려워한다 (혈파투살직천穴怕鬪殺直扦)

2. 혈은 부스럼같이 지저분하고 느리고 단단한 것을 두려워한다
   (혈파옹종완견穴怕癰腫頑堅)

3. 혈은 주변의 보호해 주는 산이 없어 홀로 외로이 돌출하여 매서운 바람을 받아 추운 것을 두려워한다 (혈파고로단한穴怕孤露單寒)

4. 혈은 흉한 악석과 크고 무섭게 생긴 참암이 있는 것을 두려워한다
   (혈파악석참암穴怕惡石巉巖)

5. 혈은 땅이 얕아 물기가 많아 축축한 비습한 땅과 물이 방울져 떨어지는 땅과 샘물이 스며드는 땅을 두려워한다
   (혈파비습역천穴怕卑濕瀝泉)

6. 혈은 아래가 낮고 연약하여 푹 꺼져 비만 오면 질퍽거리는 땅을 두려워한다 (혈파좌하저연穴怕坐下低軟)

7. 혈은 게으르고 평평하게 퍼져서 기가 모이지 않는 것을 두려워한다
   (혈파나탄평양穴怕懶坦平洋)

8. 혈은 붕괴되고 파손되고 구멍이 뚫리고 상처가 난 것을 두려워한다
   (혈파붕파착상穴怕崩破鑿傷)

9. 혈은 앞이 높고 뒤가 낮은 것을 두려워한다 (혈파전고후저穴怕前高後低)

10. 혈은 사방의 산들이 높고 강하여 혈을 압박하고 속이는 것을 두려워한다 (혈파사산압기穴怕四山壓欺)

11. 혈은 청룡백호 한쪽이 없거나 한쪽이 요함凹陷한 것을 두려워한다
    (혈파좌공우결穴怕左空右缺)

12. 혈은 명당이 평탄하지 못하고 경사졌거나 거꾸러진 것을 두려워한다
　　(혈파명당경질穴怕明堂傾跌)

13. 혈은 혈판이 두툼하게 살이 찐 기부포전肌附鋪氈이 안 되고 혈지가
　　창끝처럼 뾰족하거나 쥐꼬리처럼 가늘어 기가 모이지 않는 것을 두
　　려워한다 (혈파쟁두서미穴怕鎗頭鼠尾)

14. 혈은 거위 머리나 오리 꼬리처럼 생긴 것을 두려워한다
　　(혈파아두압미穴怕鵝頭鴨尾)

15. 혈은 산이 높고 험준한 것을 두려워한다 (혈파고산준령穴怕高山峻嶺)

16. 혈은 혈 바로 앞에 담장 같은 사격이 있어 혈을 억누르거나 혈 앞에
　　우물이 있어 기가 새어나가는 것을 두려워한다
　　(혈파면장좌정穴怕面墙坐井)

17. 혈은 물이 유정하게 감싸주지 못하고 달아나고 사격이 날아가듯이
　　혈을 등지고 배반하는 것을 두려워한다
　　(혈파수주사비穴怕水走砂飛)

18. 혈은 새둥지가 불에 타 지저분하고 제방이 무너진 것과 같이 혈장이
　　파손된 것을 두려워한다 (혈파소과축파穴怕燒窠築陂)

19. 혈은 혈 앞의 명당이 발을 감아 말은 것처럼 점점 높아 비가 오면 물
　　이 앞에서 혈로 솟아져 들어오는 것을 두려워한다
　　(혈파권렴수현穴怕捲簾水現)

20. 혈은 무섭게 위협하는 사격이 혈장에서 보이는 것을 두려워한다
　　(혈파겁사당면穴怕刦砂當面)

21. 혈은 혈을 감싸고 있는 청룡백호 안산의 한쪽이 꺼져서 그쪽에서 강한 골바람이 혈을 쏘듯이 불어오는 것을 두려워한다
    (혈파요풍취사穴怕凹風吹射)

22. 혈은 용맥을 보호하면서 주룡을 따라온 원진수가 혈을 환포하지 않고 혈장 밑에서 바로 일직선으로 곧장 쏟아 나가는 것을 두려워한다
    (혈파원진직사穴怕元辰直瀉)

23. 혈은 혈이 허약하여 명당의 기운을 거두어 얻지 못함을 두려워한다
    (혈파당기불수穴怕堂氣不收)

24. 혈은 물이 화살을 쏜 것처럼 일직선으로 나가는 것을 두려워한다
    (혈파전수직류穴怕箭水直流)

25. 혈은 물이 상분하합上分下合하여야 하는데 계수界水를 못하여 혈의 머리 부분을 적시어 물이 침범하는 것을 두려워한다
    (혈파계수임두穴怕界水淋頭)

26. 혈은 순전과 하수사가 없어 밑이 허전하여, 혈의 생기를 마치 소가 혈의 기운을 모두 이끌고 앞으로 일직선으로 쭉 빠져나가는 것 같은 현상을 두려워한다 (혈파견동토우穴怕牽動土牛)

27. 혈은 청룡백호와 안산이 주밀하게 감싸주지 못하여 명당이 비어 있는 듯 한없이 공허하게 넓은 것을 두려워한다
    (혈파명당공광穴怕明堂空曠)

28. 혈은 물이 위에서 계수하고 아래에서 합수하지 않는 것을 두려워한다
    (혈파계수색암穴怕界水塞暗)

29. 혈은 주변 산이 감싸주지 않아 홀로 외롭게 돌출하여 사방팔방으로
부터 불어와 서로 교차하는 바람을 받는 것을 두려워한다
(혈파팔풍교취穴怕八風交吹)

30. 혈은 칼같이 예리하고 빠른 물이 혈장을 치고 나가는 물을 두려워
한다 (혈파검수충최穴怕劍水衝催)

31. 혈은 혈을 결지하고 남은 여기가 순전을 만들어 생기가 앞으로 새나
가지 않도록 하여야 하는데 순전을 만들 여지가 없어 혈이 융취하지
못함을 두려워한다 (혈파전무여기穴怕全無餘氣)

32. 혈은 양팔인 청룡백호가 잘려 길이 생기면 골바람을 받게 되는 것을
두려워한다 (혈파노행천비穴怕路行穿臂)

33. 혈은 혈 앞에 깊은 웅덩이나 굴 또는 터널이 뚫려 생기가 누설되는 것
을 두려워한다 (혈전파견심갱穴前怕見深坑)

34. 혈은 혈 앞의 안산이나 조산 또는 청룡백호 끝이 배반하여 뒤로 향하
고 있는 것을 두려워한다 (혈전파견반성穴前怕見反城)

35. 혈은 혈 뒤가 기와처럼 골이 지거나 계곡이 있는 것을 두려워한다
(혈후파시앙와穴後怕是仰瓦)

36. 혈은 혈 뒤가 마치 괘도를 걸어 놓은 것처럼 높은 절벽의 바위나 산이
있는 것을 두려워한다 (혈후파시고괘穴後怕是高挂)

5) 16기혈지 十六忌穴地

(1) 사괴死塊 - 생기가 전혀 없는 푸석푸석한 죽은 흙덩어리

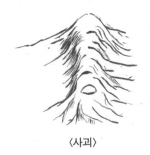

〈사괴〉

용맥이 없고 청룡백호도 없다. 물의 상분하합上分下合도 이루어지지 않는다. 바람과 물이 수시로 드나든다. 흙이 거무스레하게 생겼고 생기가 전혀 없는 푸석푸석한 땅이다. 사괴지에 집을 짓거나 장사를 지내면 불안과 재앙이 끊이지 않는다.

(2) 노태露胎 - 주변 산들은 모두 얕은데 혈지만 높다

노태지露胎地는 돌로지突露地와 같은 말이다. 주변 산들은 모두 얕은데 오직 혈지만 높다. 사방팔방에서 불어오는 바람을 받아 팔풍八風이 취혈吹穴하는 땅이다. 노태한 곳을 택지나 묘지로 사용하면 재물이 망하고 과부나 고아가 생긴다.

〈노태〉

(3) 반주反肘 - 팔뒤꿈치처럼 생긴 곳으로 용맥의 배背에 해당

〈반주〉

반주지反肘地는 팔뒤꿈치처럼 생긴 곳이다. 주룡이 한쪽으로 방향을 회전하면 그 반대쪽은 볼록하게 튀어나온다. 용맥의 배背에 해당되며, 주룡을 지탱해 주기 위한 지각에 불과하다.
생기가 없을 뿐만 아니라 청룡백호도

모두 배반하고 달아난다. 이러한 곳에서는 혈을 결지할 수 없다.

반배지는 오역忤逆과 불효不孝와 불의不義하는 자손이 나온다. 결국 패가
망신하고 이산가족이 된다.

(4) 배주背走 - 혈을 배반하고 달아나는 땅

배주지背走地는 청룡백호 양끝이 등을
돌리고 혈을 배반하고 달아나는 땅이다.
택지나 묘지로 사용하면 오역 불효한 자
손이 나온다. 배신을 하거나 배신을 당
하여 패가망신한다.

〈배주〉

(5) 청룡찬회靑龍鑽懷 - 뾰족한 청룡 끝이 혈장을 찌르고 들어오는 것

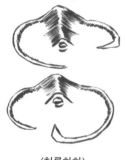

〈청룡찬회〉

청룡찬회靑龍鑽懷는 날카롭고 뾰족한 청룡
끝이 혈장을 향해 찌르고 들어오는 것을
말한다. 혈이 날카로운 송곳에 찔리고 있
는 모습이다. 청룡이 혈을 찬회鑽懷하면
자손이 큰 화를 당한다. 특히 장손이 크게
당한다. 만약 백호 쪽을 찬회하면 지손과
여자들이 주로 당한다.

(6) 백호추흉白虎搥胸 - 혈장을 주먹으로 치는 형상

백호추흉白虎搥胸은 백호 끝이 주먹같이 뭉치어
마치 혈장을 주먹으로 치는 것과 같은 모습이다.
주먹으로 가슴을 치니 답답하고 가슴 아픈 흉사
가 계속 일어난다. 집안 여자들이 음란하여 규방
閨房에 음란하고 더러운 예성穢聲이 들린다.

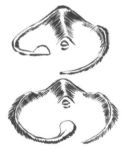

〈백호추흉〉

(7) 무보無保 — 청룡백호가 짧아 혈을 잘 감싸주지 못함

무보無保는 청룡백호가 짧아 혈을 완전하게 감싸주지 못한 것을 말한다. 혈이 바람에 노출되어 피해를 보는데, 하루아침에 망한다고 한다.

〈무보〉

(8) 단경전두斷頸纏頭 — 혈 바로 뒤 용맥이 잘린 것

단경전두斷頸纏頭는 혈 바로 뒤가 잘린 것을 말하는데, 생기를 전달하는 용맥이 잘리었으니 기가 있을 수 없다. 특히 목에 해당되는 결인속기처結咽束氣處나 이마에 해당되는 입수도두入首倒頭가 잘리면 그 피해는 더욱 크다.

〈단경전두〉

이밖에도 청룡, 백호, 안산 등이 잘린 것도 이에 해당된다. 주변 산들이 요함凹陷하여 골바람이 불어오면 혈의 생기를 흩어지게 하므로 흉하다. 오늘날 도로나 터널을 내기 위해서 산을 뚫고 자르는 경우 조심해야 한다. 그러나 용맥이나 혈이 완전히 파손되지 않았으면 보수를 하거나 비보를 하여 그 화를 감면할 수 있다.

(9) 무실無實 — 지가 허약하여 생기가 없는 땅

무실지無實地는 멀리서 보면 용도 살아 있는 듯하고 혈도 융결된 것 같은데, 가까이서 자세히 살펴보면 부실하고 생기가 없는 땅이다. 지기가 허약하고 공허하여 혈을 맺지 못한다.

〈무실〉

혈지를 파보면 혈토 대신 자갈이나 왕모래가 나오는 흉지다. 하는 일마다 실패를 거듭하여 결국 파산破産한다.

(10) 경권擎拳 — 청룡백호가 마주보고 다투는 형상

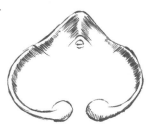

〈경권〉

경권擎拳은 청룡과 백호의 양끝이 주먹같이 뭉치어 서로 마주보고 다투는 형상이다. 용진혈적지龍眞穴的地라도 재산은 많아 부자가 될지 모르지만 형제끼리 불화不和가 잦아 재산다툼을 한다. 항시 불안이 끊이지 않는다.

(11) 용호성강龍虎成岡 — 청룡백호의 기세가 강해 혈을 능멸하는 것

〈용호성강〉

용호성강龍虎成岡은 청룡이나 백호가 높아 혈을 억누르는 것을 말한다. 용맥과 혈지는 생기가 없어 허약한데, 청룡백호의 기세가 강하면 혈을 고압高壓한다. 마치 하인들이 주인을 협박하는 꼴이다.

이러한 곳에서는 병약한 자손이 나온다. 주변 사람들의 기세에 눌려 기를 펴지 못한다. 결국 사람이 상하고 재산을 강탈당하는 화를 당한다.

(12) 가포假抱 — 보기와 달리, 혈을 배반한 형상

〈가포〉

가포지假抱地는 청룡백호가 가짜로 싸주었다는 뜻이다. 보기에는 잘 감싸준 것처럼 보이나 사실은 배반을 하고 있다. 사격이 혈을 감싸줄 때는 항상 유정한 면面을 안쪽으로 해야 하는데, 배背를 하고 있다. 면은 부드럽고 순한 반면에 배는 거칠고 험하다. 면은 완만한 반면에 배는 깎아지른 듯 가파르다.

이러한 곳에서는 무기력하고 용렬한 자손이 나온다. 또 외로움과 가난을 면치 못한다.

(13) 사비斜飛 ─ 청룡백호가 혈을 감싸주지 않고 비껴가는 것

사비지斜飛地는 청룡과 백호 중 한쪽은 혈을 향해 있는데 다른 한쪽은 등을 돌리고 있는 것을 말한다. 양쪽 능선이 만나지 않고 각기 비껴나간다. 산 따라 흐르는 물도 역시 합수合水하지 못하고 순수順水하여 달아난다. 이러한 곳은 먼저 재산이 망하고, 후에 사람이 상한다.

〈사비〉

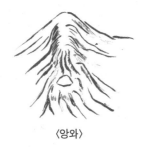

〈앙와〉

(14) 앙와仰瓦 ─ 혈 뒷면이 파이고 골진 땅

앙와仰瓦는 혈의 후면이 기왓장의 골처럼 여러 가닥으로 파이고 골진 땅이다. 생기가 전달되지 않고 흩어진다. 자손 보존이 어렵고 부자가 될 수 없다.

(15) 취태吹胎 ─ 주변 산이 낮아 바람을 많이 받는 곳

취태吹胎는 주변 산이 낮아 혈이 바람을 많이 받는 것을 말한다. 청룡백호가 낮거나 능선 한쪽이 푹 꺼지면 바람이 사납게 불어온다.

생기는 바람을 타면 융결하지 못하고 흩

〈취태〉

어져 버린다. 생기 없는 땅은 무기공망無氣空亡하다. 이러한 땅에 집을
짓거나 장사를 지내면 병이 많고, 사람이 상한다.

(16) 파두破頭 — 혈의 입수도두가 깨져 파혈된 것

파두破頭는 혈 바로 뒤 입수도두가 깨진 것을 말한다. 입수도두는 용맥을
따라 전달된 생기가 혈에 들어가기에 앞서 일단 멈추고 모이는 곳이다.
청룡백호를 비롯해서 주변 산세가 유
정하게 혈을 감싸주었다 할지라도 입
수도두가 파손되면 기는 흩어져 혈을
결지하지 못한다. 자손들이 병이 많
고 상하여 결국 절손絶孫될 우려가
있다.

〈파두〉

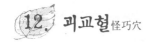

12. 괴교혈怪巧穴

일반 기준과 달리, 혈이나 혈장이 기이, 교묘하다

괴교혈怪巧穴이란 혈이나 혈장이 기이하고 교묘하여 일반적인 기준과는 다른 것을 말한다. 언뜻 보기에는 혈 같지가 않은데 혈토가 나오는 진혈지다. 생기가 융결된 혈에는 반드시 비석비토非石非土의 홍황자윤紅黃紫潤한 흙이 나와야 한다.

일반적으로 혈은 수려하고 단정한 주산에서 나온 용맥이 행룡을 멈춘 용진처龍盡處에 결지한다. 주룡은 기세 있게 변화해야 하며, 청룡백호를 비롯한 주변 산세는 모두 혈을 유정하게 감싸고 있는 곳이다. 보국은 안정되어 있고 명당은 평탄 원만한 곳이다. 여러 골짜기에서 나온 물들은 명당에 모여 혈을 감싸주고 하나의 수구처로 빠져나간다.

하늘이 감추고 땅이 숨겨 놓았다가 공덕이 많은 사람에게만 점지해 준다

괴교혈은 평범한 상식으로 이해할 수 없는 곳에 있어 이를 알아보기가 힘들다. 이상하고 괴이하므로 이를 가리켜 천장지비지天藏地秘地라고 한다. 하늘이 감추고 땅이 숨겨 놓은 땅이라는 뜻이다.

이러한 곳은 부덕한 사람에게는 보이지 않는다고 한다. 하늘이 감추고 땅이 숨기고 있다가 덕이 있고 효도와 선행하는 사람에게만 보여준다고 한다.

옛 사람들이 권선징악勸善懲惡을 강조하기 위해서 만들어낸 말일 것이다. 그래서 괴교혈에는 전해오는 전설이 많이 있다. 내용은 대개 착한 일을 많이 한 사람에게 어느 날 우연히 도통한 지관이 나타난다. 그리고 몇 가지 덕을 실험해 본 다음, 천장지비한 대혈을 가리켜 준다. 하늘을 대신해서 선행에 대한 보상을 해주는 것이다.

그러나 욕심 많고 악행만 일삼은 사람에게는 용렬하고 부덕한 지관이 나타난다. 욕심이 지나쳐 대지만 찾다보니 흉지를 괴혈로 잘못 판단한다. 결국 집안을 망하게 함으로써 응분의 대가를 치르게 한다. 설사 대혈을 찾았다 할지라도 어떤 방법으로든 땅이 그 사람을 거부하게 한다. 또는 천기를 누설한 지관에게 벌을 내려 화를 당하게 한다.

대혈에는 괴교혈이 많은 것이 사실이다. 그러나 욕심을 내어 괴교혈만 고집하다가는 가혈假穴을 잘못 착각하기 십상이다. 이 경우 망지에다 점혈하는 경우가 다반사다. 옛날부터 오늘날까지 이치에 밝지 못한 지사가 자신의 이익을 위해서 가혈을 괴교혈이라고 속이는 폐단이 많이 있어 왔다. 이에 현혹되어서는 안 되겠다.

괴교혈은 외적인 형상과 방법이 일반적인 혈과는 약간 다르고 괴이하다. 그렇다 할지라도 생기를 전달하는 용맥을 비롯해서 혈의 결지조건은 모두 갖추고 있어야 한다. 또 보국이 안정되는 등 주변 여건도 갖추어야 한다. 괴교혈의 종류는 다양하다. 나열하면 다음과 같다.

괴교혈의 종류

천교혈天巧穴, 천풍혈天風穴, 기룡혈騎龍穴, 회룡고조혈回龍顧祖穴, 수중혈水中穴, 천평혈天平穴, 석중혈石中穴, 수충사협혈水沖射脇穴, 수변혈水邊穴, 무룡호무안산혈無龍虎無案山穴, 양룡합기혈兩龍合氣穴, 배토혈培土穴, 부아혈附蛾穴, 괘등혈掛燈穴 등등

이밖에도 결지 방법과 형태에 따라 그 종류가 수없이 많다.

천교혈天巧穴 ─ 높이 솟은 산에 분지를 형성하고 혈을 맺음

〈천교혈〉

혈이 산 높은 곳에 있는 것을 말한다. 구름보다 높이 솟은 산에 보국이 형성되고 혈을 맺는다. 하늘과 맞닿은 높은 곳에 마치 천궁天宮처럼 생겼다 하여 천교혈天巧穴이라 한다.

산 아래에서 바라보면 높고 험하다. 오르기가 힘들 정도로 가파른 곳이다. 또 높은 곳에 자리잡고 있어 바람을 많이 받을 것처럼 보인다. 그러나 막상 산 위에 올라가면 판국이 넓고 국세가 평탄 원만한 분지盆地가 나타난다.

밑에서는 높고 험하게 보였던 봉우리들이 위에서는 아담하고 순하다. 그러한 산들이 성곽을 두른 것처럼 전개되어 바람을 막아주고 있다. 높은 곳에 있으면서도 마치 평지에 있는 거와 같은 느낌을 준다.

혈지는 청룡백호가 잘 감싸주고 있다. 물 또한 혈을 유정하게 감싸고 천천히 흐른다. 용맥을 보호하면서 따라온 원진수元辰水는 입수도두 뒤에서 분수分水하고, 선익을 따라 양변으로 갈라진 다음, 다시 순전 앞에서 합수한다. 용의 기세가 크므로 원진수도 크다. 합수하는 곳에는 대개 일년 내내 마르지 않는 샘물이나 연못 혹은 호수를 만든다. 이를 천지수天池水라 한다.

'천교혈'에 장사지내면 '왕후장상'이 난다

천교혈은, 천기는 하림下臨하고 지기地氣는 상승하여 서로 융합하는 곳에 있다. 그 역량이 대단히 커서 상격룡上格龍에서는 제왕지지帝王之地가 되고, 중격룡中格龍에서는 장상지지將相之地가 된다. 하격룡下格龍은 감히 천교혈을 맺을 수 없다.

천교혈에 장사지내면 신동神童이라 불리는 똑똑한 자손이 나와 장원급제하고, 나라의 큰 인재가 된다. 자자손손 관록官祿이 끊이지 않는다.

천풍혈天風穴 ─ 우뚝 솟은 봉우리 정상에 있는 혈

천풍혈天風穴은 우뚝 솟은 산봉우리 정상에 있는 혈을 말하며, 멀리서 보면 홀로 노출되어 있어 춥고 외롭게 보인다. 사방에서 불어오는 바람을 받으므로 그 피해가 심각할 것 같다. 그러나 혈

〈천풍혈〉

처에 오르면 주변의 산들이 둘러싸고 있다. 밑에서 보는 것과는 전혀 다르게 바람을 타지 않으며, 아늑하고 따뜻하다.

팔풍취혈八風吹穴이라고도 불리는 천풍혈은 돌혈突穴에 해당된다. 혈이 높이 있으면 높은[峻] 가운데서도 평평[平地]한 곳에서 구한다. 정혈처는 돌중미와突中微窩한 곳으로 약간 오목하다. 혈 좌우에는 선익이 두툼하게 있어 바람을 막아준다.

옛 사람이 말하기를 "팔풍을 타는 땅은 보기에는 추운[寒] 것 같으나, 혈에 당도하여 보면 따뜻[溫]하다. 옆에서 바라보면 드러난[突露] 것 같으나, 올라보면 감추어[藏風]졌다. 속안俗眼으로는 알아보지 못하고, 대개 노한露寒함만을 험으로 삼는 곳"이라 하였다.

천풍혈에 장사지내면 고승이나 종교지도자가 많이 배출

용진혈적龍眞穴的한 천풍혈에 장사지내면 출중한 자손이 나와 가문을 빛낸다. 그러나 외로움과 고독은 면치 못한다. 이 때문에 승려나 종교지

도자가 많이 배출되는 혈이라 할 수 있다.

용진혈적하지 못한 비혈지에서는 가산이 속패한다. 또 과부나 고아가 연속으로 나와 결국 망하는 결과를 초래한다.

회룡고조혈回龍顧祖穴 — 험한 조종산을 안산으로 취하는 혈

〈회룡고조혈〉

주룡이 돌아 조종산을 안산으로 취하고 맺는 혈이다. 일반적인 혈은 조종산을 뒤에 두고 맺는다. 이때 안산은 작고 단정하다. 그러나 회룡고조혈回龍顧祖穴은 기세가 웅장한 태조산, 중조산, 소조산 등을 바라보기 때문에 안산이 높고 험해도 무방하다. 안산이 바로 나의 부모나 할아버지가 되기 때문이다. 아무리 엄한 아버지나 할아버지라도 자식 손자에게만은 자상한 법이다.

회룡고조혈은 용이 크고 힘차, 발복도 크다

객산客山이 높고 험하면 혈을 억누르고 능멸한다. 또 주인을 업신여기고 속인다. 조종산을 바라보는 회룡고조혈은 그러한 걱정이 없다. 다만 혈 앞이 어느 정도 열려서 평평하고 바르고 수려해야 한다. 명당이 추악하거나 경사가 심해 기울어지는 형상이 되어서는 안 된다.

회룡고조혈은 그만큼 용이 크고 힘차게 변화했다는 증거다. 그 발복이 커서 부귀왕정富貴旺丁한다.

기룡혈騎龍穴 ─ 혈이 용의 등을 타고 있는 모습과 흡사

혈이 용맥의 등성이에 맺힌 것을 말한다. 그 모습이 용의 등을 타고 있는 것과 같다 하여 기룡혈騎龍穴이라 한다. 일반적으로 용이 행룡하고 있는 과정에 있는 과룡過龍에서는 혈을 결지하지 못한다.

그러함에도 행룡하던 용이 갑자기 머뭇거리듯 주저앉아 혈 하나를 맺고 다시 행룡을 계속하는 경우가 있다. 이때의 입수룡을 섬룡입수閃龍入首라고 한다. 주룡이 행룡하다가 번갯불이 번쩍할 사이에 전혀 예상치 못한 곳에 혈을 결지하였다 하여 붙여진 이름이다.

기룡혈은 산의 능선 즉 용의 등마루에 결지한다. 그리고 계속 행룡해 나가다가 끝에 가서는 용머리를 좌측이나 우측으로 돌리고 행룡을 멈춘다. 또는 하늘로 높이 치켜세운 다음 멈추는 경우도 있다. 이 모습이 용이 여의주를 토하는 듯하다 하여 비룡함주형飛龍含珠形이라고 한다.

〈기룡혈〉

기룡혈은 대대로 부귀의 노래가 끊이지 않지만 잘못하면 절손의 화를 당함

기룡혈은 용진처龍盡處가 아닌 용의 등에 결지하기 때문에 그 역량이 매우 크다. 용진혈적하면 백자천손百子千孫에 부귀의 노래가 끊이지 않는다고 한다. 수없이 많은 장원급제자壯元及第者가 배출되고, 장상공후將相公侯가 대궐에 가득 찬다고 옛 사람들은 강조하였다.

그러나 기룡혈은 신선이 아니면 감히 구별하기 어렵다고 옛 사람들은 강조하였다. 그만큼 찾기가 어렵다는 뜻이다. 잘못하여 비혈지에 장사지내면 "과룡지장過龍之葬은 삼대내절향화三代內絶香火"라 하여 즉시 패가하고 절손의 화를 당한다고 하였다.

기룡혈은 찾기 어렵지만, 혈의 결지조건은 일반적인 것과 동일

기룡혈을 찾기가 어렵다고 하지만 혈의 결지 조건은 일반적인 것과 다를 바가 없다. 주산과 현무봉은 수려 단정해야 한다. 또 좌우에서 보호하는 청룡백호가 적당한 높이로 감싸고 있어야 한다. 물은 혈을 잘 환포環抱해야 하는데, 앞에 용맥이 있기 때문에 비교적 멀리 있다. 용맥을 호종하면서 따라온 원진수는 양파兩破가 되는 것이 특징이다.

안산은 단아하면서도 엄정하게 서 있어야 한다. 현무, 안산, 청룡, 백호 등 사신사四神砂 봉우리들을 이었을 때 천심십도天心十道 하는 곳에 진혈처가 있다. 입수도두, 선익, 순전, 혈토 등 혈장의 4요건이 분명하고 그 가운데 혈운이 은은하게 있다. 반드시 홍황자윤한 오색의 혈토가 나와야 진혈이다.

수중혈水中穴 ― 사방이 물로 둘러싸여 있는 혈

수중혈水中穴은 용맥이 바다나 호수를 건너 섬에 결지하여, 사방이 물로 둘러싸여 있는 혈을 말한다. 생기는 바람을 타면 흩어지고 물을 만나면 멈춘다. 그러나 수중혈을 맺는 용맥은 물을 만나도 멈추지 않고 물 속으로 들어가 행룡한다. 이를 도수맥渡水脈이라고 한다.

〈수중혈〉

용진처龍盡處에 이르러서는 용맥이 물 밖으로 불쑥 융기하여 섬을 만든다. 혈은 그 섬에다 맺는다. 실제로 혈은 물 속에도 맺을 수가 있다. 바다나 호수 속의 지형은 육지와 다를 바가 없기 때문이다. 그러나 수중에 집을 짓거나 매장할 수 없는 일이다. 그러므로 수중혈이라 함은 물 가운데 떠 있는 섬에 혈을 맺는 것을 가리킨다.

대륙붕을 비롯, 다도해의 섬들은 수중으로 용맥이 행룡하여 융기한 것

수중혈을 맺기 위해서는 육지에서부터 이어진 용맥이 있어야 한다. 다만 그 용맥이 물 속으로 행룡하므로 보이지 않을 따름이다. 수중 용맥 역시 육지에서와 마찬가지로 생동감 있게 변화해야 진혈을 맺을 수 있다.

이를 확인할 수 있는 방법은 먼저 육지에서 물 속까지 이어지는 능선이 있는지를 살핀다. 그 다음 보내는 용맥을 보호하기 위한 송사送砂가 있어야 한다. 물 건너 섬에서는 용맥을 받아들이기 위한 영사迎砂가 육지를 향해 팔을 벌리듯 있어야 한다. 이는 육지의 과협처에 영송사迎送砂가 있어야 하는 것과 똑같은 이치다.

또 용맥이 물 속을 지나는 좌우 양쪽에는 아름다운 섬이 있어야 한다. 이는 물살이 급하게 흐르면서 수중 용맥을 치는 것을 막아주는 역할을 한다. 마치 과협처 양변에 있는 공협사拱峽砂와 똑같다.

용맥이 바다나 호수를 행룡할 때는 지상에서와 마찬가지로 기복起伏과 개장천심開帳穿心, 과협過峽 등 용의 변화작용을 똑같이 한다. 수중으로 용맥이 지나다가 기복을 하면, 기起하는 부분이 간간이 물 밖으로 나온다. 그것이 작은 섬이거나 바위섬이다.

또 개장천심을 하면 개장한 능선들이 양쪽으로 늘어진다. 이 중 높은 부분이 수면 위로 나타나 바위섬이 되기도 한다. 대륙붕大陸棚을 비롯해서 다도해多島海에 있는 수많은 섬들은 모두 수중으로 용맥이 행룡하여 융기한 것들이다.

밀물 때는 이러한 용맥이 안 보이다가 썰물 때 물이 빠지면 용맥이 드러나는 경우가 많다. 바닷물이 들어오면 섬이 두 개였지만, 썰물 때는 하나로 된다. 섬과 섬을 연결해 주는 부분이 바로 과협처다.

또 사리 때마다 바닷물이 갈라지는 현상도 용맥이 있기 때문이다. 평소에는 용맥이 수면 아래 있다가 사리로 물이 더 빠지면 용맥 위만 수면 위로 드러난다. 그것을 두고 바닷길이 열린다고 하는 것이다.

물은 재물을 관장하므로 수중혈은 거부지지巨富之地가 많다

수중혈의 발복은, 물은 재물을 관장하므로 먼저 대부大富가 되고 나중에 대귀大貴가 따른다고 한다.

참고로 바닷속에는 육지와 똑같은 해저 지형이 존재한다. 1000m 이상 높이 솟아 있는 해산海山이 있는가 하면, 작고 낮은 언덕인 해구海丘가 있다. 또 산맥들이 길게 연결된 해령海嶺이 있는데 그 길이가 수만 Km나 된다고 한다. 해산과 해산 사이에는 깊은 골짜기인 해구海溝가 있다. 넓고 평탄한 심해저 평원도 존재한다.

대륙붕은 과거 빙하기에 육지로 추정되는 곳으로, 육지와 연결되는 해저 지형이다. 평균 수심 200m까지의 지역으로 평균 경사 7도 정도의 완만한 경사를 이루고 있다.

몰니혈沒泥穴 - 진흙투성이 논이나 밭 등에 있는 혈

몰니혈沒泥穴은 천평혈天平穴이라고도 한다. 주산에서 출맥한 용이 행룡하다가 갑자기 평지의 밭이나 논으로 숨어들어 땅속으로 지나간다. 이를 지중은맥地中隱脈이라고 한다.

땅속으로 지나는 용맥도 물을 만나면 행룡을 멈추고 혈을 맺는다. 주로 밭이나 논에서 물을 만나기 때문에 그곳은 진흙밭이다. 마치 용맥이 진흙밭으로 빠져들어 가는 것 같은 모습이라 하여 '몰니혈' 이라고 하였다.

용맥은 땅속으로 지나기 때문에 육안으로 보이지 않는다. 그러므로 용과 혈을 찾기란 매우 어려운 일이다. 그러나 용이 은맥으로 행룡한다 하더라도 그 변화는 있어야 한다. 간간이 땅 위로 그 변화의 흔적을 드러낸다.

〈몰니혈〉

용은 은맥으로 흐르기 때문에 물을 보고 용과 혈을 찾는다

기복起伏 변화를 할 때마다 용의 등을 살짝 땅 위로 드러낼 때가 있다. 이 모양이 돌이 될 수도 있고, 석골石骨이 될 수도 있다. 또 언덕이 되기도 하고, 말의 발자국 같은 마적馬跡이 될 수도 있다. 이것이 땅 위에서 관찰할 수 있는 행룡의 흔적이다.

그러나 은맥은 보이지 않기 때문에 용맥을 보고 혈을 찾기는 사실상 어렵다. 이럴 때는 물을 보고 찾을 수밖에 없다. 물은 용의 생기를 보호하기 때문에 은맥 양쪽에 도랑과 같은 물길이 있다. 논이나 밭에 도랑물이 나란히 흐르고 있으면, 그 사이로 용맥이 지나고 있다고 생각하면 된다.

그리고 두 물이 합쳐지면 용맥은 더 이상 나가지 못하므로 멈추게 된다. 이곳이 용진처다. 대개 지기가 뭉쳐 있기 때문에 약간 볼록하게 돌출된다. 비록 논 가운데 있지만 땅은 밝고 단단하다. 모양이 거북이 등처럼 보이기도 한다. 이를 평지돌혈平地突穴이라고 한다.

마치 신령스러운 거북이가 진흙 속에 들어가는 형세라 하여 금구몰니혈金龜沒泥穴이라고도 한다. 발복이 매우 커서 득재치산得財治産하여 거부巨富가 될 수 있다. 그러나 오판하여 물이 침범하는 진흙 속에다 유골을 묻을 우려가 크다. 함부로 몰니혈을 취해서는 안 되겠다.

도랑물이 나란히 흐르면 그 사이에 용맥이 있고, 두 물이 합쳐지는 곳에 혈이 있다

옛 사람이 말하기를 "무릇 평양平洋에서는 용의 종적을 묻지 말고, 수세를 보고 찾아라. 물이 돌아선 것만 보아도 진룡眞龍임을 알 수 있다. 평전平田에서는 용이 잘 보이지 않고 산란하다. 또 구릉과 도랑 등이 종횡으로 섞여 쉽게 알 수 없으니 반드시 심목心目이 총명하여야 할 것"이라고 하였다.

수변혈水邊穴 − 수해를 입기 쉬운 곳이나, 장사지내면 자연적으로 물줄기가 바뀐다

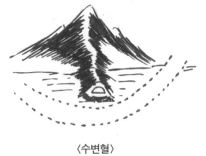

〈수변혈〉

수변혈水邊穴은 진룡정혈眞龍正穴이나 불행히도 물가에 너무 가까워 수해를 입기 쉬운 곳이다. 혈을 찾기도 힘들지만 장사 후에도 물의 침범이 걱정되기 때문에 보통 사람이 쓸 수 없다. 그러나 장사지내면 얼마 지나지 않아 자연적으로 물줄기가 바뀐다고 한다. 물은 언덕을 옮기고 골짜기를 변화시키는 힘이 있다. 본래는 물의 침범을 받는데 혈을 쓰면 자연적으로 흙과 자갈 등 토사가 쌓여 물줄기가 바뀌게 되는 것이다. 이것 역시 천지자연의 조화로 주인을 기다리는 곳이라 하겠다.

전설에 의하면 진나라 때 《금낭경》을 저술한 곽박이 그의 모친을 장사 지내는데 물이 불과 백 보 정도밖에 안 떨어진 곳이었다. 여러 사람이 불가함을 말하였으나 곽박은 "장후葬後에는 곧 육지가 되리라" 하였다. 과연 장사를 지낸 후 얼마 뒤에 그곳 천변川邊에 모래와 자갈이 퇴적되기 시작했다. 그리고 물줄기가 다른 곳으로 옮겨졌다. 이때부터 "벽해碧海가 상전桑田된다"는 말이 나왔다고 한다.

그러나 일반적으로 아무리 혈이라 하더라도 물이 침범하는 곳에 집을 짓거나 장사를 지낼 수는 없는 일이다. 물길이 바뀐다고는 하나 물이 토사를 운반하여 퇴적시키는 데는 시간이 필요하다. 따라서 수변혈을 찾았다 할지라도 사용하는 데에는 신중을 기해야 한다.

용진혈적한 수변혈은 발복이 커서 큰 부富를 가져다준다

수변혈은 주로 강가나 큰 연못가에 있다. 봄과 여름, 물이 많을 때는 사방으로 물이 가득하여 혈이 있는 곳은 섬이 된다. 가을과 겨울, 물이 빠질 때는 섬이 땅과 연결된다. 물가에 있으므로 주변 땅은 축축하다. 그러나 혈처는 물의 상분하합上分下合이 잘 이루어져 전혀 비습卑濕하지 않다.

용진혈적龍眞穴的한 수변혈은 발복이 커서 주로 큰 부富를 가져다 준다.

수충사협혈水冲射脇穴 – 예리한 물줄기가 혈장옆구리를 치고 들어 오는 것

창같이 곧고 날카로운 물줄기가 혈장 옆구리를 치고 들어오는 것을 말한다. 물이 혈장을 치면 이는 충수冲水로 매우 흉하다. 혈은 당연히 결지 불능이다.

〈수충사협혈〉

석요石曜라는 큰 암반은 쏘는 물을 반사시켜 혈의 피해를 막는다

그런데 물이 쏘는 혈장 옆부분에 석요石曜라는 큰 암반이 붙어 있으면, 쏘는 물을 반사시켜 혈에 피해를 주지 않는다. 석요에 부딪치고 나온 물은 혈 앞을 유정하게 감싸주고 흘러나간다.

이때 혈 옆에는 선익이 두껍게 있거나, 산두山頭라는 작은 능선이 있어, 치고 들어오는 물이 보이지 않으면 오히려 속발부귀速發富貴하는 혈을 맺는다. 이것을 수충사협혈水冲射脇穴이라 한다.

평지혈平地穴 – 논밭과 같은 넓은 평지에 맺는 혈

평지혈平地穴은 넓은 논밭과 같은 평지에 맺는 혈이다. 주변에 감싸주는 산이 없이 사방이 평평하다. 혈처만 볼록하게 돌출되어 있어 바람을 많이 받을 것 같다.

〈평지혈〉

혈은 산세가 잘 감싸주어야 춥고 거센 바람을 막아 생기를 보전할 수 있다. 항상 따뜻하고 온화한, 가운데에 혈을 맺는 법이다. 일반적으로 사방이 탁 트여 바람을 받는 곳은 혈을 맺을 수 없는 곳이다. 혈은 바람을 받는 것을 가장 싫어하기 때문이다. 그래서 청룡백호 등 주변 사격이 없으면, 혈의 생기는 흩어지고 만다.

평지에서 부는 바람은 넓게 퍼지기 때문에 혈의 생기를 흩뜨리지 못한다

평지에서는 바람이 넓게 퍼져서 불어오기 때문에 큰 피해를 주지 않는다. 땅 위로만 불고 땅속까지는 스며들지 못한다. 이러한 바람에는 혈의 생기가 흩어지지 않는다. 따라서 평지에서는 청룡백호가 없어도 용진혈적龍眞穴的할 수 있다.

예컨대 사람이 바람을 막아주는 것 하나 없는 광야에서는 하루종일 서 있어도 병이 들지 않는다. 그러나 방풍이 잘된 따뜻한 방안에 작은 구멍이 나 있으면 감기에 걸리기 쉽다. 이는 창틈의 작은 구멍으로 바람이 날카롭고 예리하게 쏘아오기 때문이다. 퍼져 오는 바람은 강도가 약한 반면에 몰아서 오는 바람은 강도가 세다.

주변 산세가 없어도 평지의 돌출된 곳에서 혈을 결지할 수 있다

산에 있는 혈이 골짜기에서 부는 바람을 받거나, 한쪽이 꺼져 요풍凹風을 받으면 매우 흉하다. 그러나 평지에서는 골짜기나 요함凹陷한 곳이 없다. 비록 혈을 감싸주는 주변 산세가 없더라도 평지의 돌출한 곳에서 혈을 결지할 수 있는 것이다.

평양지平洋地에서 혈은 돌기한 땅에 있다. 평지에 기가 뭉치면 땅은 이를 따라 기起하기 때문이다.

배토혈培土穴 — 지기가 얕게 흘러 혈토가 땅 위에 노출된 것

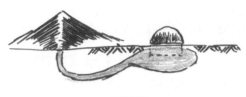

〈배토혈〉

배토혈培土穴은 지기가 얕게 부상浮上하는 것으로 하관 자리를 깊이 파면 안 되는 혈을 말한다. 대개 생기는 용맥을 따라 땅속 깊이 흐르는 것이 일반적이다.

그러나 얕게 흐르는 경우도 있다. 생기가 뭉친 혈토가 얕게 있거나, 땅 위에 노출되어 있는 경우는 집을 짓거나 장사할 때 땅을 깊이 파면 파혈된다.

이때는 땅을 얕게 파거나 그냥 땅 위에다 기반을 다지고 관을 묻어야 한다. 대신 외부에서 가져온 객토客土로 봉분을 쌓아 매장한다. 이와 같은 장사법을 배토장培土葬이라고 한다.

배토장은 봉분을 크고 높게 만들어야 한다. 그래야 바람이나 물의 피해를 방지할 수 있다. 또 외부로부터 오는 각종 충해沖害를 막는 데 유리하다. 배토혈의 발복은 속발속패速發速敗가 원칙이다.

석중혈石中穴 — 돌무덤이나 바위 가운데에 있는 혈

〈석중혈〉

석중혈石中穴은 돌무덤이나 바위 가운데에 있는 혈을 말하는데, 일반적으로 암석이 많은 땅에는 혈을 결지하지 못한다. 그런데 기이하게도 돌무더기 속에 생기가 융취되어 홍황자윤한 혈토가 있는 곳이 있다.

돌 중에 혈을 맺으려면 반드시 토맥土脈과 혈토가 있어야 한다

생기는 흙으로만 흐른다. 그래서 석산石山에는 불가장不可葬이라 하였다. 돌에는 물이 나므로 흉한 법이다. 그러한 돌 중에 혈을 맺으려면 반드시 토맥土脈과 혈토가 있어야 한다. 흙이 있어야 진혈이 되기 때문이다.

석산으로 덮인 곳에서는 돌무더기를 들춰 내고 토맥을 찾아 점혈한다. 또 광을 파다가 암반이 나오면 이것을 들춰 내야 한다. 어떤 경우든 돌이나 바위는 생기가 없으므로 혈을 맺을 수 없다. 반드시 혈토가 나올 때까지 파야 한다.

혹자는 암반이 나오면 그대로 두고 그 위에도 장사지내야 한다는 이도 있다. 암반을 파고 깨뜨리면 석기石氣가 누설된다고 보았기 때문이다. 그러나 암반에는 생기가 없으므로 이 주장은 이치에 맞지 않는다. 혈은 돌 사이에 있더라도 반드시 생기가 있는 흙이 나와야 한다.

석중혈은 말로써 밝히기 어려운 것으로 명사明師라야 얻을 수 있다. 발복이 매우 커서 대귀大貴가 기약된다.

장지중요혈長枝中腰穴 – 용의 중간에 맺는 혈을 말한다

장지중요혈長枝中腰穴이란 용의 중간에 맺는 혈을 말하는데, 섬룡입수한 기룡혈도 이에 해당된다. 일반적인 혈은 용맥이 끝나는 지점에 있으며, 과룡처에는 결지하지 않는다. 속안俗眼으로 보면 과룡처로 착각하기 쉬운 것이 장지중요혈이다.

〈장지중요혈〉

장지중요혈은 남은 여기餘氣로 안산을 만들기도 한다

기세가 너무 왕성한 용은 혈을 맺고도 그 기운을 일시에 다 거두어들이지 못한다. 남은 여기餘氣가 더 나가 산을 만들기도 한다. 혹은 수십 리를 더 나가는 것도 있다.

여기로 나간 산은 하수사나 안산이 되기도 한다. 혹은 수구의 한문捍門이 된다. 비록 나간다 하여도 다 혈을 보호하는 역할을 하기 때문에 길한 것이다. 이와 같은 땅은 역량이 매우 커서 왕후장상지지王侯將相之地의 대혈을 결지한다.

양룡합기혈 – 두 개 이상의 용맥이 하나로 합하여 혈을 맺는 것

〈양룡합기혈〉

양룡합기혈兩龍合氣穴은 두 개 이상의 용맥이 하나로 합하여 혈을 맺는 것을 말한다. 용의 역량을 극대화하여 혈을 맺었으므로 매우 귀한 것이다. 합해지는 용맥이 많으면 많을수록 좋다. 이룡二龍, 삼룡三龍 혹은 구룡九龍까지라도 합하여 일기一氣가 되면 혈의 역량은 더욱 커진다.

'양룡합기혈'은 진혈 귀지貴地로 대대손손 자손이 번창

용이 합해지면 물도 합해져 용과 혈을 보호해 준다. 이때 합해진 물이 어떻게 나가는지는 의아스럽다. 자연이 조화를 부려 사람의 눈을 속여 의심케 하는 것이다.

옛 사람이 말하기를 "땅이 조화를 부려 진기眞機를 숨기는 것은, 반드시 덕이 있는 사람을 기다리기 때문이다"고 하였다. 양룡합기혈은 진혈귀지貴地로 대대손손 자손이 번창하고, 부귀가 끊임없이 이어진다.

무룡호무안산혈 – 혈을 감싸주는 청룡백호와 안산이 없는 것

무룡호무안산혈無龍虎無案山穴은 혈을
감싸주는 청룡백호와 안산이 없는 것을
말한다. 일반적인 혈은 청룡백호와 안
산이 유정하게 감싸주어야 혈의 생기를
보호할 수 있다. 생기는 바람을 만나면
흩어진다. 이들은 바람을 막아주는 역
할을 하면서 보국保局을 형성하는 것이
다. 그러나 아무리 청룡백호, 안산 등이

〈무룡호무안산혈〉

좋다고 하여도 용과 혈이 부실하면 소용없다. 주변 사격은 용혈을 보호
하기 위한 것이지, 용혈보다 더 중요할 수 없다. 진혈의 첫째 조건은 기
세 왕성한 용과 입수도두, 선익, 순전, 혈토가 확실한 혈이다.

주변 산세를 대신하여 물이 청룡백호 안산 역할을 해준다

용진혈적龍眞穴的한 곳이라면 비록 주변 산세가 없다 하더라도 혈을
맺을 수가 있다. 이때는 반드시 물이 그 역할을 대신해 주어야 한다. 물
은 기를 가두어 흩어지지 않게 하는 성질이 있다.

청룡백호 대신 하천이 있으면 이를 수청룡水青龍, 수백호水白虎라 한
다. 안산 대신 연못이나 호수가 있으면 수안산水案山이라 한다. 조산朝山
을 물이 대신하면 조수朝水라고 한다. 이들 모두를 "수이대지水而代之한
다"고 표현한다. 청룡백호가 한쪽에만 있고 한쪽이 없으면, 없는 쪽을 물
이 대신하는 경우도 있다.

무룡호무안산혈은 주로 논밭 같은 평지에 있다. 청룡백호, 안산 등이

없으므로 보통사람들이 쉽게 찾을 수 없다. 그래서 이를 천장지비지天藏地秘地라고 한다. 그러나 기세가 똑같은 용혈에서는 청룡백호 안산이 있는 것이 없는 것보다는 더 길하다.

원진직류혈元辰直流穴 — 물 따라 혈의 생기도 곧장 빠져나가나 곧 큰 물을 만나 역류하는 것

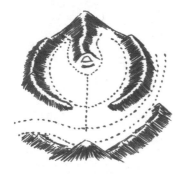

용맥의 생기를 보호하면서 따라온 물을 원진수元辰水라 한다. 원진수는 혈장에 이르러 입수도두 뒤에서 선익을 따라 양변으로 갈라진다. 그리고 혈 앞 순전에서 다시 합한다. 원진수가 상분하합上分下合하면서 혈의 생기를 보호하는 것이다.

〈원진직류혈〉

순전 아래에서 합수한 물은 하수사를 따라 지현자之玄字로 흘러나가야 혈의 생기를 더 보호할 수 있다. 이것이 일반적인 혈의 결지 방법이다. 만약 원진수가 지현자로 역수逆水하지 않고 곧장 나가면, 혈의 생기도 물을 따라 곧장 빠져나가므로 흉하다. 이와 같은 물을 원진직거수元辰直去水라 한다.

그런데 이렇게 곧장 나간 물이 얼마가지 않아 큰 강이나 호수 또는 산을 만나면 물의 유속이 느려진다. 때에 따라서는 거꾸로 역류逆流하는 경우도 있다. 이때는 비록 처음에는 흉했다 할지라도 나중에는 길해질 수 있다. 처음에는 혈의 생기를 제대로 보호하지 못했다가 나중에는 보호할 수 있는 것이다. 이와 같은 곳에서 맺는 혈을 원진직류혈元辰直流穴이라 한다.

처음에는 흉하지만 나중에는 길해지는 '선흉후길혈'

원진직류혈은 반드시 용의 기세가 커야 한다. 또 너무 멀리까지 직거하면 안 된다. 그 거리가 백보百步 미만이어야 한다. 주변 산세는 혈을 잘 감싸주고 있어야 하며, 대강수가 반드시 횡으로 둘러 있어야 한다.

원진수를 역류시킬 만한 물이나 안산이 없으면 혈은 맺지 못한다. 이러한 곳은 매우 흉하다. 요금정寥金精은 그의 〈6계론六戒論〉 중 "첫째가 물이 달아나는 거수지에는 점혈하지 마라. 가계의 패함을 바로 보리라 (제일막하거수지입견패가계第一莫下去水地立見敗家計)"하였다.

원진직류혈의 발복은 선흉후길先凶後吉한다. 이 혈 역시 보통사람의 눈으로 쉽게 찾을 수 없다. 하늘이 감추고 땅이 숨긴 천장지비天藏地秘의 땅이다.

추졸혈醜拙穴 ─ 혈 주변의 땅이 추하고 졸렬하게 생긴 것

추졸혈醜拙穴은 혈 주변의 땅이 추하고 졸렬하게 생긴 것을 말하는데, 일반적으로 이러한 곳은 혈의 결지가 불가능하다. 혈은 깨끗하고 단정한 곳에 맺는 것이 원칙이다.

〈추졸혈〉

땅의 겉모습은 추해도 땅속 흙은 겉과 달리 밝은 혈토가 나온다

땅의 겉모습이 거칠고 추해서 혈을 맺을 수 없을 것 같은데, 자세히 살펴보니 용진혈적龍眞穴的한 곳이다. 용맥은 겉과 다르게 단단하고 기세 있게 변화를 한다. 혈장은 입수도두, 선익, 순전, 혈운 등이 분명하다. 땅속 흙은 겉과는 다르게 밝은 혈토가 나온다.

마치 군자의 어진 마음이 얼굴에는 미련스럽게 보이는 경우와 같다. 유능한 장사꾼이 좋은 물건을 안에 감추어 두고 없는 것처럼 행세하는 것과 같다. 큰 지혜가 있는 사람이 어리석은 체 행동하는 것과 같다. 덕과 지식이 많은 여자가 얼굴이 예쁘지 않게 생겼을 따름이다.

외부의 모습만 보고 좋은 땅을 추졸이라 하여 버린다면, 마치 공자가 얼굴만 보고 자우子羽를 잃는 것과 같다. 자우는 공자의 매우 똑똑한 제자인데 얼굴이 못생겼다고 한다.

이러한 곳은 보통사람의 눈으로 알기 어렵다. 하늘이 감추고 땅이 숨기고 있다가 덕이 많은 사람에게만 보여 준다고 한다.

괘등혈掛燈穴 — 등잔불처럼 가파른 산중턱에 걸려 있는 혈

〈괘등혈〉

괘등혈掛燈穴은 매우 가파른 산중턱에 있는 혈로, 마치 등잔대에 걸린 등잔불과 같다 하여 붙여진 이름이다. 높은 산에서 용맥이 급하게 내려오다 갑자기 평탄해진 곳에 있다. 주로 와혈窩穴을 맺는다.

양균송은 이를 가리켜 "고산에서 낙落하여 있는 괘등혈은 급急한 중에 완緩하는 곳에 있다"고 하였다. 가파른 곳에서 혈을 찾고자 하면 홀연히 평탄해지는 곳을 찾아야 한다.

괘등혈의 발복은 '속발'과 '속패'가 특징이지만, 옥촉조천혈은 천 년 동안 발복

괘등혈의 발복은 속발速發과 속패速敗가 특징인데, 이는 등잔불이 빨리 붙기도 하지만, 기름이 소진되면 금방 꺼지는 원리와 같다.

그러나 용의 역량이 매우 큰 혈은 옥촉조천혈玉燭照天穴이라고 한다.

옥촛대에 있는 촛불이 하늘을 비추어 밝힌다는 뜻이다. 천 년을 비추어
도 끊임이 없으니 큰 발복이 오랫동안 지속된다.

부아혈附蛾穴 – 벽에 나비가 붙어 있는 것처럼 가파른 곳에 있는 혈

부아혈附蛾穴이란 가파른 곳에 혈이
있는 것을 말하는데, 마치 벽에 나비
가 붙어 있는 모습이다. 고산에서 급
하고 가파르게 내려온 용이 산중턱
에 작고 협소한 평지를 만든다.
급한 가운데 홀연히 평탄해지는 곳
에 생기를 모으는데, 이를 멀리서 보

〈부아혈〉

면 가파른 사면에 작은 미돌微突로 되어 있다. 혈은 돌한 부분 가운데에
있다. 거친 가운데 미미하게 혈이 있는 것이다.

나방은 잠시 붙어 있다 날아가는 특성이 있다. 그러므로 부아혈은 당
대에 발복했다가 당대에 끝나는 경우가 많다. 속발속패가 특징이다.

독산혈 – 독산에 있는 혈로, 조종산에서 생기를 전달받을 수 있다

독산혈獨山穴은 독산에 있는 혈로, 곽박의 5불가장지五不可葬地 중 하나
가 독산에는 불가장不可葬이다. 독산에는 용맥이 끊기고 여러 주변 산들
이 감싸주지 않기 때문에 혈을 결지하지 못한다.
그러나 혈지 뒤로 용맥이 은맥隱脈으로 연결된 곳은 조종산으로부터 생
기를 전달받을 수 있다. 이러한 곳은 독산 내에서도 용맥의 변화가 분명
하다.

〈독산혈〉

또 입수도두, 선익, 순전, 혈토 등 혈의 결지 조건을 모두 갖추고 있다. 독산에서도 개장한 능선이 자체적으로 청룡백호를 만들어 혈을 보호한다. 그렇지 않을 경우는 물이 이를 대신한다.

보통사람들은 '괴교혈'을 찾을 것이 아니라, 정상적인 혈을 찾아 쓰는 것이 최선책

이상 설명한 것 외에도 괴교혈怪巧穴은 수없이 많이 있다. 괴교혈은 일반적인 혈의 결지와 비교하여 괴이하고 신비하다. 그렇다고 전혀 다른 것은 아니다. 어떠한 혈이 되더라도 제일 중요한 것은 용맥이 분명해야 한다. 용이 부실하면 절대로 혈을 결지할 수 없기 때문이다.

사람에게도 용모가 잘생기고 못생기고, 키가 크고 작고, 똑똑하고 덜 똑똑하고의 차이는 있다. 그러나 인체의 구조는 동양인이든 서양인이든 다를 수가 없다. 혈도 똑같이 생각하면 된다.

괴교혈은 일반적인 혈과 달라 의심스러운 점이 많은 혈이다. 속단하여 경망스럽게 판단하지 말고 여러 번 세심히 관찰하여 취해야 한다.

괴혈은 신안神眼이나 도안道眼이 아니고는 찾기 어려운 것이다. 보통 사람들은 구태여 어려운 괴교혈을 찾을 것이 아니다. 정상적인 혈을 찾아 쓰는 것이 안전의 최선이라 하겠다.

13. 혈법론穴法論

혈법론은 이기론으로, 우주의 운행법칙에 맞추어 음양오행을 적용

용진혈적龍眞穴的한 혈을 정했으면, 이제 땅을 파서 집터를 다지거나 묘의 광을 파야 한다. 그런데 좌향을 어디로 하느냐는 중요하다. 땅을 파기에 앞서 집이나 묘의 좌향을 미리 결정해 두어야 한다.

좌향坐向을 결정하는 데는 형기론적인 방법과 이기론적인 방법이 있다. 여기서 다룰 혈법론穴法論은 이기론적인 방법이다. 혈법론은 우주의 운행법칙에 맞추어 음양오행을 적용한다. 좋은 것은 취하고 나쁜 것은 피하는 취길피흉聚吉避凶을 하여 혈의 생기를 더욱 극대화시키는 데 목적이 있다.

혈법론은 음양오행에 맞추어 좌향을 잘 놓는 것

어렵게 찾은 혈이므로 음양오행법을 잘 맞추어 좌향을 놓아야 한다. 그러면 발복은 더욱 왕성하게 된다. 이법理法에 맞지 않으면 발복을 억제하고 악살惡殺을 받게 함으로써 재앙을 초래할 수도 있다.

혈을 점혈하는 데는 형기론이 무엇보다도 중요하다. 그렇지만 이법론 역시 소홀히 할 수가 없다. 예를 들어 용진혈적한 대혈을 찾아 집을 짓거나 묘지로 사용했다면 형기론적인 발복으로 대귀대부大貴大富가 나온다. 여기에 이법을 잘 맞추어 놓으면 부귀富貴는 더욱 발전한다. 사람들로부터 존경을 받는 귀인이나 부자가 된다.

좋은 지기는 못받더라도 천기라도 좋게 받아야 한다

그러나 용진혈적은 했지만 이법이 맞지 않으면, 귀인이 나오더라도 뜻하지 않은 사고를 당할 수 있다. 또 주변 사람들로부터 시기와 경멸의 대상이 되어 결국은 실패하고 만다. 부자도 정당한 방법이 아닌 부정적인 방법으로 된다. 결국은 화禍를 당하여 재산도 잃고 망신을 당한다.

그러나 무엇보다도 이법론이 중요한 이유는 좋은 지기를 받을 수 있는 땅이 드물다는 데 있다. 용진혈적한 자리는 흔치 않다. 대부분 집이나 묘들은 혈이 아니다. 이러한 곳에서 발복을 기대하기 어렵다. 그렇다고 포기할 수는 없는 일이다. 좋은 지기는 못 받을지라도 천기天氣만은 좋게 받아야 한다. 천기를 좋게 받을 수 있는 방법 중의 하나가 바로 좌향을 우주 이치에 맞게 정하는 것이다. 혈법론은 그런 의미에서 중요하다.

혈법론에는 여러 이법이 존재한다. 이들의 길흉화복은 제각각이다. 똑같은 자리에서 똑같은 좌향을 두고 이법에 따라 해석이 다르다. 어느 법으로는 길한데, 어느 법으로는 흉하다. 어느 이론이 정확한지는 아직까지 단언할 수 없다. 앞으로 더 연구해야 할 과제라 하겠다.

1) 팔십팔향법八十八向法

팔십팔향법八十八向法은 주택이나 묘의 좌향을 정하는 데 오늘날 가장 많이 쓰이는 방법이다. 물을 보고 향을 정하는 이른바 의수입향법依水立向法이다.

나경패철의 24방위로 수구와 좌향을 계산하여 이론적으로 놓을 수 있는 것은 모두 576향이다. 이 중 88향만 길하고 나머지 488향은 모두 흉하다.

88향은 모두 11개 향법으로 되어 있다. 각 향법에는 목국, 화국, 금국, 수국에 각각 하나씩 적용된다. 쌍산雙山으로 배합되기 때문에 11×4×2=88이 된다. 즉 정생향正生向 8향, 정왕향正旺向 8향, 자생향自生向 8향, 자왕향自旺向 8향, 정양향正養向 8향, 정묘향正墓向 8향, 문고소수文庫消水 8향, 목욕소수沐浴消水 8향, 태향태류胎向胎流 8향, 쇠향태류衰向胎流 8향,

절향절류絶向絶流 8향이다.

혈 앞을 지나는 물이 우측에서 득수하여 좌측 수구로 나가느냐, 또는 좌측에서 득수하여 우측 수구로 나가느냐에 따라 거기에 맞는 법을 적용한다. 이 중 물이 앞으로 나가는 당문파堂門破도 있다. 태향태류와 절향절류다. 이때는 물이 나가는 방위가 지지자地支字로 나가면 안 된다. 우수도좌右水倒左하여 천간자天干字 수구로만 나가야 한다.

88향에는 포함되지 않았지만 묘향묘류墓向墓流도 당문파이기 때문에 길하다는 이론도 있다. 이를 포함하면 길향은 모두 96향이다. 이때는 물이 좌수도우左水倒右하여 천간자 방위로 파구破口되어야 한다. 물이 향앞으로 파구되는 법을 당면출살법當面出殺法이라 한다.

그러나 당면출살법은 형세적으로 완벽하지 않으면 견동토우牽動土牛되어 위험하니 주의해야 한다. 자세한 것은 제8장 향법론向法論을 참고하기 바란다.

2) 최관정좌입향법 催官定坐立向法

　최관편催官篇에 있는 입수정좌법入首定坐法으로 입수룡에 따라 좌향이 정해져 있다. 각 입수룡에 따라 거기에 해당되는 좌향을 놓으면 길하다는 이론이다. 예컨대 '임' 입수룡이면 자좌오향, 간좌곤향, 신좌을향을 놓아야 길하다.

入首龍	좌향 (坐向)
임(壬)	자좌오향(子坐午向), 간좌곤향(艮坐坤向), 신좌을향(辛坐乙向)
자(子)	자좌오향(子坐午向), 간좌곤향(艮坐坤向), 신좌을향(辛坐乙向)
계(癸)	간좌곤향(艮坐坤向), 자좌오향(子坐午向)
축(丑)	임좌병향(壬坐丙向)
간(艮)	계좌정향(癸坐丁向), 해좌사향(亥坐巳向), 갑좌경향(甲坐庚向) 임좌병향(壬坐丙向), 을좌신향(乙坐辛向), 묘좌유향(卯坐酉向) 건좌손향(乾坐巽向), 축좌미향(丑坐未向)
인(寅)	간좌곤향(艮坐坤向), 인좌신향(寅坐申向), 자좌오향(子坐午向)
갑(甲)	손좌건향(巽坐乾向), 간좌곤향(艮坐坤向)
묘(卯)	갑좌경향(甲坐庚向), 을좌신향(乙坐辛向), 묘좌유향(卯坐酉向)
을(乙)	간좌곤향(艮坐坤向)
진(辰)	간좌곤향(艮坐坤向), 손좌건향(巽坐乾向)
손(巽)	을좌신향(乙坐辛向), 사좌해향(巳坐亥向), 갑좌경향(甲坐庚向)
사(巳)	사좌해향(巳坐亥向)
병(丙)	곤좌간향(坤坐艮向)
오(午)	병좌임향(丙坐壬向), 신좌인향(申坐寅向), 손좌건향(巽坐乾向) 오좌자향(午坐子向)
정(丁)	곤좌간향(坤坐艮向)
미(未)	곤좌간향(坤坐艮向)
곤(坤)	정좌계향(丁坐癸向), 병좌임향(丙坐壬向), 오좌자향(午坐子向) 신좌을향(辛坐乙向)
신(申)	정좌계향(丁坐癸向), 경좌갑향(庚坐甲向)
경(庚)	유좌묘향(酉坐卯向), 곤좌간향(坤坐艮向)
유(酉)	곤좌간향(坤坐艮向), 유좌묘향(酉坐卯向), 건좌손향(乾坐巽向)
신(辛)	유좌묘향(酉坐卯向), 곤좌간향(坤坐艮向)
술(戌)	신좌을향(辛坐乙向), 경좌갑향(庚坐甲向), 술좌진향(戌坐辰向)
건(乾)	신좌을향(辛坐乙向), 경좌갑향(庚坐甲向), 술좌진향(戌坐辰向)
해(亥)	임좌병향(壬坐丙向), 건좌손향(乾坐巽向), 계좌정향(癸坐丁向) 유좌묘향(酉坐卯向)

3) 삼합정좌법 三合定坐法

삼합三合이란 사국四局의 생生, 왕旺, 묘墓를 말한다. 물이 묘궁墓宮으로 파구되고 물이 생궁生宮에서 득수하면 좌를 왕궁旺宮으로 한다. 또는 물이 왕궁에서 득수하면 좌는 생궁으로 한다.

〈삼합정좌법〉

사국(四局)	득수(得水) 생궁	좌(坐) 왕궁	파구(破口) 묘궁
목국(木局)	해(亥)	묘(卯)	미(未)
화국(火局)	인(寅)	오(午)	술(戌)
금국(金局)	사(巳)	유(酉)	축(丑)
수국(水局)	신(申)	자(子)	진(辰)

4) 천월덕 입수정좌법 天月德 入首定坐法

입수2절룡과 입수1절룡을 보고 천월덕좌향天月德坐向을 놓는다.

입수2절룡 (入首二節龍)	입수1절룡 (入首一節龍)	천월덕좌향 (天月德坐向)
갑묘(甲卯)	미곤(未坤)	곤좌간향(坤坐艮向) 정좌계향(丁坐癸向)
경유(庚酉)	축간(丑艮)	간좌곤향(艮坐坤向) 계좌정향(癸坐丁向)
병오(丙午)	술건(戌乾)	건좌손향(乾坐巽向) 신좌을향(辛坐乙向)
임자(壬子)	진손(辰巽)	손좌건향(巽坐乾向) 을좌신향(乙坐辛向)

5) 팔괘정좌법八卦定坐法

입수入首와 좌坐가 후천팔괘後天八卦로 서로 배합되어 상길相吉하다고
보는 입수정좌법入首定坐法이다. 그러나 많이 사용하는 법은 아니다.

팔괘정좌법

● **건갑乾甲 - 곤을坤乙**
  건괘乾卦는 하늘을 상징하고, 곤괘坤卦는 땅을 상징하여 천지天
  地가 배합配合되므로 서로 상길相吉하다.

● **진경해미震庚亥未 - 손신巽辛**
  진괘震卦는 우레[雷]이고, 손괘巽卦는 바람[風]을 나타내므로 뇌풍
  상박격雷風相搏格으로 서로 상길相吉하다.

● **감계신진坎癸申辰 - 이임인술離壬寅戌**
  감괘坎卦는 물[水]이고, 이괘離卦는 불[火]을 나타내므로 수화불상
  사水火不相射로 호상互相되어서 상길相吉하다.

● **간병艮丙 - 태정사축兌丁巳丑**
  간괘艮卦는 산山, 태괘兌卦는 못[澤]을 나타내므로 산택山澤은 통
  기通氣하여 호생지덕好生之德으로 상길하다.

6) 사천공망룡四賤空亡龍

입수2절룡과 입수1절룡이 다음과 같으면 공망룡으로 흉하다.

입수2절룡 (入首二節龍)	입수1절룡 (入首一節龍)	길흉화복(吉凶禍福)
해임(亥壬)	술(戌)	핍손(乏孫) : 자손이 귀하다
인갑(寅甲)	축(丑)	재패(財敗) : 재산이 망한다
사병(巳丙)	진(辰)	상정(傷丁) : 사람이 다친다
신경(申庚)	미(未)	빈천(貧賤) : 가난하고 천하게 된다

7) 손재상정용법損財傷丁龍法

다음과 같은 입수룡에 좌를 놓으면 흉하다.

入首龍	좌(坐)	길흉화복(吉凶禍福)
계축(癸丑)	계축(癸丑)	장손불성(長孫不成)
계축(癸丑)	간인(艮寅)	빈고핍사(貧苦乏嗣)
을진(乙辰)	손사(巽巳)	처궁불리(妻宮不利)
신술(辛戌)	건해(乾亥)	재화불리(財貨不利)
손사(巽巳)	병오(丙午)	파산빈궁(破産貧窮)
병오(丙午)	정미(丁未)	신병단명(身病短命)
곤신(坤申)	곤신(坤申)	장병객사(長病客死)
곤신(坤申)	경유(庚酉)	종가불흥(宗家不興)
경유(庚酉)	신술(辛戌)	간혹유재(間或有災)
건해(乾亥)	임자(壬子)	가세부진(家世不振)

8) 살인국殺人局

불배합不配合 쌍산雙山의 한가운데로 들어온 입수룡入首龍에 고장庫藏 궁위의 좌를 놓으면 사람을 상하게 하는 등 아주 흉하다.

入首龍	좌(坐)
사병(巳丙)	을진(乙辰)
인갑(寅甲)	계축(癸丑)
해임(亥壬)	신술(辛戌)
신경(申庚)	정미(丁未)

9) 쌍금살雙金殺

다음과 같은 입수룡에 쌍금살에 해당되는 좌를 놓으면 흉하다.

입수룡(入首龍)	좌(坐)
술해 (戌亥)	건(乾)
진사 (辰巳)	손(巽)
축인 (丑寅)	간(艮)
미신 (未申)	곤(坤)

[예] 술戌입수나 해亥입수인데 건좌乾坐를 놓으면 쌍금살雙金殺로 흉하다. 진辰입수나 사巳입수인데 손좌巽坐를 놓으면 흉하다.

10) 분금分金

분금은 장사葬事에서 최종 마무리 작업이다. 길한 좌향에 따라 시신을 묻을 광을 팠으면, 이제 분금을 잘 맞추어 안치해야 한다. 내광 안에서 시신을 우측이나 좌측으로 약간씩 틀어 놓는 것을 말한다. 이는 유골이 좋은 지맥을 받도록 하기 위해서다.

24방위에는 각각 5개씩의 분금 선이 있다. 이 중 두 개는 길한 왕상맥旺相脈이고, 나머지는 흉한 고허살요공망맥孤虛殺曜空亡脈이다. 나경패철 9층에는 이를 표시해 놓았다. 길한 왕상맥만 60갑자를 써 놓았고, 흉한 것은 아예 공란으로 해놓았다.

따라서 한 좌에 2개의 분금만 사용할 수 있다. 이 중 망명亡命의 생년生年 납음오행納音五行과 비교하여 분금을 정해야 한다.

분금의 오행이 망자의 생년 납음오행을 생生하여 주거나, 같거나, 망명이 분금을 극剋하면 길하다. 그러나 분금이 망명의 납음오행을 극하거나, 망명의 납음오행이 분금의 납음오행을 상생하면 흉하다.

만약 망명의 생년 납음오행을 분금과 비교하여 어떤 방식으로든 길하지 않을 수도 있다. 이때는 망명 대신 자손의 생년 납음오행을 대신하여 사용할 수도 있다.

자세한 설명은 제3장 〈나경패철론〉을 참고하기 바란다.

6장
사격론砂格論

풍수지리의 기본은 "용혈龍穴이 위주爲主고, 사수砂水는 차지次之"다. 용과 혈이 먼저
이고, 사격과 물은 그 다음이라는 뜻이다. 따라서 길지를 얻고자 하면, 먼저 용진혈적한
곳을 찾아야 한다. 그리고 난 다음 사격이 좋은지의 여부를 판단해야 한다.

배산임수가 잘된 전북 남원시 수지면 호곡리 죽산 박씨 집성촌
이 마을에서는 만석꾼 부자가 나왔으며 오늘날에는 60여 명의 박사가
배출되었다 하여 유명하다.

1. 사격砂格의 개요

혈의 전후좌우에 있는 모든 산과 바위를 가리켜 '사격砂格'이라 한다

사격砂格이란 혈의 전후좌우에 있는 모든 산과 바위를 말한다. 혈 뒤에는 주산과 현무가 있다. 앞에는 안산과 조산이 있으며, 좌우에는 청룡백호가 있다. 또 외곽을 둘러싸고 있는 나성羅城이 있다.

물이 나가는 수구水口에는 한문捍門, 화표華表, 나성羅星, 북신北辰이 있다. 혈장에는 선익蟬翼, 연익燕翼, 하수사下水砂, 요성曜星이 있다. 그밖에도 낙산樂山, 귀성鬼星 등이 있다. 이처럼 혈을 둘러싸고 있는 모든 산과 바위를 사砂 또는 사격砂格이라고 한다.

질량이 큰 혈 주변을 모든 산과 물이 둘러싸는 것은 자연의 법칙

사砂라는 용어는 옛날 지리를 가르칠 때 종이와 붓이 귀하기 때문에, 대신 모래로 산 모양을 만들어 설명한 데서 유래되었다고 한다.

사격은 용과 혈의 생기를 바람으로부터 보호해 주는 역할을 한다. 그러기 위해서는 이들 모두가 혈을 중심으로 둘러싸여 있어야 길하다. 감싸주지 못하는 사격은 혈의 생기를 보호할 수 없다. 그러므로 주변 산들이 싸주지 못하는 곳은 혈이 아니라는 뜻이다.

혈은 지기가 강하게 뭉쳐 있는 질량이 큰 물체다. 이에 비해 사격들은 질량이 상대적으로 작다. 물체와 물체 사이에는 접촉하지 않고도 서로 끌어당기는 힘이 작용한다. 이를 인력引力 또는 중력重力이라고 한다. 인력이 작용하면 질량이 큰 물체가 작은 물체를 끌어당긴다. 질량이 큰 것을 핵으로 하여, 작은 것들은 일정한 축을 형성하면서 회전운동을 한다.

마치 태양을 중심으로 수성, 금성, 지구, 화성, 목성, 토성, 토왕성, 해

왕성, 명왕성이 공전하는 것과 같다. 태풍의 핵을 중심으로 주변의 거대한 구름들이 모여드는 것과 같다. 지위가 높은 사람이 행차하면 경호원과 수행원들이 이중 삼중으로 둘러싸는 것과 마찬가지다. 질량이 큰 혈 주변을 모든 산과 물이 둘러싸는 것은 자연의 법칙이다.

길지란, 먼저 용과 혈이 좋아야 하고, 그 다음 사격이 좋아야 한다

용과 혈이 고귀하면 귀한 사격이 있기 마련이며, 용과 혈이 천박하면 천한 사격이 있는 것이 지리의 원칙이다. 만약 왕이나 대통령이 있으면 그 주변에는 귀한 사람들만 모인다. 그러나 조직폭력배나 사기꾼들과 같이 천한 사람들에게 둘러싸여 있는 사람 즉 그들의 우두머리는 결코 귀인이 되지 못한다. 따라서 깨끗하고 아름다운 사격들이 있어야 길한 혈이 된다.

그런데 아무리 주변에 길한 사격이 있다 하더라도 용과 혈이 부실하면 무익한 것이 되고 만다. 좋은 기운을 취할 수 있는 능력이 없기 때문이다. 사람에게도 친인척을 비롯한 주변 배경이 좋더라도, 자신이 똑똑하지 못하면 그 배경은 무용지물이나 마찬가지다. 혈도 용진혈적龍眞穴的하지 못하면 주변의 귀한 사격의 길기를 받아들이지 못하는 것이다.

비록 주변의 사격은 부실해도 용과 혈이 좋으면 생기는 융취할 수 있다. 사람도 똑똑하면 주변의 도움 없이 자수성가할 수 있는 거와 마찬가지다. 풍수지리의 기본은 "용혈龍穴이 위주爲主고, 사수砂水는 차지次之"다. 용과 혈이 먼저이고, 사격과 물은 그 다음이라는 뜻이다. 따라서 길지를 얻고자 하면, 먼저 용진혈적한 곳을 찾아야 한다. 그리고 난 다음 사격이 좋은지의 여부를 판단해야 한다.

사격이 반듯하면 귀격貴格, 풍만하면 부격富格, 깨지고 무정하면 흉격凶格

사격은 물과 함께 용과 혈의 결지를 도와주면서, 혈의 길흉화복吉凶禍福을 결정하는 데 중요한 역할을 한다. 사격이 반듯하고 깨끗하고 수려하면 귀격貴格이다. 둥글고 두툼하게 살이 찐 것이면 부격富格이다. 사격이 깨지고 부서지고 기울고 무정하게 배반하면 흉격凶格이다.

또 이법적理法的으로 길한 방위에 좋은 사격이 있으면 혈의 발복을 더욱 극대화시킨다. 반면에 흉한 방위에 나쁘게 생긴 사격이 있으면 온갖 재앙과 화를 초래한다.

이와 같이 용혈과 관계되는 모든 산의 모양과 방위에 대해서 설명한 것이 사세론砂勢論이다.

〈길한 사격도〉

〈흉한 사격도〉

2. 사격의 분류

사격砂格은 산의 형태에 따라 목성木星, 화성火星, 토성土星, 금성金星,
수성水星 등 오행의 오성五星으로 크게 분류한다. 이때 산 정상의 형태를
기준하여 분류하는 것이 일반적이다.

1) 목성木星 사격 - 총명, 문필, 관직 등 주로 귀貴를 관장

산 정상이 죽순처럼 뾰족하거나 원통형으
로 우뚝 솟았다. 산신山身에 지각地脚이 없
는 형태의 산을 말한다. 구성으로는 탐랑성
貪狼星이며 생기生氣기운이 가득하다. 총명,
문필, 관직 등 주로 귀貴를 관장한다.

〈목성 사격〉

2) 화성火星 사격 - 형살과 반역, 패망을 관장

불꽃이 타오르듯 뾰족뾰족한 암석들이
날카롭게 서 있는 산이다. 구성으로는
염정성廉貞星이며 화해禍害를 가져다
주는 살벌한 기운이 가득하다. 주로 형
살과 반역, 패망을 관장한다. 간혹 무
장이 나와 병권兵權을 장악한다.

〈화성 사격〉

3) 토성土星 사격 - 부귀장수를 관장하는 기운이 가득

산 정상이 일자一字모양으로 평평하다. 구성으로는 거문성巨門星과 녹존
성祿存星이 해당된다. 거문성의 경우 산신에 지각이 없다. 주로 부귀장수

를 관장하는 길한 기운이 가득하다.
녹존성일 경우는 지각이 많으며, 주로
실패와 질병을 관장하는 절체絶體기운
이 가득하다. 간혹 무장이 나와 병권을
장악한다.

〈토성 사격〉

4) 금성金星 사격 – 복덕福德을 가져다주는 기운이 가득

〈금성 사격〉

산 정상이 원형으로 마치 종이
나 가마솥을 엎어놓은 것 같은
모습이다. 산신에는 지각이 없
다. 구성으로는 무곡성武曲星이
며, 복덕福德을 가져다주는 기
운이 가득하다. 산이 높고 크면
태양금성太陽金星이라 하고, 낮고 작으면 태음금성太陰金星이라 한다. 복
과 덕으로 주로 부富를 관장한다. 또 무장武將, 여귀女貴를 관장한다.

5) 수성水星 사격 – 총명한 문인文人과 처복妻福을 주로 관장

뚜렷한 봉우리는 솟아 있지 않으나 미미한 반 봉우리가 연속으로 이어져
있다. 마치 물 흐르는 듯한 모습의 산이다. 구성으로는 문곡성文曲星이
며, 유혼遊魂기운이 가득하다.
총명한 문인文人과 처복妻福을
주로 관장한다.

〈수성 사격〉

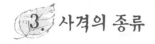

3. 사격의 종류

1) 청룡과 백호

혈을 중심으로 좌측에는 '청룡', 우측에는 '백호'의 산줄기가 있다

혈을 중심으로 좌측에 있는 산줄기를 청룡靑龍이라 하며, 우측에 있는 산줄기는 백호白虎다. 옛날부터 우주는 4영신四靈神이 사방을 옹호하여 보호한다고 하였다. 북방은 현무玄武, 남방은 주작朱雀, 동방은 청룡靑龍, 서방은 백호白虎가 있다고 전한다.

그러나 지리에서는 동서남북에 관계없이 혈 뒤에 있는 산을 현무라 하고, 혈 앞에 있는 안산은 주작이라 한다. 혈 좌측 산은 청룡, 우측은 백호다. 이러한 이름은 사방의 산을 분별하기 위한 것으로, 산의 형태가 이러한 동물의 모양과 같다는 뜻은 아니다. 좌청룡이라고 해서 좌측 산이 마치 용과 같이 생겨야 한다거나, 우백호라 해서 우측 산이 호랑이같이 생겨야 한다는 뜻이 아니다.

혈을 중심으로 좌측에 있는 산을 모양에 관계없이 청룡이라 하며, 우측에 있는 산을 백호라 한다. 이것을 사람에게 비유하자면 청룡은 좌측 팔이고, 백호는 우측 팔이다. 두 팔이 가슴을 감싸주고 있듯이, 청룡백호가 혈장을 안아주어야 길한 것이다.

청룡백호의 역할은 크게 두 가지다. 첫째는 외부의 바람이 혈을 침범하는 것을 막아준다. 생기는 바람을 타면 흩어지므로 이를 막아주는 것이 있어야 한다.

둘째는 자신이 품고 있는 기운을 혈에 공급해 준다. 인력에 의해서 질량이 큰 혈로 기운이 뿜어져 나가는 것이다. 청룡백호가 수려하면 좋은 기운이, 험하고 탁하면 나쁜 기운이 혈로 보내진다. 따라서 청룡백호는 항시 다정한 모습이어야 한다.

청룡백호는 주산에서 나온 것도 있고, 객산에서 나와 생긴 것도 있다. 또 혈 바로 옆에 있는 내청룡, 내백호가 있는가 하면, 그 뒤쪽으로 외청룡, 외백호가 있다. 어느 것이든 혈을 잘 감싸주는 것이 좋은 것이다.

그러나 혈을 맺는 데 반드시 청룡백호가 필요한 것은 아니다. 평전平田에 맺는 혈과 같이 무룡호무안산 혈도 있다. 그러므로 생기보호를 대신하는 것만 있다면 청룡백호에 크게 구애받지 않아도 된다.

혈을 결지하는 데는 무엇보다 중요한 것이 용과 혈이다. 용진혈적하지 않고는 어떠한 혈도 있을 수 없다. 청룡백호가 아무리 좋아도 용과 혈이 없으면 무용지물이다. 항상 '용혈이 먼저고, 사수는 다음' 이라는 원칙을 명심해야 한다.

(1) 본신용호本身龍虎와 외산용호外山龍虎 - 주룡 본신에서 나온 청룡백호를 '본신용호', 다른 외부 산에서 내려온 것을 '외산용호'

청룡백호는 대개 주산 또는 현무봉이 양변으로 개장하여 이루어진 것이 대부분이다. 이들은 가운데 중심으로 나온 주룡을 보호하면서 따라온다. 혈처에 이르러서는 양팔을 벌려 안아주듯 혈을 감싸준다. 이처럼 주룡 본신에서 나온 청룡백호를 본신용호本身龍虎라 한다.

반면에 주룡이 아닌 다른 외부 산에서 내려와 청룡백호가 된 것도 있다. 이를 외산용호外山龍虎라 한다.

또 한쪽은 본신에서 나오고, 다른 쪽은 외산에서 나와 청룡백호가 된 것을 혼합용호混合龍虎라고 한다.

청룡백호는 원칙적으로 본신에서 나온 것을 상격으로 치고, 외산용호나 혼합용호는 그 다음이라고 한다. 그러나 어느 경우든 수려한 모습으로 혈을 유정하게 잘 감싸주는 것이 으뜸이다.

本신용호　　　　　외산용호　　　　　혼합용호

〈본신 청룡백호와 외산 청룡백호〉

(2) 내용호內龍虎와 외용호外龍虎 – 혈에서 가장 가까운 청룡백호는 '내청룡 내백호', 그 다음부터는 '외청룡 외백호'

혈에서 가장 가깝게 있는 청룡백호를 내청룡內靑龍 내백호內白虎라 한다. 그 다음부터 있는 청룡백호는 외청룡外靑龍 외백호外白虎라 한다.

내청룡 내백호는 하나다. 그렇지만 외청룡 외백호는 이중 삼중으로 여러 개가 있을 수 있다. 청룡백호가 겹겹으로 감싸주면 혈의 생기는 잘 보전된다. 결국 발복을 크게 할 수 있다.

마치 높은 직위에 있는 사람은 경호원이 여러 명이나, 낮은 사람은 한두 사람뿐이다. 전혀 귀하지 않는 사람은 경호할 필요조차 없는 거와 같다.

외청룡

외백호　내백호　내청룡

〈내용호와 외용호〉

(3) 청룡백호의 길흉격

길격 청룡백호

혈을 감싸주고 있는 청룡백호는 수려하고 다정해야 한다. 또 높이가 적당해야 길하다. 길격吉格 청룡백호는 수없이 많은 형태가 있다. 그 대표적인 것을 십격十格으로 나누어 설명하였다.

제1격 용호항복龍虎降伏 — 청룡백호가 혈을 향해 읊조리는 듯한 형태

청룡백호가 낮아 마치 혈을 향해 엎드린 형태로, 주로 내청룡 내백호가 혈보다 낮은 높이로 다정하게 감싸준 것이다. 이는 아내는 어질고, 자식들은 효성이 지극하여 항상 행복하고 화목한 가정을 이룬다. 또한 집안에 오복五福이 가득하다.

〈용호항복〉

제2격 용호비화龍虎比和 — 청룡백호의 크기나 높이가 서로 비슷하고, 혈과의 거리도 적절

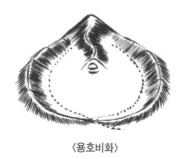

청룡백호의 크기나 높이가 서로 비슷하고, 혈과의 거리도 적절하다. 청룡백호가 둘러싼 국세가 강하지도 약하지도 않은 순탄한 모습이다.

이는 만사가 평탄하고 부귀를 누린다. 또한 재주 있는 자손이 나와 등과급제登科及第한다.

〈용호비화〉

제3격 용호손양龍虎遜讓 — 청룡백호 중 한쪽이 길면 한쪽은 짧게 혈을 감싸준 모양

〈용호손양〉

청룡백호 중 한쪽이 길면 한쪽은 짧게 혈을 감싸준 모양이다. 마치 청룡은 백호에게 양보하고, 백호는 청룡에게 양보하여 서로 겸손해 하는 모습이다. 이는 집안의 화목과 부귀와 건강이 있다. 특히 형제간에 우애가 돈독하고 어진 아내를 만난다. 자식들은 효도한다.

제4격 용호배아龍虎排衙 — 군대의 의장대가 양쪽으로 나란하게 도열한 모습과 흡사

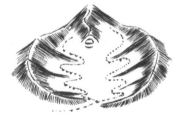

〈용호배아〉

혈을 감싸준 청룡백호의 안쪽에서 뻗은 여러 능선이 중첩되게 늘어서 있다. 원진수元辰水는 직거하지 못하고 역수한다. 마치 군대의 의장대가 양쪽으로 나란하게 도열한 모습이다. 이는 부귀와 권세를 상징한다.

제5격 용호대인龍虎帶印 — 청룡백호 끝에 도장 같은 사격이 있는 것

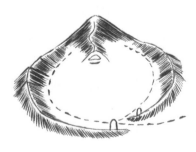

〈용호대인〉

청룡백호 끝에 도장 비슷한 작은 산이나 능선, 바위가 붙어 있다. 이는 대귀를 상징한다. 자손 중에서 겨우 칠세七歲에 문장이 세상에 널리 알려질 신동神童이 나온다. 권세 또한 막강하다.

제6격 용호대아도龍虎帶牙刀 — 청룡백호 끝에 칼이나 창 같은 사격이 붙어 있는 것

청룡백호 끝에 칼이나 창같이 뾰족한 산이나 능선 또는 바위가 붙어 있는 것으로 대귀격 大貴格이다. 이는 몸에 관복官服을 입고, 손에는 홀忽을 가진 것이니 밖에 나가서는 장군將軍이고 조정 안에서는 재상宰相이 된다. 출장입상出將入相의 권세를 누린다.

〈용호대아도〉

제7격 용호대홀인龍虎帶笏印 — 한쪽은 도장, 한쪽은 홀 같은 사격이 붙어 있는 것

〈용호대홀인〉

청룡백호 끝이 한쪽은 도장과 같은 작고 둥근 능선이나 바위가 붙어 있고, 다른 한쪽은 홀과 같이 네모반듯한 작은 능선 또는 바위가 붙어 있는 것을 말한다. 인印과 홀笏은 대귀大貴를 나타낸다. 재주 있는 자손이 출생하여 권세를 잡고 만인을 압도하는 영웅이 된다.

제8격 용호대검龍虎帶劍 — 대검 같은 능선이나 바위가 붙어 있는 것

〈용호대검〉

청룡백호 양쪽 끝에 큰 칼과 같이 곧고 뾰족한 작은 능선이나 바위가 붙어 있는 것이다.

이는 칼을 들고 전공戰功을 세우는 상이다. 병권을 잡아 권위가 높고, 문무文武에 능함을 나타낸다.

제9격 용호교회龍虎交會 - 능선이 겹겹이 교차하면서 중첩으로 혈을 감싸주는 것

청룡백호에서 뻗은 능선이 안쪽으로 서로 교차되면서 겹겹이 중첩되게 감싸준 것을 말한다. 이는 재산을 빨리 모으고, 부귀는 오래 지속된다.

〈용호교회〉

제10격 용호개쟁龍虎開爭 - 교만하게 거드름을 부리는 모양

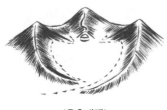

청룡백호가 마치 사람이 양손을 허리에 짚고, 팔꿈치를 어깨까지 들어올려 교만하게 거드름을 부리는 것과 같은 모양이다. 이는 권세로 재물을 얻는다. 아랫사람들을 업신여기는 경우가 있다.

〈용호개쟁〉

흉격 청룡백호

혈을 감싸주어야 할 청룡백호가 깨지고 부서지면 흉하다. 또 앙상하게 마르고, 골지고, 단절되고, 요함凹陷해도 흉하다. 혈보다 지나치게 높아 혈을 억누르거나 또는 지나치게 낮아 바람을 막아주지 못하면 흉격이다.

청룡백호가 서로 마주보고 다투는 형으로, 모양도 흉하다. 창같이 날카로운 청룡백호 끝이 혈장을 찌르는 듯한 모양은 살기가 뻗친다. 흉암괴석이 청룡백호에 붙어 있거나, 공사로 인하여 인위적으로 파손되어 험한 모습을 보이면 흉한 청룡백호다. 뿐만 아니라 무정하게 혈에게 등을 보이고 배반하거나, 서로 끌어안지 못하고 비주飛走하여 달아나는 모습도 흉격이다.

흉격 청룡백호의 모양과 종류는 수없이 많으나, 대표적인 것을 10격으로 간추려 설명하였다.

제1격 용호상투龍虎相鬪 – **청룡백호 끝이 주먹을 쥔 모양으로 서로 마주보고 있는 것**

청룡백호 끝이 서로 엇갈려 교차하지 않고 나란히 마주보며 고개를 쳐들고 있는 형상이다. 서로 주먹을 불끈 쥐고 다투는 모습이다. 서로 양보하지 않고 싸우니 형제나 가족이 서로 불화不和한다. 서로 마주보고 있기 때문에 원진수元辰水를 청룡백호가 거두어들이지 못한다. 물이 역수하지 않고 직거하므로 혈의 생기는 누기漏氣된다. 물은 재물을 관장하므로, 재산이 일순간에 쭉 빠져나가 결국 부도로 망한다.

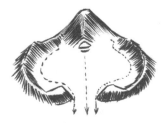

〈용호상투〉

제2격 용호상쟁龍虎相爭 – **마치 형제 자매 간에 재산을 놓고 다투는 모습**

청룡백호가 엇갈려 교차하지 않고 서로 마주보고 있는 사이에, 금괘나 도장 같은 작은 산이나 바위가 있다. 마치 형제 자매 간에 재산을 놓고 다투는 모습이다. 이는 형제 가족 간에 재산 싸움으로 불화와 끊이지 않고 반목한다. 눈병과 낙태의 고통에 시달린다.

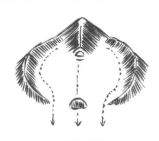

〈용호상쟁〉

제3격 용호상사龍虎相射 – **뾰족한 청룡백호 끝이 서로 마주보고 쏘는 형상**

화살과 같이 날카롭게 생긴 청룡백호 끝이 서로 마주보고 쏘는 형상이다. 형제 가족끼리 심하게 싸워 불화불목不和不睦한다.

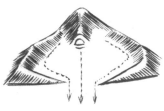

〈용호상사〉

제4격 용호비주龍虎飛走 - 청룡백호가 등을 돌리고 달아나는 모양

청룡과 백호가 혈 안쪽으로 감싸주지 않고 밖으로 등을 돌리고 달아나는 모양이다. 이는 부자 또는 형제 간에 정이 없고 서로를 멀리한다. 선영이 있는 고향을 떠나 정을 두지 않고 산다.

〈용호비주〉

제5격 용호추차龍虎推車 - 수레를 미는 것처럼 청룡백호가 평행으로 되어 있는 것

청룡백호가 혈을 감싸주지 않고 나란히 평행으로 뻗었다. 그 모양이 마치 두 팔을 뻗어 수레를 미는 것과 같은 모습이다. 이는 재물을 품안으로 거두어들이지 못하고 밖으로 밀어내는 것을 뜻한다. 전답田畓을 팔아 모두 탕진하게 된다.

〈용호추차〉

제6격 용호절비龍虎折臂 - 한쪽이 凹하거나 절단된 것

청룡이나 백호의 중간 부분이 크게 낮거나 요함하여 골바람을 받는 것을 말한다. 이는 자손이 요절夭折한다.

〈용호절비〉

제7격 용호반배龍虎反背 - 청룡백호가 뒤로 꺾인 형

청룡백호가 앞으로 향하여 혈을 감싸주지 않고 뒤로 정 없이 꺾인 것을 말한다. 이는 불효와 반역할 자손이 나온다.

〈용호반배〉

제8격 용호단축龍虎短縮 — 청룡백호가 짧아 혈을 감싸주지 못한 것

청룡백호가 지나치게 짧아 혈을 감싸주지
못했다. 그래서 혈이 청룡백호 바깥쪽에
있는 것이다. 이를 누태漏胎라고도 하는데
매우 흉한 것이다. 고아나 과부가 많이 생
기고 가난해진다.

〈용호단축〉

제9격 용호순수龍虎順水 — 청룡백호가 한쪽으로 치우쳐 평행으로 나가는 것

청룡백호가 한쪽으로 같이 치우쳐 평행으
로 흘러버리는 형상이다. 산 따라 흐르는
물 역시 혈을 환포하지 못한다. 주로 요도
지각 자리에 많이 있다. 이는 재산을 모두
탕진하여 가난해진다.

〈용호순수〉

제10격 용호교로龍虎交路 — 청룡백호가 도로공사로 인하여 잘리고 파진 것

청룡백호가 도로공사로 인하여 잘리고 파
진 것을 말하는데, 도로가 서로 교차하는
곳은 골바람을 사방에서 받게 된다. 이는
매우 흉한 것으로 가족 중에 목매어 자살하
는 사람이 생긴다. 온갖 질병과 풍파로 집
안이 망하게 된다.

〈용호교로〉

(4) 청룡백호의 길흉화복 – 청룡은 남자와 귀貴를 관장, 백호는 여자와 부富를 관장

청룡은 주로 남자와 귀貴를 관장하며 백호는 여자와 부富를 관장한다. 또 청룡은 장남궁長男宮으로 본손本孫 장남과 4, 7, 10번째 자손을 관장한다. 백호는 지손支孫, 서손庶孫과 3, 6, 9번째 자손을 관장한다. 명당과 안산은 부인과 2, 5, 8번째 자손을 관장한다. 이것이 일반적인 화복론이다.

그러나 이러한 화복론은 전적으로 믿을 것이 못된다. 《인자수지人子須知》에서도 이러한 화복론에 현혹되지 말라고 강조하였다.

청룡백호는 혈을 가깝고 유정하게 감싸주어 바람으로부터 혈의 생기를 보호한다. 그러기 위해서는 멀리 있는 것보다는 가까이 있는 것이 더 중요하고 소중하다. 청룡백호가 가까이서 혈을 다정하게 감싸고 있으면 속발한다.

2) '안산' 과 '조산' – 혈과 정면으로 가장 가까이 있는 산이 '안산', 안산 뒤로 있는 산들은 모두 '조산'

안산案山과 조산朝山은 혈 앞에 있는 산이다. 혈과 정면으로 있는 가장 가까이 있는 산을 안산이라고 한다. 안산 뒤로 있는 산들은 모두 조산이다. 비유하자면, 안산은 귀인貴人 앞에 놓인 책상과 같다. 조산은 귀인을 찾아온 손님으로 책상 건너편에서 주인에게 예를 드리는 것과 같다.

'안산' 과 '조산' 이 단정하고 아름답게 혈을 향해 있으면 좋은 보국

안산과 조산의 역할은 혈 앞에서 불어오는 바람을 막아 혈의 생기를 보존하는 데 있다. 또 자신이 품고 있는 기운을 혈에 뿜어 보낸다.

안산과 조산이 단정하고 아름답게 혈을 향해 있으면 좋은 보국保局을 이룬다. 장풍藏風은 물론 원진수의 직거를 막는다. 그리고 명당을 주밀하게 하여 혈지의 생기를 흩어지지 않게 보호해 준다. 그러나 안산과 조산이 허하고 산만하면 생기가 흩어져 혈의 결지를 불가능하게 한다.

중요한 것은 안산과 조산이 아무리 좋아도 용과 혈이 부실하면 아무런 쓸모가 없다. 용진혈적하고 청룡백호를 비롯해서 안산과 조산이 혈을 향해 수려 양명하게 있으면 매우 길한 혈이 된다.

그러나 용진혈적하지 않은 곳에 안산과 조산을 비롯한 주변 산세만 좋다면 알맹이 없는 허화虛花에 불과하다. 혈의 결지에 아무런 도움이 되지 못한다.

또 혈의 대혈大穴과 소혈小穴의 구분은 용과 혈의 역량으로 판단하는 것이지, 혈 주위에 있는 사격砂格이나 수세水勢로 판단하는 것이 아니다. 사격으로 둘러싼 보국이 크다고 하여 대지가 되는 것은 아니다.

옛말에 "백리내룡百里來龍에서는 백리의 국세局勢가 나의 것이고, 천리내룡千里來龍에서는 천리의 국세가 나의 것"이라는 말이 있다. 이는 용혈의 중요성을 강조하여 표현한 것이다.

(1) 안산案山 − 혈과 정면으로 가장 가까이 서 있는 단아한 산

혈과 정면으로 가장 가까이 있는 낮고 작은 산을 안산案山이라고 한다. 마치 귀인 앞에 있는 책상과 같다. 혈 뒤에 있는 주산 현무봉이 남편이라면 안산은 아내 격이다. 이들 부부가 서로 다정하게 마주보고 있는 형상이다.

안산에는 본신안산本身案山과 외래안산外來案山이 있다. 본신안산은 주산에서 뻗어나온 청룡백호가 혈 앞에서 기봉하여 이루어진 것이다. 외래안산은 외부에서 온 산이 혈과 정면으로 조응照應하여 이루어진 것이다.

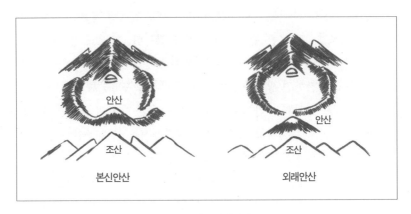

〈본신안산과 외래안산〉

호수나 큰 강물이 안산을 대신하여 혈의 생기를 보호할 수 있다

안산이 없을 경우 호수나 큰 강 같은 물이 안산을 대신할 수가 있다. 이를 수이대지水而代之라고 한다. 또 평야에서는 산이 없기 때문에 혈지보다 약간 높은 밭 언덕이나 구릉이 안산을 대신하는 경우도 있다. 풍수지리에서는 한 치만 높아도 산이고 한 치만 낮아도 물이라고 한다. 비록 작은 언덕이나 구릉이지만 혈의 생기를 머물게 할 수 있다.

어떠한 안산이 되었든지 유정하고 아름답게 혈 앞에 있어야 한다. 아내가 남편에게 순응하듯, 신하가 임금을 알현하듯 바르게 있어야 한다. 생김새가 깨끗하고 안정되어 있어야 좋은 기운을 뿜어준다.

안산은 혈과 너무 멀지도 가깝지도 않은 적당한 거리에 있어야 좋다

안산이 혈과 너무 멀면 바람을 막지 못하고, 원진수의 직류를 막을 수 없다. 반면 안산이 혈과 너무 가까우면 혈을 압박하고 명당을 협착시킨다. 이러한 곳에서는 생기가 보호되지 않으므로 흉하다. 적당한 높이와 적당한 거리로 보국명당保局明堂을 주밀하게 감싸는 안산이어야 한다.

또 안산이 비탈지거나 배반하여 혈을 등지고 달아나는 모습이면 흉하다. 안산에 뾰족한 능선이나 깊고 험한 계곡이 있는 것도 흉하다. 이들이 혈을 향해 쏘는 것처럼 보이면 살상이 나는 등 큰 화를 당한다.

이외에도 안산이 자연적인 파괴나 도로나 개발 등으로 인하여 원형이 크게 파손되어 추악하게 보이면 흉하다. 깎아지른 듯 높고 험한 절벽이 있거나, 흉한 참암巉巖이 있어도 흉하다. 조잡하고 거칠게 보이는 산이 안산이 되면 재앙을 초래한다.

안산의 형태는 다양하다.

> 안산의 생김새가 옥궤玉櫃, 횡금橫琴, 면궁眠弓, 아미蛾眉, 옥대玉帶, 관모官帽, 삼태三台, 천마天馬, 구사龜蛇, 금상金箱, 옥인玉印, 필가筆架, 서통書筒 등과 비슷하면 매우 길하다.

안산은 특별한 형상에 구애받지 않아도 된다. 그렇지만 주산의 형국에 따라서 그에 응하는 모습을 취하고 있으면 발복이 크다. 예컨대 주산이 비룡승천이면 여의주와 같은 형태여야 한다. 주산이 옥녀봉이면 거울이나 거문고, 베틀과 같은 모습이어야 한다. 주산이 호랑이면 개와 같은 형국이어야 하고, 봉황이면 알처럼 생겨야 좋다.

안산은 부인궁과 재산궁을 관장한다

안산이 가까이 있으면 발복이 빠르지만, 멀리 있으면 그만큼 영향력이 늦게 나타난다. 가까이 있는 안산을 취하되 지나치게 높지 않아야 한다. 그렇다고 너무 낮아 앞에서 오는 흉함을 가려주지 않으면 흠 있는 안산이 된다.

안산의 길흉화복은 주로 부인궁과 재산궁을 관장한다. 용진혈적지에 수려하고 반듯한 안산이 혈과 정면으로 조응하고 있으면, 아내는 어질고 자식은 효도한다. 또 재물과 곡식이 앞마당에 가득하게 쌓일 정도로 부자가 된다고 한다.

(2) 조산 – 안산 뒤로 서 있는 손님 같은 산으로, 외부로부터의 바람을 막아준다

조산朝山은 안산 뒤로 서 있는 여러 산을 말한다. 주산 현무가 주인이라면 안산은 부인이 되고, 조산은 손님과 같다. 주산이 임금이라면 조산은 조공朝貢을 하러 온 제후국 신하와 같다.

조산은 혈 앞을 성곽처럼 둘러싸며 외부로부터 들어오는 바람을 막아준다. 보국保局을 안정시켜 혈의 생기가 흩어지지 않도록 도와주는 역할을 한다.

문필봉이 있다면 '대문장가'가 나올 것이고, 귀인봉이 있다면 '대귀인'이 나온다

조산은 혈의 길흉화복을 구체적으로 가늠하는 데 중요한 역할을 한다. 즉 혈이 어떻게 발복할 것인가, 판단은 안산과 조산에 달려 있다. 발복의 크기는 용과 혈의 역량에 따라 결정되지만, 구체적으로 무엇으로 발복할 것인가는 안산과 조산에 따라서다.

예를 들어 기세가 장엄한 용이 대혈을 맺었다면 큰 인물이 배출된다. 그런데 그 인물이 어떤 분야로 유명해지느냐는 안산과 조산에 달려 있다. 만약 문필봉이 있다면 대문장가가 나올 것이고, 귀인봉이 있다면 대귀인이 나온다. 노적봉이 있다면 큰부자가 나오고, 정승사가 있다면 정승이 나온다.

만약 중혈인데 그와 같은 안산과 조산이 있다면 그 분야의 중진 인사가 나온다. 소혈이면 역시 그 분야의 하급 인사가 배출된다. 그러나 경우에 따라서는 혈의 발복을 더욱 크게 할 수도 있고, 작게 할 수도 있다.

깨끗하고 단정한 조산이 광채와 서기를 내뿜으면 매우 길하다.

조산의 모양이 귀인貴人, 문필文筆, 문성文星, 천마天馬, 고축誥軸, 삼태三台 등이면 매우 좋은 조응지산照應之山이다.

그러나 조산이 부서지고 깨지고 흉한 암석과 골짜기가 많은 것은 흉하다. 또 혈을 배반하고 달아나거나, 한쪽이 요함凹陷하거나, 뾰족하고 날카로운 면을 혈이 향해 충사沖射하면 흉하다. 이러한 것들은 혈의 결지를 방해할 뿐만 아니라 발복에도 막대한 지장을 준다.

조산의 종류에는 특조산特朝山, 횡조산橫朝山, 위조산僞朝山, 수조水朝가 있다.

- 특조산 : 수려 양명한 산이 먼 곳에서부터 혈 쪽으로 와서 엎드려 절하는 모습이다. 이때 물도 같이 따라와 명당에 모인다. 큰 보국의 기운이 모두 명당에 모여 당전취합堂前聚合하므로 매우 길한 조산이다.

- 횡조산 : 조산이 혈 앞에서 가로로 서 있는 것이다. 마치 장막을 친 것 같은 모습으로 길하다.

- 위조산 : 언뜻 보기에는 산세가 수려하고 아름다워 보인다. 그러나 자세히 보면 혈을 등지고 배반하여 달아나고 있다. 또 산봉우리가 머리를 돌려 혈을 외면하는 흉한 조산이다.

- 수 조 : 용진혈적지에 안산과 조산이 없을 때 물이 대신하는 것을 말한다. 큰 하천이나 연못, 호수가 수이대지水而代之한다.

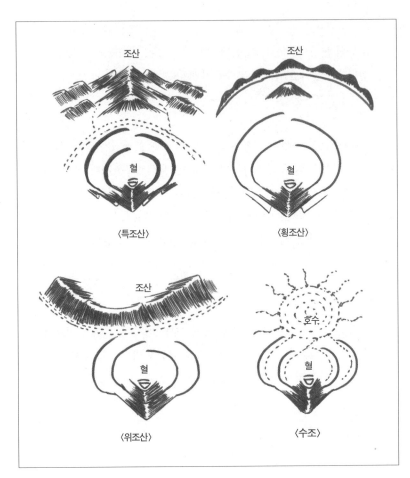

〈조산의 종류〉

조산의 길흉화복은 산의 형태가 귀인사貴人砂, 문필사文筆砂, 천마사
天馬砂, 고축사誥軸砂, 관모사官帽砂, 옥인사玉印砂, 화개사華蓋砂,
삼태사三台砂 등은 귀한 형상으로 등과급제하여 귀현이 기약된다.

조산의 형태가 금상金箱, 고궤庫櫃, 복종伏鍾, 은병銀甁 등은 부격富格으로 치산부귀治産富貴가 기약된다.

또 깨끗하고 단정한 아미사蛾眉砂가 정면에 있거나 옥녀사玉女砂와 경대사鏡臺砂가 있으면 여자가 더욱 발복하여 왕비나 귀인이 된다.

반면에 조산이 무너지고 깨지고 흉한 암석이 험상하게 있으면 인명손상人命損傷과 크고 작은 재앙災殃이 있다. 조산이 비틀어지고 혈을 등지고 배반하고 있으면 손재損財하여 가난해지고, 오역하는 자손이 나온다.

3) 귀성鬼星과 낙산樂山 - 횡룡입수하는 혈에는 필수조건으로 뒤를 받쳐준다

귀성鬼星과 낙산樂山은 혈 뒤를 받쳐주고 있는 산이다. 직룡입수하는 혈은 주산과 현무봉이 뒤를 받쳐주므로 귀성과 낙산이 필요하지 않다. 그렇지만 횡룡입수하는 혈은 혈 뒤가 허약하고 비어 있다. 반드시 뒤를 지탱해 주고 바람을 막아주는 산이 필요하다.

(1) 귀성 - 입수룡의 반대측면에 붙어 있는 작은 지각으로 용과 혈을 지탱하고 기운을 밀어준다

귀성鬼星은 입수룡의 반대측면에 붙어 있는 작은 지각이다. 주로 바위나 단단한 흙으로 되어 있다. 용과 혈을 지탱해 주고 주룡의 기운을 혈로 밀어주는 역할을 한다. 횡룡입수橫龍入首하여 결지하는 혈에는 반드시 귀성이 있어야 한다.

귀성이 붙어 있는 위치에 따라 횡룡입수하는 용과 혈의 위치를 알 수가 있다. 귀성이 높게 붙어 있으면 혈도 높은 곳에 있으며, 낮은 곳에 있으면 혈도 낮게 결지한다. 귀성이 오른쪽에 있으면 혈도 오른편에 있으며, 귀성이 왼쪽에 있으면 귀성도 왼편에 있다. 귀성이 가운데에 있으면 혈도 귀성을 밀어주고 있는 가운데에 있다.

만약 귀성이 소의 뿔처럼 두 개가 나란히 있으면 효순귀孝順鬼라 한다. 입수룡과 혈은 귀성이 있는 반대측면의 중앙부분을 찾아야 한다.

귀성은 입수룡 반대측면에 붙어 있는 작은 지각으로 용과 혈을 지탱해 주는 역할을 한다. 때문에 지나치게 길거나 변화 생동하면 오히려 입수룡의 기운을 빼앗아 간다. 귀성은 작고 아름다워야 하며, 깨끗하고 밝아야 한다. 귀성을 부사富砂라고도 하는데, 횡룡입수하는 혈은 대개 치산갑부治産甲富가 기약되기 때문이다.

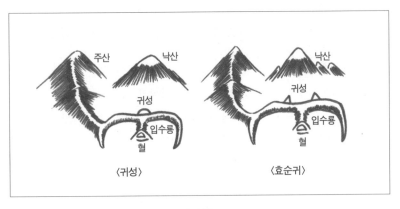

〈귀성〉

(2) 낙산 ― 횡룡입수하는 용의 뒤를 받쳐주면서 서 있는 산

낙산樂山은 횡룡입수하는 용의 뒤를 받쳐주면서 서 있는 산이다. 혈 뒤에서 불어오는 바람을 막아주고, 혈의 허함을 보충해 준다. 횡룡입수 혈의 베개와 같은 산이다.

귀성은 반드시 주룡의 본신에 붙어 있어야 한다. 그렇지만 낙산은 주룡의 본신에서 나온 산이든 외부에서 온 객산이든 상관없다. 어느 것이든 혈 후면을 가깝고 단정하게 잘 보호해 주면 된다.

낙산은 혈에서 보일 때 최고이고, 그 다음은 명당에서 보일 때이며, 명당에서조차 보이지 않을 때는 무용지물

낙산은 혈에서 가깝고 적절하게 높아야 길하다. 너무 멀거나 낮으면 뒤를 충분히 받쳐주지 못한다. 그렇다고 너무 높은 산이 가깝게 있으면 고압을 하여 화를 부른다.

낙산은 혈에서 뒤를 돌아보았을 때 보이는 것이 최고다. 혈에서는 보이지 않더라도 내명당에 내려와 보았을 때 보여야 낙산이라고 말할 수 있다. 혈장이나 내명당에서조차 보이지 않으면 낙산이라고 말할 수 없으므로 흉하다. 만약 낙산에서 득수한 물이 혈 후면을 감아주고 돌아 나와, 다시 혈 앞으로 가로질러 흘러가면 매우 귀한 것이다.

특락은 부귀왕정富貴旺丁하는 최고로 길한 낙산

낙산의 종류에는 특락特樂, 차락借樂, 허락虛樂이 있다. 특락은 멀리서부터 온 객산이 혈 후면을 겹겹이 중첩되게 감싸준 것이다. 이는 부귀왕정富貴旺丁하는 최고로 길한 낙산이다.

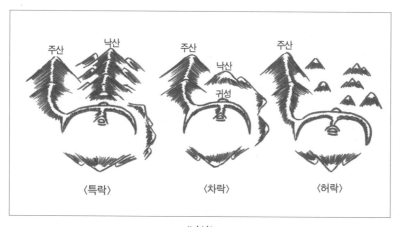

〈낙산〉

차락은 본신룡에서 나온 산이든 객산이든 상관없이 혈 후면에 횡으로 서 있는 산이다. 마치 병풍을 두른 것처럼 보인다. 특락보다는 못하지만 부귀왕정富貴旺丁하는 길한 낙산이다.

허락은 낙산이 작고 낮으며, 산만하게 흩어져 있는 것을 말한다. 혈 후면을 보호해 주지 못하므로 흉하다. 후면이 낮으면 바람이 혈을 충사冲射한다. 이를 음곡살풍陰谷殺風이라 하여 인망손재人亡損財를 당한다.

4) 하수사下水砂 — 혈 아래에 붙어 있는 작은 능선으로 혈장을 지탱해 주는 역할

하수사下水砂는 혈 아래에 붙어 있는 작은 능선으로 혈장을 지탱해 주는 역할을 한다. 또 용맥을 보호하면서 따라온 원진수元辰水가 직류하지 않도록 해주는 역할도 한다.

원진수가 곧장 빠져나가면 원진직거元辰直去가 되어 매우 흉하다. 혈의 생기를 뽑아 나가기 때문이다. 원진수의 직거를 막아주고 혈의 생기를 보호하는 것이 하수사다.

하수사는 작은 능선이 혈장 아래를 감아준 것으로 보통 여러 개로 구성되어 있다. 하나가 좌측에서 나와 우측으로 감아주었으면, 다음 것은 우측에서 나와 좌측으로 감아준다. 마치 팔을 안쪽으로 감아주는 형상이다. 그러므로 원진수는 곧장 나가지 못한다. 하수사 능선 따라 좌로 흘렀다가, 다시 우로 흐르기를 반복하면서 천천히 흘러나가는 것이다.

하수사는 팔을 뻗는 듯한 모습이라 하여 하수사下手砂, 하비사下臂砂라고도 한다. 또 원진수를 역류시킨다 하여 역관사逆關砂라고도 한다. 하수사가 있는 혈은 대개 부자가 된다 하여 재사財砂라 부른다.

옛날부터 자리가 좋고 나쁨은 먼저 하수사를 보고 판단

용이 혈을 결지하고 남은 여기餘氣가 하수사를 만든다. 때문에 옛날부터 자리가 좋고 나쁨은 먼저 하수사를 보고 판단하라고 하였다. 또 하수사의 중요성을 강조하여 "혈을 찾을 때 용맥보다 하수사가 혈 앞을 감아주었는지의 여부를 먼저 보라"고 하였다. 혈의 결지가 온전한가 아닌가의 판단은 하수사가 단단하고 촘촘하게 있는지를 살피면 알 수 있다.

혈의 결지는 하수사와 밀접한 관계가 있다. 하수사가 있으면 혈이 결지할 수 있으나 하수사가 없으면 혈의 결지가 힘들다. 하수사가 크고 여러 개가 많이 중첩되어 있으면 대혈의 증거다. 하수사가 중첩되지 않고 작으면 소혈이다.

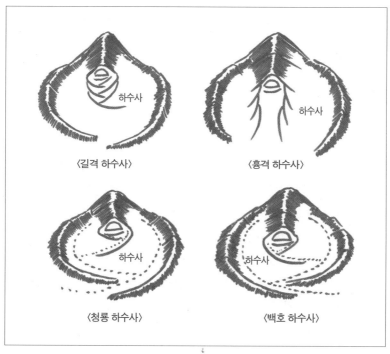

〈길격 하수사〉 〈흉격 하수사〉

〈청룡 하수사〉 〈백호 하수사〉

〈하수사〉

하수사는 혈 앞에 있는 물과 반대방향으로 감겨 있어야 물을 역수시킬 수 있다

혈 앞을 흐르는 물이 오른쪽에서 득수하여 왼쪽으로 흘러가면, 하수사는 왼쪽에서 뻗어나와 오른쪽으로 감아준다. 물이 왼쪽에서 득수하여 오른쪽으로 흘러가면 하수사는 오른쪽에서 뻗어나와 왼쪽으로 감아준다. 그래야 물을 역수逆水시킬 수 있어 길한 것이 된다.

만약 하수사가 짧거나, 물 흐르는 방향으로 같이 뻗어 물을 거두어들이지 못하면 흉하다. 이를 순수順水라 한다.

하수사의 순역順逆을 살필 때 혈 앞을 지나는 물이 큰 물과 작은 물이 있으면 큰 물을 거두어 주는 하수사를 먼저 평가한다. 또 먼 곳에 있는 하수사보다 가까이 있는 하수사를 중시해야 한다.

하수사를 재사財砂라고 하는 것은 풍수지리에서 물은 재물을 관장하기 때문이다. 하수사가 겹겹이 중첩되어 물을 잘 거두어들이면 그만큼 재물이 모인다. 하수사가 짧거나 순수하면 빈곤하게 된다.

5) 수구사水口砂 ─ 물이 흘러나가는 파구破口에 있는 작은 산이나 바위

수구사水口砂란 물이 흘러나가는 파구破口에 있는 작은 산이나 바위다. 명당明堂의 기운을 보전하여 생기를 보호하는 역할을 한다. 수구사가 있으면 명당 안에 있는 물이 곧장 흘러나가지 못한다. 수구사가 물길을 막아 유속流速을 느리게 하기 때문이다.

물은 움직이는 기운이므로 양이고, 산줄기인 용과 혈은 움직이지 않으므로 음이다. 용과 물이 충분하게 음양조화를 이루어야만 좋은 혈을 맺을 수 있다. 그러기 위해서는 유속이 느려야 한다. 물이 나가는 수구가 좁게 관쇄되면 물의 속도는 자연히 느려진다. 또 가뭄에도 일정한 수량을 항상 유지하게 된다. 그 역할을 해주는 것이 바로 수구사다.

수구사는 청룡과 백호 끝에 붙어 있는 작은 산이나 바위이거나, 물 가운데 있는 암석을 말한다. 내청룡 내백호가 서로 교차하여 만나는 내수구에 있는 것을 내수구사內水口砂라 한다. 외청룡 외백호가 서로 교차하는 외수구에 있는 것을 외수구사外水口砂라 한다.

청룡백호 끝이 서로 가깝게 감싸주면 수구는 매우 좁아진다. 이를 쪽배 하나 통과할 수 없다 하여 불능통주不能通舟라고도 표현한다. 수구는 보국의 입구다. 수구가 좁으면 자물쇠로 출입문을 잠근 것 같다 하여 관쇄關鎖라고 한다.

재물을 관장하는 물이 급하게 빠져나가면 도산하여 패가망신

만약 수구가 관쇄되지 않으면 보국명당에 있는 물은 빠르게 밖으로 빠져나갈 것이다. 명당수가 급류직거急流直去하면 물과 용의 음양조화가 불가능하여 혈을 결지할 수 없다.

뿐만 아니라 물은 재물을 관장하므로 재물이 빠르게 빠져나가게 된다. 결국 도산倒産하여 패가敗家한다는 것이 풍수지리의 길흉화복론이다.

그러므로 수구처는 청룡백호 양변 끝이 서로 엇갈리게 교쇄交鎖되거나, 물 가운데에 바위가 있어 물의 급속한 흐름을 막아야 한다. 물이 느리게 굴곡屈曲하면서 흘러가면 혈을 맺을 수 있다. 또한 혈의 발복도 오랫동안 장구하게 지속된다. 수구가 좁고 여기에 신기하게 생긴 작은 산이나 바위가 있으면 대단히 귀한 혈이 된다.

혈을 찾을 때도 보국입구에 들어서자마자 수구에 있는 사격을 보고 혈의 결지여부와 대소여부를 판단한다.

> 수구에 일월형日月形, 기고형旗鼓形, 창고형倉庫形, 금고형金庫形,
> 귀사형龜蛇形, 인형印形, 홀형笏形, 상형箱形, 통형筒形, 어형魚形
> 등 귀하게 생긴 산이나 바위가 있으면 매우 길하다.
> 그러나 시신사屍身砂 등 흉한 암석이 있으면 익사자溺死者가 나오
> 는 등 매우 흉하다.

사격이 수구를 관쇄하는 방법에는 여러 가지가 있다. 청룡백호 양쪽 능선이 서로 교쇄하는 것과 물 가운데 바위가 서 있는 경우다. 이밖에도 수구에 있는 산과 바위가 물을 관쇄하는 방법과 모양은 각기 다르다. 이러한 수구사를 크게 한문捍門, 화표華表, 북신北辰, 나성羅星 등으로 분류한다.

(1) 한문 − 보국의 대문인 수구의 양쪽에 서 있는 바위나 산

수구의 양쪽 물가에 산이나 바위가 마주보고 서 있는 것을 한문捍門이라고 한다. 마치 대궐문을 지키는 수문장과 같은 모습으로 물의 직거直去를 막아준다. 수구가 보국의 대문 또는 출입문이라면 한문은 그 대문의 양쪽 문기둥 즉 문설주門說柱에 해당된다.

'한문'의 모양이 기이하고 존엄하면 길하다

한문의 형태가 기이하고 존엄할수록 길하다. 마치 대궐문 양쪽에 서 있는 사자상 같거나, 해나 달 모양이거나, 깃발 또는 북, 거북과 뱀 형상이면 귀한 것이다. 한문 간격이 조각배 하나 지날 수 없을 정도로 좁아 불능통주不能通舟한다면, 수구 안에는 백세부귀百世富貴가 기약되는 대혈이 있다는 증거이다.

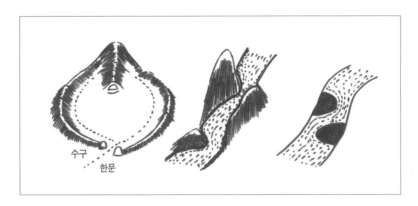

〈한문〉

(2) 화표 – 수구처 물 가운데에 박혀 있는 바위

화표華表는 수구의 물 가운데에 박혀 있는 바위를 말한다. 대개 한문拜門 사이에 있다. 유속을 느리게 하여 혈의 결지를 돕는 역할을 한다.

화표가 있어 수구가 관쇄된다면 수구 안에는 진혈眞穴이 있다는 증거이다.

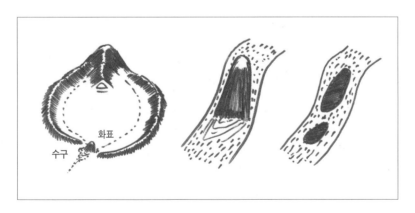

〈화표〉

(3) 북신 - 물 가운데에 있는 바위가 용, 거북, 잉어 등의 형상을 하고 있는 것

북신北辰은 수구 한문 사이 물 가운데에 있는 특이한 형상을 한 바위다. 물 가운데 있으므로 화표와 다를 것이 없으나, 화표가 평범한 바위라면 북신은 용, 거북, 잉어, 창고, 금궤 등과 같은 형상을 하고 있다.

북신은 대부귀大富貴를 상징한다. 용진혈적龍眞穴的한 혈의 수구에 북신이 있으면 왕후장상王侯將相이나 국부國富가 배출되는 만세영화지지萬世榮華之地가 된다.

〈북신〉

(4) 나성 - 수구처에 돌, 흙 등이 퇴적하여 생긴 작은 섬

〈나성〉

나성羅星은 수구의 수중水中에 돌이나 흙이 점차 퇴적하여 쌓여진 작은 섬을 말한다. 물의 직류나 급류를 막아 물의 흐름을 완만하게 해주는 역할을 한다.

나성의 형태가 용이나 뱀, 거북, 잉어 등 영물의 형상을 하고 있으면 대귀大貴와 대부大富가 기약된다. 특히 나성이 머리를 위로 하고 꼬리를 아래로 하여 마치 물을 거슬러 올라가는 모양이면 등문登門의 상징이다.

6) 관성 – 안산이나 조산 뒷면에 붙어 있는 작은 능선

관성官星은 안산이나 조산 뒷면에 붙어 있는 작은 능선으로, 마치 지렛대처럼 안산이나 조산의 기운을 혈 쪽으로 밀어주는 역할을 한다. 안산과 조산의 기운이 모두 혈로 집중되므로 발복을 더욱 크게 한다.

혈에서 안산 너머 관성이 보이면 '현세관' 이라 하여 당대에 고관이 난다

관성은 혈에서 보이지 않는 것이 대부분이나 간혹 보이는 것도 있다. 혈에서 안산 너머 관성이 보이면 이를 현세관現世官 또는 현면관現面官이라 하여 매우 귀한 것이다. 속발하여 당대에 현관顯官이 기약된다.

관성은 크기나 모양에 상관없이 모두 길한 것이다. 그러나 작은 것보다는 큰 것이, 보이지 않는 것보다는 보이는 것이 더욱 좋은 관성이다.

그렇다고 지나치게 크면 오히려 안산이나 조산의 기운을 빼앗아가므로 적당한 크기여야 한다.

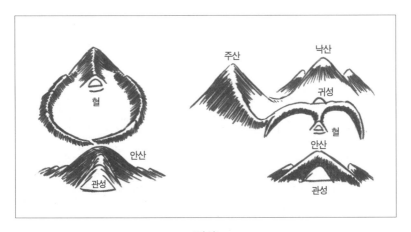

〈관성〉

7) 요성 – 혈을 맺고도 남은 여기余氣가 혈장을 보호하기 위해 붙어 있는 것

요성曜星이란 주룡의 기운이 왕성하여 혈을 맺고도 남은 것으로 생긴 작은 사격이다. 용이나 혈장 혹은 명당 좌우에 붙어 있다. 용혈의 정기가 왕성하여 밖으로 뿜어져 생긴 것이라고 보면 된다. 따라서 요성이 있는 혈은 그만큼 기세가 크다는 것을 증명한다.

요성은 흙이나 바위로 되어 있으며 위치는 정해져 있지 않다. 용이나 혈장, 명당, 수구, 청룡, 백호 등 어느 곳에서나 있을 수 있다. 요성은 혈과 가까이 있으면서 잘 감싸주어야 좋다. 또 혈에 비해 지나치게 크지 않아야 한다.

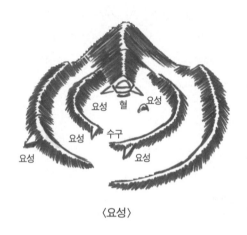

〈요성〉

칼 같은 요성이 혈지에 있으면 보검이 되지만, 비혈지에 있으면 흉기가 된다

요성의 생김새는 다양하나 창이나 화살같이 뾰족한 것도 있다. 대개 사격이 뾰족하고 날카로운 것은 흉성凶星이 많으므로 요성의 구분은 쉽지 않다. 이를 구분하는 기준은 용과 혈에서 찾아야 한다.

똑같이 뾰족한 것이라도 용진혈적龍眞穴的한 곳에서는 길한 요성이 된다. 반면에 비혈지에서는 흉한 살성殺星이 된다. 이를 사람에 비유하면 다음과 같다.

　　장군이나 높은 관직에 있는 사람이 칼을 차고 있으면 귀인을 상징하는 보검이 된다. 그러나 강도나 깡패 같은 빈천한 사람이 칼을 가지고 있으면 흉측한 흉기가 된다. 똑같은 칼이라도 귀인은 귀한 일에 사용하지만, 천한 사람은 흉악무도한 일에 사용하는 것과 같다.

8) 나성 – 멀리서 혈을 둘러싸고 있는 산으로 마치 성곽처럼 보인다

　　멀리서 혈을 둘러싸고 있는 산을 나성羅城이라고 한다. 수구에 돌이나 모래가 퇴적하여 생긴 작은 섬은 나성羅星으로, 나성羅城과는 다르다. 여기서 말한 나성은 도읍 성城 자이고, 수구사에서 언급한 나성은 별 성星 자다.

　　멀리 있는 산들은 그 모습이 마치 성곽을 두른 것처럼 둥글게 이어져 있다 하여 붙여진 이름이다. 본래 나성은 하늘의 지존성至尊星을 수많은 별들이 둘러싸고 있는 것을 말한다. 이를 나성원국羅城垣局 또는 원국垣局이라고도 한다.

〈나성〉

흔히 천상天上 해방亥方에 있는 자미원국紫薇垣局, 간방艮方에 있는 천시원국天市垣局, 손방巽方에 있는 태미원국太微垣局, 태방兒方에 있는 소미원국少微垣局 등을 가리키는 말이다.

천상지존을 향해 모든 별들이 둘러싸고 있듯이, 지상에는 혈을 향해 모든 산들이 둘러싸고 있다. 그 중 가장 멀리 외곽에서 둘러싸고 있는 산을 나성이라고 한다. 이를 도읍에 비교하자면 청룡백호는 내성內城을 말하고, 나성은 외곽성外廓城을 말한다.

나성은 혈에서 멀리 떨어져 있기 때문에 길흉화복에 직접적인 영향을 끼치지 않는다

나성은 혈이 자리한 보국의 안정과 기운을 감싸고 보호하는 역할을 한다. 둘러싸고 있는 모든 산들이 빈틈없이 겹겹이 있어야 길하다. 나성이 감싸주고 있는 안쪽 국세는 넓고 광활하면서 평탄 원만하여야 한다.

풍수지리에서 사격의 길흉화복은 가까이 있는 것이 우선이고, 먼 것은 그 다음이다. 나성은 혈에서 멀리 떨어져 있기 때문에 혈의 길흉화복에 직접적인 영향은 끼치지 않는 것으로 본다.

4. 사격砂格의 형태와 길흉화복

사격의 형태는 매우 다양하여 그 수를 헤아릴 수 없을 정도로 많다. 모양이 깨끗하고 아름답고, 풍만하고 기이하게 생긴 산은 길하다. 이러한 사격이 안산이나 조산이 되면 더욱 좋다.

그러나 깨지고 부서지고 추악하고 뾰족한 산들은 흉한 형태다. 이러한 산들이 혈 앞에 있거나 주변에 있으면 흉하다. 또 아름다운 산이라도 혈을 배반하고 달아나면 흉상이 된다.

똑같은 사격이라도 용과 혈에 따라 그 기운과 미치는 영향이 달라진다

사격은 매우 다양하게 생겨서 그 모양에 따라 산의 정기가 달라진다. 산들은 각기 사람형상, 짐승형상, 물고기형상, 날짐승형상, 물건형상, 글자형상 등 가지각색이다. 그 모양에 따라 혈의 발복도 다양하게 나타난다.

예를 들어 혈 앞에 귀인봉이 있으면 귀인이 나고, 문필봉이 있으면 대문장가가 난다. 반면에 여자가 치마를 걷어 올리는 듯한 혼군사가 있으면 남녀 모두가 음탕해진다.

여기서 한 가지 주의할 점은 똑같이 생긴 사격이라도 용과 혈이 어떤가에 따라 그 기운과 미치는 영향이 달라진다. 같은 귀인봉이 있어도 용과 혈이 상격이면 대귀인을 내고, 중격이면 소귀를 낸다. 용혈이 없거나 하격이면 아예 귀를 불러오지 못한다. 즉 용과 혈이 귀하면 주변 사격도 귀한 것이 되지만, 용혈이 천하면 아무리 좋은 사격도 별 효과가 없게 된다는 뜻이다.

사격의 길흉화복을 논하는 데는 몇 가지 원칙이 있다.

첫째, 혈에서 보이는 것이 중요하다. 보이지 않는 것은 크게 따지지
않는다.

둘째, 혈에서 가까운 것이 우선이고 먼 것은 그 다음이다.

셋째, 산의 형태를 물형物形에 비교하여 화복을 논한다. 예를 들어
혈 앞에 귀인봉이 있으면 등과급제를 하여 귀함이 기약되지
만, 파산사破山砂가 있으면 사람이 상하고 재산이 망하는 등
재앙이 우려된다.

사격의 형태와 종류는 수없이 많이 있다. 그 중에서 대표적인 것만 골
라 길한 사격과 흉한 사격으로 나누어 용의 역량에 따라 설명하였다.

사격의 구체적인 발복 방법에 대해서는 당나라 때 서선술徐善述, 서선
계徐善繼 형제가 편찬한《인자수지人子須知》내용을 인용하였다. 이 책은
사격의 발복에 대해서 서두에 다음과 같이 언급하고 있다.

산이 단정하면 충신, 비틀어지면 간신, 후하면 부자, 마르면 가난하다

"사격으로 혈의 성정性情을 알 수 있는 것이다. 사격이 단정하고 똑바
르면 충忠을 알고, 옆으로 비틀어져 있으면 간사함을 안다. 산이 후하면
재산이 늘고, 산이 마르면 사람이 가난해진다. 산이 깨끗하면 사람이 귀
貴하고, 산이 깨져 있으면 비애悲哀가 따른다.

산이 순하면서도 어지러우면 음란淫亂이 있고, 산세가 천박하면 사람
도 천천해진다. 산이 거칠고 사나우면 악자惡者가 나오고, 파리하게 야위
면 빈천貧賤한 자가 나온다. 산이 모이면 사람도 모이고, 산이 달아나면
사람도 흩어진다. 산이 순順하면 효자가 나고, 산이 역逆하면 오역자忤逆
者가 난다"

1) 길한 사격의 종류와 길흉화복

상격룡이면 대발하고, 중격룡이면 소발하며, 천격룡이면 발복하지 않는다

길한 사격은 그 형태가 아름답고 다정한 산을 말한다. 길한 사격이 혈 주변에 있으면 크게 발복한다. 특히 주산 현무봉으로 있거나, 안산이 되면 더욱 좋다.

수려한 산이 뽐내듯 우뚝 솟아 있거나 단아하게 있으면 귀함을 가져다준다. 깨끗한 산이 살이 찐 듯 풍만하게 생겼으면 부를 가져다준다. 기이하고 특이한 산이 있으면 부귀와 장수를 가져다준다.

이 장은 이러한 사격을 좀더 구체적으로 분류하여 어떤 발복이 나타나는지를 정리한 것이다. 앞에서도 언급했듯이 똑같은 사격이라도 용의 등급에 따라 발복이 달라진다. 상격룡이면 대발하고, 중격룡이면 소발하며, 천격룡이면 발복하지 않는 것이 원칙이다.

다음은 《인자수지人子須知》 내용을 발췌하여 정리한 것이다. 이 책은 길흉화복론을 논할 때 천격룡은 대부분 승려가 된다고 표기하였다. 이는 당시 시대적 배경으로 인한, 불교를 억압하고 승려를 천시한 데서 기인한 것으로 생각된다.

귀인사貴人砂 — 산 정상이 원형이며 산신山身에 지각이 없다

〈귀인사〉

귀인사는 탐랑 목성木星이 높이 솟아 존엄하고 수려한 것이다. 산 정상이 원형이며 산신山身에는 지각地脚이 없다. 산신에 지각이 없다는 것은 능선이나 골짜기가 없다는 뜻이다.

이를 원탐랑圓貪狼이라 하며 산의 형태가

사방 어디에서 보나 똑같은 모습이다. 깨지고 부서지고 기운 것은 좋지 않다.

- **상격룡**上格龍 : 문장이 출중하여 대과급제하고 출사出仕하여 귀현 貴顯한다.
- **중격룡**中格龍 : 문장은 있으나 크게 귀를 얻지는 못한다.
- **천격룡**賤格龍 : 승려나 도를 닦는 자손이 나오고 결국 무자손無子孫 이 된다.

문필사文筆砂 － 붓 또는 죽순과 같이 끝이 뾰족하고 수려하게 생긴 산

〈문필사〉

문필사는 붓 또는 죽순과 같이 뾰족하고 수려하게 생긴 산으로, 산신에는 지각이 없다. 이를 첨탐랑尖貪狼이라 하며, 바르고 맑고 기이한 것이 좋다. 비스듬히 기울거 나 깨진 것은 나쁘다. 귀인사는 목성으로, 문필사는 화성으로 분류하기도 한다.

- **상격룡**上格龍 : 문장이 출중하여 과거급제하고 귀와 명예가 널리 알려진다.
- **중격룡**中格龍 : 문명文名이 있고, 지방관이 되어 주군州郡을 다스 린다.
- **천격룡**賤格龍 : 어리석은 몽사蒙士나 화공畵工이 나온다.

일자문성사一字文星砂 – 산 정상이 일자모양으로 평평한 것

〈일자문성사〉

산 정상이 일자一字모양으로 평평한 것을 말한다. 산신에 지각이 없는 거문 토성과 와목형臥木形인 평탐랑이 상길上吉이다. 지각이 있는 녹존 토성은 차길次吉이다.

일자문성이 바르게 맑고 단정하면 길하다. 반대쪽에서 보아도 각이 바르게 되어 있으면 더욱 귀하다. 이를 방정方正하다고 한다.

- **상격룡**上格龍 : 신동장원神童壯元하고 재상宰相이 되어 일품의 귀貴를 한다. 재명才名이 당대의 일등이며 후학後學의 종사宗師가 된다.
- **중격룡**中格龍 : 지방 정부의 중신重臣으로 명예가 높다.
- **천격룡**賤格龍 : 문장은 있으나 현달顯達하지 못하여 허망한 명예만 있다.

무성사武星砂 – 산 정상이 원형으로 크고 웅장

산 정상이 원형으로 크고 웅장하다. 이를 무곡성武曲星이라 하며, 태양금성체太陽金星體다. 산신에는 지각이 없으며 산세가 존엄하다.

〈무성사〉

- **상격룡**上格龍 : 대장군大將軍으로 난을 정벌하여 위명威名이 드높다.
- **중격룡**中格龍 : 전답田畓이 많아 부자가 되며 무관으로서 지방 관직을 한다.
- **천격룡**賤格龍 : 성질이 조급하고 포악하여 깡패 두목이 된다.

어병사御屛砂 – 병풍을 펴놓은 듯, 원형의 봉우리들이 여러 개 연결되어 있는 것

미려한 원형의 반봉우리들이 여러 개 연결되어 있는 문곡수성체文曲水星體의 산이다. 마치 병풍을 펴놓은 것 같은 모습으로 금장사錦帳砂라고도 한다.

〈어병사〉

어병사는 혈 뒤에서 혈을 받쳐주는 후고병장後靠屛帳의 형태로 있거나, 안산이나 조산 혹은 청룡백호에 있을 수 있다.

- **상격룡**上格龍 : 문신재상文臣宰相으로 공공功이 역사에 길이 남는다. 극품공후極品公侯가 기약된다. 왕후지지王侯之地에서는 필히 있어야 한다.
- **중격룡**中格龍 : 지방장관을 맡고 거부巨富가 된다.
- **천격룡**賤格龍 : 고독하고 가난하며 승도僧道가 된다.

전고사展誥砂, 고축사誥軸砂 – 일자문성의 양끝에 첨각이 붙어 있는 것

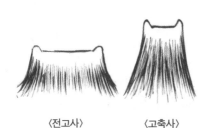

토성인 일자문성一字文星의 양끝에 첨각尖角이 붙어 있다. 일자의 길이가 길고 넓은 것을 전고사展誥砂라 하며, 작고 좁은 것은 고축사誥軸砂라 한다. 이러한 사격이 있으면 정승이 나온다 하여 정승사政丞砂라고도 한다.

〈전고사〉   〈고축사〉

- **상격룡**上格龍 : 재상宰相 또는 왕의 은총을 받아 부마駙馬가 난다.
- **중격룡**中格龍 : 귀貴가 가까이 있다.
- **천격룡**賤格龍 : 소귀小貴하고 소부小富한다.

천마사天馬砂 – 쌍봉이 한쪽은 높고 한쪽은 낮아, 말의 등처럼 생긴 산

쌍봉雙峰이 한쪽은 높고 한쪽은 조금 낮다. 이 모습이 마치 말의 등과 같다 하여 천마사라 한다. 청수淸秀한 천마사가 건방乾方이나 오방午方에 있으면 더욱 귀하다. 천마는 속발부귀速發富貴가 특징이다.

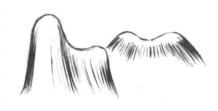

〈천마사〉

- **상격룡**上格龍 : 발복이 빠르고 지방장관이나 변방의 장수로 많이 나간다.
- **중격룡**中格龍 : 군수나 지방관청의 관리가 된다.
- **천격룡**賤格龍 : 병졸兵卒이나 목마牧馬지기가 된다.

아미사蛾眉砂 – 여자의 눈썹이나 초승달같이 생긴 산

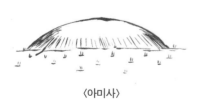

〈아미사〉

여자 눈썹 또는 초승달같이 예쁘게 생겼다. 낮고 작은 원형이므로 태음금성체太陰金星體라 한다. 청수단정淸秀端正하며 주로 들과 접해 있는 산이다. 아래에 물이 있으면 아미사다. 똑같은 형상으로 물이 없는 곳에 있으면 옥대사玉帶砂가 된다.

> - **상격룡**上格龍 : 신동神童이 나와 문장장원文章壯元하여 명예가 높다. 특히 여자가 왕비가 되거나 대귀大貴한다. 때문에 아미사를 왕비사王妃砂라고도 한다.
> - **중격룡**中格龍 : 자손이 청수淸秀하나 벼슬이 없다. 다만 명예만 높을 따름이다. 주로 여자가 귀하게 되므로 남자는 그 덕을 볼 따름이다.
> - **천격룡**賤格龍 : 여자들의 미모가 뛰어나나 가난하고 성공하지 못한다.

옥대사玉帶砂 — 아미사와 같으나, 산 아래 물이 없는 높은 곳에 있다

〈옥대사〉

반달 또는 눈썹같이 생긴 태음금성체太陰金星體로 아미사와 비슷하다.

아미가 산 정상이 원형이라면 옥대는 약간 평평하다. 아미는 들판에 있어 물이 있는 곳에 있다면 옥대는 산 위에 있어 물이 없다. 수려하고 단정해야 한다.

> - **상격룡**上格龍 : 문장현달文章顯達한다. 당대에 명문名文이며, 후학後學의 종사宗師가 된다.
> - **중격룡**中格龍 : 문명文名은 있으나 현달顯達하지는 못한다.

> ● **천격룡**賤格龍 : 수재秀才이기는 하나 외부外婦하는 등 방탕하다.
> 　　　　　　　 결국 성공하지 못한다.

보개사寶蓋砂 − 벼슬아치가 쓰던 모자와 같이 생긴 산

〈보개사〉

세 개의 둥글게 생긴 봉우리가 기봉起峰한 것이다. 그 중에서 가운데 봉우리가 조금 더 높고 원형이어서 마치 일자문성의 중앙에 소형금성체小形金星體가 돌기한 모습이다. 하나의 산이 보개사가 되는 경우도 있지만 두세 개의 산이 결합하여 보개사가 되는 경우도 있다. 깨끗하고 단정해야 하며 안산이나 수구 또는 길한 방위에 있으면 길하다.

> ● **상격룡**上格龍 : 조정으로부터 발탁되어 현귀顯貴한다.
> ● **중격룡**中格龍 : 등과登科하여 주군지사州郡知事가 된다.
> ● **천격룡**賤格龍 : 승도僧道가 나온다.

관모사冠帽砂 − 벼슬하는 사람이 쓰던 '사모'와 같이 생긴 산

산의 형태가 마치 옛날 벼슬하는 사람이 머리에 쓰던 사모紗帽와 흡사하다. 토산土山으로 되어 있으면 문신文臣이 나오고, 석산石山으로 되어 있으면 무신武臣이 나온다.

〈관모사〉

- 상격룡上格龍 : 대대손손 벼슬이 끊이지 않는다. 군관이 되어 전공을 세우고 수령방백守令方伯을 한다.
- 중격룡中格龍 : 벼슬은 하나 고위직은 못한다. 주로 군무軍務를 담당한다.
- 천격룡賤格龍 : 하급관리나 병졸이 되며, 빈천貧賤하다.

복종사伏鐘砂, 복부사伏釜砂 - 종이나 가마솥을 엎어놓은 형상

〈복종사〉 〈복부사〉

마치 종鐘이나 가마솥을 엎어놓은 것과 같은 중후하고 원만한 금성체金星體의 산을 말한다. 높고 큰 것은 복종사伏鐘砂, 낮고 작은 것은 복부사伏釜砂다.

- 상격룡上格龍 : 문장이 뛰어나 등과급제登科及第하며 국부國富가 난다.
- 중격룡中格龍 : 소부소귀小富小貴한다.
- 천격룡賤格龍 : 승려나 신령神靈에 관계된 자손이 나온다.

화개삼태사華蓋三台砂 - 세 개의 봉우리가 나란하거나, 혹은 품자 모양

〈화개삼태사〉

목성木星의 비슷한 세 개의 봉우리가 나란히 기봉起峰한 산이나 바위다. 또는 세 봉우리가 품자品字 모양으로 서 있는 깨끗하고 단정한 사격을 말한다.

- **상격룡**上格龍 : 문장이 출중하여 청사靑史에 길이 남으며 연속 등 과登科한다. 조정에 출사出仕하여 현관顯官이 된다.
- **중격룡**中格龍 : 과거급제科擧及第하여 주군州郡을 맡는다.
- **천격룡**賤格龍 : 능이나 사당을 지키는 졸도卒徒의 무리가 된다.

돈고사吨鼓砂 — 군대의 북처럼 생긴 바위나 산

원만圓滿한 금성체의 산이나 바위가 마치 군대의 북인 군고軍鼓와 같이 생겼다. 원정圓淨하고 단정端正해야 하며 길한 방위에 있거나 수구에 있으면 더욱 길하다.

〈돈고사〉

- **상격룡**上格龍 : 명장名將으로 야전사령관이 되며 부귀가 연출한다.
- **중격룡**中格龍 : 부자가 되고 음악을 좋아한다.
- **천격룡**賤格龍 : 신당神堂을 차리고 무당이 되거나 악기를 다루는 사람이 나온다. 크게 성공하지는 못한다.

돈기사頓旗砂 — 깃발이 펄럭이는 모습

탁기사卓旗砂라고도 하며 군기가 펄럭이는 모습이다. 목성체나 화성체의 산이나 바위가 상고하저上高下低로 줄서 있는 사격을 말한다. 기세가 크며 지각地脚이 비주飛走한 듯하나 산란하지는 않는다.

〈돈기사〉

금어사金魚砂 — 물고기 모양의 작은 산이나 바위

〈금어사〉

어대사魚袋砂라고도 하며 물고기 모양의 작은 산이나 바위를 말한다. 길한 방위에 있거나 수구를 관쇄關鎖해 주고 있으면 매우 길하다.

- **상격룡上格龍** : 부귀富貴가 오랫동안 지속된다.
- **중격룡中格龍** : 주군州郡에서 제일가는 거부巨富가 된다.
- **천격룡賤格龍** : 방탕한 자손과 떠돌이 승려가 된다. 가끔 소부小富는 한다.

선교사仙橋砂 — 구름다리처럼 반봉이 이어져 있는 산

〈선교사〉

목성체의 반봉半峰이 연속으로 이어져 있는 산으로 양끝이 높다. 마치 구름다리 같은 모습이다.
선교사는 신선이 다니는 다리라는 뜻으로 멀고 청수淸秀한 것이 좋다.

- **상격룡**上格龍 : 대신大臣이 나오거나 아니면 신선이인神仙異人이 나와 국사國事를 다스린다. 또 부귀장수富貴長壽한다.
- **중격룡**中格龍 : 고승高僧이 나와 이름을 떨친다.
- **천격룡**賤格龍 : 청빈한 고승이 나온다. 청빈한 선비이나 벼슬에 나가지 못하고 빈곤貧困하다.

은병옥배사銀瓶玉杯砂 − 술병이나 술잔같이 생긴 바위나 산

산이나 바위가 마치 옥으로 만든 술병이나 잔처럼 생긴 형태를 말한다. 병은 있으나 잔이 없거나, 잔은 있으나 병이 없으면 발복發福하지 못한다. 산이나 바위가 비교적 높고 크면 은병이다. 낮고 작으면 옥배다. 단아하고 수려한 은병옥배사가 안산과 조산이 되거나 혈 근처에 있으면 거부지지巨富之地가 된다.

〈은병옥배사〉

- **상격룡**上格龍 : 부귀상전富貴雙全하고 특히 거부巨富가 된다.
- **중격룡**中格龍 : 부富가 많으며 특히 집안에 빈객賓客이 만문滿門한다.
- **천격룡**賤格龍 : 술장사나 술꾼이 된다.

어산사御傘砂 - 임금이 행차할 때 사용하는 양산모양의 산

임금이나 귀인이 행차할 때 사용하는 양산모양의 산이다. 주름이 있으며 높고 특이하다.

〈어산사〉

- **상격룡上格龍** : 등과급제登科及第하여 임금을 가깝게 보좌하는 신하가 된다.
- **중격룡中格龍** : 상관을 보좌하는 관리가 된다. 특히 역마役馬를 담당한다.
- **천격룡賤格龍** : 노예나 노복이 된다.

어좌사御座砂 - 임금이 앉는 의자와 같이 생김

제좌사帝座砂라고도 하며 임금이 앉는 의자와 같은 형세의 산이나 바위를 말한다. 가운데 봉우리는 귀인봉으로 특이하다. 양쪽으로는 능선이 이어져 마치 의자의 팔걸이

〈어좌사〉

같이 생겼다. 주변의 모든 산들이 머리를 숙이고 배알하듯이 있어야 한다. 기울거나 파쇄破碎되어서는 안 된다.

- **상격룡上格龍** : 극품지지極品之地로 왕후王后가 나, 자손이 대를 이어나간다.
- **중격룡中格龍** : 문장이 뛰어나고 벼슬은 장관에 오른다. 임금을 가

까이 모신다.

- **천격룡**賤格龍 : 지방 관청에서 낮은 관직을 한다. 그러나 임금의 은총을 받는다.

주홀사柱笏砂 — 신하가 조회할 때 손에 들고 있는 홀과 같이 생김

목성木星으로 우뚝 솟은 산이나 바위를 뜻하며 정상이 평정하거나 약간 둥글고 넙적하다. 마치 조정에서 조회를 할 때 신하가 손에 들고 있는 홀과 같은 모습이다. 청수 단정하면서 기울거나 파쇄破碎되지 않아야 한다.

〈주홀사〉

- **상격룡** : 장원급제하고 상서尙書가 되어 임금을 가까이 모신다.
- **중격룡** : 한원(翰苑, 사간원)과 같은 관청에서 청렴한 관리가 된다.
- **천격룡** : 청렴한 승려가 된다.

옥규사玉圭砂 — 주홀사와 비슷하나 각이 짐

토성土星이 높이 솟은 것으로 산 정상이 평평하고 산신山身은 직각으로 된 것이다. 기울거나 파쇄破碎되지 않아야 한다.

〈옥규사〉

- **상격룡** : 조정에서 정사政事를 보게 된다. 유儒를 숭상하는 석학박사가 나온다.

금상사金箱砂 – 작은 산이나 바위가 금궤처럼 생김

〈금상사〉

금으로 만든 상자라는 뜻으로 토성土星이다. 작은 산이나 바위가 낮은 곳에 평평하게 있는 것을 말한다. 반듯하고 평평한 것이 좋다. 주룡에 붙어 있거나 안산 또는 조산이 되거나 수구에 있으면 길하다.

옥인사玉印砂, 방인사方印砂 – 옥쇄나 도장처럼 생긴 바위나 산

옥인은 둥글게 생긴 작은 산이나 바위가 마치 옥도장 모양으로 생긴 것을 말한다. 방인은 네모반듯한 도장과 같이 생긴 작은 산이나 바위를 말한다.
혈에 옥인사나 방인사가 있으면

〈옥인사〉　　　〈방인사〉

임금의 도장인 옥쇄를 뜻한다.

> • **상격룡** : 문무겸재하여 출장입상出將入相한다. 왕후지지王后之地
>   도 된다.
> • **중격룡** : 문명文名을 널리 떨치며 지방장관이 되고 거부巨富한다.
> • **천격룡** : 권력이 있는 승도가 되거나 도적의 괴수가 된다.

어서대御書臺 − 임금의 책상처럼 생긴 산

낮고 작은 토성土星의 산이나 바위다.
위는 평평하고 면은 바른 것으로 마치
임금의 책상과 같은 것을 말한다.

〈어서대〉

> • **상격룡** : 어전에서 경서經書를 강론하고 동궁(東宮, 세자의 스승)
>   이 된다. 임금의 하사품이 많아 부귀富貴한다.
> • **중격룡** : 군읍郡邑을 다스린다.
> • **천격룡** : 승도가 된다.

횡금사橫琴砂 − 거문고 같은 모양으로 깨끗하고 반듯하다

거문고와 같이 생긴 작은 산이나 바위가 낮은 곳에 깨끗하고 반듯하게
있는 것을 말한다. 만약 파쇄破碎
되어 있으면 도리어 흉하다.

〈횡금사〉

- 상격룡 : 문장과 명예가 높고 부귀쌍전富貴雙全한다.
- 중격룡 : 청수淸秀한 부자로 주변의 존경을 받는다.
- 천격룡 : 청빈한 선비로 가난하나 문학과 음악을 좋아한다.

와우사臥牛砂 − 소가 누워 있는 모습

〈와우사〉

산이 마치 소가 누워 있는 것과 같은 모습이다. 소의 다리와 꼬리 같은 능선도 있다. 와우臥牛형태의 산이 주산 현무가 되거나 안산이나 조산이 되면 좋다. 또 작은 산이나 바위가 수구에 있으면 더욱 좋다.

- 상격룡 : 관官으로 부후富厚한다.
- 중격룡 : 부자가 되고 특히 축산업으로 대성한다.
- 천격룡 : 빈궁하고 백수건달이 다출多出한다.

와사사臥獅砂 − 사자가 누워 있는 모습

〈와사사〉

산이 마치 사자가 누워 있는 것 같은 모습이다. 사자형은 앞면이 각이 지고 머리가 크다. 허리는 좁고 꼬리가 넓다. 앞이 무거운 듯하고 뒤가 가벼운 듯한 산을 말한다. 사자산은 가능한 한, 먼 것이 좋고 가깝게 있으면 자손이 화를 당할 수 있다. 사자형태의 바위가 수구에 있으면 더욱 좋다.

> • 상격룡 : 출인出人이 부후富厚하고 복수福壽한다.
> • 중격룡 : 거부소귀巨富小貴한다.
> • 천격룡 : 출인出人이 추졸醜拙하고 빈곤하다.

복호사伏虎砂 − 호랑이가 엎드려 있는 모습

호랑이가 엎드려 있는 듯한 형상을 한 산이나 바위를 말한다. 산머리가 둥그렇게 생겼다. 머리가 작고 꼬리가 좁다.

〈복호사〉

> • 상격룡 : 전답田畓이 많고 대귀大貴한다. 군인은 무공武功을 세운다.
> • 중격룡 : 재물을 탁濁하게 모은다.
> • 천격룡 : 호상虎傷을 당하고 자손이 없다.

옥녀봉玉女峰−여자가 머리를 풀고 있는 모습

깨끗하고 단정한 봉우리가 둥그렇게 서 있는 것을 말한다. 산 중턱에서는 지각이 여러 갈래로 뻗어나가 마치 여자가 머리를 풀고 있는 모습과 같다.

〈옥녀봉〉

- 상격룡 : 부귀쌍전富貴雙全한다. 특히 여자가 왕비가 되거나 귀하 게 된다. 남자는 부마가 되든지 좋은 여자를 만나 부귀 富貴한다.
- 중격룡 : 소귀다부小貴多富하고 여자로 인해서 출세와 성공을 한다.
- 천격룡 : 여자가 미인이기는 하나 요염하고 음란하여 천박스럽다.

대소귀인大小貴人 – 크고 작은 귀인봉이 나란히 서 있는 것

부자격   형제격

〈대소귀인〉

크고 작은 귀인봉貴人峰이 앞뒤 또는 좌우로 나란히 있는 것을 말한다. 전 후로 있는 것은 부자父子가 같이 귀 하게 된다. 좌우로 있는 것은 형제가 같이 귀하게 된다.

- 상격룡 : 부자父子, 숙질叔侄, 형제가 모두 등과登科하여 같이 조정 에 나간다.
- 중격룡 : 부자, 형제가 다같이 문명文名은 있으나 크게 귀현貴顯은 못한다.
- 천격룡 : 승도僧道, 사도師徒 등으로 이름이 있다.

용루봉각귀인龍樓鳳閣貴人 － 산들이 오행의 상생 관계로 질서정연하게 이어진 것으로 왕후장상이 난다

장엄한 염정廉貞 화성火星에서 출발한 산이 토성土星, 금성金星, 수성水星, 목성木星 순으로 나열된 것이다. 상생相生 관계로 질서 정연하게 행룡하고 있다. 이는 최귀격最貴格이다. 태조산, 중조산, 소조산, 현무봉 등 내룡來龍이 이와 같이 되어 있거나, 안산 또는 조산이 용루봉각귀인으로 되어 있으면 왕후장상지지王侯將相之地가 된다.

〈용루봉각귀인〉

- 상격룡 : 왕후장상王后將相이 난다.
- 중격룡 : 한원(翰苑, 예문관)에서 명성이 높다. 임금에게 신임을 얻는다.
- 천격룡 : 부자 소리를 듣는다.

옥당금마귀인玉堂金馬貴人 － 어좌사와 천마사 사이 귀인봉이 있는 것

〈옥당금마귀인〉

귀인봉 뒤에는 어좌사가 있고, 앞에는 천마사가 있다. 청수 단장하고 좌우가 균형이 있어야 한다.

- 상격룡 : 문장이 뛰어나 대과大科에 급제한다. 옥당(玉堂, 홍문관)으로 귀현貴顯한다.

장하귀인帳下貴人 ─ 장막사 아래 귀인봉이 있는 것

장막을 친 것 같은 수성체의 장막사 아래
에 목성의 귀인봉이 있다. 청수 단정해야
한다.

〈장하귀인〉

- 상격룡 : 상서시종上書侍從과 금의옥대錦衣玉帶한다. 즉 임금을 가
  까이 모시는 높은 벼슬을 한다.
- 중격룡 : 주군州郡을 다스리는 관직을 맡는다.
- 천격룡 : 승도로 나가거나 낮은 관직을 얻는다.

개하귀인盖下貴人 ─ 화개사, 보개사, 관개사 아래에 있는 귀인봉

화개사, 보개사, 관개사 아래에 귀
인이 있는 것으로 청수 단정해야
한다.

〈개하귀인〉

- 상격룡 : 상서시종上書侍從과 대간大諫과 같은 높은 벼슬을 한다.
- 중격룡 : 대번(大藩, 지방장관)으로 나간다.
- 천격룡 : 승도가 된다.

전상귀인殿上貴人 － 화성체와 일자문성 사이 귀인봉이 있는 것

염정 화성체 아래 귀인봉이 있고, 귀
인봉 아래에 토성인 일자문성이 있
다. 3개의 산이 모두 청수 단정해야
한다.

〈전상귀인〉

- **상격룡** : 재상宰相이 되어 국정을 잡는다. 또 큰 공을 세워 이름을
  세상에 널리 떨친다.
- **중격룡** : 문장으로 명예를 얻고 대번(大藩, 지방장관)을 한다.
- **천격룡** : 승도로 영예를 얻는다.

대각귀인臺閣貴人 － 화성체 아래 일자문성, 일자문성 아래 귀인봉이 있는 것

염정 화성체 아래에 토성인 일자문성이
있고, 토성 아래에 귀인봉이 있다. 토성과
목성이 수려하고 단정해야 한다.

〈대각귀인〉

- **상격룡** : 재상宰相이 되어 임금의 총애를 얻어 실질적으로 국사를
  다스린다.
- **중격룡** : 상서시종上書侍從과 같은 높은 벼슬을 하고, 한 사람이 여
  러 개의 관직을 겸한다.
- **천격룡** : 승도가 되나 조정에 나가 임금을 대한다. 국사國師, 왕사
  王師가 된다.

관방귀인觀榜貴人 - 수성체 옆에 귀인봉이 서 있는 것

〈관방귀인〉

수성체 옆에 목성 귀인이 서 있다. 단정하고 수려해야 한다. 목성 귀인이 문곡文曲인 수성을 관찰하는 형상이다. 수성체가 귀인봉보다 높든지 낮든지 모두 길하다.

- 상격룡 : 장원급제하고 한림翰林에 올라 영귀榮貴한다.
- 중격룡 : 군읍郡邑을 다스리는 관직을 맡고, 부富는 향읍鄕邑에서 으뜸이다.
- 천격룡 : 승도나 노비 또는 병졸이 된다.

옥당귀인玉堂貴人 - 화성체 아래에 목성 귀인봉이 있는 것

〈옥당귀인〉

염정 화성체 아래 목성 귀인봉이 있는 것으로 밝고 청수해야 한다.

- 상격룡 : 학문이 높아 한림학사翰林學士가 되어, 임금 앞에서 경서經書를 강론한다.
- 중격룡 : 文名과 명예를 얻는다.
- 천격룡 : 승도로서 귀하게 된다.

장외귀인帳外貴人 – 장막사 뒤에 있는 귀인봉

막외귀인幕外貴人이라고도 하며 수
성체인 장막사 뒤에 서 있는 귀인
봉을 말한다.

〈장외귀인〉

- **상격룡** : 과거에 급제하고 벼슬이 높아 대귀大貴한다.
- **중격룡** : 고독하고 자손이 귀하나 부귀富貴는 한다.
- **천격룡** : 승려나 노예가 된다.

마상귀인馬上貴人 – 천마사 위에 귀인봉이 있어, 말을 타고 있는 모양

천마사 위에 귀인이 있는 것으로
마치 귀인이 말을 타고 있는 형세
다. 속발부귀速發富貴하며 문무文武
에 걸쳐 공훈功勳이 크다.

〈마상귀인〉

- **상격룡** : 상서上書가 되어 시어(侍御, 임금을 가까이에서 모심)한
  다. 병권兵權을 잡아 위엄이 변방까지 떨친다. 또 이름을
  천하에 알리는 공훈을 세운다.
- **중격룡** : 대번(大藩, 지방장관)을 나가거나 부호富豪한다. 재능이
  다양하여 다산노복多産奴僕과 우마牛馬를 거느린다. 오늘
  날로 보면 대기업 총수가 된다.
- **천격룡** : 목마牧馬나 목동牧童일을 한다.

집홀규귀인執笏圭貴人 – 귀인봉 옆에 홀이나 규처럼 생긴 바위나 산이 있는 것

〈집홀규귀인〉

귀인봉 근처에 홀사笏砂나 옥규사 玉圭砂가 있다. 마치 귀인이 임금을 배알할 때 홀 또는 규를 들고 있는 형상이다.

- 상격룡 : 상서上書가 되어 조정에서 임금과 국사를 논하는 귀를 한다.
- 중격룡 : 갑과甲科 급제하여 당상관堂上官에 오르는 등 현귀顯貴한다.
- 천격룡 : 승도僧徒가 된다.

오마귀인五馬貴人 – 다섯 개의 천마사 가운데 서 있는 귀인봉

귀인봉이 다섯 개의 천마사天馬砂 가운데 서 있다. 모든 사격이 단정하고 수려해야 한다.

〈오마귀인〉

- 상격룡 : 상서上書 시종侍從하고 변방에 나가 큰 공을 세운다.
- 중격룡 : 특히 무관으로 급제하여 큰 공을 세우거나 거부다마巨富 多馬한다.
- 천격룡 : 말 목장이나 말 판매하는 업을 한다.

문성귀인文星貴人 ─ 아미사 뒤에 서 있는 귀인봉

목성木星 귀인봉 아래에 태음太陰 아미
성娥眉星이 있다. 모두 수려하고 단정해
야 한다.

〈문성귀인〉

- **상격룡** : 문장文章 현달하고 문무겸직文武兼職한다.
- **중격룡** : 문명文名은 멀리 떨치나 품위品位는 높지 않고, 여귀女貴
  가 많다.
- **천격룡** : 남녀간에 음란하고 추하다.

전고귀인展誥貴人 ─ 귀인봉이 고축사나 전고사 위에 우뚝 솟아 있는 것

〈전고귀인〉

목성 귀인이 고축사誥軸砂나 전고사
展誥砂 위로 우뚝 솟은 것이다. 모두
깨끗 단정해야 한다. 한쪽으로 치우
쳐 있으면 안 좋다.

- **상격룡** : 임금의 총애를 받아 높은 벼슬에 오르며 존경을 받는 인
  물이 된다.
- **중격룡** : 임금을 모시는 중간급 벼슬을 한다.
- **천격룡** : 능지기 등 종묘宗廟에 관련된 일을 한다.

보필문성輔弼文星 – 귀인봉 사이에 문필봉이 우뚝 솟아 있는 것

〈보필문성〉

붓끝처럼 뾰족한 문필봉이 두 귀인봉 사이에 우뚝 서 있다. 문필봉을 중심으로 두 봉우리의 거리가 같고, 크기가 비슷하면 더욱 좋다. 이는 귀인이 문필을 보필하고 있는 형상이다.

- **상격룡**: 장원급제하여 재상宰相이 된다. 특히 문무겸직文武兼職한다.
- **중격룡**: 아버지와 아들이 같이 조정에서 벼슬을 한다.
- **천격룡**: 쌍처쌍자雙妻雙子한다.

삼공필사三公筆砂 – 일자문성 위로 세 개의 문필봉이 나란히 서 있는 것

일자문성一字文星 위로 세 개의 문필봉이 일정한 간격으로 나란히 서 있는 것을 말한다. 가운데 봉우리가 가장 높고 양쪽 봉우리가 낮으면 더욱 좋다.

〈삼공필사〉

- **상격룡**: 극품極品 벼슬로서 조정의 기강을 바로잡는다. 천하안위天下安危를 쥐고 있다.
- **중격룡**: 형제자녀가 연속으로 등조登朝하여 크게 이름을 낸다.
- **천격룡**: 경서經書에 밝아 문명文名은 높으나 벼슬은 못한다.

필진사筆陣砂 — 문필봉 서너 개가 일렬로 서 있는 것

붓과 같은 문필봉 서너 개가 일렬로
서 있는 것을 말한다. 모두 깨끗하
고 단정해야 한다. 이때 가운데 봉
우리가 가장 높고 좌우 봉우리가 점
차 낮으면 더욱 좋다.

〈필진사〉

- **상격룡** : 부자, 형제, 숙질이 동과등제同科登第하여 함께 문명文名
  한다.
- **중격룡** : 일가대소一家大小가 문명文名이 있다. 그러나 과거科擧
  에는 나가지 못한다.
- **천격룡** : 화공畵工이나 법사法師가 나온다.

둔군사屯軍砂 — 작은 산들이 병사들처럼 둔을 치고 있는 모습과 흡사

작은 산이나 바위가 뒤섞여서 널려 있
는 것으로 병사들이 둔을 치고 있는 형
상이다.

〈둔군사〉

- **상격룡** : 대장大將이 나오며 생사권生死權을 가진다.
- **중격룡** : 군인의 관록官祿이 있다.
- **천격룡** : 음란하고 혼탁하다.

선교귀인仙橋貴人 — 선교사 아래나 위에 귀인봉이 있는 것

〈선교귀인〉

선교사仙橋砂 아래 귀인이 있거나, 선교사 위에 귀인이 있다. 청수단정하면 청빈한 인재가 많이 나온다. 대개 신선神仙을 좋아하며 청고淸高한 대유大儒가 된다.

- **상격룡** : 소년고과少年高科하여 극위極位에 오른다. 임금의 은총을 받으나 벼슬이나 재산을 탐하지 아니한다. 신선을 흠모하여 청빈한 이름을 후세까지 전한다.
- **중격룡** : 명예와 절개를 존중하고 현사賢士로 한림翰林에 이름이 높다.
- **천격룡** : 고승으로 이름이 높다. 일반인은 자손이 없다.

2) 흉한 사격의 형태

혈은 험하고 흉한 산이 있는 곳에서는 맺지 못하는 것이 원칙

흉한 사격은 산세가 험하고, 깨지고, 급하고, 기울고, 달아나고, 배반한 형태의 산을 말한다. 혈은 험하고 흉한 산이 있는 곳에서는 맺지 못하는 것이 원칙이다.

옛 산서山書에는 "천룡흉지賤龍凶地에는 길사吉砂가 비추지 아니하고, 진룡명혈眞龍名穴은 반드시 흉사凶砂를 피해 결지한다"고 하였다.

즉 흉측한 살이 많이 있는 곳에서는 혈의 결지가 원칙적으로 있을 수 없다는 뜻이다. 그러나 세상에 완전무결한 것은 없는 법이다. 아무리 천하대길지天下大吉地라도 조금은 흠이 있을 수 있다. 이것은 어쩔 수 없는 자연 현상이다.

그러므로 몇 가지 흠이 있다 하여 용진혈적龍眞穴的한 곳을 버리는 우를 범해서는 안 된다.

용혈도 천한데 사격까지 흉하면 그야말로 큰 피해를 입게 된다

일단 혈을 맺으면 웬만한 살은 크게 두려워할 일은 아니다. 혈에 흉한 사격이 비추더라도 용과 혈에 따른 기본적인 발복은 한다. 다만 흉사에 해당되는 만큼 화를 당한다는 것이 길흉화복론의 기본이다.

예를 들어 용과 혈이 상격이라면 큰 인물이 난다. 그런데 주변 사격이 흉하다면 높은 지위에 있으면서 거기에 따른 피해를 입는다는 뜻이다. 용혈도 천한데 사격까지 흉하면 그야말로 큰 피해를 입게 된다. 이러한 곳은 피해야 한다.

사격은 혈에서 보이는 것만 가지고 따진다. 흉한 사격이라도 혈에서 보이지 않으면 피해를 주지 않는다. 또 멀리 떨어져 있으면 그 영향력은 떨어진다. 그러나 흉한 사격이 혈 가까이 있거나 직접 치는 형상이

면 매우 흉하다. 이러한 곳은 피하거나 안 보이도록 비보裨補를 해주어
야 한다.

　흉한 사격은 다음과 같은 형태를 가지고 있다.

흉사오격凶砂五格

(1) 추악대살사격醜惡帶殺砂格 - 산이 험준하고 돌이 많아 살기가 감도는 악산

산이 험준하고 돌이 많아 살기殺氣가 감도는 추하고 험한 악산惡山이다.
이러한 사격이 안산이나 조산이 되거나, 혈에 비추면 사람과 재물이 같
이 망한다. 또 흉악무도한 자손이 나와 오역忤逆하게 된다.

(2) 파쇄수삭사격破碎瘦削砂格 - 깨지거나 파리하게 비쩍 마른 산

산이 깨지고, 무너지고, 골이 지고, 뼈만 앙상하게 남은 파리하게 비쩍 마
른 산을 말한다. 이러한 사격이 혈에 비추면 파산하여 빈궁貧窮을 벗어날
수 없다. 매사에 어려운 일이 겹쳐 헤어나지를 못한다.

(3) 준급경도사격峻急傾倒砂格 - 산이 기울고 거꾸러진 것

산세가 급하고, 기울고, 거꾸러진 산을 말한다. 이러한 사격이 혈에 비추
면 성격이 급한 옹졸한 자손이 나온다. 또한 흉악무도한 자가 나오며 가
산을 탕진한다. 산이 기울고 거꾸러지면 물도 빨리 흘러나간다. 물은 수
관재물이라 재산을 관장하는 것인데, 재산이 빨리 빠져나가므로 가난해
진다.

(4) 무정주찬사격無情走竄砂格 - 모든 산들이 혈을 감싸주지 못하고 달아나는 것

모든 산들이 다정하게 혈을 감싸주지 못하고 무정하게 달아나는 것을 말

한다. 이러한 사격이 혈에 비추면 파산破産하여 이향離鄕하게 된다.

(5) 충사첨리사격衝射尖利砂格 – 청룡백호 끝이 뾰족하거나, 주먹을 쥔 것처럼 생긴 것

청룡백호 끝이 송곳같이 뾰족하게 생겼거나, 주먹을 쥔 것처럼 생긴 것을 말한다. 이러한 산이 혈을 치거나 쏘는 형태로 있으면 사람이 상하고 온갖 재앙이 끊이지 않는다.

흉한 사격의 8가지 형태

(1) 사射 – 뾰족한 사격이 혈의 옆구리나 앞을 찌르듯 있는 것

끝이 뾰족하고 날카롭게 생긴 사격이 혈의 옆구리나 앞을 찌르듯 있다. 이것은 사람을 상하게 한다. 또는 고향을 떠나 징역을 살게 한다.

(2) 파破 – 혈 주변의 산들이 깨지고 부서져 보기 흉한 것

혈 주변의 산들이 깨지고 부서져 보기 흉한 것이다. 다살흉악多殺凶惡한 것으로 사람을 상하게 하고 파산破産을 가져다준다. 또 음란하여 주색잡기로 실패한다.

(3) 탐探 – 조그만 봉우리가 혈을 훔쳐보는 형상

조그만 봉우리가 산 너머로 머리를 살짝 내밀고 혈을 훔쳐보는 것을 말한다. 마치 도둑이 담장 밖에서 고개를 내밀고 집안을 엿보는 모습과 같다. 이러한 산을 규봉窺峰 또는 규산窺山이라고도 하는데 흔히 도적봉이라고 한다. 혈에서 규봉이 보이면 도벽 자손이 나오거나 크게 도적을 당하여 실물손재失物損財한다.

(4) 충衝, 충冲 – 청룡백호의 끝이 주먹처럼 돌기突起하여 혈장을 치는 것

충衝은 청룡이나 백호 끝이 주먹과 같이 돌기突起하여 혈장을 치는 형상이다. 충冲은 송곳같이 날카로운 청룡백호 끝이 혈장을 찌르듯 향해 있는 것을 말한다. 이것은 사람을 상하게 하고 재산을 망하게 한다. 또 남의 일에 말려들어 화를 당한다.

(5) 압壓 – 큰 산이 가까이에 있어 혈을 압박하는 것

크고 높은 산이 혈 가까이 우뚝 솟아 혈을 압박하는 것을 말한다. 이것은 혈의 기운을 무기력하게 만든다. 자손 또한 무기력하여 발전이 없다. 부하가 주인을 배반하거나 아랫사람이 윗사람을 깔보게 된다.

(6) 반反 – 주변의 산들이 혈을 등지고 달아나는 형세

청룡과 백호 또는 안산과 조산 등 주변의 산들이 혈을 등지고 달아나는 형세다. 주변 산들이 다정하게 혈을 감싸고 안아주어야 생기가 보존되는데 모두 달아나니 기가 모일 수 없다. 이는 무정과 배신을 뜻한다.
주변사람들과 반목하여 큰 손해를 입는다. 결국 어떤 조직에서도 정착하지 못하고 영구히 떠돌아다니는 신세가 된다.

(7) 단斷 – 산이 끊기는 것

단이란 산이 끊기는 것을 말한다. 주룡이 끊기면 생기를 혈에 공급할 수 없어 흉하다. 청룡이나 백호가 끊기면 그곳으로 물과 바람이 침범하여 혈에 피해를 준다. 주룡이 끊기면 결국 절손絶孫되고 청룡백호가 끊기면 사람이 상한다.

(8) 주走 – 모든 산들이 용과 혈을 보호하지 않고 흩어지며 달아나는 형상

청룡백호 등 보국에 있는 모든 산들이 용과 혈을 보호하지 않고 사방으로 흩어져 달아나는 것을 말한다. 이것은 배신과 파산을 당하여 결국 고향을 떠나게 된다. 산과 물이 비주飛走하면 유탕遊蕩하여 때가 되어도 귀가를 생각지 아니한다.

3) 흉한 사격의 종류와 길흉화복

매천필罵天筆 − **수려한 첨봉이지만, 끝이 두 갈래로 나누어져 있는 것**

수려한 첨봉尖峰이 우뚝 솟았으나 끝이 두
갈래로 나누어졌다. 비록 문필이나 비뚤어
져 있다. 문장은 있으나 왜곡歪曲된 것이다.
과거에 열 번 응시하면 아홉 번 떨어진다.

〈매천필〉

- **상격룡**: 칼 같은 날카로운 필치로 관을 얻고 이름을 날리나 명예를 얻지 못한다.
- **중격룡**: 수재이나 급제를 못해 화공畵工이나 송사訟師가 된다.
- **천격룡**: 시비에 휘말려 송사訟事가 많고 걸인乞人이 나온다.

투송필사鬪訟筆砂 − **날카로운 능선이 서로 찌르고 싸우는 형상**

혈 앞이나 좌우에 날카로운 능선이 서
로 찌르고 싸우는 것 같다. 혈 앞에 이
러한 사격이 있으면 쟁투爭鬪의 응應
이 있어, 형제 불화하고 송사하기를
좋아한다.

〈투송필사〉

- **상격룡**: 벼슬에 오르더라도 권력 시비에 말려들어 항상 구설수에 오른다.
- **중격룡**: 부富는 있으나 형제가 재산 다툼을 하고 싸움을 좋아한다.
- **천격룡**: 송사訟事가 빈번하나 모두 패하여 파산한다.

퇴전필사退田筆砂 − 청룡백호가 혈을 감싸주지 못하고 달아나는 형상

〈퇴전필사〉

청룡백호의 끝이 날카롭게 생겼으며, 혈을 감싸주지 못하고 비주飛走하였다. 산이 달아나니 물도 혈을 감싸주지 않고 달아나는 형국이다. 퇴전필사는 전답을 팔아 없애는 형세라 하여 붙여진 이름이다. 한 치의 땅도 소유하지 못한다. 대개 이향離鄉하여 걸식乞食한다.

만약 첨예한 청룡백호의 끝이 밖으로 향하지 않고 안으로 혈장을 찌르듯이 있으면 인명을 살상하여 패가망신하게 된다.

- **상격룡**: 청렴결백한 문무관文武官이 나오나 재산은 없다. 이향離鄉해야 발전한다.
- **중격룡**: 문명文名은 있으나 가난하다. 가산家産을 다 탕진한다.
- **천격룡**: 떠돌아다니는 유리걸인流離乞人이 된다.

천기사賤旗砂 – 깨지고 부서진 산들이 깃발처럼 서 있는 것

첨예한 산봉우리가 깃발처럼 서 있어
마치 돈기사頓旗砂와 비슷하게 보이
나, 천기사는 깨지고 비틀어져 추악
한 형태의 산을 말한다.

〈천기사〉

- **상격룡** : 대장으로 정벌에 나서나 불충不忠하여 결국 멸족滅族이
  염려된다.
- **중격룡** : 중견 간부로 나가나 항시 겁살과 흉한 일을 많이 당한다.
- **천격룡** : 흉악무도한 자손이 나온다.

발우사鉢盂砂 – 승려의 밥그릇같이 생긴 산

승려의 밥그릇과 같은 원형의 작은 산
들이 무질서하게 흩어져 있는 형상이
다. 승려는 떠돌아다니면서 탁발托鉢을
한다.

〈발우사〉

- **상격룡** : 명승이 나오거나 사찰을 가지고 거부가 된다.
- **중격룡** : 승려가 되거나 소부小富한다.
- **천격룡** : 떠돌이 승려가 된다. 가난해서 유리걸식하게 된다.

제라사提羅砂 − 낡고 떨어진 광주리같이 생긴 산

〈제라사〉

낡고 허술한 광주리나 키 같은 흉한 몰골의 산형이다. 쌀을 다루는 광주리나 키가 낡고 헤졌다는 것은 가난을 뜻한다. 또 구걸할 때 쓰는 것이므로 사격 중에서 가장 꺼린다. 혈에서 보이면 불길하다.

- **상격룡**：혹 부귀하여도 미친 사람이 나오거나 지랄쟁이를 면치 못한다.
- **중격룡**：승도가 나온다.
- **천격룡**：걸개乞丐, 즉 비렁뱅이가 나온다.

번사旛砂 − 바람에 찢겨진 깃발처럼 여러 갈래로 뻗어 있는 산

〈번사〉

번旛은 산 아래 능선이 바람에 휘날리는 깃발처럼 여러 갈래로 뻗어 있는 것을 말한다. 작은 것은 1리부터 큰 것은 수리까지 뻗어나가니 군막의 영기令旗 같다. 질서정연하면서 물을 역수시키면 길하나, 무질서하고 복잡하면 흉하다. 여기서 번사라 함은 산의 지각이 제멋대로 사방으로 달아나는 형상을 말한다.

- **상격룡**：무장武將으로 위엄을 갖추고 변방으로 나간다.

- **중격룡** : 부富는 있으나, 이향離鄕한다. 음란하여 결국 요절한다.
- **천격룡** : 승려가 나오거나 빈궁하여 걸식乞食한다. 장병長病에 시달린다.

파산사破傘砂 – 산 아래가 심하게 깨지고 부서진 것

산 정상은 풍만하고 단정하여 어산사御傘砂와 비슷하다. 또는 베 짜는 북과 같다. 그러나 산중턱과 아래가 심하게 깨지고 부서져 난잡하게 생겼다.

〈파산사〉

- **상격룡** : 살기 등등하고 용맹한 무장武將이 나와 위명威名을 낸다.
- **중격룡** : 부富는 있으나 불량하다.
- **천격룡** : 빈궁하고 흉악무도한 자손이 나온다.

파망사破網砂 – 찢긴 그물처럼 생긴 산

산이 찢기고 흐트러져 몰골사나운 헌 그물더미같이 생긴 흉한 사격이다.

〈파망사〉

- **상격룡** : 무관武官이 된다.
- **중격룡** : 가업家業이 흥할 수 있지만 악질 자손이 나와 결국 망신

亡身한다.

- **천격룡** : 흉악무도한 자손이 나와 형옥刑獄을 당한다. 패가敗家하
  여 빈궁貧窮한다.

객관사客棺砂 – 관처럼 생긴 작은 산이나 바위

〈객관사〉

작은 산이나 바위가 관棺처럼 생겼다. 이와 같은 사격이 비추면 객지에서 비명횡사함을 뜻한다. 만약 물이 기울고 순수順水하면 객사하여 시신조차 돌아오지 못한다. 역수逆水하면 객사하여도 시신은 고향으로 돌아온다고 한다. 객관사가 수구에 있으면 익사자溺死者가 난다. 길쭉하게 생긴 산이나 바위가 한쪽은 높고 한쪽이 낮으면 관으로 본다. 그러나 양쪽이 모두 평등하면 관으로 보지 않는다.

- **상격룡** : 관록官祿이 있으나 객지客地에서 사망한다.
- **중격룡** : 상업으로 출장 나가 객사한다.
- **천격룡** : 전 가족이 악질이나 사고로 사망한다.

이향사離鄕砂 – 산과 물이 혈을 보호하지 못하고 순수비주順水飛走한 것

이향사離鄕砂는 산과 물이 순수비주順水飛走한 것이다. 산과 물이 혈을 보호하지 못하니 생기가 머무르지 않고 흩어진다. 이러한 곳에서는 사람도 고향에서 살지를 못하고 멀리 떠나게 된다.

대개 고향에서 인심을 못 얻어 버림받고
타처에 기거하게 된다.

〈이향사〉

> • **상격룡** : 고향을 떠나 성공하지만 끝내 고향으로 돌아가지 못하고
>   타지에서 뿌리를 내리게 된다. 대개 벼슬하는 사람은 이
>   향하게 되나 타처에 기거하게 됨은 구차스러운 일이다.
> • **중격룡** : 고향을 떠나 발전은 하나 고향에 돌아오지 못한다.
> • **천격룡** : 유민流民이 되어 떠돌이 생활을 한다.

항기사降旗砂와 패기사敗旗砂 — 깨지고 부서진 바위산이 땅바닥에 깔려 있는 것

항기사降旗砂는 산이 땅에 깔려
있으면서 파쇄破碎되고 요함凹陷
한 것이다. 산머리는 혈을 향하
나 지각은 밖을 향해 비주飛走한
것이다. 패기사敗旗砂는 역시 땅
에 깔려 있으면서 파쇄되고 요함
한 것이다. 그러나 항기사와 다

〈항기사, 패기사〉

르게 지각이 비주하지 않고 혈을 감싸주고 있다.
패기사가 항기사보다는 흉함이 적으나 모두 전쟁에 나가 패하는 형상이
다. 항기사가 있으면 전쟁에 패하고 항복한다. 반면에 패기사는 패하기
는 하지만 항복은 하지 않는다.
만약 사격이 땅에 깔려 있지 않고 당당하게 우뚝 솟아 있으면 전기사戰旗砂
가 된다. 이때는 전쟁에 나가 승리한다. 상격룡은 출장입상出將入相하고

전군을 위엄있게 통솔한다. 중격룡은 중간 장교가 되어 전공을 세운다. 천격룡은 병졸로 참전하여 공을 세우게 된다. 그러나 항기사와 패기사는 흉하다.

- **상격룡**: 대장으로 출전하여 크게 패한다. 사격이 비주하고 있으면 적에게 항복하여 크게 욕됨을 당한다. 순수하지 않고 역수逆水하면 패하기는 하나 항복은 하지 않는다.
- **중격룡**: 지휘관이 되어 출전하나 패한다. 항기사가 있으면 항복한다.
- **천격룡**: 병졸로 출전하여 적의 포로가 된다.

퇴육사堆肉砂 — 산이나 바위가 고깃덩어리 같은 모습

〈퇴육사〉

산이나 바위가 마치 고깃덩어리 형상과 같은 것을 말한다. 산과 바위가 중중첩첩으로 있으나 모두 파쇄되고 질서가 없다. 보기에 더럽고 지저분하여 흉하다. 만약 깨지지 않고 반듯한 모양이면 부자가 된다.

- **상격룡**: 부정한 방법으로 축재하고 금과 옥을 퇴적堆積하여 부자가 된다.
- **중격룡**: 탁부濁富가 되고 음란하다.
- **천격룡**: 빈궁하고 음란하다.

목표사木杓砂 – 표주박이나 바가지같이 생긴 산

작은 산이나 바위가 물 뜨는 바가지와 같
은 것이다. 마치 걸인乞人이 동냥하러 다니
는 표주박과 같다. 자루가 길면 수도하는
선인들이 가지고 다니는 것으로 부귀할 수
있다. 짧으면 비렁뱅이들이 허리에 차고
다니는 것이 되기 때문에 나쁘다.

〈목표사〉

- **상격룡** : 부귀하나 음욕이 많다.
- **중격룡** : 소부小富하나 음란하다.
- **천격룡** : 음욕이 많고 비렁뱅이 신세를 면치 못한다.

포견사抱肩砂 – 큰 산이 어깨를 둘러 작은 산을 껴안고 있는 모습

큰 산이 작은 산이나 바위를 껴안고 있는
모습이다. 마치 남녀가 어깨를 둘러 서로
껴안고 있는 형상이다.
또 뒤에 있는 산이 다리를 벌려 그 사이
에 앞산을 안고 있는 형태다. 주로 음란
을 뜻한다.

〈포견사〉

- **상격룡** : 부귀하나 음란하다. 특히 백호 쪽에 있으면 부인이 타성
他姓 자식을 낳는다.
- **중격룡** : 소부小富하나 음란하다. 더러운 이름이 멀리 퍼진다. 남

의 자식을 키울 수 있다.

- 천격룡 : 창기娼妓 여식이 나온다.

자면사刺面砂 – 칼로 지르고 그은 것같이 상처가 많은 산

〈자면사〉

멀리서 보면 수려한 것 같으나 가깝게 보면 지저분하게 생긴 산을 말한다. 마치 얼굴을 칼로 지르고 그은 것 같다. 상처에 반창고를 붙인 것처럼 흉한 암석이 덕지덕지 있다. 이런 산이 있으면 형을 받아 귀양간다. 자면사 아래 약사발 같은 작은 바위가 있으면 사약을 받는다.

- 상격룡 : 무장으로서 득관得官한다. 전쟁에서 용감하게 싸우다 부상을 입는다.
- 중격룡 : 군인으로서 득부得富하나 상이군인이 된다.
- 천격룡 : 군인으로 전쟁에 나간다. 그러나 살육殺肉을 당한다.

흔군사掀裙砂 – 여인이 치맛자락을 위로 치켜올린 모습

〈흔군사〉

흡사 바람에 휘날리는 여인의 치맛자락과 같다. 그것도 치마를 위로 치켜 올리니 음란하기 그지없다. 거기다 여러 산줄기가 뒤엉켜 난무하는 형상이다.

- **상격룡**: 부귀하나 음란하다.
- **중격룡**: 음란하고 탁부濁富하다.
- **천격룡**: 여인이 음란하여 창녀가 되며 남자는 방탕하다.

헌화사獻花砂 - 여인이 아랫도리를 벌리고 있는 형상

좌우 산각山脚이 넓게 벌려 있고 그 중간이 파이거나 구멍이 뚫려 있다. 마치 여인이 아랫도리를 벌리고 있는 흉한 몰골이다. 이러한 사격이 보이면 아무리 혈이 귀하더라도 음란을 면할 수 없다.

〈헌화사〉

- **상격룡**: 부귀하나 여인이 음탕하여 추문이 멀리까지 퍼진다.
- **중격룡**: 여인이 음란하여 망신한다.
- **천격룡**: 창녀가 나온다.

탐두사探頭砂 - 작은 산이 산 너머로 살짝 보이는 것

규산窺山 또는 규봉窺峰이라고도 한다. 작은 산이 산 너머로 살짝 보이는 것이다. 마치 도둑이 담장 밖에서 머리만 살짝 내밀고 집안을 훔쳐보는 것 같은 형상이다. 탐두봉이 보이면 혈의 크고 작음을 떠나 도적을 면할 수 없다.

〈탐두사〉

- 상격룡 : 부귀하나 항상 시기하는 자가 있다. 도적을 당하나 피해는 크지 않다.
- 중격룡 : 부귀는 있으나 시기와 모함을 당한다. 도적으로 인하여 큰 피해를 본다.
- 천격룡 : 도적 자손이 나와 패가망신하거나 도적을 당하여 망한다.

유시사流屍砂, 객관사客棺砂 − 죽은 시체 모습이나 관棺처럼 생긴 것

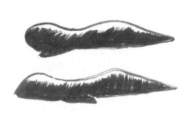

〈유시사, 객관사〉

산이나 바위가 사람이 죽은 시체 모습이거나 관棺 같은 형상을 하고 있다. 이러한 사격이 혈에 보이면 객사를 당한다. 만약 물이 혈장을 거두어 역수逆水하면 시신은 고향으로 돌아올 수 있다.

그러나 거두지 못하고 순수順水하면

돌아오지 못한다. 유시사나 객관사가 물에 떠내려가는 모습이거나 수구
에 있으면 익사자溺死者가 난다.

이러한 사격은 흉한 것이나 장군대좌형이나 금오탁시형와 같은 곳에 있
으면 오히려 길하다. 장군에게는 적의 수급으로 큰 전공을 상징하고, 까
마귀는 시체를 뜯어먹기 때문이다.

- **상격룡** : 고관高官을 하나 뜻하지 않은 객사客死를 당한다.
- **중격룡** : 의사 또는 유명인으로 명성을 얻으나 객사한다.
- **천격룡** : 익사 또는 객사한다. 심하면 일가가 뜻하지 않은 사고로
  모두 사망한다.

4) 사세砂勢의 종류와 길흉화복

사세砂勢란 두 개 이상의 산들이 모여 이룬 형태를 말한다. 이러한 산들이 혈에 보이는 모습을 보고 혈의 길흉화복을 가늠한다.

천을天乙, 태을太乙 – 주산 뒤 좌우에 귀인봉이 서 있는 것으로, 군왕을 보좌하는 어진 신하가 나온다

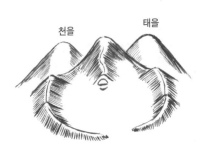

〈천을, 태을〉

주산 뒤 좌우에 귀인봉이 서 있는 것을 말한다. 왕이 있으면 바로 뒤 양쪽에 서 있는 호위무사나 수행문관과 같은 모습이다. 혈에서 보아 좌측에 있는 것을 천을, 우측에 있는 것을 태을이라 한다.

용진혈적龍眞穴的에 좌천을左天乙, 우태을右太乙이 있으면 벼슬이 대간臺諫에 올라 군왕을 보좌하는 어진 신하가 나온다. 또 문명文名 높은 자손이 나와 한림翰林의 위치에 오르며 군왕을 강론한다.

당조재상當朝宰相 – 귀한 사격들이 즐비한 곳으로 당대에 재상이 나온다

〈당조재상〉

당대에 재상이 나온다는 뜻이다. 우선 용진혈적한 곳에 문필봉, 귀인봉, 일자문성 등의 귀한 여러 사격들이 나열되어 있는 곳이다. 또한 물은 여러 골짜기에서 흘러와 모두 혈 앞 명당에 모여든다. 특히 안산이나 조산에서 나오는 물이 구불구불하게 명당으로 흘러 들어오면, 이를 조입당전朝入堂前이라 하여 당대에 재상이 나온다고 한다.

좌기우고左旗右鼓 – 병권을 장악하는 무장이 나오는 형상

용진혈적한 곳에 좌측은 군대의 깃발 같은 산이 있고, 우측에는 북 같은 산이나 바위가 있다. 이러한 혈은 나라의 병권을 장악하는 무장이 나온다. 특히 장막을 쳐 놓은 것 같은 사격이 현무봉 뒤에 있거나, 안산이나 조산에 있으면 좋다. 여기에 좌기우고가 있으면 무장출신으로 재상에 오른다. 이를 출장입상出將入相한다고 한다.

〈좌기우고〉

문필고축文筆誥軸 – 수려한 문필봉과 고축사가 연달아 있으면 장원급제하여 문명을 높인다

용진혈적한 곳에 수려하게 우뚝 솟은 문필봉과 고축사가 연달아 있는 것을 말한다. 이는 일거에 장원등조壯元登朝하는 길한 사격이다. 여기에 관모봉과 어병사가 가까이 있으면 문명 높은 학자가 나온다. 주로 동궁東宮에서 세자世子를 가르치는 시독관試讀官이 된다.

〈문필고축〉

아도교검衙刀交劍 – 청룡백호에 있는 뾰족한 사격은 보검으로 대장군을 뜻한다

용진혈적한 곳에 뾰족하게 생긴 청룡백호가 혈을 잘 감싸주고 있는 형상이다. 뾰족하게 생긴 사격은 귀인이 차고 다니는 보검이다.

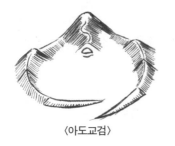

〈아도교검〉

이는 명장이 나와 전방에서 군을 지휘한다. 주로 야전사령관이 된다고 보면 된다.

공경사公卿砂 — **일자문성의 안산이 귀인봉의 주산을 향해 절하고 있는 형상**

〈공경사〉

용진혈적한 곳에 서광이 빛나는 우뚝 솟은 바위산이 주산이 되었다. 고축이나 일자문성은 안산이나 조산이 되어 주산과 정면 대응하고 있다.
이러한 혈의 청룡에 귀인봉이 수려 단아하게 솟아 있는 것을 말한다. 이때는 공경대부公卿大夫의 큰 벼슬이 기약된다.

거부사巨富砂 — **혈 뒤로는 병풍을 친 것 같고, 앞에는 노적봉이 있는 것**

〈거부사〉

용진혈적한 곳에 주산이나 현무봉 뒤로는 병풍을 친 것 같은 사격이 있다. 이를 병장후고屛帳後皐한다고 표현한다.
즉 병풍이나 휘장을 친 언덕과 같은 산이 있다는 뜻이다. 그리고 안산이나 조산은 노적가리처럼 풍비 원만하게 생겼다. 이들이 서로 정면 대응하고 있으면 재벌거부가 기약된다.

또 내룡來龍에 금괘와 같이 생긴 바위가 붙어 있거나, 주변에 창고와 같이 생긴 사격이 있으면 재록財祿이 가득하다. 이와 같은 사격이 수구에 있어서 물을 관쇄關鎖해 주어도 거부지지巨富之地가 된다.

왕비사王妃砂 — '어병사'가 혈 뒤에 있고, '아미사'가 안산이 되면 왕비가 난다

용진혈적한 곳에 병풍을 친 것 같은 어병사御屛砂가 혈 뒤에 있고, 미인의 눈썹 같은 아미사蛾眉砂가 안산이 되면 왕비가 난다. 또 족두리 같은 화관사花冠砂가 손방巽方이나 곤방坤方에 있으면 여자가 귀하게 된다. 손과 곤방은 모두 여자를 뜻하는 방위이기 때문이다.

〈왕비사〉

부마사駙馬砂 — 백호가 청아단정하고, 손방이나 신방에 옥녀봉이 있으면 부마가 난다

용진혈적한 곳에 백호가 청아단정하고, 손방巽方이나 신방辛方에 옥녀봉玉女峰이 있으면 임금의 부마나 현관거부顯官巨富의 사위가 기약된다.

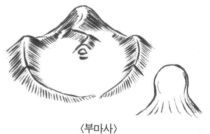

〈부마사〉

대과사大科砂 — 문필봉이 안산 또는 조산이 되고, 귀인방에 좋은 사격이 있으면 대과급제한다

용진혈적한 곳에 문필봉이 안산 또는 조산이 되면 문장재사文章才士가

나온다. 여기에 청룡이 수려하고
귀인방에 길한 사격이 비추면 대
과급제한다.

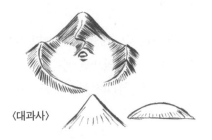

〈대과사〉

장군사將軍砂 - 장막사, 좌기우고, 투구봉, 천마사가 있으면 장군이 나온다

〈장군사〉

용진혈적한 곳에 주산 현무봉 뒤로는 휘
장을 친 것 같은 장막사帳幕砂가 있다. 여
기에 좌기우고左旗右鼓, 즉 좌우 양측에는
군대의 깃발과 북 같은 사격이 있다. 더욱
이 무곡방인 태방兌方에는 투구봉이 있고,
건방乾方 또는 오방午方에 천마사天馬砂가
있으면 병권을 장악하는 장군이 나온다.

효자사孝子砂 - 건방의 위엄 있는 사격을 간방의 귀인봉이 배알하듯 서 있는 형상

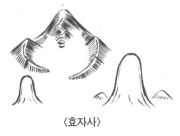

〈효자사〉

용진혈적한 곳에 단정 수려한 작
은 귀인봉이 간방艮方에 있는데,
건방乾方에 있는 높고 위엄 있는
사격을 배알하듯이 서 있다. 충신
과 효자가 나온다.

현부사賢婦砂 - 백호가 단정 수려하고 안산과 조산이
　　　　　　공손하면 현모양처가 난다

용진혈적한 곳에 백호가 단정 수려
하고 안산과 조산이 공손하다. 현모
양처賢母良妻가 나온다.

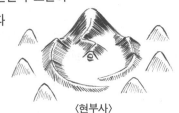

〈현부사〉

절손사絶孫砂 – 주룡이 단맥되고 청룡이 요절하면 절손된다

주룡이 단맥斷脈되고 청룡이 요절凹絶하며 특히 장남궁인 진방震方이 요함凹陷하다. 이때는 자손을 이어가기가 힘들며 결국 절손絶孫되고 만다.

〈절손사〉

빈궁사貧窮砂 – 산들은 비주하며, 명당이 경사지면 가난과 궁핍을 면할 수 없다

주룡이 허약하고 청룡백호는 비주飛走한다. 또 주변의 사격이 무질서하게 복잡하다. 명당은 경사가 심하게 기울어졌다. 수구는 관쇄關鎖되지 않고 넓게 벌어져 있다. 이러한 곳에서는 가난과 궁핍을 면할 수 없다.

〈빈궁사〉

전망사戰亡砂 – 청룡이 요함하고, 무곡방에 험한 산이 있으면 전사자가 난다

〈전망사〉

주룡이 무기력하고 국세는 살기등등하다. 청룡은 요함凹陷하며, 무곡방인 태방兌方에 험한 칼 같은 산이 용이나 혈을 찌르듯이 있다. 이러한 곳에서는 자손이 전쟁터에 나가 전사戰死한다.

익사사溺死砂 – 북쪽이 요함하고, 수구에 유시사가 있으면 익사자가 나온다

주룡은 무기력하고 수기水氣를 관장하는 북쪽이 요함凹陷하다. 더구나 수구에는 유시사流屍砂나 관사棺砂가 있으면 자손 중에서 익사자溺死者가 나온다.

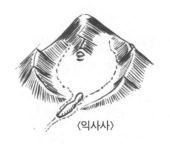

〈익사사〉

오역사忤逆砂 – 청룡이나 백호 끝자락이 지나치게 크면 역모자가 난다

〈오역사〉

용진혈적한 곳이라도 청룡백호가 비주飛走하거나 그 끝이 우뚝 솟아 혈을 능압陵壓하듯이 있다. 또 도적 봉인 규산窺山이 혈에 비추면 신하는 역모하고 자손은 불효한다.

안맹사眼盲砂 – 남쪽에 있는 산이 너무 높아 혈을 능압하고 햇빛을 가리면 장님 자손이 나온다

혈은 낮은데 남쪽에 있는 산이 너무 높아 혈을 능압하고 햇빛을 가리면 장님 자손이 나온다. 또 보기 흉한 잡석잡토가 혈에 비추면 장님 자손이 나온다.

〈안맹사〉

음탕사淫蕩砂 – 포견사, 간부사가 있으면 부녀자가 음탕하여 패가망신한다

〈음탕사〉

용과 혈이 음습하다. 뒤에 있는 큰 산이 앞에 있는 작은 산을 감싸고 있는 포견사抱肩砂나, 백호 내에 작은 산이 누워 있는 간부사奸婦砂가 있다.
이는 그 집안의 부녀자가 음탕하여 패

가망신하기 쉽다. 또 남의 자식을 키울 수 있다.

5) 구빈산결救貧山訣

당나라 시대의 인물인 구빈救貧 양균송楊筠松의 산결山訣로 전해지는 내용이다. 산의 형세에 따라 사람의 인격, 품성, 길흉화복 등이 정해진다는 이론이다.

- 산이 살찌면 사람은 배부르다. 즉 부자가 된다
  (산비즉인포山肥則人飽)
- 산이 야위고 마르면 사람은 배 주린다. 즉 가난하다
  (산수즉인기山瘦則人飢)
- 산이 아름다우면 사람이 빼어나다. 즉 준수하다
  (산초즉인수山俏則人秀)
- 산이 탁하면 사람이 더러워진다. 즉 옹렬하다
  (산탁즉인치山濁則人嫧)
- 산이 완벽하게 보국을 이루면 사람에게 기쁜 일만 있다
  (산완즉인희山完則人喜)
- 산이 깨지고 파손되면 사람에게 슬픈 일만 있다
  (산파즉인비山破則人悲)
- 산이 모이면 사람이 모여든다(산귀즉인취山歸則人聚)
- 산이 달아나면 사람이 흩어진다(산주즉인리山走則人離)
- 산이 넓게 펴서 감아주면 사람이 장수한다(산신즉인수山伸則人壽)

- 산이 좁게 쪼그라들어 감아주지 못하면 요절한다

  (산축즉인요山縮則人夭)

- 산이 밝으면 사람이 현달한다. 즉 재주가 뛰어나다

  (산명즉인달山明則人達)

- 산이 어두우면 사람이 미혹하다. 즉 어리석다

  (산암즉인미山暗則人迷)

- 산이 앞을 향해 있으면 사람이 순하다. 즉 정직하다

  (산향즉인순山向則人順)

- 산이 등을 돌리고 있으면 기만한다. 즉 정직하지 못하다

  (산배즉인기山背則人欺)

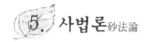

5. 사법론砂法論

사법론은 방위를 가지고 주변 산들의 길흉화복을 따지는 이법론

사법론은 사격의 방위를 음양오행에 의해서 길흉화복을 판단하는 법칙이다. 사격의 좋고 나쁨은 산의 모양과 형세를 보고 판단하는 것과 음양오행에 의해서 판단하는 두 가지 방법이 있다.

사격의 외적 형상을 보고 판단하는 것을 형세적 사격론이라 한다. 방위를 가지고 길흉화복을 따지는 것은 이기적 사격론이다. 사법론이란 이기적 사격론이다. 즉 혈 주변 산들의 방위를 측정하여 음양오행의 법칙에 적용한 다음, 길흉관계를 따져보는 이론이다.

길한 사격은 길한 방위에 있어야 제대로 발복이 된다

사격은 형세적으로 단정하고 수려해야 길한 것이다. 그러나 그 위치가 음양오행 이치에 맞지 않으면 크게 발복하지 않는다. 예컨대, 어느 사람의 친인척 중에 귀인이나 큰 부자가 있더라도 그 사람을 직접적으로 도와주지 않으면 있으나마나 한 존재다. 마찬가지로 아무리 좋은 사격도 혈에 도움이 되지 않는 방위에 있으면 효과가 없다.

반대로 험악하고 살기 많은 사격이 있으면 형세적으로 흉한 것이다. 그러나 그 위치가 음양오행 법칙으로 흉한 방위만 아니라면 큰 피해는 없다고 본다. 예컨대, 어느 사람의 주변에 흉악범이 흉기를 들고 설치고 다닌다면 일단은 불안하다. 그러나 본인을 해치지만 않는다면 직접적인 피해는 없는 거와 마찬가지다. 그렇지만 흉한 사격이 흉한 방위에 있으면 흉악범이 본인을 직접 겨냥하고 해치는 거와 같다.

그러므로 길한 형상의 사격은 길한 방위에 있어야 더욱 좋은 기운을 혈에 줄 수 있고 발복이 더욱 확실하다 하겠다. 반대로 흉한 사격이 이법적으로도 흉한 방위에 있으면 그 흉함이 더욱 커진다. 이것이 사법론의 기본이다.

따라서 길한 형상의 사격은 혈에 더욱 좋은 기운을 줄 수 있도록 하고, 흉한 사격은 혈에 직접적인 피해가 없도록 해야 한다. 이것이 사법론을 공부하는 목적이다.

사격의 측정은 혈지에서 나경패철 6층으로 한다

사격의 방위 측정은 혈에서 한다. 혈 중심에 나경패철을 정반정침하고 6층 인반중침人盤中針으로 사격의 중심방위를 정확하게 측정한다. 이에 대한 자세한 설명은 〈제3장 나경패철론〉 중 '제6층 인반중침' 편을 참고하기 바란다.

사법론에는 옛날부터 전해져 내려오는 수많은 법칙들이 있다. 이들 법칙은 통일성이 없고 길흉화복이 제각각이다. 아직 어느 법이 정확한지는 알 수 없는 실정이다. 그러므로 풍수지리를 제대로 정립하기 위해서는 이에 대한 많은 연구를 필요로 한다.

여기서는 일반적으로 가장 많이 쓰이는 이법과 이치적으로 충분히 타당성이 있다고 생각되는 것만을 골라 정리했다.

1) 팔산법八山法 － 팔괘 방위에 길한 사격이 있는지 흉한 사격이 있는지를 살펴 길흉화복을 판단

팔괘방위에는 아버지와 어머니를 비롯해서 아들 딸 등 가족을 관장하는 방위가 각각 있다. 가족 중 누가 구체적으로 어떻게 발복할 것인가를 가늠하는 데 이용한다.

먼저 혈지에서 나경패철을 정반정침하고 사격이 있는 방위를 측정하

면서 사격이 길격형상인지 흉격형상인지를 살핀다. 그리고 그 방위가 팔
괘 방위 중 어디에 속하는지를 가려 길흉화복을 판단한다.

〈팔산 조견표〉

팔산八山		건乾	곤坤	감坎	리離	간艮	손巽	진震	태兌
방위 (6층)		술건해 戌乾亥	미곤신 未坤申	임자계 壬子癸	병오정 丙午丁	축간인 丑艮寅	진손사 辰巽巳	갑묘을 甲卯乙	경유신 庚酉辛
궁위 宮位		노부궁 老父宮	노모궁 老母宮	중남궁 中男宮	중녀궁 中女宮	소남궁 少男宮	장녀궁 長女宮	장남궁 長男宮	소녀궁 少女宮
형상 形象	길격 吉格	수고왕정 壽高旺丁	부귀왕정 富貴旺丁 부녀유덕 婦女有德	부귀충량 富貴忠良 중방발왕 中房發旺	문장귀현 文章貴顯 중녀수미 中女秀美	정재양발 丁財兩發 유방성창 幼房盛昌	문장귀작 文章貴爵 재원발귀 才媛發貴	부귀왕정 富貴旺丁 장방당권 長房當權	필출문무 必出文武 재화풍부 財貨豊富
	흉격 凶格	요수핍손 夭壽乏孫	불발정재 不發丁財 주부실덕 主婦失德	불발정귀 不發丁貴 중방부진 中房不振	불발부귀 不發富貴 목질안맹 目疾眼盲	빈발병질 頻發病疾 가산불흥 家産不興	불발부귀 不發富貴 음천요수 淫賤夭壽	인정불왕 人丁不旺 장방요수 長房夭壽	음탕소녀 淫蕩少女 필출파족인 必出跛足人
	천마 天馬	속발부귀 速發富貴			속발부귀 速發富貴				

- **길격형상**: 산이 둥글고 풍만하게 살이 찐 것이면 부격富格이다.
  반듯하면서 깨끗하면 귀격貴格이다. 크기와 높이가 혈
  과 잘 조화를 이루면 길격형상이다.

- **흉격형상**: 산이 깨지고 부서지거나 기울고 무정하게 배반한 형상
  이다. 또 지나치게 크고 높거나 지나치게 낮은 것은 흉
  하다. 혈을 보호해 주지 못하면 흉격형상이다.

- **수고왕정**壽高旺丁 : 장수하고 자손이 번창한다. 丁은 장정 정 자로 자손을 뜻한다.
- **요수핍손**夭壽乏孫 : 젊었을 때 요절하여 단명한다. 결국 자손이 없다.
- **부귀왕정**富貴旺丁 : 부귀를 다하고 자손이 번창한다.
- **부녀유덕**婦女有德 : 어머니나 아내가 덕이 있다. 여자가 집안을 일으킨다.
- **불발정재**不發丁財 : 자손과 재산에 발전이 없다.
- **주부실덕**主婦失德 : 주로 어머니와 아내가 덕이 없어 집안을 망친다.
- **부귀충량**富貴忠良 : 부귀를 다한다. 마음이 충직하고 선량하여 존경을 받는다.
- **중방발왕**中房發旺 : 가운데 자손이 왕성하게 번창한다.
- **문장귀현**文章貴顯 : 문장으로 이름이 있어 귀貴하게 된다.
- **중녀수미**中女秀美 : 가운데딸이 특히 똑똑하고 아름다워 귀하게 된다.
- **목질안맹**目疾眼盲 : 눈에 병이 있거나 맹인 자손이 난다.
- **정재양발**丁財兩發 : 자손도 번창하고 재산도 번창한다.
- **유방성창**幼房盛昌 : 막내 자손이 크게 발전한다.
- **빈발병질**頻發病疾 : 질병이 빈발하여 결국 집안의 재산이 다 나간다.
- **문장귀작**文章貴爵 : 문장으로 이름이 있어 귀와 벼슬을 한다.
- **재원발귀**才媛發貴 : 딸이 똑똑하여 귀하게 된다.
- **음천요수**淫賤夭壽 : 딸이 음란하고 천하게 되며 결국 일찍 단명 요절한다.

- **장방당권**長房當權 : 장남과 장손이 권위가 있어 집안을 부귀하게 이끌어간다.

- **필출문무**必出文武 : 반드시 문무에 걸쳐 위인이 나오고 재물 또한 풍부하다.

- **음탕소녀**淫蕩少女 : 막내딸이 음탕하여 천하게 된다.

- **필출파족인**必出跛足人 : 반드시 절름발이 자손이 나올 것이다.

[예 1] 혈 중심에서 주변에 있는 산을 나경패철 6층 인반중침으로 측정하였다. 동쪽인 갑묘을甲卯乙, 즉 진방震方에 수려하고 풍만한 산이 있다면?

[답] 동쪽인 갑묘을甲卯乙, 즉 진방震方에 수려하고 풍만한 산이 있다면 자손이 번창하여 부귀를 다하는 좋은 산이다. 특히 진震방은 장남을 관장하는 방위이므로 장남과 장손이 잘 된다.

[예 2] 혈에서 나경패철을 정반정침하고 6층으로 주변 산사격을 측정하였다. 북쪽인 임자계壬子癸, 즉 감방坎方에 깨지고 부서진 흉한 바위투성이 산이 있다면?

[답] 북쪽인 임자계壬子癸, 즉 감방坎方에 깨지고 부서진 흉한 바위투성이 산이 있다면 부귀도 못할 뿐만 아니라 자손들도 잘 되지 않는다. 그 중에서도 가운데 자손이 더 큰 피해를 본다.

[예 3] 혈에서 나경패철 6층으로 주변 산을 측정하였다. 동남쪽인 진손사辰巽巳, 즉 손방巽方에 귀한 산이 있다면?

[답] 이는 장녀인 큰딸이 매우 똑똑하고 아름다워 귀하게 된다.

[예 4] 혈에서 나경패철 6층으로 주변 산을 측정하였다. 남쪽인 병오정 丙午丁, 즉 이방離方에 산이 높고 험하며 햇빛을 차단하고 있다면?

[답] 부귀도 없을 뿐만 아니라 특히 중녀인 가운데 딸이 피해를 많이 본다. 특히 자손 중에 눈병이 있거나 맹인이 나올 우려가 있다.

[예 5] 혈에서 나경패철 6층으로 주변 산을 측정하였다. 서북쪽인 술건해 戌乾亥, 즉 건방乾方에 있는 산이 깨끗하고 풍만하다면?

[답] 이곳이 길격형상이면 부귀는 물론이고 무병장수한다. 건방은 할아버지와 아버지를 관장하는 방위이므로 가장이 제대로 된 역할을 한다. 자연히 집안에 질서가 정립된다.

[예 6] 혈에서 나경패철 6층으로 주변 산을 측정하였다. 남서쪽인 미곤신 未坤申, 즉 곤방坤方에 흉한 산이 있다면?

[답] 재산과 자손의 발전이 없다. 특히 곤방은 어머니 또는 아내를 관장하는 방위이므로 여인들이 실덕하여 집안을 망친다.

2) 삼길육수방三吉六秀方 - 길한 방위 대부분은 삼길육수에 해당

좌향에 상관없이 사격의 위치가 고정되어 있다. 어느 자리든 삼길육수 방위에 좋은 사격이 있으면 길하다. 사법론에서 대부분 귀한 사격은 삼길육수 방위에 해당된다. 양명하고 수려 단정한 사격이 삼길육수 방위에 있으면 부귀대발과 장수가 기약된다.

또 청아 단정한 사격이 삼길육수 방위에 있으면 관인官人은 득권得權하고, 사인士人은 공명功名을 얻으며, 백성은 득재수복得財壽福한다.

삼길三吉 방위	진(震=卯), 경庚, 해亥
육수六秀 방위	간艮, 병丙, 손巽, 신辛, 태(兌=酉), 정丁

3) 귀인방貴人方 ─ 좋은 사격이 있으면 문과급제하여 벼슬에 나간다

좌坐를 기준으로 귀인방에 단정하고 수려한 길한 사격이 있으면 길하다. 귀인봉이 혈에 비추면 문과급제文科及第에 득위승직得位昇職한다.

坐	壬	子	癸	丑	艮	寅	甲	卯	乙	辰	巽	巳	丙	午	丁	未	坤	申	庚	酉	辛	戌	乾	亥
貴人方	卯巳	卯巳	卯巳	寅卯巳午	酉亥	丑未酉亥	丑未	子申	子申	子卯巳申	寅午	寅卯酉亥	酉亥	酉亥	酉亥	子申酉亥	子卯申酉	寅卯巳午	寅午	寅午	寅午	寅卯午酉亥	丑卯巳未	丑卯巳未

- ### 음양최관귀인陰陽催官貴人

좌향에 상관없이 최관귀인방催官貴人方에 귀인봉이나 길한 사격이 있으면 속발速發하여 등과득위登科得位한다.

음최관귀인陰催官貴人	간艮, 손巽, 진(震=卯), 태(兌=酉)
양최관귀인陽催官貴人	병丙, 신辛, 경庚, 정丁

4) 녹방祿方 - 좋은 산이 있으면 재산과 자손이 번창한다

향向을 기준으로 녹방祿方에 네모지거나 둥그렇게 살이 붙은 산이 있으면 치부왕정致富旺丁한다. 즉 재산을 모으고 자손이 번창한다. 녹방은 재산을 관장하는 방위로 향의 바로 왼쪽에 있다.

향向	임壬	계癸	갑甲	을乙	병丙	정丁	경庚	신辛
정록正祿	해亥	자子	인寅	묘卯	사巳	오午	신申	유酉
차록借祿	건乾		간艮		손巽		곤坤	

[예] 나경패철 4층으로 혈지의 좌향을 측정하니 임좌병향壬坐丙向이었다. 6층으로 주변의 사격을 측정하니 묘卯방위에 귀인으로 잘생긴 산이 있다. 또 사巳방위에는 후덕하게 생긴 산이 있다면?

[답] 임좌壬坐에 묘卯방위와 사巳방위에 있는 산은 귀인방으로 등과급제하여 권력을 얻는 좋은 사격이다. 병향丙向에 사巳방위의 후덕한 산은 녹위祿位에 있는 산으로 재산을 많이 모을 수 있는 사격이다. 산의 모양도 길하고, 위치도 매우 길한 방위에 있다. 때문에 부귀왕정富貴旺丁이 기약되는 곳이다.

5) 역마방驛馬方 — 천마사나 좋은 산이 있으면 발복이 빠르다

좌坐를 기준한다. 역마방驛馬方에 천마사 혹은 귀한 봉우리가 있으면
속발부귀한다.

● **역마방**驛馬方

좌坐	신자진申子辰	해묘미亥卯未	인오술寅午戌	사유축巳酉丑
역마방	인寅	사巳	신申	해亥

● **차마방**借馬方

좌坐	병丙	임壬	갑甲	경庚
방위方位	손巽	건乾	간艮	곤坤

좌향에 상관없이 건乾이나, 오午방에 천마사가 있으면 속발부귀한다.
건방에 있는 것을 금마金馬, 오방에 있는 것을 천마天馬라 한다.

설사 천마사가 아니더라도 이곳에 귀하게 생긴 봉우리가 있으면 길하
다. 이는 발복이 매우 빠르다.

6) 청룡, 백호, 안산의 길흉화복

구분	관 장 궁 위	화복禍福	길격형상吉格形象
청룡 靑龍	장남長男, 적손嫡孫과 4,7,10번째 자손과 귀貴와 벼슬을 관장한다.	인정귀작 人丁貴爵	유정하고 다정하게 혈을 끌어안아 주어야 한다.
백호 白虎	지손支孫, 서손庶孫과 3,6,9번째 자손과 딸과 부富를 관장한다.	여수재산 女秀財産	청수하고 다정하게 혈을 끌어안아 주어야 한다.
안산 案山	아내궁과 2,5,8번째 자손을 관장하고 재산을 관장한다.	부귀처재 富貴妻財	높지도 낮지도 않고 다정하게 혈의 정면에 위치

- **인정귀작**人丁貴爵 : 자손이 번창하고 귀인이 되어 높은 벼슬을 한다.

- **여수재산**女秀財産 : 딸이 똑똑하고 아름다워 귀부인이 된다. 큰 부자가 난다.

- **부귀처재**富貴妻財 : 부귀를 다하며, 아내가 덕이 있다.

7) 삼각치三角峙 | 간艮, 손巽, 태(兌＝酉) |

간艮, 손巽, 유酉를 삼각이라고 부른다. 3방위 각각에 기이하고 아름답게 생긴 봉우리가 높게 솟아 있으면 삼각치三角峙라 한다. 이는 부귀쌍발富貴雙發한다.

구성九星 중 간艮은 탐랑, 손巽은 거문, 태兌는 무곡武曲에 해당된다. 즉 삼길성三吉星이 삼각으로 옹립하여 혈을 비추므로 매우 길한 형상이다.

8) 삼양기三陽起 | 손巽, 병丙, 정丁 |

남향인 손巽, 병丙, 정丁 3방위를 삼양이라 한다. 이곳에 단정 수려한 3개의 봉우리가 높게 솟아 있는 것을 삼양기라 한다. 이는 높은 문장과 관작官爵이 기약된다. 손巽은 거문, 병丙은 탐랑, 정丁은 무곡방위로 모두 삼길성에 포함된다.

9) 팔국주八國周 | 갑甲, 경庚, 병丙, 임壬, 을乙, 신辛, 정丁, 계癸 |

팔국주는 8천간 방위에 수려 단정한 봉우리가 둘러싸여 있는 것으로,

혈을 둘러싼 팔방에 귀한 봉우리가 있으므로 매우 귀한 땅이다. 주로 제왕지지帝王之地가 된다. 그러나 한두 봉우리가 빠지면 그만큼 역량이 줄어든다. 즉 부귀도 반감한다.

10) 사세고四勢高 | 인寅, 신申, 사巳, 해亥

인신사해寅申巳亥 4방위를 사세라 한다. 이곳에 수려하고 단정한 봉우리가 높이 솟아 있으면 사세고라 한다. 이는 사국四局의 생궁生宮에 해당되는 곳이다. 이곳 모두에 높고 수려한 산이 있으면 지극히 귀한 인물이 나온다. 사세고는 네 개의 봉우리가 모두 갖추어져야 제대로 된 것이다. 한 봉우리라도 빠지면 그만큼 역량이 줄어든다.

11) 자궁완子宮完, 자궁허子宮虛 | 진(震=卯), 간艮, 감(坎=子)

동쪽인 진(震, 장남궁), 동북방인 간(艮, 소남궁), 북쪽인 감(坎, 중남궁)은 모두 남자를 관장하는 방위다. 이곳 모두에 수려한 산이 있으면 자궁완子宮完이라 한다. 아들이 많고 번창한다. 만약 이곳이 요함凹陷하거나 공허하면 이를 자궁허子宮虛라 한다. 자손이 적고 번창하지 못한다.

12) 여산구女山俱 | 손巽, 리(離=午), 태(兌=酉)

동남쪽인 손(巽, 장녀궁), 남쪽인 리(離, 중녀궁), 서쪽인 태(兌, 소녀궁)는 모두 여자를 관장하는 방위다. 이곳 모두에 청아하고 단정한 산이 있으면 여자가 귀하게 된다.

반대로 이곳이 요함凹陷하고 공허하면 주로 여자들이 흉함을 당한다.

13) 수성숭壽星崇, 수산경壽山傾 건乾, 정丁

건乾방위는 북극노인성北極老人星, 정丁방위는 남극노인성南極老人星이 있다. 이를 수성壽星이라 하여 사람의 수명과 연관이 깊다. 이곳이 수려 단정하고 높으면 수성숭壽星崇이라 한다. 주로 장수하고 자손이 번창한다.

반대로 이곳이 낮고 기울어 흉하면 수산경壽山傾이라 한다. 젊어서 요절하고, 단명하여 자손이 없다.

14) 태양승전太陽昇殿 자子, 오午, 묘卯, 유酉

지지자로 동서남북 사방에 높고 둥그런 금성체 봉우리가 있는 것을 태양승전이라 한다. 동서남북은 자오묘유子午卯酉 방위다. 이곳 모두에 단정하고 기세 있는 태양금성체太陽金星體의 산이 있으면 극귀極貴하는 인물이 배출된다. 또 국부國富가 난다. 한 봉우리라도 빠지면 그만큼 역량이 줄어든다.

15) 태음입묘太陰入廟 갑甲, 경庚, 병丙, 임壬

천간자로 동서남북, 즉 갑경병임甲庚丙壬 방위에 청아하고 아름다운 반달 같은 태음금성체太陰金星體의 산이 있는 것을 태음입묘라고 한다. 이는 여자가 귀하게 되어 왕비가 난다.

남자의 경우는 임금의 사위인 부마駙馬가 된다. 네 봉우리 모두가 갖추어져야 제대로 된 것이다. 한 봉우리만 빠져도 그만큼 역량이 줄어든다.

16) 옥대현玉帶現

손손巽, 신辛, 경庚, 태(兌=酉)

손신巽辛 방위에 있는 허리띠처럼 생긴 산을 옥대玉帶라 한다. 경태庚兌에 있는 띠처럼 생긴 옥대사를 금대金帶라 한다. 옥대나 금대가 있으면 옥대현玉帶現이라 한다. 남자는 장원급제하여 귀인이 되고, 여자는 귀비貴妃가 된다.

17) 대사문大赦文, 소사문小赦文

대사문은 건곤간손乾坤艮巽 방위다. 소사문은 병정경신丙丁庚辛 방위다. 대사문과 소사문 방위에 수려하고 아름다운 산이 있는 것을 사문성赦文星이라고 한다.

사문성이 있으면 흉화凶禍가 혈에 들어오지 않는다. 혹 주변에 흉하게 생긴 사격이 있다 하더라도 그 흉한 기운이 감해진다. 또 나쁜 재앙이 모두 물러간다.

대사문大赦文	건乾, 곤坤, 간艮, 손巽
소사문小赦文	병丙, 정丁, 경庚, 신辛

18) 일월명日月明

오午, 자子

오午는 태양을 뜻하는 일日방위고, 자子는 태음을 뜻하는 월月방위다. 자방과 오방에 수려하게 잘 생긴 봉우리가 서로 마주하고 서 있으면 일월명이라 한다. 일월명이 있으면 고귀한 자손이 배출된다.

19) 오기조원五氣朝元

남쪽에 화성火星이 있고, 북쪽에 수성水星이 있으며, 동쪽에 목성木星이 있고, 서쪽에 금성金星이 있다. 그 가운데 중앙에 토성土星이 있고 여기에 혈이 있는 것을 오기조원이라고 한다.

각 방위의 오행에 맞는 봉우리가 서 있으니 그 기세는 엄청나다. 대표적인 왕후지지王后之地로 발복도 장원하다. 왕이 나지 않으면 성인聖人이 난다. 후대에까지 존경받는 종사宗師가 된다.

방위方位	동쪽	남쪽	중앙	서쪽	북쪽
오성五星	목성木星	화성火星	토성土星	금성金星	수성水星

20) 팔요황천풍(八曜黃泉風, 황천풍이라고도 함)

입수룡을 기준하여 팔요황천살에 해당되는 방위가 흉하면 극심한 피해를 입는다. 황천살 방위가 요함凹陷하거나 흉한 골짜기가 있어 살풍殺風이 불어오면 황천풍이다. 인상손재人傷損財하여 사람이 상하고 재산이 망한다.

입수룡 入首龍	감坎 壬子癸	간艮 丑艮寅	진震 甲卯乙	손巽 辰巽巳	리離 丙午丁	곤坤 未坤申	태兌 庚酉辛	건乾 戌乾亥
황천풍	辰, 戌	寅	申	酉	亥	卯	巳	午

21) 겁살방劫煞方

좌坐를 기준으로 하여 다음 방위에 깨지고 험한 사격이 있으면 겁살방이다. 겁살은 사람을 상하게 하고 재산상에 큰 손해를 입힌다.

坐	壬	子	癸	丑	艮	寅	甲	卯	乙	辰	巽	巳	丙	午	丁	未	坤	申	庚	酉	辛	戌	乾	亥
方	申	巳	巳	辰	丁	未	丙	丁	申	未	癸	酉	辛	酉	寅	癸	乙	癸	午	寅	丑	丑	卯	乙

22) 규산窺山

좌향坐向에 관계없이 다음 방위에서 탐두규봉探頭窺峰이 혈장穴場을 넘겨다보면 화재火災나 도적盜賊으로 패가망신敗家亡身한다.

규산방	길흉화복吉凶禍福
임壬	무살無煞로서 오히려 무병장수無病長壽하는 탐두사探頭砂다.
자子	도적손재盜賊損財: 도적이 들어 큰 재물을 도난당한다.
계癸	관재형옥官災刑獄: 관재가 들어 감옥에 간다. 도적자손盜賊子孫이 나온다.
축丑	다병요수多病夭壽: 잦은 병치레로 요절하고 단명短命한다.
간艮	관재구설官災口舌: 관의 재앙으로 구설수에 오른다.
인寅	관재구설官災口舌: 관의 재앙으로 구설수에 오른다.
갑甲	다병빈궁多病貧窮: 자주 병에 들고 가난하고 궁핍하다.
묘卯	다병빈궁多病貧窮: 자주 병이 들고 가난하고 궁핍하다.

규산방	길흉화복吉凶禍福
을乙	별무재난別無災難: 큰 재난은 당하지 않는다.
진辰	뱀처럼 생긴 규산이나 우물[井]이 있으면 사렴蛇蠊이 들어 괴병흉사한다.
손巽	도벽빈한盜癖貧寒: 도벽이 심하고 찢어지게 가난하게 산다.
사巳	도벽빈한이다. 사두蛇頭 규산이나 우물[井]이 있으면 사럼이 들어 괴병흉사한다.
병丙	흉도자손凶盜子孫: 흉악한 도적 자손이 나온다.
오午	대죄옥사大罪獄死: 큰 죄로 인하여 사형수가 되거나 옥사를 당한다.
정丁	무살無殺로서 오히려 현인귀부賢人貴富가 기약된다.
미未	도벽관재盜癖官災: 도벽으로 관재를 당한다.
곤坤	다병빈한多病貧寒: 병이 많고 가난하다.
신申	다병빈한多病貧寒: 병이 많고 가난하다.
경庚	정재재앙丁財災殃: 자손과 재산에 재앙이 있다.
유酉	도실다병盜失多疾: 도둑을 당하고 병이 많다.
신辛	빈발손재頻發損財: 손재가 빈발한다.
술戌	곤궁도실困窮盜失: 곤궁한 집안에 도적까지 들어 더욱 가난해진다.
건乾	다질빈곤多疾貧困: 온갖 질병에 시달리고 빈곤하다.
해亥	재앙관환災殃官患: 재앙으로 관의 우환이 있다.

＊ 탐두探頭 규산窺山은 작은 산이 큰 산 뒤에 숨어서 머리만을 살짝 들어내 놓고 엿보는 산이다. 마치 도적이 남의 물건을 훔치려고 담장 밖에서 안을 엿보는 모습과 같다.

＊ 임壬, 정丁방위의 규산은 탐두봉이지만 오히려 길하다. 을乙, 진辰 방위의 규산은 무길무해無吉無害하다. 기타 방위의 탐두 규산은 모두 흉하다.

7장
수세론 水勢論

풍수지리에서 산은 움직이지 않고 정停하기 때문에 음으로 본다. 반면에 물은 움직여 동動하므로 양이다. 음과 양이 서로 교배했을 때만 혈을 결지할 수 있다. 물의 작용 없이는 절대로 혈을 맺을 수 없다. 풍수에서 물이 중요한 것은 이 때문이다.

의성 김씨 중시조인 청계 김진 선생 묘에서 바라본 안산
강 건너 오목하게 보이는 곳이 꼭 여자의 성기 모양이다. 혈은 남근 모양
으로 생겨 음양의 조화를 이루고 있다.

1. 수세水勢의 개요

산은 움직이지 않고 정停하기 때문에 '음', 물은 움직여 동動하므로 '양'

물은 만물을 생성하는 근원으로 천지간에 가장 많은 존재다. 그래서 흔히 지리地理를 산수山水 또는 풍수風水라 한다. 그만큼 물이 차지하는 비중이 크다는 것을 뜻한다.

풍수지리에서 물은 혈을 결지하는 데 산과 함께 필수조건이다. 물은 생기를 보호하고 인도할 뿐만 아니라 기를 멈추게 하여 혈을 융취融聚시키는 역할을 한다.

풍수지리에서 산은 움직이지 않고 정停하기 때문에 음으로 본다. 반면에 물은 움직여 동動하므로 양이다. 음과 양이 서로 교배했을 때만 혈을 결지할 수 있다. 물의 작용 없이는 절대로 혈을 맺을 수 없는데, 풍수에서 물이 중요한 것은 이 때문이다.

산맥을 따라 유통되는 생기는 바람을 만나면 흩어지는 성질이 있다. 이러한 생기를 바람으로부터 흩어지지 않도록 하는 것은 물이다. 물은 용맥龍脈을 양쪽에서 보호하고 인도한다. 마치 전기가 흐르는 전선을 피복이 감싸고 있는 거와 같다.

뿐만 아니라 물은 생기를 멈추게 하여 한 곳에 모이도록 한다. 용맥 양쪽을 따라온 물이 합쳐지면 그 사이로 흐르던 생기는 더 이상 나가지 못하고 멈춘다. 생기가 멈추어 모이는 곳이 혈이다.

혈을 찾고자 할 때는 산을 보지 말고 물을 보라, 산은 있으나 물이 없는 곳에서는 혈을 찾지 말라

양수兩水 가운데는 반드시 산줄기인 용맥이 있다. 양수가 서로 만나 합수合水하면 곧 용의 행룡行龍이 끝난다. 이를 용진처龍盡處라 한다. 혈은 용진처에 맺으며, 용맥을 따라온 물이 분수分水하고 합수合水하는 곳에 있다.

이러한 물의 중요성 때문에 혈을 찾고자 할 때는 산을 보지 말고 물을 보라고 하였다. 또한 산은 있으나 물이 없는 곳에서는 혈을 찾지 말라 하였다. 물이 비주飛走하여 흩어지면 생기도 흩어진다. 물이 교회交會하여 모이면 생기도 모인다. 이것이 자연이치다.

물은 재산을 관장, 물이 깊고 많은 곳에 부자가 많이 난다

풍수지리에서는 수관재물水管財物이라 하여 물은 재산을 관장한다. 물이 깊고 많은 곳에서는 부자가 많이 난다. 물이 얕고 적은 곳에서는 가난한 사람이 많다. 그 이유는 사람은 물길 따라 이동하기 때문이다. 물이 많이 모이면 사람이 많이 모인다. 재화는 사람을 따라다니기 때문에 그곳에 재물이 풍부하다.

반대로 물이 흩어지는 곳은 사람도 흩어지기 마련이다. 사람이 모이지 않으면 재화가 모일 수 없다. 그러한 땅이 가난하고 궁핍한 것은 당연하다. 옛 지리서地理書에는 "산관인정山管人丁 수관재물水管財物"이라 하였다. 산은 사람의 성정을 관리하고, 물은 재물을 관장한다는 뜻이다.

이러한 물에는 여러 종류가 있다. 큰 물과 작은 물이 있는가 하면, 혈에서 멀리 있는 물과 가까이 있는 물이 있다. 깊은 물이 있는가 하면 낮은 물이 있다. 혈을 감싸주는 물이 있는가 하면 배반하고 달아나는 물이 있다. 다정하게 생긴 물이 있는가 하면 혈을 날카롭게 찌르며 피해를 가져다주는 물이 있다. 또 길한 방위의 물이 있는가 하면 흉한 방위의 물이 있다.

이와 같은 물의 형세적 모양과 음양오행 이치에 따른 길흉관계를 살피는 것이 수세론水勢論이다. 물의 외관을 살펴 좋고 나쁨을 판단하는 것은 형세론形勢論이다. 방위의 음양오행에 따라 길흉화복을 따지는 것은 이법론理法論이다.

물에는 지표면 위의 지상수地上水가 있고, 지표면 아래의 지하수地下水가 있다. 지상에 흐르는 물은 용맥을 호종하고 인도하는 역할을 한다. 지하수는 용맥의 생기가 흩어지지 않도록 보호하는 역할을 한다. 생기는 바람을 만나면 흩어지므로 이를 물이 가두어 보호하지 않으면 안 된다.

지표면의 지상수는 사람이 직접 감지할 수 있기 때문에 구분이 쉽다. 그러나 지하수는 육안으로 구분하기 어렵다. 지하수를 구분하는 방법은 산형山形과 지세地勢를 살펴 감지할 수밖에 없다.

물은 산 따라 흐르는 것이 자연원칙이다. 용맥의 흐름을 살피면 지하수의 흐름을 짐작할 수 있다. 용맥 양옆으로는 용의 생기를 보호하기 위한 수맥이 형성되기 때문이다.

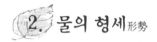

2. 물의 형세形勢

용맥의 흐름이 다양하듯이 물의 흐름도 다양하다. 물은 움직이는 것으로 양기陽氣에 해당된다. 반면에 산은 정지한 것으로 음기陰氣에 해당된다. 혈은 양기와 음기가 서로 교배交配를 하여야만 결지할 수 있다. 따라서 산과 물이 서로 끌어 안아주듯 감싸주어야만 길한 형상이다.

만약 물이 산을 등지고 달아나면 음양조화를 이루지 못한다. 물이 혈을 날카롭게 찌르듯 들어오거나 충격을 가하면 심한 상처를 입는다. 이러한 물은 모두 흉한 형상이다.

이와 같이 물의 외적 형상을 보고 혈의 결지 여부와 길흉관계를 가늠하는 것을 물의 형세形勢라 한다. 크게 길격 형세와 흉격 형세로 구분한다.

다음은《인자수지人子須智》내용을 정리한 것이다.

1) 길격 형세

(1) 내수자욕기굴곡來水者欲其屈曲

혈 앞 명당으로 들어오는 물은 구불구불해야 한다.

즉 지현자之玄字 모양으로 굴곡屈曲하면서 유유히 들어와야 길하다.

(2) 횡수자욕기요포橫水者欲其繞抱

옆으로 가로지르는 물은 용과 혈을 감싸 안아주듯 휘돌아야 한다. 만약 등을 돌리고 배반하면 흉하다.

〈길격 형세〉

(3) 거수자욕기반환去水者欲其盤桓

물이 보국을 빠져나갈 때는 머뭇거리듯 천천히 흘러나가야 한다. 만약 직류로 빠르게 흘러나가면 흉하다.

(4) 회취자욕기유양匯聚者欲其悠揚

혈 앞 명당에 모인 물이 돌아나가는 데는 느릿느릿하면서 휘돌아 나가야 한다.

(5) 융저자욕기징청融瀦者欲其澄淸

연못이나 웅덩이처럼 고여 있는 물은 맑고 깨끗해야 한다. 또 넘쳐 흘러야 길하다.

⑹ 기타

- 혈에서 보이는 물이 일직선으로 곧장 찌르듯 있지 않아야 한다.
- 물은 기울지도 않고, 험악스럽게 급하지 않아야 한다.
- 물은 급한 여울이 되어 소용돌이치며 격랑을 일으키지 않아야 한다.
- 오는 물은 보여도 나가는 것은 보이지 않아야 한다.
- 여러 방면에서 득수한 구곡육수九谷六水가 혈 앞 명당에서 취합해야 한다.
- 명당을 빠져나가는 물은 한 방향의 수구로 나가야 하며, 수구는 좁아야 한다.
- 깊고 맑은 물이 항상 넘쳐나듯 흘러야 길하다.
- 물이 풍부하다는 것은 용이 그만큼 크고 멀다는 뜻으로 길하다.

2) 흉격 형세

〈흉격 형세〉

(1) 직충지세直衝之勢 – 물이 찌르듯 들어오는 형세

첨예한 물이 용혈을 찌르듯이 곧장 들어오는 형세다. 자손이 상하고 관재官災가 우려된다.

(2) 사별지세斜澈之勢 – 물이 급하게 부딪치는 형세

물이 한쪽으로 기울어 급하게 흐르면서 서로 부딪치는 형세다. 혹은 사방으로 흩어져 나가는 물이다. 도산하여 가난해진다.

(3) 준급지세峻急之勢 – 물이 험악하게 흐르는 형세

무서울 정도로 험악한 물이 급하게 흐르는 형세다. 사람이 상하고 일거에 도산하여 패망한다.

(4) 격단지세激湍之勢 – 물이 소용돌이치듯 흐르는 형세

물들이 서로 부딪치며 소용돌이치듯 급하게 흐르는 형세다. 비교적 얕은 여울물이 졸졸졸 소리를 내며 빠르게 흐르는 것을 말한다. 사람과 재산이 모두 망한다. 특히 집이나 묘에서 여울물 소리가 울부짖듯 들리면 줄초상이 난다고 한다.

(5) 반도지세反挑之勢 – 물이 혈을 외면하고 흐르는 형세

혈 앞 명당을 지나는 물이 혈을 외면하고 반궁反弓으로 흐르는 형세다. 사람은 배반당하고 재산은 망한다.

(6) 경사지세傾斜之勢 – 물이 쏟아지듯 흐르는 형세

물이 쏟아지듯 매우 급하게 흐르는 형세다. 산세와 명당이 그만큼 가파르기 때문이다. 사람과 재산이 급속도로 망한다.

(7) 기타

- 물이 오염되어 탁하고 냄새가 심하면 흉하다.

- 물이 일직선으로 곧장 들어오거나 나가는 것은 흉하다.

- 물이 다득일파多得一破하지 않고, 여러 군데로 나가면 할거수 割去水로 흉하다.

- 물소리가 너무 커서 시끄럽게 들리면 흉하다.

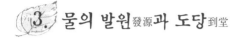

3. 물의 발원發源과 도당到堂

발원이란, 혈을 감싸주는 물의 득수처

물의 발원發源이란 득수처를 말한다. 즉 혈 앞으로 흘러 들어오는 물의 근원지다. 물의 첫번째 소임은 용과 혈의 생기가 흩어지지 않도록 보호하는 데 있다. 또 명당의 기운을 충만하게 하여 보국 내의 기운을 보전시킨다.

그렇기 때문에 용혈이나 명당과 관련이 없는 물은 발원의 대상에서 제외된다. 용혈을 감싸주면서 음양교합을 할 수 있는 물의 득수처를 발원이라 한다.

발원지는 멀고 깊어야 한다. 발원지가 깊고 멀면 용맥도 크고 기도 왕성하다. 이런 곳은 기운이 오래 보존되어 발복이 오래간다. 발원지가 가깝고 얕으면 용맥도 짧아 발복이 오래 못 간다.

'도당'이란 물이 혈 앞 명당으로 들어오는 것

물의 도당到堂이란 물이 혈 앞 명당에 들어오는 것을 말한다. 명당에 들어오는 물은 항상 용혈을 감싸주고 느릿느릿하게 흘러 들어와야 한다. 만약 명당으로 들어오는 물이 용혈을 배반하거나, 찌르듯 들어오면 안 된다.

명당으로 들어오는 물을 하수사가 거두어 역류시키면 매우 귀한 것이다. 수기를 더욱 확실하게 용혈에 공급해 주기 때문이다.

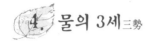

4. 물의 3세三勢

득수得水, 취수聚水, 거수去水를 물의 3세라 일컫는다

물의 기본적 형세를 득수得水, 취수聚水, 거수去水의 세 가지로 나누는 것을 물의 삼세라 한다. 득수는 용혈이 물을 얻는 것으로 발원지를 말한다. 취수는 득수한 물이 혈 앞 명당에 모여 혈과 음양교합을 하는 것이다. 거수는 명당의 물이 보국 밖으로 빠져나가는 수구를 말한다.

이 세 가지 물의 작용과 방법이 원만해야 용은 혈을 맺고, 자손은 부귀왕정할 수 있다.

1) 득수得水 − 용과 혈이 물을 얻는 것

득수는 용과 혈이 물을 얻는 것을 말한다. 음정陰靜한 용혈이 양동陽動하는 물을 얻어야 하는 것은 풍수지리의 가장 기본적 요소다.

득수하는 방법은 첫째가 주룡의 생기를 보호하면서 인도해 온 골육수骨肉水다. 이 물은 용맥 내에 있는 것으로 육안으로 분별이 어렵다. 즉 용맥 양편 지표면 아래에 형성된 수맥이다. 이 물로 인하여 용맥의 지기가 흩어지지 않고 먼 거리를 행룡할 수 있는 것이다.

혈에 이르러서는 입수도두 뒤에서 선익을 따라 양쪽으로 갈라진 다음 순전 앞에서 다시 합쳐진다. 골육수가 혈장 옆과 앞을 원을 그리듯 감아주므로 생기는 더 이상 나가지 못하고 그곳에 모이게 된다. 그래서 혈을 맺는 것이다. 위에서 갈라지는 것을 분수分水라 하고, 아래에서 합해지는 것을 합수合水라 한다. 이 분합이 분명해야 좋은 혈을 맺는다. 합수된 물은 명당으로 흘러간다.

둘째로는 주룡 능선과 내청룡 내백호 사이의 골짜기를 따라온 물이다. 좌우 양쪽 골짜기에서 득수한 물이 혈 앞 명당에서 합해진다. 이 물을 내 득수內得水라고 한다. 실제로 용혈과 음양교합을 하는 물이며, 이기론적 理氣論的인 득수처이기도 하다. 내득수한 물이 모이는 혈 앞마당을 내명 당이라고 한다.

셋째로 외청룡과 외백호 사이와 여러 골짜기에서 나오는 물을 외득수 外得水라 한다. 이 물이 모여드는 곳은 외명당이다. 용맥의 생기를 외곽 에서 보호한다.

이처럼 용의 생기를 보호하면서 흘러 들어오는 물은 구불구불하면서 천천히 들어와야 길하다. 또 용과 혈을 유정하게 감아주면서 흘러와야 한다. 만약 용과 혈을 향해 화살을 쏘듯이 직선으로 날카롭게 들어오면 흉하다. 또 용혈을 배반하듯 등을 돌리거나 급하게 소리내며 흘러와도 흉하다.

2) 취수聚水 – 일명 '명당수'로, 득수한 물이 혈 앞 명당으로 모여드는 것

취수란 득수한 물이 혈 앞 명당으로 모여드는 것을 말한다. 이를 명당 수明堂水라고도 한다. 용혈과 음양교합을 하는 물로 양기陽氣를 혈에 공 급해 준다. 산은 음이고 물은 양이기 때문에 취수를 해야만 용이 혈을 맺 을 수 있다.

혈 앞 명당에 맑은 물이 잔잔하게 고여 있어야 길하다. 그러기 위해서 는 명당이 평탄해야 한다. 명당이 경사가 심하게 기울어져 있으면 물은 급하게 흘러가므로 취수聚水를 제대로 할 수 없다.

물은 수관재물水官財物로 재산과 관련이 깊다. 명당에 많은 물이 고여 있으면 큰 부를 이룬다. 물이 마르면 재물도 없으므로 가난해진다. 명당에 연못이나 저수지, 호수 등 항상 깊고 그득한 물은 매우 좋은 것이다.

취수의 원천은 용맥을 따라온 골육수와 내득수, 외득수한 물이다. 용이 장원하고, 득수처가 멀면 물이 풍부하다. 또 지하에서 물이 솟아나면 더욱 좋다. 사시사철 마르지 않는 물은 오랜 발복을 뜻한다. 인자수지에서는 천 년 동안 마르지 않는 물이 있으면 재물도 천 년 동안 마르지 않는다고 하였다.

그런데 물이 흐리거나 오염되어 있으면 흉하다. 이러한 물은 나쁜 기운이 서린다. 자연히 혈에도 나쁜 영향을 주게 된다. 아무리 많은 물이라도 오염되면 오히려 재앙을 불러오므로 주의해야 한다. 물은 모름지기 맑고 깊고 그득해야 길한 것이다.

3) 거수去水 - 명당에 모인 물이 보국을 빠져나가는 것

명당에 취수한 물이 보국을 빠져나가는 것을 거수라 한다. 거수처를 수구水□ 또는 파구破□라 한다.

명당에 모인 물이 용혈에 수기水氣를 공급해 주었으면 더 이상 머무르지 않고 빠져나가야 한다. 그래야 새로운 물이 또 와서 수기를 공급해 줄 수 있다. 만약 물이 나가지 않으면 썩어 악기를 가져다준다.

내청룡 내백호가 감싸준 내보국 안의 명당수가 빠져나가는 곳을 내수구, 내파구 또는 내파內破라 한다. 외청룡 외백호가 감싸준 외보국의 명당수가 빠져나가는 곳을 외수구, 외파구 또는 외파外破라 한다.

거수하는 물이 혈 앞으로 곧장 급류로 흘러가면 흉하다. 혈을 감싸주면서 천천히 흘러나가야 길하다. 물이 급류직거急流直去하면 혈의 생기를 뽑아서 달아나는 것과 같다. 물은 혈의 생기를 보존하기 때문이다.

물이 급류직거하지 않으려면 청룡백호가 잘 감싸주어야 하고, 안산이 정면에 있어야 한다. 청룡백호가 감싸주지 못하고 안산이 없으면 물이 빠져나가는 모습이 훤히 보인다. 이는 혈의 정기가 흩어지는 것이니 매우 흉하다. 주변의 산들이 감싸고 있으면 물은 곧장 흘러갈 수 없다. 뿐만 아니라 나가는 물도 보이지 않는다.

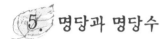

5. 명당과 명당수

1) 명당의 개요 – 혈 앞에 펼쳐진 평평한 땅으로 청룡백호, 안산 등이 감싸준 공간에 펼쳐진 들판

일반적으로 명당明堂이란 좋은 땅을 지칭하는 말이다. 그러나 풍수지리에서의 명당은 혈 앞에 펼쳐진 평평한 땅을 말한다. 청룡과 백호, 그리고 안산이 감싸준 공간에 펼쳐진 들판이다.

본래 명당이란 왕이 만조백관滿朝百官을 모아 놓고 조회할 때 신하들이 도열하는 마당이다. 왕이 앉아 있는 자리가 혈이라면 신하들이 왕을 배알하기 위해서 모여드는 자리는 명당이다. 집으로 보자면 주 건물이 들어선 곳이 혈이고, 마당은 명당에 해당된다. 청룡, 백호, 안산, 조산 등이 감싸준 공간 안의 땅은 평탄 원만하여 마치 궁전이나 집 마당과 같기 때문에 명당이라고 불렀다.

명당에는 내명당과 외명당이 있다. 내청룡, 내백호와 안산이 감싸준 공간은 내명당內明堂이다. 외청룡, 외백호와 조산이 감싸준 공간은 외명당外明堂이다. 내명당으로는 용맥을 호종해 온 골육수와 혈 근처의 물이 취합한다. 외명당으로는 넓은 들판과 여러 산골짜기에서 나온 물들이 모인다. 그래서 내명당을 소명당 또는 내당內堂이라 하고, 외명당은 대명당 또는 외당外堂이라고도 부른다.

명당이 가까이 있으면 발복이 빠르고, 멀리 있으면 발복이 늦고 가난하다

주변 모든 산들은 혈을 감싸고 있다. 때문에 산 따라 흐르는 물들은 모두 혈 앞 명당에 모이게 된다. 이를 명당수明堂水라 한다. 음인 용혈과 음양교배를 하는 양의 기운이다. 혈은 상승하는 지기와 하강하는 천기가 만나 결지한다. 지기는 주룡을 따라 유통되고, 천기는 물과 바람을 따라 유통된다. 명당수는 천기인 것이다.

명당의 생김새에 따라 물의 형태가 달라진다. 명당이 좋으면 물도 아름답고 길하다. 명당이 나쁘면 물 역시 흉하다. 명당은 평탄하고 원만한 것이 길한 형상이다. 또 넓이와 거리가 적당하고, 주변 산들과 조화를 이루어야 한다. 명당을 둘러싼 산들이 빈틈없이 겹겹으로 있으면 혈의 생기가 오랫동안 보존된다.

청룡과 백호, 안산이 너무 멀리 떨어져 있으면 명당이 지나치게 넓어진다. 혈이 바람을 타면 생기가 흩어지므로 흉하다. 산들이 너무 가까우면 혈을 압박할 뿐만 아니라 명당이 비좁다. 혈의 생기가 제대로 피어나질 못한다. 명당이 가깝고 아늑하면 빨리 발복하나 멀리 있으면 발복이 늦다. 내명당만 있고 외명당이 없으면 발복은 빠르나 오래가지 못한다. 속발속패速發速敗가 특징이다.

청룡백호가 원만하고 다정하면 명당의 형태도 자연히 원만하고 다정하다. 그 안에 있는 기 역시 순하고 부드럽다. 그러나 청룡백호를 비롯한 주변의 산들이 파열되어 험악하면 명당도 험상하다. 산들이 경사지면 명당도 기울고 경도傾倒된다. 이러한 곳의 기는 사납고 거칠어 아늑함을 줄 수 없다.

명당에 모인 물은 반드시 흘러나가야 한다. 그렇지 못하면 물이 썩어 보국 안의 기를 혼탁하게 한다. 내명당의 물이 빠져나가는 곳을 내수구 또는 내파內破라 한다. 외명당의 물이 빠져나가는 곳을 외수구 또는 외파 外破라 한다.

〈명당도〉

2) 명당의 크기 — 명당의 넓이는 용혈의 크기와 균형을 이루어야 한다

명당의 넓이는 용혈의 크기와 균형이 맞아야 한다. 용혈에 비해 명당이 지나치게 크거나 작으면 안 좋다. 명당이 용혈에 비해 지나치게 광활하면 바람을 가두지 못한다.

뿐만 아니라 양기가 너무 강해 음양조화가 이루어지지 않는다. 반대로 명당이 너무 좁으면 양기가 부족하여 용혈의 부실을 초래한다.

명당보국의 크기에 따라 도읍, 시, 읍, 마을, 집터, 묘터 등을 구분한다

내명당의 넓이는 내청룡, 내백호가 주밀하게 감싸주는 범위 내에서 그 내부가 평탄하고 원만하여 용과 물이 서로 음양교합하는 데 지장이 없을 정도면 족하다. 내명당이 너무 넓으면 기가 넓게 흩어져 장풍藏風이 안 된다. 그렇다고 너무 협소하면 기가 부족하여 보국을 이루지 못한다.

외명당의 넓이는 천군만마를 수용할 수 있을 정도로 넓어야 한다. 그러나 용혈과 균형이 알맞아야 한다. 천리내룡千里來龍에는 천 리의 기상에 맞아야 한다.

백리내룡에는 백 리의 규모가 되어야 한다. 소소하게 작은 용은 명당도 소소하여야 한다. 용의 기세는 생각하지 않고 넓은 명당만 탐하면 혈의 부실은 물론 진혈처가 아닐 수 있다.

산세와 명당보국이 크면 물도 크게 모여 도읍지가 된다. 산세와 명당보국이 중간이면 시나 읍을 이루며, 작으면 마을이 된다. 이보다 더 작으면 개인 집터가 되고, 아주 작으면 음택이 되는 것이다.

3) 명당의 모양 – 평탄 원만한 모양의 명당에서 좋은 혈을 맺음

명당은 항상 평탄하고 원만하여야 한다. 만약 경도傾倒되어 기울어 있으면 바람과 물이 기를 보존하지 못하고 흩어진다. 또 명당이 요함凹陷하거나 흉살凶殺이 많으면 바람과 물이 광란하고 흉폭하다. 이러한 곳은 음양교합이 불가능하므로 혈을 결지할 수 없다.

명당이 평탄 원만하고, 깨끗하고, 균형이 맞아야 재산도 얻고,
인물도 난다

명당의 발복은 수관재물水管財物이라 하여 재산을 관장한다. 물이 모이는 곳이므로 주로 부와 관련이 깊다. 명당이 평탄하면 물이 모여들므로 재산이 모인다. 명당이 경사지면 물이 빠르게 흘러가므로 재산도 빠르게 빠져나간다.

명당이 원만하면 기들도 원만하므로 혈의 발복도 편안하게 나타난다. 명당이 산만하면 기도 산만해지므로 흉하다. 명당이 깨끗하면 기도 깨끗하므로 깨끗한 자손이 나와 깨끗하게 재산을 모은다. 명당이 지저분하면 부정하게 재산을 축적한다.

혈이 낮고 명당이 가까우면 기가 빨리 도달하므로 발복이 빠르다. 혈이 높고 명당이 멀면 기가 늦게 오므로 발복이 늦다. 이는 용진혈적龍眞穴的한 곳이라도 마찬가지다.

또 명당으로 귀貴도 본다. 명당이 옹색하게 좁으면 사람의 기량이 좁아 어리석다. 명당이 황량할 정도로 크면 허망지상虛望之象이다. 명당의 균형이 알맞고 유정해야 귀한 인물도 나오는 것이다.

4) 길격 명당과 흉격 명당의 종류

명당의 모양은 지형지세에 따라 수없이 많이 있다. 혹자는 180모양이 있다고 하고, 혹서는 81격이 있다고 한다. 이를 모두 구분하기란 번잡하므로 참고가 될 만한 것을 크게 길격 9종류와 흉격 9종류로 나누어 설명한다.

- 길격 9종 : 교쇄명당, 주밀명당, 요포명당, 융취명당, 평탄명당, 조진명당, 광취명당, 관창명당, 대회명당
- 흉격 9종 : 겁살명당, 반배명당, 질색명당, 경도명당, 핍착명당, 편측명당, 파쇄명당, 두사명당, 광야명당

(1) 길격 명당

교쇄명당交鎖明堂 - 톱니바퀴가 엉키듯 교차하면서 혈을 감싸주는 것

〈교쇄명당〉

명당 좌우에 있는 산이 톱니바퀴가 엉키듯 서로 교차하면서 혈을 중첩으로 감싸주는 것을 말한다. 이는 장풍藏風에도 좋을 뿐만 아니라 명당에 취수聚水되는 물이나 파구되는 물이 설기洩氣됨이 없다. 명당 중에서 최상으로 대부대귀大富大貴하는 명당이다.

주밀명당周密明堂 – 담장을 두른 것처럼 빈곳이 없이 중첩으로 감싸주는 형세

명당 주위의 산들이 담장을 두른 것처럼 빈곳이 없는 것을 말한다. 청룡, 백호, 안산을 비롯한 혈 주변의 모든 산이 낮거나 요함凹陷한 곳이 전혀 없이 중첩으로 감싸주는 형세다. 명당이 주밀하면 보국 안의 기가 전혀 새어나가질 않는다. 생기의 취결聚結이 용이하여 양명한 혈을 결지할 수 있다. 또한 장풍에도 좋은 것으로 대단히 길하다.

〈주밀명당〉

요포명당遶抱明堂 – 활 모양으로 혈을 전후좌우에서 감싸주는 것

전후좌우에서 나온 산이 혈을 활 모양으로 둘러싸 주니 명당 역시 수성水城처럼 둘러 감아주는 곳을 말한다. 내명당이 요포하면 발복이 매우 빠르다. 외명당이 요포하면 부귀가 유장하게 오래 간다.

〈요포명당〉

융취명당融聚明堂 – 사방에서 흘러온 물이 모여 연못이 된 것

명당 가운데로 사방에서 흘러온 물이 모여 연못이 된 것이다. 수취천심水聚天心이라 부르고 연못물을 융취수融聚水라 한다. 이것은 대단히 귀한 것으로 부귀를 다한다.

〈융취명당〉

물이 흘러들어 연못 깊은 곳에 모이니 재산도 저절로 모인다. 뜻하지 않은 횡재가 있다. 한번 모인 재물은 쉽게 흩어지지 않고 오래 유지된다.

평탄명당平坦明堂 - 명당 전체가 평탄하여 물이 흘러가는 것을 느끼지 못함

〈평탄명당〉

명당의 높낮이가 차이 없이 균등한 것을 말한다. 명당 전체가 평탄하게 고르니 물이 흘러가는 것을 느끼지 못할 정도다. 마치 바르게 놓인 그릇 속의 물과 같다. 개창명당開暢明堂이라고도 하며, 매우 깨끗한 기운이 서린다.

용진혈적에 평탄명당이면 재물이 쌓이고 고귀한 인물을 배출한다. 그 지위가 공후公侯와 재상宰相에 이른다. 명당에 깨끗하고 밝은 기운이 가득하므로 항상 평안한 삶을 누릴 수 있다.

조진명당朝進明堂 - 명당이 바다나 큰 호수로 되어 있는 것

〈조진명당〉

조진이란 앞에서 큰 물이 들어온다는 뜻이다. 명당이 바다나 큰 호수로 되어 있는 경우다. 파도가 혈 앞 명당까지 서서히 밀려들어와 철썩거리고 나간다. 만경창파萬頃蒼波가 끊임이 없다.

이는 매우 지귀한 것으로 으뜸가는 거부가 난다. 또 극위의 중신이 난다. 또 발복이 매우 빨라 아침에 가난했던 자가 저녁에 대부大富가 될 수 있다는 명당이다.

혈 앞 명당이 평평한 논으로 되어 있고, 여기에 물이 가득 고여 출렁이면

군에서 으뜸가는 부자가 된다. 또 혈 앞쪽에서 명당으로 유입되는 물이 층층으로 되어 있으면 더욱 길하다.

광취명당廣聚明堂 — 주변의 모든 산과 물 기운이 모여드는 곳

광취란 여러 산에서 나오는 물들이 모두 혈 앞 명당에 모이는 것을 말한다. 모든 물들이 모인다는 것은 산들 또한 명당으로 모여든다는 뜻이다. 산과 물의 모든 기운이 집결되므로 지극히 귀한 명당이다.

〈광취명당〉

우선 재물을 관장하는 물이 모여들므로 국부와 같은 거부가 난다. 인물을 관장하는 산 기운이 모여드니 훌륭한 인물을 배출한다. 이 때문에 광취명당을 가리켜 갖가지 귀한 보배를 품고 있는 거와 같다고 하였다. 또 진수성찬으로 가득한 잔칫상을 앞에 놓은 거와 같다고 하였다.

특히 바다를 청룡과 백호가 안으로 품고 있으면 조해공진朝海拱辰이라 하여 극히 길하다. 귀와 부가 오랫동안 사라지지 않는다.

관창명당寬暢明堂 — 명당이 광활하게 넓은 것으로 평야지대에 많이 있다

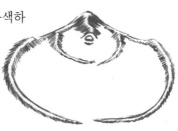

관창이란 명당이 훤하게 트여서 좁거나 옹색하지 않는 것을 말한다. 즉 명당이 광활하게 넓은 것으로 평야지대에 많이 있다. 명당이 넓다 하여 짜임새가 없는 것은 아니다. 넓어 보이기는 하지만 그 안을 청룡백호, 안산 등이 낮게 감싸주고 있다.

〈관창명당〉

낮은 산들이 주밀하게 들판을 감싸고 있으므로 공허한 느낌이 안 든다. 시야가 트여 가슴이 환하게 열리면서도 아늑한 느낌이 든다. 명당이 넓은 만큼 재물이 풍족하고, 뜻이 크고 시원시원한 인물을 배출한다. 부귀가 오랫동안 지속되고 많은 사람들에게 공덕을 베푼다.

대회명당大會明堂 − 큰 산맥과 대강수가 모여드는 명당으로 도읍지를 이룬다

〈대회명당〉

대회란 크게 모인다는 뜻이다. 큰 산맥과 큰 물들이 모두 혈 앞으로 모여 명당을 형성한 것이다. 백여 리를 달려온 여러 용들이 명당 주위에서 행룡을 마치고 모이니, 산 따라 백여 리를 달려온 물들도 모두 이곳에 모인다. 마치 천군만마가 모이는 모습이다. 또는 여러 변방의 제후들이 조공을 바치러 명당에 모이는 모습이다.

그러므로 대회명당은 지극히 귀한 것이다. 큰 보국을 이루면 도읍지가 된다. 만약 개인의 집터나 음택지로 혈이 되면 큰 재산은 물론이거니와 많은 사람을 이끄는 대인이 난다. 예컨대 국가대업을 도모하는 영웅호걸, 뭇사람의 스승이 되는 성현, 대장군, 대학자 등이 나온다. 이들의 이름은 후세에까지 길이 전해진다.

대회명당은 광취명당과 구분된다. 광취명당은 주변의 산과 물들이 모여드는 것이고, 대회명당은 대간룡과 대강수가 모여드는 것이다. 대회명당에 비하면 광취명당은 작은 국세에 지나지 않는다 하겠다.

(2) 흉격 명당

겁살명당劫殺明堂 — 창칼같이 뾰족한 형태의 산들이 명당 주변에 있는 것

겁살이란 명당 주변의 산들이 창칼같이 뾰족한 형태로 있는 것을 말한다. 이러한 산들은 무서운 살기를 품고 있다. 산을 따라 흐르는 물들도 날카롭고 첨예하다.

〈겁살명당〉

끝이 뾰족한 능선이나 물길이 혈장 안쪽을 쏘듯이 있으면 큰 재앙이 따른다. 주로 살인자나 전사자가 나온다. 날카로운 산줄기가 혈장 밖으로 향해 있으면 물이 일직선으로 곧장 흘러간다. 재산을 탕진하고 고향을 떠나 유리걸식한다.

두 개 이상의 첨예한 산줄기가 마주하고 있으면 물길들이 서로 마주치며 격랑이 일어난다. 참혹한 흉사를 당하거나 형살을 당한다. 청룡백호가 서로 뾰족하게 마주치면 가족끼리 칼부림하고 싸운다.

반배명당反背明堂 — 혈 주변의 산과 들판이 혈을 배반하고 있는 형상

혈 주변에 있는 산이 무정하게 등을 돌리고 있다. 명당수도 혈을 배반하고 등을 돌려 달아난다. 반배명당은 패역지상悖逆之象으로 오역불효忤逆不孝한 자손이 나온다. 또 모든 일이 제대로 성사되는 일이 없다.

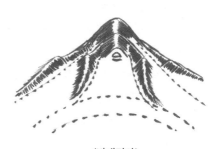

〈반배명당〉

백이면 백, 열이면 열 모두 실패한다. 가업이 망하거나 부모자식간에, 형제간에, 부부간에 배반으로 헤어지고 만다.

질색명당窒塞明堂 — 명당에 지저분한 돌무더기가 있어 앞이 답답한 것

명당에 언덕이나 돌무더기가 많아서 앞이 트이지 않고 막혀 옹색한 것을 말한다. 이는 둔하고 미련하며 기량이 협소한 자손이 나온다. 특히 앞을 가로막는 둔덕이 있으면 여자들의 난산難産과 병질病疾이

〈질색명당〉

우려된다. 청룡과 백호가 마주보고 그 중간에 둔덕이 있으면 형제간에 재산 싸움으로 우애가 없다.

경도명당傾倒明堂 — 명당이 기울어 산과 물이 같은 방향으로 곧장 흘러가는 것

명당이 한쪽으로 기울어져 산과 물이 같은 방향으로 흘러가는 것을 말한다. 청룡백호가 혈을 감싸주지 못하니 물들도 급하게 달아난다. 용진혈적龍眞穴的하기 어렵다. 비록 청룡백호가 있는 것처럼 보이나 쓸 수 없는 것이다. 옛말에 명당이 기울어 경도되면 혈 좋다고 자랑 말라 하였다. 또 혈이 되더라도 버려라 하였다. 그만큼 재산이 모이지 않고 달아난다는 뜻이다. 혈 앞 명당이 경도되면 전답을 다 팔아먹고 타향으로 도망가거나, 곤궁하다. 또 단명하여 요절하는 사람이 많다.

〈경도명당〉

핍착명당逼窄明堂 – **주변 산이 높아 혈을 압박하고, 명당이 지나치게 좁은 것**

혈과 마주하는 안산이 너무 가깝게 높이 솟아 있어 명당이 지나치게 좁은 것을 말한다. 주변 산이 혈을 압박하므로 답답하다. 이는 아둔한 자손이 나온다. 만약 용혈이 참되면 작은 혈은 맺을 수 있다. 이러한 땅은 금세 발복이 되었다가 금세 끝난다. 속발속패가 특징이다. 작은 부귀를 가지고도 오만 방자하여 인심을 잃는다.

〈핍착명당〉

편측명당偏側明堂 – **명당이 균형을 이루지 못한 것**

편측이란 명당이 균형을 이루지 못한 것을 말한다. 높은 곳이 있는가 하면 낮은 곳이 있다. 한쪽은 길면 한쪽이 짧거나, 한쪽은 넓고 한쪽은 좁다. 한쪽이 아름다우면 한쪽이 추하다. 명당이 고르지 못하니 기도 불안하다. 주로 가정이 화목치 못하여 불화를 초래하는 명당이다.

〈편측명당〉

파쇄명당破碎明堂 – **깨진 바위나 자갈무더기가 명당 주변에 널려 있는 것**

명당이나 명당 주변의 산들이 깨지고 이지러진 것을 말한다. 명당 여기저기에 깨진 바위나 자갈무더기 등이 지저분하게 흐트러져 있다. 또는 움푹움푹 파여 너저분하다.

이는 백사불성百事不成으로 온갖 재앙이 빈발한다. 또 도적의 피해가 심

하다. 가정이 편안하지 못하며 비
명에 횡사하는 경우가 생긴다. 젊
어서 요절하는 바람에 고아와 과
부가 많이 나온다. 사업실패로 가
세가 급격히 기울고, 온갖 고초를
겪는다.

〈파쇄명당〉

도사명당徒瀉明堂 - 명당의 경사가 심해 물이 쏟아지듯 나가는 것

〈도사명당〉

도사는 명당이 급하게 앞으로
기울어진 것을 말한다. 혈 앞이
경사가 심하니 물이 쏟아지듯
급히 흘러나간다. 물 따라 혈의
생기도 휩쓸려 나간다. 지극히
흉한 명당이다. 먼저 사람이 상
하고 후에 재산이 망한다. 재산
이 망할 때는 순식간이다. 뜻밖의 흉사로 화를 입는 경우가 빈발한다. 혹
용혈이 참되더라도 일단 망한 후에 비로소 재기할 수 있다.

광야명당曠野明堂 - 명당을 둘러싼 보국이 없어 허허벌판인 곳

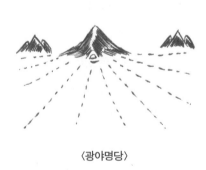

〈광야명당〉

광야는 혈 앞이 막히거나 걸리는
것 없이 텅 비어 있는 것을 말한
다. 앞에 보이는 것이라고는 아득
하게 넓은 허허벌판뿐이다. 심하
면 지평선과 수평선이 보인다.
이는 명당을 둘러싼 보국이 없다
는 것을 뜻한다. 보국이 없으면

혈의 생기는 보호받을 수 없다. 바람을 많이 타므로 생기는 곧 흩어지고
만다.

이것은 극히 흉한 것인데 천군만마千軍萬馬를 수용할 수 있다는 설에 속
는 경우가 많다.

명당이 공허하면 크고 작은 재앙이 끊임없이 닥쳐온다. 하루도 평안한
날이 없이 불안하다. 비록 용진혈적하더라도 물이 길고 안산이 없고,
명당이 비어 있으니 가계가 기울 수밖에 없다.

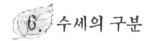

6. 수세의 구분

1) 오성五星에 의한 구분

산을 오행으로 분류한 것처럼 물도 오행[木火土金水]으로 분류

물이 흐르는 모양은 매우 다양하여 한마디로 표현할 수 없다. 옛 사람들은 그 모양을 크게 목화토금수木火土金水 다섯 가지로 분류하였다. 산 봉우리를 오행으로 분류한 것처럼 물도 오행으로 분류한 것이다. 이를 오성五星 또는 오성五城이라 한다.

목성은 물줄기가 곧게 일직선으로 흐른다. 화성은 뾰족하게 흐르고, 토성은 직각으로 흐른다. 금성은 둥글게 흐르고, 수성은 구불구불 굽이치며 흐른다.

이처럼 물줄기를 오행으로 분류한 형태를 수성水城이라 한다. 물이 성 곽처럼 용혈을 에워싼다는 뜻에서다. 수성의 분류는 바다나 강, 하천, 계 곡, 호수, 항만 등을 불문하고 모두 해당된다.

오성 중 금성과 수성은 길하다. 토성은 반쯤 길하며, 목성과 화성은 대 체로 흉하다. 금성과 수성은 둥글고 굽이굽이 흐르기 때문에 길한 것이 다. 토성, 목성, 화성은 직선으로 곧바로 흐르기 때문에 흉하다.

그러나 길한 수성이라도 물이 용혈과 명당을 유정하게 감싸주어야 길 하다. 물이 무정하게 등을 돌려 배반하거나 경사가 심하면 흉하다.

(1) 금성수金星水 − 허리띠를 두른 것처럼 원만하게 감싸주면서 흐르는 것

물이 용혈과 명당을 허리띠를 두른 것처럼 원만하게 감싸주면서 흐르는 것을 말한다. 이를 금성요대金城腰帶 또는 금성환포金城環抱라 한다. 또 그 모양이 활처럼 굽었다 하여 궁포弓抱한다고 일컫는다.

혈을 안쪽으로 감싸주면 대단히 길하다. 그러나 용혈과 반대로 등을 돌리고 흐르면 반궁수反弓水라 하여 흉하다.

〈금성수〉

(2) 수성수水星水 – '지현자'로 굴곡하면서 구불구불 흐르는 모양

물이 지현자之玄字로 굴곡하면서 구불구불하게 흐르는 모양이다. 구곡육수九谷六水가 굽이굽이 휘돌면서 명당에 들어오면 당대에 재상이 난다고한다. 용혈을 감싸주면 길하고 반배하면 흉하다.

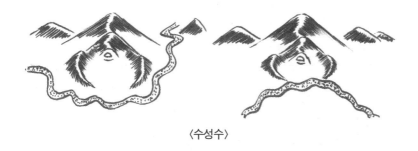

〈수성수〉

(3) 목성수木星水 – 일직선으로 곧장 흐르는 것

물이 일직선으로 곧장 흐르는 것을 말한다. 물이 혈 쪽으로 직선으로 흘러왔다가 다시 직각으로 방향을 바꾸어 흘러나간다. 직선으로 흐르는 물은 용혈을 충사沖射하므로 매우 흉하다.

목성수에는 직목성直木城과 횡목성橫木城, 사목성斜木城이 있다. 직목성은 곧은 물줄기가 혈 정면을 쏘듯이 들어오는 것을 말한다. 횡목성은 혈 앞을 가로질러 곧장 흐르는 물이다. 사목성은 혈 옆면을 비껴 직선으로 흐르는 물이다.

이들 모두는 혈을 유정하게 감싸주지 못하므로 흉하다. 가산이 빈곤하여 유리걸식하고, 살상이 난다.

〈목성수〉

(4) 화성수火星水 – 날카롭게 뾰족한 모양을 만들며 급하게 흐르는 것

물이 날카롭게 뾰족한 모양을 만들며 급하게 흐르는 것을 말한다. 대개 명당이 파쇄破碎되었을 때 급류직거하는 흉한 물이다.

깨지고 부서진 명당에다 뾰족한 물이 혈장을 충사沖射하면 살상이 난다. 흉기가 뻗쳐오므로 온갖 재앙이 끊임이 없다.

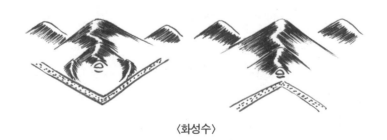

〈화성수〉

(5) 토성수土星水 − 직각으로 곧게 흐르는 것

물이 직각으로 곧게 흐르는 것을 말한다. 마치 사격의 일자문성과 같은
형태다. 혈을 감싸며 흐르는 토성수는 길하나 반배하면 흉하다.

〈토성수〉

2) 물의 4길4흉 형세

> **길한 형세** − 교交, 쇄鎖, 직織, 결結
> **흉한 형세** − 천穿, 할割, 전箭, 사射

물의 형세적 분별법이다. 교交, 쇄鎖, 직織, 결結 4가지는 길한 형세다.
이 같은 물의 작용으로 용이 생기를 모아 혈을 맺는다. 부귀왕정富貴旺丁
한다.

천穿, 할割, 전箭, 사射 4가지는 흉한 형세다. 이 같은 물은 생기를 모으
지 못해 혈을 맺을 수 없다. 오히려 극심한 피해를 준다. 주로 상정패가
傷丁敗家한다.

(1) 4길 형세

교交 − 두 물이 혈 앞에서 합쳐지는 것

두 물이 혈 앞에서 합쳐지는 것을 교
交라 한다. 주룡 좌우에서 용맥을 보
호하며 따라온 물이 명당에서 서로
만나 합쳐지는 것을 말한다.

〈교〉

〈쇄〉

쇄鎖 − 수구처가 좁게 관쇄關鎖된 것

수구처가 좁게 관쇄關鎖된 것을 쇄鎖라 한다.
수구에 한문, 화표, 북신, 나성 등 수구사가
있어 물의 직거를 막아준다. 마치 보국의 출
입문에 자물쇠를 채워 놓은 것같이 좁고 조밀
한 수구를 말한다.

〈직〉

직織 − 명당으로 출입하는 물이 구불구불한 것

명당으로 들어오거나 나가는 물이 구불구불
한 것을 직織이라 한다. 그 형세가 마치 베틀
에서 북이 왔다갔다하면서 베를 짜는 모습과
같다 하여 붙여진 이름이다.

결結 − 여러 물들이 흘러나와 한 곳에 모이는 것

여러 물들이 흘러나와 한 곳에 모이는 것을 결結이라 한다. 구곡육수九谷
六水가 취합당전聚合堂前해야 한다는 것은 이를 두고 한 말이다. 여러 골
짜기에서 나온 물이 혈 앞 명당에 하나로 모이는 것을 말한다. 마치 짚으

로 새끼줄을 꼬다가 마지막으로 한 곳에 결승
結繩하는 것과 같다.

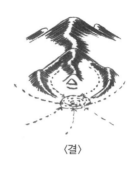

〈결〉

(2) 4흉 형세

천穿 – 직류하는 빠른 물살이 명당을 뚫듯이 깨고 나가는 것

빠르게 직류하는 물이 명당을 뚫듯이 깨고
나가는 것을 천穿이라 한다. 천은 구멍을
뚫는다는 뜻이다. 청룡백호 한쪽이 요함凹
陷하거나 자르면 마치 팔뚝을 뚫는 거와 같
다. 그곳으로 물과 바람이 혈장을 치고 들
어오면 흉하다. 또 혈 주변에 터널과 같은
구멍이 있으면 나쁘다.

〈천〉

할割 – 물이 혈장이나 명당을 할퀴고 지나가는 것

물이 혈장이나 명당을 할퀴고 지나가는 것을
할割이라 한다.
땅이 허약하면 사나운 물이 그곳을 할퀴고 깎
아 내린다. 물줄기가 제멋대로 나누어져 지저
분하고 산만하다. 물이 여러 군데로 흩어져
나가면 흉하다.

〈할〉

전箭 – 화살을 쏜 것처럼 물의 흐름이 곧고 빠른 것

물의 흐름이 마치 화살을 쏜 것같이 곧고 빠른 것을 전箭이라 한다. 명당으로 들어오거나 나가는 물이 직선으로 빠르게 흐르면 흉하다.

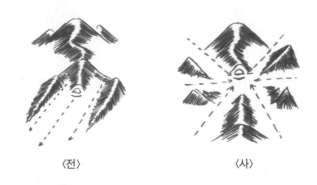

〈전〉　　　　　　　　　〈사〉

사射 - 곧은 물살이 혈장을 찌르듯이 들어오는 것

곧고 날카로운 물이 혈장을 찌르듯이 들어오는 것을 사射라 한다. 마치 혈장을 조준하여 화살을 쏘는 모습과 같다.

3) 물의 8형세와 길흉화복

물의 형세를 8가지로 분류하였다. 만灣, 구鉤, 두兜, 전轉의 4가지는 길한 형세다. 충衝, 사射, 해解, 조照의 4가지는 흉한 형세다.

(1) 만구두전灣鉤兜轉

만灣 - 물굽이로, 물이 용혈을 휘돌아 감아주는 것

만灣은 물굽이를 뜻한다. 본래 육지로 활 등처럼 쑥 들어온 바다를 말한다. 물이 활처럼 용혈을 휘돌아 감아주는 것을 만곡수彎曲水라 한다. 이러한 물이 있으면 길흉방위를 불문하고 길하다.

〈만〉

용진혈적龍眞穴的한 곳에 만곡수가 있으면 부귀하고 자손이 번창한다.

구鉤 – 갈고랑이나 낫 모양처럼 처음에는 직류하다가 혈처에서는 감아주는 것

구鉤는 혈 앞 명당으로 유입되는 물이 마
치 낫이나 갈고랑이처럼 생긴 것을 말한
다. 처음에는 직류 또는 반배로 무정하게
들어오다가 혈 근처에 다다라서는 유정
하게 감아주면서 흐른다.

그 형세가 갈고랑이나 낫처럼 생겼다. 그
길흉화복은 처음에는 흉했다가 나중에
길해진다. 이를 선흉후길先凶後吉이라 표
현한다.

〈구〉

두兜 – 투구나 머리쓰개 모양으로, 직거수가 횡으로 흐르는 대강수나 호수를
만나 유속이 느려지는 것

〈두〉

두兜는 물의 형세가 마치 투구나 머리
쓰개처럼 생긴 것을 말한다. 혈 앞에서
빠져나가는 물이 직선이어서 흉한데,
곧 대강수나 호수 같은 큰 물을 만나
유속이 느려져 좋아지는 것을 말한다.
원진수가 직거하면 혈의 생기를 뽑아
나가기 때문에 흉하다. 그러나 곧 옆으
로 가로지르는 강이나 큰 호수를 만나
면 더 이상 빠르게 흐를 수 없다. 때에

따라서는 물이 역류하기도 한다. 뒤늦게 생기가 보존된다. 이와 같은 곳
은 처음에 흉했다가 나중에 길해진다.

전轉 – 물의 형세가 바뀐다는 뜻으로, 처음에는 반배하면서 오던 물이 혈처에서는 감싸주는 것

전轉은 물의 형세가 바뀐다는 뜻이다. 명당으로 유입되는 물이 처음에는 무정하게 등을 돌리고 오다가 혈 앞에서 갑자기 방향을 전환하여 감싸주는 형세다. 주로 수성水城의 형세에 있다. 길흉화복은 선흉후길이다.

〈전〉

(2) 충사해조衝射解照

〈충〉

충衝 – 물길이 용과 혈을 치듯이 찌르므로 사람이 상하고 재산이 망한다

충衝은 물길이 용과 혈을 치듯이 찌른다는 뜻이다. 곧장 흘러오는 물이 용과 혈을 찌르듯이 맞부딪치는 것을 말한다. 길흉방위를 막론하고 극히 흉하다. 주로 사람이 상하고 재산은 망한다.

사射 – 물길이 용과 혈을 날카롭게 쏘므로 사람과 재산이 망한다

〈사〉

사射는 물길이 용과 혈을 쏜다는 뜻이다. 직선으로 된 물길이 마치 화살처럼 똑바로 혈을 향해 있다. 이러한 물은 급하므로 흉하다. 주로 사람이 상하고 재산이 망한다.

만약 좌청룡 측을 직사하면 남자나 장손이 큰

화를 당한다. 우백호 측을 직사하면 여자와 지손이 화를 당한다. 혈 정면을 직사하면 가족 모두가 화를 당한다.

해解 - 작은 길한 물과 큰 흉한 물이 서로 합류하므로 흉함이 많다

해解는 길한 물과 흉한 물이 서류 합류하는 것을 말한다. 대개 길한 물은 적고 흉한 물이 커서 길함이 흉으로 변하는 경우다. 흉한 큰 직충수直冲水가 길한 작은 굴곡수와 부딪치면 흉하다.

또 작은 물은 혈을 감싸주고 있는데 큰 물이 배반하고 있으면 흉하다. 길한 방위에서 오는 물은 작고 흉한 방위에서 오는 물이 크면 역시 흉하다.

〈해〉

조照 - 강이나 저수지 바닥이 갈라져 흉한 것이 혈에 비치므로 불치병에 시달리고 재산을 탕진한다

조照는 흉한 것이 혈에 비친다는 뜻이다. 명당의 물이 고갈되어 바닥이 거북 등처럼 갈라진 것을 말한다. 혈처는 용맥을 호종하면서 따라오는 물이 있기 때문에 아무리 가물어도 물이 마르지 않는다. 그런데 명당은 물론 호수나 연못물까지 메말라 바닥이 갈라진다면 이는 매우 흉한 것이다.

주로 나병이나 정신질환자와 같은 불치병에 걸린 자손이 나온다. 또 개미가 묘에 침입하여 유골을 괴롭힌다고 한다. 질병으로 재산을 탕진한다.

〈조〉

7. 물의 종류와 길흉화복

1) 길한 물의 종류

해만수海灣水 − 바닷가가 육지로 쑥 굽어 들어온 곳

〈해만수〉

바닷가가 마치 활의 등처럼 육지로 쑥 굽어 들어온 곳이다. 혈 앞 명당에 바닷물이 가득 차 있다. 좌우의 청룡백호가 감싸고 있어 아늑하다. 파도는 혈 앞까지 밀려들어와 철썩거리고 나간다. 이러한 곳을 조진 명당朝進明堂이라 한다.

해만수의 크기는 용혈과 균형이 맞아야 한다. 용진혈적龍眞穴的에 해만수가 가득하면 역량이 매우 커서 대부大富, 대귀大貴한다. 상격룡이고 육지의 물까지 이곳으로 모여들면 왕후지지라 할 수 있다.

만약 바다는 광활한데 용혈이 미약하면 흉하다. 산수가 서로 조화를 이루지 못하기 때문에 기운이 불안하다. 온갖 재앙이 끊임없이 일어난다.

강하수江河水 − 주룡의 행룡을 보좌하면서 생기를 보호하는 역할

〈강하수〉

강하수는 강 또는 하천 물로 풍수지리 수세론의 대표적인 것이다. 강과 하천 물은 주룡의 행룡을 보좌하면서 생기를 보호하는 역할을 한다. 맑고 깊은 물이 용혈을 감싸주면 대부대귀한다.

호수湖水 — 여러 강과 하천에서 흘러나온 물이 모인 것

호수는 여러 강과 하천에서 흘러나온 물
이 모여 이루어졌다. 또는 샘이 용출湧出
하여 저장된 호수도 있다. 용진혈적한 곳
에 깨끗하고 맑은 호수가 거울처럼 비추
면 부귀왕정富貴旺丁한다.

〈호수〉

계간수溪澗水 — 산골짜기 시냇물로, 느릿느릿하게 흐르고 사시사철 마르지 않아야 길하다

계간수는 산골짜기 시냇물이다.
용혈과 매우 가깝게 있으므로 풍수
지리에서는 매우 중요시한다. 계
간수의 흐름이 구불구불하여 느릿
느릿하게 흘러야 길한 형상이다.
중간 중간에 물웅덩이가 있으면 더
욱 좋다. 작은 개울물이 비록 물은
작아도 사시사철 마르지 않으면 큰
부귀를 가져다준다.

〈계간수〉

만약 산골짜기 시냇물이 곧게 용혈을 쏘듯이 흐르면 흉하다. 또 졸졸 소
리를 내며 흐르면 인상손재人傷損財가 우려된다. 심한 즉 줄초상이 난다
고까지 하였다. 옛 글에 "계수유성溪水有聲 필출농아必出聾啞"라는 말도
있다. 물이 격하게 소리를 내며 흐른다는 것은 명당의 경사가 심하다는
것을 뜻한다.

구혁수溝洫水 – 논밭의 봇도랑 물로, 구불구불하게 흐르면서 혈을 감아주어야 길함

〈구혁수〉

구혁수는 평야지 즉 논밭의 봇도랑 물이다. 평야지의 혈을 구혁수가 굴곡으로 휘감아주면 호농치부豪農致富하는 귀한 물이다. 이에 반해 작은 봇도랑 물이라도 직류하면 흉하다. 만약 혈을 충사冲射하면 사람이 상하고 재산이 망한다. 한편 봇도랑 물이 자연적으로는 구불구불하였는데 농지정리를 하면서 직류시켰다면 이도 직거수가 되어 흉하다.

지당수池塘水 – 혈 앞에 고여 있는 작은 연못이나 물웅덩이

〈지당수〉

지당수는 혈 앞에 고여 있는 물로 작은 연못이나 물웅덩이다. 물이 깨끗하면 길하나 오염되어 더러우면 흉하다. 지당수의 형성은 혈 주변의 모든 물이 이곳으로 모여들기 때문이다.

또는 용맥의 생기를 보호하면서 땅속으로 따라온 물이 혈 앞에서 지상으로 용출된 것도 있다. 혈 앞에 지당수가 맑고 가뭄에도 마르지 않으면 부귀왕정한다. 그러나 이 물이 오염되어 냄새가 나고 더러워지면 흉함을 가져다준다. 최근에는 묘지를 가꾸기 위해서 앞에 인공으로 연못을 파는 경우가 있다.

이는 용혈의 생기를 누설漏泄시키는 결과를 초래하여 화를 자초한다. 자생적인 지당수가 아니라면 인공적인 연못을 파서는 안 된다. 반대로 지당수를 매몰하는 경우도 있다. 이것도 물의 흐름을 변화시켜 재앙을 초래한다. 지당수가 오염되어 있다면 그 원인을 파악하여 오염원을 제거해 주어야 한다.

천지수天池水 – 높은 산 정상에 자연적으로 있는 연못이나 호수

천지수는 높은 산 정상에 자연적으로 있는 연못이나 호수다. 이는 지극히 귀한 물로 사계절 마르지도 넘치지도 않는다. 산 정상 분지에 맺는 혈은 왕후장상이 난다는 천교혈天巧穴

이다. 이 혈 앞에 사시사철 마르지 않는 맑고 깊은 지호수가 있으니 부귀가 심대하다. 천지수는 귀한 물 중에서도 백미로 극귀국부極貴國富를 상징한다. 역량이 대단히 커서 상격룡일 경우는 군왕지지다. 중격룡에서는 장상지지將相之地가 된다.

〈천지수〉

평전수平田水 – 혈 앞 평평한 논에 가득 고여 있는 물

혈 앞 명당이 평평한 논으로 되어 있다. 그 논에 가득 고여 있는 물이 평전수다. 옛 글에 "평지수전平地水田이면 승어강호勝於江湖"라 하였다. 즉 논밭에 가득 차 있는 물은 강이나 호수보다 더 좋다는 뜻이다. 논에 가득한 물이 바람을 타고 찰랑거리거나, 햇볕을 받아 반짝이면 더욱 양기가 성해져 최고의 부귀가 기약된다.

〈평전수〉

녹저수祿儲水 - 계곡에 있는 소인 담

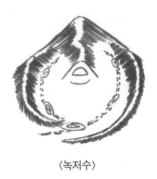

〈녹저수〉

물웅덩이 즉 소沼인 담潭을 녹저라고 한다. 혈의 전후좌우 물길에 혹은 수구에 담이 군데군데 있어 맑은 물이 가득 차 있다. 항상 일정한 수량을 유지하므로 길하다. 담수는 물이 깊고 수량이 풍부하여 사시사철 고갈되지 않아야 한다. 용진혈적에 녹저수가 있으면 득재치부得財致富한다. 또 복록이 오랫동안 유지된다.

진응수眞應水 - 혈 앞이나 옆에 있는 샘물

혈 앞이나 옆에 있는 샘물을 진응수라 한다. 용의 기세가 강하면 생기를 보호하면서 따라오는 수기 역시 강하다. 혈의 생기를 보호하고도 남은 기운이 지상으로 분출한 물이다.

진응수가 있으면 진혈이라는 증거다. 필시 대부대귀가 기약된다. 진응수는 맑고 깨끗하다. 또 사시사철 마르지도 넘치지도 않는다. 항상 물맛이 감미롭다.

〈진응수〉

송룡수送龍水 - 주룡을 좌우 양쪽에서 인도하며 따라온 물줄기

송룡수는 주룡을 좌우 양쪽에서 인도하며 따라온 물줄기다. 명당에서 합수하여 혈의 생기를 보호한다. 송룡수의 장단長短과 깊이에 따라 용맥의 역량과 크기를 가늠한다.

〈송룡수〉 〈합금수〉

합금수合襟水 – 혈장의 입수도두에서 나누어졌다가 순전 앞에서 다시 합수 하는 물

용맥을 보호하면서 따라온 수기가 혈장의 입수도두에서 나누어졌다가 순전 앞에서 다시 합수하는 물을 합금수라 한다. 마치 옷깃을 여미는 것 과 같다 하여 붙여진 이름이다. 혈을 결지하려면 물의 상분하합上分下合 이 반드시 이루어져야 한다. 그래야 맥이 그친다. 밑에서 합쳐지는 곳이 합금처다.

극운수極暈水 – 혈장 가운데 미세한 원을 그리고 있는 물

입수도두, 선익, 순전이 감싸고 있는 혈 장 가운데 미세한 원을 그리고 있는 물 이다. 혈의 생기가 융취되면 이를 보호 하기 위해서 혈장에는 미세하게 작은 수 기가 있다. 이 수기가 원형을 이루고 있 으므로 극운수極暈水 또는 태극운太極暈, 혈운穴暈이라 한다.

〈극운수〉

운훈暈이란 해나 달의 주위를 감싸고 있는 둥근 테 모양의 무리를 말한다. 혈에도 이와 같은 운이 있어야 진혈이 분명하다. 그러나 혈운은 매우 미미하므로 육안으로 분간하기 쉽지 않다.

혈장의 4요건이 뚜렷하고 물 자국 같은 흔적이 원형으로 있으면 혈운의 증거다. 장사지낼 때는 실수로 태극운을 손상시키지 않도록 각별히 조심해야 한다. 그렇지 않으면 내광에 수침이 든다. 또 개미의 침범이 우려된다.

공배수拱背水 − 현무봉 뒤를 감싸고 있는 물

〈공배수〉

물이 현무봉 뒤를 감싸고 있는 것이다. 혈 뒤에 있는 물로 수전현무水纏玄武라고도 한다. 공배수가 있으면 주룡의 생기가 조금도 다른 곳으로 빠지지 않는다. 모든 기가 혈장으로 집중되기 때문에 대혈을 결지한다. 수전현무하는 공배수가 있으면 부귀가 유장悠長하다.

암공수暗拱水 − 보이지 않는 곳에서 혈을 감싸주고 있는 큰 물

보이지 않는 곳에서 혈을 감싸주고 있는 큰 물을 암공수라 한다. 보통 청룡백호와 안산 밖에 있는 대강수나 호수를 말한다.

암공수가 있으면 보국의 기운이 밖으로 빠져나갈 수 없다. 모두 혈에 집중되므로 더욱 역량을 크게 한다.

〈암공수〉

혈에서 보이지 않는 암공수가 보이는 물보다 더 좋다고 한다. 그래서 "명조불여암공明朝不如暗拱"이라는 옛말도 있다.

회류수廻流水 – 명당으로 흘러 들어온 물이 혈 앞에서 빙빙 돌다가 나가는 물

회류수는 명당으로 흘러 들어온 물이 혈 앞에서 빙빙 돌다가 나가는 물이다. 물이 회류하려면 수구사가 물길을 막고 있어야 한다. 혈을 감싸고도는 회류수가 깊고 완만하면 큰 정기가 모여 부귀왕정한다.

〈회류수〉

조회수朝懷水 – 앞쪽에서 혈을 향해 구불구불하게 들어오는 물

조회수는 혈 앞쪽에서 혈을 향해 구불구불하게 들어오는 물을 말한다. 앞에서 물이 굴곡하면서 명당으로 유입되면 당대 재상이 난다 할 만큼 귀하다. 이때 물길은 혈을 감싸듯 들어와야 한다.

용진혈적에 조회수가 명당으로 유입하면 아침에 가난한 자가 저녁에 부자가 된다고 한다. 부귀도 크지만 속발한다. 이를 가리켜 양균송이 말하기를 "대수大水가 양양히 혈 앞으로 들어오면 전답과 모옥(茅屋, 초가집)을 넓힌다"고 하였다.

또 《청오경》은 "대수양조大水洋朝는 무상지귀無上之貴"라 하여 매우 귀한 물이라고 하였다.

〈조회수〉

楊公云大水洋洋大面朝列土更分茅
양 공 운 대 수 양 양 대 면 조 열 토 갱 분 모

靑鳥云大水洋朝無上之貴
청 오 운 대 수 양 조 무 상 지 귀

위신수衛身水 – 물이 사방에서 혈을 감싸고 있는 것

〈위신수〉

위신수는 물이 사방에서 혈을 감싸고 있는 것을 말한다. 대개 바다나 호수 가운데 섬에 혈을 맺는다. 용맥이 물밑으로 행룡하여 물 가운데에 혈을 맺었다. 수중에도 혈처가 있을 수 있다. 그러나 이를 사용할 수 없기 때문에 섬에 있는 혈만 따진다.

사방에 있는 물이 혈의 생기를 보호하므로 주변에 산이 없어도 무방하다. 이러한 모습이 마치 달이 강이나 호수에 잠겨 있는 거와 같다 하여 '고월침강형孤月沈江形' 이라 한다. 또 연꽃이 물 위에 떠 있는 모습이라 하여 '연화부수형蓮花浮水形' 이라고도 한다.

위신수는 항상 맑고 고요해야 하며, 넘치지도 마르지도 않아야 부귀왕정한다. 만약 물이 빠르게 휘몰아치거나 큰소리를 내면 흉하다.

취면수聚面水 – 혈 주변의 모든 물이 혈 앞 명당에 모이는 것

혈 주변의 모든 물이 혈 앞 명당에 모이는 것을 취면수라 한다. 취면수는 최고의 상격으로 대부대귀한다. 옛 글에서 "수취천심水聚天心이면 수지기부귀水知其

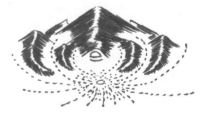

〈취면수〉

富貴"라 하였다. "물이 명당 가운데에 모이면 누가 그 부귀를 알 것인가!"라고 감탄한 것이다. 명당이 평탄하고 고요하여 물이 들어오는지 나가는지를 가늠하기 어려우면 최고로 길한 것이다.

탕흉수灔胸水 – 물이 모이는 모습이 주머니 속에 물이 채워지는 것과 흡사

탕흉수는 취면수와 비슷하나, 물이 모이는 모습이 마치 주머니 속에 물이 채워지는 것과 같다. 주머니 속에 재물을 모으는 형상이므로 거부가 된다. 탕흉수가 좌에 있으면 남자와 장손이 부자가 된다. 우에 있으면 여자와 지손이 거부가 된다.

〈탕흉수〉

입구수入口水 – 앞에서 들어온 물이 혈전에서 머물다 나가는 것

입구수는 앞에서 들어온 물이 혈전에서 머물다 나가는 것을 말한다. 청룡이나 백호 한 변이 길어서 곧바로 나가지 못하고 역류된다. 역관사가 있어서 명당으로 유입된 물을 거둬 주면 부귀왕정하고 속발한다. 이때 나가는 물이 반배하는 것처럼 보여도 반배수라 하지 않는다.

〈입구수〉

구곡수九曲水 – 갈 지(之) 자나 현(玄) 자 모양으로 구불구불한 것

구곡수란 물이 갈 지(之) 자나 현(玄) 자 모양으로 구불구불하게 흐르는 것을 말한다. 이를 어가수御街水라고도 하며 매우 귀한 물이다.
구곡수가 앞에서 명당으로 들어오면, 즉 조입당전朝入堂前하면 당대에

재상宰相이 난다. 구곡수가 앞으로 흘러나가면, 즉 굴곡유거屈曲流去하면
글재주 있는 인물이 나오나 겨우 한림翰林 학사가 된다.

이는 들어오거나 나가는 물이 모두
길하나 들어오는 물이 더 좋다는 뜻
이다. 굴곡하는 구곡수는 길흉방위
를 불문하고 무조건 길하다.

〈구곡수〉

요대수腰帶水 ― 허리띠 모양으로, 고요한 물이 혈을 감싸고 흐르는 것

〈요대수〉

요대수는 맑고 고요한 물이 혈을
감싸고 흐르는 것으로 마치 허리
띠와 같은 모습이다. 금성수金城水
에 해당된다. 용진혈적에 금성 요
대수가 혈을 감싸고 흐르면 현귀
치부顯貴致富한다.

창판수倉板水 ― 혈 앞의 평평한 논이나 밭에 물이 가득 차 있는 것

전원수田原水라고도 한다. 혈 앞 명당이 평평한 논이나 밭으로 되어 있
고, 이곳에 물이 가득 차 있다. 혈 앞에 창판수
가 가득 고여 있으면 해조수海潮水보
다 좋다고 한다. 평전수平田水
와 비슷하며 용진혈적하면
고을에서 으뜸가는 부자가
된다. 또 귀도 크다. 이러한
부귀가 오래 지속된다.

〈창판수〉

융저수融貯水 - 혈 앞 명당이나 청룡백호 사이에 연못이나 호수가 있는 것

융저수는 혈 앞 명당이나 청룡백호
사이에 연못이나 호수가 있는 것을
말한다. 혈 주변 모든 물들이 이곳으
로 모인다. 큰 부귀를 하며, 물이 깊
은 만큼 발복이 오래 간다. 용진혈적
에 융저수가 있으면 비록 안산이 난
잡하여 흉살이 있어도 해가 없다.

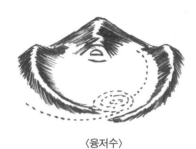

〈융저수〉

건류수乾流水 - 우천시에만 물이 흐르는 계곡도 물로 본다

건수乾水라고도 한다. 풍수지리에서는 물이 내려가는 개천만을 물이라
하지 않는다. 평상시에는 물이 없다가도 우천시에 물이 내려가는 개천도
물로 본다.

"고일촌산高一寸山이고 저일촌수
低一寸水"라는 말이 있듯이, 산 능
선과 능선 사이 계곡은 모두 물로
본다. 이러한 건수도 혈을 감싸주
면 길하다.

〈건류수〉

2) 흉한 물의 종류

취예수臭穢水 − 탁하고 냄새나는 더러운 물

〈취예수〉

취예수는 소, 돼지의 오줌과 같이 탁하고 냄새나는 더러운 물이다. 오염돼서 더럽고 냄새나는 물이 용혈 주변 웅덩이에 고이거나 개천으로 흘러 들어오면 흉하다. 괴질과 염병 등의 질병에 걸리기 쉽다. 음탕하고 사업실패로 가세가 쇠락한다.

니장수泥漿水 − 진흙, 진탕 속의 물

니장수란 진흙, 진탕 속의 물이다. 마치 풀이나 미음같이 곤죽이 되어 있는 진수렁을 말한다. 비만 오면 물이 차 수렁으로 변하여 정강이까지 푹푹 빠진다. 날이 개면 물이 말라

먼지가 휘날리는 땅이다.
이와 같은 것은 지맥이 허약하여 생긴 것으로 물을 저축하지 못한다. 주로 패산과 질병, 객사의 화를 당한다.

〈니장수〉

폭포수瀑布水 − 혈에서 폭포수 소리가 들리면 집안이 망하고 사람이 상한다

높은 산악의 석벽石壁에서 사납고 무섭게 쏟아지는 물이다. 그 소리가 우레와 같거나 북을 두들기는 소리가 나 흉하다. 또 읍(泣, 울음소리), 곡(哭, 곡소리), 소(訴, 하소연소리), 비(悲, 슬픈 울음소리)와 같이 들리면 더욱 불길하다.

혈에서 폭포수 소리가 들리면 집안
이 망하고 사람이 상한다. 그러므로
폭포수 근처에서 혈을 구할 수 없다.
다만 용진혈적에 기이한 비경처럼
폭포수가 멀리 있으면 청고淸高한 인
물이 난다. 대개 선인창가형仙人唱歌形
같은 형국으로 폭포수가 들릴 듯 말
듯 해야 한다.

〈폭포수〉

월견수越見水 - 보국 밖의 물이 혈을 넘겨다보는 흉수

월견수는 청룡백호가 감싸준 보국 밖의 물이 혈을 넘겨다보는 흉수다.
청룡이나 백호 한쪽이 요함凹陷하므로 그 사이로 물이 비추는 것이다. 햇
빛에 비추면 더욱 반짝반짝 빛난다.

혈지에 월견수가 비추면 사람이 상
하고 재산은 망한다. 또 가도家道가
혼란하여 집안에 어른 아이의 질서
가 없다. 또한 음탕하여 패가망신한
다. 혈에서 월견수가 보이지 않도록
비보裨補한다면 그 피해는 반감될
수 있다.

〈월견수〉

일수재견一水再見 - 청룡백호가 요함凹陷하여 보국 밖으로 흐르는 강하수가
두 번, 세 번 비추는 것

혈지를 감싸준 청룡백호가 곳곳이 요함凹陷하여 보국 밖으로 흐르는 강
하수가 두 번, 세 번 비추는 것이다. 하나의 물이 여러 차례 월견조살越見

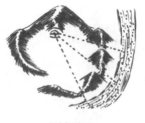

照殺하므로 일수재견이라 하였다. 매우 흉한 것이다.

월견수가 여러 번 보이면 가패관재家敗官災와 음란망신의 화가 있다.

혈에서 월견수가 보이지 않도록 비보한다면 그 피해를 반감할 수 있다.

〈일수재견〉

형살수刑殺水 － 혈 앞으로 흐르는 물들이 복잡, 난잡하게 교류

혈 앞으로 흐르는 물들이 복잡하고 난잡하게 교류하는 것을 말한다. 혈 주변의 산들이 뾰족하게 파열되어 있다. 물 역시 날카롭고 난잡하게 흐르면서 혈을 쏘아대는 지극히 흉한 물이다. 형살수가 경미한 경우에는 패가敗家, 이향離鄕에 그치지만, 클 경우에는 자손이 줄지어 망한다. 악사惡死로 인하여 결국에는 집안이 절멸絶滅한다.

〈형살수〉

폭면수瀑面水 － 거대한 수세가 작은 용혈을 억누르는 형상

〈폭면수〉

용과 혈은 기세가 작고 보잘것없는데 물은 웅대한 것을 말한다. 거대한 수세가 작은 용혈을 억누르는 형상이다. 자손이 왕성하지 못하고 결국에는 절멸할 수 있다.

큰 강가나 바닷가 주변의 용혈이 부실한 곳에서 많이 볼 수 있다. 그러나 혈 뒤 주산 또는 현무봉의 기세가 장엄하여 수세와 서로 비슷하다면 재앙이 반감된다.

물은 양이고 산인 용혈은 음이다. 커다란 양 기운이 작은 음 기운을 억누르므로 사람이 상하는 것이다.

오늘날 큰 대로변의 작은 집들도 이에 해당된다. 도로는 움직이는 기운으로 양이고, 건물은 고정되어 있어 음이다.

충심수衝心水 – 혈 앞의 물이 직선으로 곧게 들어오는 것

혈 앞에서 들어오는 물이 마치 긴 창으로 혈장을 찌르듯 직선으로 곧게 들어오는 것을 말한다. 이를 수파천심水破天心이라 하기도 하는데 매우 흉하다. 사람이 상하거나 가난해진다.

그러나 들어오는 물이 구불구불하게 곡선으로 들어오면 조회수朝懷水가 되어 매우 길다.

〈충심수〉

사협수射脇水 –직선의 빠른 물이 혈장 옆구리를 찌르는 형상

직선으로 곧게 뻗은 빠른 물이 혈장 좌우 옆구리를 찌르는 형상이다. 사협수가 있으면 주로 비명횡사나 살상의 화를 당한다. 사협수가 좌측을 찌르면 장손이 화를 입고, 우측을 찌르면 유방(幼房, 지손)이 화를 당한다.

그러나 혈장 밑에 큰 암반인 석요石曜

〈사협수〉

가 있어 물을 막아주고 반사시키면 오히려 속발부귀하는 수충사협혈 水冲射脇穴이 된다. 이때 혈에서 직선으로 들어오는 물이 보여서는 안 된다.

이두수裏頭水 – 허약한 용을 세찬 물이 할퀴고 깎아버리는 것

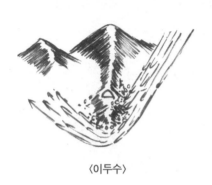

〈이두수〉

기세가 허약한 용을 세찬 물이 감아 돌면서 할퀴고 깎아버리는 것을 말한다. 이러한 곳에서는 불치의 병이 생긴다. 또한 사람이 상하고 가난해진다. 외형적으로 물이 잘 감아주었다 하더라도 내부적으로 용혈이 약하면 이두수가 된다.

견비수牽鼻水 – 주룡을 호종하면서 따라온 원진수가 혈 앞에서 직선으로 나가는 것

〈견비수〉

견동토우牽動土牛 또는 원진직거 元辰直去라고도 한다. 주룡을 호종 하면서 따라온 원진수가 혈 앞에 서 직선으로 나가는 것을 말한다. 혈장의 생기를 쭉 뽑아 나가므로 생기를 융취하지 못하여 혈을 결 지할 수 없다.

견비수는 주로 패전敗田, 패산敗産, 산재散財한다. 또 젊어서 요절하는 사 람이 많아 고아나 과부가 난다.

그러나 용진혈적에 원진직거했다가 다시 물이 교회交會하면 처음에는 흉했다가 나중에는 길하다. 횡으로 흐르는 대강수나 호수 또는 안산을 만나도 초년에는 불리하다가 후에 부귀한다.

천비수穿臂水 — 청룡백호 한쪽이 파이거나 터널이 뚫려 물이 침범하는 것

혈 좌우 청룡백호 한쪽이 패이거나 잘려나가 그곳으로 물이 침범하는 것을 말한다. 자연적인 경우뿐만 아니라 인공적인 개발로 절단되거나 도로나 터널이 뚫려도 마찬가지다. 주로 장병長病, 음란淫亂, 고과孤寡와 자손이 목매어 자살하는 화를 당할 수 있다. 좌측 청룡이 절단되거나 터널이 뚫리면 장방(長房, 장손)이 화를 당한다. 우측 백호는 유방(幼房, 지손)이 화를 당한다.

〈천비수〉

반신수反身水 — 혈 앞에서 물이 무정하게 배신하고 나가는 것

〈반신수〉

물이 용을 잘 감싸고 오다가 혈 앞에 이르러 갑자기 방향을 바꾸어 혈을 무정하게 배신하고 나가는 것을 말한다.
배성수背城水와 같은 것으로 극히 흉한 물이다. 불효오역不孝忤逆한 자손이 나온다. 가산이 기울고 걸식하다가 끝내는 절멸한다.

반도수反桃水 — 혈을 등지고 반대방향으로 물이 흐르는 것

반궁수反弓水, 배성수背城水라고도 한다. 혈 앞을 흐르는 물이 혈을 감싸

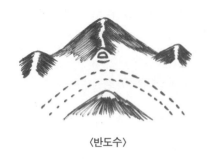
〈반도수〉

주지 않고 반대로 등을 돌리고 흐르는 것을 말한다. 음양교합을 하여 생기를 융결시킬 수 없으므로 한 푼의 가치도 없는 물이다. 극히 흉하여 가난하고 배신을 잘한다. 부모형제간에 생이별을 하거나 부부간에 이별한다. 결국 오역忤逆의 화를 입는다.

임두수淋頭水 - 계수를 못한 물이 혈로 스며들어 유골의 머리를 적시는 것

혈 뒤에 용맥이 없어 계수界水를 못하는 물이다. 뒤로 골이 패어서 물이 혈로 스며들어 유골의 머리를 적신다. 대개 혈은 묘 뒤에 입수도두가 있어 물을 양쪽으로 나눈다. 그런데 이곳은 맥이 없기 때문에 그대로 물이 묘지로 흘러 들어와 광중에 스며드는 것이다. 임두수가 들면 자손이 끊겨 마침내 절사絶嗣하는 극히 흉한 물이다.

이장移葬 때 유골이 제대로 있지 않고 뒤집어지거나, 흩어져 있다면 임두수의 피해를 본 것이다. 왜냐하면 물이 들면 유골이 물 위에 떠돌다가 빠지면 그대로 내려앉기 때문이다.

〈임두수〉

와혈窩穴이나 겸혈鉗穴의 경우 입수맥이 확실하게 보이지 않으므로 임두수로 착각할 수 있다. 그러나 속입수續入首를 하여 물을 계수하기 때문에 임두수가 아니다.

할각수割脚水 - 혈 앞의 물이 합수하지 않고 사방으로 흩어져 나가는 것

혈 앞의 물이 합수合水하지 않고 사방으로 흩어져 나가는 것을 말한다. 진혈은 입수도두 뒤에서 계수한 물이 선익을 따라 나누어졌다가 혈 앞 순전에서 다시 합수한다. 그래야 생기를 가두어 혈을 맺는 것이다.

할각수가 있는 곳은 혈의 순전이 없다는 뜻이다. 따라서 생기가 사방으로 흩어져 나가 버린다. 기가 허약하니 혈 앞흙이 물에 씻겨 파이거나 허

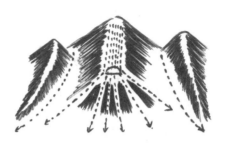

〈할각수〉

물어진다. 매우 가난하고 병약하여 일찍 죽게 된다. 결국 대가 끊겨 집안이 망한다. 임두수가 침범하는 곳은 할각수가 되기 마련이다. 그래서 임두할각淋頭割脚이라 한다.

누조수漏槽水 – 말 구유통 같은 물웅덩이가 있어 이곳으로 용의 생기가 누설

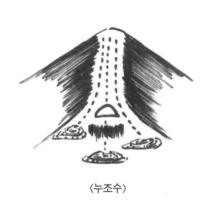

〈누조수〉

앞이 푹 꺼져서 마치 말 구유통 같은 물웅덩이가 있는 것이다. 용의 생기가 이곳으로 누설된다. 혈 양쪽 또는 한쪽에 웅덩이가 있기 때문에 진응수眞應水로 착각할 수 있다. 진응수는 혈에 생기를 융결 후 나오는 물이고, 누조수는 생기를 융결하지 못하고 오히려 기를 누설시키는 물이다.

집이나 묘 앞에 인공적으로 연못을 파면 누조수가 된다. 누조수가 있으면 가업이 퇴락하고 재산을 탕진한다. 일찍 요절하는 자가 많아 고아와 청상과부가 난다. 또 음탕하여 패가망신한다.

교검수交劍水 – 양쪽으로 흐르던 물이 혈 앞에서 급하게 부딪치는 형상

〈교검수〉

양쪽에서 일직선으로 흘러온 물이 혈 앞에서 서로 싸우듯 급하게 부딪치는 것을 말한다. 대개 혈은 양수가 합류하는 것이지만, 굴곡지현屈曲之玄으로 유정하게 감싸주어야 한다. 교검은 빠르게 직선으로 충돌하기 때문에 생기를 가두지 못한다. 교검수가 있으면 주로 불의의 사고로 사람이 상한다. 전상戰傷, 호투好鬪, 관재官災가 빈발한다.

자연적인 교검수는 물론이거니와 인공적인 것도 흉하다. 예컨대 경지정리나 도로를 건설하면서 물줄기가 나쁘게 바뀐다.

분류수分流水 – 혈 앞에서 물이 팔자八字로 나뉘어 흐르는 것

혈 앞에서 물이 팔자八字로 나뉘어 흐르는 것을 말한다. 물이 나뉘어 흐르면 용의 생기가 머무르지 않아 혈의 결지가 불가능하다. 가족끼리 불화가 심하여 패가한다. 재산을 탕진하고 고향을 떠나 유리걸식한다.

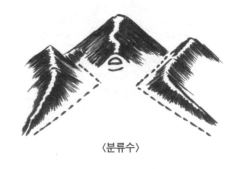
〈분류수〉

권렴수捲簾水 – 명당이 멍석을 펴듯이 앞쪽으로 급하게 기울어진 것

권렴수란 명당이 한쪽으로 급하게 기울어진 것을 말한다. 대개 혈 앞 명당이 급경사 계단으로 된 것이다. 위는 폭이 좁고 아래로 내려갈수록 폭이 넓다. 마치 멍석을 둘둘 만 현상이다. 그곳으로 물이 급하게 쏟아져 내려간다. 혈의 생기도 한번에 휩쓸려 빠져나간다.

가산을 한번에 털어 없앤다. 일찍 요절하므로 고아와 과부가 많다. 권렴수가 있으면 타인이 안방을 차지한다고 한다. 과부가 안방으로 외간남자를 불러들이니 불미스러운 일이 일어난다. 이러한 재앙이 끊임이 없으니 결국 후손이 끊기고 망한다.

〈권렴수〉

유니수流泥水 – 혈 앞 명당이 기울고 비주하여 물이 급하게 달아나는 것

혈 앞 명당이 기울어 물이 급하게 흘러나간다. 청룡백호가 비주하므로 물도 비주하여 달아난다. 권렴수는 명당이 층층으로 기울어진 반면에 유니수는 층이 없다.

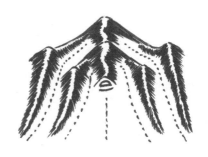

산과 물이 혈을 향해 머리를 돌리니 무정하기 그지없다. 재산을 모두 탕진하고 고향을 떠나 온갖 고생을 다 한다. 가난을 구제할 방법이 없다.

〈유니수〉

사별수斜撇水 − 물이 혈 앞 명당에 이르지 않고 옆으로 빗겨 흘러가는 것

〈사별수〉

물이 명당에 이르지 않고 옆으로 빗겨 흘러가는 것을 말한다. 청룡백호가 비주하니 물도 따라 비주한 것이다. 혈의 생기도 전혀 모이지 못하고 뿔뿔이 흩어지고 만다. 재산을 탕진하고 지위와 직장을 잃는다.

혈에서 한쪽 물만 빗겨 흘러가는 것이 보여도 그 흉함은 변함이 없다.

8. 천론泉論

천천泉이란 땅속에서 솟는 샘물을 말한다. 용혈 주변에 있는 샘물을 보고 혈의 결지 여부와 길흉화복을 판단한다. 이것을 천론泉論이라 한다.

1) 길한 샘물

(1) 가천嘉泉 – 물빛이 밝고, 물맛이 달며, 물에 향기가 있는 아름다운 샘물로, 약수물이 이에 해당

가천이란 물빛이 밝고 물맛이 달며, 물에서 향기가 느껴지는 실로 아름다운 샘물이다. 사시사철 수량이 일정하다. 여름같이 더울 때는 물이 차고, 겨울처럼 추울 때는 물이 따뜻하다. 좋은 약수물이 이에 해당된다.

이것이 진응수가 되면 혈은 대부대귀大富大貴가 기약된다. 특히 집터에 가천이 있으면 부귀장수하고 경사가 많이 일어난다. 항상 이 물을 마시기 때문이다.

(2) 감천甘泉 – 물맛이 식혜와 같이 달고, 혈 근처에 있으면 대부대귀와 무병장수가 기약

예천醴泉이라고도 한다. 물맛이 식혜와 같이 단 샘물을 말한다. 혈 근처에 감천수가 있으면 대부대귀와 무병장수가 기약된다. 특히 양택에 있으면 가족 모두가 건강하다. 또한 경사스러운 일이 많다.

2) 흉한 샘물

(1) 냉장천冷漿泉 - 더럽고 썩은 진흙에서 솟아나는 물

니수천泥水泉이라고도 한다. 더럽고 썩은 진흙에서 솟아나는 물이다. 마치 미음을 쑤어 놓은 것과 같다. 맛은 싱겁고, 색은 흐리고, 기는 비린내가 난다. 마실 수 없을 뿐만 아니라 양치나 세수도 못하는 물이다.

대개 용맥이 약하여 원진수가 뚫려 새어나온 것이다. 즉 지맥이 소루疏漏된 것이다. 여름 장마철에는 물이 넘쳤다가도 가을과 겨울에는 마른다. 양택에서 이 물을 마시면 가난함은 물론 온갖 질병과 부스럼, 염병 등에 걸리기 쉽다. 또 단명한다.

(2) 온천溫泉 - 뜨거운 유황천이 펄펄 끓으며 솟아나는 것

탕천湯泉이라고도 하며 뜨거운 물이 솟아나는 샘을 말한다. 유황硫黃이 물 밑에 있어 물이 위로 올라오면서 끓어서 더워지는 것이다. 오늘날 온천수는 경제적인 가치가 크다. 그러나 온천수는 용의 생기를 발산시켜 흩어지게 하므로 결혈結穴이 안 된다. 따라서 온천에서는 혈을 찾지 말아야 한다.

(3) 광천鑛泉 - 철분 등 광물 섞인 물이 솟아나는 것

광천이란 땅 밑에 광물鑛物이 있고, 그 위로 물이 거슬러 땅 위로 올라온 것이다. 대개 그 빛이 붉으므로 홍천紅泉이라고도 한다. 철분이 많이 함유된 오색약수터가 이에 해당된다. 용의 생기가 광맥에 모이기 때문에 결혈할 수 없다. 음택이나 양택지로는 부적합하다. 설사 이러한 곳에 혈을 맺었다 하더라도 어느 날 광물을 캐내게 되면 손상된다. 좋은 곳이 있더라도 택할 수 없는 이유다.

(4) 동천銅泉 − 쓸개액과 같은 색깔의 샘물이 솟아나는 것

샘물의 색깔이 쓸개액과 같으므로 담천膽泉이라고도 한다. 용의 생기가 샘물로 모두 빠지므로 혈을 결지할 수 없다.

(5) 용천湧泉 − 땅속이나 암석 속에서 솟아나는 샘물

땅속이나 암석 속에서 솟아나는 샘물로, 거품이 나기도 하고 잠깐 일어나다 잠깐 그치는 것을 반복한다. 용천이 있으면 지기가 이 샘에 발설瀏洩된다. 명승지는 될지언정 혈은 결지할 수 없다.

(6) 음천淫泉 − 구멍 속에서 쏘듯이 나오는 샘물

천천賤泉이라고도 한다. 마치 여자가 소변보는 것과 같이 구멍 속에서 쏘듯이 나오는 샘물을 말한다. 이것은 음극陰極의 보살기甫殺氣가 발살發殺되는 것이므로 가장 흉하다. 이 근처에서는 혈을 찾지 말아야 한다.

(7) 몰천沒泉 − 혈장 아래로 물이 스며나는 것

물이 혈장 아래로 스며나는 것을 말한다. 혈장 밑에 빈 구멍이 있고, 이것은 또 다른 곳으로 연결되어 있다. 이곳으로 원진수가 빠지므로 생기를 모을 수 없다.

(8) 황천黃泉 − 사시사철 말라 있다가 비가 올 경우만 생기는 샘물

황천이란 비가 많이 오면 물이 불어 넘치다가 비가 그치면 물이 땅속으로 금방 스며들어 없어지는 샘물이다. 비가 올 때를 제외하고 사시사철 말라 있다. 용맥의 기가 허약하여 혈을 맺을 수 없다. 이곳을 밟아보면 신발이 푹푹 빠져 자국이 남는다. 구덩이는 깊은데 물이 없으니 수락황천水落黃泉이라고도 하며 매우 흉하다.

(9) 누천漏泉 - 원진수가 혈까지 오지 못하고 중간에서 새는 것

혈을 보호해야 할 원진수가 중간에서 새는 것을 말한다. 용맥의 기가 약해서 일어나는 현상이다. 이러한 곳에서는 혈을 찾을 수가 없다.

(10) 냉천冷泉 - 물이 너무 차가워, 음기가 강한 것

물이 맑고 차가운 샘물을 말한다. 비록 깨끗하기는 하나 음기가 너무 강하다. 때문에 지기가 발설되어 빼앗긴다.

냉천이 있는 곳은 춥고 음습하다. 따뜻한 기운이 없기 때문에 결코 혈을 결지할 수 없다. 재물을 탕진하고 온갖 질병에 시달린다.

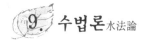

9. 수법론水法論

1) 수법水法의 개요

**용혈 주변에 있는 물의 방위를 나경패철로 측정하여 음양오행의
길흉화복을 판단**

수법론水法論이란 각종 물이 있는 위치를 측정하여 음양오행의 이법
理法으로 길흉화복을 판단하는 것을 말한다. 즉 용혈 주변에 있는 물의
방위를 나경패철로 측정하여 이것이 음양오행 이기적으로 용과 혈에 어
떤 영향을 줄 것인가를 가늠하는 방법이다.

수법론에는 구구 다양한 학설과 이론이 전해져 오고 있다. 그러나 이
많은 이론들이 통일성이 없는 것이 현실이다. 똑같은 자리에서 똑같은
방위를 가지고도 어떤 이론으로는 좋으나 어떤 법으로는 나쁜 결과가
나온다. 어느 법이 가장 옳은지를 검증하는 것은 결코 쉬운 문제가 아
니다.

오랜 세월 많은 학자들이 여러 방법을 동원하여 이를 검증하려는 노력
을 해왔다. 그러나 아직까지 객관성 있는 답을 내놓지는 못했다. 그래서
이기 무용론을 주장하는 사람도 있다. 또는 자신이 알고 있는 법만을 옳
다고 주장하며 다른 이론을 도외시하는 경향도 있다.

분명한 것은 우주자연은 일정한 법칙과 질서에 의해 운행되고 있다는
사실이다. 인간이 아직 그 이치를 제대로 알지 못할 뿐이다. 앞으로 이
문제를 해결하기 위해서는 끊임없는 연구가 필요하다 하겠다.

용과 혈이 음양오행으로 길한 물의 기운을 취하게 하는 것이 '수법론'의 목적

수법의 목적과 원리는 음양조화에 있다. 풍수에서 산은 움직이지 않고 정停한 것이므로 음으로 본다. 반면에 물은 움직여 동動하므로 양에 해당된다. 우주만물은 어떠한 경우라도 음양이 서로 결합되어야 새로운 것을 창조해낼 수 있다. 산줄기인 용이 아무리 훌륭하다 해도 물을 만나지 못하면 혈을 맺을 수 없다.

이는 여자가 아무리 미모가 출중하고 지덕을 갖추었다 하더라도 남자를 만나지 못하면 자식을 낳을 수 없는 거와 같은 이치다. 그런데 남편을 만나더라도 어떤 사람을 만나느냐에 따라 그 여자의 행복과 밀접한 관계가 있다.

비록 부족한 것이 많은 여자라도 좋은 남자를 만나면 남편 덕에 부귀를 하고 행복을 누릴 수 있다. 반면에 나쁜 남편을 만나면 비록 여자가 똑똑하더라도 불행해지는 것이 당연한 인간사다.

이와 마찬가지로 풍수에서도 용이 음양오행으로 길한 물을 만나느냐 흉한 물을 만나느냐가 수법론이다. 즉 여인이 좋은 남편을 만나느냐 나쁜 남편을 만나느냐와 같다.

용과 혈을 감싸주는 물에는 음양오행 이법적으로 길한 기운과 흉한 기운이 있다. 이 중에서 좋은 기운을 취하는 것이 풍수지리 수법론의 목적이다. 용과 혈이 아무리 훌륭하다 해도 물이 나쁘면 흉하다. 용과 혈에 의해서 출중한 인물이 배출된다 하더라도 물이 나쁜 만큼 그 인재는 그에 해당되는 재앙을 피할 수 없다. 꽃이 제대로 피기도 전에 지고 마는 결과를 초래할 것이다.

2) 수법水法측정의 기본원칙

수법을 정확히 가늠하기 위해서는 각종 물이 있는 방위를 정확하게 측정해야 한다. 아무리 좋은 이론을 적용한다 하더라도 방위측정이 잘못되면 무용지물이 되고 만다. 때문에 다음과 같은 기본원칙이 필요하다.

(1) 물의 방위는 나경패철 8층 천반봉침天盤縫針으로 측정한다

각종 물의 방위측정을 하기 위해서는 우선 혈장의 중심에 나경패철을 정반정침正盤正針한다. 그리고 8층 천반봉침으로 각종 물이 있는 방위를 정확하게 측정한다.

(2) 입수룡, 좌향 등을 측정하여 이를 수법운용의 기본으로 삼는다

물은 용과 혈을 만나 음양조화를 이룬다. 물의 방위를 측정하는 것은 용과 혈에 어떤 작용을 하는지를 가늠하기 위해서다. 그러기 위해서는 용의 입수방위와 혈의 좌향 등을 미리 알아야 한다.

용의 측정은 나경패철 4층 지반정침地盤正針으로 한다. 이때 혈과 가장 가까운 입수1절룡이 가장 중요하다. 혈의 좌향을 측정할 때는 4층 지반정침으로 하는 것이 원칙이다. 그러나 의수입향依水入向으로 좌향을 결정할 경우에 한해서는 8층 천반봉침으로 한다. 4층으로 좌향을 측정하는 것을 내반內盤 또는 정침正針으로 본다고 한다. 또 8층으로 좌향을 측정하는 것을 외반外盤 또는 봉침縫針으로 본다고 한다.

(3) 물의 득수 방위는 시견처始見處, 파구 방위는 종견처終見處를 측정한다

물의 득수처는 혈에서 보아 처음 보이는 곳이다. 처음 보이는 곳이란 물의 발원지를 뜻하는 것이 아니다. 혈 앞 향을 바라보고 똑바로 서서 어깨는 움직이지 말고 고개만 돌려서 보이는 곳이다. 대개 향에서 120도 방위에 해당된다. 그러나 발원지가 짧아 120도가 되지 않을 경우는 실재 발원지를 득수처로 본다. 이때 물이 혈 앞을 지나는 물이 좌측에서 들어 오면 좌측을, 우측에서 들어오면 우측을 본다.

파구처는 혈 앞을 지난 물이 보국 밖으로 빠져나갈 때 마지막 보이는 곳이다. 내파內破와 외파外破가 있을 경우는 내파를 우선한다.

(4) 건천乾川도 물로 본다

비가 오면 물이 흐르는데 평소에는 물이 말라 있는 골짜기나 개울을 건천이라 한다. 그 지하에는 수기水氣가 있으므로 이를 똑같이 물로 보는 것이다.

건천이 혈을 환포해 줄 때도 이곳의 시견처와 종견처의 방위를 측정하 여 득수와 파구로 삼는다.

(5) 연못, 호수, 저수지 등은 혈에서 보이는 부분의 중앙을 측정한다

호수나 저수지 또는 바다와 같이 큰 물이 있을 때는 보이는 부분의 중 앙을 측정하면 된다. 이때 산에 가려서 안 보이는 부분은 제외되나, 나무 에 가려서 안 보이는 부분은 포함한다.

(6) 물이 지나는 중간의 방위는 측정하지 않는다

수법의 원칙은 내수來水의 시견처와 거수去水의 종견처가 기본방위다. 따라서 시견처와 종견처 사이 중간에 흐르는 물의 방위는 측정하지 않는다.

3) 수법水法의 종류

(1) 사국수법四局水法

일반적으로 가장 많이 쓰이는 수법이다. 수구 방위를 기준으로 목국, 화국, 금국, 수국 등 사국四局으로 분류한다.

혈에서 측정한 수구의 방위를 보고 다음과 같이 사국으로 분류한다.

- 정미丁未, 곤신坤申, 경유庚酉이면 목국木局이다.
- 신술辛戌, 건해乾亥, 임자壬子이면 화국火局이다.
- 계축癸丑, 간인艮寅, 갑묘甲卯이면 금국金局이다.
- 을진乙辰, 손사巽巳, 병오丙午이면 수국水局이다.

각 국의 기포점起胞點에서 포를 시작하여 12포태를 순행한다. 물은 양의 기운이므로 정고正庫보다 한 궁위 앞이 기포점이다. 이를 정리하면 다음과 같다.

- 목국은 정미가 정고이므로 곤신에서 포를 시작한다.
- 화국은 신술이 정고이므로 건해에서 기포한다.
- 금국은 계축이 정고이므로 간인에서 시작한다.
- 수국은 을진이 정고이므로 손사에서 시작한다.

이렇게 시작하여 차례로 포, 태, 양, 생, 욕, 대, 관, 왕, 쇠, 병, 사, 묘를 해나간다. 이때 득수와 파구 방위가 어디에 해당되는가를 살핀다. 득수처는 좋은 궁위에 해당되어야 하고, 파구처는 나쁜 궁위에 해당되어야 길하다.

좋은 궁위란 양, 생, 대, 관, 왕에 해당된다. 나쁜 궁위란 포, 태, 욕, 병, 사, 묘에 해당된다. 쇠는 득수든 파구든 상관없이 대체로 길한 것으로 본다.

예를 들어 혈에서 측정한 수구의 방위가 갑묘甲卯고, 득수 방위가 곤신坤申이라면 금국이다. 금국은 간인艮寅이 기포점이다.

여기서부터 12포태를 순행하면 간인은 포, 갑묘는 태, 을진은 양, 손사는 생, 병오는 욕, 정미는 대, 곤신은 관에 해당된다. 득수는 길한 관궁에 해당하고, 파구는 흉한 태궁이므로 이곳의 물은 길하다.

혈 주변에 연못이나 저수지 같은 물이 보이면 그 방위를 측정하여 12포태법으로 어느 궁위에 해당되는지를 따진다. 좋은 궁위에 있어야 길하고, 나쁜 궁위에 있으면 흉하다.

사국수법을 정리하여 조견표로 만들었다.

〈사국수법 조견표〉

사국 四局	목국 木局	화국 火局	금국 金局	수국 水局	길 흉 화 복 吉凶禍福		구성 과 비고
파구 破口	丁未 坤申 庚酉	辛戌 乾亥 壬子	癸丑 艮寅 甲卯	乙辰 巽巳 丙午	득수 得水	파구 破口	
포(절) 胞(絶)	곤신 坤申	건해 乾亥	간인 艮寅	손사 巽巳	· 아이를 가질 수 없어 결국은 절손된다. (不生兒孫終乃絶嗣) · 부자지간에 정이 없고 부부가 불화한다. · 여인이 음란淫亂하다.	· 녹존유진패금어 祿存流盡佩金漁 · 등조승직登朝昇職 〈풀이〉 물이 구성으로 녹존 방위로 나가면 큰 벼슬을 한다.	녹존 祿存
태 胎	경유 庚酉	임자 壬子	갑묘 甲卯	병오 丙午			

사국 四局	목국 木局	화국 火局	금국 金局	수국 水局	길흉화복吉凶禍福		구성 과 비고
파구 破口	丁未 坤申 庚酉	辛戌 乾亥 壬子	癸丑 艮寅 甲卯	乙辰 巽巳 丙午	득수 得水	파구 破口	
양 養	신술 辛戌	계축 癸丑	을진 乙辰	정미 丁未	·탐랑성이 비추니 문장가가 나온다 (貪狼星照顯文章) ·모든 자손이 부귀하고 높은 벼슬을 한다.	청상수공방靑孀守空房 -청상과부가 나온다 단명핍사短命乏嗣 -단명하여 자손이 귀하다.	탐랑 貪狼
(장)생 (長)生	건해 乾亥	간인 艮寅	손사 巽巳	곤신 坤申			
(목)욕 (沐)浴	임자 壬子	갑묘 甲卯	병오 丙午	경유 庚酉	·음란한 도화수로 집안의 여자가 음란하고, 악질과 관재로 인하여 집안이 망한다.	·흉수로 음란한 자손이 나오나, 팔십팔향법으로 적법하면 문고소수로 부귀한다.	문곡 文曲
(관)대 (官)帶	계축 癸丑	을진 乙辰	정미 丁未	신술 辛戌	·칠세 아동이 능히 시를 지을 만큼 문장명필이 나온다.	·촉망받는 자손이 병약하여 일찍 단명한다.	보필 輔弼
(임)관 (臨)官	간인 艮寅	손사 巽巳	곤신 坤申	건해 乾亥	·소년이 등과하여 벼슬에 나가니 관로가 창창하다.	·집안의 기둥이 될 만한 자손이 일찍 단명한다.	무곡 武曲
(제)왕 (帝)旺	갑묘 甲卯	병오 丙午	경유 庚酉	임자 壬子	·벼슬은 최고위직에 오르고재산은 거부에 이른다.	·석숭石崇 같은 부자도 하루아침에 망한다.	
쇠 衰	을진 乙辰	정미 丁未	신술 辛戌	계축 癸丑	·총명한 자손이 나와 소년등과少年科하고 문장으로 명성을 얻는다.	·득수나 파구 모두 길수吉水로 모든 것이 안정되었다.	거문 巨門
병 病	손사 巽巳	곤신 坤申	건해 乾亥	간인 艮寅	·전상, 횡사, 백병, 이혼 등 각종 재앙이 끊임이 없다.	·득수나 파구 모두 흉수凶水로 모든 재앙이 끊임이 없다.	염정 廉貞
사 死	병오 丙午	경유 庚酉	임자 壬子	갑묘 甲卯			
묘(墓) 고장 庫藏	정미 丁未	신술 辛戌	계축 癸丑	을진 乙辰	·가업이 부도나 파산한다.	파군유거반위길破軍流去反爲吉 : 매우 길하다. 출장입상出將入相한다.	파군 破軍

(2) 향상작국向上作局 사국수법四局水法

향을 기준으로 목국, 화국, 금국, 수국 등 사국을 정하는 것을 향상작국向上作局 사국법이라 한다. 이때 사용하는 오행은 삼합오행이다. 즉 해묘미 향은 향상목국이고, 인오술 향은 향상화국이다. 사유축 향은 향상금국이며, 신자진 향은 향상수국이다.

사국수법과 마찬가지로 24방위를 12쌍산으로 배합하므로 건해, 갑묘, 정미 향은 향상목국이다. 간인, 병오, 신술 향은 향상화국이다. 손사, 경유, 계축 향은 향상금국이다. 곤신, 임자, 을진 향은 향상수국이다.

각국의 기포점起胞點에서 포를 시작하여 12포태를 순행한다. 득수와 파구 등의 방위가 이 중 어느 궁위에 해당되는지를 살핀다. 득수는 좋은 궁위에 해당되고, 파구는 나쁜 궁위에 해당되어야 길하다.

예를 들어 자좌오향子坐午向의 혈이 있을 때 득수 방위가 간인艮寅이고, 파구 방위가 정미丁未인 물의 길흉관계를 살펴보자. 향을 기준하므로 오향午向은 향상화국이다. 화국 물의 기포점은 건해乾亥다.

여기서부터 12포태를 순행하면 건해는 포, 임자는 태, 계축은 양, 간인은 생, 갑묘는 욕, 을진은 대, 손사는 관, 병오는 왕, 정미는 쇠에 해당된다. 즉 물의 득수는 향상생궁에 해당되므로 길하다. 파구는 향상쇠궁에 해당되므로 대체로 무난하다 하겠다.

이를 정리하여 조견표로 만들면 다음과 같다.

〈향상작국 사국법 조견표〉

四局	向上木局	向上火局	向上金局	向上水局	길흉화복	
향向	건해乾亥 갑묘甲卯 정미丁未	간인艮寅 병오丙午 신술辛戌	손사巽巳 경유庚酉 계축癸丑	곤신坤申 임자壬子 을진乙辰	득수 得水	파구 破口
포포胞	곤신坤申	건해乾亥	간인艮寅	손사巽巳	흉	길
태태胎	경유庚酉	임자壬子	갑묘甲卯	병오丙午	흉	길

四局	向上木局	向上火局	向上金局	向上水局	길흉화복	
향向	건해乾亥 갑묘甲卯 정미丁未	간인艮寅 병오丙午 신술辛戌	손사巽巳 경유庚酉 계축癸丑	곤신坤申 임자壬子 을진乙辰	득수 得水	파구 破口
양養	신술辛戌	계축癸丑	을진乙辰	정미丁未	길	흉
생生	건해乾亥	간인艮寅	손사巽巳	곤신坤申	길	흉
욕浴	임자壬子	갑묘甲卯	병오丙午	경유庚酉	흉	길
대帶	계축癸丑	을진乙辰	정미丁未	신술辛戌	길	흉
관官	간인艮寅	손사巽巳	곤신坤申	건해乾亥	길	흉
왕旺	갑묘甲卯	병오丙午	경유庚酉	임자壬子	길	흉
쇠衰	을진乙辰	정미丁未	신술辛戌	계축癸丑	길	길
병病	손사巽巳	곤신坤申	건해乾亥	간인艮寅	흉	길
사死	병오丙午	경유庚酉	임자壬子	갑묘甲卯	흉	길
묘墓	정미丁未	신술辛戌	계축癸丑	을진乙辰	흉	길

(3) 후천수법後天水法

구성법九星法을 이용한 수법이다. 12포태를 이용한 수법으로는 사국수법이 많이 쓰인다면, 구성법을 이용한 수법으로는 후천수법이 가장 많이 쓰이고 있다.

구성이란 우주 천체의 중심인 북극성 주위를 운행하며 우주를 지배하는 북두칠성과 좌보성, 우필성을 합한 아홉 개의 별이다. 아홉 개의 별을 나열하면 다음과 같다.

제1성 - 탐랑성貪狼星 　제2성 - 거문성巨文星

제3성 - 녹존성祿存星 　제4성 - 문곡성文曲星

제5성 - 염정성廉貞星 　제6성 - 무곡성武曲星

제7성 — 파군성破軍星

제8성 — 좌보성(左輔星, 칠성을 좌측에서 보좌)

제9성 — 우필성(右弼星, 칠성을 우측에서 보좌) ─┤ 보필성輔弼星

이 중 탐랑성, 거문성, 무곡성은 삼길성三吉星이라 하여 매우 좋은 것이고, 보필성은 대체로 길한 편이다. 그러나 녹존성, 문곡성, 염정성, 파군성은 나쁜 기운이다. 그러므로 물은 탐랑, 거문, 무곡, 보필 궁위에서 득수해야 길하다. 파구는 녹존, 문곡, 염정, 파군 궁위에 해당되어야 길하다.

후천수법을 운용하기 위해서는 24방위를 정음정양법淨陰淨陽法에 의해서 팔괘에 배납해야 한다. 즉 간병艮丙은 간괘艮卦로 동궁이고, 손신巽辛은 손괘巽卦로 동궁이다. 묘경해미卯庚亥未는 진괘震卦로 동궁이며, 유정사축酉丁巳丑은 태괘兌卦로 동궁이다. 건갑乾甲은 건괘乾卦로 동궁이며, 곤을坤乙은 곤괘坤卦로 동궁이다. 자계신진子癸申辰은 감괘坎卦로 동궁이며, 오임인술午壬寅戌은 이괘離卦로 동궁이다.

그리고 좌를 기준하여 기본괘를 만들어 상지선동으로 작괘作卦해 나간다. 그 순서는 다음과 같다.

- 일상파군一上破軍, 이중녹존二中祿存, 삼하거문三下巨門, 사중탐랑四中貪狼
- 오상문곡五上文曲, 육중염정六中廉貞, 칠하무곡七下武曲, 팔중보필八中輔弼

〈후천수법 조견표〉

득수, 파구 / 좌坐	乾甲	坤乙	坎[子]癸申辰	離[午]壬寅戌	艮丙	震[卯]庚亥未	巽辛	兌[酉]丁巳丑
乾甲	輔弼	巨門	貪狼	武曲	廉貞	祿存	文曲	破軍
坤乙	巨門	輔弼	武曲	貪狼	破軍	文曲	祿存	廉貞
坎[子]癸申辰	貪狼	武曲	輔弼	巨門	祿存	廉貞	破軍	文曲
離[午]壬寅戌	武曲	貪狼	巨門	輔弼	文曲	破軍	廉貞	祿存
艮丙	廉貞	破軍	祿存	文曲	輔弼	貪狼	武曲	巨門
震[卯]庚亥未	祿存	文曲	廉貞	破軍	貪狼	輔弼	巨門	武曲
巽辛	文曲	祿存	破軍	廉貞	武曲	巨門	輔弼	貪狼
兌[酉]丁巳丑	破軍	廉貞	文曲	祿存	巨門	武曲	貪狼	輔弼

〈구성법과 포태법의 비교 및 득파수의 길흉화복〉

구성 九星	포태법 胞胎法	득수得水 길흉화복吉凶禍福	수구水口 길흉화복吉凶禍福
녹존 祿存	포胞 태胎	정재불왕 매사부진 丁財不旺 每事不振 자손과 재물의 발전이 없고 매사가 부진하다.	제방병발 소직소부 諸房竝發 小職小富 모든 자손이 나란히 발전하나 작은 벼슬과 작은 부자가 될 뿐이다.
탐랑 貪狼	양養 생生	제방균발 부귀왕정 諸房均發 富貴旺丁 모든 자손이 균등하게 부귀발전하며 자손이 번창한다. 매우 길한 득수처다.	소망가패 도사패가 少亡家敗 賭奢敗家 어릴 때 집안이 망하며 도박과 사기로 집안을 망하게 한다. 매우 흉한 파구처.
문곡 文曲	욕浴	재승박복 호사패산 才勝薄福 豪奢敗散 재주는 뛰어나나 사치를 좋아하여 도산하고 결국 가족이 흩어지게 된다.	문장화류 소직소부 文章花柳 小職小富 문장과 그림에 뛰어나 풍류를 즐기고 작은 벼슬과 작은 부자가 된다.

구성 九星	포태법 胞胎法	득수得水 길흉화복吉凶禍福	수구水口 길흉화복吉凶禍福
보필 輔弼	대帶	총명문장 제방다복 聰明文章 諸房多福 총명한 자손이 태어나 문장에 능하고 모든 자손이 복을 받는다.	불성정재 고과가빈 不盛丁財 孤寡家貧 자손과 재물이 발전이 없고 고아나 과부가 되며 집안은 가난해진다.
무곡 武曲	관官 왕旺	부귀쌍전 대대장상 富貴雙全 代代將相 부와 귀를 다하며 대대로 높은 벼슬이 끊임이 없다. 매우 길한 득수처다.	소망전상 패산핍사 少亡戰傷 敗散乏嗣 어릴 때 전쟁터에 나가 사상을 당하고 집안은 파산하고 자손 또한 귀하다.
거문 巨門	쇠衰	소년등과 대대융성 少年登科 代代隆盛 어린 나이에 과거에 급제하며 대대로 집안이 강성하여 부귀를 다한다.	가산불흥 별무발왕 家産不興 別無發旺 집안의 자손이나 재산이 발전이 없이 왕성하지를 못한다.
염정 廉貞	병病 사死	인상패가 불식관재 人傷敗家 不息官災 사람이 상하고 집안은 망하며 관청으로부터 오는 재앙이 끊이지 않는다.	정재소길 일손무공 丁財小吉 一孫武功 자손이나 재산이 작은 발전은 하고 특히 한 자손은 무공을 세운다.
파군 破軍	묘墓	제방불성 인망가패 諸房不盛 人亡家敗 모든 자손이 발전이 없으며 사람이 죽거나 상하고 집안 또한 망한다.	파군유거 부귀왕정 破軍流去 富貴旺丁 파군으로 물이 나가면 부귀하고 자손 또한 번창한다. 매우 길한 파구처다.

【예】 자좌오향子坐午向의 혈이 있다. 이곳의 득수 방위는 인寅이고, 파구 방위는 경庚이다. 후천수법에 의한 물의 길흉관계는 어떠한가?

【답】

- 좌가 기본괘가 되므로 자좌는 감괘[☵]에 해당된다.
- 일상파군하면 손괘[☴], 이중녹존하면 간괘[☶]가 된다.

- 삼하거문하면 이괘[☲], 사중탐랑하면 건괘[☰]가 된다.
- 오상문곡하면 태괘[☱], 육중염정하면 진괘[☳]가 된다.
- 칠하무곡하면 곤괘[☷], 팔중보필하면 감괘[☵]가 된다.

득수처인 인寅방위는 오임인술午壬寅戌은 동궁으로 이괘에 해당된다. 따라서 거문 궁위이므로 매우 길한 물이다. 파구처인 경庚방위는 묘경해미卯庚亥未는 동궁으로 진괘에 해당된다. 이는 염정 궁위이므로 흉한데 이곳을 물이 치고 나가므로 오히려 길하다.

여기서 일상이란 제일 먼저 상효의 음양을 바꾸란 뜻이다. 즉 양이면 음으로, 음이면 양으로 바꾸면 된다. 이중이란 두 번째로는 가운데 효를 바꾸란 뜻이다. 삼하는 제일 아래 효의 음양을 바꾸란 뜻이다. 나머지도 같은 방법이다.

(4) 보성수법輔星水法

구성법을 이용한 것으로 향을 기준으로 물의 득수와 파구 방위의 길흉 관계를 살피는 수법이다. 향을 기준하여 기본괘를 만들어 상지선동上指先動으로 작괘해 나간다. 그 순서는 다음과 같다.

- 초기보필初期輔弼, 이중무곡二中武曲, 삼하파군三下破軍,
  사중염정四中廉貞
- 오상탐랑五上貪狼, 육중거문六中巨門, 칠하녹존七下祿存,
  팔중문곡八中文曲

〈보성수법 조견표〉

득수, 파구 / 향向	乾甲	坤乙	坎[子]癸申辰	離[午]壬寅戌	艮丙	震[卯]庚亥未	巽辛	兌[酉]丁巳丑
乾甲	輔弼	巨門	貪狼	武曲	破軍	祿存	廉貞	文曲
坤乙	巨門	輔弼	武曲	貪狼	文曲	廉貞	祿存	破軍
坎[子]癸申辰	貪狼	武曲	輔弼	巨門	祿存	武曲	文曲	廉貞
離[午]壬寅戌	武曲	貪狼	巨門	輔弼	廉貞	文曲	破軍	祿存
艮丙	破軍	文曲	祿存	廉貞	輔弼	貪狼	武曲	巨門
震[卯]庚亥未	祿存	廉貞	破軍	文曲	貪狼	輔弼	巨門	武曲
巽辛	廉貞	祿存	文曲	破軍	武曲	巨門	輔弼	貪狼
兌[酉]丁巳丑	文曲	破軍	廉貞	祿存	巨門	破軍	貪狼	輔弼

【예】 유좌묘향酉坐卯向의 혈이 있다. 이곳에서 측정한 득수처의 방위는 임壬이고, 파구처는 정丁방위였다. 보성수법에 의한 득파수의 길흉관계는 어떠한가?

【답】

- 향이 기본괘이므로 묘향은 진괘[☳]에 해당되며, 초기보필하면 그대로 진괘[☳]다.
- 이중무곡하면 태괘[☱]가 되며, 삼하파군하면 감괘[☵]가 된다.
- 사중염정하면 곤괘[☷]가 되며, 오상탐랑하면 간괘[☶]가 된다.
- 육중거문하면 손괘[☴], 칠하녹존하면 건괘[☰], 팔중문곡하면 이괘[☲]가 된다.

득수처인 임壬 방위는 오임인술午壬寅戌이 동궁으로 이괘[☲]에 해당된다. 따라서 문곡 궁위이므로 좋지 않다. 파구인 정丁방위는 유정사축酉丁巳丑이 동궁으로 태괘[☱]이므로 무곡 궁위다. 물은 나쁜 궁위로 나가야 길한데, 좋은 궁위로 나가므로 파구 역시 좋지 않은 곳이다.

※ 정음정양으로 구성수법의 길흉관계를 빨리 가늠하는 방법

후천수법이든 보성수법이든 구성법을 이용한 수법의 길흉관계를 빨리 아는 방법이 있다. 정음정양법淨陰淨陽法을 알면 된다. 정음정양이란 팔 괘의 가운데 효爻를 뺐을 때 상효와 하효의 음양이 같으면 정양이다. 음양이 다르면 정음이다.

즉 건[☰], 곤[☷], 이[☲], 감[☵]괘는 정양이다. 반면에 정음은 간[☶], 진[☳], 손[☴], 태[☱]괘다.

- **정양**淨陽 : 건갑乾甲, 곤을坤乙, 오임인술午壬寅戌, 자계신진子癸申辰
- **정음**淨陰 : 간병艮丙, 손신巽辛, 묘경해미卯庚亥未, 유정사축酉丁巳丑

기본괘가 정양이면 좋은 궁위는 모두 정양에 있고, 흉한 궁위는 모두 정음에 있다. 기본괘가 정음이면 좋은 궁위는 모두 정음에 있고, 흉한 궁위는 모두 정양에 있다.

따라서 물의 득수처는 기본괘와 같은 정음정양이어야 하고, 파구는 달라야 길하다. 만약 득수처 방위가 좌향의 정음정양과 다르거나, 파구처가 좌향의 정음정양과 같으면 흉하다. 이는 물은 좋은 궁위에서 득수해야 하고, 나쁜 궁위로 파구되어야 길하기 때문이다.

수법뿐만 아니라 용법 등 구성법을 이용한 모든 이법은 이와 마찬가지다. 즉 기본괘와 같으면 길한 궁위에 속하고, 기본괘와 다르면 흉한 궁위에 속한다.

※ 구성법과 포태법의 비교

앞에서 언급했듯이 수법은 이법에 따라 그 결과가 제각각이다. 똑같은 자리, 똑같은 방위에서도 길흉화복이 각기 다르게 나온다. 아직까지는 어느 법이 옳고, 그른지 단정지을 수 없다. 이를 규명하기 위한 보다 많은 연구와 노력을 필요로 한다.

【예】 나경패철의 4층 지반정침으로 측정한 혈지의 좌향이 자좌오향子坐午向이다. 8층 천반봉침으로 측정한 득수처의 방위는 병丙이고, 물이 나가는 파구처의 방위는 술戌이다. 이를 사국수법四局水法, 후천수법後天水法, 보성수법輔星水法으로 길흉화복을 각각 가늠해 보면?

【답】 사국수법으로는 신술파辛戌破이므로 화국火局이다. 득수처는 왕旺으로 매우 길하다. 파구 역시 묘파墓破이므로 매우 길한 곳이다.
후천수법으로는 좌 기준이므로 자좌子坐에서 득수처 병丙은 녹존祿存으로 정재불왕丁財不旺에 매사부진每事不振의 흉한 물이다. 파구처 술戌은 거문巨門으로 또한 흉한 파구가 된다.
보성수법으로는 향 기준이므로 오향午向에서 병丙은 염정廉貞 득수가 된다. 술戌은 보필輔弼 파구가 되므로 모두 흉한 물이 된다.

4) 방위별 길수吉水 및 흉수凶水

길한 물 방위

(1) 음양최관수陰陽催官水

혈지의 좌향과는 무관하게 다음과 같은 방위로 물이 득수하거나 저수지貯水池 호수湖水 등이 있으면 음양최관수陰陽催官水로 길하다. 관직을 빨리 얻고, 승진이 빠르다. 또한 뜻하지 않은 재산을 모으거나, 명예를 얻는다.

	내축수來蓄水 방위	화복禍福
음陰	간艮, 손巽, 진(震=卯), 태(兌=酉)	속발부귀速發富貴한다.
양陽	병丙, 정丁, 경庚, 신辛	발귀發貴한다.

(2) 삼양육건수三陽六建水

혈지의 좌향에 상관없이 다음과 같은 방위에 들어오는 물이나 지호수池湖水가 있으면 길하다. 큰 부귀와 대업을 이룬다.

	내축수來蓄水 방위	화복禍福
삼양三陽	손巽, 병丙, 정丁	정재발왕丁財發旺
육건六建	해亥, 간艮, 정丁, 묘卯, 손巽, 병丙	부귀병발富貴並發

(3) 삼길육수수三吉六秀水

혈지의 좌향에 상관없이 다음과 같은 방위에 내축수來蓄水가 있으면 길하다. 모든 길수吉水는 삼길육수三吉六秀에 해당된다.

	내축수來蓄水 방위	화복禍福
삼길三吉	진(震=卯), 경庚, 해亥	부귀왕정富貴旺丁
육수六秀	간艮, 병丙, 손巽, 신辛, 태(兌=酉), 정丁	부귀왕정富貴旺丁

(4) 사문수赦文水

좌향에 상관없이 다음 3방위에 2개 이상의 내축수來蓄水가 있으면 사
문수로 길하다. 주변에 험한 살이 있으면 이를 감해 재앙이나 흉액을 막
아준다.

사문수赦文水	화복禍福
손巽, 병丙, 정丁	제살영귀制煞迎貴 : 살煞과 형刑을 사면받아 석방된다.

(5) 장수수長壽水

좌향에 상관없이 다음 방위로 2개 이상의 내축수來蓄水가 있으면 장수
수로 길하다. 고질병이나 중병에 걸렸던 사람도 건강을 회복한다.

장수수長壽水	화복禍福
간艮, 병丙, 정丁, 태(兌=酉)	대대장수(代代長壽 : 대대로 장수한다)

(6) 어가수御街水

좌향에 관계없이 다음 방위로 득수得水하거나 지호수池湖水가 있으면
어가수다. 높은 지위에 오르거나 군왕을 보필한다.

어가수御街水	화복禍福
건乾, 곤坤, 간艮, 손巽	과갑입조(科甲入朝 : 과거에 급제하여 벼슬에 나간다)

(7) 귀인수貴人水

좌 기준하여 다음 방위로 물이 들어오거나[得水], 저수지나 호수[蓄水] 가 있으면 등과출사登科出仕한다. 즉 과거에 급제하여 벼슬에 나간다.

좌坐	건,갑 乾,甲	곤,을 坤,乙	간,병 艮,丙	손,신 巽,辛	정 丁	경 庚	임 壬	계 癸
귀인 내축수 貴人 來蓄水	축,미 丑,未	자,신 子,申	유,해 酉,亥	인,오 寅,午	유,해 酉,亥	인,오 寅,午	묘,사 卯,巳	묘,사 卯,巳

(8) 녹수祿水

향 기준하여 다음 방위로 물이 득수得水하거나 지호수池湖水가 있으면 득재치부得財致富한다. 즉 재물을 많이 모아 큰 부자가 된다.

향向	갑甲	을乙	병丙	정丁	경庚	신辛	임壬	계癸
정록正祿 내축수	인寅	묘卯	사巳	오午	신申	유酉	해亥	자子
차록借祿 내축수	간艮		손巽		곤坤		건乾	

(9) 역마수驛馬水

좌를 기준으로 하여 다음 방위로 득수得水하거나 지호수池湖水가 있으 면 속발부귀速發富貴한다.

좌坐	신자진 申子辰	인오술 寅午戌	사유축 巳酉丑	해묘미 亥卯未
역마수驛馬水	인寅	신申	해亥	사巳

(10) 대신수大神水, 중신수中神水, 소신수小神水

소신수 - 중신수 - 대신수의 순서로 물이 유입하여 합수하면 길하다. 부귀왕정富貴旺丁으로 부귀하고 자손이 번창한다.

대신수 - 중신수 - 소신수의 순서로 물이 유입하여 합수하면 다흉무길多凶無吉하다.

구분	대신수大神水	중신수中神水	소신수小神水
내축수 來蓄水	건, 곤, 간, 손 乾, 坤, 艮, 巽	갑, 경, 병, 임 甲, 庚, 丙, 壬	을, 신, 정, 계 乙, 辛, 丁, 癸

(11) 금대수金帶水, 은대수銀帶水

좌향에 관계없이 다음 방위로 물이 득수하거나 지호수가 있으면 길하다. 금대수는 학문이 출중하며, 지혜가 뛰어나 높은 직위에 오른다. 은대수는 재물을 많이 모은다. 모두 부귀하나 금대수는 귀貴가 크고, 은대수는 부富가 크다.

금대수金帶水	경庚, 유酉, 신辛
은대수銀帶水	간艮

(12) 횡재수橫財水

갑작스럽게 뜻하지 않은 재물을 얻는다. 가난했던 자가 하루아침에 부자가 되는 길수다.

〈횡재수〉

좌坐	경, 신, 해 庚, 辛, 亥	묘 卯	해, 간 亥, 艮	경, 유, 신 庚, 酉, 辛	오 午	임, 계 壬, 癸	인, 갑 寅, 甲	곤, 신 坤, 申
횡재수 橫財水	묘 卯	경신 庚辛	손 巽	간 艮	임자계 壬子癸	오 午	곤신 坤申	인갑 寅甲

(13) 육건수六建水

좌향에 상관없이 다음 방위로 물이 득수하거나 지호수가 있으면 길하다.

육건수 六建水	천건수 天建水	지건수 地建水	인건수 人建水	재건수 財建水	녹건수 祿建水	마건수 馬建水
방위	해亥	간艮	정丁	묘卯	손巽	병丙
발복	득관장수 得官長壽	득재치부 得財致富	자손번창 子孫繁昌	재물풍족 財物豊足	정재발왕 丁財發旺	차마번영 車馬繁榮

흉한 물 방위

(1) 팔요황천살수八曜黃泉煞水

입수룡入首龍 기준하여 다음 방위로 물이 들어오거나 지호수池湖水가 있으면 황천수로 매우 흉하다.

황천수는 악살惡殺 중에서 가장 흉한 살로서 사람이 상하고 재산이 망한다.

입수룡	임자계 壬子癸	축간인 丑艮寅	갑묘을 甲卯乙	진손사 辰巽巳	병오정 丙午丁	미곤신 未坤申	경유신 庚酉辛	술건해 戌乾亥
황천수	진辰 술戌	인寅	신申	유酉	해亥	묘卯	사巳	오午

(2) 팔로사로황천수 八路四路黃泉水

향向 기준하여 다음 방위로 물이 들어오거나 나가거나 지호수池湖水가 있으면 황천수로 매우 흉하다. 황천수는 흉살凶殺로서 상정손재傷丁損財 하여 자손과 재산이 망한다.

향向	임 壬	계 癸	간 艮	갑 甲	을 乙	손 巽	병 丙	정 丁	곤 坤	경 庚	신 辛	건 乾
황천수	건 乾	간 艮	갑,계 甲,癸	간 艮	손 巽	을,병 乙,丙	손 巽	곤 坤	정,경 丁,庚	곤 坤	건 乾	신,임 辛,壬

(3) 사묘황천수 四墓黃泉水

사묘四墓란 사국의 묘궁墓宮인 진술축미辰戌丑未를 말한다. 묘는 토土 에다가 기운을 감추어 두므로 고장궁庫藏宮이라고도 한다. 이곳으로 파 구되면 길하나, 득수하거나 지호수가 있으면 흉하다. 주로 단명短命하여 고아나 과부가 많이 난다. 비명횡사非命橫死의 염려가 있다.

사묘황천수四墓黃泉水	진辰, 술戌, 축丑, 미未

(4) 도화수桃花水

좌 기준하여 다음과 같은 방위로 물이 들어와서 나가면 음란淫蕩한 자손이 나오는 흉수凶水다. 그러나 용진혈적龍眞穴的하면 예술인藝術人이 나온다.

좌坐	자子	오午	묘卯	유酉
도화수 桃花水	묘입오출 卯入午出	유입자출 酉入子出	오입유출 午入酉出	자입묘출 子入卯出

(5) 풍성수風聲水

다음 방위로 물이 파구되면 음란하고 방탕하여 패가망신한다. 부귀가 있더라도 부끄러운 소문이 자자하여 명예를 잃는다.

풍성수風聲水	손巽, 사巳, 묘卯, 곤坤, 오午, 자子

(6) 이향수離鄕水

좌향에 상관없이 다음 방위로 물이 득수하거나 파구되면 이향수다. 이향離鄕이란 고향을 떠나 고달픈 타향살이를 한다는 뜻이다. 대개 고향에서 큰 잘못을 저지르고 타향으로 도망가는 경우가 많다. 갖가지 재앙과 심한 고초를 겪는다. 그러나 용진혈적하고 다른 수법이 좋으면 타향에 나가서 부귀를 얻는다.

이향수離鄕水	오午, 임壬, 인寅, 술戌

(7) 형륙수刑戮水

입수룡 기준하여 다음 방위로 물이 득수하거나 지호수가 있으면 형륙
수다. 흉지에 형륙수가 있으면 일가 모두가 주살誅殺을 당한다. 용진혈
적한 길지도 형벌이나 전사를 면할 수 없다.

입수룡	감坎 壬子癸	간艮 丑艮寅	진震 甲卯乙	손巽 辰巽巳	리離 丙午丁	곤坤 未坤申	태兌 庚酉辛	건乾 戌乾亥
형살수	진손 辰巽	인갑 寅甲	곤신 坤申	유 酉	해 亥	묘 卯	사 巳	병오 丙午

(8) 뇌옥수牢獄水

오午, 진辰, 술戌 방위로 물이 파구되는 것을 뇌옥수라 한다. 뇌옥수가
있는데 주변 사격이 높아 감옥 같으면 감옥살이를 하게 된다. 죄를 짓지
않았는데도 누명을 쓰고 억울하게 감옥에 갈 수도 있다.

뇌옥수牢獄水	오午, 진辰, 술戌

5) 진신수進神水와 퇴신수退神水

물이 혈 앞 명당으로 들어올 때는 좌를 '상생'하고, 나가는 곳은 좌가 파구를 '상극'해야 길하다

생입극출生入剋出은 진신進神으로 길하다. 생출극입生出剋入은 퇴신退神으로 흉하다. 즉 물이 혈 앞 명당으로 들어올 때는 좌를 상생相生하는 방위이어야 하고, 나가는 곳은 좌가 파구를 상극相剋해야 길하다. 이를 진신수라 한다.

만약 좌가 파구를 상생하거나, 득수처가 좌를 상극하면 흉하다. 이를 퇴신수라 한다.

예를 들어 자좌子坐는 오행이 수水다. 이때 오행이 금金인 건乾이나 신申에서 득수하는 물은 금생수金生水하므로 좌를 상생해 준다. 이는 생입生入에 해당되므로 진신수로 길하다.

오행이 화火인 오午로 파구되는 물은 수극화水剋火하므로 좌가 파구를 상극한다. 이는 극출剋出에 해당되므로 역시 진신수로 길하다.

그러나 오행이 목木인 묘卯나 손巽으로 파구하는 물은 수생목水生木으로 좌가 파구를 상생한다. 이는 생출生出에 해당되므로 퇴신수로 흉하다.

오행이 토土인 곤坤, 진辰, 술戌 방위에서 득수하는 물은 토극수土剋水로 좌를 상극한다. 이는 극입剋入에 해당되므로 퇴신수로 흉하다.

6) 14진신수進神水와 10퇴신수退神水

향을 기준으로 물의 득수와 파구의 길흉을 판단하는 법이다. 본래 당나라 국사인 구빈救貧 양균송楊筠松이 제정한 법으로 알려져 왔다. 그러나 확실치는 않다.

명나라 때 사람 서선계, 서선술 형제는 그들의 저서《인자수지人子須智》

에서 이 법은 증거가 확실치 않고, 믿을 만한 것이 못 된다고 하였다. 그들은 이 법을 왜 냈는지 알 수가 없다고 할 정도로 혹평하였다. 그러므로 참고만 하기를 바란다.

(1) 14진신수進神水

향을 기준으로 진신수 방위에서 물이 득수하면 길하고, 파구되면 흉하다. 이를 정리하면 다음과 같다.

- 병향丙向에 오수午水가 조래朝來하면 부귀가 오랫동안 보존된다.
- 정향丁向에 오수午水가 들어오면 금은보화가 쌓이고 전답을 늘린다.
- 미향未向에 곤수坤水가 조래朝來하면 대부득관大富得官한다.
- 경향庚向에 신수申水가 들어오면 온갖 금은보화를 모은다.
- 계향癸向에 해수亥水가 조래하면 전답과 가축이 풍족하다.
- 간향艮向에 갑수甲水가 조래하면 거부巨富한다.
- 인향寅向에 병수丙水가 들어오면 전답이 늘어난다.
- 갑향甲向에 묘수卯水가 들어오면 부귀를 다한다.
- 신향申向에 신수申水가 조래하면 부귀한다.
- 곤향坤向에 신수申水가 들어오면 문장으로 득귀得貴한다.
- 해향亥向에 해수亥水가 조래하면 부귀가 끊임이 없다.
- 임향壬向에 자수子水가 조래하면 전답이 타지방까지 이른다.

- 자향子向에 자수子水가 들어오면 양과兩科에 급제하여 부귀한다.
- 을향乙向에 갑수甲水가 조래하면 곡식과 재물을 산같이 쌓는다.

(2) 10퇴신수退神水

향을 기준으로 퇴신수 방위로 파구되면 길하고, 득수하면 흉하다. 이를 정리하면 다음과 같다.

- 사향巳向에 정파丁破면 속발부귀速發富貴한다.
- 오향午向에 병파丙破면 속발부귀한다.
- 유향酉向에 신파辛破면 부귀와 금은보화가 충족하다.
- 신향辛向에 축파丑破면 전답과 가축이 풍부하다.
- 술향戌向에 건파乾破면 금은보화가 산같이 쌓인다.
- 축향丑向에 간파艮破면 부귀와 명예를 널리 떨친다.
- 건향乾向에 건파乾破면 부귀쌍전富貴雙全한다.
- 묘향卯向에 을파乙破면 많은 재물이 스스로 모인다.
- 진향辰向에 손파巽破면 부귀가 계속 이어진다.
- 손향巽向에 손파巽破면 득관치부得官致富한다.

8장

향법론 向法論

용혈사수 형세에 의해서 좋은 혈을 찾았으면 혈의 좌향을 어떻게 하여 우주의 좋
은 기운을 취할 것인가를 논하는 것이 향법론이다. 향법론은 취길피흉取吉避凶,
즉 길한 기운은 취하고 흉한 기운은 피하는 데 목적이 있다.

장절공 신숭겸 묘에서 바라본 안산 모습

본래 이곳은 왕건의 묫자리로 잡아둔 자리였는데, 대구 공산전투에서 위험에
처한 왕건을 대신하여 죽은 신숭겸을 이곳에 묻어주었다. 후백제 견훤군이 목
을 가져갔기 때문에 황금으로 신숭겸의 얼굴을 만들어 묻었다. 후에 도굴을
염려하여 똑같은 봉분을 3개 만들었는데 어느 것이 진짜인지 아직 밝혀지지
않고 있다. 춘천 시내를 바라본 안산에는 길한 사격이 연달아 서 있다. 제일 뒤
에는 정승이 난다는 고축사가 뚜렷하게 보인다. 신숭겸은 평산 신씨 시조다.

1. 향법向法의 개요

향법론向法論이란 우주의 좋은 기운을 취하기 위해 음양오행 법칙에 의해 혈의 좌향을 결정하는 이론이다. 용혈사수론은 땅의 형세인 지기地氣를 보는 형기론이다. 반면에 향법론은 하늘의 기운인 천기天氣를 보는 이기론이다. 형세를 보는 것은 좋은 지기를 얻기 위함이고, 향법은 좋은 천기를 얻기 위해서다. 이들은 매우 중요한 요소로 용혈사수향龍穴砂水向을 지리오결地理五訣이라 하였다.

용혈사수 형세에 의해서 좋은 혈을 찾았으면 혈의 좌향을 어떻게 하여 우주의 좋은 기운을 취할 것인가를 논하는 것이 향법론이다. 향법론은 취길피흉取吉避凶, 즉 길한 기운은 취하고 흉한 기운은 피하는 데 목적이 있다. 따라서 좋은 자리를 찾는 것도 중요하지만 혈이 제대로 발복할 수 있도록 좌향坐向을 우주 이법에 맞도록 결정하는 것도 중요하다.

또한 지기가 충만한 혈처는 매우 드문 것이 현실이다. 그러므로 좋은 천기라도 받도록 하자는 것이 이기론이다. 비혈지이므로 부귀는 기대할 수 없어도 큰 흉화는 피해야 하기 때문이다. 풍수지리에는 예부터 전해져 오는 각종 향법이 많이 있다. 그 학설이 다양하나 크게 구성법과 12포태법을 이용한 것으로 나눈다. 구성법을 이용한 좌향법에도 여러 가지가 있으나 후천수법後天水法과 보성수법輔星水法이 가장 많이 쓰이고 있다. 포태법을 이용한 향법으로는 팔십팔향법八十八向法이 대표적이다.

포태법이나 구성법 모두 용혈과 물과 좌향을 하나로 조화시켜 취길피흉하는 법칙이라는 것은 똑같다. 그러나 그 결과는 서로 다를 수가 있다. 똑같은 자리에서 똑같은 좌향을 가지고도 법에 따라 어떤 것은 길하고 어떤 것은 흉한 결과가 나올 수가 있다. 어느 법이 더 정확한지는 아직 검증되지 않았다. 때문에 이에 대한 보다 많은 연구가 과제로 남아 있다.

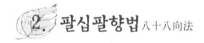

2. 팔십팔향법 八十八向法

1) 팔십팔향법의 개요

팔십팔향법만 잘 맞추면 버릴 땅이 하나도 없다

팔십팔향법의 연원은 당나라 때 구빈救貧 양균송楊筠松의《청낭경青囊經》에서 비롯되었다고 한다. 조정동趙廷棟은 그의 저서《지리오결地理五訣》에서 "당나라 양공楊公이 변란 때에 이서異書를 얻어 청낭일편青囊一篇을 지어, 수법水法을 지극히 자세하게 설명했다"고 적고 있다.

양균송은 이 법칙으로 불쌍한 백성들을 가난으로부터 구제해 주었다 하여 별호를 구빈救貧이라고 불렀다. 이후로 후대 선사先師들이 계승 발전시켜 왔다. 원나라의 태사太師 조국공趙國公은《평사옥척平沙玉尺》을 지었는데 문장이 간명했다. 이것을 유청전劉青田이 자세하게 주석을 달아 양균송의 깊은 이치를 해석했다.

조정동은 생성법生成法을 크게 갖춘 뒤에 여러 수법을 절충시켜《지리오결》을 지었다. 오늘날까지 전하고 있는 88향법은 바로 이 책의 내용이다. 그는 "양공의 가르침을 깊이 연구하여 만들었다"고 적고 있다.

옛 사람들은 이 법을 지극히 찬양하여 "능지팔십팔향能知八十八向이면 횡행천지橫行天地에 무기지無棄地"라 하였다. 즉 팔십팔향법만 잘 맞추어 쓰면 온 천지를 다녀도 버릴 땅이 하나도 없다는 뜻이다.

팔십팔향법의 정확성을 극찬하여 "팔십팔향八十八向이 지정지덕至正至德하여 대지大地는 대발大發하고 소지小地는 소발小發하는 진백발백중지결眞百發百中之訣"이라 하였다. 또 "의수입향依水立向이면 당변살위관倘變煞爲官"이라 하였다. 물에 의지하여 향을 세우면 문득 살이 변하여 벼슬이 된다고까지 신봉하고 추종하였다.

또한 "무맥평지無脈平地에도 능지팔십팔향能知八十八向이면 부귀富貴는 난망難望이나 단연불사절斷然不嗣絶에 족이의식足以衣食" 이라 하였다. 용맥이 없는 사절룡死絶龍도 팔십팔향법으로 향을 잘 놓게 되면 비록 부귀는 못한다 하더라도 자손 보존과 의식衣食은 충족된다고 하였다.

향법은 풍수지리의 기본 공식이다. 용혈사수의 형세적 관찰과 판단은 보는 사람에 따라 다를 수가 있다. 그러나 향법은 공식화되어 있기 때문에 누가 보아도 똑같은 길흉화복으로 평가된다.

원[향], 관[용], 규[물]를 하나의 기운으로 조화시키는 것

88향법은 용과 물과 향을 하나로 조화시켜 추길피흉趨吉避凶하는 법칙이다. 향을 원元, 용을 관關, 수구를 규窺라 한다. 우주의 기운은 하나로 조화되므로 원관규元關窺는 합국이 되어야 한다.

수구는 청룡백호가 에워싸고 교차하는 곳으로 양수가 교합된 곳이다. 용은 입수룡을 말한다. 향은 물이 좌우 어느 쪽에서 나와 어느 쪽으로 흐르는지를 살핀 다음 결정한다.

2) 팔십팔향법의 기본원칙

팔십팔향법에 의해서 좌향을 결정하고 운영하는 데는 다음과 같은 원칙이 있다.

(1) 나경패철 24방위를 12쌍산雙山 배합으로 운용한다

임壬, 자子, 계癸, 축丑, 간艮, 인寅, 갑甲, 묘卯, 을乙, 진辰, 손巽, 사巳, 병丙, 오午, 정丁, 미未, 곤坤, 신申, 경庚, 유酉, 신辛, 술戌, 건乾, 해亥 24방위를 양인 4유8천간四維八天干과 음인 12지지地支를 음양이 서로 배합되도록 배열한 것이 쌍산雙山이다.

이를 정리하면 임자壬子, 계축癸丑, 간인艮寅, 갑묘甲卯, 을진乙辰, 손사巽巳, 병오丙午, 정미丁未, 곤신坤申, 경유庚酉, 신술辛戌, 건해乾亥가 된다. 이때 오행은 지지地支오행을 따르며 불배합不配合 쌍산은 사용하지 않는다.

(2) 파구破口를 중심으로 사국四局을 결정한다

목木, 화火, 토土, 금金, 수水 오행 중 토土는 중앙을 나타내므로 빠지고 목국木局, 화국火局, 금국金局, 수국水局의 사국四局을 가지고 운용한다.

각국의 결정은 보국保局 안에서 물이 빠져나가는 파구破口를 기준으로 한다. 목국은 정미丁未, 곤신坤申, 경유庚酉다. 화국은 신술辛戌, 건해乾亥, 임자壬子다. 금국은 계축癸丑, 간인艮寅, 갑묘甲卯다. 수국은 을진乙辰, 손 사巽巳, 병오丙午이다.

(3) 향向을 기준으로 국局을 정할 때는 삼합오행三合五行으로 한다

향을 기준으로 사국을 정하는 것을 향상작국向上作局이라 한다. 이때 오행은 삼합오행三合五行이다.

해묘미亥卯未는 목木이므로 향이 건해乾亥, 갑묘甲卯, 정미丁未일 때는 향상목국向上木局이 된다. 인오술寅午戌은 화火이므로 간인艮寅, 병오丙午, 신술辛戌 향은 향상화국向上火局이다. 사유축巳酉丑은 금金이므로 손사巽巳, 경유庚酉, 계축癸丑은 향상금국向上金局이 된다. 신자진申子辰은 수水이므로 곤신坤申, 임자壬子, 을진乙辰 향은 향상수국向上水局이다.

(4) 득수得水한 물이 혈의 향과 음양교배陰陽交配하는 물을 기준한다

팔십팔향법은 의수입향依水立向이 원칙이지만 모든 물이 다 입향立向의 의지수依支水가 아니다. 오직 혈을 감싸고돌아 향과 마주보고 음양교배할 수 있는 물만이 의지수다.

혈의 좌측에서 득수한 물이 혈 앞을 감싸고돌아 우측으로 파구되는 좌수도우左水倒右하는 물이나, 우측에서 득수한 물이 혈 앞을 감싸고돌아 좌측으로 파구되는 우수도좌右水倒左하는 물을 보고 입향을 한다.

아무리 크고 좋은 물이라도 혈 앞을 지나지 않으면 용수교배龍水交配를 할 수 없다. 따라서 물의 대소에 구애받지 말고 항상 용혈을 감싸고 흐르는 물을 기준해야 한다.

(5) 좌선룡左旋龍에 우선수右旋水, 우선룡右旋龍에 좌선수左旋水가 원칙이지만 지나친 제약을 받지 말라

용이 혈을 결지하는 방법에 우선룡右旋龍에 좌선수左旋水, 좌선룡左旋龍에 우선수右旋水가 원칙이다. 그러나 실제 용진혈적龍眞穴的한 곳이라도 이를 가늠하기 어려운 곳이 많다. 따라서 용의 좌우선左右旋에 지나친 제약을 받지 말고 좌우 어떠한 물이든 확실하게 용혈을 감싸주는 물이 혈의 향과 음양교배할 수 있는 물이다.

(6) 내파內破가 우선이고, 외파外破는 차선이다

혈에 직접적인 영향을 줄 수 있는 물은 혈에서 제일 가까운 물이다. 대부분 혈지는 내파內破와 외파外破가 같은 방위에 있는 경우가 많으나 다른 경우도 있다. 이럴 경우 내파와 외파를 모두 만족시킬 수 있는 방위로 입향해야 한다.

그러나 불가능할 경우에는 내파를 우선하고 외파는 다음이다. 내파 기준 입향은 당대當代 혹은 빠른 시기의 길흉을 관장한다. 외파 기준 입향은 후대後代 혹은 늦은 시기의 길흉을 관장한다.

(7) 파구破口는 혈 앞을 지나는 물이 최종적으로 보국을 빠져나가는 곳이다

물은 산 따라 높은 곳에서 낮은 곳으로 흐르는 것이 원칙이다. 비록 좌청룡 우백호가 낮아 보이지 않더라도 청룡 또는 백호가 물길 따라 있다고 생각해야 된다. 물이 흐른다는 것은 지세가 그와 같은 형태로 되어 있다는 뜻이다. 좌청룡 우백호가 서로 교차한 지점에서 좌우수가 합수되고 보국 밖으로 나간다. 따라서 혈 앞을 지나는 물이 다른 물과 합수되고, 보국 밖으로 나가는 곳이 파구다. 내파內破는 이곳의 방위를 나경패철 8층 천반봉침天盤縫針으로 측정하여 기준으로 삼는다.

(8) 좌향을 결정할 때는 외반外盤으로 한다

88향법은 의수입향법依水立向法이다. 즉 물의 좋은 기운을 의지하여 향을 세운다. 물은 나경패철 8층 천반봉침(흔히 외반이라고 함)으로 측정하는데, 향을 4층 지반정침(흔히 내반이라고도 함)으로 하면 반위(7.5도) 차이가 생긴다. 향이 물의 정확한 기운을 얻을 수 없다.

따라서 의수입향법은 8층 외반으로 좌향을 결정한다. 이를 제외한 모든 이법들은 4층 내반으로 좌향을 본다.

3) 12포태十二胞胎 득파수得破水의 길흉화복

12포태 궁위의 득수와 파구처에 대한 기본적인 길흉화복은 다음과 같다. 이를 구성법과 비교하기도 한다. 12포태에서 절絕과 태胎는 녹존성, 양養과 생生은 탐랑성, 욕浴은 문곡성, 대帶는 보필성, 관官과 왕旺은 무곡성, 쇠衰는 거문성, 병病과 사死는 염정성, 묘墓는 파군성에 해당된다.

물은 길한 궁위에서 득수하여 혈 앞으로 들어오고, 흉한 궁위로 빠져 나가야 길하다.

(1) 절태수絕胎水 – 득수하면 흉하나, 파구되면 높은 벼슬에 오른다

절궁絕宮과 태궁胎宮을 말한다. 절은 포胞라고도 하며 모든 형체가 절멸된 상태에서 이제 시작하려고 하는 단계다. 태胎는 내부적으로는 생명을 향해 나가려는 기운이나 외부적으로는 아무런 형상도 이루지 못한 단계다. 절궁이나 태궁에서 득수한 물이 혈 앞 명당으로 들어오면 아이가 생기지 않아 자손이 끊긴다. 아이가 있다 해도 기르기 힘들다. 부자간에는 불목不睦하고 부부간에는 불화不和하여 헤어진다. 절태수가 크면 여인이 음란하여 도망가고, 작으면 소리 소문 없이 음란하다.

반대로 절태궁으로 물이 파구되면 이른바 녹존유진패금어祿存流盡佩金魚다. 모든 자손이 발전하여 조정에 출사하며 높은 벼슬을 한다.

(2) 양생수養生水 – 득수하면 부귀하나, 파구되면 단명절손된다

양궁과 생궁을 말하는데, 양궁은 내부에서 생명이 자라 태어나기만을 기다리는 단계다. 생궁은 장생長生이라고도 하며 드디어 생명이 태어나는 과정으로 최고로 귀한 것이다.

양궁이나 생궁에서 득수한 물이 혈 앞 명당으로 들어오면 모든 자손이 균등하게 발복한다. 문명 높은 자손과 부귀가 기약된다. 양생궁에서 흘러 들어오는 물이 크면 높은 관직에 오르며, 작아도 건강장수하며 복되게 살아간다.

반대로 양궁이나 생궁으로 물이 파구되면 자손이 끊겨 절손될 우려가 있다. 또 도박과 사치로 집안이 망하게 된다. 특히 청상과부가 애처롭게 빈방을 지키거나 명이 짧은 자손이 나온다.

(3) 목욕수沐浴水 – 득수하면 패가망신하고, 파구되면 풍류로 부귀를 얻는다

아이가 태어나 목욕하는 단계로 아픔과 괴로움이 있다. 세상에 태어났다 하여 모두 좋은 것만은 아니다. 세상의 쓴맛을 처음 경험한다.

욕궁에서 득수한 물이 혈 앞 명당으로 들어오면 재주는 뛰어나나 사치와 음란으로 패가망신한다. 속임수에 쉽게 넘어가 사업에 실패하고 가산을 탕진한다.

반대로 목욕궁으로 파구되면 문장과 그림에 뛰어나 풍류를 즐긴다. 작은 부자가 되기도 하지만 음란함은 면할 수 없다. 만약 용진혈적한 곳이라면 그 끼로 부와 귀를 얻을 수 있다. 예컨대 연애를 통해 귀한 집이나 부잣집과 결혼을 하는 경우다.

(4) 관대수冠帶水 - 득수하면 총명한 자손이 나오고, 파구되면 과부와 고아가 난다

성년이 되기까지의 청소년기로 공부하는 단계다. 대궁에서 득수한 물이 혈 앞 명당으로 들어오면 '칠세아동능작시七世兒童能作詩'라 한다. 일곱 살의 어린아이가 능히 시를 지을 정도다. 똑똑하고 총명한 자손이 나와 문장으로 이름과 가문을 빛낸다.

반대로 관대궁으로 파구되면 똑똑한 어린 자손이 죽거나 큰 화를 당한다. 과부와 고아가 나오고 재물이 없어 가난해진다.

(5) 임관수臨官水 - 득수하면 소년등과하여 고관에 오르나, 파구되면 총명한 자손이 먼저 죽는다

공부를 마치고 과거에 급제하여 관직에 나가는 단계다. 관궁에서 득수한 물이 혈 앞 명당으로 들어오면 소년등과少年登科에 관로官路가 양양하다. 임금을 가까이서 보필하고 어진 재상이 된다.

반대로 임관수로 파구되면 '성재지자조귀음成才之子早歸陰'이라 한다. 즉 집안의 대들보가 될 만한 똑똑한 자손이 빨리 죽는다는 뜻이다. 집안에는 과부의 곡소리가 끊이지 않고, 재물은 텅 비어 가난하다.

(6) 제왕수帝旺水 - 득수하면 재물이 풍성하나, 파구되면 하루아침에 망한다

일생에서 가장 왕성한 시기다. 벼슬은 최고까지 올라갔고 재물은 풍성하게 쌓인다. 왕궁에서 득수한 물이 혈 앞 명당으로 들어오면 부귀쌍전

富貴雙全하고 대대장상代代將相이 기약된다.

반대로 제왕궁으로 파구되면 석숭石崇 같은 거부巨富도 하루아침에 망하고 만다. 살림이 뿌리째 뽑혀 먹을 식량조차 없게 된다. 하늘을 우러러 가난만 원망한다. 또 무곡궁을 물이 치고 나가므로 전사자가 나온다.

(7) 쇠방수衰方水 – 득수나 파구 모두 길한 것으로 부귀가 축적된 가운데 안정된 생활을 한다

나이가 들어 관직에서 물러난 단계다. 오랜 관직생활을 통해서 명예와 부가 축적되었으니 가장 안정된 시기다. 그러나 앞으로 더 이상 발전은 없다. 점차 쇠퇴해질 따름이다. 쇠궁에서 득수한 물이 혈 앞 명당으로 들어오면 총명한 자손이 나와 어린 나이에 급제하고 문장가가 나온다. 건강장수하고 재물도 가득하다. 관직에 물러나서도 기로소耆老所에 들어가 국가 원로로 예우를 받는다. 임금이 베푼 연회를 즐긴다.

쇠궁으로 파구되어도 좋다. 단지 구불구불 나가야 한다.

(8) 병사수病死水 – 득수나 파구 모두 흉한 것으로, 전사하거나 자살한다

병궁病宮과 사궁死宮을 말한다. 늙고 병들어 죽어가는 과정이다. 득수하거나 파구되면 모두 흉하다. 이혼離婚, 병사病死, 전상戰傷 등 재앙이 우려된다. 음독자살과 총칼의 화가 닥친다. 다리를 절고 낙태를 한다.

(9) 묘수墓水 – 득수하면 집안이 망하고, 파구되면 번창한다

묘궁墓宮을 고장궁庫藏宮이라고도 한다. 일생을 마치고 죽어서 땅속에 묻힌 단계다. 득수한 물이 혈 앞 명당에 들어오면 모든 자손이 발전이 없다. 사람이 상하고 집안이 망한다. 집안의 재산은 자꾸 쇠해지고 부채만 눈덩어리처럼 늘어난다.

반대로 묘궁으로 파구되면 오히려 길하다. 부귀하고 자손이 번창한다.

4) 88향법向法의 종류

**파구와 향을 측정하는 좌향의 종류는 576개이나, 이 중 88향만 길하고
나머지 488향은 흉하다**

88향법은 구빈 양균송의 14진신수법十四進神水法과 10퇴신수법十退神
水法에 두고 있다고 한다. 진신수법이란 득수와 수구를 살펴 입향立向 가
능한 길한 법칙이다. 퇴신수법은 향을 놓을 수 없는 흉한 법칙이다.

진신수법에는 정생향正生向, 정왕향正旺向, 정양향正養向, 정묘향正墓向,
태향태류胎向胎流, 절향절류絶向絶流, 쇠향태류衰向胎流, 자생향自生向, 자
왕향自旺向, 문고소수文庫消水, 목욕소수沐浴消水 등 11개 종류가 있다. 이
들은 목국, 화국, 금국, 수국에 각각 하나씩 있으므로 44개 향이 되고, 쌍
산 배합이기 때문에 모두 88향이 된다.

나경패철의 24방위로 파구와 향을 측정하여 놓을 수 있는 좌향의 종류
는 이론상 576개다. 이 중 88향만 길하고, 나머지 488향은 흉하다. 88향
은 진신수법이고 이를 제외한 나머지 488향은 퇴신수법이다.

88향법을 운용하는 데는 수구의 방위가 무엇보다도 중요

11개 법칙 중 수구를 기준으로 국을 세워 12포태를 운용하는 것을 본
국本局이라 한다. 본국으로 향을 할 수 있는 것은 정생향, 정왕향, 정양
향, 정묘향, 태향태류, 절향절류, 쇠향태류 등 7개다. 이를 정국향正局向
이라 한다.

반면에 향으로 다시 국을 만들어 운용하는 향상작국법이 있다. 자생
향, 자왕향, 문고소수, 목욕소수 등 4개의 법칙이며 이를 변국향變局向이
라 한다.

88향법을 운용하는 데는 수구의 방위가 무엇보다도 중요하다. 수구에
따라 그에 적합한 향만 놓을 수 있기 때문이다.

사국의 묘궁으로 파구되는 곳에서는 정생향, 정왕향, 자생향, 자왕향만 놓을 수 있다. 절궁으로 파구되는 곳에서는 정양향, 정묘향, 절향절류향만 할 수 있다. 태궁으로 파구되는 곳에서는 태향태류, 쇠향태류, 문고소수, 목욕소수 향만 놓을 수 있다.

이는 구빈수법救貧水法이라 하여 옛날부터 법칙화된 것이다. 만약 이에 어긋나게 향을 하면 재앙을 면할 수 없다.

〈88향법 구성표〉

번호	12胞胎	四局	파구	우수도좌(右水倒左)	좌수도우(左水倒右)
1	묘(墓) 고(庫) 장(藏)	木	丁未	정생향(正生向) 자생향(自生向, 絶向= 向上生向)	정왕향(正旺向) 자왕향(自旺向, 死向= 向上旺向)
		火	辛戌		
		金	癸丑		
		水	乙辰		
2	절(絶) 포(胞)	木	坤申	정양향(正養向) 절향절류(絶向絶流)	정묘향(正墓向)
		火	乾亥		
		金	艮寅		
		水	巽巳		
3	태(胎)	木	庚酉	태향태류(胎向胎流) 목욕소수(沐浴消水, 沐浴向=向上旺向)	쇠향태류(衰向胎流) 문고소수(文庫消水, 絶向=向上生向)
		火	壬子		
		金	甲卯		
		水	丙午		

(1) 정생향正生向 — 물은 우수도좌右水倒左, 용은 좌선룡左旋龍이 원칙

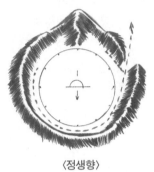

〈정생향〉

사국四局의 묘궁墓宮 즉 고장궁庫藏宮으로 파구破口되고, 본국本局 12포태의 생향生向을 정생향正生向이라 한다. 물은 우측 왕궁旺宮에서 득수하여 혈 앞 명당을 지난 다음 좌측으로 파구되는 우수도좌右水倒左하여야 한다. 용은 좌선룡左旋龍이 원칙이다.

혈 우측 제왕궁帝旺宮에서 득수한 물은 임관수臨官水, 관대수冠帶水, 목욕수沐浴水의 길한 기운을 가지고 혈 앞 명당에 모인다. 그리고 생향에서 혈에 좋은 기운을 공급해 주고 묘궁墓宮으로 파구된다. 이를 왕거영생旺去迎生이라 한다.

물이 12포태의 왕궁旺宮에서 득수하고 생궁生宮에서 향과 만나 묘궁墓宮으로 파구되니 생왕묘生旺墓 삼합三合이 이루어진다. 이는 물이 혈을 금성으로 환포해 주는 길한 형세다.

용진혈적龍眞穴的에 정생향이면 주로 부귀쌍전富貴雙全한다. 또 아내는 어질고 자식은 효도하여 가정에 행복이 가득하다.

그러나 좌수도우左水倒右는 물이 혈을 감싸주지 못할 뿐만 아니라 소망패절少亡敗絶한다. 또 가업이 도산倒産하여 가난해진다.

사국四局	파구破口	향向	좌향坐向
목국木局	정미丁未	건해乾亥	손좌건향巽坐乾向, 사좌해향巳坐亥向
화국火局	신술辛戌	간인艮寅	곤좌간향坤坐艮向, 신좌인향申坐寅向
금국金局	계축癸丑	손사巽巳	건좌손향乾坐巽向, 해좌사향亥坐巳向
수국水局	을진乙辰	곤신坤申	간좌곤향艮坐坤向, 인좌신향寅坐申向

〈목국木局〉

〈화국火局〉

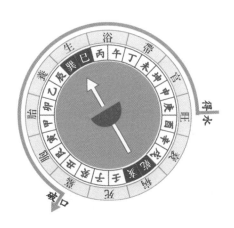

〈금국金局〉

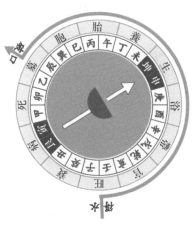

〈수국水局〉

(2) 정왕향正旺向 - 물은 좌수도우左水倒右, 용은 우선룡右旋龍이 원칙

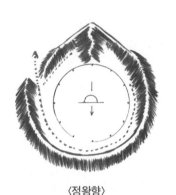

〈정왕향〉

사국의 묘궁墓宮 즉 고장궁庫藏宮으로 파구되고, 본국 12포태의 왕향旺向을 정왕향正旺向이라고 한다. 물은 좌측 생궁生宮에서 득수하여 혈 앞 명당을 지난 다음 우측으로 파구되는 좌수도우左水倒右하여야 한다. 용은 우선룡右旋龍이 원칙이다.

혈 좌측 장생궁長生宮에서 득수한 물은 목욕수沐浴水, 관대수冠帶水, 임관수臨官水의 길한 기운을 가지고 혈 앞 명당에 모인다. 왕향旺向에서 혈에 좋은 기운을 공급해 주고 묘궁墓宮으로 파구된다. 이를 생래회왕生來會旺이라 한다.

물이 12포태의 생궁生宮에서 득수하고 왕궁旺宮에서 향과 만나 묘궁墓宮으로 파구되니 생왕묘生旺墓 삼합三合이 이루어진다. 이는 물이 혈을 금성으로 잘 감싸주는 길한 형상이다.

용진혈적에 정왕향이면 부귀상전富貴雙全한다. 또 필히 총명한 영재가 출생하여 크게 현달한다. 자손은 번창하여 모두 부자가 된다.

그러나 우수도좌右水倒左는 물이 혈을 감싸주지 못하므로 대흉大凶하다.

사국四局	파구破口	향향	좌향坐向
목국木局	정미丁未	갑묘甲卯	경좌갑향庚坐甲向, 유좌묘향酉坐卯向
화국火局	신술辛戌	병오丙午	임좌병향壬坐丙向, 자좌오향子坐午向
금국金局	계축癸丑	경유庚酉	갑좌경향甲坐庚向, 묘좌유향卯坐酉向
수국水局	을진乙辰	임자壬子	병좌임향丙坐壬向, 오좌자향午坐子向

정왕향正旺向

〈목국木局〉

〈화국火局〉

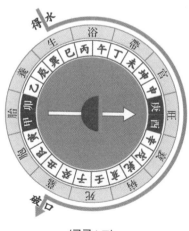

〈금국金局〉

〈수국水局〉

(3) 정양향正養向 — 물은 우수도좌右水倒左, 용은 좌선룡左旋龍이 원칙

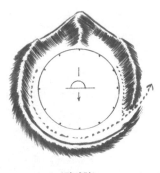

〈정양향〉

사국의 절궁絶宮 즉 포궁胞宮으로 파구되고, 본국 12포태의 양향養向을 정양향正養向이라고 한다. 물은 혈 우측에서 득수하여 혈 앞 명당을 지난 다음 좌측으로 파구되는 우수도좌右水倒左하여야 한다. 용은 좌선룡左旋龍이 원칙이다.

혈 우측 임관궁臨官宮에서 득수한 물은 관대수冠帶水, 목욕수沐浴水, 장생수長生水의 길한 기운을 가지고 혈 앞 명당에 모인다. 양향養向에서 혈에 기운을 공급해 주고 절궁絶宮으로 파구된다. 이를 귀인녹마상어가 貴人祿馬上御街라 하여 매우 귀한 향이다. 물은 혈을 금성으로 감싸주므로 길한 형세다.

용진혈적에 정양향이면 자손과 재물이 크게 번창한다. 또 공명현달功名 顯達과 부귀가 기약된다.

그러나 좌수도우左水倒右는 물이 혈을 감싸주지 못하므로 대흉하다.

사국四局	파구破口	향向	좌향坐向
목국木局	곤신坤申	신술辛戌	을좌신향乙坐辛向, 진좌술향辰坐戌向
화국火局	건해乾亥	계축癸丑	정좌계향丁坐癸向, 미좌축향未坐丑向
금국金局	간인艮寅	을진乙辰	신좌을향辛坐乙向, 술좌진향戌坐辰向
수국水局	손사巽巳	정미丁未	계좌정향癸坐丁向, 축좌미향丑坐未向

〈목국木局〉

〈화국火局〉

〈금국金局〉

〈수국水局〉

(4) 정묘향正墓向 — 물은 좌수도우左水倒右, 용은 우선룡右旋龍이 원칙

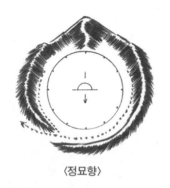

〈정묘향〉

사국의 절궁絶宮 즉 포궁胞宮으로 파구되고, 본국 12포태의 묘향墓向을 정묘향正墓向이라고 한다. 물은 혈 좌측에서 득수하여 혈 앞 명당을 지난 다음 우측으로 파구되는 좌수도우左水倒右하여야 한다. 용은 우선룡右旋龍이 원칙이다.

혈 좌측의 장대長大한 제왕궁帝旺宮에서 득수한 물이 쇠방수衰方水, 병수病水, 사수死水의 기운을 가지고 혈 앞 명당에 모인다. 묘향墓向에서 혈에 기운을 공급해 주고, 절궁絶宮으로 파구된다.

그리고 우측 작은 소수小水는 장생궁長生宮에서 득수한 물이 양수養水, 태수胎水의 기운을 가지고 절궁絶宮에서 서로 합수合水하여 파구된다. 좌우측 물이 혈을 감싸고 양수협출兩水夾出하므로 길한 형세다.

용진혈적에 정묘향이면 큰 부귀를 누릴 수 있으며 건강 장수한다. 또한 복과 덕이 많다.

그러나 우수도좌右水倒左하면 물이 혈을 감싸주지 못하므로 대흉하다.

사국四局	파구破口	향向	좌향坐向
목국木局	곤신坤申	정미丁未	계좌정향癸坐丁向, 축좌미향丑坐未向
화국火局	건해乾亥	신술辛戌	을좌신향乙坐辛向, 진좌술향辰坐戌向
금국金局	간인艮寅	계축癸丑	정좌계향丁坐癸向, 미좌축향未坐丑向
수국水局	손사巽巳	을진乙辰	신좌을향辛坐乙向, 술좌진향戌坐辰向

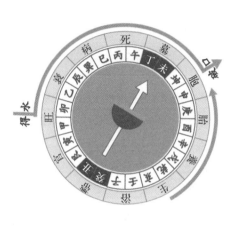

〈목국木局〉

〈화국火局〉

〈금국金局〉

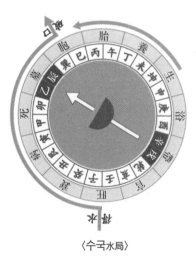

〈수국水局〉

(5) 태향태류胎向胎流 – 물은 우수도좌右水倒左, 용은 좌선룡左旋龍이 원칙

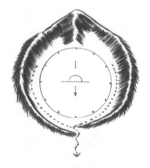

〈태향태류〉

사국 태궁胎宮의 천간자天干字로 파구되고, 본국 12포태의 태향胎向을 태향태류胎向胎流라 한다. 물은 혈 우측에서 득수하여 명당에 모인 다음 혈 앞으로 파구되는 당문파堂門破다. 좌선룡左旋龍이 원칙이다.

혈 우측 관대궁冠帶宮에서 득수한 물이 목욕수沐浴水, 장생수長生水, 양수養水의 기운을 가지고 혈 앞에 모여 태향胎向에서 혈과 음양교합한다. 그리고 향 앞 태궁胎宮으로 빠져나간다. 이를 당문파堂門破라 한다. 이렇게 물이 나가는 파구를 향해서 향을 정하는 것을 당면출살법堂面出煞法이라 한다. 흉한 살을 혈 앞으로 곧장 내빼 버린다는 뜻이다.

당문파는 물이 곧장 빠져나가면 안 되고 구불구불하게 천천히 흘러나가야 한다. 파구는 완벽하게 관쇄되어서 백보전란百步轉欄에 불견직거不見直去해야 한다. 용진혈적에 태향태류는 대부대귀大富大貴한다. 또 자손이 크게 번창하여 인정흥왕人丁興旺한다.

그러나 용약비혈龍弱非穴 즉 용이 약하고 혈이 되지 않으면 쓸 수 없는 향이다. 물이 지지자地支字를 범하고 나가도 안 된다. 이러한 곳은 비패즉절非敗卽絶 즉 바로 패하지 않으면 음란해진다. 그러므로 불가경용不可輕用이다. 또한 좌수도우左水倒右하여 당면직거堂面直去하면 견동토우牽動土牛라 하여 하루아침에 재산이 망하여 가난해진다.

사국四局	파구破口	향向	좌향坐向
목국木局	경庚	경유庚酉	갑좌경향甲坐庚向, 묘좌유향卯坐酉向
화국火局	임壬	임자壬子	병좌임향丙坐壬向, 오좌자향午坐子向
금국金局	갑甲	갑묘甲卯	경좌갑향庚坐甲向, 유좌묘향酉坐卯向
수국水局	병丙	병오丙午	임좌병향壬坐丙向, 자좌오향子坐午向

태향태류胎向胎流

破口는 천간자로만 나가야 한다

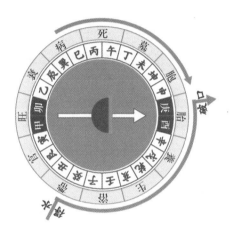

〈목국木局〉

〈화국火局〉

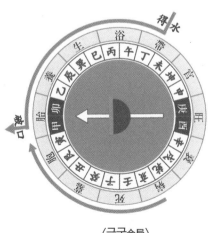

〈금국金局〉

〈수국水局〉

(6) 절향절류絕向絕流 - 물은 우수도좌右水倒左, 용은 좌선룡左旋龍이 원칙

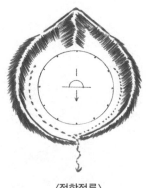

〈절향절류〉

사국 절궁絕宮의 사유자(四維字 : 乾坤艮巽)로 물이 파구되고, 본국 12 포태의 절향絕向을 절향절류絕向絕流라 한다. 물은 혈 우측에서 득수하여 명당에 모인 다음 혈 앞으로 파구되는 당문파堂門破다. 좌선룡左旋龍이 원칙이다.

혈 우측 목욕궁沐浴宮에서 득수한 물이 장생수長生水, 양수養水 태수胎水의 기운을 가지고 혈 앞에 모여 절향絕向에서 혈과 음양교합한다. 향 앞 절궁으로 물이 빠져나가므로 당문파堂門破라 한다. 이도 당면출살법堂面出煞法이다.

당문파는 물이 곧장 빠져나가면 안 되고 구불구불하게 천천히 흘러가야 한다. 파구는 완벽하게 관쇄關鎖되어서 백보전란百步轉欄에 불견직거不見直去해야 한다.

용진혈적에 절향절류는 대부대귀大富大貴에 인정흥왕人丁興旺한다. 그러나 용약비혈龍弱非穴이나 파구되는 물이 지지자地支字를 범하면 흉하다. 곧바로 패망하므로 함부로 써서는 안 된다.

또한 좌수도우左水到右하여 당면직거堂面直去하면 견동토우牽動土牛하므로 비패즉절非敗卽絶이 우려된다.

사국四局	파구破口	향向	좌 향 坐向
목국木局	곤坤	곤신坤申	간좌곤향艮坐坤向, 인좌신향寅坐申向
화국火局	건乾	건해乾亥	손좌건향巽坐乾向, 사좌해향巳坐亥向
금국金局	간艮	간인艮寅	곤좌간향坤坐艮向, 신좌인향辛坐寅向
수국水局	손巽	손사巽巳	건좌손향乾坐巽向, 해좌사향亥坐巳向

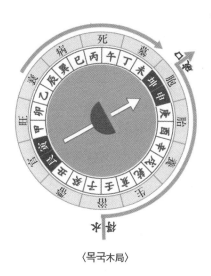

〈목국木局〉

〈금국金局〉

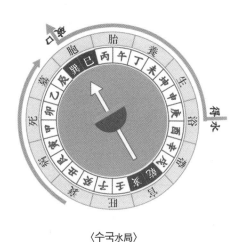

〈화국火局〉

〈수국水局〉

(7) 쇠향태류衰向胎流 - 물은 좌수도우左水倒右, 용은 우선룡右旋龍이 원칙

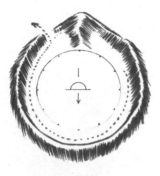

사국 태궁胎宮으로 물이 파구되고, 본국 12포태의 쇠향衰向을 쇠향태류衰向胎流라 한다. 물은 혈 좌측 또는 혈 앞에서 득수하여 명당으로 들어오는 조입당전朝入堂前해서, 혈 우측을 감싸고돌아 혈좌穴坐 바로 우측 태궁胎宮 천간자天干字로 파구된다. 우선룡右旋龍이 원칙이다.

〈쇠향태류〉

혈 좌측 목욕궁沐浴宮에서 득수한 물이 관대수冠帶水, 임관수臨官水, 제왕수帝旺水의 기운을 가지고 혈 앞 명당에 모여 쇠향衰向에서 혈과 음양교합한다. 그리고 병病, 사死, 묘墓, 절絶의 흉한 기운을 모두 태궁胎宮으로 유출시킨다.

태향태류는 백호가 없고 청룡이 혈장을 완전하게 감아준 형태다. 주산과 주룡이 낮아 혈 우측 뒤로 파구가 보여야 한다. 때문에 산간지山間地에서는 불가능하며 평양지平洋地에서만 가능하다.

용진혈적에 쇠향태류는 부귀발복富貴發福한다. 또 건강장수하고 복덕 가득하다.

사국四局	파구破口	향향向向	좌향坐向
목국木局	경庚	을진乙辰	신좌을향辛坐乙向, 술좌진향戌坐辰向
화국火局	임壬	정미丁未	계좌정향癸坐丁向, 축좌미향丑坐未向
금국金局	갑甲	신술辛戌	을좌신향乙坐辛向, 진좌술향辰坐戌向
수국水局	병丙	계축癸丑	정좌계향丁坐癸向, 미좌축향未坐丑向

쇠향태류衰向胎流

破口는 천간자로만 나가야 한다

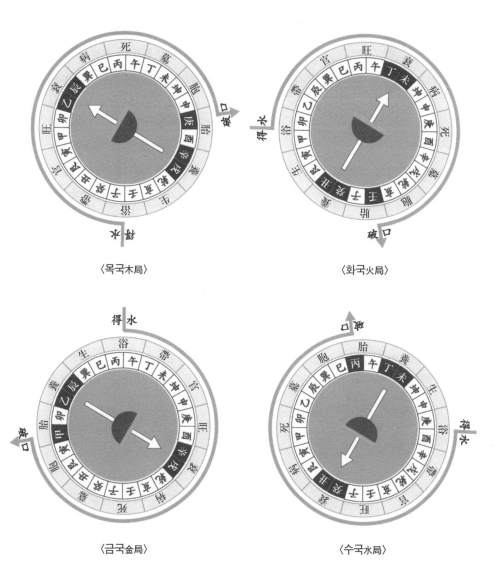

〈목국木局〉

〈화국火局〉

〈금국金局〉

〈수국水局〉

(8) 자생향自生向 ─ 물은 우수도좌右水到左, 용은 좌선룡左旋龍이 원칙

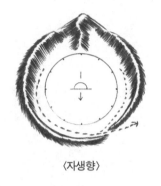

〈자생향〉

사국의 정고正庫인 묘궁墓宮으로 파구되고, 본국 12포태로는 절향絶向이다. 이를 향상작국向上作局을 하면 생향生向이 되므로 자생향自生向이다.

생향이나 왕향은 묘궁 즉 정고로만 파구되어야 한다. 향상작국을 하면 타국他局의 묘궁을 빌려 파구되므로 차고소수借庫消水라고 한다. 남의 정고를 빌려서 스스로 생향을 만들었다 하여 자생향이라 부른다.

본국으로는 절향絶向이지만 향상으로는 생향生向이므로 절처봉생絶處逢生이란 용어를 쓴다. 물은 우측 본국 목욕궁沐浴宮에서 득수하여 장생수長生水, 양수養水, 태수胎水의 기운을 가지고 혈 앞 명당에 모여 절향絶向에서 혈과 음양교합한다. 그리고 향 좌측 묘궁墓宮으로 파구된다.

그러나 향상작국을 하면 물의 득수처는 향상왕궁向上旺宮으로 향상임관수向上臨官水, 향상관대수向上冠帶水, 향상목욕수向上沐浴水의 기운이 되며 향상생궁向上生宮에서 혈의 향과 만나 향상양궁向上養宮으로 파구된다.

물은 반드시 우수도좌右水到左하여야 한다. 좌선룡左旋龍이 원칙이다.

용진혈적에 자생향이면 조빈석부朝貧夕富에 부귀왕정富貴旺丁이라 하여 매우 길한 향이다.

그러나 좌수도우左水到右는 물이 혈을 감싸주지 못하므로 대흉하다.

本局	破口	향향	向上作局	좌향坐向
木局	丁未	곤신坤申	向上水局	간좌곤향艮坐坤向, 인좌신향寅坐申向
火局	辛戌	건해乾亥	向上木局	손좌건향巽坐乾向, 사좌해향巳坐亥向
金局	癸丑	간인艮寅	向上火局	곤좌간향坤坐艮向, 신좌인향申坐寅向
水局	乙辰	손사巽巳	向上金局	건좌손향乾坐巽向, 해좌사향亥坐巳向

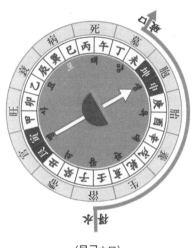

〈목국木局〉

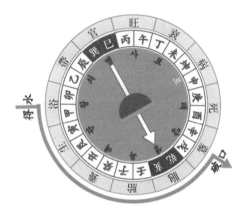

〈화국火局〉

〈금국金局〉

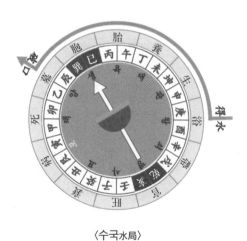

〈수국水局〉

(9) 자왕향自旺向 − 물은 좌수도우左水到右, 용은 우선룡右旋龍이 원칙

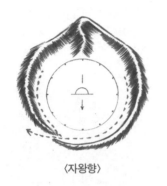

〈자왕향〉

사국의 정고正庫로 파구되고, 본국 12 포태로는 사향死向인데, 향상작국向上作局을 하여 향상왕향向上旺向을 자왕향自旺向이라 한다. 본국本局으로 따지면 타국他局의 정고正庫를 빌려 파구되므로 차고소수借庫消水라 한다. 스스로 남의 정고를 빌려 왕향을 만들었으므로 자왕향自旺向이라 부른다.

본국으로는 사향이지만 향상으로는 왕향이므로 화사위자왕향化死爲自旺向이란 용어를 쓴다. 즉 사향이 변하여 왕향이 되었다는 뜻이다.

물은 좌측 본국 임관궁臨官宮에서 득수하여 제왕수帝旺水, 쇠수衰水, 병수病水의 기운을 가지고 혈 앞 명당에 모여 사향死向에서 혈과 음양교합 후 향 우측 묘궁墓宮으로 파구된다.

그러나 향상작국을 하면 물의 득수처는 향상생궁向上生宮으로 향상목욕수向上沐浴水, 향상관대수向上冠帶水, 향상임관수向上臨官水의 기운이 되며 향상왕궁向上旺宮에서 혈의 향과 만나 향상쇠궁向上衰宮으로 파구된다.

물은 반드시 좌수도우左水到右하여야 하며, 우선룡右旋龍이 원칙이다.

용진혈적에 자왕향이면 남자는 총명하고 여자는 용모가 준수하여 부귀를 다한다. 특히 재물이 넘치며 자손도 번창한다.

그러나 우수도좌右水到左는 물이 혈을 감싸주지 못하므로 대흉大凶하다.

本局	破口	향向	向上作局	좌향坐向
木局	丁未	병오丙午	向上火局	임좌병향壬坐丙向, 자좌오향子坐午向
火局	辛戌	경유庚酉	向上金局	갑좌경향甲坐庚向, 묘좌유향卯坐酉向
金局	癸丑	임자壬子	向上水局	병좌임향丙坐壬向, 오좌자향午坐子向
水局	乙辰	갑묘甲卯	向上木局	경좌갑향庚坐甲向, 유좌묘향酉坐卯向

자왕향自旺向

〈목국木局〉

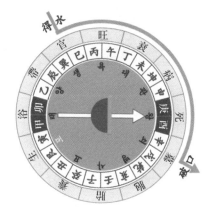

〈화국火局〉

〈금국金局〉

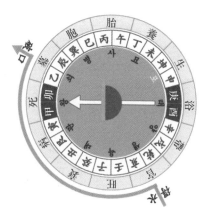

〈수국水局〉

(10) 문고소수文庫消水 − 물은 좌수도우左水到右, 용은 우선룡右旋龍이 원칙

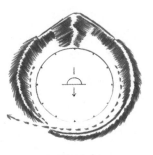

〈문고소수〉

사국의 태궁胎宮으로 파구되고, 본국 12포태로는 절향絶向이다. 향상작국 向上作局으로는 향상목욕궁向上沐浴宮 으로 파구되고 향상생향向上生向이 되 는 것을 문고소수文庫消水라 한다.

물은 좌측 본국 쇠궁衰宮에서 득수하 여 병수病水, 사수死水, 묘수墓水의 기 운을 가지고 혈 앞 명당에 들어와 절

향絶向에서 혈과 음양교합 후, 향 우측 태궁胎宮으로 파구된다. 그러나 향상작국을 하면 물의 득수처는 향상묘궁向上墓宮으로 향상절수向上絶水, 향상태수向上胎水, 향상양수向上養水의 기운이 되며 향상생궁向上生宮에 서 혈의 향과 만나 향상목욕궁向上沐浴宮으로 파구된다. 물은 반드시 좌 수도우左水到右하여야 한다. 우선룡右旋龍이 원칙이다.

용진혈적에 문고소수文庫消水는 이른바 녹존유진祿存流盡이면 패금어佩 金魚라 하여 필히 총명한 수재秀才가 출생한다. 문장이 특출하여 부귀 한다.

그러나 조금만 어긋나도 비음패절非淫敗絶 즉 음란하지 않으면 패망한다 했으니 불가경용不可輕用이다. 또 우수도좌右水到左는 물이 혈을 감싸주 지 못하므로 대흉大凶하다.

本局	破口	향向	向上作局	좌향坐向
木局	庚酉	곤신坤申	向上水局	간좌곤향艮坐坤向, 인좌신향寅坐申向
火局	壬子	건해乾亥	向上木局	손좌건향巽坐乾向, 사좌해향巳坐亥向
金局	甲卯	간인艮寅	向上火局	곤좌간향坤坐艮向, 신좌인향申坐寅向
水局	丙午	손사巽巳	向上金局	건좌손향乾坐巽向, 해좌사향亥坐巳向

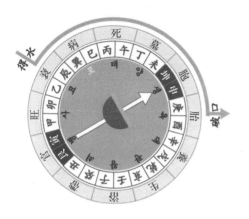

〈목국木局〉

〈화국火局〉

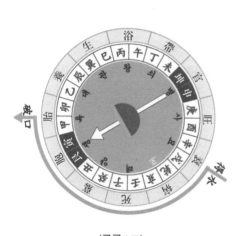

〈금국金局〉

〈수국水局〉

(11) 목욕소수沐浴消水 — 물은 우수도좌右水到左, 용은 좌선룡左旋龍이 원칙

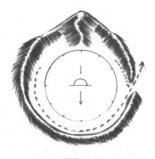

〈목욕소수〉

사국의 12포태로는 태궁胎宮으로 파구되고 목욕향沐浴向이다. 향상작국向上作局으로는 향상목욕궁向上沐浴宮으로 파구되고 향상왕향向上旺向이 되는 것을 목욕소수沐浴消水라고 한다.

물은 본국으로 우측 쇠궁衰宮에서 득수하여 제왕수帝旺水, 임관수臨官水, 관대수冠帶水의 기운을 가지고 혈 앞

명당에 들어와 목욕향沐浴向에서 혈과 음양교합 후 향 좌측으로 돌아 장생수長生水, 양수養水와 함께 태궁胎宮으로 파구된다. 그러나 향상작국을 하면 물의 득수처는 향상묘궁向上墓宮으로 향상사수向上死水, 향상병수向上病水, 향상쇠수向上衰水의 기운이 되며 향상왕궁向上旺宮에서 혈의 향과 만나 향상임관수向上臨官水, 향상관대수向上冠帶水와 함께 향상목욕궁向上沐浴宮으로 파구된다. 물은 반드시 우수도좌右水到左하여야 한다. 좌선룡左旋龍이 원칙이다.

용진혈적에 목욕소수는 이른바 녹존유진祿存流盡이면 패금어佩金魚라 하여 필발부귀必發富貴한다. 또 모든 자손들이 크게 번창한다.

그러나 조금이라도 어긋나거나 물이 지지자地支字를 침범하면 비음즉절非淫卽絶이라 하였으니 불가경용不可輕用이다. 또 물이 좌수도우左水到右하면 혈을 감싸주지 못하므로 대흉大凶하다.

本局	破口	향향	向上作局	좌향坐向
木局	庚	임자壬子	向上水局	병좌임향丙坐壬向, 오좌자향午坐子向
火局	壬	갑묘甲卯	向上木局	경좌갑향庚坐甲向, 유좌묘향酉坐卯向
金局	甲	병오丙午	向上火局	임좌병향壬坐丙向, 자좌오향子坐午向
水局	丙	경유庚酉	向上金局	갑좌경향甲坐庚向, 묘좌유향卯坐酉向

목욕소수 沐浴消水

破口는 천간자로만 나가야 한다

〈목국木局〉

〈화국火局〉

〈금국金局〉

〈수국水局〉

5) 88향법八十八向法 조견표

의수입향依水入向의 원칙에 의하여 먼저 파구破口를 본다. 다음 물이 좌수도우左水到右 또는 우수도좌右水到左하는지를 살핀다. 그리고 어떤 향을 놓을 것인가를 판단한다.

向 \ 破口	壬子	癸丑	艮寅	甲卯	乙辰	巽巳
壬子	壬破: 胎向胎流 (右水到左)	冲祿小黃泉 冲破向上死位	冲破胎神 冲破向上胎位	壬破: 沐浴小水 (右水到左)	冲破旺位 冲破向上旺位	交如不及 冲破向上死位
癸丑	自旺向 (左水到右)	墓向墓流 (左水倒右) 倒冲墓庫黃泉	自生向 (右水到左)	不立胎向 冲破向上冠帶	冲破向上衰位	正生向 (右水到左)
艮寅	短命過宿水 冲破向上病位	正墓向 (左水到右) 細小右水	艮破: 絶向絶流 (右水到左)	殺人大黃泉 冲破向上臨官 冲祿	正養向 (右水到左)	過宮水 冲破向上絶位
甲卯	交如不及 顏回短命水 冲破向上死位	過宮水 冲破胎神 冲破向上胎位	文庫消水 (左水到右)	甲破: 胎向胎流 (右水到左)	冲祿小黃泉 冲破向上死位	冲破胎神 冲破向上胎位
乙辰	正旺向 (左水到右)	不立衰向 冲破向上養位	不立病向 冲破向上冠帶	自旺向 (左水到右)	墓向墓流 (左水倒右) 倒冲墓庫黃泉	自生向 (右水到左)
巽巳	過宮水 冲破向上胞位	冲破向上長生	冲破向上臨官	短命過宿水 冲破向上病位	正墓向 (左水到右) 細小右水	巽破: 絶向絶流 (右水到左)
丙午	過宮水 冲破胎神 冲破向上胎位	丙破: 衰向胎流 朝來左水穴後破	生來破旺 冲破向上旺位	交如不及 顏回短命水 冲破向上死位	過宮水 冲破胎神 冲破向上胎位	文庫消水 (左水到右)
丁未	不立沐浴向 冲破向上養位	不立冠帶向 冲破向上冠帶	不立臨官向 冲破向上衰位	正旺向 (左水到右)	不立衰向 冲破向上養位	不立病向 冲破向上冠帶
坤申	旺去冲生 冲破向上長生	冲破向上臨官	交如不及 冲破向上病位	過宮水 冲破向上胞位	冲破向上長生	冲破向上臨官
庚酉	庚破: 沐浴消水 (右水到左)	冲破旺位 冲破向上旺位	交如不及 冲破向上死位	過宮水 冲破胎神 冲破向上胎位	庚破 衰向胎流 朝來左水穴後破	生來破旺 冲破向上旺位
辛戌	不立胎向 冲破向上冠帶	冲破向上衰位	正生向 (右水到左)	不立沐浴向 冲破向上養位	不立冠帶向 冲破向上冠帶	不立臨官向 冲破向上衰位
乾亥	殺人大黃泉 冲破向上臨官 冲祿	正養向 (右水到左)	過宮水 冲破向上絶位	旺去冲生 冲破向上長生	冲破向上臨官	交如不及 冲破向上病位

破口＼向	丙午	丁未	坤申	庚酉	辛戌	乾亥
壬子	過宮水 冲破胎神 冲破向上胎位	壬破: **衰向胎流** 朝來左水穴後破	生來破旺 冲破向上旺位	交如不及 顔回短命水 冲破向上死位	過宮水 冲破胎神 冲破向上胎位	**文庫消水** (左水到右)
癸丑	不立沐浴向 冲破向上養位	不立冠帶向 冲破向上冠帶	不立臨官向 冲破向上衰位	**正旺向** (左水到右)	不立衰向 冲破向上養位	不立病向 冲破向上冠帶
艮寅	旺去冲生 冲破向上長生	冲破向上臨官	交如不及 冲破向上病位	過宮水 冲破向上胞位	冲破向上長生	冲破向上臨官
甲卯	甲破: **沐浴消水** (右水到左)	冲破旺位 冲破向上旺位	交如不及 冲破向上死位	過宮水 冲破胎神 冲破向上胎位	甲破: **衰向胎流** 朝來左水穴後破	生來破旺 冲破向上旺位
乙辰	不立胎向 冲破向上冠帶	冲破向上衰位	**正生向** (右水到左)	不立沐浴向 冲破向上養位	不立冠帶向 冲破向上冠帶	不立臨官向 冲破向上衰位
巽巳	殺人大黃泉 冲破向上臨官 冲祿	**正養向** (右水到左)	過宮水 冲破向上絶位	旺去冲生 冲破向上長生	冲破向上臨官	交如不及 冲破向上病位
丙午	丙破: **胎向胎流** (右水到左)	冲祿小黃泉 冲破向上死位	冲破胎神 冲破向上胎位	丙破: **沐浴消水** (右水到左)	冲破旺位 冲破向上旺位	交如不及 冲破向上死位
丁未	**自旺向** (左水到右)	墓向墓流 (左水倒右) 倒冲墓庫黃泉	**自生向** (右水到左)	不立胎向 冲破向上冠帶	冲破向上衰位	**正生向** (右水到左)
坤申	短命過宿水 冲破向上病位	**正墓向** (左水到右) 細小右水	坤破: **絶向絶流** (右水到左)	殺人大黃泉 冲破向上臨官 冲祿	**正養向** (右水到左)	過宮水 冲破向上絶位
庚酉	交如不及 顔回短命水 冲破向上死位	過宮水 冲破胎神 冲破向上胎位	**文庫消水** (左水到右)	庚破: **胎向胎流** (右水到左)	冲祿小黃泉 冲破向上死位	冲破胎神 冲破向上胎位
辛戌	**正旺向** (左水到右)	不立衰向 冲破向上養位	不立病向 冲破向上冠帶	**自旺向** (左水到右)	墓向墓流 (左水倒右) 倒冲墓庫黃泉	**自生向** (右水到左)
乾亥	過宮水 冲破向上胞位	冲破向上長生	冲破向上臨官	短命過宿水 冲破向上病位	**正墓向** (左水到右) 細小右水	乾破: **絶向絶流** (右水到左)

6) 용어해설

(1) 정미丁未, 신술辛戌, 계축癸丑, 을진乙辰 수구일 때

정생향正生向 - 건해乾亥, 간인艮寅, 손사巽巳, 곤신坤申 향

본국으로 살피거나 향상작국으로 살피거나 물은 우측 왕궁에서 득수하여 혈 앞으로 흘러오므로 생궁으로 향을 한 것이다. 물은 우수도좌右水倒左하여 묘로 나가니 득수, 향, 파구가 왕생묘 삼합이다. 이를 왕거영생旺去迎生이라 한다.

물이 옥대를 허리에 두른 것처럼 둥그렇게 돌아나가니 금성수라 한다. 구빈수법救貧水法에서 14진신수법進神水法이라 하고 가업이 크게 번창한다.

주로 아내는 어질고 자식은 효도한다. 오복이 집 앞에 가득하며, 부와 귀가 다같이 발전한다.

[지리오결 원문]

삼합조조정생향三合弔照正生向 왕거영생旺去迎生 옥대전요금성수법玉帶纏腰金城水法 서운십사진신가업홍書云十四進神家業興 주처현자효主妻賢子孝 오복만문五福滿門 부귀쌍전富貴雙全

정왕향正旺向 - 갑묘甲卯, 병오丙午, 경유庚酉, 임자壬子 향

본국이든 향상작국을 하든 물은 좌측 생궁에서 득수하여 혈 앞으로 흘러오므로 왕궁으로 향을 한 것이다. 물은 좌수도우左水倒右하여 묘궁으로 나가니 득수, 향, 파구가 생왕묘 삼합이다.

삼합이 연주했으니 그 귀한 것이 값으로 따질 수 없다. 양구빈의 진신수법에 해당된다. 물이 생궁에서 득수하여 왕향을 하였으니 이를 생래회

왕生來會旺이라 한다.

물의 형세는 옥대를 허리에 두른 것처럼 혈을 감싸주는 금성수다. 대부대귀하고 자손은 크게 번창한다. 충신과 효자 어질고 뛰어난 인재가 난다. 남녀 모두 건강장수하며 자손마다 발복하여 오랫동안 이어진다.

만약 왕방에 있는 산 즉 안산이 둥그렇게 살이 찐 듯하거나, 왕방 즉 혈 앞쪽으로 물이 모여들면 중국에서 제일 부자였던 석숭 같은 부를 이룬다.

[지리오결 원문]

삼합연주귀무가三合聯珠貴無價 양공구빈진신楊公救貧進神 생래회왕生來會旺 옥대전요금성수법玉帶纏腰金城水法 대부대귀大富大貴 인정창성人丁昌盛 충효현량忠孝賢良 남녀고수男女高壽 방방무이房房無異 발복면원發福綿遠 약득왕산비만若得旺山肥滿 왕수조취旺水朝聚 부비석숭富比石崇

자생향自生向 ─ 곤신坤申, 건해乾亥, 간인艮寅, 손사巽巳 향

본국으로는 절향이나 향상작국을 하면 생향이 되는 것을 말한다. 그래서 절처봉생絶處逢生이라 한다. 본래 나쁜 향인데 향상작국을 하니 좋은 향이 되었다. 흔히 지옥에서 부처님을 만나 회생한 향으로 비유한다.

물의 득수처는 본국으로는 목욕궁에 해당되나 향상으로는 왕궁이다. 파구처는 본국으로는 묘궁이나 향상으로는 양궁이다. 우측에서 득수하여 좌측으로 파구되는 우수도좌右水倒左다.

이를 차고소수 자생향이라 한다. 양구빈의 진신수법에 해당된다. 이때 향상으로 물이 양궁을 충파한다고 논하지 않는다. 주로 부귀하고 장수한다. 자손이 크게 번창하는데 먼저 작은집이 발복하고 오랫동안 이어진다.

자왕향自旺向 ─ 병오丙午, 경유庚酉, 임자壬子, 갑묘甲卯 향

본국으로 사향이나 향상작국을 하면 왕향이 된다. 그래서 화사위자왕향化死爲自旺向이라고 표현한다. 흉한 사궁이 변해서 길한 왕궁이 되었다는 뜻이다.

물의 득수처는 본국으로 관궁에 해당되나 향상으로는 생궁이다. 파구처는 본국으로는 묘궁이나 향상으로는 쇠궁이다. 좌측에서 득수하여 우측으로 파구되는 좌수도우左水倒右다.

이를 차고소수 자왕향이라 한다. 쇠방은 물이 득수하거나 나가거나 모두 합당한 유일한 법이다. 양구빈의 진신수법에 해당된다. 부귀를 다하며 장수하고 자손이 번창한다.

묘향묘류墓向墓流, **도충묘고황천**倒冲墓庫黃泉 ― **정미**丁未, **신술**辛戌, **계축** 癸丑, **을진**乙辰 **향**

묘궁으로 물이 나가는데 묘궁으로 향을 했다 해서 묘향묘류다. 즉 향 앞으로 물이 파구되는 당문파堂門破다. 88향법에는 해당되지 않으나 절 향절류, 태향태류와 같은 이치이므로 당면출살법堂面出殺法이라 한다. 이 때문에 88향법이 아니라 96향법이어야 한다는 주장도 있다.

묘향묘류가 되려면 물은 반드시 천간자인 정신계을丁辛癸乙자로만 나 가고 좌측에서 득수하여 우측으로 흘러가는 좌수도우左水倒右해야 한다. 또 백보전란百步轉欄에 불견직거不見直去해야 한다. 즉 파구가 멀면 안 되 므로 적어도 혈에서 백보 내에 있어야 하고, 물이 곧장 흘러가면 안 된다. 대부대귀하는 향이다. 그러나 약간의 잘못이라도 있으면 즉각 패절하기 쉬우니 함부로 쓰지 말라고 했다. 물이 우수도좌右水倒左하거나 지지자를 범하고 나가면 도충묘고황천倒冲墓庫黃泉이라 해서 패절하게 된다.

[지리오결 원문]

좌수도우左水倒右 출향상천간자出向上天干字 불범지지자不犯地支字
우수백보전란又水百步轉欄 유발대부대귀자有發大富大貴者 소차즉절
少差卽絶 불가경용不可輕用

불립태향不立胎向, **충파향상관대**冲破向上冠帶 ― **경유**庚酉, **임자**壬子, **갑묘** 甲卯, **병오**丙午 **향**

물이 사국의 묘궁(고장궁)으로 파구되면 태향을 놓을 수 없다. 이를 불 립태향이라고 한다. 양구빈의 퇴신수법에 속한다.

물이 향상으로 관대궁을 치고 나가니 청소년기의 똑똑하고 총명한 자손이 흉화를 당한다. 아울러 규중閨中의 부녀자나 딸이 상한다. 또 재산이 패하며 오래가면 절손된다. 이를 충파향상관대라고 한다.

불립목욕향不立沐浴向, **충파향상양위**沖破向上養位 － **임자**壬子, **갑묘**甲卯, **병오**丙午, **경유**庚酉 향

물이 사국의 묘궁(고장궁)으로 파구되면 목욕향을 놓을 수 없다. 이를 불립목욕향이라 한다. 양구빈의 퇴신수법에 해당된다.

물이 향상으로 양궁을 치고 나가니 자라나는 어린아이들이 상한다. 재물은 패하고 후사가 끊긴다.

불립관대향不立冠帶向, **충파향상관대** 沖破向上冠帶 － **계축**癸丑, **을진**乙辰, **정미**丁未, **신술**辛戌 향

물이 사국의 묘궁(고장궁)으로 파구되면 관대향을 놓을 수 없다. 이를

불립관대향이라 한다. 양구빈의 퇴신수법에 해당된다.

물이 향상으로 관대궁을 치고 나가니 청소년기의 똑똑하고 총명한 자손이 상한다. 요망패절한다.

불립임관향不立臨官向, **충파향상쇠위**冲破向上衰位 ― **간인**艮寅, **손사**巽巳, **곤신**坤申, **건해**乾亥 **향**

물이 사국의 묘궁(고장궁)으로 파구되면 임관향을 놓을 수 없다. 이를 불립임관향이라 한다. 양구빈의 퇴신수법에 해당된다.

물이 향상으로 쇠궁을 치고 나간다. 패하지 않으면 절손된다.

불립쇠향不立衰向, **충파향상양위**冲破向上養位 ― **을진**乙辰, **정미**丁未, **신술**辛戌, **계축**癸丑 **향**

물이 사국의 묘궁(고장궁)으로 파구되면 쇠향을 놓을 수 없다. 이를 불립쇠향이라 한다. 양구빈의 퇴신수법에 해당된다.

물이 향상으로 양궁을 치고 나가니 자라나는 어린아이들이 상한다. 재물과 자손 모두가 불리하다.

불립병향不立病向, **충파향상관대**沖破向上冠帶 ― **손사**巽巳, **곤신**坤申, **건해**乾亥, **간인**艮寅 **향**

물이 사국으로 묘궁(고장궁)으로 파구되면 병향을 놓을 수 없다. 이를 불립병향이라 한다. 양구빈의 퇴신수법에 해당된다.

물이 향상으로 관대궁을 치고 나가니 필시 청소년기의 똑똑하고 총명한 자손이 상한다. 아울러 아름답고 예쁜 부녀자가 상한다.

충파향상쇠위沖破向上衰位 ― **신술**辛戌, **계축**癸丑, **을진**乙辰, **정미**丁未 **향**

물이 향상으로 쇠궁을 치고 나간다. 양구빈의 퇴신수법에 해당된다. 초년은 간혹 자손이 번창하고 장수하나 오래가지 못한다. 재물 역시 불발하여 흉하며 명예는 불리하다.

(2) 곤신坤申, 건해乾亥, 간인艮寅, 손사巽巳 수구일 때

정양향正養向 − **신술**辛戌, **계축**癸丑, **을진**乙辰, **정미**丁未 **향**

본국으로, 양궁으로 향을 한 것을 말하며 양구빈의 진신수법이다. 물은 관궁에서 득수하고 우수도좌右水倒左하여 절궁으로 파구된다. 절궁을 구성에 비교하면 녹존祿存에 해당된다. 그러므로 녹존유진祿存流盡 또는 귀인녹마상어가貴人祿馬上御街라고 한다. 이곳으로 물이 나가면 높은 벼슬을 한다.

인정과 재물이 왕성하고 공명현달한다. 발복이 오랫동안 유지된다. 충효현량한 자손이 나고 남녀 모두 장수한다. 모든 자손이 똑같이 발전하지만 셋째가 특히 발전한다. 딸들도 모두 빼어나다.

[지리오결 원문]

정양향正養向 명위귀인녹마상어가名爲貴人祿馬上御街 합진신구빈수법合進神救貧水法 정재대왕丁財大旺 공명현달功名顯達 발복면원發福綿遠 충효현량忠孝賢良 남녀수고男女壽高 방방개발房房皆發 삼문우성三門尤盛 병발여수竝發女秀

정묘향正墓向 − **정미**丁未, **신술**辛戌, **계축**癸丑, **을진**乙辰 **향**

본국으로 묘궁으로 향을 한 것을 말하며 양구빈의 진신수법이다. 장대한 물이 왕궁에서 득수하고 좌수도우左水倒右하여 절궁으로 파구된다. 절궁을 구성에 비교하면 녹존에 해당된다. 우측의 작은 물도 혈을 감싸주는 형상이므로 세소우수細小右水라 한다.

발부발귀하고 자손이 크게 번창한다. 복수쌍전한다.

절향절류絕向絕流 − **곤신**坤申, **건해**乾亥, **간인**艮寅, **손사**巽巳 **향**

본국 절궁으로 물이 나가는데 절궁으로 향을 했다 해서 절향절류다. 즉 향 앞으로 물이 파구되는 당문파다. 물은 목욕궁에서 득수하여 우수 도좌右水倒左한다.

우측에서 득수한 장대한 물이 좌측으로 흘러가야 한다. 반드시 곤건간 손坤乾艮巽 천간자로만 나가야 하고 지지자를 침범하지 않아야 한다. 백 보전란百步轉欄에 불견직거不見直去해야 한다. 즉 파구는 혈에서 백보 내의 거리에서 굽어져 물이 똑바로 나가는 것이 보여서는 안 된다.

대부대귀하고 자손이 크게 번창한다. 만약 용혈이 조금이라도 차질이 있다면 패절하게 되므로 가볍게 사용하지 못한다.

단명과숙수短命過宿水, **충파향상병위**冲破向上病位 − **병오**丙午, **경유**庚酉, **임자**壬子, **갑묘**甲卯 **향**

물이 향상으로 병궁을 치고 나가니 명이 짧고 과부가 난다 하여 단명과숙수라 한다. 남자가 수를 다하지 못하니 반드시 과부가 5~6인씩이나 집안에 거주한다. 산업이 패하고 자손이 절손된다. 아울러 해수(기침), 토담(가래, 천식), 노질(근심병, 우울증) 등과 같은 병이 침범한다. 먼저 셋째 아들집이 패하고 다음으로 다른 자식들이 망한다. 무릇 병사 두 방위로 물이 치고 파구되면 그렇다. 흉함이 병궁이나 사궁이나 서로 비슷하다.

과궁수過宮水, 충파향상포위沖破向上胞位 — 갑묘甲卯, 병오丙午, 경유庚酉, 임자壬子 향

좌수도우하는 물이 사국의 묘궁으로 파구되면 자왕향인데 한 궁위를 더 지나쳤다. 이를 과궁수라 한다. 정이 지나친다는 뜻이다. 강태공이 팔십에 이르러서야 문왕을 만나는 격이다. 즉 이 수법은 초년에는 자손이 있고 장수를 하지만 재산은 없다. 물이 묘궁인 고장으로 돌아나가지 않기 때문이다.

물이 향상으로 절궁인 포궁을 치고 나간다. 포는 남녀가 결혼하고 처음 시작하는 단계인데 이곳으로 파구된다. 그러므로 결혼하기 힘들고 어떤 일이든 시작이 어렵다. 비록 처음은 어려우나 만년에는 부귀하고 장수한다.

과궁수過宮水, 충파향상절위沖破向上絶位 - 건해乾亥, 간인艮寅, 손사巽巳, 곤신坤申 향

우수도좌하는 물이 사국의 묘궁으로 파구되면 자생향인데 두 궁위를 더 지나쳤다. 이를 과궁수라 부르고 정이 지나친다는 뜻이다. 향상으로는 절궁을 치고 나간다. 초년에는 자손이 발전하고 건강장수하나 재산은 없다. 공명 또한 불리하다. 가난하나 장수하므로 자손이 끊기지는 않는다.

교여불급交如不及, 충파향상병위沖破向上病位 - 간인艮寅, 손사巽巳, 곤신坤申, 건해乾亥 향

혈 바로 뒤로 물이 파구되므로 배산임수로 향을 하면 있을 수 없다. 이를 또한 교여불급이라 한다. 물이 향상으로 병궁을 치고 나가니 명이 짧다. 주로 병이 많고 발전하지 못한다. 세월이 오래 지나면 결국 패하여 망한다.

살인대황천殺人大黃泉, **충파향상임관**冲破向上臨官, **충록**冲祿 — **경유**庚酉, **임자**壬子, **갑묘**甲卯, **병오**丙午 **향**

물이 향상으로 임관궁을 치고 나간다. 이곳이 본국으로는 녹방에 해당된다. 임관이란 그 집안을 이끌어갈 똑똑한 자손이 벼슬에 진출한 것을 말한다. 그런데 이곳을 물이 치고 나가니 그 자손이 죽음을 당한다. 뿐만 아니라 재산을 관장하는 녹궁을 물이 치니 벼슬과 재산을 한꺼번에 잃게 된다. 이를 살인대황천이라 한다.

물이 향상으로 임관을 충파하면 살인대황천을 범한 것이니 필시 재주 있는 자손이 죽음을 당한다. 주로 패절하고 벼슬과 산업을 잃게 된다. 아울러 절름발이, 중풍, 노질 등의 병에 걸린다. 먼저 둘째 집이 상하고 차차로 다른 자손들도 상한다. 망하지 않는 자손이 하나도 없다.

왕거충생旺去沖生, **충파향상장생**沖破向上長生 — **임자**壬子, **갑묘**甲卯, **병오**丙午, **경유**庚酉 **향**

물이 향상으로 왕궁에서 득수하나 생궁을 치고 나간다. 왕궁은 재물을 뜻하고 생궁은 벼슬을 뜻한다. 왕궁에서 물이 득수하므로 재물은 얻으나 생궁으로 파구되니 벼슬을 잃게 된다. 공직자가 재물을 탐하다가 구속되는 경우라 하겠다. 왕거충생은 대살이다. 비록 재물은 있으나 어찌 있다고 하겠는가. 어린아이 키우기가 힘들다. 재산은 있어도 자손이 없다. 열에 아홉은 절손된다. 먼저 큰집이 망하고 다른 자손이 차례로 망한다.

[지리오결 원문]
왕거충생대살旺去沖生大煞 수유재이하위雖有財而何爲 소아난양小兒難養 부이무정富而無丁 십유구절十有九絶 선패장방先敗長房 차급별문次及別門

충파향상임관沖破向上臨官 — **계축**癸丑, **을진**乙辰, **정미**丁未, **신술**辛戌 **향**

물이 향상으로 임관궁을 치고 나간다. 임관은 똑똑한 자손을 뜻하는데 그 자손이 극심한 피해를 입는다. 주로 재물을 패하고 어린아이를 키우기 힘들다. 남녀 모두 일찍 죽어 대를 이어갈 자손이 적다. 먼저 큰집이 망하고 다음에 차차로 작은집들도 망한다.

[지리오결 원문]
주퇴재主退財 소아난양小兒難養 남녀요망핍사男女夭亡乏嗣 선패장방先敗長房 차급별방次及別房

충파향상임관冲破向上臨官 - **손사**巽巳, **곤신**坤申, **건해**乾亥, **간인**艮寅 **향**

역시 물이 향상으로 임관궁을 치고 나간다. 황천대살을 범했으니 똑똑한 자손이 피해를 입어 결국은 집안이 망한다. 대를 이어갈 자손이 적고 뜻밖의 요절로 단명한다.

> [지리오결 원문]
> 충파향상임관冲破向上臨官 범황천대살犯黃泉大煞 상성재지자喪成
> 才之子 핍사요수乏嗣夭壽

충파향상장생冲破向上長生 - **을진**乙辰, **정미**丁未, **신술**辛戌, **계축**癸丑 **향**

물이 향상으로 생궁을 치고 나간다. 생은 부귀를 뜻한다. 이곳을 물이 치니 하루아침에 망한다. 특히 관직을 잃게 된다. 자손과 재물이 날로 쇠하여진다. 심하면 자손이 끊겨 절손된다.

> [지리오결 원문]
> 정재일쇠丁財日衰 심즉절사甚則絶嗣

(3) 경유庚酉, 임자壬子, 갑묘甲卯, 병오丙午 수구일 때

태향태류胎向胎流 - **경유**庚酉, **임자**壬子, **갑묘**甲卯, **병오**丙午 **향**

본국 태궁으로 물이 흘러나가는데 태궁으로 향을 했다 해서 태향태류다. 즉 향 앞으로 물이 파구되는 당문파다. 물은 관대궁에서 득수하고 우수도좌右水倒左하여 태궁으로 파구된다. 이를 당면출살법堂面出殺法이라한다. 파구는 반드시 경임갑병庚壬甲丙 천간자로만 나가야 하고 지지자를 침범하지 않아야 한다. 백보전란百步轉欄에 불견직거不見直去해야 한다. 즉 파구는 혈에서 백보 내의 거리에서 굽어져 물이 똑바로 나가는 것이 보여서는 안 된다. 또한 마땅히 좌측의 작은 물도 태향에서 합쳐져 태방으로 흘러가야 한다. 이를 일컬어 출살이라 하며 태위를 충파한다고하지 않는다.

주로 대부대귀하고 자손이 크게 번창한다. 다만 중간에 천수를 다하지못한 자가 생기므로 어린 과부가 가끔 난다. 만약 용진혈적하지 못하면망하거나 절손될 우려가 있으니 가벼이 사용하지 못한다.

[지리오결 원문]

우수도좌右水倒左 출천간자出天干字 불범지지자不犯地支字 백보전란
百步轉欄 우수좌수세소又須左水細小 합태향태방수合胎向胎方水
위지출살謂之出煞 부작충태론不作冲胎論 주대부대귀主大富大貴
인정흥왕人丁興旺 단내중간유수단자但內中間有壽短者 출유과부거
出幼寡婦居 약비용진혈적若非龍眞穴的 장후불패즉절葬後不敗則絶
불가경용不可輕用

쇠향태류衰向胎流, **조래좌수혈후파**朝來左水穴後破 — **을진**乙辰, **정미**丁未,
신술辛戌, **계축**癸丑 향

본국 태궁으로 물이 파구되는데 쇠향을 했다 해서 쇠향태류다. 앞에서 흘러온 물이 혈 뒤로 흘러가 천간자로 파구되어야 한다. 좌수도우左水倒右하고 지지자를 범하면 안 된다.

포와 태는 구성으로 녹존에 비유되기 때문에 이름하여 '녹존유진패금

어'라 한다. 발부발귀하고 복수쌍전한다.

단 이러한 향과 수구는 평양지에서나 발복하고 산지에서는 패절한다. 왜 그런가 하면 평양지는 좌 뒤로는 허하고 앞은 꽉 차 있는 것을 요하기 때문이다. 물이 천간자로 나가면 혈 뒤는 반드시 저함하다. 평양지에서는 혈 뒤가 조금 낮으면 각각의 아이들이 모여서 글공부를 하므로 길하다. 혈 앞으로 물이 들어온다는 것은 곧 앞이 필시 높이 솟아 있다는 것이다. 그러므로 평양지의 명당은 높고 또 높다는 뜻이다. 금은보화가 창고에 쌓이고 쌀이 곳간에 가득 있다.

산지에서는 혈 뒤가 높고 앞이 낮으니 혈 뒤가 기와처럼 꺼져 있는 상태를 최고로 꺼린다. 만약 앞에서 물이 들어와 혈을 감아주고 뒤 천간자로 나가면 필시 앞은 높고 뒤는 낮은 지형이다. 평양지는 발복하나 산지는 패절한다.

[지리오결 원문]

내조좌수도우來朝左水倒右 종혈후천간자이거從穴後天干字而去 불범지지자不犯地支字 명녹존유진패금어名祿存流盡佩金魚 발부발귀發富發貴 복수쌍전福壽雙全 단차향차수但此向此水 평양다발平洋多發 산지다패山地多敗 하야何也 평양요좌공조만平洋要坐空朝滿 수출천간자水出天干字 즉혈후필시저함則穴後必是低陷 합평양혈후일척저合平洋穴後一尺低 개개아손회독서個個兒孫會讀書 혈전수래조穴前水來朝 즉혈전필시고용則穴前必是高聳 합평양명당고우고合平洋明堂高又高 금은적고미진창金銀積庫米陳廠 산지요좌만조공山地要坐滿朝空 혈후최기앙와穴後最忌仰瓦 약시혈전수조당若是穴前水朝堂 전천간자이출轉天干字而出 필시전고후저必是前高後低 평양다발平洋多發 산지다패山地多敗

문고소수文庫消水 − 곤신坤申, 건해乾亥, 간인艮寅, 손사巽巳 향

본국으로는 절향이나 향상으로는 생향이다. 물은 본국 쇠궁에서 득수하고 좌수도우左水倒右하여 태궁으로 파구된다. 향상으로 파구는 목욕궁에 해당된다.

좌수도우하여 천간자로 물이 나가야 문고소수가 된다. 양구빈의 진신수법에 속한다. 옛 책에서 '녹존유진패금어' 라 했는데 바로 이것이다. 주로 발부발귀하고 복수쌍전한다. 약간의 차질이 있으면 즉시 패절하니 함부로 가볍게 사용할 수 없다. 용진혈적하면 무방하다.

[지리오결 원문]
좌수도우출천간자左水倒右出天干字 합문고소수合文庫消水 양공진신수법楊公進神水法 서운녹존유진패금어書云祿存流盡佩金魚 즉차시야則此是也 주발부발귀主發富發貴 복수쌍전福壽雙全 소차즉절少差卽絶 불가경용不可輕用 용진혈적무방龍眞穴的無妨

목욕소수沐浴消水 − 임자壬子, 갑묘甲卯, 병오丙午, 경유庚酉 향

본국으로는 목욕향이나 향상으로는 왕향이다. 물은 본국 쇠궁에서 득수하고 우수도좌右水倒左하여 천간자 태궁으로 파구된다. 향상으로 파구는 목욕궁에 해당된다.

우수도좌한 물이 향상 목욕궁으로 파구된다. '녹존유진패금어' 라 한다. 부귀쌍전하고 자손이 크게 발전한다. 그러나 지지자를 범하면 음란하거나 패절하므로 함부로 가볍게 사용하지 못한다.

과궁수過宮水, **충파태신**冲破胎神, **충파향상태위**冲破向上胎位 — **갑묘**甲卯,
병오丙午, **경유**庚酉, **임자**壬子 향

혈 바로 뒤로 물이 파구되는 형상이므로 실제로 있을 수 없는 향이다.
좌수도우하는 물이 묘궁으로 파구되면 정생향인데 두 궁위를 더 지났다.
그래서 과궁수라 한다. 과궁수란 지나쳤다는 뜻이다.

향상으로는 물이 태궁을 치고 나가므로 충파태신이라 한다. 주로 낙태
를 하며 사람이 상한다. 초년에는 자손과 재물에 작은 이익이 있으나 오
래되면 패절한다. 이런 곳을 과궁수라 한다. 장수하나 재물이 없다.

과궁수過宮水, **충파태신**冲破胎神, **충파향상태위**冲破向上胎位 — **정미**丁未,
신술辛戌, **계축**癸丑, **을진**乙辰 향

좌수도우하는 물이 절궁으로 파구되었으면 정묘향인데 한 궁위를 더
지났다. 이는 정이 지나친다는 뜻으로 정과이항 과궁수라 한다. 향상으

로는 물이 태궁을 치고 나가므로 충파태신이라 한다.

　정이 지나친 구묘들을 경험해 보면 간혹 초년에 발부발귀하는 것도 있고 또 불발하는 것도 있다. 혹은 장수하는 것도 있고 단명하는 것도 있다. 길흉이 반반이며 오래되면 불리하다. 자손은 있으나 재물이 없다.

충파태신沖破胎神, **충파향상태위**沖破向上胎位 － **건해**乾亥, **간인**艮寅, **손사**巽巳, **곤신**坤申

　향상으로 태궁을 치고 물이 파구되니 충파태신이다. 초년에는 간혹 자손도 번창하고 재물도 왕성하며 장수하기도 한다. 그러나 오래되면 낙태하고 자손이 적어진다. 가도가 곤궁하면 불리하다.

교여불급交如不及, **단명수**短命水, **충파향상사위**沖破向上死位 － **간인**艮寅, **손사**巽巳, **곤신**坤申, **건해**乾亥 **향**

　교여불급 단명수다. 향상으로 물은 사궁을 치고 파구된다. 죽을 사람을 확실하게 죽여주니 명이 짧다. 장수하지 못하고 재물은 패하며 발전하지 못한다.

교여불급交如不及, **안회단명수**顔回短命水, **충파향상사위**沖破向上死位 ― 병오丙午, 경유庚酉, 임자壬子, 갑묘甲卯 향

교여불급이며 향상으로 물이 사궁을 치고 파구되므로 안회단명수라 한다. 안회는 공자의 총애를 받는 제자였으나 30세도 안 되어 요절했다.

교여불급 안회요수수는 패산하고 자손이 적다. 초년에는 작은 이익이 있으나 먼저 셋째가 상한다. 자손이 있으면 재물이 없고 재물이 있으면 자손이 없다. 공명이 있으면 즉시 피를 흘리고 요절하여 망한다. 복록과 수명을 둘 다 같이 가질 수 없다. 향상의 사방으로 물이 나가기 때문이다.

생래파왕生來破旺, **충파향상왕위**冲破向上旺位 - **손사**巽巳, **곤신**坤申, **건해** 乾亥, **간인**艮寅 **향**

향상으로 생궁에서 득수한 물이 왕궁을 치고 파구된다. 귀를 얻기 위해서 재물을 잃는 격이다. 가세가 씻은 듯이 가난하다. 초년에는 자손이 발전하나 오래되면 요절하며 불길해진다.

[지리오결 원문]

범생래파왕犯生來破旺 가빈여세家貧如洗 초년발정初年發丁 구즉요 수불길久則夭壽不吉

충파왕위冲破旺位, **충파향상왕위**冲破向上旺位 - **계축**癸丑, **을진**乙辰, **정미** 丁未, **신술**辛戌 **향**

물이 향상으로 왕궁을 치고 나간다. 왕궁은 재물이 가장 왕성한 곳이다. 초년에는 간혹 자손이 발전하나 오래되면 단명하여 자손이 끊긴다. 재산이 망하여 전답과 사업장을 잃는다.

[지리오결 원문]

초년간혹발정初年間或發丁 구즉수단절사久則壽短絕嗣 퇴패전산 退敗田産

충록소황천沖祿小黃泉, **충파향상사위**沖破向上死位 - **신술**辛戌, **계축**癸丑, **을진**乙辰, **정미**丁未 향

물이 재산을 관장하는 녹궁을 치고 나간다. 또 수명을 관장하는 향상 사궁으로 파구된다.

물이 녹방을 치고 나가면 충록소황천이라 한다. 주로 궁하고 가난하다. 일찍 요절하여 과부가 많이 생긴다. 무수히 많은 옛 묘들을 경험해 보아도 간간이 장수하는 곳도 있지만, 여러 형제가 되어도 결국은 대를 이을 자손이 적다. 또한 비럭질하는 자손도 있다. 전체적으로 가난한 자가 많고 부자가 되는 자는 적다.

만약 지지자 위로 물이 나가거나, 거기에 종이나 솥이나 칼 같은 흉한 악석이 있으면 성격이 포악한 자손이 나온다. 다툼과 싸움을 좋아한다.

[지리오결 원문]
충파향상녹위沖破向上祿位 명충록소황천名沖祿小黃泉 주궁핍요망
主窮乏夭亡 출과부거出寡婦居 여험과무수구영予驗過無數舊塋 간유
수고자間有壽高者 유오륙형제자有五六兄弟者 유핍사자有乏嗣者
역유위걸개자亦有爲乞丐者 총지빈곤자다總之貧困者多 발부자소發
富者少 약지지자상若地支者上 재유창도악석再有鎗刀惡石 출성폭인
出性暴人 쟁투호용爭鬪好勇

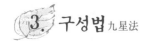

3. 구성법 九星法

탐랑성, 거문성, 무곡성은 매우 길하고, 보필성은 보통이고, 녹존성,
문곡성, 염정성, 파군성은 흉하다

〈제7장 수세론〉의 '수법론'에서 다루었던 내용과 똑같다. 득수하는 물과 파구되는 물의 기운을 구성九星으로 분류하여 혈과 음양조화를 이루도록 좌나 향을 결정하는 법칙이다.

구성이란 우주를 지배하는 북두칠성과 좌보성, 우필성을 합한 아홉 개의 별을 말한다. 북두의 제1성은 탐랑성貪狼星, 제2성은 거문성巨文星, 제3성은 녹존성祿存星, 제4성은 문곡성文曲星, 제5성은 염정성廉貞星, 제6성은 무곡성武曲星, 제7성은 파군성破軍星이다.

그리고 이를 좌측에서 보좌하는 제8성은 좌보성左輔星, 우측에서 보좌하는 제9성은 우필성右弼星이다. 좌보성과 우필성은 보좌하는 것이므로 하나로 합쳐 보필성輔弼星이라 한다. 이 중 탐랑성, 거문성, 무곡성은 삼길성三吉星이라 하여 매우 좋은 것이고, 보필성은 대체로 길한 편이다. 그러나 녹존성, 문곡성, 염정성, 파군성 등 4개의 별은 나쁜 기운이다. 그러므로 좌나 향을 탐랑, 거문, 무곡, 보필 궁위로 해야 길하다.

구성법을 운용하기 위해서는 24방위를 정음정양법에 의해서 팔괘로 배납해야 한다.

● 정음淨陰 : 가운데 효를 뺐을 때 상효와 하효의 음양이 다른 괘

　간괘(艮卦, ☶) : 간병艮丙

　손괘(巽卦, ☴) : 손신巽辛

진괘(震卦, ☳) : 묘경해미卯庚亥未

태괘(兌卦, ☱) : 유정사축酉丁巳丑

- **정양**淨陽 : 가운데 효를 뺐을 때 상효와 하효의 음양이 같은 괘

건괘(乾卦, ☰) : 건갑乾甲

곤괘(坤卦, ☷) : 곤을坤乙

감괘(坎卦, ☵) : 자계신진子癸申辰

이괘(離卦, ☲) : 오임인술午壬寅戌

1) 후천수법後天水法으로 좌坐를 결정하는 방법 − 득수와 좌의 정 음정양은 같고, 좌와 파구는 달라야 길하다

득수와 파구 방위를 보고 좌를 결정하는 방법이다. 좌가 결정되면 자동적으로 향도 결정된다. 좌와 향은 서로 대칭으로 되어 있기 때문이다. 득수가 정양 궁위에 있으면 좌도 정양 궁위로 해야 길하다. 득수가 정음 궁위에 있으면 좌도 정음 궁위로 해야 길하다. 그러나 파구는 그 반대다. 즉 파구가 정양이면 좌는 정음 궁위로 해야 하고, 파구가 정양이면 좌는 정음 궁위로 해야 길하다. 이는 물은 길궁에서 득수하고, 흉궁으로 파구되어야 길하다는 원칙 때문이다.

후천수법의 작괘는 득수나 파구의 궁위를 기본괘로 하여 상지선동으로 다음과 같은 순차로 해나간다. 그 결과를 조견표로 만들었다.

- 일상파군一上破軍, 이중녹존二中祿存, 삼하거문三下巨門,
  사중탐랑四中貪狼

〈후천수법 조견표〉

득수, 파구 좌坐	乾甲	坤乙	坎[子] 癸申辰	離[午] 壬寅戌	艮丙	震[卯] 庚亥未	巽辛	兌[酉] 丁巳丑
乾甲	輔弼	巨門	貪狼	武曲	廉貞	祿存	文曲	破軍
坤乙	巨門	輔弼	武曲	貪狼	破軍	文曲	祿存	廉貞
坎[子]癸申辰	貪狼	武曲	輔弼	巨門	祿存	廉貞	破軍	文曲
離[午]壬寅戌	武曲	貪狼	巨門	輔弼	文曲	破軍	廉貞	祿存
艮丙	廉貞	破軍	祿存	文曲	輔弼	貪狼	武曲	巨門
震[卯]庚亥未	祿存	文曲	廉貞	破軍	貪狼	輔弼	巨門	武曲
巽辛	文曲	祿存	破軍	廉貞	武曲	巨門	輔弼	貪狼
兌[酉]丁巳丑	破軍	廉貞	文曲	祿存	巨門	武曲	貪狼	輔弼

【예 1】 어느 혈의 득수 방위는 유酉이고, 파구 방위는 계癸다. 이때 배산임수의 원칙과 안산 등을 고려하여 좌향을 해좌사향亥坐巳向으로 하려고 한다. 후천수법으로 적합한지 여부를 살펴보면?

【답】 득수 방위 유酉는 태괘[☱]에 속한다. 이를 기본괘로 하여 상지선동으로 작괘한다.

- 일상파군하면 건괘[☰]
- 이중녹존은 이괘[☲]가 된다.
- 삼하거문은 간괘[☶]
- 사중탐랑은 손괘[☴]가 된다.

- 오상문곡은 감괘[☵]   - 육중염정은 곤괘[☷]가 된다.
- 칠하무곡은 진괘[☳]   - 팔중보필은 태괘[☱]가 된다.

해좌亥坐는 진괘에 속하므로 삼길성의 하나인 무곡에 해당된다. 매우 길한 좌다. 이때 파구 계癸는 감괘에 속하므로 문곡에 해당된다. 물이 흉한 궁위로 나가므로 길하다.

이를 쉽게 가늠하는 방법은 조견표를 참고하든지 정음정양법을 사용하면 된다. 즉 득수 방위 유酉는 태괘로 정음에 속한다. 해좌亥坐는 진괘이므로 역시 정음이다. 득수와 좌가 같은 정음이므로 길하다. 그러나 파구 계癸는 감괘이므로 정양이다. 좌와 파구가 서로 다른 정음정양이므로 길하다.

【예 2】 득수 방위는 간艮이고, 파구 방위는 곤坤인 혈이 있다. 이때 진좌술향辰坐戌向의 길흉화복을 따져보면?

【답】 우선 조견표로 따져보면, 득수와 좌의 관계는 득수에서 간艮을 찾고, 좌에서 진辰을 찾으면 녹존에 해당되므로 흉하다. 좌와 파구의 관계는 좌에서 진辰을 찾고, 파구에서 곤坤을 찾으면 무곡에 해당된다. 물이 길한 무곡을 치고 나가므로 흉하다.

이를 정음정양법으로 따져보면, 득수 간은 정음이고, 좌 진은 정양이므로 흉하다. 파구 곤은 정양으로 좌와 같으므로 오히려 흉하다. 좌와 득수는 같은 정양정음이어야 하고, 좌와 파구는 달라야 길하기 때문이다.

2) 보성수법輔星水法으로 향向을 결정하는 방법 – 득수와 향의 정음정양은 같고, 향과 파구는 달라야 길하다

득수와 파구를 보고 향을 결정하는 방법이다. 향이 결정되면 자동적으로 좌도 결정된다. 후천수법과 마찬가지로 득수가 정양 궁위에 있으면 향도 정양 궁위로 해야 길하다. 득수가 정음 궁위에 있으면 향도 정음 궁위로 해야 길하다. 그러나 파구는 그 반대다. 즉 파구가 정양이면 향은 정음 궁위로 해야 하고, 파구가 정음이면 좌는 정양 궁위로 해야 길하다. 물은 길한 궁위에서 득수하고, 흉한 궁위로 파구되어야 길하기 때문이다.

보성수법의 작괘는 득수나 파구의 궁위를 기본괘로 하여 상지선동으로 다음과 같은 순차로 해나간다. 그 결과를 조견표로 만들었다.

- 초기보필初期輔弼, 이중무곡二中武曲, 삼하파군三下破軍, 사중염정四中廉貞
- 오상탐랑五上貪狼, 육중거문六中巨門, 칠하녹존七下祿存, 팔중문곡八中文曲

〈보성수법 조견표〉

득수, 파구 \ 향向	乾甲	坤乙	坎[子]癸申辰	離[午]壬寅戌	艮丙	震[卯]庚亥未	巽辛	兌[酉]丁巳丑
乾甲	輔弼	巨門	貪狼	武曲	破軍	祿存	廉貞	文曲
坤乙	巨門	輔弼	武曲	貪狼	文曲	廉貞	祿存	破軍
坎[子]癸申辰	貪狼	武曲	輔弼	巨門	祿存	武曲	文曲	廉貞
離[午]壬寅戌	武曲	貪狼	巨門	輔弼	廉貞	文曲	破軍	祿存
艮丙	破軍	文曲	祿存	廉貞	輔弼	貪狼	武曲	巨門
震[卯]庚亥未	祿存	廉貞	破軍	文曲	貪狼	輔弼	巨門	武曲
巽辛	廉貞	祿存	文曲	破軍	武曲	巨門	輔弼	貪狼
兌[酉]丁巳丑	文曲	破軍	廉貞	祿存	巨門	破軍	貪狼	輔弼

후천수법은 좌坐를 기준, 보성수법은 향向을 기준

간혹 후천수법과 보성수법의 조견표가 비슷하므로 똑같은 결과가 나오는 것으로 착각하기 쉽다. 그러나 후천수법은 좌를 기준하고, 보성수법은 향을 기준으로 한 것으로 당연히 그 결과는 다르다.

예를 들어 임壬 득수에 간좌곤향艮坐坤向을 비교해 보자. 임은 이괘[☲]로 정양이고, 간은 간괘[☶]로 정음이다. 곤은 곤괘[☷]로 정양이다.

좌를 기준으로 한 후천수법으로는 문곡이며, 정음정양이 달라 흉하다. 반면에 향을 기준으로 한 보성수법은 탐랑으로, 같은 정양으로 길하다.

같은 득수에 같은 좌향을 했음에도 후천수법으로는 흉하고, 보성수법으로는 길한 결과가 나온다. 어떤 것이 더 옳은지는 앞으로 연구과제다.

보성수법은 88향법과 병행하여 집이나 묘의 향을 결정하는 데 많이 쓰고 있다. 88향법은 두 개의 방위를 하나로 묶은 쌍산雙山으로 운행한다. 이 중에서 보성수법으로 좋은 것을 선택하여 향을 결정한다. 그리하면 포태법과 구성법을 모두 사용하는 것이므로 더욱 좋다 하겠다. 이해를 돕기 위해서 예를 들어보겠다.

【예 1】득수 방위가 갑甲이고, 수구 방위는 신辛인 혈이 있다. 물은 우측에서 나와 좌측으로 흐른다. 즉 우수도좌右水倒左한다. 이때 88향법으로 손좌건향巽坐乾向이나, 사좌해향巳坐亥向을 놓으면 부귀왕정하는 자생향自生向이다. 보성수법으로 이 중 어느 것을 선택해야 하는가를 결정한다면?

【답】물의 득수 방위 갑은 건과 동궁으로 정양에 해당된다. 그런데 건향은 정양이고, 해향은 진괘로 정음이다. 보성수법으로 득수와 향은 정음정양이 같아야 길하므로 손좌건향으로 결정하면 좋다. 파구를 가지고 따져 봐도 파구 신은 손괘로 정음에 해당된다. 파구와 향은 정음정양이 달라야 길하므로 정음인 해향보다는 정양인 건향이 좋다 하겠다.

【예 2】 득수 방위가 간艮이고, 수구 방위가 미未인 혈이 있다. 물은 좌측에서 나와 우측으로 흐르는 좌수도우左水倒右다. 이때 임좌병향王坐丙向이나 자좌오향子坐午向을 놓으면 88향법으로 부귀왕정하는 자왕향自旺向이다. 이 중 어느 것을 선택해야 할 것인가를 보성수법으로 결정한다면?

【답】 물의 득수 방위 간은 정음에 해당된다. 병향은 간괘로 정음이고, 오향은 이괘로 정양이다. 따라서 임좌병향이 자좌오향보다 좋다 하겠다. 파구를 가지고 따져보면 미는 진괘로 정음이다. 파구와 향은 달라야 길하므로 정양인 오향보다는 정음인 병향이 좋다.

【예 3】 우수도좌하는 물이 곤坤으로 파구되고 있다. 88향법으로 을좌신향乙坐辛向이나 진좌술향辰坐戌向을 놓으면?

【답】 길한 정양향正養向으로, 파구 곤은 정양에 해당된다. 신향은 손괘로 정음이고, 술향은 감괘로 정양이다. 파구와 향은 정음정양이 다른 것이 길하므로 을좌신향이 더욱 좋다 하겠다.

【예 4】 좌수도우하는 물이 경庚으로 파구되고 있다. 88향법으로 간좌곤향艮坐坤向이나 인좌신향寅坐申向을 놓으면?

【답】 문고소수文庫消水로 길하다. 수구 경은 진괘로 정음에 해당된다. 곤향은 정양이고, 신향도 감괘로 정양이다. 둘 모두 수구와 정음정양이 다르므로 길한 향이다.
이때는 득수 방위를 정확하게 측정한 다음 정양인지 정음인지를 가려 득수와 같은 것으로 결정한다.

9장

형국론 形局論

형국론形局論이란 산의 모양을 어느 동물이나 식물 등 물체에 비유하여 혈을 찾거나
설명하는 이론이다. 이를 물형론物形論이라고도 하는데 중국보다는 한국에서 더 발전한
풍수이론이다.

와우형 명당 앞에 있는 적초안
소가 누워 있는 형국에는 반드시 소의 먹이인 풀더미처럼 생긴 사격이
있어야 한다.

1. 형국形局의 개요

산의 모양을 동물이나 식물 등 물체에 비유하여 혈을 찾거나
설명하는 이론

형국론形局論이란 산의 모양을 어느 동물이나 식물 등 물체에 비유하여 혈을 찾거나 설명하는 이론이다. 이를 물형론物形論이라고도 하는데 중국보다는 한국에서 더 발전한 풍수이론이다. 흔히 비룡승천형飛龍昇天形이니, 상제봉조형上帝奉朝形이니, 금계포란형金鷄抱卵形이니, 장군대좌형將軍臺座形이니 하는 말들이 형국론에 속한다.

형국론의 기본개념은 우주 만물은 저마다 모양이 있고, 모양을 이루는 곳에는 반드시 그에 상응하는 기氣가 존재한다는 것이다. 인간을 비롯해서 동물, 식물, 곤충 그리고 물건에 이르기까지 모두 하나의 우주이므로 기가 존재한다. 기는 서로 상통하므로 산의 형태가 어느 물형物形과 유사하게 생길 수 있다.

예를 들어 장군과 같이 생긴 산이 있으면 장군 기운이 있다고 보는 것이다. 산이 어느 사물의 형상을 하고 있느냐에 따라 혈의 위치를 설명하고, 인간의 길흉화복도 달라진다고 보는 것이 형국론이다.

원시시대에 자연 현상을 해석하려 할 때 자기 주변에 있는 동식물 등을 표준으로 삼았다. 즉 주변에 호랑이가 많으면 호랑이를 신으로 섬기는 민간신앙으로 발전하였다. 이 토템(Totem) 신앙은 자연 현상까지도 의인화擬人化하려는 경향이 강했다. 호랑이를 닮은 산이 있으면 호랑이의 기운이 산에 있다고 보고 그 산을 신성시하였던 것이다. 풍수지리의 형국론은 여기서부터 유래가 시작되었다.

형국론만 가지고 혈을 찾고 설명하기란 쉽지가 않다

산을 어느 물체에 비유하여 그 물체의 기가 가장 많이 집중되는 부분에 혈이 있다고 보는 형국론은 글을 모르던 사람도 이해가 쉬워 일반에 널리 보급되었다. 이 영향으로 풍수지리 하면 형국론이 풍수의 모든 것으로 생각하는 사람도 있다. 전혀 근거 없는 이론은 아니지만 자연 현상을 꼭 어느 물형에 비유한다는 것은 무리가 따른다.

산수山水의 형태는 보는 사람의 주관에 따라 달리 보일 수 있기 때문이다. 똑같은 산이나 용맥을 어느 사람은 용으로 보았는데 다른 사람은 뱀이나 지렁이로 볼 수 있다.

또 어느 산을 호랑이로 본 사람이 있는가 하면 다른 사람은 사자나 개로 볼 수도 있다. 그렇기 때문에 형국론만 가지고 정확한 혈을 찾고 설명하기란 쉽지가 않다.

형국론을 전적으로 무시할 수는 없지만 용과 혈과 사격과 물을 보고 혈을 찾는 정도를 먼저 공부하여 산의 이치를 깨닫는 것이 풍수지리를 제대로 이해하는 길이 될 것이다.

2. 형국론 분류

형국론은 산세山勢 형상에 따라 인물人物, 금수禽獸, 화수花樹 등 여러 물형物形으로 분류하고 그 물체의 진수眞髓 정기精氣가 어느 부위에 가장 많이 응집되어 있는가를 살피는 것이다. 각 물체에 기가 가장 많이 집중되는 핵심처核心處는 종류에 따라 각각 다르다. 비슷한 동물이나 식물도 그 물체의 본체本體, 형태形態, 성품性品, 동작動作 등에 따라 급소急所의 위치가 다르기 때문이다.

비록 기가 모여 있는 곳이라 할지라도 그 정기를 오랫동안 보존할 수 있는 곳을 추정하여야 한다.

1) 인물형론人物形論 ─ 산의 형태를 사람에 비유하여 혈처를 찾는 법

산의 형태를 사람에 비유하여 혈처를 추정한다. 사람 형태의 산은 주로 탐랑貪狼 목성木星 형태이나 옥녀봉처럼 무곡武曲 금성金星 형태도 있다. 인체 유형에는 주로 명치, 배꼽, 단전, 이마, 코 등에 결혈처가 된다고 본다. 특히 단좌형은 유乳, 복복腹, 단전丹田, 음부陰部 등에 결지한다.

상제봉조형이나 군신조회형은 산의 형상이 마치 많은 군신群臣들이 도열한 모습의 군신도열안群臣堵列案, 면류관, 어병사 등이 있어야 한다. 장군대좌형이나 장군출진형 같은 경우는 깃발, 북, 장막, 투구, 병졸, 칼, 말과 같은 사격이 있어야 한다. 귀인단좌형이나 옥녀단좌형, 선인독서형의 경우는 책상, 거울(명경안明鏡案), 화장대化粧臺, 거문고, 화초, 빗, 비녀 등과 같은 사격이 있어야 한다. 노승예불형의 경우는 불상, 목탁과 같은 산이 있어야 한다.

상제봉조형上帝奉朝形 ― 옥황상제가 여러 신선들을 모아 놓고 조회를 여는 모습

〈상제봉조형〉

하늘의 임금인 옥황상제玉皇上帝가 여러 신선神仙들을 모아 놓고 조회朝會를 여는 모습이다. 봉조奉朝란 궁궐에서 신하들이 임금을 알현하는 것을 말한다.

주산은 탐랑貪狼 목성木星 또는 거문巨門 토성土星으로 기세 장엄해야 하고, 임금 바로 뒤 좌우에는 호위하는 무장武將이 있듯이 주산 뒤 좌우에는 천을天乙 태을太乙의 봉우리가 버티고 있어야 한다. 청룡백호를 비롯해서 전후좌우에는 기이하고 귀한 여러 봉우리들이 혈을 공경하고 배알拜謁하듯이 읍(揖, 공경하여 고개를 숙임)하는 형태를 취해야 상제봉조의 형국이라 할 수 있다. 주변에 어병사(御屛砂, 임금 뒤에 치는 병풍), 어좌사(御座砂, 임금이 앉는 의자), 면류관(冕旒冠, 임금이 쓰는 모자), 옥인사(玉印砂, 임금의 도장인 옥쇄) 등과 같은 산이나 바위가 있으며, 안산은 어서대(御書臺, 임금의 책상)가 되면 더욱 확실한 상제봉조형이라 할 수 있다.

상제봉조형은 대지大地 중에서도 천하대지天下大地를 말하므로 무엇보다도 용龍과 혈穴이 최상격最上格이어야 한다.

상제봉조上帝奉朝 형국의 양택지나 음택지라면 필시 대인을 배출하여 수많은 사람들이 그를 존경하고 추종하여 대업大業을 성취한다. 성인聖人, 천자天子, 왕후王后, 재상宰相 등이 배출된다.

군신조회형君臣朝會形 — 임금이 여러 신하들을 모아 놓고 조회를 하는 형상

임금이 여러 신하들을 모아 놓고 조회朝會를 하는 형상을 말한다. 상제봉 조형과 크게 다를 바 없으나 국세局勢나 용혈龍穴이 그보다는 약간 작은 것을 말한다. 상제上帝가 제후국諸侯國을 다스리는 나라의 왕이라면 군 신조회형은 제후국의 왕을 말한다. 역시 용과 혈은 최상격最上格이어야 한다. 왕후장상(王侯將相, 왕, 왕비, 재상, 장군)을 배출한다.

장군대좌형將軍臺座形, 장군단좌형將軍端坐形 — 장군이 진영에 단정하게 앉아 있는 형세

〈장군대좌형〉

장군將軍이 진영陣營에 단정하게 앉 아 있는 형세를 말한다. 주산은 장 군을 뜻하는 탐랑 귀인봉貴人峰이 되어야 제대로 된 장군대좌형이라 할 수 있다. 그러나 대개 군막을 뜻 하는 거문 토성, 투구를 뜻하는 무 곡武曲 금성, 말을 뜻하는 천마사天 馬砂 등의 형태로 되어 있어도 장군

대좌형으로 보아준다. 주산 뒤에는 장군을 호위하는 장졸將卒인 좌천을 左天乙, 우태을右太乙이 있으면 더욱 좋다. 장군이 앉아 있는 형상이므로 혈은 배꼽이나 단전丹田에 해당되는 곳에 있다.

주변에 칼처럼 생긴 산, 깃발과 북처럼 생긴 산[좌기우고左旗右鼓], 투구 봉, 천마봉, 회의실 탁자처럼 생긴 산, 천막처럼 생긴 산, 적을 죽인 시신 사屍身砂, 병사를 뜻하는 수많은 봉우리들이 있어야 한다. 만약 병졸들이 없으면 독불장군獨不將軍이 난다. 한 예로 충북 괴산군 청천면에 있는 우 암 송시열 선생 묘와 충남 천안군 북면 은석산 정상에 있는 어사 박문수 묘는 모두 장군대좌형이나 병사에 해당되는 사격이 없어 대신 시장市場

을 만들어 살아 있는 사람으로 하여금 병사를 삼았다고 전해진다.

장군대좌형 형세에 용과 혈이 상격上格이면 출장입상(出將入相, 전쟁에 나가서는 장군이고 조정으로 들어오면 정승)과 대장군大將軍을 배출하고, 중격中格이면 영관급 장교를, 하격下格이면 위관급 장교를 배출한다. 그러나 꼭 무관武官만 배출하는 것이 아니고 문관文官과 거부巨富도 배출한다.

장군출진형將軍出陣形 — 용과 사격이 기세 있게 앞으로 나가는 형상

장군대좌형이나 장군단좌형과 비슷한 국세局勢이나 용龍과 사격砂格이 기세 있게 앞으로 나가는 형상이다. 특이한 점은 깃발과 같은 산이나 북에 해당되는 산이 안산案山이 되어야 한다. 출전出戰을 알리기 위해서는 깃발을 쳐들거나 북을 울려야 하기 때문이다.

기타 장군과 관련된 혈명穴名

- **장군안검형**將軍按劍形 — 장군이 손으로 칼자루를 쓰다듬는 형국이다. 장군처럼 생긴 봉우리 옆에 칼처럼 생긴 긴 산줄기가 있어야 한다.

- **장군늑마형**將軍勒馬形 — 장군이 말을 잡고 있는 형상으로, 장군처럼 생긴 봉우리 옆에 말처럼 생긴 산이 있어야 한다.

- **장군하마형**將軍下馬形, **장군기마형**將軍騎馬形 — 장군이 말에서 내리거나 말을 탄 형상으로, 주변에 천마사天馬砂가 있어야 한다.

- **장군약마부적형**將軍躍馬赴敵形 — 장군이 말을 타고 달려나가 적장과 싸우는 형국이다. 안산은 천마사가 있고 주변에 적장敵將처럼 생긴 사격이 있어야 한다.

- **장군안검문인형**將軍按劍問因形 – 장군이 칼을 어루만지며 부하와 이야기를 나누는 형국이다. 청룡이나 백호에 칼처럼 생긴 긴 능선이 있고, 부하처럼 생긴 둥근 봉우리가 주변에 모여 있다.

- **장군패인형**將軍佩印形 – 장군이 도장을 차고 있는 형상. 도장처럼 생긴 옥인사玉印砂가 있다.

- **장군패검형**將軍佩劍形 – 장군이 칼을 차고 있는 형상. 옆에 칼처럼 생긴 사격이 있다.

- **장군만궁형**將軍彎弓形 – 장군이 활을 당기는 형상. 안산이나 주변에 면궁사眠弓砂가 있다.

- **장군타고형**將軍打鼓形 – 장군이 출전을 알리는 북을 치는 형상으로 안산이 북과 같은 산이나 바위가 되어야 한다.

귀인단좌형貴人端坐形 – 귀인貴人이 단정하게 앉아 있는 형국

귀인貴人이 단정하게 앉아 있는 형국을 말하며, 귀인貴人은 탐랑貪狼 목성체木星體 중에서도 귀인봉을 말한다. 주산主山이나 현무봉이 귀인봉으로서 깨끗하고 단정하다. 혈은 귀인의 배꼽 또는 단전丹田 부분에 있다.

주변 국세局勢도 깨끗해야 하며 안산 또는 주변 사격에 귀인의 심부름꾼인 동자童子와 같은 사격이 있어야 한다.

〈귀인독서형〉

동자에 해당되는 산 역시 작은 귀인봉이다. 귀인형 명당들은 지혜롭고 총명하며 성품이 고상하고 깨끗한 인물들을 배출한다. 특히 학문과 문장이 뛰어나 과거에 급제하여 높은 벼슬에 오른다.

귀인좌아형貴人坐衙形 — 귀인이 관청 또는 관아官衙에 앉아 있는 형상

귀인이 관청 또는 관아官衙에 앉아 있는 형상으로, 주산인 귀인봉 뒤에 관청 건물을 뜻하는 일자문성이나 타원형 모양의 산이 있어야 한다.
안산은 관인官印을 뜻하는 동그란 봉우리나 관모사官帽砂가 있어야 한다. 혈은 귀인의 배꼽이나 단전에 있다. 과거급제하여 높은 벼슬을 한다.

귀인집홀형貴人執笏形, 귀인주홀형貴人拄笏形, 귀인진홀형貴人搢笏形 — 귀인이 조정에 출사하여 홀을 들고 서 있는 형상

집홀執笏은 귀인이 과거급제하고 조정에 출사出仕하여 홀을 들고 서 있는 형상이다. 주홀拄笏은 손가락으로 홀을 떠받치고 있는 형상이며, 진홀搢笏은 홀을 통에다 꽂는 형상이다. 혈은 귀인의 배꼽이나 단전에 위치한다.
안산과 주변에는 홀이 반드시 있어야 하는데 직사격형을 세운 모양의 산이나 바위다.
장원급제하고 임금을 가까이서 모시는, 높은 벼슬을 한다.

귀인장궁형貴人張弓形, 귀인면궁형貴人眠弓形 — 귀인이 활시위를 당기고 있는 형상

주산은 귀인봉이고 안산은 활을 엎어놓은 것 같은 면궁사眠弓砂다. 또 주변에는 화살과 같은 산이나 바위가 있어야 한다.
문장과 예술이 뛰어난 인재가 나온다. 등과급제하여 출장입상出將入相한다. 문무文武에 걸쳐 명성을 얻는다.

선인독서형仙人讀書形 — 신선이 단정하게 앉아 책을 읽고 있는 형상

주산 현무봉은 탐랑 목성체인 귀인봉貴人峰이어야 하고, 안산案山은 책상 모양의 일자문성一字文星 즉 서대사書臺砂가 있어야 한다. 주산 뒤에는 병풍을 두른 것과 같은 금병사錦屛砂가 있거나, 마치 신선이 다니는 구름다리 모양의 선교사仙橋砂가 있으면 더욱 좋다.

또 안산 너머 조산朝山은 신비로운 구름이 뭉게뭉게 있는 것과 같은 상운사祥雲砂가 있어야 한다.

혈은 선인仙人의 배꼽 또는 단전 부분에 위치한다. 선인독서형은 고상하고 준수한 인물을 배출하여 부귀富貴는 물론이거니와 학문과 문장이 당대 제일이 된다.

선인취와형仙人醉臥形 — 신선이 술을 마시고 취하여 누워 있는 형상

신선이 술을 마시고 취할 정도면 잔칫날이다. 주룡은 길게 뻗어 내려온 와목臥木 평강룡平剛龍으로 마치 신선이 누워 있는 모습이어야 한다. 안산은 호리병인 옥병사玉瓶砂나 술잔인 은배사銀杯砂가 있어야 한다.

주변에는 잔칫날 치는 차일천막과 같은 일자문성一字文星, 바둑판, 심부름하는 어린 동자, 손님들이 타고 온 가마나 말 등이 있고, 조산朝山에는 신비스러운 구름에 해당되는 산들이 있어야 한다.

선인취와형은 속발부귀速發富貴하고 사교성이 좋아 이로 인해 더욱 출세한다.

선인무수형仙人舞袖形 — 선인이 옷소매를 들추고 춤을 추는 형상

선인이 무수舞袖 즉 옷소매를 들추고 춤을 추는 형상이다. 주산은 귀인 탐랑성이고, 청룡이나 백호가 소맷자락에 해당된다. 아주 수려하고 우아한 청룡 백호 끝이 살짝 솟아 있어야 한다.

안산은 동자에 해당되는 귀인봉이거나 선녀에 해당되는 옥녀봉이다. 주변에 거문고에 해당되는 횡금사橫琴砂가 있으면 더욱 좋다.

청빈한 자손이 나와 음악과 문학을 좋아하며 사교술이 뛰어나다. 용진혈적龍眞穴的하면 부귀쌍전富貴雙全한다.

선인등공형仙人登空形 － 선인이 하늘로 오르는 형상

선인이 하늘로 오르는 형상으로, 대개 돌혈突穴로 결지한다. 혈장 자체가 귀인봉이며, 혈 주변에는 구름 같은 산들이 신비스럽게 혈을 감싸주고 있다. 문장이 출중한 귀한 자손이 나와 대과급제하여 조정에 출사出仕 현관顯官이 된다.

오선위기형五仙圍碁形, 선인위기형仙人圍碁形 － 신선들이 둘러앉아 바둑을 두는 형상

오선위기형은 다섯 신선이 바둑판을 가운데에 두고 바둑을 두고 있는 모습이라 하여 붙여진 이름이다. 신선처럼 생긴 탐랑성인 귀인봉 또는 바위가 있고 그 가운데 바둑판처럼 생긴 둔덕이나 일자문성一字文星이 있다.

혈은 바둑판에 해당되는 곳에 있다. 혈판 주위에 수려한 작은 바위가 빙 둘러 있는 것도 신선으로 볼 수 있다.

운중선좌형雲中仙座形 － 선인이 구름 속에 앉아 있는 형상

선인이 구름 속에 앉아 있는 형상으로, 혈은 비교적 높은 곳에 위치해야 한다. 혈 아래와 주변에 구름과 같은 상운사祥雲砂가 신비롭게 있어야 한다.

선인창가형仙人唱歌形 － 선인이 거문고를 타면서 노래를 부르는 형상

주산은 신선에 해당되는 귀인 탐랑봉이고, 안산은 거문고나 가야금에 해당되는 횡금사橫琴砂가 청수하고 방정하게 있어야 한다. 멀리서는 폭포수가 비경처럼 보이거나 물소리가 노랫소리처럼 들릴 듯 말 듯 하여야 한다. 폭포수가 너무 가까이 있어 굉음처럼 들리면 오히려 안 좋다.

청빈한 자손이 나와 문학과 음악을 좋아하며 용진혈적龍眞穴的하면 부귀쌍전富貴雙全하면서 주변으로부터 존경을 받는다.

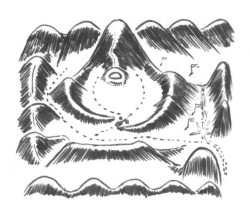

〈선인창가형〉

기타 선인과 관련된 혈명穴名

- **선인과학형**仙人跨鶴形 – 선인이 학을 타고 나는 형상이다. 주산이 마치 학처럼 생긴 탐랑성이고, 안산은 구름과 같은 상운사祥雲砂. 혈은 학의 이마에 해당되므로 약간 높은 곳에 결지한다.

- **선인단좌형**仙人端坐形 – 귀인단좌형貴人端坐形과 비슷하다.

- **선인조경형**仙人照鏡形 – 선인이 거울에 자기 얼굴을 비춰보는 형국이다. 안산이 거울과 같이 생긴 평탄한 산이나 바위가 있어야 한다.

- **선인탄금형**仙人彈琴形 – 선인이 거문고를 켜는 형상이다. 선인 앞 안산이 거문고와 같은 사격이 있어야 한다. 주변에 춤추는 선녀仙女 혹은 심부름하는 선동仙童과 같은 사격이 있다.

- **선인교족형**仙人蹻足形 – 선인이 발돋움하려고 한 발을 쳐들고 있는 형상이다. 청룡백호가 다리에 해당되므로 한쪽이 다른 한쪽에 비해 길다.

- **선인패검형**仙人佩劍形 – 선인이 허리에 칼을 차고 있는 형상이다. 옆에 칼처럼 생긴, 긴 산줄기가 있어야 한다.

- **선인타고형**仙人打鼓形 – 선인이 북채를 잡고 북을 치는 형상이다. 선인처럼 생긴 봉우리 앞에 북과 같은 산이나 바위가 있어야 한다.

- **선인타구형**仙人打毬形 – 선인들이 공을 치며 노는 형상이다. 선인처럼 생긴 귀인봉이 주산과 안산이 되고 그 가운데 명당에 공처럼 둥글게 생긴 작은 봉우리가 있다. 주변에 공을 칠 수 있는 막대기처럼 생긴 긴 산줄기가 있어야 한다.

- **선인기마형**仙人騎馬形, **선인기상형**仙人騎象形 – 선인이 말을 타거나 코끼리를 타고 있는 형상이다.

옥녀단좌형玉女端坐形 — 옥녀玉女가 단정하게 앉아 있는 형상

옥녀는 주산이 무곡武曲 금성체金星體로 산봉우리가 마치 여자의 머리처럼 둥글게 생기고 머리카락처럼 여러 개의 지각地脚이 있는 것을 말한다. 옥녀가 단장한다는 것은 여자가 화장하는 것을 의미하므로 안산이 거울처럼 생긴 명경안明鏡案이나 머리빗을 닮은 산이 있어야 한다. 주변에 화장대 같은 산이나 바위가 있으면 더욱 좋다.

옥녀 형국은 자손들이 용모가 준수하고 아리따워 다른 사람들로부터 사랑을 받는다. 주로 여자가 똑똑하고 아름다워 크게 발복하거나 여자로 인해서 남자가 출세한다. 용과 혈이 상격上格이면 성품이 고상하고 깨끗한, 빼어난 인물을 배출한다. 또 남녀가 모두 높은 지위에 오르며 왕비가 나와 부귀쌍전富貴雙全한다.

옥녀탄금형玉女彈琴形 — 옥녀가 거문고나 가야금을 켜고 있는 형상

주산은 옥녀봉이고 안산은 거문고 형상인 횡금사橫琴砂가 있어야 한다. 여자 자손 중에 예술과 문장에 뛰어난 인재가 나온다.

옥녀산발형玉女散髮形 — 옥녀가 머리를 풀고 빗질하며 단장하는 형상

옥녀가 머리를 풀고 빗질을 하며 단장하는 형상이다. 주산은 옥녀봉이고 안산은 거울과 같은 명경사明鏡砂, 머리빗과 같은 옥소사玉梳砂, 또는 화장대와 같은 장대사粧臺砂, 꽃과 같은 화초사花草砂 등이 있어야 한다.

옥녀산발형은 여자가 머리를 풀었기 때문에 옥녀봉에서 사방으

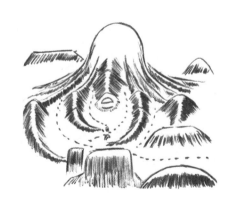

〈옥녀산발형〉

로 뻗은 지각이 많다. 머리카락에 해당되는 능선마다 혈을 맺을 수 있다.

옥녀직금형玉女織錦形 ─ 옥녀가 베틀에 앉아 베를 짜는 형상

주산은 옥녀봉이고 안산은 베틀과 같은 사격이 있고 북에 해당되는 산이나 바위가 있어야 한다. 혈은 옥녀의 젖가슴이나 복부에 해당되는 곳에 있다. 주로 거부巨富가 난다.

기타 옥녀玉女와 관련된 혈명穴名

- 옥녀봉반형玉女奉盤形 ─ 옥녀가 상을 받들고 있는 형상이다.
  옥녀봉 앞에 상과 같이 생긴 네모진 산이나 바위가 있어야 한다.

- 옥녀무수형玉女舞袖形 ─ 옥녀가 옷소매를 쳐들고 춤추는 형상이다. 주산은 옥녀봉이고 청룡이나 백호가 소맷자락에 해당된다. 아주 수려하고 우아한 청룡 백호 끝이 살짝 솟아 있어야 한다.

- 옥녀등공형玉女登空形, 옥녀등천형玉女登天形 ─ 옥녀가 하늘로 올라가는 형상이다. 돌혈突穴이며 비룡입수飛龍入首한다.

- 옥녀세족형玉女洗足形 ─ 옥녀가 예쁜 다리를 씻는 형상이다. 다리는 청룡과 백호에 해당되며 수려하고 단아하다.

- 옥녀격고형玉女擊鼓形 ─ 옥녀가 북을 치며 춤을 추는 형상이다. 안산이나 주변에 북에 해당되는 산이나 바위가 있고 북채에 해당되는 사격이 있다.

- 옥녀검용형玉女歛容形 ─ 옥녀가 거울을 바라보고 곱게 꾸미는 형상이다. 안산이 거울에 해당되는 산이 있어야 한다.

- **옥녀수태형**玉女受胎形 - 옥녀가 아이를 수태한 형상이다.
  안산이나 혈 가까운 곳에 아이에 해당되는 작고 동그랗게 생긴
  산이나 바위가 있어야 한다. 혈은 옥녀봉의 배나 젖가슴에 해당
  되는 부분에 있다.

- **옥녀천주형**玉女穿珠形 - 옥녀가 구슬을 꿰고 있는 형상이다.
  주변에 실, 바늘, 구슬처럼 생긴 산이나 바위가 있다. 안산은 화
  장대, 거울, 빗과 같은 사격이다.

- **옥녀방차형**玉女紡車形 - 옥녀가 물레로 실을 뽑는 형상이다.
  안산이나 주변에 물레와 같은 사격과 실꾸러미 같은 산이나 바
  위가 있어야 한다. 혈을 감싸고 흐르는 물을 실로 본다.

- **옥녀헌화형**玉女獻花形 - 옥녀가 꽃을 바치는 형상이다.
  옥녀봉 앞에 꽃이나 꽃나무 같은 사격이 안산이 된다. 또는 혈은
  꽃의 중심에 있고 안산이 옥녀봉이 될 수 있다.

노승예불형老僧禮佛形, **호승예불형**胡僧禮佛形, **유승예불형**遊僧禮佛形 -
스님이 부처님께 목탁을 치며 예불하는 형상

늙은 스님이나 외국에서 온 스님, 떠돌이
스님이 부처님께 목탁을 치며 절을 하는
형상이다. 부처님, 절, 목탁과 같은 사격이
있어야 한다. 부처님은 부처 형상의 산이
나 바위 혹은 불암산佛巖山과 같은 지명이
있으면 되고, 절은 일자문성一字文星처럼

〈노승예불형〉

생긴 산이고, 목탁은 둥글게 생긴 산이다. 혈은 대개 목탁에 해당되는 곳에 있다.

성품이 고상하고 지혜로운 빼어난 인물들을 많이 배출한다. 학문과 문장이 출중하여 높은 지위에 오르며 도道를 닦아 선인의 경지에 오르는 대도인大道人을 배출한다.

어옹수조형漁翁垂釣形, 태공조어형太公釣魚形 ― 늙은 어부나 낚시꾼이 낚싯대를 물가에 드리우고 물고기를 낚는 형상

늙은 어부나 낚시꾼이 낚싯대를 물가에 드리우고 물고기를 낚는 형상으로 혈 앞에 큰 물이 흘러야 한다. 안산과 주변에는 물고기와 낚싯대, 낚시바늘, 어망에 해당되는 사격이 있어야 한다. 낚싯대는 길쭉한 산 능선이고, 낚시바늘은 작은 바위다.

주로 거부巨富가 나지만 귀한 자손이 나와 벼슬도 높게 오른다.

어부산망형漁夫散網形, 어옹살망형漁翁撒網形 ― 어부가 고기를 잡기 위해 그물을 치는 형상

고기를 잡는 어부가 그물을 헤쳐 놓거나 뿌리는 형상으로, 앞에는 큰 냇물이나 강물이 있어야 한다. 안산과 주변에는 잉어와 같이 생긴 물고기나 그물과 같이 생긴 사격이 있어야 한다. 주로 부富를 가져다주지만 귀貴도 한다.

2) 용사류형龍蛇類形 — 산을 용이나 뱀에 비유하여 혈을 찾는 방법

산이 용이나 뱀으로 보이는 형상을 말하며, 용이나 뱀의 머리, 복부, 이마, 꼬리, 코, 입, 귀 등에 해당되는 곳에서 혈을 찾는다. 용의 경우 여의주, 구름, 대해수大海水, 대강수大江水와 같은 안산이나 사격이 있어야 하고, 뱀의 경우 개구리나 담, 지렁이, 풀밭 같은 안산이나 사격이 있어야 한다.

용과 뱀의 구분은 쉽지 않으나 용의 기세가 크면 용으로 보고 작으면 뱀으로 본다. 한편 뱀의 입에 해당되는 곳은 독이 가득하기 때문에 사람이 다치고 절손絶孫되는 화를 당할 수 있다.

비룡승천형飛龍昇天形, **청룡등천형**靑龍登天形, **비룡등공형**飛龍登空形 — **용이 하늘로 날아오르는 형상**

현무봉에서 길고 힘차게 뻗어 내려온 용이 결인속기 후, 고개를 쳐들고 하늘로 향하는 모습이다. 입수룡이 비룡입수飛龍入首이어야 하며, 주변의 산세가 매우 수려하고 경치가 아름답다.

안산과 주변에는 여의주 같은 둥그렇게 생긴 산이거나 신비한 구름인 상운사祥雲砂가 있어야 한다. 혈 앞에는 대강수나 넓은 평야가 있어 시야가 환하게 탁 트였다. 혈은 용의 이마, 코, 입 등에 해당되는 곳에서 찾아야 한다. 용과 관련된 혈은 발복이 매우 크며 부귀쌍전富貴雙全한다.

〈비룡승천형〉

갈룡음수형渴龍飮水形 - 목마른 용이 물을 마시고 있는 형상

〈갈룡음수형〉

현무봉에서 길고 활기차게 뻗어 내려온 주룡의 끝이 고개를 숙이고 물 속으로 들어가는 모습이다. 혈 앞에는 냇가나 강물 또는 논이 있어야 한다. 안산과 주변에는 여의주나 구름 같은 사격이 있다.

아룡음수형兒龍飮水形 - 어린 용이 물을 마시는 형상

작고 깨끗한 용이 고개를 숙이고 물을 향하는 모습이다. 역시 여의주 같은 사격이 안산이 되거나 주변에 있어야 한다.

황룡도강형黃龍渡江形 - 황룡이 강을 건너는 형상

주산 현무봉에서 길고 활기차게 뻗어 내려온 용이 강가에 멈추어 혈을 결지하는 모습이다.
안산은 강 건너에 여의주 같은 사격이 있어야 한다.

〈황룡도강형〉

노룡부주형老龍附舟形, 황룡부주형黃龍負舟形 - 용이 배에 기대어 한가하게 노닐고 있는 형상

부주형附舟形은 늙은 용이 배에 기대어 한가하게 노니는 형상이고, 부주형負舟形은 배를 등에 받치고 노는 형상으로 서로 비슷하다. 주변에 강물이나 냇물이 있어야 하고 물가에는 배와 같은 사격이 있어야 한다. 안산과 주변에는 여의주 같은 산이나 바위가 있어야 제대로 발복이 된다. 혈은 용의 입, 이마, 코 등에 해당되는 곳에 있다.

황룡농주형黃龍弄珠形, **쌍룡농주형**雙龍弄珠形 — 용이 여의주를 가지고 한가롭게 놀고 있는 형상

황룡농주형은 황룡이 여의주를 가지고 한가하게 희롱하면서 노니는 형상이고, 쌍룡농주형은 두 마리 용이 하나의 여의주를 가지고 서로 장난치며 노니는 형상이다. 혈 앞 명당 가운데에 여의주 같은 작고 둥글게 생긴 독산獨山이 있어야 한다. 농주弄珠이므로 용의 기세는 크지만 느릿느릿하게 내려온다.

비룡함주형飛龍含珠形 — 용이 구슬을 입에 물고 하늘 높이 나는 형상

주산 현무에서 길고 힘차게 뻗어 내려온 용이 용진처龍盡處에 이르러 고개를 쳐들고 하늘로 향하고 있는 모습이다. 비룡입수飛龍入首이어야 하며, 안산은 여의주와 같은 둥글게 생긴 산이다. 안산 뒤로는 구름과 같은 상운사祥雲砂가 있어야 한다. 혈은 용의 입에 해당되는 곳에 있다.

쌍룡쟁주형雙龍爭珠形, **오룡쟁주형**五龍爭珠形, **구룡쟁주형**九龍爭珠形 — 용들이 하나의 여의주를 서로 차지하려고 싸우는 형상

한 보국保局에 두 개 또는 다섯 개, 아홉 개의 길게 뻗은 용이 들판 가운데 있는 하나의 여의주를 서로 차지하려고 싸우는 형상이다. 주룡은 크고 활기가 있어야 한다.

명당 가운데에 둥글게 생긴 독산獨山이 여의주다. 혈은 용의 입이나 코, 이마

〈오룡쟁주형〉

에 있고 두 개 또는 다섯 개 용맥 모두 혈을 맺을 수 있다. 그중 가장 변화가 큰 용이 주혈主穴이 된다.

회룡은산형回龍隱山形, 와룡은산형臥龍隱山形 ─ 용이 산골짜기 깊은 곳에 숨어 있는 형상

힘차게 달려온 용이 옆으로 방향을 전환하고, 개장한 청룡이나 백호는 혈 앞까지 완전하게 감싸고 있어, 밖에서 아무리 보아도 보이지 않는 안쪽에 혈이 있는 경우이다. 대개 좁은 골짜기를 따라 올라가다 보면 산속에 넓고 평탄한 공간이 나타나는 곳에 있다. 혈은 용의 이마나 코에 있다.

안산은 구름이나 안개와 같아야 하고, 청룡 백호 안산 밖으로 다른 산이나 들판이 보이지 않는다. 대개 발복이 느리다. 또 명성과 명예는 있으나 크게 현달顯達하지는 못한다.

운중반룡형雲中蟠龍形 ─ 구름 속에서 용이 똬리를 틀고 서려 있는 형상

청룡 백호 중 하나가 둥글고 길게 혈을 감싸주고 있는데, 구름 속에서 용이 똬리를 틀고 서려 있는 형상과 흡사하다. 혈은 코와 입, 이마에 해당되는 부분에 있다. 안산은 꼬리 부분에 있다. 주변에 여의주와 구름 같은 사격이 있어야 한다.

회룡고조혈回龍顧祖穴 ─ 용이 자기가 출발한 조종산祖宗山을 바라보는 형상

태조산, 중조산, 소조산을 거쳐 앞으로 행룡行龍하던 용이 혈을 결지하기 위해서 방향을 한 바퀴 회전하여 자기가 출발한 조종산祖宗山을 바라보는 형상이다.

안산은 소조산이나 중조산, 태조산이 된다. 대개 안산은 작고 깨끗해야 되지만 회룡고조혈에서는 높고 험하다 할지라도 문제가 되지 않는다. 손자가 할아버지를 바라보는 형태이기 때문이다. 아무리 엄한 할아버지라도 친손자에게만은 다정한 법이다. 회룡입수回龍入首하려면 용의 기세가 강해야 하므로 발복發福이 크고 오래간다.

잠룡입수혈潛龍入首穴 – 용이 땅속으로 숨어 가다가 혈을 맺는 형상

주산 현무봉에서 출맥한 주룡이 급하게 아래로 내려와 평지로 떨어진 다음, 은맥隱脈으로 행룡行龍하다가 혈을 결지하는 것을 말한다. 용이 논이나 강, 호수 등으로 잠겨 잘 보이지 않는다. 용을 호위하는 양쪽 물을 보고 합수合水하는 지점에서 혈을 찾는다.

기타 용과 관련된 혈명穴名

- **비룡망수형**飛龍望水形 – 하늘을 나는 용이 큰 물을 바라보고 있는 형상이다.

- **갈룡고수형**渴龍考水形 – 목마른 용이 물을 고대하는 형상이다.

- **반룡토주형**蟠龍吐珠形 – 똬리를 틀고 있는 용이 여의주를 토해내는 형상이다.

- **복룡형**伏龍形 – 용이 들판이나 강가에 엎드려 있는 형상이다.

- **황룡분강형**黃龍奔江形 – 용이 강으로 달려가는 형국으로 산세가 매우 힘차다.

- **비룡출동형**飛龍出洞形 – 용이 날아서 골짜기 밖으로 나오는 형상이다.

- **유룡입수형**遊龍入水形 — 용이 물가에서 한가하게 노니는 형상이다.

- **자룡조모형**子龍朝母形, **노룡고자형**老龍顧子形 — 새끼용과 어미용이 서로 마주보고 있는 형상으로 두 용은 한 산맥으로 이어져 있다.

생사청와형生蛇聽蛙形 — 뱀이 개구리 소리를 듣고 있는 형상

살아 있는 뱀이 개구리를 찾아 잡아먹으려고 개구리 소리를 듣고 있는 형상이다. 주변에 개구리에 해당되는 작은 산이나 바위가 있어야 한다. 생사취와형은 개구리에 해당되는 것이 안산이 되어야 하지만 생사청와형은 주변에만 있으면 된다. 혈은 뱀의 머리 위에 있다.

생사초선형生蛇草線形 — 살아 있는 뱀이 풀밭을 기어가는 형상

풀밭을 기어가는 뱀의 모습을 하고 있으며, 용맥이 가늘고 낮은 야산 솔밭에 주로 있다.
안산은 개구리, 쥐, 두꺼비, 새에 해당되는 작은 산과 바위가 있어야 한다. 또 뱀이 넘을 수 있는 담장 같은 작은 언덕이 청룡 백호가 되면 더욱 좋다.

장사함와형長蛇含蛙形 — 큰 뱀이 개구리를 잡아 삼키는 형상

큰 뱀이 개구리를 잡아 삼키는 형상으로, 안산은 개구리에 해당되는 동그란 작은 산이나 바위가 있어야 한다.
또 혈판이나 용은 마치 뱀이 개구리를 삼켜 배가 볼록한 것처럼 생겨야 한다.

생사취와형生蛇取蛙形, 장사축와형長蛇逐蛙形 — 뱀이 개구리를 잡아먹는 형상

살아 있는 뱀이 개구리를 잡아먹는 형상과 큰 뱀이 개구리를 쫓는 형상이다. 안산은 개구리에 해당되는 작은 산이나 바위가 있어야 한다. 혈은 뱀의 머리 위에 해당되는 곳에 있다. 뱀은 용에 비해 용맥이 가늘고 작다. 지혜와 용기, 학문이 출중하여 높은 지위에 오르는 자손이 주로 많이 나온다.

〈생사취와형〉

초중반사형草中蟠蛇形 — 뱀이 풀밭에 똬리를 틀고 있는 형상

뱀이 풀밭에서 똬리를 틀듯, 주룡이 둥글게 휘돌았거나 청룡 백호 한쪽이 가늘고 길게 혈을 감싸준 것을 말한다. 주로 평지나 야산과 같이 낮은 곳에 있다. 주변에 개구리, 쥐, 새, 두꺼비와 같은 작은 산이나 바위가 있어야 한다.

괘사축조형掛蛇逐鳥形, 괘사취란형掛蛇取卵形 — 뱀이 나무에 매달려 새를 잡아먹는 형상

나뭇가지에 올라간 뱀이 나무에 매달려 새나 새의 알을 잡아먹는 형상이다. 약간 높은 곳에 혈을 결지하며 나무나 새, 새알과 같은 사격이 안산이 되거나 주변에 있어야 한다.

사두혈蛇頭穴 – 뱀의 머리 부분에 혈이
있는 형상

뱀의 머리에 해당되는 곳에 혈을 결
지한 것을 말한다. 안산이 개구리, 쥐,
새, 두꺼비 같은 사격이 있어야 한다.

〈사두혈〉

기타 뱀과 관련된 혈명穴名

- **황사토설형**黃蛇吐舌形 – 누런 뱀이 먹이를 찾기 위해서 혀를 날
  름거리며 기어다니는 형상이다.

- **황사토와형**黃蛇吐蛙形 – 누런 뱀이 먹은 개구리를 토하는 형상이
  다. 혈은 뱀의 머리에 해당되는 부분에 있다. 가까운 곳에 개구
  리와 같은 바위나 사격이 있어야 한다.

- **생사과수형**生蛇過水形, **생사출수형**生蛇出水形 – 뱀이 헤엄쳐서 물
  을 건너는 형상이다. 뱀처럼 생긴 산이 물에 잠겨 있다. 혈은 뱀
  의 머리에 있고 안산은 뱀의 먹이에 해당되는 것이 있어야 한다.
  그렇지 않으면 사람이 다친다.

- **황사포서형**黃蛇捕鼠形 – 누런 뱀이 쥐를 잡아먹는 형상이다. 안
  산은 쥐다.

- **생사청합형**生蛇聽蛤形 – 뱀이 물가에서 개구리, 두꺼비, 조개 소
  리를 듣고 있는 형상이다. 물이 혈을 휘감아 돌고 있어야 하며
  안산은 개구리, 두꺼비, 조개 같은 사격이 있어야 한다.

- **중사출초형**衆蛇出草形 – 여러 뱀이 풀섶에서 나오는 형상으로 뱀 처럼 생긴 산줄기가 많다.

- **죽고타사형**竹篙打蛇形 – 대나무 막대기로 뱀을 때려 도망치게 하 는 형국이다. 혈은 뱀의 머리에 있고 안산은 뱀을 때리는 대나무 막대기와 같은 사격이다.

3) 비금류형飛禽類形 – 산의 형태를 새 종류로 보고, 혈을 찾는 방법

산의 형태를 학이나 닭, 기러기 등 새 종류로 보고 혈을 찾는 방법이 다. 비금류飛禽類는 날개 안쪽인 익와처翼窩處, 벼슬(볏)인 관성처冠星處, 둥지인 소巢에 결지한다. 주로 새의 포란형抱卵形은 둥지에서 찾고, 평사 낙안平沙落雁 등 기러기 종류는 입이나 부리에서 찾는다.

봉황형국의 경우 오동나무, 대나무 밭 등이 있어야 하며, 알과 같은 사 격이 있어야 한다. 연소혈과 같은 경우는 대들보, 풀벌레, 빨랫줄 등이 있어야 하고, 황앵탁목혈의 경우는 나무가 누워 있는 형상의 산이 있어 야 한다.

봉황포란형鳳凰抱卵形, **비봉포란형**飛鳳抱卵形, **자봉포란형**紫鳳抱卵形 – **봉황이 알을 품고 있는 형상**

봉황鳳凰은 상상想像 속의 상서로운 새로 봉鳳은 수컷, 황凰은 암컷을 말 한다. 봉황은 닭의 머리, 뱀의 목, 제비의 턱, 거북의 등, 물고기의 꼬리 모양을 하였고 오색五色 빛에 오음五音의 소리를 낸다고 한다. 봉황鳳凰

〈봉황포란형〉

은 매우 상서로운 새인 만큼 제왕帝王이나 대통령이 아니면 봉황 문양紋樣을 할 수가 없다. 풍수지리에서도 봉황과 관련된 혈은 제왕지지帝王之地라는 뜻이다. 따라서 용혈龍穴도 상격上格이고 국세局勢가 커야만 봉황과 관련된 혈명穴名을 붙일 수 있다.

봉황과 관련된 혈의 발복은 매우 커서 성인聖人, 현인賢人, 귀인貴人을 비롯해서 제왕帝王, 왕후王侯, 장상將相이 배출된다. 학문과 문장이 출중하며 인품이 훌륭하여 따르는 사람이 많다. 부富와 귀貴는 저절로 들어온다.

봉황포란형과 비봉포란형은 하늘을 나는 봉황이 알을 품고 있는 형상이다. 주산은 산세가 매우 수려하고 경치가 빼어난 봉황산으로 탐랑 목성체다. 여기서 개장한 청룡 백호는 날개로서 잘 감싸주어 아늑하기 그지없어야 한다. 보국保局 안에는 봉황 알에 해당되는 둥글게 생긴 산이 있어야 한다. 대개 봉황의 가슴 움푹 들어간 곳이나 날개 안쪽에 혈이 있다. 안산은 알이 있어야 하고 주변에 오동나무, 대나무, 구름과 같은 사격이 있어야 한다. 봉황은 오동나무에만 앉고 대나무 죽순만 먹는다고 한다.

봉황귀소형鳳凰歸巢形, 비봉귀소형飛鳳歸巢形 — 봉황이 둥지로 날아 들어오는 형상

비봉포란형은 주산이 봉황산이 되어야 하지만 봉황귀소형은 안산이나 조산이 되어 마치 봉황이 둥지로 날아 들어오는 형상이다. 용혈龍穴이 상격上格이고 봉황 둥지처럼 와혈窩穴이거나 청룡 백호가 잘 감싸주고 있어야 한다. 주변에 봉황 알과 같은 사격을 비롯해서 오동나무, 대나무와 같은 사격이 있어야 한다.

〈비봉귀소형〉

비봉조가형飛鳳躁架形 ─ 봉황이 힘껏 활개쳐서 날아오르는 형상

봉황이 성급하게 날개를 펴고 시렁으로 힘껏 활개쳐서 날아오르는 형상이다. 혈은 봉황의 벼슬 부분으로 약간 높게 있고 안산은 높고 뾰족한 산봉우리가 있어야 한다.

단봉함서형丹鳳銜書形, 쌍봉함서형雙鳳啣書形, 단봉전서형丹鳳傳書形 ─ 봉황이 책을 입에 물고 있는 형상

붉은 봉황이 책을 입에 물고 있는 형상인데, 쌍봉함서형은 두 마리 봉황이 함께 책을 물고 있는 형상이다. 이때 두 마리 봉황의 크기와 생김새가 비슷하다. 혈은 봉황의 입 가까이에 있고 안산은 책과 같은 사격이다.

쌍봉의 경우는 상대편 봉황이 될 수 있다. 단봉전서형은 봉황이 책을 물고 와 전해주는 형상이므로 주산은 봉황처럼 생겼고 안산은 책과 같은 사격이나 책을 전달받는 귀인이 있어야 한다.

쌍봉쟁소형雙鳳爭巢形, 오봉쟁소형五鳳爭巢形 ─ 여러 봉황이 둥지 하나를 놓고 다투는 형상

두 마리 혹은 다섯 마리 봉황이 둥지 하나를 놓고 서로 다투는 형상이다. 혈은 와혈窩穴이거나 청룡 백호가 잘 감싸주고 있어야 한다. 주산이 다섯 개의 탐랑 목성체이거나 안산 또는 조산에 알과 봉황과 같은 사격이 있어야 한다.

청학포란형青鶴抱卵形, 학소포란형鶴巢抱卵形 — 학이 알을 품고 있는 형상

봉황포란형鳳凰抱卵形과 비슷하나 봉황에 비해 용혈이 다소 약하고 국세도 다소 작은 것을 말한다. 주산이 빼어난 탐랑 목성체로 혈은 청학 가슴 부분이나 날개 안쪽 익간翼間에 있다. 안산은 청학 알이다.

학鶴과 관련된 명당은 학처럼 성격이 고고하고 인품이 훌륭하며 학문과 문장이 출중한 자손을 배출한다. 관직에 나가 지위가 매우 높아지더라도 성품이 맑아서 사람들의 사랑과 존경을 받는다. 현인賢人, 귀인貴人을 배출하며 부귀쌍전富貴雙全한다.

청학하전형青鶴下田形 — 청학이 구슬을 찾아 밭에 내려온 형상

청학이 구슬을 찾아 밭에 내려온 형상으로, 주룡은 부리이며 혈은 부리 끝이나 이마에 해당되는 곳에 있다. 안산은 구슬과 같이 둥근 산이다.

강호백학형降湖白鶴形 — 청학이 호수에 내려오는 형상

호수로 내려오는 청학의 모습과 흡사하며, 혈 앞에는 큰 호수나 강이 있어야 한다.

학슬형鶴膝形 — 학의 무릎처럼 생긴 곳에 혈이 있는 형상

혈이 마치 학의 무릎처럼 생긴 곳에 있거나, 내룡來龍의 결인속기처結咽束氣處가 학의 무릎처럼 생겼다.

비학등공형飛鶴騰空形 — 학이 하늘로 날아오르는 형상

학이 하늘로 날아오르는 모습을 연상시키며, 혈이 높은 곳에 있고 비룡입수飛龍入首한다. 혈 아래에 있는 산들이 마치 구름 같아야 한다.

금계상투형金鷄相鬪形 ─ 닭 두 마리가 마주보고 싸우는 형상

금계 두 마리가 마치 마주보고 겨루고 있는 듯한 모습을 하고 있다. 혈은 닭의 벼슬 또는 부리에 해당되는 곳에 있고 안산은 상대방 닭 모양의 산이다.

금계보효형金鷄報曉形 ─ 닭이 홰를 치며 새벽이 왔음을 알리는 형상

금계가 홰를 치며 새벽이 왔음을 알리고 있는 모습과 흡사하다. 날개인 청룡 백호가 생동감이 있고 혈은 닭의 부리에 해당되는 곳에 있다. 안산은 새벽달과 같이 생긴 사격인 아미사蛾眉砂가 있어야 한다.

금계포란형金鷄抱卵形 ─ 닭이 알을 품고 있는 형상

닭이 알을 품고 있는 모습과 흡사하다. 형국은 봉황포란형과 청학포란형과 비슷하나 용혈龍穴과 국세局勢가 다소 작다. 주산은 닭과 같은 산이 있어야 하고 청룡 백호는 안쪽으로 잘 감싸주고 알과 같은 작고 둥근 봉우리들이 여러 개 있어야 한다. 주변에 닭장이나 병아리, 닭이 집 밖으로 나가지 않도록 낮은 담장 같은 사격이 있어야 한다. 혈은 와혈窩穴로 결지한다. 금계형 명당은 닭이 이삼십 마리의 병아리를 한꺼번에 부화하기 때문에 다산多産과 자손들의 번창을 의미한다. 총명하고 학문에 뛰어난 자손이 나와 부귀쌍전富貴雙全한다.

〈금계포란형〉

웅계권시형雄鷄捲翅形 — 수탉이 날개를 크게 치며 위엄을 뽐내는 형상

수탉이 날개를 크게 치며 위엄을 뽐내는 모습과 흡사하다. 이는 매나 여우 등 적이 가까이 있기 때문이다. 혈은 부리에 해당되는 곳에 있으며 청룡 백호가 기세가 있다. 주변에 매나 여우와 같은 사격이 있어서 서로를 견제해야 한다.

노자쇄시형鷺鷀晒翅形 — 백로가 하늘 높이 날아오르는 형상

백로가 해를 향해 하늘 높이 날아오르는 모습과 흡사하다. 백로가 해를 향해 나는 이유는 물에 젖은 날개를 말리기 위해서다. 혈은 백로 머리 부분에 있고 안산은 태양과 같이 둥글게 생겼다. 혈 앞에는 냇물이 있어야 한다. 자손들의 성품이 고상하고 깨끗하며 부귀를 누린다.

금아부수형金鵝浮水形 — 거위가 고기를 잡는 형상

거위가 물에 떠 있으면서 고기를 잡는 형상이다. 호수나 강가에 혈이 있으며 논으로 된 들판 한가운데도 있다. 혈은 부리에 해당되는 곳에 있으며 안산은 물고기 형상이다. 부귀쌍전富貴雙全한다.

금오탁시형金烏啄屍形 — 까마귀가 시체를 뜯어먹는 형상

까마귀가 시체를 뜯어먹는 모습을 연상시킨다. 주산은 까마귀 같은 산이고 안산이나 주변에 시체와 같은 약간 지저분한 사격이 있어야 한다. 자손들이 부귀富貴를 이룬다.

평사낙안형平沙落雁形, 평사하안형平沙下雁形, 비안투수형飛雁投水形 — 기러기가 먹이를 찾아 강변 모래사장에 앉은 형상

하늘을 날던 기러기가 먹이를 찾아 강가의 모래사장에 앉거나 물 속으로

들어가는 형상이다. 큰 강이나 호
수가 혈을 감싸주고 있는 안쪽에
모래사장이 있어야 한다. 혈은 기
러기 부리에 있다. 안산은 물고기
같은 사격이다. 부귀쌍전富貴雙全
한다.

〈평사낙안형〉

비응축토형飛鷹逐兔形, **비응탁사형**飛鷹啄蛇形 — 매가 토끼를 쫓거나 뱀을
쪼는 형상

비응축토형은 하늘을 나는 매가 토끼를 쫓는 형상이고, 비응탁사형은 매
가 뱀을 쪼는 형상이다. 주산은 매와 같은 형상의 매봉, 응봉이어야 하고
안산은 토끼나 뱀에 해당되는 사격이다. 매 형국은 자손들이 용감하고
강직하며 부귀富貴를 얻는다.

황앵탁목형黃鶯啄木形, **금앵탁목형**金鶯啄木形 — 꾀꼬리가 나무를 쪼는 모양

노랑 꾀꼬리가 나무를 쪼고 있는 모습과 흡사하다. 주산은 꾀꼬리에 해당
되는 봉우리나 바위가 있어야 하고 안산은 나무에 해당된다. 꾀꼬리가
나무를 쪼기 때문에 구멍이 뚫린 듯한 작은 골짜기가 있다.

〈황앵탁목형〉

앵소유지형鶯巢柳枝形 — 꾀꼬리 둥지가 버드나무가지에 걸려 있는 형상

꾀꼬리 둥지가 버드나무가지에 걸려 있는 모습을 연상시킨다. 가늘고 긴 용맥 끝이 와혈窩穴로 되어 있다. 주산이나 안산에 꾀꼬리 같은 사격이 있다.

연소혈燕巢穴 — 처마나 절벽 끝에 있는 제비집과 같은 형상

제비집과 같은 형상이다. 제비는 처마나 절벽 끝에 집을 짓는다. 산중턱에 있고 내룡은 가파르며 앞은 절벽이다. 안산은 빨랫줄 같은 일자문성一字文星이 있어야 하고, 먹이인 잠자리나 풀벌레 같은 사격이 주변에 있다. 주로 암자 터에 많다.

복치혈伏雉穴 — 꿩이 숲 속에 엎드려 있는 형상

〈복치혈〉

산의 모습이 마치 숲 속에 숨어 엎드려 있는 꿩의 모습을 연상시킨다. 주변에 나무가 우거져 있고 꿩을 노리는 매봉이 근처에 있다. 또 매가 꿩을 잡아먹으면 큰일이므로 매를 노리는 사냥개 같은 산이 있어야 한다. 꿩이 자신을 노리는 매가 있으면 바짝 긴장하므로 기가 모아져 혈을 결지한다.

부아혈附蛾穴 — 나방이 벽에 붙어 있는 형상

나방이 벽에 붙어 있는 모습과 흡사하다. 가파른 능선 중간이나 절벽 위에 혈을 결지하는 것으로 속발속패速發速敗가 특징이다. 나방은 벽에 잠시 붙어 있다가 곧 다른 곳으로 날아가기 때문이다.

4) 우마류형牛馬類形 — 산을 소나 말에 비유하여 혈을 찾는 방법

산의 형상을 소나 말에 비유하여 혈을 찾는 것으로 주로 이마, 귀, 코, 젖 등으로 추정되는 곳에 결지한다. 이때는 풀더미를 상징하는 적초안積草案, 밭을 상징하는 경전안(耕田案, 실재 논밭), 쟁기 등을 상징하는 보습사[여벽犁鐴], 안장, 멍에 등과 같은 사격砂格이 있어야 한다.

갈마음수형渴馬飮水形, 갈기분지형渴驥奔池形 — 목마른 말이 물을 마시는 형상

〈갈마음수형〉

산의 모습이 마치 목마른 말이나 천리마가 물을 마시고 있는 모습을 연상시킨다. 주산은 천마사天馬砂나 말머리와 같이 둥글게 생겼다. 앞에 냇물이나 못, 호수 등이 있고 혈은 말의 입 위에 있다. 안산은 말안장, 말구유, 마구간, 풀더미 등과 같은 사격이 있어야 한다. 말 형국은 남성다움을 나타내므로 문무겸전文武兼全한 용맹스러운 자손을 배출한다. 나라에 큰 공을 세워 부귀富貴를 얻는다. 발복發福이 빠른 것이 특징이다.

천마시풍형天馬嘶風形 — 하늘을 나는 말이 바람을 가르며 길게 우는 형상

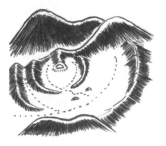
〈천마시풍형〉

하늘을 나는 말이 바람을 가르며 길게 우는 모습과 흡사하다. 말이 울 때는 힘차게 달리기 위해서인데, 주산은 천마사나 용마산이고 용맥이 힘차게 내려온다. 혈은 코나 말안장 아래에 있다. 주변에 채찍과 말안장 같은 사격이 있다. 발복이 빠르고 크다.

용마등공형龍馬登空形 − 용마가 하늘로 힘차게 올라가는 형상

머리는 용이고 몸은 말과 같이 생긴 용마가 하늘로 힘차게 올라가는 형국이다. 용맥은 비룡입수飛龍入首하고 주변의 산세는 구름처럼 생겼다.

주마탈안형走馬脫鞍形 − 달리던 말이 안장을 벗어 놓는 형상

달리던 말이 잠시 쉬기 위해서 안장을 벗어 놓고 있는 형상이다. 주산은 천마산이고 안산은 말안장이나 풀더미 같은 적초안積草案이 있어야 한다. 또 주변에 말 주인인 귀인봉貴人峰도 있다.

천마입구형天馬入廐形 − 말이 마구간에 들어가는 형상

말이 마구간에 들어가는 모습을 연상시키며, 주산은 천마산이다. 주변에 마구간과 말구유, 풀더미 같은 사격이 있다.

약마부적형躍馬赴敵形 − 말을 달리며 적과 맞서 싸우는 형상

말을 타고 힘차게 달려나가 적과 맞서 싸우는 형상이다. 주산도 천마사이고 안산도 천마사로 서로 마주보고 있어야 한다. 주변에 칼이나 창 같은 사격이 있고 적장이나 병사도 있다.

신구도미형神駒掉尾形 − 신령스러운 망아지가 꼬리를 흔드는 형상

신령스러운 망아지가 꼬리를 흔드는 모습을 연상시킨다. 주산은 천마산이고 청룡이나 백호가 꼬리가 되어 혈 앞까지 감싸주고 있다. 혈은 망아지의 이마에 있고 안산은 꼬리가 된다.

와우형臥牛形, 우면형牛眠形, 면우형眠牛形 — 소가 누워 있거나 잠을 자는 형상

소가 누워 있거나 잠을 자는 모습과 흡사하며, 산세가 풍후豊厚하고 유순한 것이 특징이다. 주산은 소의 등이나 머리처럼 생겼다. 안산은 풀더미같은 적초안積草案이 있어야 한다. 주변에는 외양간, 고삐, 쟁기, 코뚜레, 짐수레 같은 사격이 있다.

또 소가 일을 해야 할 논이나 밭 등 경전안耕田案이 있어야 한다. 혈은 소의 이마, 코, 입, 젖가슴 부분에 있다. 소 형국은 주로 양순하고 근면한 사람을 배출하며 부지런히 노력하여 부귀를 얻는다.

〈와우형〉

면우유자형眠牛乳子形 — 어미 소가 누워서 송아지에게 젖을 먹이는 형상

누워 있는 어미 소가 송아지에게 젖을 먹이는 모습을 연상시킨다. 혈은 어미 소의 젖가슴에 있고 안산은 송아지다.

서우망월형犀牛望月形 — 서방에서 온 코뿔소가 서쪽 달을 바라보는 형상

서방에서 온 코뿔소가 서쪽의 달을 바라보며 고향 생각을 하는 형국이다. 아주 좋은 형국으로 훌륭한 인물과 큰 부자를 배출한다. 혈은 코뿔소의 코에 있고 안산은 그믐달처럼 생긴 산이다.

웅우간자형雄牛趕雌形 — 수소가 암소를 쫓아가는 형상

수소가 암소를 쫓아가는 모습과 흡사한데, 주산은 암소이고 주산 뒤에 수소가 있다. 혈은 암소의 가슴에 자리잡고 안산은 풀더미다.

산상와우형 山上臥牛形 — 높은 산 분지 안에 소가 누워 있는 형상

높은 산 정상에 분지가 형성되고 그 안에 소가 누워 있는 형국이다. 혈은 소의 젖가슴 부분에 있고 안산은 풀더미다.

복구혈伏狗穴, **복견혈**伏犬穴, **면견혈**眠犬穴 — 개가 엎드려 있거나 개가 졸고 있는 형상

개가 엎드려 있거나 개가 졸고 있는 모습을 연상시킨다. 개가 엎드려 있기 때문에 산세가 낮고 부드럽다. 혈은 개의 젖가슴이나 코 위에 있다. 안산은 개의 밥그릇인 구유가 된다.

황구감식형黃狗甘食形 — 누런 개가 밥을 맛있게 먹는 형상

누런 개가 밥을 맛있게 먹고 있는 모습과 흡사하다. 혈은 개의 코나 이마 부분에 있고 안산은 개 밥그릇인 구유같이 생긴 사격이다.

〈황구감식형〉

면견유아형眠犬乳兒形 — 어미개가 새끼에게 젖을 먹이고 있는 형상

졸고 있는 개가 어린 새끼에게 젖을 먹이고 있는 형국이다. 혈은 개의 젖가슴 부분에 있고 안산은 강아지다.

갈록음수형渴鹿飮水形 — 목마른 사슴이 물을 마시려는 형상

목마른 사슴이 물을 마시려는 형국이다. 혈 뒤에는 사슴을 상징하는 사격이 있고 앞에는 냇가나 샘물 같은 물이 있다. 혈은 사슴의 이마나 코 부분에 있고 안산은 풀더미다.

사슴 형국의 명당은, 성품이 고고하고 깨끗한 인물을 배출한다. 또 용모
가 수려하고 학문을 좋아하여 부귀쌍전富貴雙全한다.

옥토망월형玉兎望月形, 복토혈伏兎穴 — 토끼가 달을 바라보고 있는 형상

토끼가 달을 바라보고 있는 모습을 연상시키는데, 이러한 산세는 낮고
부드러운 야산 숲 속에 있다. 혈은 토끼의 이마나 복부에 있으며 안산은
달 같은 사격이나 반월성 같은 지명이 있어야 한다.

토끼 형국의 명당은 마음이 온순하고 온화하면서 지혜로운 사람을 배출
한다. 성품이 양순하고 지혜로우니 주변에서 도와주는 사람이 많아 그 덕
으로 부귀를 얻는다.

〈옥토망월형〉

상두혈象頭穴, 금상혈金象穴, 면상혈面象穴 — 코끼리 같은 형상

산세가 마치 코끼리의 모습을 연상시키는데, 혈은 코끼리 이마나 코, 젖
가슴 부분에 있고 안산은 풀더미다.

코끼리 형국의 명당은 성품이 후덕하고 고상하며 지혜롭고 학문과 문장
에 뛰어나 부귀를 얻는다. 또 많은 사람들에게 덕을 베풀어 존경과 사랑
을 받는다.

상아형象牙形, **매아형**埋牙形, **백상매아형**白象埋牙形 ― 코끼리가 어금니를
쭉 내밀고 있는 형상

상아형은 코끼리가 어금니를 밖으로 쭉 내밀고 있는 형상이며, 매아형은
어금니를 감추고 있는 형상이다. 앞에 큰 호수나 냇물이 있고 혈은 어금
니 부분에 있다. 안산은 코끼리 먹이인 풀더미다.

낙타음수형駱駝飮水形 ― 목마른 낙타가 물을 마시는 형상

산세가 목마른 낙타가 물을 마시고 있는 모습을 연상시킨다. 주산은 낙
타처럼 생겼고 앞에는 물이 있다. 혈은 낙타의 봉우리나 배 머리 부분에
있고 안산은 풀더미다. 주변에 낙타가 싣고 가야 할 보물상자 같은 사격
이 있어야 한다.

낙타 형국의 명당은 꿋꿋하고 인내심이 강한 사람을 배출하며 어떤 고난
도 극복한다. 자수성가自手成家하여 부귀를 다하나 특히 거상巨商으로 성
공한다.

노서하전형老鼠下田形 ― 늙은 쥐가 먹이를 얻으려 밭에 내려오는 형상

늙은 쥐가 먹을 것을 구하기 위해서
밭에 내려오는 형상이다. 야트막한
산줄기가 밭이나 논 등 들판으로 내
려와 혈을 맺었다. 안산은 쥐의 먹
이가 있는 노적가리나 창고 같은 사
격이 있어야 한다. 멀리 고양이 같
은 사격이 있어 쥐를 노리고 있으면
쥐가 긴장하므로 더욱 발복이 된다.
그러나 가까이 있으면 위험하다. 혈
은 쥐의 머리나 배에 있다.

〈노서하전형〉

쥐 형국은 부지런하며 지모智謀가 뛰어난 사람을 배출하여 부귀쌍전富貴雙全한다.

영서투창형靈鼠投倉形 — 신령스러운 쥐가 먹이를 얻고자 창고로 들어가는 형상

신령스러운 쥐가 먹을 것을 찾으려고 창고로 들어가는 형상이다. 혈은 쥐의 머리나 배에 있고 안산은 창고에 해당한다. 멀리 고양이 사격이 있어야 한다. 그렇지 않으면 도둑 등으로 큰 손실을 가져올 수 있다.

야저하전형野豬下田形 — 야생 멧돼지가 먹이를 얻고자 밭으로 내려온 형상

야생 멧돼지가 먹을 것을 구하려고 밭으로 내려오는 모습과 흡사하다. 혈은 멧돼지 이마나 코 등에 있고 안산은 노적가리나 고구마처럼 생겼다.

5) 맹수류형猛獸類形 — 산을 호랑이, 사자, 코끼리, 여우 등 짐승에 비유하여 혈을 찾는 법

산의 형상을 호랑이나 사자, 코끼리, 여우, 고양이 등에 비유하여 혈을 찾는 것이다. 주로 이마, 귀, 코, 젖, 복부 등에 해당되는 위치에 결지한다. 맹수들에게는 반드시 먹이가 되는 개, 사슴, 닭, 쥐 등의 사격이 있어야 한다. 그렇지 않으면 사람이 다친다.

복호형伏虎形 — 호랑이가 엎드려 있는 형국

호랑이가 엎드려 있는 모습과 흡사하다. 주산 현무봉이 호랑이 머리로 작고 둥글며 뒤로는 호랑이 등에 해당되는 산이 있다. 내청룡 내백호는 앞다리로 짧고 두텁다. 외청룡 외백호는 뒷다리 또는 꼬리에 해당된다. 혈은 호랑이 머리나 젖가슴에 있고 안산은 호랑이 먹이인 개, 소, 말, 사슴, 돼지, 노루, 토끼 같은 사격이 있어야 한다. 먹이가 없으면 사람이 다친다.
호랑이 형국은 용맹스럽고 강건한 인물을 배출하여 큰 일을 도모한다. 무인武人으로서 나라에 큰 공을 세워 부귀쌍전富貴雙全한다.

〈복호형〉

와호형臥虎形, 수호형睡虎形 — 호랑이가 누워 있거나 꾸벅꾸벅 졸고 있는 형상

복호형이 짐승을 잡아먹기 위해 엎드려 있다면 와호형이나 수호형은 짐승을 노리지 않고 누워 있거나 꾸벅꾸벅 졸고 있는 형상이다. 산세가 온화하면서 편안하다.

혈은 호랑이 머리나 젖가슴, 배에 있고 안산은 짐승들이 한가롭게 노니는 형상이다. 용맹스럽고 강건하면서도 여유가 있는 사람을 배출한다. 살생을 하지 않기 때문에 덕장德將이 난다.

좌호형坐虎形 — 호랑이가 고개를 들고 웅크리고 앉아 있는 형상

산세가 마치 호랑이가 고개를 들고 웅크리고 앉아 있는 모습처럼 기세가 당당하다. 혈은 호랑이 젖가슴 부분에 있고 안산은 먹이인 개, 소, 말, 사슴, 돼지, 노루, 토끼 같은 사격이 있어야 한다.

맹호출림형猛虎出林形, 맹호하산형猛虎下山形 — 호랑이가 먹이를 구하고자 숲속에서 나오는 형상

호랑이가 먹이를 구하기 위해서 숲속에서 들판으로 나오는 모습을 연상시킨다. 산 속 깊이 있지 않고 마을 뒷산이나 근처에 있다. 기상이 넘치고 생동감이 있으며 혈은 호랑이 이마에 부분에 있다. 안산은 호랑이 먹이인 개, 소, 말, 사슴, 돼지, 노루, 토끼 같은 사격이 있어야 한다.

〈맹호출림형〉

노호예미형老虎曳尾形 ― 늙은 호랑이가 꼬리를 끌며 천천히 걸어다니는 형국

늙은 호랑이가 꼬리를 끌면서 어슬렁어슬렁 걸어다니는 모습과 흡사하다. 늙은 호랑이는 기세가 약해 크고 빠른 짐승은 잡지 못한다.

주로 힘이 약한 짐승을 잡아먹기 위해 민가로 내려오므로 개나 닭 등과 같은 사격이 있어야 한다. 대개 집 뒤에 혈이 있다.

맹호수유형猛虎授乳形 ― 호랑이가 새끼에게 젖을 주고 있는 형상

호랑이가 새끼에게 젖을 주고 있는 모습을 연상시킨다. 산세가 힘차고 혈이 있는 곳은 호랑이 배와 젖에 있는 부분이다. 용맥은 호랑이 등에 해당되고 산세가 편안하다. 주변에 호랑이 새끼에 해당되는 사격이 있다.

〈맹호수유형〉

기호축록형饑虎逐鹿形 ― 배고픈 호랑이가 사슴을 쫓고 있는 형상

배고픈 호랑이가 사슴을 잡아먹기 위해서 쫓아다니는 모습과 흡사하다. 산세가 힘차고 혈은 호랑이 머리에 해당되며 안산은 사슴이나 노루와 같은 사격이다.

양호상교형兩虎相交形 ― 호랑이 두 마리가 함께 서 있는 형상

호랑이 두 마리가 나란히 붙어 서 있는 모습을 연상시킨다. 두 산의 크기와 생김새가 서로 비슷하다.

혈은 두 호랑이 중간에 있고 안산은 먹이인 개, 소, 말, 사슴, 돼지, 노루, 토끼 같은 사격이 있어야 한다.

사모포효형獅貌咆哮形 — 사자가 얼굴을 내밀고 우렁차게 포효하는 형상

사자가 얼굴을 내밀고 큰 소리로 으르렁거리며 포효하는 모습과 흡사하다. 사자와 호랑이가 다른 점은 몸이 크고 머리가 작으면 호랑이고, 몸이 작고 머리가 크면 사자로 본다.

주산 현무봉이 네모지고 산세가 매우 위세 당당하다. 혈은 사자의 얼굴 부분에 있고 안산은 사자의 먹이인 사슴, 소, 돼지, 노루, 토끼 등과 같은 사격이어야 한다. 사자 형국은 호랑이 형국처럼 용맹스러운 인물을 배출하여 무인武人으로서 출세하여 부귀를 얻는다.

사자앙천형獅子仰天形 — 사자가 하늘을 보고 포효하는 형상

사자가 하늘을 보고 포효하는 모습과 흡사하다. 용맥이 비룡입수飛龍入首하고 사자 머리 부분에 혈이 있다.

안산은 사자의 먹이인 짐승이고 혈 아래에는 구름 같은 상운사祥雲砂가 있다.

〈사자앙천형〉

옥호포계형玉狐捕鷄形, **옥호축계형**玉狐逐鷄形 — 여우가 닭을 잡아먹기 위해서 뒤쫓는 형국

여우가 닭을 잡아먹기 위해서 뒤쫓는 모습을 연상시킨다. 작은 주산이 마치 여우 머리처럼 생겼고 혈은 이마에 있다. 안산은 닭이나 쥐 같은 사격이 있어야 한다.

여우 형국은 사려 깊고 지혜가 깊어 모든 일에 실수하지 않는 사람을 배출한다. 꾀로써 부귀를 얻는다.

영묘포서형靈猫捕鼠形 ─ 신령스러운 고양이가 쥐를 잡는 형상

신령스러운 고양이가 쥐를 잡는 형상으로, 혈은 고양이 머리에 있고 안산은 쥐다. 사려 깊고 신중한 사람을 배출하여 이로 인해 부귀를 얻는다.

황달간어형黃獺趕魚形 ─ 누런 수달이 물고기를 잡으러 쫓아가는 형상

누런 털을 가진 수달이 물고기를 잡기 위해서 쫓아가는 형국이다. 앞에 강이나 호수 등 큰 물이 있고 혈은 수달의 입 위에 있다. 안산은 물고기 형상이다.

〈황달간어형〉

6) 구갑류龜甲類와 어류형魚類形 — 산을 거북, 지네, 게, 거미, 물고기 등에 비유하여 혈을 찾는 방법

산의 형상을 거북, 자라, 지네, 게, 소라, 거미, 가재 등에 비유하여 혈을 찾는 것이다. 주로 등이나 머리 쪽에 결지한다. 반드시 물이 있어야 하고 먹이인 지렁이, 곤충과 같은 사격이 있어야 한다. 또 거미가 먹이를 포획하기 위해서는 거미줄과 같은 사격이 있어야 제대로 발복한다.

금구입수형金龜入水形, 금구음수형金龜飮水形 — 신령스러운 거북이 물 속으로 들어가거나 물을 마시는 형상

신령스러운 거북이 물 속으로 들어가거나 물을 마시는 형상이다. 혈은 거북의 등에 있고 머리 앞에는 호수, 연못, 논과 같은 물이 있다. 안산은 거북의 먹이인 소라, 개구리, 물고기 같은 형상의 사격이다.

영구하산형靈龜下山形 — 신령스러운 거북이 산에서 내려오는 형국

신령스러운 거북이 산에서 내려오는 모습을 연상시킨다. 주산이나 혈장이 거북처럼 생겼고 머리는 산 아래 물가로 향한다. 거북과 관련된 혈은 거의 다 물가에 있으며 혈은 거북의 등이나 머리 부분에 있다. 안산은 거북의 먹이인 소라, 개구리, 물고기 같은 형상의 사격이고 혈 앞에는 연못, 호수, 강, 논 등이 있어야 한다. 거북과 관련된 형국의 명당은 빼어난 인물을 배출하여 성현군자, 대학자, 대귀인, 대사업가 등이 나오고 건강 장수한다.

〈영구하산형〉

금구몰니형金龜沒泥形, 영구몰니형靈龜沒泥形 ─ 신령스러운 거북이 진흙 속에 빠지는 형상

〈금구몰니형〉

산세가 신령스러운 거북이 진흙 속에 빠지는 모습과 흡사하다. 혈은 거북의 등에 있고 앞에는 논이나 개펄, 수렁이 있으며 안산은 소라, 개구리, 물고기 등이다.

금구출수형金龜出水形 ─ 신령스러운 거북이 물 밖으로 나오는 형국

신령스러운 거북이 물 밖으로 나오는 형국이다. 꼬리가 물가에 있고 머리는 산을 향하고 있다. 혈은 거북의 등에 있다.

금구예미형金龜曳尾形, 영구예미형靈龜曳尾形 ─ 신령스러운 거북이 꼬리를 끌고 다니는 형상

신령스러운 거북이 꼬리를 끌고 다니는 모습과 흡사하다. 혈은 거북의 등에 있고 꼬리는 입수룡入首龍이다. 앞에는 물이 있어야 하고 안산은 소라, 개구리, 물고기 등과 같은 사격이다.

영구출복형靈龜出伏形 ─ 신령스러운 거북이 들판이나 산 아래에 엎드려 있는 형상

산에서 내려온 신령스러운 거북이 들판이나 산 아래에 엎드려 있는 모습을 연상시킨다. 혈은 거북의 등에 있고 조금 앞에는 물이 있어야 한다.

거구망해형巨龜望海形 ─ 큰 거북이 바다를 멀리 바라보고 있는 형상

큰 거북이 바다를 멀리 바라보고 있는 형상이다. 바닷가 근처에 있되 바다가 보일 듯 말 듯 해야 한다. 혈은 거북의 등에 있다.

금오포란형金鰲抱卵形 ─ 신령스러운 자라가 알을 품고 있는 형상

신령스러운 자라가 알을 품고 있는 형상이다. 혈은 자라의 배 부분에 있고 앞에는 모래사장과 같은 들판이나 냇가가 있어야 한다. 안산은 지렁이나 물고기 같은 사격이다. 다산多産하여 부귀상전富貴雙全한다.

금오입수형金鰲入水形 ─ 신령스러운 자라가 물 속으로 들어가는 형국

신령스러운 자라가 물 속으로 들어가는 모습을 연상시킨다. 혈은 자라 등에 있고 앞에는 논, 냇가가 있다. 안산은 지렁이, 물고기, 조개 같은 사격이다.

영라하수형靈螺下水形 ─ 소라나 다슬기가 물 속으로 들어가는 형상

신령스러운 소라나 다슬기가 물 속으로 들어가는 형상이다. 청룡이나 백호 한쪽은 짧고 적은 반면에 한쪽은 짧은 쪽을 여러 겹으로 감싸주고 있어 마치 소라나 고둥처럼 생긴 형상이다. 혈은 소라나 고둥의 입 중앙 부분에 있다.

영라토주형靈螺吐珠形 ─ 신령스러운 소라나 다슬기가 구슬을 토하는 형상

산세가 마치 신령스러운 소라나 다슬기가 구슬을 토하는 모습과 흡사하다. 혈은 소라의 입 중앙에 있고 안산은 구슬 같은 사격이다.

영라앙천형靈螺仰天形, 앙천영라형仰天靈螺形 ─ 신령스러운 소라나 다슬기가 하늘을 바라보고 있는 형상

신령스러운 소라나 다슬기가 하늘을 바라보고 있는 형상이다. 혈은 소라

나 다슬기의 입 중앙에 있고 안산
은 하늘의 구름이나 해, 달과 같은
사격이다.

〈영라앙천형〉

행지오공형行地蜈蚣形 ─ 지네가 논이나 밭으로 내려오는 형국

〈행지오공형〉

지네가 논이나 밭으로 내려오는
형국으로, 내룡來龍은 마디가 많아
보이고 양쪽에 길이가 짧은 지각
이 많다.
혈은 지네의 입 부분에 있고 안산
은 닭이나 벌레와 같은 사격이다.
주로 낮은 곳에 있다.

비천오공형飛天蜈蚣形 ─ 지네가 하늘을 나는 형국

지네가 하늘을 나는 모습과 흡사하여, 지네의 마디마디가 힘차 약동감이
있어 보이고 머리 부분이 하늘로 향했다. 혈은 지네의 입 부분에 있고 아
래에는 구름 같은 상운사祥雲砂가 있다.
안산은 닭이나 지네의 먹이인 벌레와 같은 사격이 있어야 한다. 주로 높
은 곳에 있다.

지주형蜘蛛形, 주사로결형蛛絲露結形 ─ 거미가 거미줄을 치고 있는 형상

지주형蜘蛛形은 거미처럼 생긴 형상을 말한다. 혈은 거미 입 부분에 있고
안산은 거미가 잡아먹는 벌레와 같은 사격이다.
주변에 거미줄과 같은 사격이 있다. 주사로결형蛛絲露結形은 거미줄에

영롱한 아침 이슬이 맺혀 있는 형상이다.

〈지주형〉

해복형蟹伏形 — 게가 엎드려 있는 형상

산세가 하천이나 바다에 사는 게가 엎드려 있는 모습과 흡사하다. 혈은 게의 눈에 있고 안산은 게의 입에서 나오는 거품이나 게가 잡아먹는 물고기 같은 사격이다. 청룡 백호는 게의 앞발로 짧다. 가재 형국이나 게의 형국은 비슷하나 혈장과 앞으로 뻗은 청룡 백호가 길면 가재 형국이고 짧고 둥글면 게 형국이다.

게는 번식력이 강한 동물로 게 형국은 많은 자손이 크게 번창하는 길한 형국이다. 성현군자, 대귀인, 대학자, 대사업가 등 훌륭한 인물들이 무수히 배출된다. 또 많은 자손들이 골고루 복福을 받는다.

〈해복형〉

방해반호형蚌蟹盤湖形, **야유방해형**夜遊蚌蟹形 ─ 방게가 호수에 앉아 있거
나, 밤에 놀고 있는 모습

방해반호형은 방게가 호수에 앉아 있는 형상이고, 야유방해형은 방게가
밤에 놀고 있는 형상이다. 혈은 방게의 눈 부분에 있고 안산은 물고기나
소라, 조개와 같은 사격이다.

방해출니형蚌蟹出泥形, **방해몰니형**蚌蟹沒泥形, **금해입수형**金蟹入水形 ─
방게가 물 또는 진흙 속에 출입하는 형상

방게가 물 또는 진흙에서 밖으로 나오거나 들어가는 모습과 흡사하다.
혈은 게의 눈이나 배꼽에 있고 게 앞에는 논이나 개펄이 있어야 한다. 안
산은 물고기, 소라, 조개 같은 사격이다.

노방희주형老蚌喜珠形, **노방농월형**老蚌弄月形 ─ 늙은 조개가 구슬을 갖고
놀거나, 달 보며 즐기는 형상

늙은 조개가 구슬을 가지고 노는 형상과 달을 구경하며 즐기는 형상이
다. 주산이나 혈장은 조개와 같이 생겼고 안산은 구슬이나 달처럼 생겼
다. 혈은 조개의 중앙에 있다.

유어농파형遊魚弄波形 ─ 물고기가 파도 타며 한가롭게 즐기는 형상

물고기가 파도를 타며 한가롭게 즐
기고 있는 모습과 흡사하다. 혈은
물고기의 눈이나 입 부분에 있고 안
산은 작은 물고기나 그물, 물결처럼
생긴 야산이다. 혈 앞에는 냇가나
파도가 치는 바다, 호수가 있다.

〈유어농파형〉

영리역수형靈鯉逆水形 — 신령스러운 잉어가 물을 거슬러 올라가는 형상

신령스러운 잉어가 물을 거슬러 올라가는 모습을 연상시킨다. 혈은 잉어의 입이나 아가미에 있고 안산은 작은 물고기 같은 사격이나 호수, 연못 또는 물결처럼 생긴 작은 야산이다.

금린출소형錦鱗出沼形 — 비단결의 물고기가 늪이나 연못에서 나오는 형상

비단결 같은 비늘을 가진 물고기가 늪이나 연못에서 나오는 형국이다. 물가 옆에 혈은 있고 안산은 물고기의 등지느러미 같은 작은 아미사 蛾眉砂다.

7) 화수류형花樹類形 — 산을 꽃이나 나무에 비유하여 혈을 찾는 방법

산의 형상을 꽃이나 나무에 비유하여 혈을 찾는 것으로 주로 화심花心에 해당되는 곳에 혈을 결지한다. 꽃을 감상하는 미인과 벌, 나비, 화분, 꽃잎에 해당되는 사격이 있어야 한다.

매화낙지형梅花落枝形, **도화낙지형**桃花落地形 — 매화나 복숭아꽃이 땅에 떨어진 형상

〈매화낙지형〉

매화나 복숭아꽃이 땅에 떨어진 모습을 연상시킨다. 매화꽃이 땅에 떨어졌기 때문에 주변 산봉우리가 낮다. 혈처를 중심으로 둥글게 생긴 작은 봉우리가 다섯 개 이상 있다. 매화 꽃잎은 다섯 개이기 때문이다. 혈은 화심花心에 있고 안산은 매화

가지나 화분, 나비, 벌 같은 사격이 있으면 좋으나 꽃잎을 취해도 된다. 꽃 형국은 고매한 성품과 용모가 수려한 사람을 배출하여 부귀쌍전富貴雙全한다. 주로 학자나 예술가, 귀인이 나와 주변 사람들로부터 사랑과 존경을 많이 받는다.

목단반개형牧丹半開形, 목단만개형牧丹滿開形 — 모란꽃이 반쯤 핀 것은 반개형, 활짝 핀 것은 만개형

모란꽃처럼 생긴 형국으로 반개형은 모란꽃이 반쯤 핀 것이고, 만개형은 활짝 핀 것이다. 혈 주변에 꽃봉오리처럼 생긴 작은 산이 여러 개 둘러싸여 있다. 혈은 꽃의 중심에 있고 안산은 꽃잎이나 화분이다.
매화낙지형이나 연화부수형은 낮게 있어야 하는 반면에 모란형은 땅에 떨어진 것이 아니기 때문에 약간 높이 있을 수도 있다. 반개형은 앞으로 발전할 여지가 많은 반면에 만개형은 현재가 절정기이고 곧 지기 때문에 속발속패速發速敗한다.

작약미발형芍藥未發形, 장미미발형薔薇未發形 — 작약꽃, 장미꽃 등이 꽃봉오리를 맺는 형상

작약꽃이나 장미꽃이 이제 피어나려고 꽃봉오리를 맺는 형상이다. 혈은 꽃 중심인 화심花心에 있고 안산은 꽃잎이다. 주변에 작약 또는 장미줄기 같은 사격이 있다. 미발형은 비록 발복은 늦으나 오랫동안 유지된다.

연화부수형蓮花浮水形 — 연꽃이 물 위에 떠 있는 형상

연꽃이 물 위에 떠 있는 모습을 연상시킨다. 냇물이나 강물이 용과 혈을 휘감고 돌아가서 삼면이 물로 감싸주었다.
혈은 꽃의 중심인 화심花心에 있고 안산은 꽃잎, 꽃병, 화분 등이다. 주로 낮은 곳에 있다. 연화蓮花형 명당은 귀인貴人, 현인군자賢人君子, 학자學者,

뛰어난 사업가 등 자손들이 다방면에서 능력을 발휘하여 부귀富貴를 얻는다. 또 용모가 수려하여 남들의 사랑을 많이 받게 된다.

〈연화부수형〉

풍취양류형風吹楊柳形 — 버들가지가 바람에 휘날리는 형국

버들가지가 바람에 휘날리는 모습과 흡사하다. 혈은 꽃에 있고 안산은 나뭇가지, 꾀꼬리와 같은 사격이 있어야 한다. 청룡 백호가 길며 겹겹으로 뻗어 마치 버들가지 같다.

8) 기타 물형物形

금반형金盤形 − 밥상이나 술상 모양의 형상

금 소반 모양의 형상으로, 야트막하고 둥글고 넓적하게 생긴 산이 소반이며 주변에 술병(옥병사), 술잔(옥잔)을 비롯해서 밥그릇, 국그릇, 기타 음식을 담는 그릇같이 생긴 사격이 있다. 소반 위에는 사람이 먹고 마시는 여러 가지 음식을 차려 놓는다.

금반형은 소반 위에 그릇마다 혈이 될 수 있으므로 한 장소에 혈이 많은 것이 특징이다. 부귀를 다하나 특히 거부巨富가 난다. 주로 야트막한 평야나 야산지대에 있다.

금환형金環形, 옥환형玉環形, 금환낙지형金環落地形 − 금가락지, 옥가락지처럼 생긴 혈

혈장이 금가락지(금반지)나 옥가락지(옥반지), 금팔찌, 옥팔찌처럼 생긴 형국이다.

가락지는 여성들의 대표적인 장신구로서 보물이고 재산이며 여성 자체를 뜻한다. 금은 악귀를 물리치고 재운을 불러들인다고 한다.

금환낙지형은 금가락지가 땅에 떨어진 형국이므로 낮은 곳에 있다. 혈은 가락지 중앙에서 찾는다. 부귀영화가 기약되고 주로 여자가 잘 된다.

금차형金釵形, 금차낙지형金釵落地形 − 금비녀와 같은 형상

산세가 금비녀와 같은 모습을 하고 있다. 금차낙지형은 금비녀가 땅에 떨어진 모양이다.

혈장은 길쭉하고 혈은 비녀의 머리 부분에 있다. 주변에 옥녀봉, 참빗, 경대(거울) 같은 사격이 있다. 귀인과 부자가 나오나 주로 여자가 잘 된다.

복종형伏鐘形 ─ 종을 엎어놓은 것처럼 생긴 형상

산세가 종을 엎어놓은 것처럼 생겼다. 주산이나 혈장이 높이 솟은 금성체金星體로 혈은 종의 꼭대기나 종을 치는 종채에 있다. 안산은 종을 걸어 놓은 종루 또는 종각이다.

복부형伏釜形 ─ 가마솥을 엎어놓은 형상

산세가 마치 가마솥을 엎어높은 모습과 흡사하다. 솥은 살림살이의 대표적인 용구다. 집을 새로 짓거나 이사할 때는 부뚜막에 솥부터 걸어서 살림살이를 시작했다. 솥은 만족과 새로운 희망을 상징한다. 부귀영화富貴榮華를 누린다.

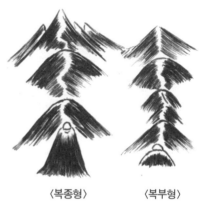

〈복종형〉 　　〈복부형〉

주산이나 혈장이 태음금성체太陰金星體로 높이가 낮고 옆이 길다. 혈은 엎어놓은 가마솥의 꼭지에 있다. 3개의 지각이 솥받침대 역할을 해준다. 안산은 땔나무를 쌓아 놓은 것 같은 사격이다.

괘등혈掛燈穴 ─ 등잔이 등잔대에 걸려 있는 형상

등잔불을 등잔대에 올려놓은 것 같은 형상이다. 혈은 낭떠러지 위에 있고, 아래에는 물이 흐른다. 이 물은 등잔의 기름이다. 괘등혈의 발복은 불길 같아 속발速發한다. 그러나 물이 적으면 기름이 다 떨어진 격이니 속패速敗한다.

옥촉조천혈玉燭照天穴 ─ 신비한 촛대가 하늘을 밝게 비추는 형상

옥 촛대에 있는 촛불이 하늘을 밝게 비추는 형상이다. 주로 뾰족하게 생

긴 산 정상에 있다. 제왕지지도 될 수 있으며 위대한 학자, 종교가 등을
배출한다. 옥촉玉燭은 그 불빛이 천 년 이상 지속된다고 하기에 발복이
오래 지속된다.

행주형行舟形 − 배가 강이나 바다를 항해하는 형상

〈행주형〉

사람과 식량, 금은보화金銀寶貨를
가득 실은 배가 강이나 바다를 항
해航海하는 형상이다. 배가 무역
하러 떠나는 형상이니 큰 부자를
의미한다. 주변에 바다나 강이 있
거나 물을 대신하는 넓은 평야가
있다. 배는 물을 거슬러 올라가야
제대로 발복發福이 된다. 행주형
은 대개 분지로 형성되고 도읍이
나 도시 촌락처럼 양기지陽基地가
많다. 혈은 배의 갑판, 선실, 화물칸 등 여러 군데에 있다. 주변에 돛대,
닻, 화물과 같은 사격이 있어야 한다.

그러나 배는 물에 떠다니는 까닭에 언제나 위험이 뒤따른다. 특히 무거
운 짐을 뜻하는 기와집을 짓거나, 배의 구멍을 뚫는 우물을 파면 배가 침
몰하여 하루아침에 망한다고 한다.

야자형也字形, 일자형日字形, 용자형用字形, 물자형勿字形, 내자형乃字形, 품자형品字形 − 也자, 日자, 用자, 勿자, 乃자, 品자 모양으로 된 형국

야자형也字形은 한문으로 也(어조사 야)자 모양으로 된 형국을 말한다.
청룡이 길어 안산을 이루고 백호는 짧다. 혈은 그 중앙에 있다. 야也 자는
문장을 끝내는 마지막 글자이므로 대문장가를 배출하여 후세에 이름을

남긴다. 일자형日字形은 날 일(日) 자 모양으로 된 형국이다. 해처럼 세상을 밝힐 위대한 인물이 태어난다고 한다. 용자형用字形은 쓸 용(用) 자 모양으로 된 형세다. 용用 자에는 해[日]와 달[月]이 다 들어 있으므로 천지의 정기가 함께 뭉친다. 위대한 인물을 배출한다. 물자형勿字形과 내자형乃字形, 품자형品字形 역시 한문 글자 형상으로 된 곳을 말하며 대문장가와 위대한 인물을 배출한다.

〈야자형〉

조리형 – 쌀을 이는 데 쓰는 조리와 같은 형국

쌀을 이는 데 쓰는 조리와 같은 형국으로, 조리는 부富의 상징이다. 정월 초하룻날 새벽에 복조리에 엽전 몇 닢을 담아 대청이나 안방 머리에 걸어두면 재운財運을 불러들인다고 한다.

그러나 조리는 엎어지면 쌀이 모두 쏟아지므로 재산의 탕진을 의미한다. 혈은 복조리 안에 있고 주변에 쌀가마와 가마솥 같은 사격이 있다.

횡적형橫笛形 – 피리처럼 생긴 형상

혈장이 피리가 가로놓인 것처럼 생긴 형상으로, 혈은 피리의 구멍마다 있으므로 한 줄기 산 능선에 여러 혈이 연달아 있다. 그러나 주혈은 피리의 꼭대기 입술을 대는 곳이다.

필형筆形, 필통형筆筒形, 연적형硯滴形 – 붓이나 필통, 연적과 같이 생긴 형상

붓, 필통, 연적은 종이와 더불어 문방사우文房四友로 선비들의 필수품이다. 형국이 붓이나 필통, 연적과 같이 생겼다. 학문이 높은 선비나 높은 벼슬아치를 배출한다.

완사명월형浣紗明月形 ─ 비단을 달빛 아래 깔아 놓은 것과 같은 형상

비단을 밝은 달빛 아래 깔아 놓은 것과 같은 형세다. 혈은 비단에 있고 밝고 평평한 명당 주변에 해와 달 같은 사격이 있다. 부귀를 다하고 세상에 이름을 널리 알리는 자손을 많이 배출한다.

보검출갑형寶劍出匣形 ─ 칼이 칼집에서 나오는 형상

칼이 칼집에서 나오는 형상으로, 혈장이 칼처럼 길다. 혈은 칼자루에 있으며 칼집은 청룡 백호로 길쭉하다. 안산은 적군이다.

벽상부아혈壁上附蛾穴 ─ 나방이 벽에 잠시 붙어 있는 형상

나방이 벽에 잠시 붙어 있는 형상으로, 나방은 한 곳에 오래 머물러 있지 않고 곧 다른 곳으로 날아가므로 속발속패速發速敗가 특징이다. 혈은 벽처럼 낭떠러지 위에 있거나 능선 중간에 있다.

부차도강형浮艖渡江形, 부주도강형浮舟渡江形 ─ 뗏목이나 배가 강을 건너는 형상

평평하게 생긴 작은 배가 물에 떠서 강을 건너는 모습과 흡사하다. 앞에는 강이 있어야 하고 혈은 평평하게 생긴 배 속에 있다. 주변에 배를 젓는 노나 장대처럼 생긴 사격이 있다. 부귀쌍전富貴雙全한다.

어병금대형御屛錦帶形 ─ 뒤에는 병풍을 치고 허리에는 금대를 두른 형상

뒤에는 병풍을 치고 허리에는 높은 벼슬아치들의 허리띠인 금대金帶를 두른 형상이다. 혈은 허리띠에 있다. 벼슬이 높고 부귀공명富貴功名을 다 얻는다.

관주형貫珠形, 금침천주형金針穿珠形 — 혈이 마치 구슬을 실에 꿰어 놓은 것처럼 생긴 형상

혈이 마치 구슬을 실에 꿰어 놓은 것처럼 생긴 형상이다. 한 능선에 여러 혈이 연달아 있다. 혈은 각 구슬의 중앙에 있다. 주변에 옥녀봉, 구슬상 자, 실, 바늘과 같은 사격이 있으면 더욱 좋다. 온갖 부귀영화富貴榮華를 다 누린다.

옥호주수형玉壺注水形 — 호리병에 물을 담는 형상

호리병에 물을 담고 있는 모습과 흡사하다. 혈장이 호리병처럼 생겼고 병 입구에는 병마개처럼 생긴 사격이 있다. 혈은 호리병의 볼록한 부분 에 있다. 부귀쌍전富貴雙全한다.

〈옥호주수형〉

3. 방위별 형국론形局論

형국론에서 물형의 추정은 보국과 산의 모양을 보고 판단하는 것이 원칙이다. 그러나 일부 서책에는 나경패철의 24방위에 따라 각 좌를 상징하는 동물의 외형과 비슷해야 한다고 주장하는 것도 있다. 이와 같은 주장을 전적으로 믿을 것은 못 되고 참고만 하기 바란다.

이들은 28성수二十八星宿의 별자리를 기준으로 한다.

- **임좌壬坐** – 제비 연(燕) ···················· 연소혈燕巢穴
- **자좌子坐** – 쥐 서(鼠) ···················· 노서하전형老鼠下田形
- **계좌癸坐** – 박쥐 복(蝠) ···················· 복혈蝠穴
- **축좌丑坐** – 소 우(牛) ···················· 와우형臥牛形
- **간좌艮坐** – 게 해(蟹) ···················· 해복혈蟹伏穴
- **인좌寅坐** – 호랑이 호(虎) ···················· 복호형伏虎形
- **갑좌甲坐** – 여우 호(狐) ···················· 옥호포계형玉狐捕鷄形
- **묘좌卯坐** – 토끼 토(兎) ···················· 옥토망월형玉兎望月形
- **을좌乙坐** – 담비 학(貂) ···················· 군학축토형群貂逐兎形
- **진좌辰坐** – 용 용(龍) ···················· 비룡승천형飛龍昇天形
- **손좌巽坐** – 교룡, 상어 교(蛟) ··········· 교룡잠소형蛟龍潛沼形
- **사좌巳坐** – 뱀 사(蛇) ···················· 생사취와형生蛇取蛙形
- **병좌丙坐** – 사슴 록(鹿) ···················· 갈록음수형渴鹿飮水形
- **오좌午坐** – 말 마(馬) ···················· 천마시풍형天馬嘶風形

- 정좌丁坐 − 노루 장(獐) ····················· 노루목 혈
- 미좌未坐 − 양 양(羊) ······················ 양 혈
- 곤좌坤坐 − 자라 오(鰲) ···················· 금오포란형金鰲抱卵形
- 신좌申坐 − 원숭이 후(猴) ············· 원숭이 혈
- 경좌庚坐 − 까마귀 오(烏) ··············· 금오탁시형金烏啄屍形
- 유좌酉坐 − 닭 계(鷄) ····················· 금계포란형金鷄抱卵形
- 신좌辛坐 − 꿩 치(雉) ····················· 복치형伏雉形
- 술좌戌坐 − 개 구(狗) ····················· 복구형伏狗形
- 건좌乾坐 − 이리 랑(狼) ··················· 군랑축록형群狼逐鹿形
- 해좌亥坐 − 돼지 저(猪) ··················· 돼지 혈

4. 유산록遊山錄과 만산도萬山圖

도선국사의 《옥룡자유산록》과 《도선비결》이 유명하다

옛 선사先師들이 전국 산천을 답산踏山하여 각 지방마다의 혈처를 기록한 글을 유산록遊山錄, 답산가踏山歌, 결록訣錄, 비결秘訣, 비록秘錄, 산서山書 등이라 부르며, 그림은 만산도萬山圖, 산도山圖 등이라 부른다. 이러한 기록들은 대부분 형국을 기록한 것이다.

우리나라에서 가장 많이 전하는 유산록은 도선국사道詵國師의 《옥룡자유산록玉龍子遊山錄》과 《도선비결道詵秘訣》이다. 전하는 바에 의하면 도선국사가 전국을 답산하면서 찾은 혈처를 기록한 것이라 한다.

이외에도 《무학결無學訣》, 《남사고결南師古訣》, 《격암유록格庵遊錄》, 《박상희결朴相熙訣》, 《두사충결杜師忠訣》, 《나학천비기羅鶴天秘記》, 《일지유산록一指遊山錄》, 《일이답산가一耳踏山歌》 등이 전하고 있다.

그러나 이러한 글들은 진위眞僞 여부가 분명치 않다. 본인이 직접 쓴 진본은 없고 필사본筆寫本만 전하고 있기 때문이다.

오늘날 전해지는 유산록은 진본이 없고, 위작·변질된 것이 많아 과신은 금물

옛 선사들은 혈은 천장지비天藏地秘한 것으로 생각했다. 즉 하늘이 감추고 땅이 숨기고 있다가 적덕유공인積德有功人에게만 유덕有德한 지사地師를 통해 전하는 것이라 여겼다.

또 함부로 혈의 위치를 발설하는 것은 천기누설天氣漏泄로 보았다. 이러한 선사들이 기록을 남겼을 것 같지는 않다. 많은 유산록 중 진본이 하나도 발견되지 않은 것이 그 증거다.

오늘날까지 전하고 있는 유산록과 산도들은 선대 유명인의 이름을 도용하여 쓴 후대사람들의 글이다. 자신의 이름을 밝히지 않고 선사들이 쓴 것처럼 가장한 것은 위작僞作으로밖에 볼 수 없다. 여기에는 목적이 있었을 것이다.

예컨대 글 꽤나 하는 사람이 여기저기 떠돌며 무위도식無爲徒食하는 수단으로 활용한 것이다. 지방의 사대부가나 객사 사랑방에서 환대받는 사람 중의 하나가 지사였다고 한다. 명혈에 조상유골을 모시면 부귀영달이 저절로 이루어진다고 믿었기 때문에 그 중개자인 지사를 누구보다도 후하게 대접했다. 지사가 오랫동안 머물러 있어도 탓하지 않았다.

이러한 대접을 받으려면 증거가 있어야 하는데 바로 유산록이나 산도 등을 소지하는 것이다. 선사들의 이름을 도용한 유산록이 유행한 것은 이 때문이라 짐작된다. 또한 이러한 책들은 여러 사람을 거치면서 필사를 해왔다. 그 과정에서 내용이 의도적으로 변질되기도 하고 오탈자 등이 생겨 내용이 처음 것과는 완전히 달라지기도 했다. 같은 선사 이름으로 된 유산록의 종류가 많은 것은 이 때문이다.

황당무계한 내용이 적지 않지만 그렇다고 모두가 전혀 근거가 없는 것만은 아니다. 옛날부터 그 지방에 소문에 전해 내려오는 이야기를 잘 엮은 것도 있다. 그러나 직접적인 표현보다는 은유적인 표현을 많이 썼기 때문에 이를 해석하고 그곳을 정확하게 찾는 것은 어려운 일이다. 따라서 유산록이나 산도 등은 풍수를 공부하는 데 참고만 할 뿐 너무 과신해서는 안 되겠다.

〈유산록遊山錄〉

藍浦辰千重羊甬山牧丹形羊甬小祖玉馬中祖聖王
太祖艮來三重開回兒十重羊甬發起七里帳中出
卒峯�- 美作脇及人首起土汀乙破龍佛堂し
長回結局外坐甲艮方大川逆流丙方

待曰聖主鳴岳接玉馬
梁牧丹臾東開
城眉真如佛踞
羊甬蹲し
庇仁月明山南麓伏鏡形鐘川上改橋下壽坯
溫陽南臺錦敎曼東千辰抄呂州北大亭三邑界步
城廈德兩龍相會之地末海谷五竜友旋西尚次六
天竜宅馬上貴禪門日月捍門丈秀俱制筆凌雲
語執居震万世榮華之地羅訣此穴赵有大地不奇
傳意云地石臥竜呑

興峯甬九峯山南脈巍峯下出大聖人之地壬坐坤申
洞辰破爲代孫百子千孫名音卿不知其牧天下至
室勿輕許人雖有指示天壃地秕人不肯信鷄竜
水口柳塚在書竜

다음은 유산록 중 일부 (764쪽)를 번역한 것이다

藍浦辰二十里羊角山牧丹形　羊角小祖玉馬中祖聖主太祖
남 포 진 이 십 리 양 각 산 목 단 형　양 각 소 조 옥 마 중 조 성 주 태 조

艮來二十里周回兌十里羊角峻起　七里帳中出辛垂頭辛作腦
간 래 이 십 리 주 회 태 십 리 양 각 준 기　칠 리 장 중 출 신 수 두 신 작 뇌

亥入首乾坐丁得乙破　龍虎重重長回結局　外堂平圓艮方大川逆流丙方
해 입 수 건 좌 정 득 을 파　용 호 중 중 장 회 결 국　외 당 평 원 간 방 대 천 역 류 병 방

詩曰 聖主渴龍接玉馬　羊角蹲蹲如虎踞
시 왈 성 주 갈 룡 접 옥 마　양 각 준 준 여 호 거

一朶牧丹向東開　蛾眉矗矗抱龍回
일 타 목 단 향 동 개　아 미 촉 촉 포 룡 회

　남포에서 진방辰方으로 20리를 가면 양각산에 목단형이 있다. 양각산
은 소조고, 옥마산은 중조며, 성주산은 태조다. 간방艮方에서 온 용이 20
리를 주회하고 태방兌方으로 10리를 가 양각산을 높이 세운다. 7리의 장
막을 치고 가운데로 출맥하여 신방辛方으로 수두하고 신방으로 작뇌한
다. 해亥입수에 건乾좌이고 정丁득수에 을乙파구다. 청룡백호는 중첩으
로 길게 감아 보국을 만들었다. 외명당은 평탄하고 원만하며 간방艮方에
서 대천이 역류하여 병방丙方으로 나간다.
　시로 읊기를, 성주산의 목마른 용이 옥마산에 접하고 양각산이 웅크리
고 있으니, 꼭 호랑이가 웅크리고 있는 듯하다. 휘늘어진 가지에는 목단
꽃이 동쪽을 향해 피었다. 아미사는 첩첩으로 용을 안아주면서 돌았구나.

庇仁月明山南麓伏鍾形　鍾川上板橋下　一等之地
비 인 월 명 산 남 록 복 종 형　종 천 상 판 교 하　일 등 지 지

비인 월명산 아래에 복종형이 있다. 종천면 위고 판교면 아래에 있으며, 일등지지다.

溫陽南二十里餘　新昌東二十里　公州北六十里
온 양 남 이 십 리 여　신 창 동 이 십 리　공 주 북 육 십 리

三邑界茂城廣德兩龍相會之地
삼 읍 계 무 성 광 덕 양 룡 상 회 지 지

東海谷五龍左旋西向　穴六尺龜蛇馬上貴　捍門日月捍門
동 해 곡 오 룡 좌 선 서 향　혈 육 척 귀 사 마 상 귀　한 문 일 월 한 문

文秀俱判筆凌雲誥軸居震
문 수 구 판 필 릉 운 고 축 거 진

万世榮華之地　羅訣此穴越有大地　不可傳言或云地名臥龍谷
만 세 영 화 지 지　나 결 차 혈 월 유 대 지　불 가 전 언 혹 운 지 명 와 룡 곡

온양 남쪽으로 20여 리, 신창에서 동쪽으로 20리, 공주에서 북쪽으로 60리, 삼 읍이 경계를 이루는 곳에 무성산과 광덕산의 양룡이 서로 만나는 땅이 있다. 동해곡에서 오룡이 좌선으로 돌아 서향을 했다. 혈은 육척 아래에 있고 귀사[거북과 뱀]와 마상귀인이 있으며 한문은 일월한문이다. 문필봉은 수려하고 옆에 있는 필봉이 구름을 뚫고 서 있으며 고축사는 진방에 있다. 만세영화지지다.

나결[나학천결]은 이 혈 너머로 대지가 있다고 한다. 함부로 전하지 말라고 했는데 혹 지명을 말하자면 와룡곡이다.

鎭岑南九峰山南脉　甑峯下出大聖人之地
진 잠 남 구 봉 산 남 맥　증 봉 하 출 대 성 인 지 지

壬坐坤申淂辰破　當代發百子千孫
임 좌 곤 신 득 진 파　당 대 발 백 자 천 손

名公巨卿不知其數　天下至宝勿輕許人　雖有指示天慳地秘　人不肯信
명 공 거 경 부 지 기 수　천 하 지 보 물 경 허 인　수 유 지 시 천 간 지 비　인 불 긍 신

鷄龍水口　柳塚在靑龍
계 룡 수 구　유 총 재 청 룡

　진잠의 남쪽 구봉산 남맥에 시루처럼 생긴 봉우리가 있고 그 아래 큰 성인이 날 만한 땅이 있다. 임좌이며 곤신 득수에 진파다. 당대에 발복하여 백자천손하고 명공과 높은 벼슬이 숫자를 헤아릴 수 없다.

　천하에 지극히 귀하니 함부로 사람에게 알리지 말라. 비록 알려준다 하더라도 하늘이 아끼고 땅이 숨기므로 사람이 이를 긍정적으로 믿어주지 않는다. 계룡이 수구이며 유씨 집안의 무덤이 청룡에 있다.

〈만산도萬山圖〉

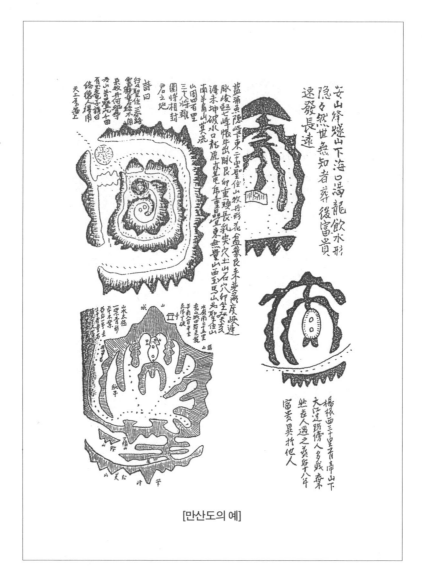

[만산도의 예]

〈산도山圖〉

[산도의 예]

부록
청오경 · 금낭경
青烏經 · 錦囊經

음양이 부합하여 천지가 서로 통하면, 내기는 생명을 싹트게 하고, 외기는 형상을 이룬다.
내기와 외기가 서로 승하여 어우러지면, 풍수는 스스로 이루어진다.

– 청오경 中

안동 의성 김씨 종택
다섯 자손이 연속으로 등과했다 하여 오자등과댁으로 유명하다. 출가한 딸들도 산달만
되면 아이를 낳기 위해 온다고 한다. '와우형' 명당으로 전체적으로 편안하고 아늑하다.

청오경 靑烏經

先生漢時人也　精地理陰陽之術　而史失其名
선 생 한 시 인 야　정 지 이 음 양 지 술　이 사 실 기 명

郭璞葬書引　經曰　爲證者　卽此書也
곽 박 장 서 인　경 왈　위 증 자　즉 차 서 야

先生之書　簡而嚴約　而當誠後世陰陽家　書之祖也
선 생 지 서　간 이 엄 약　이 당 성 후 세 음 양 가　서 지 조 야

〈역〉 선생은 한나라 때 사람이다. 지리와 음양지술에 정통했으나, 그 이름은 역사 기록에 빠져 전하지 않는다. 곽박의 장서(葬書, 금낭경)는 경왈 經曰하며 인용하여 증거로 삼고 있는 것이 있는데, 바로 이 책이다.

선생의 책은, 간략하면서 엄밀하게 요약되어 있다. 이는 당연히 후세 음양가들이 저술한 책들의 시조始祖로 공경되었다.

盤古渾淪　氣萌大朴　分陰分陽　爲淸爲濁　生老病死　誰實主之
반 고 혼 륜　기 맹 대 박　분 음 분 양　위 청 위 탁　생 로 병 사　수 실 주 지

無其始也　無有議焉
무 기 시 야　무 유 의 언

不能無也　吉凶形焉　曷如其無　何惡其有
불 능 무 야　길 흉 형 언　갈 여 기 무　하 오 기 유

〈역〉 반고(태초)의 혼돈 상태에서, 기가 싹터 크게 밑바탕이 되었다. 이것이 음양으로 나뉘어, 청탁淸濁이 이루어졌으며, 생로병사가 이루어졌는데, 누가 이를 실로 주관했겠는가, 그 처음이라는 것이 없다. 그 처음

이 있는지 없는지를 여기서 의논해 본다면, 없다고 하는 것은 불가능한
것이니, 길흉은 여기에 형상이 있는 것이다.
어찌 그것이 없다고 할 것이며, 어찌 그것이 있다고 하겠는가.

藏於杳冥　實關休咎　以言諭人　似若非是　其於末也　一無外此
장 어 묘 명　실 관 휴 구　이 언 유 인　사 약 비 시　기 어 말 야　일 무 외 차

其若可忽　何假於予　辭之庿矣　理無越斯
기 약 가 홀　하 가 어 여　사 지 우 의　이 무 월 사

〈역〉 장사는 깊고 어두운 곳에 넣는 것인데, 실로 휴구(길흉)에 관계되는
것이다. 이를 사람들에게 비유하여 설명하자면, 시비是非가 있을 것이지
만, 그것의 결말은 있는 것이니, 조금의 차이도 없다(註 : 묘지의 길흉화복
에 대해서는 사람에 따라 시비가 있을 수 있지만 결국 화복은 존재하는 것으
로 털끝만큼도 차이가 없다).
그것을 만약 소홀히 한다면, 어찌 나에게 거짓이 있겠는가, 말로써 (표현
은) 손에 난 사마귀처럼 보잘것없다 할지라도, 이치는 이를 넘을 수 없는
것이다.

山川融結　峙流不絶　雙眸若無　烏乎其別　福厚之地
산 천 융 결　치 류 부 절　쌍 모 약 무　오 호 기 별　복 후 지 지

雍容不迫　四合周顧　卞其主客
옹 용 불 박　사 합 주 고　변 기 주 객

山欲其迎　水欲其澄　山來水回　逼貴豊財　山囚水流　虜王滅侯
산 욕 기 영　수 욕 기 징　산 래 수 회　핍 귀 풍 재　산 수 수 류　노 왕 멸 후

山頓水曲　子孫千億
산 돈 수 곡　자 손 천 억

山走水直　從人寄食　水過西東　財寶無窮　三橫四直　官職彌崇
산 주 수 직　종 인 기 식　수 과 서 동　재 보 무 궁　삼 횡 사 직　관 직 미 숭

九曲委蛇　準擬沙堤　重重交鎖　極品官資　氣乘風散　脈遇水止
구 곡 위 사　준 의 사 제　중 중 교 쇄　극 품 관 자　기 승 풍 산　맥 우 수 지

藏隱蜿蜒　富貴之地
장 은 완 연　부 귀 지 지

〈역〉 산천은 융결하고, 산의 흐름은 끊이지 않으니, 두 눈동자가 만약 없다면, 오호! 어찌 그것을 구별할 수 있겠는가. 복되고 후덕한 땅은 모습이 온화하여 궁색하지 않고, 사방의 산들은 두루 합하여 둘러 감싸주니, 그 주(주산)와 객(주변 사격)이 법에 맞는다.

산은 그 맞이하는 것을 좋아하고, 물은 그 맑음을 좋아하니, 산이 오고 물이 돌면, 귀貴가 가까이 있고 재물이 풍족하다. 산이 갇히고 물이 흘러가면 왕은 붙잡혀 포로가 되고 제후는 망할 것이다. 산들이 조아리며 모이고 물이 구불구불하면 자손은 천억으로 번창할 것이다.

산이 달아나고 물이 똑바르면, 종(노예)이 되거나 기식(거지)할 것이다. 물이 동서로 과할 정도로 풍부하면, 재산과 보물이 무궁하고, 세 번 옆으로 가르고 네 번 직선으로 흐르면 관직이 더욱 오를 것이다.

여러 골짜기에서 나온 물들이 뱀처럼 구불구불하게 흐르고, 모래사장과 같이 평평하고, 거듭거듭 감싸 서로 교쇄하면, 극품의 관직에 오를 것이다. 기는 바람을 만나면 흩어지고, 맥은 물을 만나면 멈추는 것이니, 감추어지고 숨은 (용이) 구불구불 꿈틀대는 것이, 부귀를 할 수 있는 땅이다.

不蓄之穴 是爲腐骨 不及之穴 生人絶滅 騰漏之穴 飜棺敗槨
불 축 지 혈 시 위 부 골　부 급 지 혈 생 인 절 멸　등 루 지 혈 번 관 패 곽

背囚之穴 寒泉滴瀝 其爲可畏 可不愼乎
배 수 지 혈　한 천 적 력　기 위 가 외　가 불 신 호

〈역〉 생기가 모이지 못한 혈은 뼈가 썩을 것이고, 생기가 이르지 못한 혈은 살아 있는 사람이 모두 죽을 것이고, 생기가 날아가고 새는 혈은 관(널)이 뒤집히고 관을 담는 곽이 깨질 것이며, 생기가 배신하고 막힌 혈은 찬 샘물이 물방울져 적실 것이니, 그것이 바로 두려운 것인데, 어찌 가히 삼가하여 조심하지 않겠는가.

百年幻化 離形歸眞 精神入門 骨骸反根 吉氣感應 累福及人
백 년 환 화　이 형 귀 진　정 신 입 문　골 해 반 근　길 기 감 응　누 복 급 인

東山吐焰 西山起雲 穴吉而溫 富貴延綿 其或反是 子孫孤貧
동 산 토 염　서 산 기 운　혈 길 이 온　부 귀 연 면　기 혹 반 시　자 손 고 빈

童斷與石 過獨逼側 能生新凶 能消已福
동 단 여 석　과 독 핍 측　능 생 신 흉　능 소 이 복

〈역〉 (사람이) 백 년을 살면 죽게 되니, 형체를 떠나 참(우주)으로 돌아가, 정신만 입문하고, 뼈와 해골은 땅속뿌리로 되돌아가는데, 길한 기운이 감응하면, 사람에게 많은 복을 가져다준다.
동쪽 산이 불기를 토하면, 서쪽 산에서 구름이 일어나는 것이니, 혈이 온화하여 길하면, 부귀가 오랫동안 이어질 것이다. 그것이 혹시 그렇지 못하다면(혈이 온화하여 길하지 못하다면), 자손이 외롭고 가난할 것이다.
민둥산[童山], 맥이 끊긴 산[斷山], 돌산[石山]과 함께, 용이 멈추지 않고 그냥 지나가는 산[過山], 홀로 있는 산[獨山]을 가까이 하면, 능히 새로운 재앙이 생길 것이고, 능히 이미 있는 복도 소멸시킬 것이다.

貴氣相資　本原不脫　前後區衛　有主有客　水行不流　外狹內闊
귀 기 상 자　본 원 불 탈　전 후 구 위　유 주 유 객　수 행 불 류　외 협 내 활

大地平洋　杳茫莫測
대 지 평 양　묘 망 막 측

沼沚池湖　眞龍憩息　情當內求　愼莫外覓　形勢彎趨　享用五福
소 지 지 호　진 룡 게 식　정 당 내 구　신 막 외 멱　형 세 만 추　향 용 오 복

〈역〉 귀한 기운을 서로 취하는 자리란, 본래 근원(용맥)으로부터 이탈하지 않고, 전후를 호위하듯이 잘 감싸주는 곳으로, 주산(주룡)이 있고 객산(사격)이 있는 곳이다. 물은 흐르나 흐르지 않는 것처럼 보이고, 바깥(수구)은 좁으나 (보국) 안은 넓으며, 대지(명당 안의 들판)는 바다와 같이 평평하여, 아늑하고 망망함을 헤아리기가 막연하여야 한다.

늪[沼], 물가[沚], 연못[池], 호수[湖]는, 진룡의 행룡을 멈추어 쉬게 하는 곳이니, 적당히 그 안(물이 감싸준 안쪽)에서 구해야 하며, 진실로 밖에서 찾는 일은 없어야 한다. (물의) 형세가 굽어 감싸주는 것을 취하고 있다면, 오복을 누리게 된다.

勢止形昂　前澗後岡　位至侯王　形止勢縮　前案回曲　金穀璧玉
세 지 형 앙　전 간 후 강　위 지 후 왕　형 지 세 축　전 안 회 곡　금 곡 벽 옥

山隨水著　迢迢來路　相而注之　穴須回顧　天光下臨
산 수 수 저　초 초 내 로　상 이 주 지　혈 수 회 고　천 광 하 림

百川同歸　眞龍所泊　孰卜玄微
백 천 동 귀　진 룡 소 박　숙 변 현 미

〈역〉 (용)세가 멈추면서 (혈)형이 머리를 들어 우뚝하고, 앞에는 계곡 물이 있고(앞에 물이 흐르고) 뒤에는 산이 받쳐주면, 그 지위가 제후나 왕에 이를 것이다. 형이 멈추면서 (혈을 맺고) (용)세가 바르고, 앞으로 안

산이 휘어 돌아서 감싸주고 있으면, 금과 곡식과 아름다운 보물이 가득
할 것이다.

산 따라 물이 나타나는데(흐르는데), (물이) 멀리서부터 와서, (산과 물
이) 서로 주시하면, 혈은 반드시 돌아서 바라볼 것이다(혈은 반드시 맺을
것이다). 하늘의 기운이 땅에 비추고, 모든 하천이 하나로 모여 있으면,
진룡은 자리를 잡아 행룡을 멈추는 것이니, 누가 그 깊고 미묘한 이치를
분별할 수 있겠는가.

鷄鳴犬吠　鬧市烟村　隆隆隱隱　孰探其原
계 명 견 폐　요 시 연 촌　융 륭 은 은　숙 탐 기 원

若乃　斷而復續　去而復留　奇形異相　千金難求
약 내　단 이 복 속　거 이 복 류　기 형 이 상　천 금 난 구

折藕貫珠　眞機落莫　臨穴坦然　誠難捫摸
절 우 관 주　진 기 낙 막　임 혈 탄 연　성 난 문 모

障空補缺　天造地設　留與至人　先賢難說
장 공 보 결　천 조 지 설　유 여 지 인　선 현 난 설

(역) 닭이 울고 개가 짖는, 번잡한 시장과 밥짓는 연기가 나는 마을은(즉
발전하고 풍요로운 마을의 터전은), (용맥이) 때로는 높이 솟아 융성하고
때로는 숨어 감추니, 누가 그 근원을 찾을 수 있겠는가.

이와 같은, (맥이) 끊긴 듯하다가 다시 이어지고, 가다가 다시 머무는, 기
이한 형상은, 천금을 주고도 구하기 어려운 것이다.

자른 연뿌리는 구슬을 꿴 듯하고, 진짜 틀은 떨어져 없어졌는데, 혈에 임
하여 평평해졌으니, 정말로 어루만져 찾기 어려운 것이다(註 : 용맥의 흐
름이 산봉우리가 연줄이나 구슬을 꿴 듯 이어졌는데, 갑자기 산에서 평지로
떨어져 은맥으로 숨어오다가, 혈을 맺을 때는 다시 평평해져 혈장을 만드는

것이니, 이를 구분하여 찾기란 정말로 어려운 것이다).

빈 곳을 막아주고 모자란 곳을 보완하여, 하늘이 만들고 땅이 세운 것을, (공덕을) 베푼 지인에게 남겨 놓았으니, 선현이라도 설명하기 어렵다(註 : 天藏地秘하여 남겨 놓았다가 功德之人에게 혈을 내주는 하늘의 이치는, 크게 깨달은 사람이라도 설명하기 어렵다).

草木鬱茂　吉氣相隨　內外表裏　或然或爲
초 목 울 무　길 기 상 수　내 외 표 리　혹 연 혹 위

三岡全氣　八方會勢　前遮後擁　諸祥畢至
삼 강 전 기　팔 방 회 세　전 차 후 옹　제 상 필 지

地貴平夷　土貴有支　穴取安止　水取迢遞
지 귀 평 이　토 귀 유 지　혈 취 안 지　수 취 초 체

向定陰陽　切莫乖戾　差以毫釐　繆以千里
향 정 음 양　절 막 괴 려　차 이 호 리　무 이 천 리

〈역〉 풀과 나무는 울창 무성하고, 길한 기운이 서로 따르면, 내외內外와 표리表裏 즉 안과 겉은, 혹 자연自然일 수 있고 혹은 인위人爲일 수 있다.

세 산의 기가 온전하면, 팔방에서 세가 모여들고, 앞산은 막아주고 뒷산이 끌어 안아주면, 모든 상서로운 것들이 죄다 모여든다. 땅이 귀한 것은 평탄하고 온화한 것이고, 흙이 귀한 것은 가지가 있어 지탱이 되고 있는 것이니, 혈은 안정되게 멈춘 곳에서 취할 것이며, 물은 멀리서 흘러 보내온 것을 취해야 한다.

음양으로 향을 정함에 있어서, 절대로 이치에 어긋나도록 정하지 말라. 그 차이가 털끝만큼만 생겨도, 그 어그러짐(영향)은 천리지간이다.

擇術盡善 封都立縣 一或非宜 法主貧賤
택 술 진 선　봉 도 입 현　일 혹 비 의　법 주 빈 천

公侯之地 龍馬騰起 面對玉圭 所而首銳 更遇本方 不學而至
공 후 지 지　용 마 등 기　면 대 옥 규　소 이 수 예　경 우 본 방　불 학 이 지

宰相之地 繡繳伊邇 大水洋潮 無上至貴
재 상 지 지　수 격 이 이　대 수 양 조　무 상 지 귀

外臺之地 捍門高峙 屯踏排迎 周圍數里 筆大橫椽 是名判死
외 대 지 지　한 문 고 치　둔 답 배 영　주 위 수 리　필 대 횡 연　시 명 판 사

此昂彼低 誠難推擬
차 앙 피 저　성 난 추 의

官貴之地 文筆插耳 魚袋雙聯 庚金之位 南火東木 北水鄙伎
관 귀 지 지　문 필 삽 이　어 대 쌍 련　경 금 지 위　남 화 동 목　북 수 비 기

〈역〉 (땅을) 선택하는 술법에 최선을 다하면, 도읍을 정하고 현을 세울
수 있지만(도읍이나 현을 다스릴 만큼 크게 발복하지만), 혹 하나라도 마
땅치 않으면, 그 법(술수)은 주로 가난하고 천해진다.

공후가 나는 땅은, (산세가 마치) 용마가 일어나 뛰어오르는 듯하고, (혈)
앞에는 옥규사(玉圭砂, 홀)가 있으며, 앞이 날카롭게 위치하고(끝이 뾰족
한 문필봉이 앞에 있고), 본 방위를 제대로 만나면, 배움이 없어도 (공후
에) 이른다.

재상이 나는 땅은, 수놓은 듯 얽혀 있는 (봉우리들이) 가까이 있고, 큰 물
이 밀려오는 바다와 같아 보이면, 더 이상 귀할 것이 없다.

높은 벼슬[外臺]이 나는 땅은, 한문(수구처에 있는 문설주 같은 바위)이
높이 솟아 있고, (주변 산들은) 군사가 둔을 치고 배치되어 있는 듯해야
한다. 주위 수리數里 안에(주변 가까운 곳에), 필봉筆峰들이 크게 횡으로
서까래처럼 연결되어 있으면, 이를 죽음을 판단하는 판사判死라 이름하
는데, 이곳은 높고 저곳은 낮으니, 진실로 추리하여 헤아리기가 어렵다

(화복을 판단하기가 어렵다).

벼슬과 귀함이 나는 땅은, 문필봉이 귀를 쫑긋 세우듯 우뚝하게 솟아 있다. 어대사魚袋砂가 쌍으로 연속되어 있고, 경(庚, 서쪽, 오행으로는 金) 방위에 있으면 또한 관귀官貴가 나오나, 남쪽(오행은 화)과 동쪽(오행은 목)에 있거나, 북쪽(오행은 수)에 있으면 비천한 재주[鄙伎]밖에 안 나온다.

地有佳氣 隨土所起　山有吉氣 因方所主
지 유 가 기　수 토 소 기　산 유 길 기　인 방 소 주

文筆之地　筆尖以細　諸福不隨　虛馳才藝
문 필 지 지　필 첨 이 세　제 복 불 수　허 치 재 예

大富之地　圓峯金櫃　貝寶沓來　如川之至　貧賤之地　亂如散蟻
대 부 지 지　원 봉 금 궤　패 보 답 래　여 천 지 지　빈 천 지 지　난 여 산 의

〈역〉 땅에 좋은 기가 있으면, 흙에 따라 일어나는 장소(기가 모이는 곳)가 있으며, 산이 있고 길한 기운이 있으면, 방위로 인하여 거기에 맞는 주인이 있다.

글과 문장이 나는 땅은, 붓처럼 뾰족하고 가는 것이나, (이는) 모든 복이 따르지 않고, 재주와 기예만 헛되이 나서 지나갈 뿐이다.

큰 부자가 나는 땅은, 둥글게 생긴 봉우리와 금궤 같은 사격砂格이 있는 것으로, 패물과 보물이 넘치도록 들어오는 것이, 마치 냇물이 흘러 들어오는 것과 같다. 가난과 천함이 나는 땅은, (산세가) 어지러워 마치 개미가 흩어지는 거와 같다.

達人大觀　如示諸指　幽陰之宮　神靈所主　葬不斬草　名曰盜葬
달인대관　여시제지　유음지궁　신령소주　장불참초　명왈도장

葬近祖墳　殃及兒孫　一墳榮盛　一墳孤貧　穴吉葬凶　與棄屍同
장근조분　앙급아손　일분영성　일분고빈　혈길장흉　여기시동

〈역〉 통달한 사람이 크게 보면, 마치 모두 손가락으로 가리키는 것과 같은 것으로, 묘지에서는, 신령이 주관하여 자리를 잡는 것이며, 장사지낼 때 풀을 베지 않는 것은, 이름하여 몰래 장사를 치르는 것이라고 하였다. 조상 산소 가까이에 장사를 지내면, 재앙이 어린 손자에게까지 미칠 것이다. 한(어떤) 산소는 번영하고 융성하는데, 어떤 산소는 고독하고 가난하구나. 혈 자리는 좋은데 장사지내는 것[葬法]이 흉하면, 마치 시체를 버리는 것과 똑같다.

陰陽符合　天地交通　內氣萌生　外氣成形　內外相乘　風水自成
음양부합　천지교통　내기맹생　외기성형　내외상승　풍수자성

察以眼界　會以性情　若能悟此　天下橫行
찰이안계　회이성정　약능오차　천하횡행

〈역〉 음양이 부합하여, 천지가 서로 통하면, 내기는 생명을 싹트게 하고, 외기는 형상을 이룬다. 내기와 외기가 서로 승하여 어우러지면, 풍수는 스스로 이루어진다.
눈으로 자세히 살피고, 정성스럽게 마음을 모아, 능히 이를 깨달아 터득할 수 있다면, 천하를 다 다녀도 거리낌이 없을 것이다.

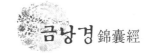

금낭경 上

1) 기감편氣感編

葬者乘生氣也　五氣行乎地中　人受體於父母　本骸得氣　遺體受蔭
장 자 승 생 기 야　오 기 행 호 지 중　인 수 체 어 부 모　본 해 득 기　유 체 수 음

〈역〉 장사葬事는 생기生氣를 받아야 한다. 오기五氣가 땅속으로 흐른다.
사람은 부모로부터 몸을 받고, 본해(本骸, 부모의 유골)가 기를 얻으면,
유체(遺體, 자식)는 음덕을 받는다.

經曰 氣感而應 鬼福及人　是以銅山西崩　靈鐘東應　木華於春 粟芽於室
경 왈 기 감 이 응 귀 복 급 인　시 이 동 산 서 붕　영 종 동 응　목 화 어 춘　속 아 어 실

毫釐之差　禍福千里
호 리 지 차　화 복 천 리

〈역〉 경經에 이르기를 기氣가 감응感應하면 귀복(鬼福=禍福)이 사람에게
미친다. 이는 서쪽에 있는 동산銅山이 붕괴崩壞하면, 동쪽에 있는 신령한
종鐘이 응하여 울리는 거와 같다. 나무는 봄에 꽃이 피고, 조는 창고에서
싹이 튼다.
털끝만한 차이로도 화와 복은 천리지간으로 벌어진다.

經曰 地有四勢 氣從八方
경 왈 지유사세　기 종 팔 방

夫陰陽之氣 噫而爲風 升而爲雲 降而爲雨 行乎地中 則而爲生氣
부음양지기　희이위풍　승이위운　강이위우　행호지중　즉이위생기

〈역〉경에 이르기를 땅에는 사세四勢가 있고, 기는 팔방을 따른다고 하
였다. 무릇 음양의 기는 뿜으면 바람이 되고, 오르면 구름이 되고, 내리
면 비가 되고, 땅속으로 흘러 돌아다니면, 곧 생기가 된다.

經曰 氣乘風則散 界水則止 古人聚之使不散 行之使有止 故謂之風水
경 왈 기승풍칙산　계수즉지　고인취지사불산　행지사유지　고위지풍수

〈역〉경에 이르기를 기가 바람을 받으면 흩어지고, 물을 만나면 멈춘다
고 하였다. 옛사람[古시]은 기가 모이고 흩어지지 않는 곳, 기가 행하다가
멈춘 곳을, 자고로 풍수風水라고 하였다.

風水之法 得水爲上 藏風次之
풍 수 지 법　득 수 위 상　장 풍 차 지

何以言之氣之盛 雖流行 而其餘者猶有止 雖零散 而其深者猶有聚
하 이 언 지 기 지 성　수 류 행　이 기 여 자 유 유 지　수 령 산　이 기 심 자 유 유 취

故藏於涸燥者宜淺 藏於坦夷者宜深
고 장 어 학 조 자 의 천　장 어 탄 이 자 의 심

〈역〉풍수의 법은 득수得水를 먼저 하고 장풍藏風은 그 다음이다.
기의 성盛함을 어떻게 말하랴. 비록 (기는) 흘러 다니지만 그 남은 것은
오히려 머무름에 있다. (기라는 것이) 비록 흩어지는 것이지만 그 깊은

곳에는 오히려 모임이 있는 것이다.

그러므로 메마른 학조涸燥한 곳에서 장사지낼 때는 마땅히 낮게 파야 하고, 평평한 탄이坦夷한 곳에서 장사지낼 때는 깊게 파야 한다.

經曰 淺深得乘　風水自成
경 왈　천 심 득 승　풍 수 자 성

夫土者氣之體　有土斯有氣　氣者水之母　有氣斯有水
부 토 자 기 지 체　유 토 사 유 기　기 자 수 지 모　유 기 사 유 수

〈역〉 경에 이르기를 낮고 깊은 천심淺深을 알고 기를 받으면, 풍수는 저절로 이루어진다.

무릇 흙이란 것은 기氣의 체體이므로, 흙이 있으면 곧 기가 있는 것이다. 기는 물의 근본[母]이므로, 기가 있으면 곧 물이 있는 것이다.

經曰 外氣橫形　內氣止生 蓋言此也
경 왈　외 기 횡 형　내 기 지 생　개 언 차 야

邱壟之骨　岡阜之支　氣之所隨
구 롱 지 골　강 부 지 지　기 지 소 수

〈역〉 경에 이르기를, 외기外氣가 횡행橫行하여 형(形, 모양)을 만들고, 내기內氣가 멈추어 생生한다는 것은 대개 이런 것을 말하는 것이다.

구롱(邱壟=高山)의 골(骨=石)이든지, 강부岡阜의 지(支=無石)이든지, 기는 따르는 바이다(註 : 높고 돌로 된 산맥이든지, 바위가 없이 흙으로만 된 낮은 구룽의 용맥이든지, 모두 기로 형성되었으며 기가 유통되고 있는 것이다).

經曰 土形氣行 物因以生
경 왈 토 형 기 행 물 인 이 생

蓋生者氣之聚 凝結者成骨 骨者人之生氣 死而獨留
개 생 자 기 지 취 응 결 자 성 골 골 자 인 지 생 기 사 이 독 류

故葬者 反氣納骨 以蔭所生之法也
고 장 자 반 기 납 골 이 음 소 생 지 법 야

〈역〉 경에 이르기를 흙이 형상形象을 이루어 기가 돌아다니면, 만물은 이로 인하여 생명을 얻는 것이다.

대개 생生이라는 것은 기가 모인 것이고, 기가 응결되어 이룬 것이 골骨이다. 골骨은 사람의 생기로서, 죽으면 (살은 없어지지만) 오직 (뼈만) 남는다. 그러므로 장사葬事라는 것은 기를 반응反應시켜 뼈에 들게 함으로써, 살아 있는 사람[所生]들에게 음덕蔭德을 입히는 법이다.

2) 인세편因勢編

五氣行於地中 發而生乎萬物 其行也 因地之勢 其聚也 因勢之止
오 기 행 어 지 중 발 이 생 호 만 물 기 행 야 인 지 지 세 기 취 야 인 세 지 지

葬者原其起 乘其止
장 자 원 기 기 승 기 지

〈역〉 오기(五氣, 목화토금수 생기)가 땅속을 흘러 돌아다니다가, 이것이 발하여 만물을 생성한다. 오기의 흐름은 땅의 세勢에 의한 것이고, (오기)의 응취凝聚는 세勢가 멈춤으로써 일어난다.

장사를 지낼 때는[葬者] 기가 일어나는 곳을 근원으로 하여, 기가 멈추는 곳에다 묻어야[乘] 한다.

寅申巳亥 四勢也　衰旺繫乎形應
인 신 사 해　사 세 야　쇠 왕 계 호 형 응

震離坎兌乾坤艮巽 八方也　來止迹乎岡阜
진 리 감 태 건 곤 간 손　팔 방 야　내 지 적 호 강 부

〈역〉 인방(寅方, 오행은 火), 신방(申方, 오행은 水), 사방(巳方, 오행은 金),
해방(亥方, 오행은 木)은 사세四勢다. 쇠衰하고 성(盛=旺)하는 것은 그 형
세가 응應하는 것에 달려 있다.
진(震, 동쪽), 리(離, 남쪽), 감(坎, 북쪽), 태(兌, 서쪽), 건(乾, 서북), 곤(坤,
남서), 간(艮, 북동), 손(巽, 동남)은 팔 방위다. (오기가) 흘러오거나 멈추
는 것은 산과 언덕(岡阜=산세=용세)을 따라 이루어지는 것이다.

地勢原脈　山勢原骨　委蛇東西　或爲南北　千尺爲勢　百尺爲形
지 세 원 맥　산 세 원 골　위 사 동 서　혹 위 남 북　천 척 위 세　백 척 위 형

勢來形止 是謂全氣　全氣之地 當葬其止
세 래 형 지 시 위 전 기　전 기 지 지 당 장 기 지

全氣之地 宛委自復　回還重復
전 기 지 지 완 위 자 복　회 환 중 복

〈역〉 지세地勢는 맥脈을 근원으로 하고, 산세山勢는 골(骨, 산의 높이와
형태)을 근원으로 한다. (지세나 산세 즉 용맥)은 뱀처럼 구불구불하게
동서로, 혹은 남북으로 가야 한다.
(지세나 산세가) 천 척(千尺, 길고 크면)이면 세(勢, 내룡의 맥세)를 이루
고, 백 척(百尺, 짧고 작으면)이면 형(形, 혈장의 모양)을 이룬다.
세(勢, 용세)로 와서 형(形, 혈장)에 멈추는 것을 완전한 기라고 한다. 완
전한 기를 갖춘 땅 즉 전기지지全氣之地는 당연히 그 (기가) 멈춘 곳에 장
사지내야 한다.

전기지지全氣之地는 굴곡하면서 스스로 돌며, 휘돌아 환포環抱하는 것을 계속 중복重複한다.

若踞而候也　若攬而有也　欲進而却　欲止而深　來積止聚　沖陽和陰
약 거 이 후 야　약 람 이 유 야　욕 진 이 각　욕 지 이 심　내 적 지 취　충 양 화 음

土膏水深　鬱草茂林　貴若千乘　富如萬金
토 고 수 심　울 초 무 림　귀 약 천 승　부 여 만 금

經曰 形止氣蓄　化生萬物　爲上地也
경 왈 형 지 기 축　화 생 만 물　위 상 지 야

〈역〉 (전기의 땅은) 마치 웅크리고 있으면서 (무엇을) 기다리는 것 같고, 마치 잡아 당겨서 그곳에 있도록 하는 것과 같다. 나가고 싶은 것을 물리쳐야 하며, 멈추고자 하면 깊어야 한다. (기가) 와서 쌓이고 멈추어 모이면, 음양의 충화(沖和, 조화)가 일어난다.
흙이 기름지고 물이 깊으며, 풀이 울창하고 숲이 무성하면, 귀는 마치 천승(千乘, 諸侯를 뜻함)에 오르고, 부는 만금萬金에 이를 것이다.
경에 이르기를 형(形, 혈장)이 멈추어 기를 축적하면, 만물을 생하게 하고 변화하게 하니, (이런 곳을) 상지(上地, 좋은 땅)라 한다.

3) 평지편平支編

地貴平夷　土貴有支　支之所起　氣隨而始　支之所終　氣隨而鍾
지 귀 평 이　토 귀 유 지　지 지 소 기　기 수 이 시　지 지 소 종　기 수 이 종

觀支之法　隱隱隆隆　微妙玄通　吉在其中
관 지 지 법　은 은 융 륭　미 묘 현 통　길 재 기 중

〈역〉 땅의 귀함은 평평하고 편안한 곳에 있고, 흙의 귀함은 지(支, 支脈)

에 있다. 지(支, 지맥)의 일어남은 기를 따라 시작되고, 지(支, 지맥)의 끝남은 기를 따라 뭉친 곳[鍾]이다.

지(支, 지맥)를 보는 법은, 숨었다가 나타나기를 반복하고, 미묘하고 현통玄通한 것인데, 길함은 그 가운데에 있다.

經曰 地有吉氣 隨土而起 支有止氣 隨水而比
경 왈 지 유 길 기 수 토 이 기 지 유 지 기 수 수 이 비

其法以勢 順形而動 回復終始 法葬其中 永吉無凶
기 법 이 세 순 형 이 동 회 복 종 시 장 법 기 중 영 길 무 흉

〈역〉 경에 이르기를 땅속에 길기가 있으면 흙을 따라 일어나고, 지(支, 지맥)에 (길기)가 있으면 물을 따라 견주어진다.

이 법에 있어서 세(勢, 용세, 평지룡)는 순하고 형(形, 혈장)은 (물이) 동하여, 시작과 끝이 휘감아 돌아오니, 이런 곳에 법을 맞추어 장사를 지내면 길함은 영원하고 흉은 없다.

4) 산세편山勢編

山者 勢險而有也 法葬其所會 乘其所來 審其所廢 擇其所相 避其所害
산 자 세 험 이 유 야 법 장 기 소 회 승 기 소 래 심 기 소 폐 택 기 소 상 피 기 소 해

禍福不旋日 是以君子 奪神工改天命
화 복 불 선 일 시 이 군 자 탈 신 공 개 천 명

〈역〉 산이란 세가 험한 면이 있는 것이다. 이치에 맞는 장사는 그 (산세에 기가) 모여드는 곳에 하여야 한다. (장사는) 그 (기)가 오는 바를 타야 한다. 그 폐한(기가 오지 않는) 곳은 자세히 살펴야 한다. 그 상(相, 서로 잘 어우러진 산세)한 곳을 선택한다. 그 해害가 있는 곳은 피한다.

화복은 (지나간) 날들을 되돌릴 수 없으므로, 여기서 군자라면 신이 할
수 있는 것을 빼앗고 하늘이 정한 운명을 바꿀 수 있어야 한다.

經曰 葬山之法 若呼谷中 言應速也
경왈 장산지법 약호곡중 언응속야

是故 四勢之山 生八方之龍 四勢行氣 八龍旋生 一得其宅 吉慶榮貴
시고 사세지산 생팔방지룡 사세행기 팔룡선생 일득기택 길경영귀

〈역〉 경에 이르기를 산에 장사를 지내는 법은, 마치 산골짜기 가운데
서 소리를 치면, 메아리[言應]가 바로 빠르게 돌아오는 것과 같다고 하
였다(즉 산세로 된 혈에 장사를 지내면 그 발복이 매우 빠르다는 것을 설
명함).
그러므로 사세지산(주산, 청룡, 백호, 안산)은 팔방에 있는 용을 생하는
데, 사세四勢에 기가 흐르면 팔방의 용이 살아 돌고, 그 자리에서 하나를
얻으면, 길하고 경사스럽고 번영하고 귀하게 된다.

山之不可葬者五 氣因土行 而石山不可葬也 氣因形來 而斷山不可葬也
산지불가장자오 기인토행 이석산불가장야 기인형래 이단산불가장야

氣以勢止 而過山不可葬也 氣以龍會 而獨山不可葬也
기이세지 이과산불가장야 기이용회 이독산불가장야

氣以生和 而童山不可葬也
기이생화 이동산불가장야

經曰 童斷石過獨 生新凶 消已福
경왈 동단석과독 생신흉 소이복

〈역〉 산에 장사를 지내면 안 되는 5가지가 있는데, 기는 흙으로 흘러 다
니는 것이므로 석산(돌산)에는 장사를 지내지 못한다. 기는 형(形, 용맥과

혈)을 따라오는 것이니 단산(맥이 끊긴 산)에는 장사를 지내지 못한다.

기는 세勢를 멈추어야 하는 것이므로(용세가 멈추어야 혈을 맺는 것이므로) 과산(지나가는 용맥)에는 장사를 지내지 못한다. 기는 용이 모여야 하는 것이므로 독산(홀로 떨어진 산)에는 장사를 지낼 수 없다.

기는 생화(生化, 땅에서 만물이 생기고 자라는 것)를 하여야 하는 것이므로 동산(민둥산)에는 장사를 지낼 수 없다.

경에 이르기를 동산, 단산, 석산, 과산, 독산은 새로이 흉을 생기게 하고, 이미 있는 복도 소멸시킨다고 하였다.

占山之法 以勢爲難 而形次之 方又次之
점 산 지 법 이 세 위 난 이 형 차 지 방 우 차 지

上地之山 若伏若連 其原自天 若水之波 若馬之馳 其來若奔 其止若尸
상 지 지 산 약 복 약 련 기 원 자 천 약 수 지 파 약 마 지 치 기 래 약 분 기 지 약 시

若懷萬寶而燕息 若具萬饍而潔齊 若橐之鼓 若器之貯 若龍若鸞 或騰或盤
약 회 만 보 이 연 식 약 구 만 선 이 결 제 약 탁 지 고 약 기 지 저 약 룡 약 란 혹 등 혹 반

禽伏獸蹲 若萬乘之尊也
금 복 수 준 약 만 승 지 존 야

〈역〉 산에 혈을 정하는 법[占山法]은, 세(勢, 용세)로 하는 것이 가장 어렵고, 형形으로 하는 것이 다음이며, 방위로 하는 것은 또 그 다음으로 어렵다.

좋은 땅이 있는 산은 엎드린 듯 이어진 듯 하는데 그 근원은 하늘로부터다. 마치 물결과 같고, 마치 달리는 말과 같으며, 그것(산, 용맥)이 오는 것은 마치 (말이) 달리는 것과 같으며, 그것(용맥)이 멈추는 것은 마치 시신처럼 움직이지 않는다.

마치 만 개의 보물을 안고 편히 쉬는 듯하고, 마치 만 가지 반찬을 구비

하여 깨끗하고 단정하게 차린 것과 같고, 마치 (가득 찬) 전대 자루를 두드리는 것과 같으며, 마치 그릇을 쌓아 놓은 것 같고, 마치 용 같고 난새[鸞, 천자를 상징하는 봉황] 같아서, 혹은 높은 곳으로 오르고 혹은 똬리를 트는 것처럼 밑바닥에 서려 있기도 한다.

날짐승은 엎드리고 길짐승은 웅크리는 것이, 마치 만승(천자)의 존엄함과 같다.

天光發新　朝海拱辰　四勢端明　五害不親　十一不具　是謂其次
천 광 발 신　조 해 공 진　사 세 단 명　오 해 불 친　십 일 불 구　시 위 기 차

〈역〉 하늘의 빛이 새롭게 비치고, 바닷물은 별들을 껴안은 듯하니, 사세(사방의 산세)가 단정하고 밝아, 오해[童山, 斷産, 石山, 過山, 獨山]가 가까이할 수 없다. 열 중에 한 가지만 갖추지 않았다면, 이는 그 다음이라 일컫는다.

5) 사세편四勢編

夫葬　以左爲靑龍　右爲白虎　前爲朱雀　後爲玄武
부 장　이 좌 위 청 룡　우 위 백 호　전 위 주 작　후 위 현 무

玄武垂頭　朱雀翔舞　靑龍蜿蜒　白虎馴頫
현 무 수 두　주 작 상 무　청 룡 완 연　백 호 순 부

形勢反此　法當破死　故虎繞　謂之唧尸　龍踞　謂之嫉主　玄武不垂者拒尸
형 세 반 차　법 당 파 사　고 호 요　위 지 함 시　용 거 위 지 질 주　현 무 불 수 자 거 시

朱雀不翔舞者騰去
주 작 불 상 무 자 등 거

〈역〉 무릇 장사를 지내는 데는 좌측은 청룡을 삼고, 우측은 백호를 삼으며, 앞은 주작을 삼고, 뒤는 현무로 삼는다.

현무는 머리를 똑바로 드리우고, 주작은 춤추듯 맑고 밝으며, 청룡은 굽어 감싸안아 주어 완연하고, 백호는 길들어져 순한 듯 머리를 숙여야 한다.

형세가 이와 반대면, 당연히 (집안이) 망하고 (사람이) 죽음을 당하는 법이다. 그러므로 백호가 두르고 있는 것은 시신을 물어뜯기 위한 것이고, 청룡이 웅크리고 있으면 주인을 시기함이며, 현무가 똑바로 드리우지 않는 것은 시신(장사지낼 시신)을 거부하는 것이며, 주작이 춤추듯 맑고 밝지 않으면 높이 날아서 가버린다.

夫以水爲朱雀者　忌夫湍激　謂之悲泣
부 이 수 위 주 작 자　기 부 단 격　위 지 비 읍

以支爲龍虎者　要若肘臂　謂之回抱
이 지 위 룡 호 자　요 약 주 비　위 지 회 포

朱雀源於生氣　派於已盛　朝於大旺
주 작 원 어 생 기　파 어 이 성　조 어 대 왕

〈역〉 무릇 물로서 주작을 삼을 경우는, 저 여울이 격렬하게 물결이 부딪쳐 흐르면서 소리를 내는 곳은 기피하여야 하는데, 슬픈 울음[悲泣]을 가리키는 것이다.

가지[支龍]가 청룡과 백호가 되는 경우는, 만약 팔뒤꿈치를 구하면, 돌아서 안는 것을 가리키는 것이다.

주작은 생기에 근원을 두고 있는 것이니, 나누면 성함이 그치고, 모이면 크게 왕성한다.

澤於將衰　流於囚謝　以返不絶　法每一折　瀦而後泄　洋洋悠悠　顧我欲留
택 어 장 쇠　유 어 수 사　이 반 부 절　법 매 일 절　저 이 후 설　양 양 유 유　고 아 욕 류

其來無源　其去無流
기 래 무 원　기 거 무 류

經曰 山來水回 貴壽而財 山囚水流 虜王滅侯
경 왈 산 래 수 회 귀 수 이 재 산 수 수 류 노 왕 멸 후

〈역〉 연못의 물은 장차 쇠쇠衰하니, 유수流水는 가둔 다음에 흘러야 한다.
돌아옴은 끊어짐이 없으니, 매번 한 번 꺾이는 것이 법이며, 고였다가 후
에 새어 나가야 한다. (물은) 넘치듯 가득 차서 멀리 흘러가면서도, 나를
돌아보고 머물고 싶어한다. 그 오는 것도 근원이 없고, 그 흘러가는 것도
없어 보이지 않는다.
경에 이르기를 산이 오고 물이 돌면, 귀하게 되고 장수하고 부자가 된다
고 했다. 산이 갇히고 물이 흐르면, 왕은 포로가 되고 제후는 멸망한다.

금낭경 下

6) 귀혈편貴穴編

夫外氣所以聚內氣 過水所以止來龍 千尺之勢 宛委頓息
부 외 기 소 이 취 내 기 　 과 수 소 이 지 내 룡 　 천 척 지 세 　 완 위 돈 식

外無以聚 內氣散於地中
외 무 이 취 　 내 기 산 어 지 중

經曰 不蓄之穴 腐骨之藏也
경 왈 불 축 지 혈 　 부 골 지 장 야

〈역〉 무릇 외기外氣는 내기內氣를 모이게 하고, 과수過水는 내룡來龍을 멈
추게 한다. 천척千尺의 강력한 기세로, 구불거리고 조아리며 먼 거리를 와
그치더라도, 외기가 모이지 않으면, 내기는 땅속에서 흩어지는 것이다.
경에 이르기를 기가 축적되지 않은 혈은, 장사지낸 땅속에서 뼈가 썩는다.

夫噫氣爲風 能散生氣 龍虎所以衛區穴 疊疊中阜 左空右缺 前曠後折
부 희 기 위 풍 능 산 생 기 용 호 소 이 위 구 혈 첩 첩 중 부 좌 공 우 결 전 광 후 절

生氣散於飄風
생 기 산 어 표 풍

經曰 騰漏之穴 敗槨之藏也
경 왈 등 루 지 혈 패 곽 지 장 야

〈역〉 무릇 기가 내뿜어지면 바람이 되는데, 능히 생기를 흩어버리니, 청
룡과 백호는 구혈(區穴, 혈장)을 호위하는 데 소용이 있다. 산[中阜]들이
첩첩으로 있어도, 좌우가 비거나 허약하고, (혈) 앞이 툭 터져 넓고 뒤가
끊겨 있으면, 생기는 회오리바람에 흩어지고 마는 것이다.
경에 이르기를 (기가) 세어 위로 올라가는 혈에, 장사를 지내면 곽槨이
흩어져 버린다.

夫土欲細而堅 潤而不澤 裁肪切玉 備具五色
부 토 욕 세 이 견 윤 이 불 택 재 방 절 옥 비 구 오 색

夫乾如聚粟 濕如刲肉 水泉沙礫 皆爲凶宅
부 건 여 취 속 습 여 규 육 수 천 사 역 개 위 흉 택

〈역〉 무릇 흙은 미세하면서도 단단해야 하며, 윤택하나 습(濕, 澤)하지
않고, 옥을 잘라 기름질하는 것처럼, 오색을 갖추어야 한다.
무릇 (흙이) 건조하기가 좁쌀을 모아 놓은 것과 같고, 습하기가 베어 놓은
고기 같으며, 샘물이 나오거나 모래와 자갈이 섞여 있으면, 모두 흉택이다.

皆穴有三吉 葬有六凶 天光下臨 地德上載 藏神合朔 神迎鬼避 一吉也
개 혈 유 삼 길 장 유 육 흉 천 광 하 림 지 덕 상 재 장 신 합 삭 신 영 귀 피 일 길 야

陰陽冲和 五土四備 已穴而溫 二吉也
음 양 충 화 오 토 사 비 이 혈 이 온 이 길 야

目力之巧 工力之具 趨全避闕 增高益下 三吉也
목력지교 공력지구 추전피궐 증고익하 삼길야

〈역〉 대개 혈에는 3가지의 길한 것이 있고, 장사를 지내는 데 6가지 흉한 것이 있다. 하늘의 빛은 내려와 비치고, 지덕은 올라가 실리고, 무덤에 있는 귀신이 날[日, 朔 좋은 날 장사하면]과 합하면, 좋은 신은 맞아들이고 나쁜 귀신은 피하는 것이니, 이것이 첫번째 길한 것이다.

음양이 충화(沖和, 조화)하고, 오색토五色土 중 네 가지가 구비되면, 이미 혈은 온화할 것이니, 이것이 두 번째 길한 것이다.

눈으로 잘 살피고, 공력으로 (묘지를) 잘 꾸미며, 완전함을 좇고 부족함을 피하고, 높은 곳은 덧붙이고 낮은 곳을 증가시키는 것이, 세 번째 길한 것이다.

陰陽差錯爲一凶 歲時之乖爲二凶 力小圖大爲三凶 憑富恃勢爲四凶
음양차착위일흉 세시지괴위이흉 역소도대위삼흉 빙부시세위사흉

僭上 偪下爲五凶 變應怪見爲六凶
참상 핍하위오흉 변응괴견위육흉

經曰 穴吉葬凶 與棄屍同
경왈 혈길장흉 여기시동

〈역〉 음양이 어긋나 차이가 생기면 1흉이요, 세시(장사지내는 시간)가 어긋나면 2흉이며, (소인배들이) 노력은 적은데 큰 것(과분한 대혈)을 도모하는 것은 3흉이고, 부유한 재산을 가지고 권세를 의지하려는 것은 4흉이며, 참상(僭上, 신분이 낮은 자가 화려한 격식을 갖추어 묘지를 꾸미려는 것)이나 핍하(偪下, 자기 조상의 묘지를 좋게 하기 위해 타인의 묘지를 음해하는 것)는 5흉이고, 변응(變應, 정해진 장법에 따르지 않고 아무렇게나 묘지를 만드는 것)과 괴견(怪見, 괴이한 현상이 나타나는 것)은 6흉이다. 경에 이르기를, 혈은 좋은데 장사지내는 것이 흉하면, 시신을 버리는 것과 같다고 하였다.

7) 형세편 形勢編

經曰 勢止形昂 前澗後岡 龍首之藏
경 왈 세 지 형 앙 전 간 후 강 용 수 지 장

鼻顙吉昌 角目滅亡 耳致侯王 脣死兵傷
비 상 길 창 각 목 멸 망 이 치 후 왕 순 사 병 상

宛而中蓄 曰之龍腹 其臍深曲 必世後福 金穀璧玉
완 이 중 축 왈 지 용 복 기 제 심 곡 필 세 후 복 금 곡 벽 옥

傷其胸脇 朝穴暮哭 其法滅族
상 기 흉 협 조 혈 모 곡 기 법 멸 족

〈역〉경에 이르기를 세(勢, 용세)가 그치고 형(形, 혈장)이 둥그스름하게
처들어 있고, 앞에는 물이 흐르고 뒤에 산이 있으면, 장사를 지낼 수 있
는 진룡의 머리, 즉 혈이다.

(용의) 코와 이마에 해당되는 곳에 장사지내면 길창吉昌하고, 뿔과 눈에
해당되는 곳은 멸망滅亡하며, 귀에 해당되는 곳은 왕후王侯가 날 것이고,
입술에 해당되는 곳은 죽거나 전쟁에 나가 다칠 것이다.

구불구불하게 내려오던 용이 중앙에 (혈장을 만들어 기를) 응축하면, 이를
용의 배라고 한다. 그 배꼽은 깊고 움푹 들어가 있는데 (그곳에 혈을 쓰면),
필시 후세에 복을 받아, 금과 곡식과 옥이 가득가득 넘치게 될 것이다.

(용의) 가슴이나 갈비뼈 부분에 상처가 있는데, (그곳에) 아침에 혈을 쓰
면(장사를 지내면) 저녁에 곡哭소리가 날 것이니, 그 법은 멸족滅族시키
는 것이다.

夫古人之葬 蓋亦難矣 岡壟之辨 眩目惑心 禍福之差 侯虜有間
부 고 인 지 장 개 역 난 의 강 롱 지 변 현 목 혹 심 화 복 지 차 후 로 유 간

故山勢盡而 擧者爲尾 而占首有疑 其法在耳角目之具
고 산 세 진 이 거 자 위 미 이 점 수 유 의 기 법 재 이 각 목 지 구

〈역〉 무릇 고인의 장법은, 더없이(대개 또한) 어렵다. 산룡[岡]과 평양룡(壟, 밭이랑)을 분별하려면, 눈을 현혹시키고 마음을 의심케 할 것이니, 그 화복의 차이는 공후와 종의 차이가 있다. 그러므로 산세가 다하여, 불끈 솟은 것이 꼬리이니, 머리에 점혈占穴하고자 할 때는 의심을 가져보아야 한다. 그 법(머리에 쓰는 법)은 귀, 뿔, 눈, 코를 갖추어 존재한다.

耳角之辨　百尺之山　十尺相邇　以坎爲首　甲角震耳
이 각 지 변　백 척 지 산　십 척 상 이　이 감 위 수　갑 각 진 이

八山對求　乾角在癸　龍目宛然　直離之申　兌以坎爲鼻　艮坎爲脣
팔 산 대 구　건 각 재 계　용 목 완 연　직 리 지 신　태 이 감 위 비　간 감 위 순

土圭測其方位　玉尺度其遠邇
토 규 측 기 방 위　옥 척 도 기 원 이

〈역〉 귀와 뿔의 분별은, 백 척의 산에서, 열 척 정도의 거리를 보다 상세히 구분하는 것이다. 감산坎山으로 머리를 삼았다면, 갑甲 방향에 뿔이 있고 진震 방향에 귀가 있다.

팔산(팔괘 방위)에서 짝을 구함에 있어서, 건산乾山의 뿔은 계癸에 있고, 용의 눈은 완연히 이산離山의 신申에 위치한다. 태산兌山에서는 감坎 방향으로 코를 삼고, 간산艮山에서는 감坎 방향으로 입술을 삼는다.

토규(土圭, 고대의 나경패철)로는 그 방위를 측정하고, 옥척(玉尺, 자)은 멀고 가까운(깊고 낮은) 깊이를 측정한다.

乘金相水穴土印木　外藏八風　內秘五行　龍虎抱衛　主客相迎
승 금 상 수 혈 토 인 목　외 장 팔 풍　내 비 오 행　용 호 포 위　주 객 상 영

微妙在智　觸類而長　玄通陰陽　功奪造化
미 묘 재 지　촉 류 이 장　현 통 음 양　공 탈 조 화

〈역〉 (혈장은) 승금(乘金=입수도두入首倒頭=구첨), 상수(相水=선익蟬翼=우각牛角), 혈토穴土, 인목(印木=순전脣氈=전순氈脣)으로 되어 있다. 밖으

로 팔풍을 가두어 갈무리하면, 안에서는 오행의 (생기를) 간직한다. 청룡과 백호가 다정하게 안아 포위해 주면, 주산과 객산은 서로 맞이한다.

미묘한 지혜가 있으려면, 오랫동안 여러 가지 유형의 (혈을) 접촉하여야 한다. 음양의 이치에 현달하여 통하면, 공덕功德으로 자연조화의 힘을 뺏을 수도 있다.

夫牛臥馬馳　鸞舞鳳飛　騰蛇委蛇　黿鼉龜鱉　以水別之
부 우 와 마 치　난 무 봉 비　등 사 위 사　원 타 구 별　이 수 별 지

牛富鳳貴　騰蛇凶危
우 부 봉 귀　등 사 흉 위

形類百動　葬皆非宜　四應前案　法同忌之
형 류 백 동　장 개 비 의　사 응 전 안　법 동 기 지

〈역〉 무릇 소가 누운 듯 말이 달리는 듯, 난 새가 춤을 추는 듯 봉황이 날아오르는 듯, 뱀이 위로 오르는 듯, 뱀이 구불구불하는 듯, 큰 자라 · 악어 · 거북 · 금자라 등은 물로써 이를 구분한다. 소는 부를 봉황은 귀를 뜻하고, 죽은 뱀과 같이 직선으로 뻗은 등사騰蛇는 흉악한 것이다.

형(形, 물형)이 백 가지인데 이것이 난동하듯이 움직이면, 장사는 모두 합당치 않다. 사방에 응하는 산과 앞에 있는 안산도(난동하듯이 어지러우면 기가 모이지 않고 흩어지므로), 똑같은 이치로 장사를 금해야 하는 것이다.

8) 취류편取類編

夫重岡疊阜　群壟衆支　當擇其特　情如伏尸　大者特小　小者特大
부 중 강 첩 부　군 롱 중 지　당 택 기 특　정 여 복 시　대 자 특 소　소 자 특 대

參形雜勢　主客同情　所不葬也
참 형 잡 세　주 객 동 정　소 부 장 야

〈역〉무릇 산[岡]과 언덕[阜]이 중첩重疊하고, 산룡[壟]과 평양룡[支]이 무리를 지어 있어도, (그 중에서) 당연히 특이한 것을 택하여, 시신을 묻어야[伏尸] 정情이 있다. (산이) 크면 작은 것이 특이한 곳이고, (산이) 작으면 큰 곳이 특이한 곳이다.

(용맥의) 형세形勢가 불규칙하고 번거로우며, 주(주산)와 객(주변 사격)이 (특이하지 않고 大小가) 똑같으면, 장사지낼 수 없는 장소다.

夫支欲起於地中　壟欲峙於地上　支壟之前　平夷如掌
부 지 욕 기 어 지 중　농 욕 치 어 지 상　지 롱 지 전　평 이 여 장

故支葬其巔 壟葬其麓　卜支如首　卜壟如足
고 지 장 기 전 농 장 기 록　복 지 여 수　복 롱 여 족

〈역〉무릇 평양룡[支]은 땅속에서 융기隆起하여야 하고, 산룡[壟]은 지상에서 높이 솟아야 한다. 평양룡[支]이나 산룡[壟]의 앞은, 손바닥처럼 평탄하고 아늑해야 한다(註 : 용의 바로 앞은 行龍이 끝나는 용진처龍盡處다. 기를 모아 혈을 맺으려면 평탄하고 아늑해야 한다).

그러므로 평양룡[支]에 장사지낼 때는 그 꼭대기 부분 머리[巔]에 하고, 산룡[壟]에 장사지낼 때는 그 기슭[麓]에 한다. 평양룡에서 혈을 쓸 때는[卜支] 머리 부분에 하고, 산룡에서 혈을 쓸 때는[卜壟] 발 부분인 기슭에 한다.

形勢不經　氣脫如逐　形如仰刀　凶禍伏逃　形如臥劍　誅夷逼僭
형 세 불 경　기 탈 여 축　형 여 앙 도　흉 화 복 도　형 여 와 검　주 이 핍 참

形如橫几　子孫滅死　形如覆舟　女病男囚　形如灰囊　災舍焚倉
형 여 횡 궤　자 손 멸 사　형 여 복 주　여 병 남 수　형 여 회 낭　재 사 분 창

形如投筭　百事昏亂　形如亂衣　妬女淫妻
형 여 투 산　백 사 혼 란　형 여 난 의　투 여 음 처

〈역〉 형세가 경(經, 장경)에 맞지 않으면, 기는 축출되듯이 이탈한다. 형세가 마치 칼날을 위로 보도록 세워놓은 것같이 등[脊]이 좁고 날카로우면, 흉화凶禍를 당하거나 숨어 달아나는[伏逃] 일이 생긴다. 형세가 눕혀놓은 긴 칼과 같이 좁고 길면, 처참한 주검인 주륙誅戮을 당하거나 참담한 일이 닥쳐오는 핍참逼僭함을 겪는다.

형세가 마치 제사 때 옆으로 가로놓은 제사상인 횡궤橫几 같아 (맥이 잘리면), 자손이 멸망하고 죽는 화를 당한다. 형세가 마치 뒤집혀져 있는 배 같으면, 여자는 병이 들고 남자는 감옥에 갇히는 일이 생긴다. 형세가 재를 담는 주머니 같으면, (화재를 당하여) 집이 불타고 창고가 잿더미가 되는 화를 입는다.

형세가 마치 산 가지를 이리저리 흩어놓은 것 같으면, 모든 일이 혼란에 빠져 어지럽게 된다. 형세가 마치 옷가지를 이리저리 흩어놓은 것 같으면, 여자가(딸들은) 질투심이 많고 처(아내)는 음란하다.

形如植冠　永昌且歡　形如覆釜　其巔可富
형 여 식 관　영 창 차 환　형 여 복 부　기 전 가 부

形如負扆　有壟中峙　法葬其止　王侯崛起
형 여 부 의　유 롱 중 치　법 장 기 지　왕 후 굴 기

龍邀虎踞　前案如戶　貴不可露　形如燕巢　法葬其凹　胙土分茅
용 요 호 거　전 안 여 호　귀 불 가 로　형 여 연 소　법 장 기 요　조 토 분 모

形如側罍　後岡遠來　前應曲回　九棘三槐
형 여 측 뢰　후 강 원 래　전 응 곡 회　구 극 삼 괴

〈역〉 형세가 마치 관모冠帽를 단정하게 쓰고 있는 것 같으면, 영원히 창성昌盛하고 또한 기쁠 것이다. 형세가 마치 엎어놓은 가마솥 같고, 그 꼭대기 부분에 장사지내면 가히 부자가 될 것이다.

형세가 마치 둘러 쳐놓은 병풍[負扆] 같은데, 높이 솟은 산봉우리에서 내려온 산룡[壟]이 있으며, 그것이 그쳐 멈추는 곳에 법에 맞추어 장사를 지내면, 왕후王侯처럼 우뚝 솟아 일어난 인물이 나온다.

(형세가) 청룡이 두른 듯 감싸안아 주고 백호는 웅크린 듯하며, 앞의 안산이 집과 같으면, 귀貴는 이슬 맞는 일(명예가 실추되거나 벼슬에서 쫓겨나는 일)이 없을 것이다. 형세가 제비집[燕巢] 같은데, 그 움푹한 부분[窩]에 법에 맞추어 장사를 지내면, 제후가 된다[胙土分茅 : 토지로 녹을 받고 집을 분배받는 것이므로, 제후가 되는 귀한 현상을 말한다].

형세가 마치 술독이나 대야를 옆에 놓은 것 같고, 뒤의 용맥은 멀리서 오고(용이 장원長遠하고), 앞에는 산과 물이 곡선으로 둘러 감싸안아 주면서 응대하면, 삼공(三公, 三槐)과 구경(九卿, 九棘) 등 귀하고 높은 벼슬이 난다.

勢如萬馬	自天而下	其葬王者	勢如巨浪	重嶺疊障	千乘之葬
세 여 만 마	자 천 이 하	기 장 왕 자	세 여 거 랑	중 령 첩 장	천 승 지 장

勢如降龍	水遶雲從	爵祿三公	勢如雲從	璧立雙峯	翰墨詞鋒
세 여 강 룡	수 요 운 종	작 록 삼 공	세 여 운 종	벽 립 쌍 봉	한 묵 사 봉

勢如重屋	茂草喬木	開府建國
세 여 중 옥	무 초 교 목	개 부 건 국

〈역〉 (산)세가 만 마리의 말이 하늘에서 내려오는 것 같으면, 그 묘터는 왕이 나는 곳이다. (산)세가 거대한 파도와 같고, 잇달아 뻗어 있는 산봉우리들이 중첩重疊으로 가로막아 감싸 보호해 주면, 천자[千乘]가 묻힐 자리다. (산)세가 하늘에서 힘차게 내려오는 용 같고, 물이 에워 감싸주고 (모든 산들의 모습이 마치) 구름이 (용을) 따르는 듯하면, 작록(爵祿, 벼슬과 녹봉)이 삼공三公에 이른다. (산)세가 구름이 따르는 것 같고, 두 개의 봉우리가 옥처럼 아름답게 서 있으면, 글 잘하고[翰墨, 한림학사] 직언을 아끼

지 않는 충신[詞鋒, 사간원]이 나온다.

(산)세가 마치 많은 집들을 겹쳐 놓은 것 같고, 풀이 무성하고 나무가 곧고 높이 자라는 곳이면(지기가 왕성하다는 뜻), (관청의) 부처를 만들거나 나라를 세울 수 있는 곳이다(즉 한 나라를 세울 수 있는 큰 인물이 나오는 땅이다).

勢如驚蛇　屈曲徐斜　滅國亡家　勢如戈矛　兵死刑囚
세 여 경 사　굴 곡 서 사　멸 국 망 가　세 여 과 모　병 사 형 수

勢如流水　生人皆鬼
세 여 유 수　생 인 개 귀

〈역〉(산)세가 마치 놀란 뱀처럼, 이리저리 삐뚤어지면서 서서히 기울어져 있으면, 나라나 가정이나 멸망한다. (산)세가 마치 날카롭고 딱딱한 긴 창 같으면, 군대에 가 죽거나 형벌刑罰로 죄수[罪囚]가 된다.

(산)세가 마치 (무정하게) 흐르는 물과 같으면, 산 사람이 모두 괴귀(怪鬼, 귀신에 홀린 듯 미쳐버림)해진다.

夫勢與形順者吉　勢與形逆者凶
부 세 여 형 순 자 길　세 여 형 역 자 흉

勢凶形吉　百福希一　勢吉形凶　禍不旋日
세 흉 형 길　백 복 희 일　세 길 형 흉　화 불 선 일

〈역〉세勢와 형形이 같이 순(順, 이치에 맞으면)하면 길한 것이고, 세勢와 형形이 같이 역(逆, 이치에 맞지 않으면)하면 흉한 것이다.

세는 흉한데 형이 길하면, 백 가지 복 중에서 오직 하나만 좋고, 즉 다흉소복多凶小福하고, 세는 길하고 형이 흉하면, 불행[禍]이 날[日]을 돌이키지 않으므로 화禍가 매우 빠르게 닥쳐온다.

참고 문헌 🌱

국내 풍수관련 서적

《정통풍수지리학원전正統風水地理學原典 1 · 2 · 3》, 신광주 저, 명당출판사, 1994

《용수정경龍水正經》, 장익호 저, 1995 / 《유산록遊山錄》, 장익호 저, 1983

《유산록遊山錄 후편後篇》, 장익호 저, 1990

《조선의 풍수》, 무라야마 지준[村山智順] 저, 최길성 옮김, 민음사, 1994

《인자수지人子須知》, 김동규 역, 명문당, 1992

《지리나경투해地理羅經透解》, 김동규 역, 명문당, 1994

《구성학九星學》, 김동규 편역, 명문당, 1990

《청오경 · 금낭경》, 최창조 역, 민음사, 1993

《땅의 논리 인간의 논리》, 최창조 저, 민음사, 1992

《한국의 풍수사상》, 최창조 저, 민음사, 1984

《좋은 땅이란 어디를 말함인가》, 최창조 저, 서해문집, 1990

《한국의 자생풍수 1 · 2》, 최창조 저, 민음사, 1997

《땅의 눈물 땅의 희망》, 최창조 저, 궁리, 2000

《서양인이 본 생활풍수》, 최창조 편역, 민음사, 1995

《자연을 읽는 지혜》, 한동환 · 성동환 · 최원석 공저, 푸른나무, 1994

《한국의 전통지리사상》, 한국문화역사지리학회 엮음, 민음사, 1994

《한국풍수의 허와 실》, 김두규 저, 동학사, 1995

《우리 땅 우리 풍수》, 김두규 저, 동학사, 1998

《조선 풍수학인의 생애와 논쟁》, 김두규 저, 궁리, 2000

《호순신의 지리신법》, 김두규 역해, 장락, 2001

《명산론明山論》, 김두규 역해, 채성우 원저, 비봉출판사, 2002

《한국풍수사상사韓國風水思想史》, 이몽일 저, 명보문화사, 1991

《풍수사상의 이해》, 천인호 저, 세종출판사, 1999

《안동의 풍수기행 – 돌혈의 땅과 인물, 와혈의 땅과 인물》, 이완규 저, 예문서원, 2001

《명사비전名師秘傳》, 이명석 저, 대보사, 2000

《대명당보감大明堂寶鑑》, 한중수 엮, 한림원, 1989

《명당보감明堂寶鑑》, 백운기 엮, 대지문화사, 1983

《음택요결전서陰宅要訣全書》, 김영소 저, 명문당, 1993

《나경羅經과 산지생기山地生氣》, 송길룡 저, 오성문화사, 1995

《신나경연구新羅經硏究》, 신평 저, 동학사, 1996

《고전 풍수지리학 설심부》, 신평 저, 관음출판사, 1997

《지리오결》, 신평 역주, 동학사, 1994 / 《장경葬經》, 오상익 주해, 동학사, 1994

《명당전서明堂全書》, 한송계 역, 명문당, 1975

《정통풍수의 이론과 방법》, 이세복 · 이우영 공저, 동학사, 1997

《길한 터 흉한 터》, 이익중 저, 동학사, 1994

《풍수의 비밀 1 · 2》, 류을조 저, 자유문학사, 1996

《명당과 생활풍수》, 성필국 저, 홍신문화사, 1996

《당신도 명당을 볼 수 있다》, 오홍석 저, 덕산미디어, 1998

《한국의 풍수설화 연구》, 장장식 저, 민속원, 1995 / 《풍수설화》, 신월균 저, 밀알, 1994

《한국 문중 풍수》, 김호년 저, 동학사, 1996 / 《한국의 명당》, 김호년 저, 동학사, 1995

《역사를 움직인 풍수 이야기》, 정종수 저, 웅진출판, 1999

《십승지》, 이태희 저, 도서출판 참나무, 1998

《풍수로 읽는 권력사》, 송동구 저, 편집회사사람들, 1997

《반평의 진리》, 윤갑원 저, 지선당, 2001

《도선국사 풍수문답》, 정관도 해설, 지선당, 1994

《한국 풍수의 원리 1 · 2》, 유종근 · 최영주 공저, 동학사, 1997

《만산도》, 김영소 엮, 명문당, 1982 / 《해동명산록》, 이학선 편저, 명문당, 1992

《응용팔괘낙서풍수》, 릴리안 투 저, 송용민 옮김, 한솜미디어, 2002

기타 국내 서적

《태백산맥은 없다》, 조석필 저, 사람과산, 1997

《산경표山徑表》, 신경준 지음, 박용수 해설, 푸른산, 1990

《주역周易》, 박일봉 엮, 육문사, 1994 /《족집게 만화주역》, 김준구 저, 청년사, 1994

《천문류초天文類抄》, 김수길 · 윤상철 공역, 대유학당, 1999

《천문을 알면 세상이 보인다》, 정도명 저, 한림미디어, 1997

《천문학의 이해》, 최승언 저, 서울대학교 출판부, 1993

《천기대요》, 손혁재 엮, 명문당, 1993

《천기대요》, 대한역법연구소 역편, 대지문화사, 2001

《우주변화의 원리》, 한동석 저, 대월출판, 2001

《삼국유사》, 이재호 역, 명지대학교 출판부, 1975

《택리지》, 노도향 역, 명지대학교 출판부, 1975 /《조선왕조실록(CD)》

《한권으로 읽는 고려왕조실록》, 박영규 저, 들녘, 1996

《한국사대계 전12권》, 천관우 외 14인 엮, 아카데미, 1984

《한국의 역사 전13권》, 이상옥 저, 마당, 1982

《조선시대 당쟁사》, 이성무 저, 동방미디어, 2000

《왕릉》, 한국문원편집실 엮, 한국문원, 1995

《고려시대의 연구》, 이병도 저, 을유문화사, 1947

《조선 민족문화의 연구》, 손진태 저, 을유문화사, 1948

《기초 물리학》, D. Halliday 등 저, 범한서적, 1998

《물리학의 이해》, W. Thomas Griffith 저, 북스힐, 1999

《일반화학》, Raymond Chang 저, 화학교재편찬위원회 역, 청문각, 2002

《자연과학의 이해》, 김동일 외 편저, 학문사, 2000

《지구과학개론》, 한국지구과학회 역, 교학연사, 1998

《지구환경과학개론》, 김동주 등 저, 시그마프레스, 2000 /〈신동아, 1996년 12월호〉

중국 서적

《서선술徐善述 서선계徐善繼》,《지리인자수지地理人子須知》,《왕도형王道亨》,《나경투해
羅經透解》,《조정동趙廷棟》,《지리오결地理五訣》,《천항당서국千項堂書局 인행印行》 등